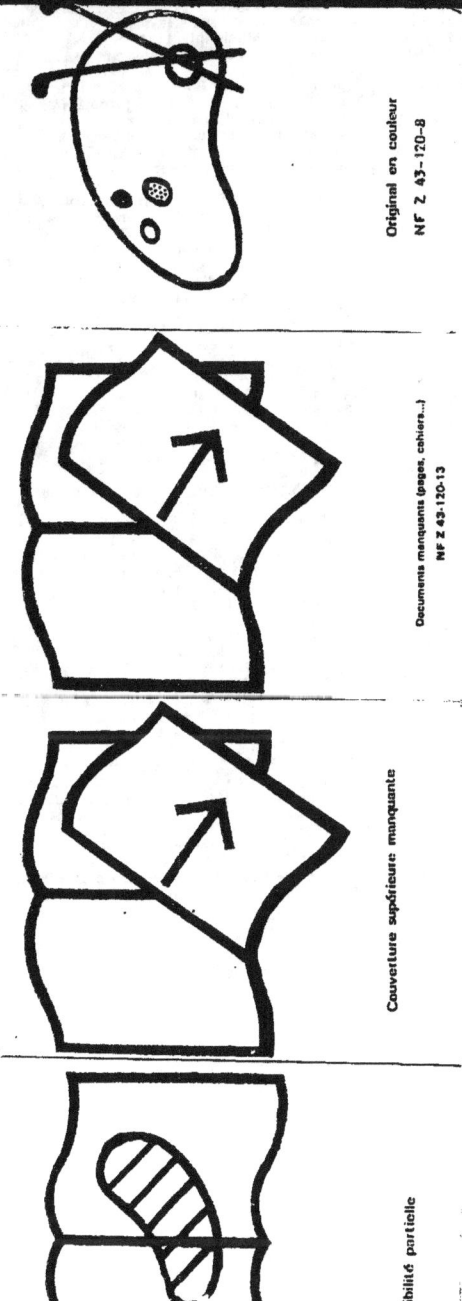

BIBLIOTHÈQUE DES MEILLEURS ROMANS ÉTRANGERS

Ainsworth (W. Harrison): Abigaïl, 1 v. — Crichton, 2 v. — Jack Sheppard, 2 v.
Andersen: Livre d'images sans images, 1 v.
Anonymes: César Borgia, 2 v. — Les Pilleurs d'épaves, 1 v. — Paul Ferroll, 1 v. — Violette, 1 v. — Whitehall, 2 v. — Whitefriars, 2 v. — Miss Mortimer, 1 v.
Azeglio (Massimo d'): Nicolas de Lapi, 2 v.
Beecher-Stowe (Mme): La case de l'oncle Tom, 1 v. — La Fiancée du ministre, 1 v.
Berselio (V.): Nouvelles piémontaises, 1 v.
Braddon (miss): Œuvres, 33 v. — Aurora Floyd, 2 v. — Henry Dunbar, 2 v. — Lady Isle, 1 v. — La trace du serpent, 2 v. — Le Cap du Vautour, 1 v. — Le secret de lady Audley, 2 v. — Le Testament de John Marchmont, 2 v. — Le Triomphe d'Éleanor, 2 v. — Ralph l'intendant, 1 v. — La Femme du Docteur, 2 v. — La locataire de sir Gaspard, 2 v. — L'Aïeul des Dames, 2 v. — Rupert Godwin, 2 v. — Le Brosseur du lieutenant, 2 v. — Les Oiseaux de proie, 2 v. — L'Héritage de Charlotte, 2 v. — La Chanteuse des rues, 2 v. — Un fruit de la mer Morte, 2 v.
Bulwer-Lytton: Œuvres, 20 v. — Devereux, 2 v. — Ernest Maltravers, 1 v. — Le Dernier des Barons, 2 v. — Le Désavoué, 2 v. — Les Derniers jours de Pompéi, 1 v. — Mémoires de Pisistrate Caxton, 2 v. — Mon roman, 2 v. — Paul Clifford, 2 v. — Qu'en fera-t-il? 2 v. — Rienzi, 2 v. — Zanoni, 1 v. — Eugène Aram, 2 v. — Alice ou les Mystères, 1 v. — Pelham, 2 v. — Jour et Nuit, 2 v.
Caballero (F.): Nouvelles andalouses, 1 v.
Cervantes: Nouvelles. Trad. 1 v.
Cummins (miss): L'allumeur de réverbères, 1 v. — Mabel Vaughan, 1 v. — La Rose du Liban, 1 v.
Currer Bell (miss Brontë): Jane Eyre, 2 v. — Le Professeur, 1 v. — Shirley, 2 v.
Dickens (Charles): Œuvres, 27 v. — Aventures de M. Pickwick, 2 v. — Barnabé Rudge, 2 v. — Bleak-House, 2 v. — Contes de Noël, 1 v. — David Copperfield, 2 v. — Dombey et fils, 3 v. — La petite Dorrit, 2 v. — Le Magasin d'antiquités, 2 v. — Les temps difficiles, 1 v. — Nicolas Nickleby, 2 v. — Olivier Twist, 1 v. — Paris et Londres en 1793, 1 v. — Vie et Aventures de Martin Chuzzlewit, 2 v. — Les grandes Espérances, 2 v. — L'ami commun, 2 v.
Dickens et Collins: L'abîme, 1 v.
Disraeli: Sybil, 2 v. — Lothair, 2 v.
Douglas Jerrold: Sous les rideaux, 2 v.
Freytag (G.): Doit et Avoir, 3 v.
Fullerton (lady): L'oiseau du bon Dieu, 1 v. — Hélène Middleton, 1 v.
Gaskell (Mme): Œuvres 8 v. — Autour du sofa, 1 v. — Marie Barton, 1 v. — Cranford, 1 v. — Marguerite Hall (Nord et Sud), 1 v. — Ruth, 1 v. — Les Amoureux de Sylvia, 1 v. — Cousine Phillis, 1 v.
Gerstaecker: Les deux Convicts, 1 v. — Pirates du Mississipi, 1 v. — Récit d'une colonie d'émigrants en Amérique.
Goethe: Werther, 1 v.
Gogol (N.): Tarass Boulba, 1 v.
Granville Murray (E. C.): Le jeune Brown, 2 v. — La cabale du boudoir, 2 v.
Hackländer: Boutique et Comptoir, 1 v. — Le Mouton qui Bonheur, 1 v. — La ballotaire en Prusse, 4 séries. Chaque série se vend séparément.
Hall (Cap. Basil): Scènes de la Vie maritime, 1 v. — Scènes du Bord et de la Terre ferme, 1 v.
Hauff (W.): Nouvelles, 1 v. — Chroniques, 1 v.
Hawthorne (N.): La Lettre rouge, 1 v. — Maison aux sept pignons, 1 v.
Heiberg (L.): Nouvelles danoises, 1 v.
Hildreth: L'esclave blanc, 1 v.
Immermann: Les Paysans de Westphalie, 1 v.
James: Léonora d'Orco, 1 v.
Jenkin (Mme): Qui casse paie, 1 v.
Kavanagh (J.): Tuteur et Pupille, 2 v.
Kingsley: Il y a deux ans, 2 v.
Kompert: Nouvelles juives, 1 v.
Lawrence: Maurice Dering, 1 v. — Guy Livingstone, 1 v. — Frontières et prison, 1 v. — L'épée et la robe, 1 v. — Honneur sterling, 1 v.
Lennep (J. Van): Les Aventures de Ferdinand Huyck, 2 v.
Lever (Ch.): Harry Lorrequer, 2 v. — L'homme du jour, 1 v.
Longfellow: Drames et poésies, 1 v.
Ludwig (O.): Entre ciel et terre, 1 v.
Mayne-Reid: La petite guerre, 1 v. — Quarteronne, 1 v. — Le Doigt du Destin, 1 v. — Le roi des Pampas, 1 v.
Melville (G. J. Whyte): Les Gladiateurs, 1 v. — Katerfelto, 1 v.
Hogge (Th.): Afar, 2 v.
Pouchkine: La Fille du Capitaine, 1 v.
Smith (J.-F.): L'héritier (Dick Tarleton), 3 v.
Stephens (miss A. St.): Opulence et Misère, 1 v.
Thackeray: Œuvres, 9 v. — Henry Esmond, 2 v. — Histoire de Pendennis, 3 v. — La Foire aux Vanités, 2 v. — Le Livre des Snobs, 1 v. — Mémoires de Barry Lyndon, 1 v.
Tourgueneff: Mémoires d'un seigneur russe, 1 v.
Trollope (A.): Le domaine de Belton, 1 v.
Trollope (Mme): La Pupille, 1 v.
Wilkie Collins: Le Secret, 1 v. — La Pierre de Lune, 2 v. — Mademoiselle ou Madame? 1 v. — Mari et Femme, 2 v. — La Morte vivante, 1 v. — La Piste du crime, 2 v. — Henry Dunbar, 1 v.
Wood (Mme H.): Les Filles de lord Oakburn, 2 v.
Zschokke: Addrich des Mousses, 1 v. — Château d'Aarau, 1 v.

NICOLAS NICKLEBY.

CHAPITRE PREMIER.

Où M. Ralph Nickleby est déchargé, par un procédé très-expéditif, de tout commerce avec sa famille.

Smike et Newman Noggs, qui, dans son impatience, était revenu chez lui longtemps avant l'heure indiquée, étaient assis ensemble devant le feu, écoutant avec anxiété chaque pas qui montait l'escalier, chaque bruit qui se faisait entendre dans la maison, dans l'espérance que c'était Nicolas qui arrivait. Le temps se passe, il se fait tard, et cependant il avait promis de ne rester qu'une heure dehors. Son absence prolongée commençait à les alarmer sérieusement tous les deux, comme on aurait pu le voir aux yeux mornes qu'ils tournaient l'un vers l'autre à chaque désappointement nouveau.

Enfin on entend un fiacre s'arrêter, et Newman sort bien vite avec une chandelle, pour éclairer Nicolas dans l'escalier. En le voyant dans l'état où nous l'avons laissé au dernier chapitre, il resta pétrifié d'étonnement et d'horreur.

« Soyez tranquilles, dit Nicolas en entrant avec précipitation dans la chambre. Je n'ai pas de mal : un peu d'eau et une cuvette, il n'en faut pas davantage pour tout réparer.

— Pas de mal? cria Newman en passant rapidement les mains sur le dos et sur les bras de Nicolas, pour s'assurer qu'il n'avait rien de cassé. Qu'est-ce que vous venez donc de faire?

— Je sais tout, dit Nicolas sans répondre à sa question. J'en ai entendu une partie, j'ai deviné le reste. Cependant, avant de laver une de ces gouttes de sang qui vous occupent, je veux apprendre tout de votre bouche. Vous voyez, je suis calme. Mon parti est pris ; à présent, mon ami, parlez franchement, car il ne s'agit plus de rien pallier, de rien calculer, de ménager Ralph Nickleby.

— Vos vêtements sont déchirés en plusieurs endroits ; vous boitez, je suis sûr que vous souffrez quelque part, dit Newman ; laissez-moi commencer par voir si vous vous êtes fait du mal.

— Je n'ai rien à vous faire voir, je ne me suis pas fait de mal, je n'ai qu'un peu de roideur et d'engourdissement qui va bientôt se passer, dit Nicolas en s'asseyant avec quelque difficulté. Mais, quand je me serais cassé tous les membres, pour peu que je conservasse ma connaissance, je ne vous laisserais pas bander une de mes plaies que vous ne m'eussiez dit tout ce que j'ai le droit de savoir. Allons, ajouta-t-il tendant la main à Noggs, vous aussi vous avez eu une sœur, vous me l'avez dit, qui est morte avant vos malheurs : eh bien ! pensez à elle, Newman, et parlez.

— Oui, je vais parler, dit Noggs ; je vais vous dire toute la vérité. »

Newman parla donc ; de temps en temps Nicolas confirmait d'un signe de tête les détails qu'il avait déjà recueillis par lui-même. Mais il tenait toujours ses yeux fixés sur le feu, sans les porter ailleurs une seule fois.

Après avoir fini son récit, Newman insista pour que son jeune ami ôtât son habit et se laissât panser les coups qu'il pouvait avoir reçus. Nicolas commença par faire quelque résistance, mais finit par consentir ; et pendant qu'on lui frottait d'huile, de vinaigre et d'autres liniments non moins efficaces, empruntés par Noggs chez tous les locataires de la maison, quelques contusions qu'il pouvait avoir sur les bras et sur les épaules, il raconta comment il les avait reçues. Son récit fit sur l'imagination ardente de Newman une si forte impression, qu'en entendant les détails de la querelle, au moment surtout où elle prit un si grand caractère de violence, il se mit lui-même sans y penser à l'unisson en frottant Nicolas jusqu'au sang. Le patient même en aurait crié peut-être, tant le zèle de Newman le faisait réellement souffrir ; mais il n'en fit que rire, en voyant que, pour le moment, ce brave homme se croyait aux prises avec sir Mulberry Hawk et le frottait de main de maître, au lieu du client réel dont il avait entrepris la cure.

Après ce martyre d'un nouveau genre, Nicolas convint avec Newman que le lendemain matin, pendant qu'il serait occupé à autre chose, on se tiendrait tout prêt pour le déménagement immédiat de sa mère et qu'on prierait miss la Creevy de venir elle-même y préparer Mme Nickleby. Après il s'enveloppa du paletot de Smike, et s'en retourna à l'auberge où ils devaient passer la nuit. Là il écrivit à l'adresse de Ralph quelques lignes que Newman s'était chargé de lui remettre le lendemain. Après quoi, il essaya de trouver dans son lit le repos dont il avait tout besoin.

On dit qu'on a vu des gens, dans l'ivresse, rouler au fond des précipices et n'en ressentir aucun mal une fois qu'ils avaient retrouvé l'usage de leur raison. L'ivresse n'a pas seule ce privilége; c'est une observation qui s'applique également à beaucoup d'autres accès de passion violente. Ce qu'il y a de sûr, c'est que, si Nicolas, en s'éveillant le lendemain, ressentit encore quelques douleurs dans les premiers moments, il n'en fut pas moins sur pied avec assez de facilité à sept heures sonnantes, et fut bientôt aussi alerte que s'il n'avait rien eu.

Après s'être contenté de jeter un coup d'œil dans la chambre de Smike, pour lui dire qu'il n'allait pas tarder à recevoir la visite de Newman Noggs, Nicolas descendit dans la rue, monta dans un fiacre, dit au cocher de le conduire chez Mme Wittiterly à l'adresse que Newman lui avait donnée la veille au soir.

Il n'était encore que sept heures trois quarts quand ils arrivèrent à la place Cadogan. Nicolas commençait à craindre de ne trouver personne sur pied si matin, lorsqu'il vit avec plaisir une servante occupée à nettoyer les marches. De fonctionnaires en fonctionnaires, il arriva au soi-disant page, qui parut sur l'horizon tout échevelé, le visage échauffé et bouffi, en page qui vient de sortir du lit.

Il sut de ce jeune gentleman que Mlle Nickleby était allée faire sa petite promenade du matin dans le jardin en face. A la question de savoir s'il ne pourrait pas aller la chercher, le page répondit de manière à laisser penser que la chose était horriblement difficile. Mais à la vue de ce talisman qu'on appelle un schelling, et que Nicolas fit briller à ses yeux, le page plein d'ardeur trouva tout d'un coup la chose très-facile.

« Dites à Mlle Nickleby que c'est son frère qui est ici et qui se meurt d'envie de la voir, » dit Nicolas.

Les boutons plaqués disparurent avec une vivacité qui ne leur était pas ordinaire, et Nicolas se mit à arpenter la chambre dans un état d'agitation fiévreuse qui lui rendait insupportable le moindre retard. Bientôt heureusement il entendit un pas léger bien connu de son cœur et de son oreille, et, avant qu'il se fût seulement détourné pour aller au-devant de sa sœur, Catherine était pendue à son cou et le baignait de larmes.

« Ma chère et tendre enfant, dit Nicolas en l'embrassant, comme vous êtes pâle !

— Ah ! mon cher frère, j'ai été si malheureuse ici ! » Et la pauvre fille sanglotait. « J'ai tant.... tant.... tant souffert ! Nicolas, mon ami, ne me laissez pas ici, j'y mourrais de chagrin

— Vous laisser ! répondit Nicolas, je ne vous laisserai plus ni ici, ni ailleurs, Catherine.... jamais. » En disant cela, il pleurait malgré lui, plein d'une émotion tendre, en la pressant contre son cœur. « J'ai besoin que vous me disiez, ma sœur, que j'ai fait pour le mieux ; que je ne vous aurais pas quittée si je n'avais pas craint de faire retomber ma disgrâce sur votre tête ; que je n'en ai pas moins souffert que vous ; en un mot, que si j'ai eu quelque tort, c'était sans le savoir et faute de connaître le monde.

— Et pourquoi voulez-vous que je vous dise ce que nous savons tous si bien ? répliqua-t-elle d'un ton à calmer le trouble de son frère. Nicolas !... mon cher Nicolas ! comment pouvez-vous vous laisser attendrir ainsi ?

— Ah ! dit son frère, si vous saviez tous les reproches que je me fais, en voyant les peines par où vous avez passé, en vous retrouvant si changée et pourtant si bonne toujours et si patiente !... Dieu ! cria Nicolas fermant le poing et changeant tout à coup de ton et de physionomie, je sens encore une fois mon sang bouillonner dans mes veines ; il faut que vous sortiez d'ici sur-le-champ avec moi ; vous n'y auriez pas même couché cette nuit, si j'avais su plus tôt ce que je sais. A qui faut-il que je m'adresse pour annoncer que je vous emmène ? »

Cette question ne pouvait venir plus à propos, car M. Wittitterly entrait à l'instant même, et Catherine en profita pour lui présenter son frère, qui lui fit part en même temps de son projet et de la nécessité où il était de ne pas le différer d'une minute.

« Vous savez, dit M. Wittitterly avec la gravité d'un homme qui tient le bon bout, vous savez que le trimestre n'est pas même à moitié expiré ; par conséquent....

— Par conséquent, reprit Nicolas en l'interrompant, elle doit perdre son trimestre. Monsieur, je vous prie de nous excuser si nous nous montrons si pressés ; mais des circonstances impérieuses exigent que j'éloigne ma sœur à l'instant même, et je n'ai pas un moment à perdre ; si vous voulez bien me le permettre, j'enverrai chercher les effets qu'elle peut avoir ici dans le cours de la journée. »

M. Wittitterly s'inclina sans faire la moindre difficulté sur le départ immédiat de Catherine, qui lui faisait d'ailleurs, il faut bien l'avouer, plus de plaisir que de peine, car sir Tumley Snuffim avait exprimé l'opinion que cette demoiselle n'allait pas à la constitution de Mme Wittitterly.

« Quant à la petite bagatelle de ce qui lui est dû, dit M. Wittitterly, je la.... (violent accès de toux qui l'interrompt mal à propos), — je la.... devrai à Mlle Nickleby. »

Il est bon de savoir que M. Wittitterly aimait assez à devoir quelques petites choses, et à les devoir toujours. Il n'y a pas d'homme qui n'ait son faible. C'était là celui de M. Wittitterly.

S'il vous plaît, monsieur, » dit Nicolas ; puis, renouvelant ses excuses d'un si brusque départ, il enleva, pour ainsi dire, Catherine dans le fiacre, et recommanda au cocher de les mener bon pas à la Cité.

C'est donc vers la Cité qu'ils courent en effet, autant du moins qu'on peut l'espérer d'un fiacre. Il se trouvait justement que les coursiers demeuraient à la Chapelle Blanche, et qu'ils avaient l'habitude d'y retourner déjeuner.... les jours où ils déjeunaient. L'espérance du picotin leur fit donc presser la course avec plus d'activité qu'on ne devait raisonnablement s'y attendre.

Nicolas envoya devant lui Catherine prévenir en haut sa mère, pour qu'elle ne fût pas alarmée de son apparition subite, et, quand elle fut préparée, il se présenta devant elle avec beaucoup de respect et d'affection. Newman, de son côté, n'avait pas perdu de temps. Il y avait déjà une petite charrette à bras à la porte, et l'on se dépêchait d'y transporter les effets.

Mais par exemple, Mme Nickleby n'était pas femme à se presser jamais, pas plus qu'à comprendre à demi-mot les choses qu'on voudrait effleurer à raison de leur importance ou de leur délicatesse. Aussi, bien que la bonne dame eût déjà eu à subir une préparation d'une grande heure, de la part de la petite Mlle la Creevy, et qu'elle fût en ce moment éclairée sur la situation par les explications les plus claires de Nicolas et de sa sœur tout ensemble, elle était encore dans un état d'égarement et de confusion si étrange qu'elle ne voulait comprendre pour rien au monde la nécessité de précipiter ainsi les choses.

« Pourquoi, mon cher Nicolas, ne demandez-vous pas à votre oncle quelles pouvaient être en cela ses intentions ? disait Mme Nickleby.

— Ma chère mère, répondait Nicolas, ce n'est plus le temps d'aller discuter avec lui. Nous n'avons plus qu'une chose à faire, c'est de le rejeter loin de nous avec le mépris et l'indignation qu'il mérite. Votre honneur, votre réputation exigent qu'après la découverte de sa conduite infâme, vous ne lui ayez plus aucune obligation, pas même l'abri qu'il vous donne entre ces quatre murs.

— Vous avez bien raison, dit Mme Nickleby pleurant amèrement. C'est une brute, un monstre, et ces quatre murs ne sont pas même cachés sous un badigeon; si ce plafond est propre, c'est que je l'ai fait blanchir au lait de chaux pour trente-six sous, et je ne peux pas me consoler de penser que c'est trente-six sous qui vont passer dans sa poche. Je n'aurais jamais pu croire cela, jamais.

— Ni vous, ni moi, ni personne, dit Nicolas.

— Bonté du ciel ! s'écria Mme Nickleby ; et dire que sir Mulberry Hawk est un aussi mauvais sujet que me l'a dépeint miss la Creevy; moi qui me félicitais tous les jours de voir ses attentions pour notre chère Catherine ; moi qui ne pensais qu'au bonheur que ce serait pour toute la famille s'il s'alliait avec nous et qu'il s'intéressât à vous procurer quelque bonne place du gouvernement ! Il y a, savez-vous, de très-bonnes places à la cour (par exemple, une de nos amies, miss Crapley à Exeter; ma chère Catherine, vous vous rappelez ?) ; eh bien ! il en avait une comme cela ; et, si je ne me trompe, les fonctions n'en étaient pas bien pénibles. Le plus fort consistait à porter des bas de soie avec sa culotte courte, et une perruque avec des bourses qui ressemblent à ces porte-montres qu'on accroche sur la cheminée ; et dire que voilà comment tout cela devait finir ! ... Ah ! vraiment, il y a de quoi en mourir, c'est sûr. » Et Mme Nickleby, en exprimant ainsi son chagrin, rouvrait piteusement la source de ses larmes.

Comme Nicolas et sa sœur étaient obligés, pendant ce temps-là, de veiller au transport de son petit mobilier ; c'est miss la Creevy qui dut se dévouer à consoler la bonne dame, et en effet elle lui représentait avec beaucoup de douceur qu'elle devait réellement ne pas tant s'affliger et reprendre courage.

« Ah ! sans doute, miss la Creevy, dit-elle avec une pétulance assez naturelle dans la triste situation où elle se trouvait, cela vous est bien aisé à dire, du courage ! mais si vous aviez eu autant d'occasions de prendre courage, que moi ! ... Et puis, dit Mme Nickleby tournant bride, songez un peu à M. Pyke et à M. Pluck, les deux plus parfaits gentlemen qui soient au monde. Qu'est-ce que je vais leur dire ?... qu'est-ce que vous voulez que j'aille leur dire ? Par exemple ; si j'allais leur dire : On m'assure que votre ami sir Mulberry est un mauvais sujet fini, ils se moqueraient de moi.

— Ils ne se moqueront plus de nous ; je vous le garantis, dit

Nicolas s'avançant vers elle; venez, ma mère, il y a un fiacre à la porte, et, jusqu'à lundi du moins, nous allons retourner à notre ancien domicile.

— Et vous y trouverez tout prêt à vous recevoir, et un cœur ravi de vous y voir, par-dessus le marché, ajouta miss la Creevy; à présent, laissez-moi descendre avec vous. »

Mais Mme Nickleby n'était pas si facile à mettre en mouvement; et d'abord elle insista pour aller voir en haut si on n'avait rien laissé; et puis, au moment où elle montait le marchepied de la voiture, elle crut se rappeler un petit pot de faïence qu'on avait oublié sur la tablette de l'arrière-cuisine; et puis, quand elle fut dedans, elle se rappela avec inquiétude un parapluie vert qui devait être derrière une porte qu'elle ne pouvait dire. A la fin, outré de désespoir, Nicolas donna ordre au cocher de partir, et le choc causé par le brusque départ de la voiture fit tomber des mains de Mme Nickleby un schelling dans la paille. Heureusement! car, lorsqu'elle l'eut retrouvé, il était déjà trop tard pour chercher dans ses souvenirs malencontreux ce qu'elle pouvait avoir encore oublié à la maison.

Nicolas, après avoir bien fait charger les effets, congédié la domestique et fermé la porte à clef, sauta dans un cabriolet et se fit conduire près de Golden-square, dans une rue de traverse, où il avait donné rendez-vous à Noggs, et tout cela si lestement qu'il était tout au plus neuf heures et demie quand il y arriva.

« Voici la lettre pour Ralph, dit Nicolas, et voici la clef. Surtout, quand vous viendrez me voir ce soir, pas un mot devant le monde de ce qui s'est passé hier : les mauvaises nouvelles ne vont déjà que trop vite, et ma mère et ma sœur les sauront toujours assez tôt. Avez-vous entendu dire s'il s'est fait beaucoup de mal?»

Newman secoua la tête, voulant dire qu'il n'en savait rien.

« Je cours m'en assurer sans perdre de temps.

— Vous feriez mieux de prendre un peu de repos, répliqua Newman; vous êtes malade; vous avez la fièvre. »

Nicolas lui fit signe de la main assez négligemment que ce n'était pas la peine d'en parler, et dissimula l'indisposition réelle qu'il ressentait depuis qu'il n'était plus soutenu par l'excitation des premiers moments. Il se dépêcha de prendre congé de Newman Noggs, et le quitta.

Newman n'était pas à trois minutes de Golden-square; mais dans le cours de ces trois minutes, il prit et remit la lettre dans son chapeau plus de vingt fois. Ce fut d'abord par devant qu'il voulut la voir, puis par derrière, puis ensuite des deux côtés, puis la suscription, puis le cachet, autant d'objets d'admiration pour Newman ; puis enfin, il la tint à longueur de bras, comme pour en examiner délicieusement l'ensemble, et, après tout cela, il se frotta les mains, heureux comme un roi de la commission dont il s'était chargé.

Il ouvrit son bureau, pendit son chapeau au clou accoutumé, posa la lettre et la clef sur la table, et attendit avec impatience que Ralph Nickleby fît son apparition. Il n'attendit pas longtemps : au bout de quelques minutes, le craquement bien connu de ses bottes résonna au haut de l'escalier, et la sonnette se fit entendre.

« La poste est-elle venue ?

— Non.

— Y a-t-il d'autres lettres ?

— Une. Newman la mit sur son bureau en le considérant attentivement.

— Qu'est-ce que c'est que cela ? demanda Ralph en prenant la clef déposée avec la lettre.

— Un petit garçon les a apportées ensemble, il n'y a pas plus d'un quart d'heure. »

Ralph jeta un coup d'œil sur l'adresse, ouvrit la lettre, et lu ce qui suit :

« Je vous connais à présent. Tous les reproches que je pourrais vous faire ne vaudraient pas, pour vous faire rougir de votre infamie jusqu'au fond de votre cœur, ces simples mots ' Je vous connais maintenant.

« La veuve de votre frère, avec sa fille orpheline, se trouveraient déshonorées de chercher un abri sous votre toit. Elles vous fuient avec mépris, avec dégoût. Votre famille vous renie; votre famille, qui ne se connaît pas d'autres taches que les liens du sang et la communauté de nom qui l'unissent à vous.

« Vous êtes vieux, je laisse à la tombe le soin de vous punir. Puissent tous les souvenirs de votre vie s'attacher à votre mauvais cœur pour le ronger, et envelopper de leurs noires ombres votre lit de mort ! »

Ralph Nickleby relut cette lettre avec l'expression la plus sombre, et devint profondément rêveur. Le papier était échappé de ses mains et déjà tombé par terre, qu'il avait les doigts crispés comme s'il le tenait encore.

Tout à coup il se lève en sursaut de sa chaise, il fourre la lettre toute chiffonnée dans sa poche, et se retourne furieux du côté de Newman Noggs, comme pour lui demander ce qu'il faisait là. Mais Newman se tenait immobile, le dos tourné à son maître, suivant avec le tronçon usé et noirci d'une vieille plume une liste de chiffres sur une table d'intérêts affichée contre la muraille. Son attention tout entière à ses calculs semblait détachée de tout autre objet.

CHAPITRE II.

Visite faite à M. Ralph Nickleby par des personnes qui sont déjà de notre connaissance.

« Combien donc de diables d'heures me laissez-vous sonner à cette vieille casserole de sonnette que Dieu confonde, dont un seul frétillement suffit pour faire tomber du haut mal le gaillard le plus robuste, ou que le diable m'emporte? dit M. Mantalini à Newman Noggs tout en s'essuyant les bottes sur le décrottoir de Ralph Nickleby.

— Je n'avais entendu sonner qu'une fois, répondit Newman.

— Alors il faut que vous soyez le plus immensément et le plus abominablement sourd, dit M. Mantalini, aussi sourd qu'un poteau du diable. »

Pendant ce temps-là, M. Mantalini, qui avait gagné le corridor, se dirigeait sans cérémonie vers la porte du bureau de Ralph quand Newman lui barra le passage en lui disant que M. Nickleby ne voulait pas être dérangé, et finit par lui demander si c'est qu'il avait quelque chose de pressé à lui communiquer.

« Je crois bien ! dit M. Mantalini, diablement pressé ; c'est pour fondre quelques sales chiffons de papier en une coquine de sauce de petite monnaie luisante, brillante, sonnante, retentissante. »

Pendant que Newman annonçait l'objet de sa visite, l'objet lui-même entrait sans façon dans la chambre, et, serrant la main calleuse de Ralph avec une vivacité d'action peu commune, lui jurait ses grands dieux qu'il ne lui avait jamais vu si bonne mine de toute sa vie.

« Il y a comme un velours de pêche sur votre diable de figure, dit M. Mantalini prenant une chaise sans attendre d'en être prié et s'arrangeant les cheveux et les moustaches; vous avez un air jeune et gaillard, ou le diable m'emporte !

— Nous voilà seuls, répondit Ralph sèchement; qu'est-ce qu'il vous faut?

— C'est délicieux! cria M. Mantalini déployant en riant tout l'émail de son râtelier; ce qu'il me faut! oui, ah! ah! c'est délicieux! ce qu'il me faut! ah! ah! de par tous les diables!

— Je vous demande ce qu'il vous faut! répéta Ralph avec aigreur.

— Parbleu! un chien d'escompte. Pas autre chose, répondit M. Mantalini ricanant et secouant la tête de la manière la plus bouffonne.

— L'argent est rare, dit Ralph.

— A qui le dites-vous? Diablement rare, ou vous ne me verriez pas ici.

— Les temps sont durs : on sait à peine à qui se fier, continua Ralph. Je n'ai pas besoin de faire d'affaires en ce moment, ou, pour mieux dire, tenez, j'aime mieux n'en pas faire. Cependant, comme vous êtes un ami.... Combien avez-vous là de billets?

— Deux.

— Quel en est le montant?

— Une chienne de bagatelle, dix-huit cents francs.

— L'échéance?

— Deux mois et quatre jours.

— Eh bien! je veux bien les prendre, mais c'est à cause de vous, songez-y bien; à cause de vous. Je ne le ferais pas pour d'autres.... Je les prends à six cents francs d'escompte.

— Ah! nom d'un chien! cria M. Mantalini dont la figure s'allongea d'une aune à cette aimable proposition.

— Eh bien! il vous reste douze cents francs, reprit Ralph; qu'est-ce que vous en vouliez donc? Voyons, laissez-moi regarder les noms.

— Vous êtes diablement serré, Nickleby, lui dit Mantalini d'un ton de reproche.

— Laissez-moi voir les noms, répliqua Ralph, qui, dans son impatience, tendit la main pour se faire donner les billets. Bon! ce n'est pas fameux, mais ce n'est pas non plus trop véreux. Acceptez-vous mes offres, et voulez-vous de l'argent? Moi, je n'y tiens pas, au contraire.

— Diable! Nickleby, ne pourriez-vous pas?...

— Non, répliqua Ralph en l'interrompant; je ne peux pas. Voulez-vous de l'argent? Prenez-le, voyez : il ne s'agit pas ici d'attendre, d'aller à la Cité chercher à négocier les billets avec quelque autre personne sans garantie. Est-ce fait ou non?

En même temps Ralph poussa quelques papiers sur son bureau et remua, comme par pur accident et sans y faire attention, son coffre d'argent courant. Le bruit du métal cher à Mantalini décida son irrésolution. Il conclut le marché sans attendre, et Ralph lui compta les espèces sur la table.

M. Mantalini ne les avait pas encore entièrement ramassées quand on entendit sonner à la porte; et qui vit-on entrer immédiatement, annoncé par Newman Noggs? Mme Mantalini en personne, dont la vue mit M. Mantalini dans le plus grand embarras; aussi se dépêcha-t-il avec une vivacité remarquable d'empocher son argent.

« Ah! vous voilà ici? dit Mme Mantalini en remuant la tête.

— Oui, mon âme; oui, ma vie; c'est bien moi, répliqua l'époux folâtre, se jetant à quatre pattes comme un chat pour courir après un écu égaré qui venait de lui échapper des mains. C'est bien moi, délices de mon existence, que vous voyez sur le carreau, occupé à ramasser de mon mieux un peu de ce diable d'or ou d'argent.

— Vous me faites honte, dit Mme Mantalini avec une grande indignation.

— Vous faire honte, moi! femme adorable? mais non; je sais bien que toutes ses paroles sont d'une douceur séduisante; ce sont seulement autant de petites coquines de menteries, reprit M. Mantalini. Elle sait bien qu'il ne lui fait pas honte, son petit bibi chéri. »

Quelles que fussent les circonstances qui avaient dessillé les yeux de Mme Mantalini, ce qu'il y a de sûr, c'est que, pour le moment, le petit bibi chéri sembla s'être mépris en comptant sans réserve sur l'affection de sa femme. Mme Mantalini pour toute réponse lui lança un regard de mépris, et, se tournant vers Ralph, lui fit des excuses de cette visite inattendue.

« La faute, dit-elle, en est tout entière à la mauvaise conduite et aux indignes procédés de M. Mantalini.

— De qui? de moi? mon délicieux sirop d'ananas.

— Oui, de vous, répondit sa femme. Mais je ne le souffrirai pas. Je ne veux pas me laisser ruiner par les prodigalités extravagantes d'un homme. Je prie monsieur Nickleby de vouloir bien entendre le parti que je suis décidée à suivre à votre égard.

— Je vous en prie, madame, ne me mêlez pas là dedans. Arrangez cela entre vous.... entre vous seuls.

— Non, je n'entends pas vous y mêler du tout. La seule faveur que je vous demande, c'est de vous rappeler au besoin la déclaration que je lui fais ici de mes fermes intentions; oui, monsieur, de mes fermes intentions, répéta Mme Mantalini lançant à son époux un regard de colère.

— Monsieur! cria Mantalini, je crois qu'elle m'a appelé monsieur; moi qui raffole d'elle, de toute l'ardeur diabolique de mon cœur; elle qui m'a subjugué de son regard fascinateur, comme le plus pur et le plus angélique serpent à sonnettes; voilà le dernier coup porté à ma sensibilité. Elle pourra se flatter de m'avoir précipité dans un diable de désespoir.

— Ne parlez pas de sensibilité, monsieur, reprit Mme Mantalini prenant une chaise et lui tournant le dos. C'est vous qui ne respectez pas la mienne.

— Quoi! mon âme, je ne respecte pas la vôtre, s'écria M. Mantalini.

— Non, » répliqua sa femme.

Et malgré toutes sortes de cajoleries de la part de M. Mantalini, Mme Mantalini dit non une fois encore, et cela d'un ton si déterminé, avec un mauvais vouloir de parti pris si manifeste, que cela ne laissa pas d'inquiéter M. Mantalini.

« Voyez-vous, monsieur Nickleby, dit-elle en s'adressant à Ralph (qui se tenait appuyé sur son fauteuil les mains derrière le dos et regardait l'aimable couple avec un sourire de mépris le plus suprême et le moins dissimulé), son extravagance, oui, son extravagance ne connaît plus de bornes.

— Vraiment? qui aurait cru cela? répondit Ralph d'un ton de sarcasme.

— Eh bien, monsieur Nickleby, c'est comme cela, continua Mme Mantalini; j'en suis on ne peut plus malheureuse; dans des appréhensions continuelles, dans des embarras et des difficultés sans fin; et ce n'est pas encore tout, dit-elle en s'essuyant les yeux; voilà bien pis: ce matin même, il a pris dans mon bureau des papiers importants sans m'en demander la permission. »

Monsieur Mantalini poussa un sourd gémissement, et par précaution boutonna son gousset.

« Depuis nos derniers malheurs, continua Mme Mantalini, je suis obligée de payer très-cher Mlle Knag pour qu'elle serve de prête-nom à mon commerce, et je ne puis en vérité plus encourager mon mari dans son gaspillage extravagant. Comme je ne fais aucun doute qu'il est venu tout droit ici, monsieur Nickleby, pour faire de l'argent avec les papiers dont je vous parlais tout à l'heure; comme vous nous avez déjà assistés bien des fois, et que personne ne connaît mieux que vous nos affaires, je vais vous faire connaître aussi le parti auquel sa conduite m'a forcée de recourir. »

M. Mantalini, placé derrière sa femme, poussa un nouveau gémissement, et, par-dessus le chapeau de Mme Mantalini, fixant en guise de lorgnon un louis d'or à son œil gauche, cligna de l'œil droit à l'ami Ralph, puis, après avoir joué cette comédie avec une dextérité merveilleuse, il fit retomber la pièce d'or dans sa poche et recommença ses gémissements, avec tous les signes d'un repentir toujours croissant.

Mme Mantalini, pour abréger, à la vue des marques d'impatience qui se manifestaient dans la physionomie de Ralph, se hâta d'ajouter :

« J'ai pris la résolution de le pensionner.

— De me quoi, mon amour? demanda M. Mantalini, qui avait l'air de n'avoir pas bien entendu.

— De lui faire, » dit Mme Mantalini les yeux tournés vers Ralph, car elle se gardait bien, par prudence, de jeter le moindre coup d'œil du côté de son mari, dont les grâces infinies auraient pu ébranler sa résolution, « de lui faire une pension ; et j'espère qu'avec mille écus par an, pour son entretien et ses menus plaisirs, il devra se considérer comme un homme bien heureux. »

M. Mantalini, avec un grand décorum, attendit qu'elle eût énoncé en propres termes le montant de la pension ; mais il n'eut pas plutôt entendu le chiffre, qu'il jeta par terre sa canne et son chapeau, tira de sa poche son mouchoir et laissa sa sensibilité s'épancher en mugissements attendrissants.

« Damnation ! » s'écria-t-il, sautant tout à coup de sa chaise, et retombant aussitôt dans sa chaise, assez souvent pour affecter les nerfs de son épouse épouvantée ; « mais non, c'est un démon d'abominable cauchemar, ce n'est pas une réalité, non. »

Et M. Mantalini, rassuré par cette supposition ingénieuse, ferma les yeux comme un homme décidé à attendre patiemment la fin d'un mauvais rêve.

« Je trouve cet arrangement-là très-judicieux, dit Ralph en ricanant, pour peu que votre mari veuille s'y conformer fidèlement, madame, comme il le fera sans doute.

— Nom d'un chien ! s'écria M. Mantalini ouvrant les yeux à la voix de Ralph, c'était une horrible réalité ; oui, je la vois, la voilà assise là devant moi. Voilà les gracieux contours de ses formes charmantes ; comment ne pas les reconnaître ? Il n'y a qu'elle pour avoir de ces charmes-là. Ne me parlez pas des contours de mes deux comtesses, elles n'en avaient pas du tout, et quant à la douairière, les siens étaient diablement vilains. Ah ! c'est bien cette beauté enivrante qui fait que je ne puis me fâcher contre elle, même en ce moment.

— Vous ne pouvez vous en prendre qu'à vous de ce qui vous arrive, Alfred, reprit Mme Mantalini d'un ton de reproche encore, mais d'un ton de reproche adouci.

— Oui, je le sais, cria M. Mantalini en faisant semblant de se tirer les cheveux ; je suis un vilain animal. Mais je sais bien ce que je vais faire. Je vais changer un napoléon en gros sous, j'en lesterai mes poches et j'irai me noyer dans la Tamise. Mais, c'est égal, même noyé je ne serai pas fâché contre elle, car je mettrai en route une lettre à la poste pour lui dire où elle trouvera le corps. Quelle charmante veuve cela va faire ! et moi, je ne serai plus qu'un cadavre. Il y a bien des jolies femmes qui pleureront ; mais elle, elle rira comme un diable.

— Alfred, méchant, cruel que vous êtes ! dit Mme Mantalini qui ne put s'empêcher de sangloter à cet horrible tableau.

— Elle m'appelle cruel, moi ! moi qui vais pour l'amour d'elle faire de mon corps un vilain cadavre tout froid et tout humide ! s'écria M. Mantalini.

— Vous savez, répliqua Mme Mantalini, que rien que de vous entendre parler de ces choses-là, cela me fend le cœur.

— Eh quoi ! voulez-vous que je vive pour être l'objet de votre méfiance ? cria son mari. Quoi ! j'aurai coupé mon cœur en je ne sais combien de mille petits morceaux, que je lui ai donnés tous l'un après l'autre, à cette charmante petite diablesse d'enchanteresse, et cela pour vivre en butte à ses soupçons ! nom d'un chien ! non, c'est impossible.

— Demandez à M. Nickleby si la somme dont j'ai parlé n'est pas raisonnable, répondit Mme Mantalini.

— Je me moque bien d'une somme ! répliqua son mari inconsolable, je me moque bien de vos odieuses pensions ; eh bien ! je serai cadavre, voilà tout. »

Mme Mantalini ne put entendre M. Mantalini répéter cette fatale menace sans se tordre les mains, sans implorer l'intervention de Ralph Nickleby.

Enfin, après bien des pourparlers, après une vaste quantité de larmes, après plusieurs tentatives de M. Mantalini pour se diriger du côté de la porte, dans l'intention d'aller immédiatement commettre quelque acte de violence contre lui-même, ce généreux gentleman se laissa fléchir, et finit par promettre, non sans peine, qu'il ne deviendrait pas cadavre. Une fois ce point important obtenu, Mme Mantalini remit sur le tapis la question de la pension. M. Mantalini recommença ses refus, répétant toujours qu'il vivrait avec le plus grand plaisir, de pain et d'eau, qu'il n'avait aucune répugnance à trainer la savate. La seule existence à laquelle il ne pouvait se résigner, c'était de se voir en butte à la défiance de l'objet de son affection la plus dévouée et la plus désintéressée. Nouvelles larmes de Mme Mantalini, dont les yeux, faiblement ouverts par quelques révélations récentes sur les défauts de M. Mantalini, ne demandaient pas mieux que de se fermer encore en sa faveur : aussi le résultat de toute cette scène fut que Mme Mantalini n'abandonna pas précisément, mais ajourna la question de la pension. Ralph ne s'y trompa pas; il vit bien que M. Mantalini venait de contracter un nouveau bail de sa vie désordonnée, et que, dans tous les cas, ce n'était pas encore pour cette fois que seraient consommées sa chute et sa ruine.

« Mais, se disait Ralph, cela ne peut toujours pas tarder; n'est-ce pas l'histoire de tous les amours (quand je pense qu'il faut parler le jargon des petits garçons et des petites filles) ? L'amour donc est bien volage, et pourtant celui peut-être qui dure le plus longtemps, apparemment parce qu'il naît d'un plus grand aveuglement et qu'il est entretenu par la vanité, c'est celui qui n'a pas d'autres racines que l'attrait d'une tête à moustaches, comme ce méchant babouin. Qu'est-ce que ça me fait ? tout cela amène l'eau à mon moulin ; laissons-les donc continuer leur folie; plus elle durera, plus elle me rapportera. »

Telles étaient les réflexions agréables dont s'occupait Ralph Nickleby, pendant que l'heureux couple échangeait une foule de petites caresses et de petits soins tendres qu'il avait l'air de ne pas voir.

« Si vous n'avez plus rien à dire à M. Nickleby, mon cher ami, dit Mme Mantalini, nous allons lui souhaiter le bonjour, car j'ai peur que nous ne l'ayons déjà retenu que trop longtemps. »

M. Mantalini, en réponse à cette invitation, commença par donner de son doigt léger quelques petits coups sur le nez de Mme Mantalini; puis il finit par déclarer qu'il n'avait plus rien à dire.

« Ah chien ! mais si, ajouta-t-il presque aussitôt, entraînant Ralph dans un coin de la chambre : à propos ! et l'affaire de votre ami sir Mulberry ! Voilà une diable d'aventure ! la plus étrange que j'aie jamais vue !... hein ?

— Que voulez-vous dire ? demanda Ralph.

— Comment, diable ! vous ne savez donc pas ?...

— Je ne sais, répondit Ralph avec un grand sang-froid, que ce que je lis ce matin dans le journal : qu'il est tombé de son cabriolet hier soir, qu'il s'est fait beaucoup de mal, et que sa vie court quelque danger. Mais je ne vois rien d'extraordinaire là dedans. Il ne faut pas crier miracle quand les gens font bonne chère, et conduisent ensuite eux-mêmes leur voiture après dîner.

— Hui!... cria M. Mantalini avec une espèce de sifflement prolongé ; alors, je vois bien que vous ne savez pas comment la chose s'est passée.

— Ma foi! non, si ce n'est pas ce que je supposais, » répliqua Ralph en haussant les épaules d'un air d'indifférence, comme pour faire entendre à son interlocuteur qu'il n'avait aucune curiosité d'en savoir davantage.

« Diable! vous m'étonnez, » cria Mantalini.

Ralph haussa encore les épaules, voulant dire qu'il ne fallait pas grand'chose pour étonner M. Mantalini, et jeta un regard d'intelligence à Newman Noggs, dont la figure s'était déjà montrée plusieurs fois derrière la porte vitrée ; car c'était une de ses fonctions, quand son patron recevait la visite de gens sans conséquence, de se présenter de temps en temps, comme s'il avait entendu le signal de la sonnette pour les reconduire, manière polie de leur faire savoir qu'il était temps de déguerpir.

« Quoi! vous ne savez pas, dit M. Mantalini prenant Ralph par un bouton de son habit, que ce n'est pas du tout un accident, mais une diable d'attaque, un abominable guet-apens de votre neveu ?

— Comment? dit en grondant Ralph Nickleby, les poings crispés et la figure livide.

— Sapristi! Nickleby, dit Mantalini alarmé de ces démonstrations belliqueuses, à ce que je vois, l'oncle est un fier tigre aussi, comme le neveu.

— Continuez, cria Ralph ; dites-moi ce que cela signifie. Qu'est-ce que c'est que tous ces contes ? Qui vous l'a dit ? Parlez, dit-il en grommelant. Voyons! m'entendez-vous ?

— Diable! Nickleby, dit M. Mantalini se retirant tout doucement du côté de sa femme, savez-vous que vous avez l'air d'un terrible mauvais génie, avec votre physionomie féroce ? Vous êtes dans le cas de faire perdre connaissance à cette petite délicieuse âme de ma vie, en vous laissant emporter aux ravages brûlants de la plus enragée colère que j'aie jamais vue, le diable m'emporte!

— Bah! répliqua Ralph faisant semblant de sourire, ce n'est qu'une frime.

— Si c'est une frime, dit M. Mantalini en ramassant sa canne, c'est une chienne de mauvaise frime, comme on en voit aux petites-maisons. »

Ralph affecta de sourire, et demanda encore de qui M. Mantalini tenait cette nouvelle.

« De Pyke, répondit Mantalini, et c'est un chien, celui-là, qui est diablement agréable avec ses beaux petits airs de gentleman ; il est diablement bouffon, avec ses prétentions de paysan endimanché.

— Eh bien, qu'est-ce qu'il vous a dit ? demanda Ralph fronçant le sourcil.

— Voilà l'histoire ; votre neveu a rencontré sir Mulberry dans un café ; il est tombé sur lui avec une férocité abominable, l'a poursuivi jusqu'à son cabriolet en jurant de ne pas le quitter jusque chez lui, quand il devrait monter sur le dos du cheval ou s'attacher à sa queue. Il lui a cassé la figure (une diable de belle figure dans son état naturel !), il a effrayé le cheval, s'est fait jeter par terre avec sir Mulberry, et....

— Et s'est tué ? interrompit Ralph l'œil étincelant d'espérance, n'est-ce pas ?... il est mort ? »

Mantalini fit signe de la tête qu'il n'en était rien.

« Ouf ! dit Ralph en détournant la tête, il ne s'est donc rien fait ?... — Attendez un moment, ajouta-t-il en se retournant vers Mantalini. Mais au moins s'est-il cassé un bras, une jambe ? s'est-il démis l'épaule ? s'est-il cassé le cou ? s'est-il enfoncé une ou deux côtes ? En attendant la potence, est-ce qu'il n'a pas attrapé quelque bonne blessure bien douloureuse, bien longue à guérir, pour la peine ? Voyons ! vous avez dû entendre parler de cela ?

— Non, répondit Mantalini branlant encore la tête. A moins qu'il n'ait été brisé en tant de petits morceaux que le vent n'a eu qu'à souffler dessus pour les emporter, je n'ai pas entendu dire qu'il ait du mal ; au contraire, il est parti aussi tranquille et aussi bien portant que.... que le diable, dit M. Mantalini après avoir été un peu longtemps dans l'embarras pour trouver cette comparaison.

— Et dit-on, demanda Ralph avec un peu d'hésitation, quelle a été la cause de la querelle ?

— Vraiment ! répondit M. Mantalini d'un ton d'admiration, vous êtes bien le plus habile démon que je connaisse, le plus rusé, le plus fin, le plus superlatif vieux renard ; sapristi ! dire que vous allez maintenant faire semblant d'ignorer que c'est la petite nièce aux yeux éveillés.... la plus gracieuse, la plus douce, la plus jolie !...

— Alfred ! cria Mme Mantalini le rappelant à l'ordre.

— Elle a raison, toujours raison, reprit M. Mantalini d'un ton râlin. Quand elle dit qu'il est temps de partir, c'est qu'il en est temps en effet, et il faut qu'elle parte. Partons ! Tout à l'heure dans les rues, quand il ira bras dessus, bras dessous, avec sa tulipe chérie, toutes les femmes diront avec envie : « En voilà une qui a un diablement bel homme ! » Et tous les hommes diront avec ravissement : « En voilà un qui a une diablement belle femme ! » Et les femmes auront raison, et les hommes n'auront pas tort.... ma parole d'honneur, où le diable m'emporte ! »

M. Mantalini, sur ces réflexions accompagnées de plusieurs autres, toutes aussi raisonnables, envoya du bout de ses gants un baiser en signe d'adieu à Ralph Nickleby, et, prenant sous son bras le bras de son épouse, l'emmena en faisant une foule de petites minauderies.

« Là ! là ! murmura Ralph en se jetant dans son fauteuil, voilà ce démon encore une fois déchaîné, et, à chaque fois, il ne manque pas de venir me contrarier. Il ne semble fait que pou cela. Il m'a dit un jour que nous aurions tôt ou tard un règlement de compte à faire entre nous. Eh bien, je ne veux pas le faire mentir, je veux lui régler son compte.

— Êtes-vous chez vous ? demanda Newman passant brusquement la tête à la porte.

— Non, » répondit Ralph aussi brusquement.

La tête de Newman disparut, puis elle reparut presque tout de suite.

« Vous êtes bien sûr que vous n'y êtes pas, dit Newman.

— Imbécile ! Qu'est-ce que cela veut dire ? cria Ralph d'un ton bourru.

— C'est qu'il est là à attendre depuis l'arrivée des autres et qu'il doit vous avoir entendu parler. Voilà tout, dit Newman en se frottant les mains.

— Qui est-ce ? » demanda Ralph poussé à bout par la nouvelle qu'il avait apprise tout à l'heure et maintenant par le sang-froid dépitant de son clerc.

Newman n'eut pas besoin de répondre ; au moment où on ne s'y attendait guère, entra l'individu en question, qui, braquant tout à coup son œil, son œil unique, sur Ralph Nickleby, lui fit avec humilité force révérences, s'assit dans un fauteuil, les mains sur les genoux, gêné dans son pantalon noir, qui n'était pas fait pour s'asseoir, car il était si court, que dans cette position les jambes s'en trouvaient relevées à la hauteur des revers de ses bottes à la Wellington.

« Eh mais ! quelle surprise ! dit Ralph regardant de près son visiteur et terminant cet examen attentif par un demi-sourire.

je ne sais pas pourquoi je ne vous ai pas reconnu plus tôt, monsieur Squeers.

— Oh! répliqua le digne homme, vous auriez eu moins de peine à me reconnaître si toutes mes affaires ne m'avaient pas empêché de venir vous voir plus tôt.

— Dites-moi, brave homme, dit Squeers en s'adressant à Newman, aidez-moi donc ce petit garçon à descendre du tabouret, là-bas dans votre bureau, et dites-lui de venir ici, voulez-vous?... Oh! mais, il est descendu lui-même.... Je vous présente mon fils, monsieur, le petit Wackford. Qu'est-ce que vous en dites, monsieur, comme échantillon de la nourriture qu'on leur donne à Dotheboys-Hall? Voyez s'il ne va pas crever sa veste et son pantalon, faire éclater les coutures et sauter jusqu'aux boutons avec sa graisse ; est-ce de la chair, ça? cria Squeers en faisant tourner le petit garçon sur son pivot et en lui fourrant le poing dans les parties les plus charnues pour faire boursoufler son embonpoint, ce qui avait l'air de faire un médiocre plaisir à son héritier présomptif. Est-ce ferme ? est-ce solide ? Je parie qu'on ne lui trouverait pas sur le corps de quoi pincer seulement entre l'index et le pouce.... n'importe où. »

Quelque satisfaisant que l'on pût supposer l'état de maître Squeers, cela n'allait pas, cependant, jusqu'à en faire une chair aussi compacte que voulait bien le dire M. son père ; et, lorsque celui-ci poussa la démonstration jusqu'à faire l'expérience entre le pouce et l'index, l'autre poussa un cri aigu et se frotta la place de la manière la plus naturelle du monde.

« Tiens! dit M. Squeers un peu déconcerté, il paraît que j'ai trouvé là le défaut de la cuirasse. Après cela, il faut dire que nous avons déjeuné de bonne heure ce matin, et qu'il n'a pas encore fait son goûter ; mais je suis sûr qu'après son dîner on ne lui prendrait seulement pas cela entre deux portes. Tenez! monsieur, ajouta Squeers d'un air triomphant, pendant que maître Wackford s'essuyait les yeux avec la manche de sa veste, regardez-moi ces larmes, si ce n'est pas comme de la graisse.

— Il a bonne mine, certainement, répondit Ralph, qui, pour des raisons à lui connues, paraissait désirer de ménager le maître d'école. Mais je ne vous ai pas demandé des nouvelles de Mme Squeers ; et vous-même, comment vous portez-vous?

— Mme Squeers, monsieur, est comme toujours, répliqua le propriétaire de Dotheboys, la mère de tous ces petits garçons, la bénédiction, la consolation, la joie de tous ceux qui ont le honheur de la connaître. Un de nos élèves, qui s'était gorgé d'aliments au point de s'en rendre malade (ils n'en font pas d'autres), a attrapé un abcès la semaine dernière. Il fallait la voir à la besogne avec un canif. Dieu de Dieu ! dit M. Squeers avec un profond soupir et des mouvements de tête répétés en l'honneur de son épouse, quel ornement pour la société qu'une femme comme cela ! »

M. Squeers resta absorbé quelques secondes dans ses réflexions, après cet éloge, comme s'il se trouvait, par une transition naturelle, ramené des perfections de sa femme à la douceur paisible du village de Dotheboys, près de Greta-Bridge, en Yorkshire; puis il regarda Ralph pour voir s'il lui dirait quelque chose.

« Êtes-vous bien remis des voies de fait de ce gredin ? demanda Ralph.

— C'est à peine passé, si toutefois c'est fini, répliqua Squeers. Je n'étais qu'une plaie, monsieur, depuis ici jusque-là (et il promenait ses doigts de la pointe de ses bottes à la racine de ses cheveux); du vinaigre et du papier brouillard, du papier brouillard et du vinaigre, depuis le matin jusqu'au soir. Je parie que j'ai bien consommé en tout une demi-rame de papier brouillard. A me voir en peloton dans la cuisine, tout le corps couvert d'emplâtres, vous auriez dit d'un gros paquet de gémissements enveloppé de papier brouillard. Comment est-ce que je gémissais, Wackford, dites? bien fort, ou bien doucement ? demanda M. Squeers, appelant son fils en témoignage.

— Bien fort, répondit Wackford.

— Et les pensionnaires, Wackford, étaient-ils contents ou fâchés de me voir dans ce triste état? demanda M. Squeers d'un air sentimental.

— Cont....

— Comment ? cria Squeers en l'arrêtant à temps :

— Fâchés, répondit son fils.

— Ah ! dit Squeers en lui donnant un bon soufflet; allons, une autre fois, tâchez de n'avoir pas ainsi vos mains dans vos goussets et de ne pas vous tromper quand on vous interroge ; ne criez pas comme cela chez le monsieur, ou j'abandonnerai Dotheboys et ma famille pour ne plus jamais y remettre les pieds. Et alors on verrait ce que deviendraient ces chers enfants, ces précieux pensionnaires, laissés à eux-mêmes dans le monde, sans l'appui de leur meilleur ami, de leur second père.

— Avez-vous eu besoin de recourir aux soins d'un médecin ? demanda Ralph.

— Si j'en ai eu besoin ! répondit Squeers; sans compter qu'il m'a remis sa note, et qui montait haut. Et pourtant je l'ai payée. »

Ralph releva les sourcils avec une expression qu'on pouvait prendre à volonté pour de l'étonnement ou de la sympathie.

« Oui-da! je l'ai payée, sans rabattre un denier, reprit Squeers qui semblait trop bien connaître l'homme auquel il avait affaire pour le supposer capable de se laisser prendre à quelque finesse, et de rien débourser pour l'indemniser; mais, au bout du compte, cet argent-là n'est pas sorti de ma poche.

— Non? dit Ralph.

— Pas un rouge liard, répliqua Squeers. Le fait est que nous ne faisons payer aucune note aux parents en sus de la pension, excepté celle des visites du médecin, quand on l'appelle, et nous ne l'appelons que quand nous sommes sûrs des chalands, vous comprenez!

— Je comprends, dit Ralph.

— Très-bien! alors, quand on m'eut remis mon mémoire, nous avons pris cinq pensionnaires, tous enfants de petits commerçants, de bonnes payes, qui n'avaient jamais eu la scarlatine. Nous en avons envoyé un en commission dans une chaumière du village où nous savions qu'il pouvait l'attraper. Il n'y manqua pas. Nous fîmes coucher les quatre autres avec lui, et les voilà qui l'attrapent tous; le médecin leur rend une visite en bloc, et moi je divise le total de mon mémoire entre mes cinq gaillards, je l'ajoute à leur petite note, et les parents payent ma maladie. Ha! ha! ha!

— Ce n'était pas mal imaginé, dit Ralph regardant l'instituteur du coin de l'œil.

— Je crois bien, repartit Squeers. C'est toujours comme cela que nous faisons. Tenez, quand Mme Squeers est accouchée du petit Wackford, ici présent, nous avons fait gagner la coqueluche à une demi-douzaine de pensionnaires, et partagé entre eux les frais de couches, y compris la garde. Ha! ha! ha! »

Règle générale, Ralph ne riait jamais; mais en cette occasion il fit tout ce qu'il put pour avoir l'air de rire, et laissa M. Squeers s'en donner à cœur joie, au souvenir de ce bon tour, après quoi il lui demanda ce qui l'amenait à Londres.

« Une affaire de justice assez désagréable, répondit Squeers en se grattant la tête. Il s'agit d'une action qu'on m'intente pour un cas de prétendue négligence envers un pensionnaire. Je ne sais pas de quoi ils se plaignent. Il a pourtant été mis au vert comme les autres, un vert excellent. »

Ralph parut ne pas bien comprendre cette explication.

« Je vais vous expliquer ce que nous entendons par mettre au vert, dit Squeers en élevant la voix, persuadé que si Ralph ne l'avait pas compris, il fallait qu'il fût sourd. Quand un pensionnaire devient languissant, mal à son aise, qu'il ne se sent plus d'appétit, nous le changeons de régime.... nous le mettons à la porte une heure ou deux tous les jours pour qu'il aille, pendant ce temps-là, dans le champ de navets d'un voisin, ou, quelquefois, quand c'est une indisposition plus délicate, dans un champ de carottes et de navets, alternativement, et là il en mange à discrétion. Il n'y a pas, dans tout le pays, de meilleur champ de navets que celui où nous avons envoyé ce garçon, et cependant ne voilà-t-il pas qu'il y attrape un rhume, une indigestion, je ne sais quoi, et que ses parents dirigent une poursuite judiciaire contre moi ? Qu'en dites-vous ? auriez-vous jamais cru, ajouta Squeers, s'agitant sur sa chaise avec l'impatience d'un homme exaspéré par une injustice, qu'on pût porter l'ingratitude jusque-là ? dites, est-ce croyable ?

— Certainement, c'est une vilaine affaire, dit Ralph.

— Vous pouvez le dire hardiment, répliqua Squeers ; très-vilaine. Je défie qu'on trouve un homme qui aime la jeunesse comme moi. Il y a, à l'heure qu'il est, à Dotheboys-Hall pour vingt mille francs de jeunes gens par an. J'en prendrais pour quarante mille si je les trouvais, que je n'en aimerais pas moins tendrement chaque individu à cinq cents francs par tête, tant j'aime la jeunesse.

— Êtes-vous toujours descendu à votre ancien logement ?

— Oui, nous sommes au Sarrasin, répondit Squeers ; et, comme nous voici à la fin du semestre, nous continuerons d'y rester, jusqu'à ce que j'aie récolté l'argent qui m'est dû, et, j'espère aussi, quelques nouveaux pensionnaires. C'est pour cela que j'ai amené le petit Wackford ; il est bon à montrer aux parents. Je le mettrai même cette fois-ci dans la réclame.... Voyez-moi ce garçon-là.... un pensionnaire comme les autres, quoi !... N'est-ce pas un vrai succès, un bel exemple d'élève à l'engrais ?

— Je voudrais vous dire un mot en particulier, dit Ralph, qui, depuis quelque temps, parlait et écoutait machinalement, absorbé dans ses réflexions.

— Un mot ! autant qu'il vous plaira, monsieur, reprit Squeers.—Wackford, allez jouer dans l'autre bureau, mais ne vous remuez pas trop pour ne pas vous maigrir, cela ne ferait pas mon affaire. Vous n'auriez pas là quelques pièces de deux sous, monsieur Nickleby ? dit Squeers faisant sonner dans sa poche un paquet de clefs, et marmottant entre ses dents qu'il n'avait que des écus et pas de menue monnaie.

— Je crois que si, dit Ralph sans se presser, et tirant d'un vieux tiroir, après force recherches, un gros sou, un petit sou et une pièce de deux liards.

— Merci, dit Squeers en les donnant à son fils. Tenez, allez acheter une tarte. Le clerc de M. Nickleby va vous conduire chez le pâtissier. Surtout achetez-en une bien nourrissante. La pâtisserie, ajouta M. Squeers en fermant la porte sur maître Wackford, lui rend la peau luisante, et les parents prennent cela pour un signe de bonne santé. »

Après cette explication, assaisonnée de petits airs fins et narquois, M. Squeers prit sa chaise, et la porta vis-à-vis de M. Nickleby pour le voir de plus près; puis, l'ayant plantée là à son entière satisfaction, il s'assit dessus.

« Écoutez-moi bien, » dit Ralph se penchant un peu vers lui. Squeers fit signe de la tête qu'il l'écoutait avec attention.

« Je ne suppose pas, continua Ralph, que vous soyez assez simple pour pardonner ou pour oublier, de gaieté de cœur, les violences dont vous avez souffert, ni la honte de cet affront.

— Pas si bête! répliqua Squeers vivement.

— Ou pour perdre l'occasion de les rendre avec usure, s'il s'en présentait une ?...

— Donnez-m'en une, et vous verrez.

— Est-ce pour quelque chose comme cela que vous êtes venu me voir? dit Ralph levant les yeux sur le maître de pension.

— N.... n.... non, que je sache, répliqua Squeers; c'était seulement dans l'espérance qu'il vous serait possible d'ajouter à la bagatelle que vous m'avez déjà envoyée quelque argent de plus pour me dédommager de....

— Ah! cria Ralph, l'interrompant. Il est inutile d'aller plus loin. »

Après un assez long silence, pendant lequel Ralph paraissait tout entier à ses réflexions, il reprit la parole pour faire cette question :

« Qu'est-ce que c'est que ce garçon qu'il a emmené avec lui ? »

Squeers dit son nom.

« Était-il jeune ou vieux, robuste ou maladif, doux ou mutin ? Voyons, parlons franchement, reprit Ralph.

— Mais il n'était pas jeune, répondit Squeers, c'est-à-dire pas jeune pour un petit garçon, vous savez.

— Cela veut dire que ce n'était pas du tout un petit garçon, n'est-ce pas?

— Eh bien ! répondit Squeers avec vivacité, comme si cette observation l'avait mis plus à l'aise, il pouvait avoir vingt ans. Pourtant il ne paraissait pas son âge, quand on le connaissait, parce qu'il lui manquait là quelque chose, et Squeers se portait la main au front; vous savez, vous auriez frappé vingt fois à la porte; pas de réponse, il n'y avait personne à la maison.

— Et puis, à propos de frapper à la porte, vous frappiez peut-être assez souvent? marmotta Ralph entre ses dents.

— Mais, pas mal, répondit Squeers avec un rire forcé.

— Quand vous m'avez envoyé un reçu de la petite bagatelle dont vous parliez tout à l'heure, dit Ralph, vous m'avez écrit dans la lettre que c'était un enfant depuis longtemps abandonné par sa famille, et que vous n'aviez pas le moindre indice qui pût vous mettre sur la trace de ce qu'il était. Est-ce la vérité?

— C'est malheureusement trop vrai, répliqua Squeers qui se mettait de plus en plus à son aise et devenait plus familier à mesure que Ralph devenait lui-même moins réservé dans ses questions. Il y a maintenant quatorze ans, comme on peut le voir sur mon livre d'admission, un particulier d'assez mauvaise mine me l'amena, un soir d'automne, et me le laissa après m'avoir payé d'avance son premier quartier de cent vingt-cinq francs. L'enfant pouvait avoir alors cinq ou six ans, pas davantage.

— Est-ce là tout ce que vous savez sur son compte?

— Ma foi ! j'ai le regret de le dire, mais c'est à peu près tout; j'ai toujours reçu la pension pendant sept ou huit ans, et puis après, rien. Il m'avait donné une adresse à Londres, ce garnement, mais, quand j'allai pour me faire rembourser, j'ai trouvé visage de bois, comme de raison. Ainsi, j'ai gardé le garçon par.... par....

— Par charité, dit Ralph.

— Par charité, comme vous dites, répondit Squeers en se frottant les genoux, et c'est justement au moment où il commence à pouvoir me rendre quelques petits services, que ce mauvais grédin de Nickleby vient me l'enlever. Mais ce qu'il y a de plus vexant et de plus déplorable dans tout cela, continua-t-il en baissant la voix et approchant sa chaise tout près de Ralph, c'est que dernièrement on est venu s'informer de lui, non pas chez moi, mais d'une manière indirecte à des gens de notre village. Ainsi, c'est précisément lorsque j'aurais pu me faire payer tout l'arriéré..... qui sait? quand peut-être même (ce n'est pas la première fois que cela se serait vu dans notre profession) on y aurait ajouté un cadeau pour lui trouver une place dans une ferme, ou pour l'embarquer comme matelot, afin de ménager l'honneur de sa famille, si c'est un enfant naturel, comme l'on ai pas mal ; eh bien ! c'est juste là le moment que ce scélérat de Nickleby choisit pour me le subtiliser, pour me voler comme dans un bois.

— Vous et moi nous pourrons avant peu nous trouver quittes avec lui, dit Ralph en portant la main sur le bras de l'instituteur du Yorkshire.

— Quittes ! répéta Squeers. Ah ! je lui donnerais bien volontiers encore du retour, avec du temps pour le payer. S'il pouvait seulement tomber sous la patte de Mme Squeers ! Dieu du ciel ! je crois qu'elle le tuerait, monsieur Nickleby, elle n'en ferait qu'une bouchée.

— Eh bien ! dit Ralph, nous reparlerons de cela ; il me faut un peu de temps pour y songer. Il faudrait, pour bien faire, le blesser au cœur dans ses affections et ses sentiments.... Si je pouvais le frapper dans ce garçon qu'il aime !...

— Frappez-le comme vous voudrez, monsieur, mais seulement frappez ferme, voilà tout, et là-dessus je vais vous souhaiter le bonjour.... Hé, dites donc, décrochez-moi le chapeau du petit, qui est là au clou dans le coin, et descendez mon fils du tabouret, voulez-vous ? »

En donnant à Newman Noggs ces instructions assez impolies, M. Squeers passa lui-même dans l'autre bureau, arrangea le chapeau sur la tête de Wackford avec une sollicitude toute paternelle, pendant que Newman, la plume derrière l'oreille, restait assis, roide et immobile, sur son escabeau, regardant effrontément tour à tour le père et le fils.

« C'est un joli garçon, n'est-ce pas ? dit Squeers penchant la tête de côté et se reculant de quelques pas pour mieux admirer les proportions avantageuses de son héritier.

— Magnifique, dit Newman.

— Et puis un joli petit embonpoint ; n'est-ce pas ? l'embonpoint de vingt enfants au moins !

— Ah ! répliqua Newman, regardant brusquement Squeers sous le nez, de vingt enfants ! ce n'est pas assez, il a pris tout pour lui, tant pis pour les autres. Ha ! ha ! ha ! Oh, mon Dieu ! »

Après ces observations un peu décousues, Newman retomba devant son bureau et se remit à écrire avec une rapidité merveilleuse.

« Ouais ! qu'est-ce qu'il veut dire, celui-là ? cria Squeers à qui le rouge montait au visage. Est-ce qu'il est gris ? »

Pas de réplique de Newman.

« Où fou? »

Mais Newman avait l'air de ne pas seulement se douter qu'il y eût là quelqu'un avec lui. Aussi M. Squeers, enhardi, se donna la satisfaction de dire que sans doute il était l'un et l'autre, et partit là-dessus, emmenant le petit Wackford, jeune homme d'une haute espérance.

Nous avons vu Ralph Nickleby aux prises avec un certain sentiment d'intérêt naissant pour Catherine : sa haine pour Nicolas en ce moment croissait exactement dans la même proportion. Il est possible que, pour expier sa faiblesse à ses propres yeux, il se dédommageât de l'inclination qu'il ressentait pour l'une en détestant l'autre plus que jamais. Et puis de se voir bravé, méprisé, représenté à sa nièce sous les couleurs les plus noires et les plus odieuses, de savoir qu'on l'instruisait à le haïr, à le mépriser elle-même, à redouter son approche comme une atmosphère empestée, sa compagnie comme une lèpre; de savoir tout cela, et de savoir en même temps que l'auteur de ses tourments était ce même petit drôle, qui, pauvre et dépendant de lui, lui avait tenu tête dès leur première entrevue, qui, depuis, l'avait bravé ouvertement à son nez et à sa barbe; toutes ces pensées avaient tellement exaspéré sa malignité, ordinairement froide et sournoise, qu'il n'aurait rien épargné peut-être en ce moment pour la satisfaire, s'il avait eu sous la main quelque vengeance sûre et prompte.

Mais il n'en avait pas, heureusement pour Nicolas. Il eut beau ruminer tout le jour; il eut beau se mettre la cervelle à l'envers pour inventer des plans et des projets favorables à sa haine, la nuit le trouva encore ressassant le même rêve et poursuivant sans fruit les mêmes chimères.

« Quand mon frère avait son âge, disait Ralph, les premières comparaisons qu'on faisait entre nous étaient toujours à mon désavantage. Lui, il était franc, libéral, vif et gai ; moi, j'étais rusé, ladre, j'avais de la glace et non du sang dans les veines, pas d'autre passion que l'économie, pas d'autre ardeur que la soif du gain. Je ne l'avais pas oublié la première fois que j'ai vu ce petit drôle, mais je me le rappelle aujourd'hui mieux que jamais. »

Dans sa colère, il avait déchiré la lettre de Nicolas en atomes imperceptibles qu'il avait lancés en l'air, et qui retombaient maintenant comme une pluie fine autour de lui.

« Les souvenirs qui voltigent autour de mon esprit, poursuivit-il avec un sourire amer, n'ont pas plus de consistance que ces atomes. S'ils viennent de tous côtés m'assaillir en foule, c'est que j'ai le tort de m'y prêter. Faisons mieux, et puisqu'il y a encore des gens qui affectent de mépriser le pouvoir de l'or, montrons-leur un peu ce que c'est. »

Cette réflexion remonta Ralph Nickleby et le disposa mieux au sommeil : il alla donc se coucher l'esprit plus satisfait.

CHAPITRE III.

Smike est présenté à Mme et Mlle Nickleby. Nicolas, de son côté, fait de nouvelles connaissances. On entrevoit, pour la famille, des jours meilleurs.

Après avoir établi sa mère et sa sœur dans l'appartement de l'excellente miss la Creevy, après s'être assuré que la vie de sir Mulberry Hawk n'était pas en danger, Nicolas tourna ses pensées du côté du pauvre Smike, qui, après avoir déjeuné avec Newman Noggs, était resté désolé dans la mansarde de leur ami, à attendre avec une grande anxiété des nouvelles ultérieures de son protecteur.

« Comme il doit à présent faire partie de notre petit ménage, partout où nous demeurerons, et quel que soit le sort que nous réserve la fortune, il faut, pensa Nicolas, que je présente le pauvre garçon en bonne et due forme. Je ne doute pas que ma mère et ma sœur ne l'accueillent favorablement pour lui-même, mais s'il fallait ajouter quelque chose à leurs bonnes dispositions pour lui, je sais qu'elles s'y prêteront volontiers pour me faire plaisir. »

En disant ma mère et ma sœur, Nicolas ne voulait parler que de sa mère, car, pour Catherine, il était sûr d'elle. Mais il connaissait les faiblesses de sa mère, et il craignait que Smike ne se mît pas aussi aisément dans les bonnes grâces de Mme Nickleby. Cependant il se disait en partant pour accomplir cette cérémonie qu'elle ne pouvait manquer de s'attacher à lui, quand elle connaîtrait sa nature dévouée et que, comme elle ne serait pas longue à s'en apercevoir, Smike n'aurait à subir qu'une courte épreuve.

« J'avais peur, dit Smike dans sa joie de revoir son ami, qu'il ne vous fût survenu encore quelque nouvel accident. J'ai fini par trouver le temps si long que je craignais presque de vous avoir perdu.

— Perdu ! répliqua gaiement Nicolas, n'ayez pas peur. Vous n'êtes pas prêt d'être débarrassé de moi, je vous en réponds. Il m'arrivera encore plus d'une fois de remonter sur l'eau. Plus fort on pousse la balle, et plus vite elle rebondit, Smike. Mais, allons, je suis chargé de vous emmener à la maison.

— A la maison? balbutia Smike reculant avec timidité.

— Eh bien, oui ! répliqua Nicolas en lui prenant le bras ; pourquoi pas ?

— Autrefois, je ne dis pas, j'ai eu de ces rêves, jour et nuit, nuit et jour, pendant bien des années. A la maison ! combien j'ai souhaité ce bonheur ! mais j'ai fini par me lasser de mes espérances, il ne m'en est resté qu'une peine plus amère. Mais aujourd'hui....

— Eh bien quoi, aujourd'hui ? lui demanda Nicolas en le regardant avec bonté ; qu'est-ce qu'il y a aujourd'hui, mon vieux camarade ?

— Je ne vous quitterais pas pour aller *à la maison*, où que ce fût sur la terre, répliqua Smike en lui serrant la main. J'en excepte un lieu seulement, un seul ; je ne deviendrai jamais vieux ; et si j'étais sûr que ce fût votre main qui me déposât dans la tombe ; si je pouvais espérer, avant de mourir, que vous viendriez l'animer quelquefois d'un de vos sourires si bons, si bienveillants, par un beau jour, un jour d'été, quand tout serait vivant dans la nature, et non pas mort comme moi, cette maison-là, j'y retournerais volontiers sans verser une larme.

— Et pourquoi songer à tout cela, mon pauvre garçon, si vous pouvez vivre heureux avec moi ? dit Nicolas.

— Parce que, si je change, moi, au moins je ne verrai pas les autres changer autour de moi ; s'ils m'oubliaient, j'aurais le bonheur de ne pas le savoir ; et puis, au cimetière, nous nous ressemblons tous ; ici, je ne ressemble à personne : je ne suis qu'un pauvre génie ; mais je vois bien cela.

— Vous êtes un enfant, un nigaud, lui dit Nicolas gaiement. Si c'est là ce que vous voulez dire, nous sommes d'accord. Ne voilà-t-il pas une jolie mine à présenter aux dames, et à ma jolie sœur encore, sur laquelle vous m'avez tant de fois questionné ! Ah ! je ne reconnais plus votre galanterie du Yorkshire. Fi ! que c'est vilain ! »

Smike reprit sa bonne humeur et sourit.

« Quand je vous parle de venir à la maison, poursuivit Nicolas, c'est de la mienne que je vous parle et par conséquent de la vôtre. Si par là j'avais voulu dire un logis en général compris entre quatre murailles et recouvert d'un toit, qu'on appelle une maison, je serais bien embarrassé moi-même de vous en décrire la position; mais ce n'est pas cela dont il s'agit. La maison dont je parle, c'est la place où, en attendant mieux, tous ceux que j'aime sont groupés ensemble. Que ce soit la tente des bohémiens, ou la grange du paysan, s'ils y sont tous, c'est ma maison, et vous n'avez que faire, quant à présent, de vous alarmer à ce nom. Ma maison n'a rien qui doive vous effrayer ni par son étendue ni par sa magnificence. »

En même temps, Nicolas prit son compagnon par le bras, et, tout en causant avec lui de cela et d'autre chose, en variant, le long du chemin, les sujets pour amuser son esprit et soutenir son intérêt, ils se trouvèrent à la porte de miss la Creevy.

« Et voilà, ma chère Catherine, dit Nicolas en entrant dans la chambre où sa sœur était assise toute seule, l'ami fidèle, le compagnon de voyage dévoué, que je vous ai prié de recevoir. »

Le pauvre Smike commença par être terriblement timide et gauche; il avait si grand'peur! mais, lorsque Catherine se fut avancée vers lui avec bonté, et qu'elle lui eut dit, d'une voix pleine de douceur, combien il y avait longtemps qu'elle avait le désir de le voir, d'après tout ce que lui avait dit son frère; combien elle lui devait de remerciments d'avoir été pour Nicolas une consolation constante dans leurs épreuves et leurs revers; alors il ne savait s'il devait rire ou pleurer, et son embarras changea de nature sans être moins grand. Pourtant il prit sur lui de dire d'une voix entrecoupée qu'il n'avait pas d'autre ami que Nicolas, et qu'il donnerait de bon cœur sa vie pour lui. Et Catherine, douce et sage comme elle était, ne voulut pas avoir l'air de remarquer son embarras pour ne pas l'accroître. Aussi reprit-il presque tout de suite son assurance, et se trouva-t-il comme chez lui.

Après cela ce fut le tour de miss la Creevy. Elle aussi; il fallait la lui présenter, et, si miss la Creevy était une bien bonne personne, elle avait aussi la langue bien pendue. Ce n'est pas qu'elle entreprit tout de suite Smike, elle aurait craint de le mettre mal à son aise; mais elle s'en dédommagea avec Nicolas et sa sœur; Puis, après avoir donné à Smike le temps de se préparer, elle lui fit par-ci par-là toutes sortes de questions. « Vous connaissez-vous en portraits? trouvez-vous que celui-là dans le coin me ressemble? qu'en pensez-vous? je crois qu'il n'aurait pas perdu à me rajeunir de dix ans. N'êtes-vous pas de mon avis? Ne trouvez-vous pas, en général, que les jeunes dames sont mieux (et ce n'est pas seulement en peinture) que les vieilles? » Toutes observations d'une gaieté innocente et folâtre qu'elle savait assaisonner d'une humeur si joviale et si amusante, que Smike lui fit en lui-même la déclaration qu'il n'avait jamais vu de dame plus aimable, sans en excepter Mme Grudden du théâtre de M. Vincent Crummles; et pourtant c'était aussi une bien aimable dame et qui parlait peut-être encore plus, mais, dans tous les cas, certainement plus haut que miss la Creevy.

Enfin la porte s'ouvrit encore pour livrer passage à une dame en deuil, et Nicolas alla l'embrasser avec tendresse en l'appelant sa mère; puis il l'amena près de la chaise d'où s'était levé Smike en la voyant entrer.

« Ma chère mère, dit Nicolas, vous êtes toujours si bonne aux affligés, si empressée à leur venir en aide, que vous ne pouvez manquer, je le sais, d'être bien disposée en sa faveur.

— Ne doutez pas, mon cher Nicolas, répliqua Mme Nickleby regardant sa nouvelle connaissance d'un air peu émerveillé, et lui rendant son salut avec un peu plus de majesté qu'il n'eût fallu peut-être en pareille circonstance; ne doutez pas que nos amis aient (c'est trop juste et trop naturel, vous le savez) tout droit à mon bon accueil, et par conséquent que j'aie un très-grand plaisir à voir tous ceux auxquels vous prenez intérêt. Cela ne peut pas faire l'ombre d'un doute. Certainement non, pas le moins du monde; mais en même temps laissez-moi vous dire, mon cher Nicolas, comme je le disais toujours à votre pauvre cher père, quand il m'amenait des messieurs à dîner sans qu'il y eût rien à la maison, que, s'il était venu seulement l'avant-veille (aujourd'hui ce n'est pas l'avant-veille que je dois dire, mais bien l'année dernière), nous aurions été plus à même de le mieux recevoir. »

Après ces observations, Mme Nickleby se tourna vers sa fille, et lui demanda à voix basse, mais de manière à être entendue, si ce monsieur allait passer chez eux toute la nuit; « car dans ce cas, ma chère Catherine, dit-elle, je ne sais pas où il serait possible de le mettre coucher; il n'y a de place nulle part. »

Catherine fit quelques pas vers sa mère avec sa grâce ordinaire, et, sans montrer ni contrariété ni dépit, lui glissa quelques mots à l'oreille.

« Mon Dieu! ma chère Catherine, dit Mme Nickleby reculant de quelques pas, comme vous êtes tourmentante! Croyez-vous que je ne savais pas bien cela sans que vous eussiez besoin de me le dire? mais c'est justement ce que je viens de dire à Nicolas; je lui ai répété que j'en étais satisfaite.... A propos, mon cher Nicolas, ajouta-t-elle en se tournant vers lui d'un air moins contraint qu'auparavant, et le nom de votre ami, vous ne me l'avez pas dit?

— Son nom, ma mère? c'est Smike. »

Personne ne pouvait prévoir l'effet de cette réponse toute simple; mais Mme Nickleby n'eut pas plutôt entendu prononcer ce nom, qu'elle se laissa tomber sur sa chaise, et se mit à pleurer sans rime ni raison.

« Qu'avez-vous? s'écria Nicolas se précipitant vers elle pour la soutenir.

— Ah! cela ressemble à Pyke, cria Mme Nickleby; cela ressemble tout à fait à Pyke. Ah! qu'on ne me parle pas.... je vais être mieux, je le sens. »

Là-dessus, elle n'oublia aucun des symptômes de la pâmoison dans toutes ses phases; puis, se faisant verser un grand verre d'eau dont elle prit la valeur d'une cuiller à bouche, et dont elle jeta le reste, Mme Nickleby se trouva mieux, et s'excusa avec un sourire languissant d'être si enfant; mais elle ne pouvait pas s'en empêcher.

« C'est un mal de famille, dit Mme Nickleby; il ne faut donc pas m'en vouloir de ma sensibilité. Votre grand'maman, Catherine, était exactement de même, mais tout à fait de même : la moindre émotion, la plus légère surprise, et elle se trouvait mal sur-le-champ. Je lui ai entendu dire et redire, que du temps qu'elle était demoiselle, avant son mariage, elle tournait un jour le coin de la rue d'Oxford, lorsqu'elle se heurta contre son coiffeur, qui se sauvait de la poursuite d'un ours.... ou bien, attendez, c'était peut-être l'ours qui se sauvait de la poursuite du coiffeur. Enfin, je n'en sais plus rien, mais ce que je sais bien, c'est que le coiffeur était un très-joli homme, et qui avait même les manières très-élégantes, ce qui du reste ne fait rien à l'affaire. »

Mme Nickleby, une fois lancée, sans s'en apercevoir, dans ses accès d'humeur rétrospective, devint plus traitable à partir de ce moment, et, par des transitions faciles dans la conversation, passa à une foule d'autres anecdotes qui n'étaient pas moins bien appropriées au sujet.

« Monsieur Smike est du Yorkshire, n'est-ce pas, mon cher Nicolas? dit-elle après le dîner, reprenant la parole après une assez longue pause.

— C'est bien cela, ma mère, répondit Nicolas; je vois que vous n'avez pas oublié sa triste histoire.

— O Dieu! non, cria Mme Nickleby. Certes, oui, une triste histoire! vous avez bien raison.... Vous n'avez jamais eu l'occasion, monsieur Smike, lui dit la bonne dame, de dîner chez les Grimble de Grimblehall, un peu au nord du comté? Non? — M. Thomas Grimble, un homme très-fier : six grandes filles très-aimables, et le plus beau parc du pays!

— Ma bonne mère, à quoi pensez-vous? dit Nicolas; comment pouvez-vous croire que l'infortuné souffre-douleur d'un maître de pension du Yorkshire eût l'occasion de recevoir des cartes d'invitation de toute la noblesse et la bourgeoisie du voisinage?

— Mais réellement, mon cher, je ne vois pas ce qu'il y aurait là d'extraordinaire ; je sais bien que moi, quand j'étais en pension, j'allais toujours au moins quatre fois par an chez les Hawkins à Taunton-vale, et certes ils sont beaucoup plus riches que les Grimble et alliés à leur maison par mariage. Ainsi, vous voyez bien que ce n'est pas déjà si invraisemblable. »

Après avoir écrasé Nicolas par cette réponse triomphante, voilà qu'il prit tout à coup à Mme Nickleby une attaque subite de défaut de mémoire et une envie irrésistible de substituer au nom de Smike qu'elle avait oublié, celui de M. Slammons. Quand on l'en fit apercevoir, elle s'en excusa sur la ressemblance étonnante des deux noms dans la prononciation ; vu qu'ils commençaient tous les deux par un s, et qu'il y avait un m commun dans le mot.

Smike ne fut peut-être pas frappé comme elle de cette ressemblance ; mais il montra tant d'attention, et mit tant de complaisance à écouter Mme Nickleby ; qu'ils furent bientôt dans les meilleurs termes, et que, sensible à cette déférence, Mme Nickleby ne tarda pas à manifester la plus haute estime pour son caractère et sa tenue en général.

Le petit cercle de famille continua donc de vivre sur le pied de la plus agréable intimité jusqu'au lundi matin; où Nicolas se retira pour se recueillir un moment; réfléchir sérieusement à l'état de ses affaires ; et prendre, s'il lui était possible, un parti qui pût le mettre à même de soutenir des objets de son affection, dont l'existence dépendait entièrement désormais de son activité et de son succès.

M. Crummles lui revint plus d'une fois à l'esprit, mais, si Catherine était déjà au fait de tous les détails de ses relations avec cet illustre directeur, sa mère ne l'était pas ; et il prévoyait de sa part mille objections embarrassantes à ce qu'il choisît le théâtre pour sa carrière. Il avait d'ailleurs d'autres raisons plus graves encore de ne plus songer à reprendre ce genre de vie. Non-seulement les profits en étaient médiocres et précaires, surtout s'il ne devait jamais, comme il en avait l'intime conviction, s'élever à une grande distinction même en province; mais encore il faudrait donc qu'il traînât sa sœur de ville en ville, de foire en foire. Quelle autre société pourrait-il lui donner que celle des gens avec lesquels il serait obligé de se mêler presque sans choix? « Non, dit Nicolas, c'est impossible, il faut nécessairement que je prenne un autre parti. »

C'était facile à dire, ce n'était pas facile à faire, avec aussi peu d'expérience du monde qu'il en avait pu gagner dans ses épreuves pénibles mais courtes, avec une bonne dose de confiance téméraire et de précipitation juvénile, et une très-petite somme d'argent devant lui. Pas bien riche d'argent, mais plus pauvre encore d'amis, qu'allait-il devenir? « Parbleu! dit Nicolas, je vais retourner à mon bureau de placement. »

Il ne pouvait s'empêcher de rire en lui-même de voir avec quelle ardeur il se mit en marche pour l'accomplissement d'un dessein dont il blâmait intérieurement tout à l'heure la précipitation. Mais il n'en allait pas moins droit à son but, se figurant, à mesure qu'il approchait du bureau, toute espèce de chances brillantes ou d'impossibilités absolues, et se disant, peut-être avec raison, que c'était un grand bonheur pour lui que ce tempérament impétueux et bouillant qu'il avait reçu de la nature.

Le bureau paraissait exactement dans le même état que la dernière fois qu'il y était allé, et même, à deux ou trois exceptions près, il y reconnut les mêmes écriteaux à la fenêtre. C'étaient toujours les mêmes maîtres et les mêmes maîtresses respectables qui demandaient toujours des domestiques également vertueux; c'étaient les mêmes domestiques vertueux qui demandaient toujours des maîtres ou des maîtresses également respectables. C'étaient les mêmes terres magnifiques qui sollicitaient un placement de capitaux; c'étaient les mêmes capitaux incalculables qui cherchaient des terres pour garantir un bon placement: en un mot, c'était toujours la même profusion d'occasions excellentes offertes à tous les gens qui voulaient faire fortune. Et la preuve la plus éclatante de la prospérité nationale, c'est que, depuis si longtemps, il ne s'était encore présenté personne pour saisir au vol des avantages si précieux.

Quand Nicolas s'arrêta devant la croisée pour y lire les annonces, le hasard voulut qu'un vieux gentleman en fît autant; Et Nicolas, en les parcourant des yeux, de droite à gauche, pour y découvrir quelque placard intéressant en grosses capitales, rencontra l'inconnu, dont l'extérieur provoqua sa curiosité et lui fit un moment suspendre ses recherches pour l'examiner de plus près.

C'était un gros bel homme de bonne mine, portant un habit bleu à larges pans, ample et aisé, sans taille, pour ainsi dire, pour plus de commodité. Une culotte courte et de grandes guêtres sur ses jambes robustes; sur la tête un chapeau blanc, bas de forme, à larges bords, comme en porte un riche campagnard. Il avait son habit boutonné. Son double menton, avec ses nombreuses fossettes, s'étalait à l'aise dans les plis d'une cravate blanche, non pas une de vos cravates apoplectiques, toutes roides d'empois, mais une de ces bonnes, vastes cravates blanches du temps jadis, avec lesquelles on pouvait aller se coucher sans crainte de s'étrangler. Mais ce qui attira principalement l'attention de Nicolas, c'était l'œil de ce brave homme, un œil clair, scintillant, honnête, un œil heureux et content. Il était donc planté là, debout, le nez en l'air, une main dans le revers de son habit, l'autre jouant avec sa chaîne de montre en or, contemporaine de sa jeunesse; la tête un peu de côté, et le chapeau encore plus de côté que la tête, mais ce n'était que par accident; on voyait bien que ce n'était pas sa posture habituelle; le tout relevé d'un sourire agréable qui se jouait autour de ses lèvres, avec une expression comique de finesse, de simplicité, de bonté, de bonne humeur, tout ensemble fondu dans la physionomie vive et enjouée de ce vieillard appétissant. Aussi Nicolas serait resté là à le regarder jusqu'à demain, oubliant volontiers toutes les mines revêches et les visages bourrus qui ne sont pas rares sous la calotte des cieux.

Mais il n'eut pas le temps de prolonger beaucoup son plaisir, car l'étranger, sans avoir l'air de se douter qu'il fût devenu l'objet du regard observateur de Nicolas, jeta par hasard les yeux sur lui, ce qui lui fit naturellement ramener les siens vers les séductions des affiches collées à la fenêtre, pour ne pas le blesser par une curiosité indiscrète.

Cependant le gentleman ne bougeait pas de là, laissant errer ses yeux d'un placard à l'autre, sans que Nicolas osât lever la tête pour le considérer davantage. Sous ces dehors singuliers et bizarres, c'était plaisir de voir l'air le plus avenant du monde: il semblait que tout parlât en sa faveur; c'était un de ces portraits où les lumières, habilement distribuées par l'artiste dans le coin de la bouche et dans le pli des yeux, ne piquent pas seulement l'intérêt du spectateur, mais lui font aimer le modèle en personne.

Cela posé, vous ne serez pas surpris que Nicolas se donnât le plaisir de le considérer, et que le gentleman le prît plus d'une fois sur le fait. Nicolas, à chaque fois, rougissait d'un air embarrassé; car le fait est qu'il s'était déjà demandé si, par hasard, l'étranger ne serait pas venu là chercher un employé ou un secrétaire, et il lui semblait que, dans ce cas, le vieux monsieur devait lire son secret écrit sur sa figure.

Tout cela fut l'affaire de quelques minutes, bien que les détails en soient plus longs dans un conte. L'étranger allait partir quand Nicolas, rencontrant ses yeux, se vit pris encore une fois en flagrant délit, et, dans son embarras, balbutia un mot d'excuse.

« Il n'y a pas de mal à cela; oh! mon Dieu! il n'y a pas de mal, » dit le bon vieillard.

Ces paroles furent dites d'un ton si amical et d'une voix qui répondait si bien à la bonne mine de l'étranger, enfin avec une telle cordialité de manières, que Nicolas se sentit encouragé à dire quelques mots de plus.

« Voilà un grand choix de bonnes occasions, monsieur, dit-il avec un demi-sourire en montrant la croisée du bureau.

— Oui; il y a déjà bien des gens à la recherche d'un emploi qui s'y sont laissé prendre; ce n'est pas d'aujourd'hui, ma foi! les pauvres garçons! les pauvres garçons! »

En même temps il se mit en route; mais, croyant voir que Nicolas ouvrait la bouche pour lui parler, il ralentit complaisamment son pas, comme s'il ne voulait pas le désobliger en le quittant trop brusquement. Il y eut donc entre eux un moment de cette hésitation que l'on voit quelquefois dans la rue entre deux passants qui se sont fait de la tête un signe de reconnaissance, mais qui ne savent pas trop s'ils doivent revenir sur leurs pas pour s'aborder, ou s'ils doivent continuer leur chemin; Nicolas finit pourtant par se trouver côte à côte avec le vieux gentleman.

« Vous vouliez parler, jeune homme ? Qu'est-ce que vous vouliez me dire?

— Oh! rien; seulement que j'espérais presque, ou plutôt que je m'imaginais que vous aviez quelque raison de venir consulter ces annonces.

— Ah! et quelle raison? voyons, quelle raison? répliqua le bon vieux en jetant un regard en coulisse à Nicolas. Vous pensiez peut-être que je venais chercher une place; hein! n'est-ce pas vrai? »

Nicolas secoua la tête vivement pour combattre cette supposition.

« Ah! ah! dit en riant le gentleman qui se frottait et se tordait les mains comme un linge qui sort de la lessive ; dans tous les cas, il n'y avait pas de mal à vous de le croire, en me voyant examiner ces écriteaux. Moi, dans le commencement, j'en ai pensé autant de vous, ma parole d'honneur; ainsi vous voyez bien.

— Vous pouviez le croire au commencement comme à la fin, monsieur, sans avoir peur de vous tromper, répliqua Nicolas.

— Comment? cria le vieux gentleman le considérant des pieds à la tête; il n'est pas Dieu possible! Non, non; un jeune homme de bonne mine comme vous, réduit à cette extrémité! oh! non, non, non. »

Nicolas le salua, et, lui souhaitant le bonjour, tourna les talons.

« Un moment, dit l'autre en lui faisant signe de le suivre dans une rue de traverse pour causer plus commodément, sans crainte d'être interrompus ; qu'est-ce que vous dites là?

— Mon Dieu! voilà tout simplement la chose. Votre air de bonté et vos manières, si peu semblables à tout ce que j'ai rencontré jusqu'ici, m'ont arraché l'aveu que je vous ai fait, et que, pour tout au monde, je n'aurais jamais eu l'idée de faire à aucun autre inconnu dans ce désert de Londres.

— Désert! ah! oui, c'en est un, c'en est bien un. Certes, oui! c'est un désert, dit le vieillard avec beaucoup de chaleur. Il fut un temps où c'était un désert aussi pour moi! J'y suis venu pieds nus.... je ne l'ai jamais oublié, Dieu merci! et il leva son chapeau d'un air grave pour honorer le nom de Dieu qu'il invoquait. Voyons, qu'avez-vous ?... qu'est-ce que c'est?... comment cela s'est-il fait? dit-il en posant sa main sur l'épaule de Nicolas et remontant la rue avec lui. Je vois que vous êtes.... n'est-ce pas? et il mit le doigt sur la manche de l'habit de deuil de l'orphelin.... De qui?... dites-le-moi.

— De mon père, répondit Nicolas.

— Ah! dit le vieux gentleman avec vivacité. C'est bien triste pour un jeune homme d'avoir perdu son père. Et la mère restée veuve peut-être? »

Nicolas répondit par un soupir.

« Avec des frères et des sœurs, n'est-ce pas?

— Une sœur, répliqua Nicolas.

— Pauvre enfant! pauvre enfant! L'éducation est une grande chose, une bien grande chose.... Moi, je n'en ai pas reçu; je ne l'en apprécie que mieux chez les autres. Oh! oui, c'est une bien belle chose. Contez-moi votre histoire. Je veux tout savoir, et surtout ne croyez pas que ce soit par une sotte curiosité ; non, non. »

Il y avait dans son langage un entrain si bienveillant, un mépris si complet de toutes ces réserves de convention froides et compassées, que Nicolas ne put résister à cet appel. Entre gens qui ont des qualités de cœur franches et solides, il n'y a rien qui se gagne comme la confiance et le besoin d'un épanchement réciproque. Nicolas s'y abandonna avec effusion. Il n'oublia dans son récit aucun des points importants à connaître ; il ne supprima que les noms, et glissa le plus légèrement qu'il lui fut possible sur les torts de son oncle avec Catherine. Le bon vieillard l'écoutait avec une attention soutenue, et, quand il eut fini, lui prit le bras sous son bras.

« Pas un mot de plus, pas un mot. Venez avec moi : nous n'avons pas une minute à perdre. »

En même temps, il le ramenait dans la rue d'Oxford, arrêtait un omnibus, y poussait Nicolas et montait derrière lui.

Comme il paraissait dans un état extraordinaire d'émotion et de trouble, et qu'il fermait la bouche à Nicolas, chaque fois qu'il allait parler, en lui répétant : « Pas un mot de plus, mon cher monsieur, pour rien au monde, pas un mot de plus, » Nicolas crut devoir renoncer à toute explication. Ils firent donc le voyage de la Cité sans échanger une parole ; et, plus ils avançaient, plus Nicolas était embarrassé de deviner comment finirait l'aventure.

Une fois devant la Banque, le vieux gentleman descendit avec la même vivacité, et reprenant le bras de Nicolas l'entraîna par la rue de Threadneedle, tourna des ruelles, enfila des passages à droite, tant qu'enfin ils aboutirent à un petit square frais et tranquille. Il le mena droit à une maison de commerce la plus propre quoique la plus antique de toute la place ; la porte n'avait pas d'autre inscription que ces mots : *Cheeryble frères*. Mais un coup d'œil rapide jeté par Nicolas sur des ballots déposés près de là lui fit supposer que les frères Cheeryble étaient des négociants allemands.

Là, traversant un magasin qui présentait l'apparence d'un commerce actif et prospère, M. Cheeryble, car Nicolas n'hésita pas à lui donner ce titre en voyant le respect que lui témoignaient sur son passage les employés et les commissionnaires, le conduisit dans un petit comptoir formé par des cloisons vitrées, une espèce de cage de verre, où l'on voyait assis tout frais et tout propret, comme si on l'y avait renfermé dans le temps, avant d'en poser le couvercle, sans qu'il en fût jamais sorti, un commis déjà sur l'âge, gras, joufflu, avec des lunettes d'argent et des cheveux poudrés.

« Timothée, mon frère est-il dans son cabinet? dit M. Cheeryble avec la même douceur dans les manières que lui connaissait déjà Nicolas.

— Oui, monsieur, il y est, répondit le gros commis tournant ses lunettes vers son patron et ses yeux vers Nicolas ; mais il est avec M. Trimmers.

— Ah! Et savez-vous pourquoi est venu M. Trimmers?

— Il fait une souscription pour la veuve et les enfants d'un homme qui s'est tué ce matin dans les docks des Indes orientales, écrasé par une tonne de sucre.

— L'excellent homme! dit M. Cheeryble avec enthousiasme, le brave homme! J'ai bien des obligations à Trimmers ; c'est un de nos meilleurs amis. C'est toujours lui qui nous fait connaître une foule de cas que nous ne pourrions jamais découvrir par nous-mêmes. J'en suis bien reconnaissant à Trimmers. » Et M. Cheeryble se frotta les mains avec délices, et quand M. Trimmers vint à passer pour s'en aller, il courut à lui, l'arrêta sur le pas de la porte et le prit par la main.

« Je vous dois mille remercîments, dix mille remercîments, c'est une vraie marque d'amitié de votre part, une vraie marque d'amitié, dit M. Cheeryble l'attirant dans un coin pour n'être pas entendu. Combien y a-t-il d'enfants, et qu'est-ce que mon frère Ned a donné pour eux, Trimmers?

— Il y a six enfants, et votre frère nous a donné cinq cents francs.

— Mon frère Ned est un brave homme, et vous aussi, Trimmers, vous êtes un brave homme, dit le vieux gentleman en lui prenant les mains dans les siennes, tout tremblant d'émotion ; inscrivez-moi aussi pour cinq cents francs, ou bien.... une minute, une petite minute! il ne faut pas que nous ayons l'air d'y mettre de l'ostentation : inscrivez-moi pour deux cent cinquante francs et Tim Linkinwater pour deux cent cinquante francs aussi. Timothée, faites une traite de cinq cents francs au nom de M. Trimmers ; que Dieu bénisse votre charité, Trimmers! Mais venez donc dîner quelques jours de cette semaine avec nous. Vous trouverez toujours votre couvert sur la table, et des gens charmés de vous recevoir. Bonjour, mon cher monsieur.... Timothée, une traite pour M. Trimmers. Écrasé par une tonne de sucre, et six pauvres enfants! Mon Dieu, mon Dieu! »

Toutes ces paroles étaient prononcées aussi vite que possible par M. Cheeryble, pour prévenir les remontrances amicales qu'aurait pu lui faire le collecteur de la souscription sur le chiffre élevé de son offrande; et, pour y échapper plus sûrement, il se hâta d'emmener Nicolas, non moins ému qu'étonné de ce qu'il venait de voir et d'entendre en si peu de temps, vers la porte entr'ouverte d'un cabinet voisin.

« Frère Ned, dit M. Cheeryble, frappant à la porte avec le revers de ses doigts, et se baissant pour écouter la réponse ; êtes-vous occupé, mon cher frère ? ou avez-vous le temps que je vous dise deux mots ?

— Frère Charles, mon bon ami, répondit une voix dont l'intonation était si semblable à l'autre, que Nicolas tressaillit et fut tenté de croire que c'était la même, entrez donc tout de suite, sans frapper, et sans me faire de pareilles questions. »

En effet, ils entrèrent sans plus attendre. L'étonnement de Nicolas redoubla de plus en plus, quand il vit frère Charles échanger un salut chaleureux avec un autre vieux gentleman du même type et du même modèle, même figure, même stature, même gilet, même cravate, mêmes guêtres et mêmes culottes, enfin même chapeau blanc accroché à la muraille.

Pendant qu'ils se donnaient une poignée de main, leurs deux figures s'animaient d'un regard d'affection tendre, dont on aurait aimé l'innocence dans les traits mêmes d'un enfant, et qui chez des vieillards semblait bien plus saisissante encore. Pourtant, malgré leur ressemblance, Nicolas remarqua que le dernier était un peu plus épais que son frère. C'était, avec une légère nuance de plus d'originalité dans sa démarche et dans sa tenue, la seule différence sensible qui les distinguât. A tout prendre, c'étaient bien deux jumeaux : personne n'aurait pu s'y tromper.

« Frère Ned, dit le protecteur de Nicolas, après avoir fermé la porte, voici un jeune homme de mes amis, auquel il faut que nous venions en aide. Nous allons commencer, pour lui comme pour nous, par prendre des renseignements sur les détails qu'il m'a confiés, et s'ils se confirment, comme je n'en fais aucun doute, il faut que nous l'aidions, frère Ned.

— Mais, mon cher frère, il suffit de ce que vous me dites, répliqua l'autre : il n'est pas besoin de renseignements après vous. Ainsi nous l'aiderons ; qu'est-ce qu'il faut faire ? que demande-t-il ? ou est Tim Linkinwater ? faisons-le venir pour conférer avec nous. »

Pour compléter leur ressemblance, les deux frères avaient, dans leur langage, la même chaleur et la même vivacité ; ils avaient perdu tous les deux les mêmes dents, je pense, ce qui leur donnait une prononciation uniforme ; et quand ils parlaient, ce n'était pas seulement avec cette bonhomie parfaite que donne une grande sérénité d'âme : on aurait dit qu'au banquet où les avait conviés la fortune, ils avaient choisi, dans le pudding servi sur leur table, les raisins de Corinthe les plus sucrés pour en garder dans leur bouche quelques grains qui donnaient plus de douceur à leur parole.

« Où est Tim Linkinwater ? dit le frère Ned.

— Un moment, un moment, dit le frère Charles en prenant l'autre à part. J'ai une idée, mon cher frère ; j'ai une idée ; voilà que Tim se fait vieux, et Tim a toujours été un serviteur fidèle ; et je ne crois pas que d'attendre la mort du pauvre garçon, pour lui élever un petit tombeau de famille et donner une pension à son père et à sa mère, ce fût une récompense suffisante pour ses bons et loyaux services.

— Non, non, répliqua l'autre, certainement non. Nous n'aurions pas fait la moitié de notre devoir.

— Eh bien ! si nous pouvions alléger sa besogne et le décider à aller de temps en temps coucher et prendre l'air à la campagne, ne fût-ce que deux ou trois fois la semaine (et cela serait facile, s'il voulait seulement venir à son travail une heure plus tard le matin), le vieux Tim Linkinwater rajeunirait, j'en suis sûr, et vous savez qu'il a trois bonnes années de plus que nous.... Voyez-vous cela, frère Ned ? Hein ? le vieux Tim Linkinwater rajeuni ! dame ! je me rappelle avoir vu le vieux Tim Linkinwater petit garçon comme nous ! Ha ! ha ! ha ! le pauvre Tim ! »

Et les bons vieux camarades se mirent à rire ensemble aux éclats, tous deux la larme à l'œil, en pensant au vieux Tim Linkinwater.

« Mais écoutez d'abord, frère Ned, dit l'autre avec chaleur, en s'asseyant ainsi que son frère, avec Nicolas au milieu d'eux, je m'en vais vous conter tout cela moi-même, parce que le jeune homme est modeste et bien élevé, Ned ; et je ne voudrais pas lui faire recommencer son histoire tout du long, comme si c'était un mendiant, ou que nous eussions l'air de mettre en doute sa véracité. Non, non, ce ne serait pas bien.

— Non, non, répéta le frère Ned avec un signe de tête plein de gravité ; vous avez raison, mon cher frère, vous avez raison.

— C'est donc moi qui vais parler à sa place ; il me reprendra si je me trompe ; en attendant, vous verrez, frère Ned, et vous en serez touché, que son histoire nous rappelle la nôtre quand nous sommes venus tous deux, jeunes et sans amis, gagner notre premier schelling dans cette grande cité. »

Les deux jumeaux se serrèrent la main en silence, et le frère

Charles raconte, avec sa simplicité familière, les détails qu'il avait recueillis de la bouche de Nicolas. Après cela la conversation fut longue, et quand elle fut terminée, il y eut une conférence secrète qui ne fut guère plus courte entre frère Ned et Tim Linkinwater dans une autre chambre. Nous devons dire, à l'honneur de Nicolas, qu'il n'avait pas passé dix minutes avec les deux frères, qu'attendri par l'expression nouvelle et répétée de leurs bontés et de leur sympathie, il lui était impossible d'y répondre autrement que par des gestes de remercîment, tant il sanglotait comme un enfant.

Si bien donc que le frère Ned et Tim Linkinwater revinrent ensemble, et Timothée à l'instant s'approcha de Nicolas et lui dit en deux mots à l'oreille (Tim n'était pas un grand bavard) qu'il avait pris son adresse dans le Strand, et qu'il passerait chez lui le soir même, à huit heures; après quoi Timothée essuya ses lunettes, et les remit devant ses yeux pour mieux se préparer à entendre ce que les frères Cheeryble pourraient avoir encore à lui dire.

« Timothée, dit le frère Charles, vous savez que nous avons l'intention de placer ce jeune homme au comptoir. »

Le frère Ned répondit que Timothée en était prévenu, et qu'il approuvait leur résolution.

Timothée fit un signe de tête affirmatif et se redressa de manière à paraître plus gras encore et plus important que d'habitude. Il y eut ensuite un profond silence, que Timothée rompit tout à coup de l'air le plus résolu.

« Oui; mais je ne veux pas venir, vous savez, une heure plus tard au bureau, je ne veux pas aller coucher et prendre l'air à la campagne. Non, non, ne parlons pas de campagne, ce serait joli par le temps qui court! oui, ma foi! Ah bien!

— Diantre d'obstiné! dit frère Charles en le regardant sans la moindre étincelle de colère, ou plutôt avec une physionomie toute rayonnante de son attachement pour le vieux commis; diantre d'obstiné! Que voulez-vous dire, monsieur?

— Je veux dire, répondit Timothée, que voici quarante-quatre ans, et pour faire ce calcul il avait la plume en main, dont il traçait dans l'air une addition imaginaire avant d'en avoir fait le total; quarante-quatre ans au mois de mai prochain que je tiens les livres de Cheeryble frères. Tous les matins, excepté les dimanches, à neuf heures sonnantes, j'ai été là pour ouvrir la caisse; tous les soirs, à dix heures et demie, excepté les jours du courrier étranger (parce que ces jours-là je ne pouvais pas partir avant onze heures quarante minutes), j'ai fait le tour de la maison pour m'assurer que les portes étaient fermées et les feux éteints ; je n'ai pas découché une seule fois de ma mansarde sur le derrière. Voici là, au milieu de la fenêtre, la même caisse de réséda avec les mêmes pots à fleurs, deux de chaque côté, que j'ai apportés avec moi en entrant ici. Il n'y a pas, je l'ai toujours dit et je le dirai toujours ; non, il n'y a pas dans le monde un square comme celui-ci. Quand je vous dis qu'il n'y en a pas, continua Timothée avec un redoublement d'énergie et un sérieux risible, c'est qu'il n'y en a pas. Pour le plaisir comme pour les affaires, en hiver comme en été, peu m'importe, il n'y a rien de pareil. Il n'y a pas dans toute l'Angleterre une fontaine aussi belle que la pompe de la cour ; il n'y a pas dans toute l'Angleterre une si belle vue que la vue de ma fenêtre ; tous les matins j'en ai joui avant de me faire la barbe, et par conséquent je dois la connaître. Voilà la chambre, ajouta Timothée dont l'émotion altérait un peu la voix, où j'ai couché quarante-quatre ans ; et, si cela ne vous gênait pas et ne dérangeait en rien vos affaires, c'est là que je voudrais mourir avec votre permission.

— Diantre de Tim Linkinwater ! Ne voilà-t-il pas qu'il parle de mourir, crièrent à la fois, comme de concert, les deux jumeaux en se mouchant avec violence.

— Voilà ce que j'avais à vous dire, monsieur Edwin et monsieur Charles, dit Timothée en reprenant sa pose majestueuse ; ce n'est pas la première fois que vous me parlez de me mettre à la retraite, mais que ce soit la dernière fois, je vous prie, et qu'il n'en soit plus jamais question. »

Là-dessus Tim Linkinwater se retira fièrement pour se renfermer dans sa cage de verre, de l'air d'un homme qui leur avait dit leur fait, et qui était fermement résolu à n'en rien rabattre.

Les frères échangèrent quelques coups d'œil et toussèrent une douzaine de fois avant de dire mot.

« Cela n'empêche pas, frère Ned, reprit l'autre avec chaleur, qu'il faut lui faire prendre un parti ; tant pis pour ses vieux scrupules, cela devient insupportable.

— Il aura beau dire, nous en ferons notre associé, frère Ned, et, s'il ne veut pas se rendre à l'amiable, nous l'y forcerons par la violence.

— Vous avez bien raison, répliqua l'autre frère secouant la tête comme un homme bien décidé, vous avez bien raison, mon cher frère ; s'il ne veut pas entendre raison, eh bien ! nous le ferons malgré lui, et nous lui montrerons que nous savons faire respecter notre autorité ; nous aurons une querelle avec lui, frère Charles.

— Oui, certainement, nous l'aurons, dit l'autre. Nous aurons une querelle avec Tim Linkinwater. Mais, en attendant, mon cher frère, nous retenons là notre jeune ami, pendant que sa pauvre mère et sa sœur sont peut-être inquiètes de ne pas le voir revenir. Souhaitons-lui le bonjour pour le moment ; et, tenez, mon cher monsieur, ne perdez pas cette petite boîte ; et.... non, non, pas un mot de remercîment, prenez garde seulement dans les rues en passant dans la foule. »

Et les deux frères se dépêchèrent de lui ouvrir la porte, tout en l'ahurissant par des paroles décousues et sans suite, comme celles-là, pour arrêter l'expression de sa reconnaissance, lui donnant des poignées de main tout le long du chemin en le reconduisant, et feignant avec très-peu de succès, car ils n'étaient pas très-habiles à feindre, de ne pas du tout s'apercevoir des sentiments auxquels il était en proie.

Nicolas, en effet, avait le cœur trop plein pour se montrer au dehors avant de s'être un peu remis ; enfin, il quitta le coin de la porte dans lequel il s'était tenu caché pour dominer son émotion, et il surprit, en se glissant dans la rue, les yeux des deux frères qui le regardaient à la dérobée dans un coin de la cage de verre où sans doute ils délibéraient s'ils poursuivraient sans délai l'assaut livré à Tim Linkinwater, ou si, devant une si belle défense, ils lèveraient le siège pour le moment.

De raconter le bonheur et la surprise qui vinrent animer la vivacité de miss la Creevy au récit de cette aventure, de décrire tout ce qui fut, en conséquence, ou fait, ou dit, ou pensé, ou espéré, ou prophétisé, ce serait dépasser les bornes de notre cadre et ralentir notre marche. Disons seulement, en peu de mots, que M. Timothée Linkinwater arriva à l'heure exacte de son rendez-vous ; que, malgré son originalité, malgré le soin jaloux avec lequel il veillait à ce que la libéralité sans bornes de ses patrons ne fût pas mal placée, il crut devoir leur faire sur Nicolas le rapport le plus favorable, et que, dès le lendemain, le jeune aspirant fut nommé au siège vacant dans le comptoir des frères Cheeryble, aux appointements de mille écus par an.

« Eh, qu'en dites-vous, cher frère, dit le premier protecteur de Nicolas, si nous leur louions ce petit cottage de Bow, maintenant vacant, à un prix un peu moins élevé que le prix ordinaire. Hein ! frère Ned ?

— Gratis même, dit le frère Ned. Nous sommes riches, et franchement ce serait une honte de toucher d'eux le prix d'un loyer dans l'état où ils sont. Logeons-les pour rien du tout, mon cher frère, pour rien du tout.

— Frère Ned, il vaudrait peut-être mieux demander quelque chose, reprit l'autre avec douceur, ce serait un moyen de leur faire conserver des habitudes d'économie, voyez-vous, et aussi de ne point les accabler du poids d'une reconnaissance excessive pour les obligations qu'ils croiront nous devoir. Nous pourrions mettre le loyer à quatre ou cinq cents francs, et, s'il nous était payé exactement, nous le capitaliserions de manière ou d'autre à leur profit. Je pourrais même en secret faire, à titre de prêt, une petite avance de fonds pour leur procurer un mobilier : et vous, frère Ned, vous en feriez peut-être autant de votre côté ; et si nous sommes contents d'eux, comme je l'espère, n'ayez pas peur, nous changerons le prêt en pur don, mais doucement, frère Ned, petit à petit, pour ne pas les humilier ; eh bien, qu'en dites-vous, frère ? »

Frère Ned n'eut garde de contredire d'aussi bonnes raisons ; au contraire, il eût regretté plutôt de ne pas les avoir trouvées lui-même. En moins de huit jours, Nicolas fut installé dans sa place, et Mme Nickleby avec Catherine dans leur petite maison ; que d'espérance, de mouvement, de contentement en une semaine !

Mais celle qui suivit ne fut pas moins heureuse dans le cottage ; ce fut une semaine de découvertes et de surprise ; tous les soirs, au retour de Nicolas, on avait trouvé quelque chose de nouveau. Aujourd'hui c'était un pied de chasselas, demain une marmite. Une autre fois, c'était la clef du parloir sur le devant qu'on avait repêchée au fond de la fontaine, et ainsi de suite tous les jours. Après cela, cette chambre-ci fut embellie de rideaux de mousseline ; celle-là devint presque élégante, grâce à une jalousie nouvelle ; enfin on n'aurait jamais cru possible auparavant, disait-on, d'en faire quelque chose de si joli. Ce n'est pas le tout, et miss la Creevy donc, qui était venue en omnibus passer un jour ou deux à les aider, et qui était toujours à courir après un petit paquet de papier gris, dans lequel elle avait apporté des pointes, pour les clouer avec un grand marteau, les manches retroussées jusqu'au coude, trottant partout, trébuchant à chaque marche, culbutant dans les escaliers, et se frottant la place ; et Mme Nickleby qui faisait beaucoup de bruit et peu de besogne ; et Catherine qui s'occupait sans bruit partout et s'émerveillait de toute chose ; et Smike qui entretenait le jardin à ravir, et Nicolas qui aidait et encourageait tout son monde ; enfin la paix, la joie du bonheur domestique revenues au logis, avec cette saveur piquante que communique aux plaisirs simples, et ces délices que peut seul donner à la famille, désormais réunie, le souvenir de la séparation et du malheur.

Bref, les Nickleby pauvres étaient unis et heureux, pendant que Nickleby le riche était seul et misérable.

CHAPITRE IV.

Scènes de la vie privée : affaires de famille. M. Kenwigs reçoit un choc violent, mais Mme Kenwigs ne va pas mal pour sa position.

Il pouvait être sept heures du soir, et il commençait à faire noir dans les rues étroites qui avoisinent Golden-square, quand M. Kenwigs envoya chercher une paire de gants blancs en chevreau, des meilleur marché, ceux de vingt-huit sous; puis il choisit le plus fort; il se trouva que c'était la main droite. Il descendit l'escalier d'un air agité mais majestueux, et se mit en devoir d'envelopper, pour l'assourdir, le bout du marteau de la porte d'entrée. Après cette opération, exécutée avec une rare élégance, M. Kenwigs tira la porte sur lui, et traversa la rue de l'autre côté pour voir l'effet. Après s'être assuré qu'il n'y avait rien de mieux dans son genre, M. Kenwigs revint sur ses pas, appela Morleena par le trou de la serrure pour qu'elle vînt lui ouvrir la porte, disparut dans la maison, et ne reparut plus.

A considérer la chose sous un point de vue philosophique, je serais bien embarrassé de vous dire pourquoi M. Kenwigs se donnait la peine d'envelopper ce marteau plutôt que celui de quelque noble ou de quelque gentleman à quatre lieues à la ronde, vu que, pour la plus grande commodité des nombreux locataires de sa maison, la porte d'entrée restait toujours ouverte, et que le marteau ne servait pas. Le premier étage, le second, le troisième avaient chacun leur sonnette particulière. Quant aux mansardes, elles ne recevaient jamais de visiteurs. Quiconque avait affaire dans le parloir de chaque appartement, n'avait qu'à y entrer tout droit; il n'y avait pas à se tromper; quant à la cuisine, on y descendait par un escalier particulier du sous-sol. Ainsi donc, à l'envisager sous le rapport de la nécessité ou même de l'utilité, cette cérémonie faite au marteau n'avait pas de raison d'être.

Oui, mais il n'est pas dit que l'on ne fait la toilette aux marteaux que dans un but vulgaire d'*utilitarianisme* : ici, par exemple. Il y a des formes polies et des cérémonies d'obligation dans le monde civilisé; autrement, que deviendrait le genre humain? Il retomberait à l'état de barbarie.

On n'a jamais vu une dame comme il faut accoucher, disons mieux : il ne peut y avoir d'accouchement comme il faut, sans que l'on ait ganté bien et dûment le marteau de la porte.

Or, Mme Kenwigs se rendait la justice qu'elle était une dame comme il faut.

Elle accouchait :

Donc, M. Kenwigs avait raison d'envelopper d'un gant blanc en chevreau, pas cher, le marteau désormais silencieux.

« Je ne sais pas même, dit M. Kenwigs, relevant le col de sa chemise et remontant l'escalier d'un pas grave, si je ne ferais pas bien, comme c'est un garçon, de le faire mettre dans les journaux. »

Tout en songeant à l'opportunité de cette mesure et à l'immense sensation qu'elle ne pouvait manquer de faire dans le voisinage, M. Kenwigs se rendit au salon, où une foule de petits articles de toilette du premier âge chauffaient devant le feu sur un séchoir, pendant que le docteur, M. Lumbey, faisait sauter à dada, sur ses genoux, le poupon,... entendons-nous,... le poupon de l'année dernière, pas le nouveau-né d'aujourd'hui.

« C'est un beau garçon, monsieur Kenwigs, dit le docteur Lumbey.

— Ainsi, monsieur, vous le regardez comme un beau garçon?

— Le plus beau garçon que j'aie jamais vu de ma vie ; jamais je n'ai vu pareil poupon. »

Par parenthèse, une chose bien rassurante à penser, et qui donne un démenti formel aux frondeurs qui prétendent que l'espèce humaine est en décadence, c'est que, chaque fois qu'un enfant vient au monde, c'est toujours le dernier venu qui est le plus beau : demandez plutôt à l'accoucheur.

« Ja....mais je n'ai vu pareil poupon, dit le docteur Lumbey.

— Morleena était une jolie pouponne, remarqua M. Kenwigs, qui crut voir dans l'assertion du docteur une attaque implicite contre le reste de la famille.

— C'étaient tous de jolis poupons, » dit M. Lumbey, et il se mit à bercer l'enfant d'un air pensif. Peut-être pensait-il à ce qu'il demanderait sur le mémoire pour avoir bercé l'enfant, mais il n'y a que lui qui puisse le savoir.

Pendant cette courte conversation, miss Morleena, en sa qualité de fille aînée, appelée naturellement à représenter sa mère indisposée, s'était mise à bousculer les trois autres et à leur distribuer de bonnes taloches. Elle était infatigable, et s'y mettait de si bon cœur, que M. Kenwigs ne pouvait la voir si bonne et si raisonnable sans en verser des larmes de joie ; il ne put même s'empêcher de déclarer que, pour l'intelligence et la tenue, cette enfant-là était une véritable femme.

« Ce sera un trésor pour l'homme qu'elle épousera, monsieur, dit M. Kenwigs à demi-voix, et je suis sûr qu'elle fera quelque grand mariage, monsieur Lumbey.

— Je n'en serais pas du tout étonné, répliqua le docteur.

— Vous ne l'avez jamais vue danser, monsieur, n'est-ce pas ? » demanda M. Kenwigs.

Le docteur secoua la tête.

« Oh! alors, dit M. Kenwigs, qui parut le plaindre de tout son cœur, vous ne savez pas ce dont elle est capable. »

Il y avait eu pendant ce temps-là un grand remue-ménage et des allées et venues continuelles d'une chambre à l'autre. La porte de l'autre pièce avait été ouverte et fermée tout doucement plus de vingt fois par minute (car il était bien recommandé de laisser Mme Kenwigs tranquille), et l'on avait fait l'exposition du poupon pour une quarantaine de députations de l'élite des amies de Mme Kenwigs, qui s'étaient réunies dans le corridor et sur le pas de la porte pour discuter l'événement dans toutes ses conséquences prévues. Bien mieux, l'intérêt s'était étendu à la rue tout entière, et on voyait des groupes de dames formés à chaque pas. Il y en avait même qui se trouvaient dans la condition intéressante où Mme Kenwigs se montrait en public pas plus tard qu'hier au soir. Toutes ces bonnes commères apportaient à la conversation le tribut de leur expérience sur ce chapitre. Deux ou trois d'entre elles se faisaient un grand honneur d'avoir prophétisé, l'avant-veille, l'heure exacte où cela se passerait. Quelques autres racontaient comment elles s'étaient doutées de la chose en voyant tout à coup M. Kenwigs devenir pâle et courir de toutes ses forces dans la rue. Enfin l'une disait une chose, l'autre une autre, mais toutes disaient quelque chose, et toutes parlaient ensemble, bien d'accord sur ces deux points : premièrement, que c'était une chose tout à fait méritoire et vraiment digne d'éloges à Mme Kenwigs d'avoir fait ce qu'elle avait fait ; puis, secondement, qu'il n'y avait pas de docteur aussi habile et aussi savant que le docteur Lumbey.

Le docteur Lumbey, au milieu de tout ce tintamarre, était donc assis, comme nous l'avons vu, dans la chambre du premier sur le devant, berçant l'enfant qu'on lui avait mis dans les bras et causant avec M. Kenwigs. C'était un gros homme d'apparence assez rustique, qui n'avait pas de col de chemise, ou peu s'en faut, et dont la barbe n'avait pas été faite depuis quarante-huit heures; car le docteur Lumbey était très-répandu et le quartier très-prolifique. Aussi, dans ces deux jours, n'y avait-il pas eu moins de trois marteaux enveloppés d'un gant l'un après l'autre.

« Eh bien, monsieur? dit M. Lumbey, ça fait six; vous finirez, monsieur, par avoir une belle famille.

— Mais, monsieur, reprit M. Kenwigs, c'est bien assez de six.

— Bah! bah! bah! dit le docteur, quel enfantillage! ce n'est pas assez de moitié, et le docteur se mit à rire aux éclats, mais pas autant cependant qu'une dame mariée des amies de Mme Kenwigs, qui venait de sortir de la chambre de la malade pour donner de ses nouvelles et, par la même occasion, prendre un petit coup de grog à l'eau-de-vie. La plaisanterie du docteur lui parut une des meilleures qu'on eût jamais faites.

— Il est vrai, dit M. Kenwigs en prenant sur son genou sa fille cadette, qu'ils n'attendent pas après; ils ont des espérances.

— Ah! vraiment! dit le docteur Lumbey.

— Et de bonnes, si je ne me trompe, n'est-ce pas? demanda le dame mariée.

— Mais, madame, dit M. Kenwigs, ce n'est pas précisément à moi à dire ce qu'elles sont ou ce qu'elles ne sont pas; ce n'est pas à moi à faire l'éloge d'une famille avec laquelle j'ai l'honneur de m'être allié; et puis, en même temps, Mme Kenwigs est.... Tenez! continua brusquement M. Kenwigs en élevant la voix à mesure qu'il parlait, je ne donnerais pas leurs prétentions pour moins de deux mille cinq cents francs par tête: peut-être plus, mais certainement pas moins.

— Et c'est une jolie petite fortune, dit la dame mariée.

— Mme Kenwigs, dit le mari prenant dans la tabatière du docteur une prise de tabac, qui le fit éternuer horriblement fort, parce qu'il n'en avait pas l'habitude, Mme Kenwigs a des parents qui pourraient laisser à dix personnes deux mille cinq cents francs par tête, et ne pas être réduits à mendier leur pain pour cela.

— Ah! je sais qui vous voulez dire, répliqua la dame mariée avec un signe de tête malin.

— Je n'ai nommé personne; je ne veux nommer personne, dit M. Kenwigs d'un air mystérieux; mais, par exemple, je peux dire que plusieurs de mes amis se sont trouvés ici, dans cette chambre même, avec un parent de Mme Kenwigs, qui tiendrait bien sa place dans les meilleures sociétés.

— Je me suis trouvée avec lui, dit la dame mariée lançant un coup d'œil du côté du docteur Lumbey.

— Il est naturellement bien flatteur pour mes sentiments, comme père, de voir un homme comme cela embrasser mes enfants et s'intéresser à eux. Il est naturellement très-flatteur pour mes sentiments, comme homme, de connaître cet homme-là; et, naturellement aussi, il sera très-flatteur pour mes sentiments, comme époux, de lui faire part de cet événement. »

Après avoir ainsi parlé de ses sentiments, M. Kenwigs remit en place la queue blonde de sa seconde demoiselle, en lui recommandant d'être bonne fille, et de bien faire attention à ce que lui disait sa sœur Morleena.

« Je trouve, dit M. Lumbey frappé d'un enthousiasme soudain pour Morleena, que cette petite fille ressemble tous les jours davantage à sa mère.

— Là! reprit la dame mariée; voyez-vous ce que je dis toujours, ce que j'ai toujours dit : c'est tout son portrait; et la dame mariée ayant ainsi tourné l'attention générale sur la demoiselle en question, profita de la circonstance pour prendre encore un coup de grog au cognac, et un bon petit coup, je vous assure.

— Oui, dit M. Kenwigs après quelques moments de réflexion, il y a une certaine ressemblance; mais quelle femme que Mme Kenwigs avant son mariage! Dieu de Dieu, quelle femme! »

M. Lumbey hocha la tête de l'air le plus solennel, comme pour faire entendre que ce devait être un astre.

« On parle de fées, cria M. Kenwigs, eh bien! moi, je n'ai jamais vu de sylphide pareille, jamais; et des manières, donc, si enjouées et pourtant si sévères et si convenables en même temps. Je ne dis rien de sa tournure, tout le monde sait bien, continua M. Kenwigs, mais d'une voix plus basse par modestie, que ce fut sa tournure qui servit dans ce temps-là de modèle au peintre qui fit l'enseigne de la Grande-Bretagne sur la route d'Holloway.

— Mais on n'a qu'à la voir encore aujourd'hui, dit la dame mariée; je vous demande si on dirait jamais qu'elle a six enfants?

— On se ferait moquer de soi.

— Elle a plutôt l'air d'être sa fille, répliqua la dame mariée.

— C'est vrai, ajouta M. Lumbey, elle a bien plutôt l'air de cela. »

M. Kenwigs allait faire quelques observations encore, sans doute à l'appui de cette opinion, quand une autre dame mariée, qui venait de donner un coup d'œil dans la chambre de Mme Kenwigs pour ranimer et encourager l'accouchée, peut-être aussi pour aider à vider les assiettes, les verres et les bouteilles qui traînaient par là, passa la tête par la porte pour annoncer qu'elle venait de descendre en entendant sonner, et qu'il y avait à la porte un gentleman qui demandait à voir M. Kenwigs tout à fait en particulier.

A ces mots, l'image de son illustre parent trotta dans la cervelle de M. Kenwigs, et, sous l'influence de cette heureuse vision, il se dépêcha d'envoyer Morleena chercher tout de suite le gentleman.

« Tiens! dit M. Kenwigs qui s'était mis en face de la porte pour jouir le premier de la vue du visiteur annoncé, c'est M. Johnson; comment vous portez-vous, monsieur? »

Nicolas lui donna une poignée de main, embrassa ses anciennes élèves à la ronde, remit à la garde de Morleena un gros paquet de joujoux, salua le docteur et les dames mariées, et demanda des nouvelles de Mme Kenwigs d'un ton plein d'intérêt, qui alla tout de suite au cœur de la garde occupée à faire chauffer devant le feu, dans une petite casserole, je ne sais quelle composition mystérieuse.

« J'ai mille excuses à vous faire, dit Nicolas, de venir vous voir dans un moment comme celui-ci; mais je ne l'ai su qu'après avoir sonné, et puis mon temps est tellement pris maintenant, que j'avais peur de ne pas pouvoir revenir de quelques jours d'ici.

— Vous ne pouviez venir plus à propos, monsieur, dit M. Kenwigs; la situation de Mme Kenwigs, monsieur, ne peut nous empêcher, j'espère, d'avoir un petit bout de conversation ensemble, vous et moi.

— Vous êtes bien bon, » dit Nicolas.

Nouvel incident. Encore une dame mariée qui vient donner l'importante nouvelle que le poupon a commencé à teter comme un homme; sur quoi les deux autres dames mariées déjà nommées se précipitent tumultueusement dans la chambre à coucher pour voir si c'est possible.

« Je vous disais donc, reprit Nicolas, qu'avant de quitter la province où j'étais resté quelque temps, je me suis chargé d'une commission pour vous.

— Ah! vraiment, dit M. Kenwigs.

— Et je regrette, reprit Nicolas, d'avoir déjà passé quelques jours à Londres sans trouver le moment de m'en acquitter.

— Il n'y a pas grand mal à cela, dit M. Kenwigs ; ce n'est pas comme une omelette qu'il faut servir toute chaude.... Une commission de la province ! dit M. Kenwigs ruminant en lui-même, voilà quelque chose de curieux. Je ne connais personne en province.

— Miss Petowker, continua Nicolas.

— Ah ! c'est donc d'elle, dit M. Kenwigs ; ah ! bien, Mme Kenwigs sera bien aise de savoir de ses nouvelles. Henriette Petowker ! n'est-ce pas bien singulier que vous vous soyez ainsi rencontrés en province ; eh bien ? »

En l'entendant prononcer le nom de leur ancienne bonne amie, les quatre demoiselles Kenwigs vinrent se mettre en rond autour de Nicolas, les yeux et la bouche tout grands ouverts pour mieux entendre. M. Kenwigs lui-même montrait quelque curiosité, quoique paisible et sans défiance.

« Ma commission, dit Nicolas avec un peu d'hésitation, intéresse les affaires de famille.

— Oh ! c'est égal, dit Kenwigs regardant du coin de l'œil M. Lumbey, qui enrageait d'avoir toujours sur les genoux le petit Kenwigs, sans que personne vînt le débarrasser du précieux fardeau dont il avait eu l'imprudence de se charger. Vous pouvez parler, il n'y a ici que des amis. »

Nicolas toussa deux ou trois fois et parut avoir de la peine à se mettre en train.

« C'est à Portsmouth qu'elle est, Henriette Petowker ? demanda M. Kenwigs.

— Oui, répondit Nicolas, ainsi que M. Lillyvick. »

M. Kenwigs devint pâle, cependant il se remit bientôt. « Voilà encore, dit-il, une singulière coïncidence.

— C'est lui, dit Nicolas, qui m'a chargé d'une commission pour vous. »

M. Kenwigs sembla renaître. L'oncle, connaissant la situation délicate de sa nièce, les envoyait prier sans doute de lui donner des détails particuliers. Oui, c'est cela, c'était bien aimable de sa part, on le reconnaissait bien là.

« Il m'a prié d'abord de vous exprimer toute sa tendresse, dit Nicolas.

— Je lui en suis bien reconnaissant, je vous jure. Votre grand-oncle Lillyvick, mes enfants ! cria M. Kenwigs expliquant d'un air aimable aux petites filles le message de leur excellent oncle.

— Toute sa tendresse, reprit Nicolas ; et de vous dire qu'il n'avait pas eu le temps de vous écrire, mais qu'il était marié avec miss Petowker. »

M. Kenwigs sauta de sa chaise avec une figure pétrifiée, saisit la cadette par sa queue et se cacha la face dans son mouchoir. Morleena tomba toute roide sur la chaise de sa petite sœur, absolument comme elle avait vu faire à sa mère quand elle se trouvait mal; les deux autres petites Kenwigs poussèrent des cris d'effroi.

« Mes enfants, mes petits-enfants, frustrés, dépouillés, floués! s'écria M. Kenwigs, avec des gestes si violents, qu'en tirant, sans le savoir, la queue blonde de sa cadette, il l'enleva sur la pointe du pied, et la retint pendant quelques secondes dans cette attitude. Infâme brute! traître!

— Entendez-vous le vilain homme, cria la garde d'un ton de colère, qu'est-ce qu'il veut donc avec tout ce beau tapage?

— Taisez-vous, femme, dit M. Kenwigs en courroux.

— Je ne veux pas me taire, moi, répliqua la garde; c'est à vous à vous taire, malheureux! N'avez-vous pas plus d'égards que cela pour votre nouveau-né?

— Non, non, répond M. Kenwigs.

— Vous n'en êtes que plus coupable, reprit la garde. Fi! monstre dénaturé que vous êtes.

— Non, qu'il meure! cria M. Kenwigs emporté par la colère, qu'il meure! Il n'y a pas d'espérance à attendre, il n'y a pas de succession à faire; nous n'avons pas besoin de nouveau-nés ici. Je m'en moque bien! qu'on les emporte, qu'on les porte à l'hôpital des enfants trouvés! »

Après cette terrible explosion, M. Kenwigs se rassit sur sa chaise, bravant la garde, qui se dépêcha de courir dans la chambre voisine pour ramener sur ses pas un flot de respectables dames, leur déclarant que M. Kenwigs venait sans doute d'être pris d'une attaque de folie furieuse, vu qu'il blasphémait contre ses enfants.

Les apparences n'étaient certainement que trop favorables à la supposition de la garde. La véhémence et l'énergie que M. Kenwigs venait de mettre dans ses paroles, le soin qu'il avait pris pourtant de les comprimer de toutes ses forces pour empêcher ses lamentations de parvenir jusqu'aux oreilles de Mme Kenwigs, tout cela lui avait fait monter le sang à la tête et rendu la face toute bleue, sans compter que l'émotion des couches de sa femme et les petits coups répétés d'une grande variété de liqueurs cordiales un peu fortes, qu'il avait prises, contre son habitude, pour célébrer un si beau jour, avaient gonflé et dilaté ses traits d'une façon tout à fait extraordinaire. Cependant Nicolas et le docteur, d'abord témoins impassibles de cette scène, où ils ne savaient pas bien si M. Kenwigs ne jouait pas la comédie, étant intervenus pour expliquer la cause trop légitime de son emportement, l'indignation des respectables dames fit place à la pitié, et elles le supplièrent avec beaucoup de sensibilité d'aller tranquillement se coucher.

« Après toutes les attentions, dit M. Kenwigs promenant autour de lui un regard douloureux, toutes les attentions que j'ai eues pour cet homme-là, les huîtres que je lui ai données à manger, les pintes d'ale que je lui ai données à boire, ici-même!

— Oui, c'est navrant! c'est indigne! nous le savons bien, dit une des dames mariées; mais vous devez songer à votre chère et digne femme.

— Oui, oui, et à tout ce qu'elle a souffert! crièrent ensemble une foule de voix. Allons! montrez-vous un brave homme.

— Et les cadeaux qu'on lui a faits! recommença M. Kenwigs ne pouvant s'arracher au souvenir de son malheur, et les pipes? les tabatières?... une paire de galoches en caoutchouc, qui m'avait coûté six francs six sous.

— Ah! il ne faut pas penser à cela; c'est trop douloureux, cria le chœur des dames; mais, allez, n'ayez pas peur, il le payera! »

M. Kenwigs regarda les dames d'un air sérieux, pour voir si elles parlaient au propre ou au figuré. Il aurait mieux aimé qu'on le payât sans figure, puis il finit par ne rien dire, et reposant sa tête sur sa main, s'affaissa dans une espèce d'assoupissement.

Alors les matrones remirent sur le tapis la nécessité de conduire à son lit le bon gentleman. Demain, il serait tout à fait mieux; elles savaient bien, par expérience, comment cela se passe chez les hommes, quand ils voient leur femme dans l'état de Mme Kenwigs. M. Kenwigs n'avait que faire d'en rougir; cela lui faisait au contraire beaucoup d'honneur. Ces dames voyaient son trouble avec plaisir; elles en étaient bien aises, c'était la marque d'un bon cœur; l'une d'elles fit même observer à ce propos, que son mari, en pareille occasion, perdait presque toujours la tête, tant il était tourmenté, et que la fois qu'elle accoucha de son petit Jeannot, le père fut près d'une semaine avant de revenir à lui. Pendant tout ce temps-là il ne faisait que crier : « Est-ce un garçon? est-il bien vrai que c'est un garçon? » si bien que cela fendait le cœur de tous ceux qui l'entendaient.

A la fin, Morleena, qui avait tout à fait oublié qu'elle s'était trouvée mal, en voyant que personne n'y faisait attention, vint annoncer qu'il y avait une chambre prête pour son père désolé; et M. Kenwigs, après avoir presque étouffé ses quatre filles dans ses embrassements énergiques, accepta le bras du docteur d'un côté, le secours de Nicolas qui le soutenait de l'autre, et se laissa conduire un étage plus haut dans une chambre à coucher préparée pour la circonstance.

Ce ne fut qu'après l'avoir vu bien endormi, et l'avoir entendu ronfler de la manière la plus satisfaisante, après avoir ensuite présidé à la distribution des joujoux entre toutes les petites Kenwigs, à la joie de leur cœur, que Nicolas se retira. Les matrones s'écoulèrent aussi l'une après l'autre, à l'exception de six ou huit amies intimes, bien décidées à passer la nuit; les lumières disparurent graduellement dans les maisons du voisinage. On publia un dernier bulletin qui apprit au public que Mme Kenwigs était aussi bien qu'elle pouvait être, et enfin on laissa toute la famille se livrer au repos.

CHAPITRE V.

Progrès de Nicolas dans les bonnes grâces des frères Cheeryble et de M. Timothée Linkinwater. Les frères donnent un banquet à l'occasion d'un grand anniversaire. Nicolas, en rentrant chez lui après la fête, reçoit des lèvres de Mme Nickleby une importante et mystérieuse confidence.

Sans doute le square où était situé le comptoir des frères Cheeryble ne répondait pas entièrement aux espérances extravagantes qu'un étranger aurait pu en concevoir d'après les dithyrambes et les panégyriques de Tim Linkinwater; mais ce n'en était pas moins, pour être au cœur du centre des affaires, dans une ville comme Londres, un petit coin qui valait son prix. Il y avait dans le voisinage plus d'un grave personnage qui lui gardait une place honorable dans ses souvenirs reconnaissants, quoiqu'il n'y eût personne qui eût le droit de faire remonter plus haut cette reconnaissance, et qui portât plus ce square favori dans son cœur que l'enthousiaste Timothée.

Et qu'on n'aille pas croire, parce qu'on est accoutumé à voir sous ses yeux tous les jours la gravité aristocratique de Grosvenor-Square ou de Hanover-Square, les airs de douairière froids et stériles de Fitzroy-Square, ou encore les allées sablées et les bancs de jardin si élégants des squares de Russell et d'Euston; qu'on n'aille pas croire que l'affection de Tim Linkinwater ou des autres partisans de cette localité fût soutenue et excitée par quelque association d'idées rafraîchissantes, avec un feuillage par exemple, même sombre, ou avec un gazon, même rare et maigre, non; il n'y avait dans le square de la Cité pas d'autre enclos que le petit treillage autour de la lanterne de gaz au milieu de la place, ni d'autre gazon que le chiendent qui pousse au pied. C'est un petit endroit tranquille, peu fréquenté, retiré même, favorable aux méditations mélancoliques, aux rendez-vous à long cours; on y voit de tous côtés se promener de long en large, chacun à son tour, tous les gens qui viennent y croquer le marmot, éveillant les échos au bruit de leurs pas monotones sur les pavés usés par le temps; on les voit, pour se distraire, commencer par compter les fenêtres, et puis finir par compter les briques de toutes les grandes et silencieuses maisons qui l'entourent. En hiver, la neige y reste encore volontiers longtemps après qu'elle s'est fondue dans les rues et sur les routes; en été, le soleil s'en tient à distance respectueuse, et ne lui envoie qu'avec discrétion quelques-uns de ses gais rayons, gardant sa chaleur brûlante et toutes ses splendeurs pour des places plus bruyantes et moins imposantes.

Celle-ci est si paisible que vous pourriez y entendre le tic tac de votre montre quand vous vous arrêtez un moment à respirer le frais dans son atmosphère réfrigérante. Il y règne un bourdonnement lointain, non pas de moucherons, mais des voitures de la Cité; c'est le seul bruit qui trouble sa solitude. Le facteur harassé se repose en passant contre le poteau du coin, où il trouve une chaleur douce, mais non pas brûlante, quand ailleurs tout rôtit au soleil. Il laisse flotter languissamment à l'air son tablier blanc; sa tête retombe peu à peu sur sa poitrine, ses yeux luttent longtemps avant de se fermer tout à fait, mais il finit lui-même par céder à l'influence soporifique de cette latitude, et se livre insensiblement au sommeil. Puis, en se réveillant, il tressaille tout à coup et recule quelques pas en arrière, les yeux fixés devant lui avec une expression de surprise étrange. Qu'est-ce donc qu'il regarde, est-ce un faiseur de tours ou un petit garçon qui joue à la poquette? Est-ce un spectre qui lui apparaît? Est-ce un orgue qui frappe ses oreilles? Non, c'est quelque chose de bien plus extraordinaire : il voit un papillon sur la place, un vrai papillon, un papillon en vie, qui s'est égaré, le malheureux, loin du suc des fleurs, pour venir voltiger sur les piques en fer qui couronnent la grille poudreuse des sous-sols.

Mais, s'il n'y avait pas au dehors de grands sujets de distraction ou d'observation pour Nicolas chez les frères Cheeryble, il n'en manquait pas au dedans pour l'amuser et l'intéresser vivement. Là, il ne se trouvait presque pas un objet, animé ou inanimé, qui ne rappelât pour sa part la méthode scrupuleuse et l'exactitude parfaite de M. Timothée Linkinwater. Aussi ponctuel que la pendule du bureau, le meilleur régulateur de Londres, selon lui, après l'horloge d'une vieille église inconnue, cachée dans un coin, près de là (car Timothée ne voulait pas croire à la perfection tant vantée de l'horloge des Horse-guards, il la regardait comme une fiction ridicule inventée par la jalousie des beaux messieurs de ce quartier élégant), le vieux caissier observait dans le retour des plus minces travaux du jour, comme dans l'arrangement des plus minces objets de son petit cabinet, un ordre précis et régulier. C'eût été réellement une cage de verre destinée à recouvrir des curiosités de prix qu'elle n'eût pas été mieux rangée. Le papier, les plumes, l'encre, la règle, les pains à cacheter, la cire, la poudrière, le peloton de fil, la boîte d'allumettes, le chapeau de Timothée, les gants de Timothée pliés avec un soin scrupuleux, l'habit numéro un de Timothée pendu au mur comme un autre lui-même, tout avait sa place fixe, mesurée à un pouce près. Après la pendule incomparable, il n'y avait pas au monde un instrument aussi sûr, aussi irréprochable que le petit thermomètre accroché derrière la porte. Il n'y avait pas non plus dans tout l'univers un oiseau qui eût des habitudes aussi méthodiques, aussi régulières que le merle aveugle qui passait là sa vie à rêver et à sommeiller dans une bonne grande cage; malheureusement il avait perdu la voix, par suite de son grand âge, bien des années avant que Timothée en eût fait l'emplette. Il n'y avait pas dans tous les recueils d'anecdotes une histoire aussi intéressante que celle de l'acquisition qu'en avait faite Timothée. Il fallait l'entendre raconter comment, par compassion pour les souffrances de cet oiseau presque mort d'inanition, il l'avait acheté dans l'intention charitable de terminer sa malheureuse existence ; comment il avait pris le parti d'attendre trois jours pour voir si ce petit meurt-de-faim reviendrait à l'existence; comment, au bout de vingt-quatre heures, il avait donné signe de vie; comment il se ranima, reprit son appétit et sa bonne mine, petit à petit, au point de devenir, qui l'eût cru ! « tel que vous le voyez, monsieur, » disait Timothée en jetant avec orgueil un coup d'œil sur la cage. Et puis, il fallait voir quand Timothée, d'un ton mélodieux, lui criait : « Dick, » comme Dick, jusque-là immobile et sans vie, un vrai merle empaillé, ou une imitation de merle en bois assez grossière, faisait tout à coup trois petits sauts pour venir passer son bec au travers des barreaux de sa cage, et tourner du côté de son vieux maître sa tête sans regard ! et qui peut dire quel était alors le plus heureux, de l'oiseau ou de Tim Linkinwater?

Ce n'était pas là tout. La bienveillance des bons frères se lisait partout dans les moindres détails de la maison. Les commis et les facteurs étaient de solides gaillards dont la mine faisait plaisir à voir. Au milieu des affiches maritimes et des annonces de bateaux à vapeur en partance, qui décoraient les murs du comptoir, se trouvaient des projets de maisons de secours, des rapports d'établissements charitables, des plans d'hospices et d'hôpitaux à fonder. Cela n'empêchait pas qu'on voyait pendus à la cheminée deux sabres et une espingole, pour faire peur aux voleurs; mais il faut dire que les deux sabres étaient émoussés et ébréchés et que l'espingole était rouillée dans l'âme. Partout ailleurs, en voyant en étalage cet épouvantail innocent, on n'aurait pu s'empêcher d'en rire; mais, là, il semblait que même les armes offensives, les instruments de la violence, s'étaient soumis à l'influence pacifique qui régnait en ces lieux pour se transformer en emblèmes de miséricorde et de pardon.

Telles furent les impressions qui frappèrent vivement l'esprit de Nicolas le matin même du jour où il vint prendre possession du tabouret vacant, et où il promena autour de lui des yeux plus libres et plus satisfaits qu'il n'avait fait depuis longtemps. Sans doute ce fut pour lui un stimulant pour son énergie, un aiguillon pour son courage, car, pendant les deux premières semaines, il se leva plus matin et se coucha plus tard pour consacrer toutes ses heures de liberté à l'étude des mystères de la tenue des livres et des autres règles de comptabilité commerciale. Il s'y appliqua avec tant de suite et de persévérance, que, malgré son ignorance antérieure de ces connaissances spéciales, il y fit de grands progrès. Jusque-là la science du commerce s'était bornée pour lui, dans sa pension, à l'énoncé de deux ou trois nombres d'une longueur démesurée, sur un cahier d'arithmétique, décoré, pour flatter l'œil des parents, de l'effigie d'un gros cygne que la main du maître d'écriture s'était surpassée à dessiner en contours élégants; néanmoins, au bout d'une quinzaine de zèle et de patience, il se trouva en état de confier à

M. Linkinwater ses espérances de succès et de réclamer de lui la promesse qu'il lui avait faite de l'associer désormais à ses travaux sérieux.

Il faisait beau voir Tim Linkinwater prendre doucement un registre massif et un volumineux journal, les tourner et les retourner avec complaisance, en essuyer amoureusement la poussière, et sur le dos et sur la tranche, en ouvrir çà et là les feuillets, et reposer sur ces lignes de comptes, belles, pures et sans taches, des yeux où l'orgueil le disputait à un sentiment de regret douloureux.

« Quarante-quatre ans au mois de mai prochain! dit Timothée; que d'autres registres depuis ce temps-là! quarante-quatre ans! »

Timothée referma son grand-livre.

« Allons, allons, dit Nicolas, je brûle de commencer. »

Tim Linkinwater secoua la tête d'un air de reproche. M. Nickleby n'avait pas assez le sentiment de la difficulté et de l'importance de la tâche qu'il entreprenait là. S'il allait faire quelque erreur, bon Dieu! une rature!

Que la jeunesse est aventureuse! vraiment on ne comprend pas quelquefois les hardiesses auxquelles elle est capable de se porter. Quand je pense que, sans prendre seulement la précaution de bien s'asseoir sur son tabouret, point du tout, en se mettant à son aise, debout à son pupitre, le sourire sur les lèvres (ceci est positif, M. Linkinwater l'a vu, et il n'en revenait pas, il l'a assez souvent répété depuis), Nicolas trempa sa plume dans l'encrier vis-à-vis, et la plongea, le téméraire! dans les livres de Cheeryble frères.

Tim Linkinwater en pâlit, et, se tenant assis en équilibre sur les deux pieds de devant de son tabouret, penché sur Nicolas, il le regardait par-dessus l'épaule sans oser seulement souffler, tant il le suivait avec inquiétude. Frère Charles et frère Ned entrèrent l'un après l'autre dans le bureau; mais Tim Linkinwater, sans se retourner pour les voir, leur fit de la main un signe d'impatience, pour qu'ils eussent à observer le plus profond silence, pendant que ses yeux, tendus et inquiets, suivaient dans tous ses mouvements le bec de la plume novice.

Les deux frères étaient là à regarder ce tableau, la figure riante; mais Tim Linkinwater ne riait pas, lui; il ne remuait seulement pas. Enfin, au bout de quelques minutes, il reprit sa respiration avec une espèce de long soupir, et, toujours en équilibre sur son tabouret, sans changer de position, il jeta un coup d'œil à la dérobée sur frère Charles, lui montrant secrète-

ment Nicolas du bout de sa plume, et fit, d'un air grave et décidé, un signe de tête satisfait qui voulait dire clairement :
« Il ira. »

Frère Charles y répondit par le même signe de tête, et échangea un bon gros sourire avec frère Ned ; mais justement Nicolas s'arrêta en ce moment, pour passer à une autre page, et Tim Linkinwater, incapable de contenir plus longtemps sa joie, descendit de son tabouret et saisit avec ravissement son jeune ami par la main.

« C'est lui qui a fait cela, dit Timothée se retournant vers ses patrons et remuant la tête d'un air de triomphe. Ses grands B et ses grands D sont exactement comme les miens ; il pointe tous ses I et barre tous ses T à mesure qu'il écrit. Il n'y a pas dans toute la ville de Londres un jeune homme de sa force, ajouta-t-il en donnant une tape sur l'épaule de Nicolas ; il n'y en a pas. Qu'on ne dise pas non. La Cité n'a pas son égal, je l'en défie, la Cité. »

En jetant ainsi le gant à la Cité, Tim Linkinwater frappa sur le pupitre un coup si vigoureux dans son entraînement, que le vieux merle en tomba tout effaré de son perchoir, et rompit son mutisme pour pousser un faible croassement dans le paroxysme de son étonnement.

« Bravo ! Tim, bravo ! cria frère Charles, presque aussi enchanté que Timothée lui-même, et battant des mains de bon cœur : je le savais bien, moi, que notre jeune ami ferait des efforts pour réussir, et je ne doutais pas de son prochain succès. N'est-ce pas que je vous l'ai dit souvent, frère Ned ?

— Oui, mon cher frère, c'est vrai. Et vous aviez bien raison. Tim Linkinwater est hors de lui, mais son émotion est légitime, très-légitime. Tim est un joli garçon. Tim Linkinwater, oui, monsieur, vous êtes un joli garçon.

— Mais voyez donc comme c'est agréable ! dit Timothée sans faire attention à cet éloge personnel et en détournant ses lunettes du registre pour les diriger sur les deux frères. Voyez comme c'est agréable ! Croyez-vous que je ne me suis pas souvent demandé avec inquiétude ce que deviendraient après moi ces livres-là ? Croyez-vous que je n'ai pas souvent pensé que, quand je n'y serais plus, les choses pourraient bien aller ici tout de travers ? Mais maintenant, continua-t-il en désignant du doigt Nicolas, maintenant, avec quelques leçons que je lui donnerai encore, je suis tranquille. Les affaires iront leur train quand je serai mort tout comme de mon vivant ; rien de changé, et j'emporterai la satisfaction de savoir qu'il n'y aura jamais eu de livres, jamais, non, jamais, comme les livres de Cheeryble frères. »

Après cette explosion de sentiments, M. Linkinwater ne retint plus un rire superbe, provoquant, à l'adresse des cités de Londres et de Westminster; puis il retourna tranquillement à son pupitre, reporter à la colonne des dizaines le nombre soixante-seize, qu'il avait retenu sur la colonne précédente, et continua ses comptes comme si de rien n'était.

« Tim Linkinwater, monsieur, dit le frère Charles, donnez-moi la main, monsieur. Que je vous voie vous occuper d'autre chose avant d'avoir reçu nos compliments et nos vœux pour votre anniversaire! Que Dieu vous garde, Timothée, que Dieu vous garde!

— Mon cher frère, dit l'autre saisissant la main de Timothée, Linkinwater a l'air plus jeune de dix ans qu'à son dernier anniversaire.

— Frère Ned, mon bon ami, reprit l'autre, je vais vous dire : Je suis sûr que Tim Linkinwater est né à l'âge de cent cinquante ans, mais qu'il redescend tout doucement jusqu'à vingt-cinq, car il a un an de moins tous les ans, le jour de son anniversaire.

— C'est cela, frère Charles, c'est bien cela. Il n'y a pas l'ombre d'un doute.

— Rappelez-vous, Tim, dit frère Charles, que nous dînons aujourd'hui à cinq heures et demie, au lieu de deux heures. Vous savez que, le jour de votre anniversaire, nous changeons toujours notre heure. Monsieur Nickleby, mon cher monsieur, vous serez des nôtres. Tim Linkinwater, donnez-moi votre tabatière comme un souvenir, pour mon frère Ned et pour moi, du plus fieffé et du plus dévoué coquin que nous aimions tous les deux, et recevez celle-ci en échange comme un faible gage d'estime et de respect de notre part; surtout, nous vous défendons de l'ouvrir avant de vous coucher, et de jamais nous en reparler, ou je tue le merle. Chien de merle, va! il y a plus de six ans qu'il percherait dans une cage en or, pour peu que cela lui eût fait plaisir à lui ou à son maître. A présent, frère Ned, mon cher ami, me voilà prêt. A cinq heures et demie, rappelez-vous bien, monsieur Nickleby! Tim Linkinwater, ayez bien soin, monsieur, que M. Nickleby ne l'oublie pas. Me voilà, frère Ned. »

Et les deux jumeaux, toujours jasant, toujours riant pour éviter, selon leur habitude, les remerciments qu'ils auraient à essuyer de la reconnaissance des autres, se mirent à trotter ensemble, bras dessus bras dessous, charmés d'avoir laissé dans les mains de Tim Linkinwater une riche tabatière en or, contenant un billet de banque qui valait bien dix fois la tabatière.

A cinq heures un quart arriva, selon l'usage antique et solennel, la sœur de Tim Linkinwater, aussi ponctuelle que son frère. Aussitôt commencèrent, entre elle et la vieille gouvernante, des explications à n'en plus finir relativement au bonnet de la sœur de Timothée : elle l'avait pourtant bien envoyé par un petit commissionnaire; elle l'avait vu partir de la maison garnie où elle prenait sa pension; comment se faisait-il qu'il ne fût pas encore arrivé? elle l'avait bien emballé dans un carton, enveloppé le carton d'un mouchoir, et passé le mouchoir au bras du petit garçon. Ce n'est pas tout : elle avait bien mis l'adresse de sa destination, tout au long, sans abréviation, au dos d'une vieille lettre, et elle n'avait pas manqué de menacer le petit drôle d'une foule de punitions horribles, dans le cas de faire frémir la nature humaine, s'il ne la portait pas au galop, sans s'amuser à flâner en route. La sœur de Tim Linkinwater se lamentait : la gouvernante la plaignait, et toutes deux avançaient la tête par la fenêtre du second étage, pour regarder si elles ne verraient rien venir. Ce n'était pas beaucoup la peine, car elles ne l'auraient pas plutôt vu venir qu'il aurait déjà tourné le coin de la rue, à cinq minutes de la maison. Mais voilà qui est plus fort : tout à coup, au moment où elles s'y attendaient le moins, elles voient précisément, dans la direction opposée, apparaître le commissionnaire portant avec beaucoup de précaution le précieux carton ; il était tout essoufflé et hors d'haleine, la figure toute rouge de l'exercice violent auquel il venait de se livrer. Ce n'est pas étonnant; il avait commencé par prendre l'air derrière un fiacre qui allait au bout de la ville, puis en revenant il avait suivi deux polichinelles et n'avait pas voulu quitter les faiseurs de tours, avant de les voir rentrer chez eux avec leurs échasses. Enfin le bonnet était arrivé en bon état. C'était une consolation : on avait encore celle de n'être pas obligé de le gronder, à quoi bon ? Le petit garçon s'en retourna donc gaiement, et la sœur de Tim Linkinwater descendit se présenter à la compagnie, juste cinq minutes après que la pendule infaillible de son frère eut sonné la demie.

La compagnie se composait des frères Cheeryble, de Tim Linkinwater, d'un ami de Timothée au visage vermeil couronné de cheveux blancs (c'était un commis de la Banque en retraite), enfin de Nicolas, dont on fit la présentation en règle à la sœur de Tim Linkinwater avec les formes les plus graves et les plus solennelles. Les convives étant donc au complet, frère Ned sonna pour demander le dîner; on vint annoncer qu'il était servi; il s'empara du bras de la sœur de Tim Linkinwater, pour la conduire dans la salle à manger, où le couvert était mis avec une certaine cérémonie. Puis frère Ned prit le haut bout, frère Charles lui fit vis-à-vis; la sœur de Tim Linkinwater à la gauche du frère Ned; Tim Linkinwater à la droite; un gros maître d'hôtel déjà ancien, gros rougeaud à jambes courtes, se mit à son poste derrière le fauteuil de frère Ned, où il se tenait fixe, immobile, sauf quelques signes télégraphiques de sa main droite, pour se préparer à découvrir les plats avec une élégante dextérité.

« Frère Charles, dit Ned, commençant le *benedicite* : « Pour ces biens et tous ceux que nous vous devons.... »

— « Seigneur, faites que nous vous soyons fidèlement reconnaissants, » acheva frère Charles.

Aussitôt le maître d'hôtel apoplectique enleva rapidement le couvercle de la soupière, et passa tout de suite de son immobilité majestueuse à une activité violente.

La conversation devint animée, et il n'y avait pas de danger que la bonne humeur des glorieux jumeaux la laissât dépérir, car ils mettaient tout le monde en train : aussi la sœur de Tim Linkinwater, dès le premier verre de champagne, se lança-t-elle dans un long récit bien détaillé de la vie de son frère, dès son bas âge, tout en prenant la précaution de commencer par rappeler qu'elle était de beaucoup la cadette de Timothée, mais qu'elle avait recueilli ces faits dans les traditions de la famille, qui en avait conservé et perpétué le souvenir. Après cette biographie, frère Ned y ajouta malicieusement un détail oublié, à savoir qu'il y avait trente-cinq ans, Tim Linkinwater avait été véhémentement soupçonné d'avoir reçu un billet doux, et que des renseignements, il est vrai un peu vagues, l'avaient accusé à cette époque de s'être laissé voir au bas de Cheapside donnant le bras à une vieille fille extrêmement jolie. Jugez si cette imputation fut accueillie par une explosion d'éclats de rire; on alla jusqu'à prétendre que Tim Linkinwater n'avait pu s'empêcher de rougir, et, sommé de s'expliquer, au nom de la morale publique, il y répondit par une dénégation formelle. « Mais, d'ailleurs, ajouta-t-il, quand ce serait vrai, où serait le mal? » Cette défense équivoque redoubla le rire éclatant du commis de la Banque en retraite, qui jura ses grands dieux qu'il n'avait jamais entendu de réponse plus amusante de sa vie, et que Tim Linkinwater n'en ferait pas de longtemps qui fît oublier celle-là.

La gaieté de cette petite fête n'empêcha pas les bons frères d'évoquer un souvenir plus grave à l'occasion de ce jour anniversaire où se mêlaient pour eux le plaisir et la peine. Nicolas se sentit ému à la fois et du sujet de l'incident et de la manière simple et franche dont ils satisfirent à ce pieux devoir. Quand on eut ôté la nappe et mis en circulation les flacons, il se fit un profond silence, et la face joyeuse des frères Cheeryble prit une expression, je ne dirai pas de tristesse, mais de regret sérieux, peu ordinaire dans un festin. Nicolas, frappé de ce changement subit, ne savait où en chercher la cause, lorsque tous deux se levèrent ensemble, et que celui qui occupait le haut bout de la table, s'inclinant vers l'autre, lui dit à voix basse, comme pour montrer que c'était à lui seul que s'adressaient ses paroles :

« Frère Charles, mon brave et cher camarade, ce jour nous ramène tous les ans un autre souvenir qui ne doit jamais être oublié, qui ne peut jamais être oublié, ni de vous, ni de moi. Le même jour, qui nous a donné un ami si fidèle, si excellent, si incomparable, nous a ravi à tous deux la meilleure, la plus tendre des mères. Plût à Dieu qu'elle eût assez vécu pour voir aujourd'hui notre prospérité et la partager avec nous ! Plût à Dieu que nous eussions pu lui faire connaître toute l'étendue de notre affection pour elle au sein de la fortune, comme nous avons essayé de le faire dans la pauvreté de notre première jeunesse ! mais Dieu ne l'a pas voulu. Mon cher frère, à la mémoire de notre mère !

— Braves gens ! pensa Nicolas ; et dire que parmi les personnes de leur rang, il y en a je ne sais combien qui, les connaissant comme ils les connaissent, ne voudraient pas pour tout au monde les inviter à dîner, parce qu'ils mangent avec leurs couteaux et ne sont jamais allés au collège ! »

Mais on n'avait pas le temps de philosopher, car la gaieté avait repris son tour, et le flacon de porto se trouvant bientôt vide, frère Ned tira la sonnette : le maître d'hôtel ne tarda pas à reparaître.

« David, dit frère Ned.
— Monsieur ? répondit le maître d'hôtel.
— Une bouteille de tokay, David, pour boire à la santé de M. Linkinwater. »

A l'instant même, par un trait d'habileté qui était en possession, depuis plusieurs années, de faire l'admiration générale de la société, le maître d'hôtel apoplectique, ramenant sa main gauche, cachée derrière le bas de son dos, la montra munie de la bouteille demandée, avec le tire-bouchon déjà planté au cœur.

Il la déboucha d'un seul coup et plaça la fameuse bouteille et son bouchon devant son maître, avec la gravité d'un homme qui sait rendre justice à son adresse.

« Ah ! dit frère Ned commençant par examiner d'abord le bouchon, puis remplissant son verre, pendant que le maître d'hôtel continuait de se donner des airs aimables et généreux, comme si les vins lui appartenaient en propriété, mais qu'il fût bien aise d'en faire les honneurs à la société, il n'a pas mauvaise mine, David.

— Je crois bien, répliqua David ; vous auriez bien de la peine à trouver ailleurs un verre de ce vin-là, et M. Linkinwater le sait bien. Savez-vous que ce vin-là a été mis en bouteille le jour où M. Linkinwater est venu célébrer ici son premier anniversaire ? Oui, messieurs, c'est ce jour-là même qu'il a été mis en bouteille.

— Non, David, non, dit frère Charles.

— C'est moi qui l'ai enregistré moi-même au chapitre des vins, s'il vous plaît, dit David du ton d'un homme sûr de lui. Il n'y avait pas plus de vingt ans, monsieur, que M. Linkinwater était ici, quand on a mis en bouteille cette pièce de tokay.

— David a raison, frère Charles, dit Ned. Je me le rappelle comme lui. Tout le monde est-il ici, David ?

— Oui monsieur, les gens sont à la porte, répondit le maître d'hôtel.

— Faites-les entrer, David, faites-les entrer. »

En recevant cet ordre, le vieux maître d'hôtel plaça devant son maître un petit plateau avec des verres propres, puis il ouvrit la porte à ces employés et à ces facteurs de bonne mine que Nicolas avait déjà vus en bas. Ils étaient quatre en tout, qui entrèrent en rougissant, avec force révérences, un ricanement embarrassé, soutenus à l'arrière-garde par la gouvernante, la cuisinière et la femme de chambre.

« Sept, dit frère Ned remplissant de tokay le même nombre de verres, et David, cela fait huit. Là, maintenant, vous allez tous boire à la santé de votre meilleur ami, M. Timothée Linkinwater, et lui souhaiter santé et longue vie, accompagnées de plusieurs autres anniversaires comme celui-ci, tant pour son compte que pour celui de vos vieux maîtres, qui le regardent comme un trésor inestimable. Monsieur Tim Linkinwater, à votre santé ! Que le diable vous emporte, monsieur Tim Linkinwater ! Que Dieu vous bénisse ! »

Sans paraître le moins du monde embarrassé de cette contradiction étrange dans les termes, frère Ned appliqua à Tim Linkinwater une tape dans le dos, qui lui donna, pour le moment, l'air aussi apoplectique qu'au maître d'hôtel, et vida d'un trait son verre de tokay.

A peine tout le monde avait-il fait honneur au toast porté à Tim Linkinwater, que le plus intrépide et le plus décidé des subalternes là présents, jouant des coudes pour passer devant ses camarades, rouge jusqu'aux oreilles, et ne sachant quelle contenance faire, se tira, sur le milieu du front, une boucle de cheveux, en forme de salut respectueux adressé à la compagnie, et fit la harangue suivante en se frottant tout le temps la paume de la main bien fort sur son mouchoir de coton bleu.

« Vous voulez bien, messieurs, nous accorder tous les ans la liberté de prendre la parole. Nous allons faire, s'il vous plaît, comme à l'ordinaire. D'autant plus qu'il n'y a rien de tel que le présent, et qu'un bon tiens ne vaut pas deux tu l'auras, c'est bien connu :... c'est-à-dire, c'est le contraire, mais cela revient au même (un repos : le maître d'hôtel ne paraît pas convaincu). Ce que nous venons dire, c'est qu'il n'y a jamais eu (se tournant vers le maître d'hôtel) des maîtres aussi (se tournant vers la cuisinière) nobles, excellents (se tournant vers tout le monde sans voir personne), grands, généreux, affables, que ceux qui viennent de nous régaler si largement aujourd'hui ; et nous venons les remercier de toute la bonté qu'ils mettent constamment à répandre partout leur.... et leur souhaiter longue vie et le paradis à la fin de leurs jours. »

A la fin de cette harangue, qui aurait pu être beaucoup plus élégante, sans aller aussi droit au but, tout le corps des subalternes, sur le commandement du maître d'hôtel apoplectique, poussa trois hourras reconnaissants ; seulement, à la grande indignation de leur capitaine, l'ensemble aurait pu être plus régulier, si les femmes ne s'étaient pas obstinées à pousser, en leur particulier, une foule de petits hourras criards, également en désaccord avec le ton et la mesure. Cela fait, ils battirent en retraite ; la sœur de Tim Linkinwater ne tarda pas à suivre leur exemple. Les autres, au bout de quelque temps, se levèrent aussi de table, pour prendre le thé et le café, et faire une partie de cartes.

A dix heures et demie, heure indue pour le square, entra un petit plateau de sandwiches avec un bol de bishop, qui, venant couronner l'effet du vieux tokay et des autres spiritueux, rendit Tim Linkinwater si communicatif, qu'il tira Nicolas à l'écart pour lui donner à entendre en confidence que tout ce que l'on avait dit de la demoiselle extrêmement jolie était vrai, et qu'elle valait au moins le portrait qu'on en avait fait. Elle valait même mieux; seulement, elle était trop pressée de changer de position, et c'est ce qui avait fait que, pendant que Timothée lui faisait la cour et hésitait à renoncer au célibat, la belle en avait pris un autre. « Après tout, je puis bien dire que c'est ma faute, ajouta Timothée. Je vous montrerai quelque jour dans ma chambre en haut une gravure qui m'a coûté trente francs. Je l'ai achetée quelque temps après notre brouille. Vous n'en parlerez à personne. Mais jamais vous n'avez vu pareille ressemblance; on dirait son portrait, monsieur. »

Avec tout cela, il était plus de onze heures, et la sœur de Tim Linkinwater, maintenant habillée pour le départ, ayant déclaré qu'il y avait une grande heure qu'elle devrait être rendue chez elle, on envoya chercher une voiture dans laquelle elle fut mise en grande cérémonie par les soins du frère Ned, pendant que le frère Charles donnait avec précision l'adresse et des instructions particulières au cocher. Heureux cocher! avec le schelling qu'on lui paya d'avance en sus du tarif, pour reconnaître le soin qu'il devait prendre de la dame, il eut encore la chance de se voir étranglé, ou peu s'en faut, par un verre de spiritueux qu'on lui versa : liquide généreux, d'une force si peu commune, que, sous prétexte de lui donner du ton, il lui ôta presque un moment la respiration.

Enfin voilà la voiture qui roule et la sœur de Tim Linkinwater en route pour retourner commodément chez elle. Nicolas et l'ami de Tim Linkinwater, à leur tour, prennent congé de la société, et laissent le vieux Timothée aller se coucher ainsi que les excellents frères.

Nicolas avait du chemin à faire pour retourner chez lui : aussi n'y fut-il pas avant minuit passé. En arrivant, il y trouva Smike et sa mère, qui avaient voulu attendre son retour. Il n'était pas dans leurs habitudes de veiller si tard. Ils avaient espéré le revoir au moins deux heures plus tôt. Cependant Smike ne s'était pas ennuyé, car Mme Nickleby lui avait déroulé l'arbre généalogique de sa famille du côté maternel, y compris l'esquisse biographique de ses principaux rejetons ; et Smike, de son côté, était resté la bouche ouverte d'étonnement, sans savoir ce que tout cela voulait dire, et se demandant si c'était appris par cœur dans un livre, ou si Mme Nickleby trouvait tout cela dans sa tête, si bien donc qu'ils avaient passé ensemble une bonne petite soirée.

Nicolas, avant d'aller se coucher, ne put s'empêcher de s'étendre avec complaisance sur toutes les bontés et la munificence des frères Cheeryble, et de raconter à sa mère le succès merveilleux dont avaient été récompensés ses efforts en ce jour. Mais il avait dit à peine une douzaine de mots, que Mme Nickleby, avec une foule d'œillades et de signes de tête, dont il ne comprenait pas le sens, fit remarquer que M. Smike devait être harassé, et déclara qu'elle ne voulait pas lui permettre absolument de rester là une minute de plus à lui tenir compagnie.

« Voyez-vous, dit Mme Nickleby à Nicolas, quand Smike fut sorti de la chambre après lui avoir souhaité le bonsoir, c'est assurément un très-honnête garçon, mais vous m'excuserez, mon cher Nicolas, de ne pas aimer à faire cela devant du monde ; franchement, ce ne serait pas du tout convenable devant un jeune homme, quoique, après tout, je ne voie réellement pas le mal qu'il peut y avoir, si ce n'est que c'est une chose reconnue pour être malséante. Il ne manque pas de gens, cependant, qui ne sont pas de cet avis, et je ne vois pas pourquoi on leur donnerait tort, quand il est bien monté, et que les bordures sont bien plissées à petits plis, car, vous sentez, cela y fait beaucoup. »

Après cette préface, Mme Nickleby prit son bonnet de nuit entre les feuillets d'un livre de prières in-folio, où il avait été mis sous presse, et le noua sous son cou, toujours parlant à tort et à travers selon son habitude.

« On en dira ce qu'on voudra, mais c'est bien commode, un bonnet de nuit, et vous seriez vous-même de mon avis, Nicolas, si vous aviez des cordons d'attache au vôtre, et si vous l'enfonciez bien sur votre tête, comme un chrétien que vous êtes, au lieu de le pencher tout à fait sur le haut de votre tête, comme le turban d'un mécréant ; et cependant, vous auriez tort de croire que ce fût une chose ridicule et indigne d'un homme, que de trop s'occuper de son bonnet de nuit. Car j'ai souvent entendu votre pauvre cher père, et le révérend M..., je ne sais plus son nom, vous savez bien, celui qui faisait ordinairement la prière dans cette vieille église dont le petit clocher si curieux était surmonté d'une girouette qui a été jetée par terre par le vent, huit jours avant votre naissance. Je leur ai souvent entendu dire que les jeunes gens de l'université sont très-difficiles pour leurs bonnets de nuit, et que les bonnets de nuit d'Oxford sont renommés pour leur force et leur solidité, de sorte que ces jeunes messieurs ne s'aviseraient pas d'aller se coucher sans en mettre un, et, si je ne me trompe, tout le monde s'accorde à dire qu'ils savent bien ce qui est bon, et qu'ils ont bien soin de leurs petites personnes. »

Nicolas se mit à rire, et, sans vouloir pénétrer davantage dans le sujet de cette longue harangue, il revint sur les divertissements de l'anniversaire dont il avait eu sa part; et Mme Nickleby ayant montré tout à coup une grande curiosité d'en connaître les détails, avec force questions sur ce qu'on avait eu à dîner, sur le service de la table, si c'était trop cuit ou pas assez cuit, sur les personnes qui étaient là; sur ce que les MM. Cheeryble avaient dit, sur ce que Nicolas avait dit, et sur ce qu'avaient dit les MM. Cheeryble lorsqu'il avait dit cela. Nicolas, pour satisfaire aux désirs de sa mère, fit la description complète et détaillée des cérémonies du jour, sans oublier les circonstances intéressantes de son petit triomphe du matin.

« Mais, ajouta-t-il, il est pourtant bien tard; eh bien! je suis assez égoïste pour regretter que Catherine ne m'ait pas attendu ici; je lui aurais tout conté; le long du chemin, je me faisais un plaisir de penser que j'allais lui en faire le récit.

— Catherine, dit Mme Nickleby en mettant ses pieds sur le garde-feu dont elle approcha sa chaise, comme une personne qui s'installe à son aise avant de commencer une histoire de longue haleine, Catherine est allée se coucher il y a bien déjà une couple d'heures, et je suis charmée, mon cher Nicolas, de l'y avoir décidée, parce que je désirais beaucoup me ménager l'occasion de vous dire quelques mots; vous verrez que ce n'est pas sans raison, et d'ailleurs c'est naturellement un véritable plaisir et une précieuse consolation d'avoir un grand fils, avec lequel on puisse communiquer en toute confiance et se consulter au besoin. Franchement, je ne sais pas trop à quoi servirait d'avoir des fils, si ce n'était pas pour pouvoir en faire ses confidents. »

Nicolas s'arrêta tout court, au milieu d'un bâillement provoqué par le sommeil, en entendant ce préambule, et fixa sur elle des yeux attentifs.

« Il y avait une dame dans notre voisinage, dit Mme Nickleby (c'est ce que nous disions des fils qui me remet cela en mémoire), une dame de notre voisinage, du temps que nous vivions près de Dawlish, je crois qu'elle s'appelait Rogers; c'est cela: je ne me trompe pas,.... à moins que ce ne fût Murphy. C'est toujours l'un ou l'autre.

— Est-ce d'elle, ma mère, que vous vouliez m'entretenir ? dit Nicolas tranquillement.

— D'elle! cria Mme Nickleby; est-il possible, mon cher Nicolas? il faut que vous soyez bien ridicule, mais c'est justement comme cela qu'était votre pauvre cher père,... justement comme cela : l'esprit toujours distrait, incapable de fixer jamais ses idées sur un sujet deux minutes de suite. Je crois encore le voir, dit Mme Nickleby essuyant ses yeux humides, me regarder comme vous faites pendant que je lui parlais de ses affaires, persuadée, bien à tort, qu'il avait toute sa tête à lui. Quelqu'un qui serait venu nous surprendre dans cet entretien, aurait pu croire, à nous voir, que c'était moi qui le troublais et confondais ses idées, au lieu de les éclaircir, au contraire, comme je faisais; oui vraiment on aurait pu le croire.

— Mon Dieu! ma mère, je suis bien fâché d'avoir eu le malheur d'hériter de lui cette lenteur de conception; mais je vous promets de faire de mon mieux pour vous comprendre, si vous voulez seulement aller droit au but; me voilà tout prêt.

— Votre pauvre papa, dit Mme Nickleby d'un air pensif, n'a reconnu que trop tard ce qu'il aurait dû faire s'il m'avait écoutée. » Trop tard! elle eût aussitôt fait de dire jamais ; car feu M. Nickleby était parti de ce monde avant d'y avoir réussi. Après cela, ce n'était pas bien extraordinaire, car Mme Nickleby elle-même n'avait jamais su ce qu'elle voulait.

« Mais, dit Mme Nickleby séchant ses larmes, passons là-dessus; cela n'a aucun rapport, non, certainement, pas le moindre, avec le monsieur de la maison d'à côté.

— Mais ce monsieur lui-même, ce monsieur d'à côté, quel rapport a-t-il avec nous? répliqua Nicolas.

— N'en parlez pas si cavalièrement, Nicolas ; je suis sûre que c'est un gentleman : il a bien les manières d'un gentleman, il en a même tout l'extérieur, si ce n'est cependant qu'il porte des culottes courtes et des bas de laine gris tricotés. Mais cela peut être une originalité; peut-être aussi met-il de l'amour-propre à montrer ses jambes, cela n'aurait rien d'extraordinaire; le prince régent avait aussi l'amour-propre de faire belle jambe. Daniel Lambert, le gros Daniel, lui aussi, il aimait à montrer ses jambes; Mlle Biffin aussi aimait à montrer.... non, dit Mme Nickleby se reprenant, ce n'étaient pas ses jambes, c'était seulement le bout de son petit pied; mais le principe est le même. »

Nicolas ouvrait toujours de grands yeux, sans rien comprendre à cette nouvelle introduction. Au reste, Mme Nickleby ne parut pas surprise de son étonnement.

« Comment ne seriez-vous pas surpris, mon cher Nicolas, dit-elle, si vous saviez combien je l'ai été moi-même? Ç'a été comme un coup de foudre qui m'a glacé le sang. Vous savez que le fond de son jardin touche au fond du nôtre; j'ai donc pu le voir bien des fois, assis sous son petit berceau au milieu de ses haricots rouges, en soignant ses melons sur couche; je voyais bien qu'il me regardait souvent fixement, mais je n'y faisais pas attention, parce qu'en notre qualité de nouveaux venus, nous devions nous attendre à piquer la curiosité de nos voisins; mais, quand il s'est mis à nous jeter ses concombres par-dessus le mur mitoyen....

— Jeter ses concombres par-dessus notre mur ! répéta Nicolas ébahi.

— Oui, mon cher Nicolas, répéta Mme Nickleby d'un ton sérieux, ses concombres par-dessus notre mur, et même ses potirons.

— L'impudent coquin ! dit Nicolas prenant feu tout de suite, quelles peuvent être ses intentions?

— Je ne crois pas du tout que ses intentions aient rien d'inconvenant, répliqua Mme Nickleby.

— Comment ! dit Nickleby, jeter des concombres et des potirons à la tête des gens pendant qu'ils se promènent dans leur jardin, et on viendra me dire que c'est dans des intentions qui n'ont rien d'inconvenant ! »

Nicolas s'arrêta tout court, car il put voir une expression indicible de triomphe calme et tranquille, mêlée à une confusion pleine de modestie, couver sous les garnitures à petits plis du bonnet de nuit de Mme Nickleby ; son attention s'éveilla donc tout à coup.

« Que l'on dise que c'est un homme très-imprudent, étourdi, léger, dit Mme Nickleby, blâmable même (au moins je suppose qu'il y a des gens qui pourraient le juger ainsi); moi, je ne puis naturellement m'exprimer aussi sévèrement à son égard, surtout après avoir si souvent défendu votre pauvre cher papa contre l'opinion publique, qui le blâmait de me rechercher en mariage, quoiqu'à dire vrai, je pense aussi que ce monsieur aurait pu trouver un autre moyen de me faire connaître ses sentiments. Mais enfin, jusqu'à présent et dans la mesure discrète qu'il a observée, ses attentions n'en sont pas moins plutôt flatteuses qu'autrement, et, quoique je ne doive jamais songer à me remarier, tant que je n'aurai point établi ma chère petite Catherine....

— Mais assurément, ma mère, il est impossible qu'une pareille idée vous ait même un instant traversé la cervelle.

— Mon Dieu, mon cher Nicolas, répliqua sa mère d'un ton

maussade, si vous vous donniez seulement la peine de m'écouter, vous verriez que c'est précisément là ce que je dis. Certainement, je n'y ai jamais pensé sérieusement, et vous me voyez tout étonnée et toute surprise que vous m'en supposiez capable. Tout ce que je veux dire, c'est qu'il faut chercher quel est le moyen le plus convenable pour repousser avec civilité et délicatesse ses avances et surtout prendre garde, en blessant trop fort sa sensibilité, de le pousser au désespoir ou à quelque chose comme cela. Dieu du ciel! s'écria Mme Nickleby avec un sourire mal dissimulé, supposé qu'il allât se porter à quelque extrémité contre sa personne; jugez, Nicolas, si je ne me le reprocherais pas toute ma vie! »

Malgré son inquiétude et son dépit, Nicolas put à peine lui répondre sans rire.

« Enfin, ma mère, croyez-vous probable que le plus cruel refus pût entraîner de pareilles conséquences?

— Ma foi! mon cher, je n'en sais rien, reprit Mme Nickleby, je n'en sais vraiment rien. Tenez! il y avait justement avant-hier, dans le *Times*, un extrait de je ne sais quel journal français, où il s'agissait d'un ouvrier cordonnier qui, furieux contre une jeune fille du village voisin, parce qu'elle n'avait pas voulu s'enfermer hermétiquement avec lui dans un cabinet au troisième étage, pour s'asphyxier ensemble par le charbon, alla se cacher dans un bois, avec un couteau pointu, et, se précipitant sur elle au moment où elle passait par là avec quelques amis, commença par se tuer, puis après cela tous les amis, et enfin la fille; je me trompe, commença par tuer tous les amis, puis la fille, et enfin lui-même. Ne trouvez-vous pas que cela fait frémir? C'est singulier, ajouta Mme Nickleby après quelques moments de silence, je ne sais comment cela se fait, mais ce sont toujours les ouvriers cordonniers qui font de ces choses-là en France, sur le journal. Je ne m'explique pas cela; il faut donc qu'il y ait quelque chose dans le cuir.

— Oui, mais cet homme, qui n'est pas un cordonnier, qu'a-t-il fait, ma mère, qu'a-t-il dit? demanda Nicolas poussé à bout, tout en faisant son possible pour paraître aussi patient, aussi résigné que Mme Nickleby elle-même. Car, enfin, vous le savez aussi bien que moi, les légumes n'ont pas de langue qui puisse transformer un concombre en déclaration d'amour.

— Mon cher, répliqua sa mère secouant la tête et regardant les cendres de l'âtre, il a fait et dit toutes sortes de choses.

— Mais êtes-vous bien sûre de ne pas vous être trompée?

— Me tromper! cria Mme Nickleby; me supposez-vous assez

niaise pour ne pas savoir distinguer si un homme parle pour de rire ou pour de bon?

— Bien ! bien ! murmura Nicolas.

— Chaque fois que je me mets à la fenêtre il m'envoie des baisers d'une main et place l'autre sur son cœur; je sais bien que c'est très-ridicule de sa part, et je ne doute pas que vous le trouviez très-mauvais, mais je dois dire qu'il le fait d'une manière respectueuse, très-respectueuse, et très-tendre même, extrêmement tendre. Pour ce qui est de cela, il n'y a rien qui ne lui fasse beaucoup d'honneur. Et puis enfin, tous ces cadeaux qu'il fait pleuvoir pour moi toute la journée par-dessus le mur, ils sont vraiment d'une très-belle qualité. Hier encore, nous avons mangé un de ses concombres à dîner, et nous allons confire les autres pour l'hiver prochain. Enfin, hier au soir, continua Mme Nickleby avec une confusion toujours croissante, pendant que je me promenais dans le jardin, il est venu doucement passer la tête par-dessus le mur pour me proposer de m'enlever et de m'épouser après. Il a la voix aussi claire qu'une cloche ou qu'un harmonica, tout à fait une voix d'harmonica; malgré cela, je n'ai pas voulu l'écouter. Ainsi, mon cher Nicolas, vous le voyez, que dois-je faire ? c'est là toute la question.

— Catherine a-t-elle entendu parler de cela? demanda Nicolas.

— Je ne lui en ai pas encore ouvert la bouche.

— Alors, au nom du ciel! répondit Nicolas en se levant, ne lui en parlez pas, elle en aurait trop de chagrin. Quant à ce que vous avez à faire, ma chère mère, c'est bien simple; vous n'avez qu'à suivre les inspirations de votre bon sens et de votre bon cœur, en vous rappelant toujours avec respect la mémoire de mon père. Vous avez mille moyens de faire éclater votre dégoût pour ces attentions imbéciles. Montrez-vous ferme, et, si elles se renouvellent, je saurai bien y mettre promptement un terme, quoique je préférasse ne pas avoir à intervenir dans une affaire si ridicule, où il vous suffira de vous faire respecter vous-même. C'est ce que les femmes font tous les jours, surtout à votre âge et dans votre condition, quand elles se trouvent en face de circonstances qui ne méritent pas plus que celle-ci d'occuper leur esprit. Je voudrais bien ne pas vous donner le désagrément de paraître prendre la chose à cœur et de la traiter sérieusement, ne fût-ce qu'un moment. Vieux stupide, va! faut-il être idiot ! »

En disant ces mots, Nicolas embrassa sa mère, lui souhaita une bonne nuit, et tous deux se retirèrent dans leur chambre.

Il faut rendre justice à Mme Nickleby; elle aimait trop véritablement ses enfants pour songer sérieusement à convoler en secondes noces, quand elle aurait assez oublié le souvenir de son défunt mari pour se sentir entraînée par son inclination vers de nouveaux liens. Mais s'il n'y avait pas en elle de mauvais instinct ni d'égoïsme étroit dans son cœur, c'était une tête faible et vide. Et elle trouvait quelque chose de si flatteur pour son amour-propre à pouvoir se dire qu'elle avait fait à son âge une passion, et une passion malheureuse, qu'elle ne pouvait se résoudre à congédier lestement et avec aussi peu de ménagement que Nicolas l'exigeait d'elle, le gentleman inconnu qui lui avait procuré le plaisir de lui refuser sa main. Quant à ces épithètes d'imbécile, ridicule, stupide, dont Nicolas n'avait pas été chiche, « je ne vois pas cela du tout, se disait Mme Nickleby, conversant avec elle-même dans sa chambre; son amour est un amour sans espoir, c'est vrai, mais j'avoue que je ne vois pas du tout que ce soit pour cela un vieux stupide ni un vieil idiot. Le pauvre garçon! il est à plaindre, selon moi, et voilà tout. »

Mme Nickleby ne termina pas ces réflexions sans donner un coup d'œil au miroir de sa toilette; elle recula même de quelques pas pour mieux juger l'effet et chercher à se rappeler qui donc lui avait toujours prophétisé que, quand Nicolas aurait vingt-un ans, elle aurait plutôt l'air de sa sœur que de sa mère. Après avoir vainement essayé de se remémorer le nom de son autorité, elle se décida à mettre l'éteignoir sur sa bougie, et leva la jalousie, pour donner passage au petit jour qui commençait à poindre.

« Il ne fait pas bien clair pour distinguer les objets, murmura Mme Nickleby en regardant par la fenêtre dans le jardin; mais je crois, ma parole d'honneur! qu'il y a encore un autre énorme potiron, planté, en ce moment, au bout des tessons de bouteilles qui garnissent le mur mitoyen. »

CHAPITRE VI.

Comprenant certains détails d'une visite de condoléance qui pourrait bien avoir des suites importantes. Smike, au moment où il s'y attend le moins, fait la rencontre d'un vieil ami qui l'invite à venir chez lui, et l'emmène sans vouloir accepter d'excuses.

Catherine Nickleby ne se doutait pas le moins du monde des démonstrations amoureuses de leur voisin, pas plus que de leurs résultats sur le cœur inflammable de sa maman; elle jouissait donc sans trouble d'un commencement de calme et de bonheur auquel elle était restée depuis longtemps étrangère, et qu'elle ne connaissait plus même par occasion rapide et passagère; elle vivait désormais sous le même toit que son frère bien-aimé, après avoir été séparée de lui d'une manière si soudaine et si cruelle! son âme respirait plus librement, affranchie des persécutions insolentes dont le souvenir seul faisait rougir sa joue et palpiter son cœur. Enfin, c'était pour elle toute une métamorphose. Elle avait repris son humeur, sa gaieté primitive; ses pas avaient retrouvé leur élasticité légère, la fraîcheur était revenue colorer ses joues flétries; Catherine Nickleby n'avait jamais été si belle.

C'était aussi l'opinion de miss la Creevy, opinion fondée sur une foule d'observations et de réflexions auxquelles elle se livra sans relâche, une fois que le cottage eut été, comme elle le disait dans son langage figuré, ramoné de la tête aux pieds, depuis la cheminée sur les toits jusqu'au décrottoir à la porte, et que l'activité de la petite femme put enfin se porter de la maison aux gens qui l'habitaient.

« Ce que je vous déclare que je n'ai pas encore pu faire depuis que je suis venue ici pour la première fois, disait-elle, car je n'ai pas eu le temps de m'occuper d'autre chose que de marteau, de clous, de tourne-vis et de vrilles, faisant le métier de serrurier depuis le matin jusqu'au soir.

— C'est que, reprit Catherine en souriant, vous ne gardez jamais une pensée pour vous-même.

— Ma foi! ma chère enfant, je serais une grande dupe de penser à moi, quand il y a tant d'autres sujets plus agréables auxquels je puis penser. A propos! tenez! il y a encore quelqu'un à qui je pensais : savez-vous que je remarque un grand changement dans un membre de cette famille, un changement très-extraordinaire?

— Qui donc? demanda Catherine d'un air inquiet; ce n'est toujours pas....

— Non, ma chère, non, ce n'est pas votre frère, répondit miss la Creevy allant au-devant de sa question : celui-là, c'est toujours la même perfection de bonté, de tendresse, d'esprit, assaisonnée d'un peu de je ne veux pas dire quoi dans l'occasion; lui, il n'a pas changé depuis que je l'ai vu pour la première fois; non, mais c'est Smike, comme il veut qu'on l'appelle ce pauvre garçon, car il ne veut pas entendre parler de mettre un monsieur devant son nom. Eh bien! Smike a terriblement changé en peu de temps.

— Comment cela? demanda Catherine, je ne vois rien dans sa santé....

— Non : dans la santé, c'est possible, dit miss la Creevy après un moment de réflexion : quoique ce soit une existence bien frêle et bien usée, et que je lui trouve une mine qui me navrerait le cœur si je la voyais chez vous. Mais non, je ne voulais pas parler de la santé.

— Eh bien! alors?

— Je ne sais pas trop, continua miss la Creevy, mais je l'ai observé, et il m'a fait venir bien des fois les larmes aux yeux. Vous me direz que ce n'est pas très-difficile, parce que je pleure d'un rien; mais c'est égal, je crois qu'ici ce n'est pas malheureusement sans cause et sans raison. Il me semble que, depuis qu'il est ici, il a eu quelque motif particulier de reconnaître de plus en plus la faiblesse de son intelligence; il y est plus sensible quand il s'aperçoit qu'il divague de temps en temps, et qu'il ne peut pas comprendre les choses les plus simples; il en éprouve plus de chagrin. Je l'ai bien regardé, quand vous n'y étiez pas, ma chère, assis à part d'un air si triste, qu'il faisait peine à voir. Puis après, quand il se levait pour sortir, il était dans un tel état de mélancolie et d'abattement, que je ne puis pas vous dire toute la peine que j'en ressentais. Il n'y a pas plus de trois semaines, c'était un garçon sans souci, remuant, d'une gaieté bruyante, enfin, à ce qu'il semblait, heureux tout le long du jour. Aujourd'hui, ce n'est plus rien de tout cela; c'est toujours une nature dévouée, innocente, fidèle, aimante; mais pour le reste, plus rien.

— Espérons que cela passera, dit Catherine : le pauvre garçon!

— Je l'espère comme vous, répliqua sa petite amie avec une gravité qui ne lui était pas ordinaire; espérons-le pour lui, ce pauvre malheureux! Cependant, ajouta-t-elle en reprenant le ton d'enjouement babillard qui ne la quittait guère, je vous ai dit ce que j'avais à vous dire, et vous aurez peut-être trouvé que c'était un peu long, ce que j'avais à vous dire, peut-être même que j'avais tort de le dire : je n'en serais pas du tout étonnée. En attendant, je m'en vais l'égayer ce soir, car, s'il me sert de cavalier tout du long du chemin jusqu'au Strand, je m'en vais parler, parler, parler, sans lui laisser de repos jusqu'à ce que je trouve moyen de le faire rire de quelque chose. Ainsi, plus tôt il va s'en aller, mieux cela vaudra pour lui, et moi aussi; car pendant que je suis là, ma domestique pourrait bien faire la coquette avec quelque beau monsieur qui me dévalisera ma maison, quoique à dire vrai je ne voie pas trop ce qu'il aurait à emporter, le malheureux, après mes tables et quelques chaises, excepté pourtant mes miniatures. Encore il faudrait que ce fût un voleur bien habile pour en tirer grand profit; car moi, je suis bien obligée de le reconnaître parce que c'est l'exacte vérité, je n'en retire rien du tout. »

Tout en parlant, miss la Creevy enveloppa sa figure dans un chapeau collant et sa personne dans un gros châle qu'elle serra étroitement autour de sa taille, au moyen d'une grande épingle, puis elle déclara que l'omnibus pourrait passer quand il voudrait, qu'elle était maintenant toute prête.

Mais, il fallait encore prendre congé de Mme Nickleby et ce n'était pas peu de chose. La bonne dame n'était pas au bout de ses réminiscences plus ou moins applicables à la circonstance, que déjà l'omnibus était à la porte. Voilà miss la Creevy tout en l'air. Plus elle se trouble moins elle avance : ainsi, en voulant secrètement donner la pièce à la bonne derrière la porte; elle tire de son sac une masse de gros sous qui roulent dans tous les coins du corridor, et lui prennent un temps considérable à les ramasser. Naturellement il fallut encore embrasser Catherine et Mme Nickleby avant le départ, chercher le petit panier et le paquet de papier gris, pour les emporter. Pendant ce temps-là, l'omnibus, comme disait miss la Creevy, jurait à faire trembler. Enfin il fit semblant de s'en aller. Alors miss la Creevy part comme un trait, faisant avec la plus grande volubilité, des excuses à tous les voyageurs; leur assurant qu'elle était bien fâchée de les avoir fait attendre, pendant qu'elle cherche des yeux une place commode. Le conducteur pousse Smike dedans et donne au cocher le signal du départ, et le large véhicule s'ébranle et roule en faisant autant de bruit pour le moins qu'une douzaine de haquets.

Laissons-le poursuivre son voyage, au gré du conducteur que nous venons de voir si important et qui maintenant se balance avec grâce, sur son petit marchepied par derrière, reprenant son cigare odoriférant. Laissons-le s'arrêter, repartir, galoper ou trottiner, selon que cet estimable fonctionnaire le juge bon et convenable; l'occasion nous tente d'aller chercher des nouvelles de sir Mulberry Hawk et de nous informer si, depuis que nous l'avons quitté, il s'est bien remis du mal qu'il s'était fait en tombant violemment de son cabriolet, lors de sa querelle avec le fougueux Nicolas.

Le voilà avec une côte brisée, le corps tout meurtri, la figure endommagée par des cicatrices toutes fraîches, pâle encore et épuisé par la douleur et par la fièvre, étendu sur le dos dans le lit qui le retient, par ordre du médecin, prisonnier pour quelques semaines encore. Dans la pièce voisine, M. Pyke et M. Pluck sont à table, occupés à boire copieusement, variant de temps en temps les murmures monotones de leur conversation par un éclat de rire à demi étouffé pendant que le jeune lord, le seul membre de leur société qui ne fût pas tout à fait perdu sans remède, car c'était dans le fond un cœur honnête, est assis à côté de son mentor, un cigare à la bouche, et se dispose à lui lire, à la lueur d'une lampe, les passages et les nouvelles qu'il choisit dans le journal, les plus propres, à ce qu'il lui semble, à intéresser ou amuser son malade. «Maudits chiens! dit sir Mulberry, en retournant avec impatience la tête du côté de la pièce voisine, rien ne peut donc faire taire leur infernal gosier.»

MM. Pyke et Pluck, en entendant cette exclamation, s'arrêtent immédiatement en se faisant l'un à l'autre un signe d'intelligence, et se versant une rasade en dédommagement du silence qui leur était imposé.

« Morbleu! murmura-t-il entre ses dents, en se tordant de colère dans son lit, ce matelas n'est-il pas assez dur, cette chambre assez triste, et mes douleurs assez cuisantes sans qu'ils me mettent encore à la torture! Quelle heure est-il?

— Huit heures et demie, répondit son ami.

— Tenez! approchez la table et reprenons les cartes, dit sir Mulberry; encore un piquet, allons! »

Il était curieux de le voir au milieu de ses souffrances, incapable de se remuer, si ce n'est pour tourner la tête de droite ou de gauche, observer tous les mouvements de son jeune ami, à chaque carte jouée. Quelle ardeur et quel intérêt il apportait au jeu, et cependant quelle adresse et quel sang-froid il montrait en même temps! Il en avait vingt fois plus qu'il n'en fallait pour un tel adversaire, incapable de lui tenir tête, même quand la fortune le favorisait de quelques cartes heureuses. Sir Mulberry gagna toutes les parties, et quand son camarade, lassé de perdre, jeta les cartes sur la table et refusa de continuer, il dégagea du lit et lança sur la table son bras amaigri, pour faire rafle des enjeux avec un juron victorieux et ce même rire si rauque, quoique moins vigoureux aujourd'hui, qui retentissait il y a quelques mois dans la salle à manger de Ralph Nickleby.

Son domestique entre pour lui annoncer que M. Ralph Nickleby est en bas et vient savoir comment il va ce soir.

« Mieux, répondit-il impatienté.

— M. Nickleby demande, monsieur....

— Mieux, vous dis-je, » réplique sir Mulberry frappant de la main sur la table.

Le domestique hésite un moment, puis se décide à dire que M. Nickleby demande la permission de voir sir Mulberry Hawk, si cela ne le gêne pas.

« Cela me gêne, je ne peux pas le voir, je ne peux voir personne, lui dit son maître avec plus d'énergie encore. Vous le savez bien, imbécile !

— Pardon, monsieur, répond le domestique. Mais M. Nickleby a fait tant d'instances.... »

Le fait est que Ralph Nickleby avait graissé la patte du domestique, qui, dans l'espérance d'être encore bien payé, en pareille occasion, voulait gagner son argent; aussi tenait-il la porte entr'ouverte sans sortir, et n'avait-il pas l'air pressé de s'en aller.

« Vous a-t-il dit qu'il eût à me parler d'affaires ? demanda sir Mulberry après un moment de réflexion.

— Il a seulement demandé à vous voir en particulier, monsieur ; voilà tout ce que m'a dit M. Nickleby.

— Vous allez lui dire de monter. Tenez ! auparavant, lui cria sir Mulberry en se passant la main sur ses traits altérés ; prenez cette lampe et posez-la sur son pied derrière moi ; reculez cette table et placez une chaise là,... encore un peu plus loin. C'est bien. »

Le domestique exécuta cet ordre en serviteur intelligent, qui en comprenait les motifs et sortit. Lord Frédérick Verisopht passa dans une chambre à côté, en disant qu'il allait revenir dans un moment, et ferma derrière lui les deux battants de la porte.

Puis on entendit un pas discret dans l'escalier, et l'on vit Ralph Nickleby, le chapeau à la main, se glisser modestement dans la chambre, le corps incliné, dans l'attitude d'un profond respect et les yeux fixés sur la figure de son honorable client.

« Eh bien ! Nickleby, lui dit sir Mulberry en lui montrant la chaise qu'il avait fait préparer à côté de son lit, et lui faisant de la main un signe d'insouciance affectée ; il m'est arrivé un accident désagréable, vous savez....

— Je le sais, répondit Ralph toujours regardant fixement ; désagréable en effet. Je ne vous aurais pas reconnu, sir Mulberry ; tiens ! tiens ! c'est très-désagréable. »

Les manières de Ralph étaient pleines d'une profonde humilité et d'un respect étudié. Le ton adouci de sa voix était bien celui qu'une attention délicate pour un malade devait dicter à l'étranger qui lui rendait visite ; mais pendant que sir Mulberry lui tournait le dos, la figure de Ralph faisait avec ses manières polies un étrange contraste. Debout, dans son attitude habituelle, regardant avec calme l'homme étendu devant lui comme une masse inerte, tous ceux de ses traits qui n'étaient pas cachés à l'ombre de ses sourcils refrognés portaient la trace d'un sourire moqueur.

« Asseyez-vous, dit sir Mulberry tournant la tête de son côté comme par un effort violent. Je suis donc bien extraordinaire, que vous vous tenez là debout à me regarder comme une histoire ? »

Au moment où il se retourna, Ralph recula d'un pas ou deux, comme ne pouvant s'empêcher de témoigner ainsi son profond étonnement, tout en cherchant à se contraindre, et s'assit avec un air de confusion joué à s'y méprendre.

« Sir Mulberry, dit-il, je suis venu en bas tous les jours, et souvent deux fois par jour dans les commencements, savoir de vos nouvelles. Ce soir, en raison de notre vieille connaissance et des affaires antérieures que nous avons faites ensemble, à la satisfaction, j'espère, de tous les deux, je n'ai pu résister au désir de demander à vous voir. Est-ce que vous avez.... souffert beaucoup ? continua-t-il se penchant vers le malade et laissant toujours éclater sur sa figure son infernal sourire, pendant que l'autre tenait les yeux fermés.

— Oui, plus que je n'aurais voulu, mais moins peut-être que ne l'auraient voulu certaines rosses de notre connaissance, qui jouent gros jeu avec nous, je vous en réponds, » répondit sir Mulberry, en tirant sa couverture d'une main toujours agitée.

Ralph haussa les épaules comme pour se plaindre du ton

d'irritation violente dont ces paroles lui avaient été adressées : car il y avait dans son langage comme dans ses manières une aisance froide et désespérante, qui agaçait tellement le malade, qu'il avait peine à le supporter.

« Et qu'y a-t-il, demanda sir Mulberry, dans ces affaires que nous avons faites ensemble, qui vous amène ici ce soir ?

— Rien, répliqua Ralph ; il y a bien quelques billets de milord qui ont besoin d'être renouvelés ; mais nous attendrons que vous soyez sur pied. J'étais.... j'étais venu, continua-t-il d'un ton plus bas, mais en appuyant plus encore sur chaque mot, j'étais venu vous dire tout le regret que j'avais que ce fût un de mes parents, un parent que j'ai renié, il est vrai, qui vous eût infligé une punition si....

— Punition ! interrompit sir Mulberry.

— Je sais qu'elle est sévère, dit Ralph, ayant l'air de se méprendre sur le sens de l'interruption de sir Mulberry, et je n'en étais que plus impatient de venir vous dire que je renie ce vagabond, que je ne le reconnais plus pour un des miens, que je l'abandonne au châtiment mérité qu'il pourra recevoir de vous ou de tout autre. Tordez-lui le cou si vous voulez, ce n'est pas moi qui vous en empêcherai.

— Ah ! ce conte que l'on m'a fait ici a donc déjà couru le monde, à ce que je vois ? demanda sir Mulberry, serrant les poings et grinçant des dents.

— On ne parle pas d'autre chose, répliqua Ralph ; il n'y a pas de club, pas de cercle de jeu, qui n'en ait retenti. On m'a même dit, continua-t-il, regardant l'autre en face, qu'on en avait fait une bonne chanson. Je ne l'ai pas entendu chanter moi-même ; je ne m'occupe guère de tout cela, mais on m'a dit qu'on l'avait fait imprimer, soi-disant pour la faire circuler sous le manteau ; maintenant elle court les rues, comme vous pensez.

— Ils en ont menti, dit sir Mulberry ; je vous dis qu'il n'y a rien de vrai dans tout cela. La jument a eu peur, voilà tout.

— Eh bien ! eux, ils disent que c'est lui qui lui a fait peur, repartit Ralph, toujours aussi calme, aussi impassible. Il y en a bien qui vont jusqu'à dire qu'il vous a fait peur aussi. Pour cela, par exemple, je suis bien sûr que ce n'est pas vrai, et je l'ai dit hardiment, partout et tous les jours ; je ne suis pas un casseur d'assiettes, mais je ne veux pas souffrir qu'on dise cela de vous. »

Aussitôt que sir Mulberry put trouver dans sa colère quelques mots à lier ensemble, Ralph se pencha vers lui, porta la main à l'oreille pour mieux entendre, conservant toujours dans les traits son calme stéréotypé, comme si chaque ligne de sa physionomie rigide avait été coulée en bronze.

« Attendez seulement que je puisse sortir de ce maudit lit, dit le patient qui, dans son emportement, frappait sur sa jambe cassée, sans s'en apercevoir, et je veux tirer de lui une vengeance dont il sera parlé; oui, nom de.... D., je me vengerai. Il a pu, favorisé par le hasard, me marquer à la face pour une quinzaine de jours, mais moi je lui laisserai des marques qui le suivront jusqu'au tombeau. Je veux lui couper le nez et les oreilles, lui donner le fouet, l'estropier pour la vie, et ce n'est pas tout; à son nez et à sa barbe, je veux forcer ce bel échantillon de chasteté, cette fine fleur de pruderie, sa bégueule de sœur à.... »

Soit que Ralph lui-même ne pût entendre ces dernières menaces sans que son sang glacé s'en émût et portât à ses joues le témoignage visible de son mécontentement, soit que sir Mulberry se rappelât à temps que tout fripon, tout usurier qu'il était dans l'âme, le vieux Nickleby devait avoir quelquefois, dans sa première enfance, enlacé dans ses bras le cou d'un frère, le père de Catherine; il n'alla pas plus loin, se contentant de menacer du poing son ennemi absent, et de confirmer, par un serment horrible, ses promesses de vengeance.

Ralph, pendant ce temps-là, considérait, d'un œil perçant le malade en délire. « Il est sûr, dit-il, rompant enfin le silence, que c'est bien humiliant pour un homme renommé comme le lion, le roué, le héros de tous les rendez-vous à la mode, d'avoir reçu cette leçon d'un petit polisson! »

Sir Mulberry lui darda un regard furieux, mais ne l'atteignit pas : Ralph avait les yeux baissés, et sa figure ne trahissait aucune expression particulière; il avait seulement l'air pensif.

« Un enfant, un méchant galopin, continua Ralph, contre un homme qui n'aurait qu'à se laisser tomber sur lui pour l'écraser de son poids. Sans parler de son habileté à.... Je ne me trompe pas, continua-t-il en relevant les yeux, vous étiez passé maître à la boxe, autrefois, n'est-il pas vrai? »

Le malade fit un geste d'impatience, que Ralph aima mieux prendre pour un signe d'assentiment.

« Ah! je savais bien que je ne me trompais pas. C'était avant que nous eussions fait connaissance; mais c'est égal, j'en étais bien sûr. Lui, il est actif et souple, je suppose; mais qu'est-ce que cela auprès de tous vos autres avantages. C'est la chance; ces chiens de bandits-là ont toujours la chance pour eux.

— Eh bien ! qu'il en fasse provision pour notre prochaine rencontre, dit sir Mulberry Hawk, car je le retrouverai, quand il se sauverait au bout du monde.

— Oh ! reprit Ralph vivement, il n'a pas envie de se sauver; il vous attend, monsieur, tranquillement, à Londres même, au grand soleil, faisant blanc de son épée, et regardant par les rues si vous n'y êtes pas. »

En disant cela, Ralph se rembrunissait, et, cédant enfin à un transport de haine, en se représentant Nicolas triomphant : « Si nous vivions seulement, dit-il, dans un pays où on pût faire de ces choses-là sans danger, que je donnerais de l'argent de bon cœur pour lui faire poignarder l'âme et le jeter au chenil, pour y être mangé des chiens ! »

Ralph avait à peine donné, à son client étonné, cet échantillon de son excellent cœur et de son affection de famille, lorsque lord Verisopht se montra, au moment où il prenait son chapeau pour s'en aller.

« Que diable avez-vous donc, dit-il, vous et Nickleby, à faire tout ce tapage? Je n'ai jamais rien entendu de pareil : crock, crock, crock; haou, ouaou, ouaou. De quoi donc s'agit-il ?

— C'est sir Mulberry, milord, qui a eu un accès de colère, répondit Ralph les yeux tournés vers le malade.

— Il ne s'agit toujours pas d'argent, j'espère? les affaires ne vont pas plus mal, n'est-ce pas, Nickleby?

— Non, milord, non; sur cet article-là sir Mulberry et moi, nous sommes toujours d'accord. Mais c'est qu'il a eu occasion de se rappeler les détails de.... »

Ralph n'eut pas besoin d'en dire davantage, sir Mulberry ne lui en laissa pas le temps; il s'empara lui-même du sujet et se mit à vociférer contre Nicolas des menaces et des serments presque aussi furieux que tout à l'heure.

Ralph, qui avait un talent d'observation peu ordinaire, fut surpris de voir, pendant cette tirade, l'accueil qu'elle parut recevoir de lord Frédérick Verisopht. Il avait commencé par se friser les moustaches de l'air le plus dégagé et le plus indifférent; mais, à mesure que sir Mulberry se donnait carrière, ses traits s'altérèrent, et il surprit bien plus encore son observateur lorsqu'après cette philippique le jeune lord, sans dissimuler son mécontentement, le pria sèchement de ne plus jamais reparler devant lui de cette affaire.

« Rappelez-vous cela, Hawk, ajouta-t-il avec une énergie qui ne lui était pas ordinaire. Jamais je ne seconderai, jamais je ne permettrai, si je puis l'empêcher, une lâche attaque contre ce jeune garçon.

— Comment, lâche? s'écria son ami.

— Oui, répéta l'autre en le regardant en face. Si vous aviez commencé par lui dire votre nom et lui remettre votre carte, quitte à trouver après, dans sa position ou sa personne, des excuses pour ne point vous battre avec lui, ce n'était pas encore bien magnifique; ma parole d'honneur, c'était déjà assez vilain comme cela. Mais de la façon que cela s'est passé, vous avez en tort. Moi aussi j'ai eu tort de ne pas intervenir, et je m'en repens. Ce qui vous est arrivé après était purement accidentel, ce n'était point prémédité, et c'est de votre faute plus que de la sienne. Il n'en portera donc pas la peine, croyez-moi : cela ne doit pas être et cela ne sera pas. »

En répétant avec insistance cette déclaration, le jeune lord tourna les talons; mais, avant de sortir, il revint sur ses pas pour dire avec plus de véhémence encore :

« Je suis convaincu maintenant, oui, sur mon honneur, j'en suis convaincu. La sœur est une jeune personne aussi modeste et aussi vertueuse qu'elle est belle; et, quant au frère, tout ce que je peux en dire, c'est qu'il s'est conduit en bon frère, comme un homme de cœur et d'honneur. Je voudrais seulement de toute mon âme pouvoir en dire autant de nous tous.

— Est-ce bien là votre élève, demanda tranquillement Nickleby, ou quelque innocent tout frais sorti des mains d'un curé de village?

— Ce sont de ces accès qui prennent de temps en temps aux blancs-becs; il a besoin que je le forme, répliqua sir Mulberry Hawk en se mordant les lèvres et lui montrant la porte. Laissez-moi faire! »

Ralph échangea un coup d'œil familier avec sa vieille connaissance, car cette surprise inquiétante avait tout à coup renoué leur intimité, et il reprit le chemin de sa maison d'un pas lent et d'un air soucieux.

Pendant cette entrevue, et longtemps même avant le dénoûment, l'omnibus s'était soulagé de miss la Creevy et de son garde du corps; ils étaient maintenant arrivés à sa porte. Là, la petite artiste ne voulut, pour rien au monde, laisser retourner Smike sans l'avoir réconforté au préalable en buvant un petit coup de quelque liquide généreux, et sans y tremper un biscuit. Et comme Smike ne montra aucune répugnance à boire un petit coup de ce liquide généreux, en y trempant un biscuit; comme, au contraire, il n'était pas fâché de se donner des jambes pour revenir à Bow il s'arrêta un peu plus longtemps qu'il ne voulait d'abord, et il y avait déjà une demi-heure que la brune était venue quand il se remit en route pour retourner à la maison.

Il n'y avait pas de danger qu'il perdît son chemin, car c'était toujours tout droit, et il n'y avait guère de jours qu'il n'y eût passé en accompagnant Nicolas le soir et le matin. Miss la Creevy et son cavalier se séparèrent donc en parfaite confiance, se donnèrent une bonne poignée de main, et Smike partit, chargé de mille compliments encore pour Mme et Mlle Nickleby.

Arrivé au pied de Ludgate-Hill, il prit un détour pour satisfaire sa curiosité : il voulait voir Newgate en passant. Après avoir considéré avec beaucoup de soin et de terreur, pendant quelques minutes, les sombres murailles de la prison, il revint sur ses pas et se mit à marcher d'un bon pas à travers la cité. Pourtant il s'arrêtait de temps en temps à regarder à la montre de quelque boutique dont l'étalage le frappait plus que les autres, puis faisait encore un petit bout de chemin, puis s'arrêtait encore, et ainsi de suite, comme font tous les provinciaux.

Il y avait déjà longtemps qu'il regardait à la fenêtre d'un bijoutier, regrettant de ne pouvoir emporter quelque jolie bagatelle pour en faire cadeau à la maison, et se figurant le plaisir qu'il aurait à l'offrir, quand toutes les horloges sonnèrent huit heures trois quarts. Réveillé par leur carillon, il se remit à courir, et franchissait justement le coin d'une rue de traverse quand il se sentit heurté d'un coup si violent et si soudain, qu'il fut obligé de se retenir à un poteau de lanterne pour s'empêcher de tomber. Au même instant, un petit drôle s'empara de sa jambe, et fit vibrer à ses oreilles un cri perçant : « A moi, papa ; c'est lui, hourra ! »

Smike ne connaissait que trop cette voix. Il abaissa ses yeux désespérés sur l'individu à laquelle elle appartenait, et, frissonnant des pieds à la tête, n'eut que le temps de se retourner pour se trouver en face de M. Squeers qui l'avait accroché au collet avec le bec de son parapluie, et se pendait à l'autre bout de toutes ses forces pour retenir sa victime. Le cri d'allégresse venait de maître Wackford, qui, sans faire attention à ses coups de pied et à sa résistance, ne lâchait pas plus sa jambe que le bouledogue ne lâche sa proie.

Il lui suffit d'un coup d'œil pour lui révéler tout son malheur, paralyser ses moyens et le rendre incapable de proférer un son.

« Quelle chance ! cria M. Squeers, tirant petit à petit son parapluie comme on tire la corde d'un puits, sans le décrocher, avant que sa main fût arrivée jusqu'au collet et pût le tenir ferme, quelle délicieuse chance! Wackford, mon garçon, appelle un de ces fiacres.

— Un fiacre, papa? cria le petit Wackford.

— Oui, monsieur, un fiacre ; et ses yeux se repaissaient de l'effroi empreint sur la figure de Smike. Tant pis pour ma bourse, il faut que nous le mettions en voiture.

— Qu'est-ce qu'il a fait? demanda un manœuvre qui passait là chargé d'une hottée de briques, et que Squeers avait appelé à son aide, ainsi que son camarade, quand il avait lancé si adroitement son parapluie.

— Tout! répondit M. Squeers regardant fixement son ancien élève avec une sorte de tremblement de joie. Tout! il s'est sauvé, monsieur; il a pris part à des attaques de buveur de sang contre son maître; il n'y a pas de crime qu'il n'ait commis. Ah! mon Dieu, mon Dieu! quelle délicieuse chance! »

L'homme regardait Smike pour entendre sa défense, mais le pauvre diable avait entièrement perdu le peu de moyens qu'il avait. Le fiacre arrive. Maître Wackford y monte le premier : Squeers lui pousse sa prise et monte derrière ses talons, lève les glaces. Le cocher s'assied sur son siége et va son petit train, laissant là les deux maçons jaser comme bon leur semble, sur l'incident, avec une marchande de pommes et un petit gamin qui sortait d'une école du soir, seuls témoins de la scène qui venait de se passer.

M. Squeers s'assit sur la banquette vis-à-vis de l'infortuné Smike, et, les mains fièrement plantées sur ses genoux, le regarda, pendant au moins cinq minutes, dans le blanc des yeux, avant de se remettre de son extase ; après quoi il poussa un grand cri et se mit à claquer à droite et à gauche la figure de son élève plusieurs fois consécutives.

« Quoi! ce n'est pas un songe! dit Squeers ; c'est lui en chair et en os. Oui vraiment, je le reconnais au toucher. » Et après avoir renouvelé ses expériences concluantes, M. Squeers, pour varier ses plaisirs, lui administra quelques coups de poing sur l'oreille, en poussant à chaque fois un éclat de rire plus long et plus bruyant.

« Votre maman, mon garçon, dit Squeers à son fils, est dans le cas d'en crever de joie dans sa peau quand elle va savoir cela.

— Je crois bien, papa, répliqua maître Wackford.

— Quand on pense, dit Squeers, que nous tournons vous et moi le coin d'une rue, et que nous nous trouvons nez à nez avec lui juste au bon moment; puis encore que je l'accroche du premier coup avec mon parapluie, aussi juste et aussi ferme que si je l'avais accroché avec un grappin. Ha! ha!

— Et moi, dites donc, papa, ne l'ai-je pas gentiment empoigné par la jambe? dit le petit Wackford.

— C'est vrai, mon garçon, vous vous êtes bien conduit, dit M. Squeers lui donnant des petites tapes d'amitié sur la tête; aussi je vous donnerai pour la peine la plus jolie veste à la hussarde et le plus beau gilet qu'apporteront les premiers pensionnaires, entendez-vous bien? Continuez comme vous avez commencé; faites tout ce que vous voyez faire à votre père, et, quand vous mourrez, vous irez tout de go au paradis sans qu'on vous arrête à vous faire des questions à la porte. »

Après cette promesse encourageante, M. Squeers se remit à taper tout doucement la tête de son fils et à taper plus fort celle de Smike, en lui demandant d'un ton gouailleur comment il se trouvait de ce régime-là.

« Laissez-moi retourner à la maison, répliqua Smike se retournant furieux.

— Pour cela, vous pouvez en être sûr, que vous allez y retourner. Ne vous inquiétez pas, vous y retournerez, à la maison, je vous en réponds, et bientôt. Vous allez vous retrouver au paisible village de Dotheboys, en Yorkshire, avant huit jours, mon jeune ami, et, si jamais vous en sortez, je vous donne la permission de n'y plus revenir. Où sont les habits avec lesquels vous vous êtes sauvé, ingrat voleur que vous êtes? » dit M. Squeers d'une voix sévère.

Smike jeta les yeux sur l'habillement propre et décent qu'il devait aux soins de Nicolas, et se tordit les mains de désespoir.

« Savez-vous qu'une fois hors de Old-Bailey j'aurai le droit de vous pendre, pour vous être enfui avec des effets qui m'appartiennent, dit Squeers; savez-vous que c'est un cas de potence, je ne sais même pas si ce n'est pas un cas d'anatomie, de s'esquiver d'une maison habitée avec une valeur de cent vingt-cinq francs. Hein! savez-vous ça? A combien estimez-vous les habits que vous m'avez emportés? Savez-vous que cette botte à la Wellington que vous aviez à un pied coûtait trente-cinq francs la paire, quand il y en avait deux, et que le soulier que vous aviez à l'autre pied valait neuf francs trente-cinq? Mais vous êtes bien heureux, en retombant entre mes mains, d'être venu tout droit au grand bazar de la miséricorde. Remerciez votre étoile de m'avoir choisi tout exprès pour vous servir cet article, je vous en donnerai comme il faut. »

Il n'y avait pas besoin d'être dans la confidence de M. Squeers pour voir que cet article de miséricorde dont il se disait si bien pourvu, il en manquait absolument : et si quelqu'un pouvait en douter encore, il n'aurait pas tardé à reconnaître son erreur, en le voyant faire succéder à cette promesse les coups de pointe qu'il portait en pleine poitrine à Smike, avec le fer de son parapluie, accompagnés d'une grêle d'estocades en tierce et en quarte sur la tête et sur les épaules avec les côtes du même instrument.

« Parbleu ! dit M. Squeers quand il s'arrêta pour se reposer la main, je n'avais jamais rossé d'élève en fiacre ; ce n'est pas bien commode, mais la nouveauté m'en plaît. »

Pauvre Smike ! Il parait les coups de son mieux, et finit par se recoquiller dans un coin de la voiture, la tête dans ses mains et les coudes sur ses genoux. Il était stupéfié, abasourdi, et ne songeait pas plus à faire quelque effort pour essayer d'échapper à la toute-puissance de Squeers, maintenant qu'il n'avait plus là d'ami pour lui parler et le conseiller, qu'il n'y avait songé pendant les longues et tristes années de son martyre en Yorkshire, avant l'arrivée de Nicolas.

Il croyait que la course ne finirait jamais. Que de rues enfilées les unes après les autres, et cependant ils trottaient toujours. Enfin M. Squeers commença à passer la tête à chaque minute par la portière, pour donner une foule d'indications successives au cocher. Après avoir traversé, non sans difficulté, quelques rues isolées nouvellement construites, comme le montraient assez l'aspect des maisons et le mauvais état des chemins, M. Squeers se pendit tout à coup au cordon de toute sa force, et lui cria : « Arrêtez !

— A-t-on jamais vu tirer le bras d'un homme comme cela ? dit le cocher en colère.

— C'est ici. La seconde de ces quatre petites maisons à un étage, avec des volets verts ; il y a sur la porte une plaque de cuivre avec le nom de Snawley.

— Ne pouviez-vous pas dire cela sans m'arracher le bras ? demanda le cocher.

— Non ! brailla M. Squeers. Si vous dites un mot de plus, je vais vous faire faire un procès-verbal pour avoir un carreau cassé. Arrêtez. »

Le cocher, docile aux instructions de son bourgeois, arrêta à la porte de M. Snawley. M. Snawley, on se le rappelle, était ce tartufe à la face luisante qui avait confié aux soins paternels de M. Squeers les quatre enfants de sa femme, comme nous l'avons raconté au quatrième chapitre de cette histoire. Sa maison se trouvait sur les extrêmes limites de quelques nouveaux établissements contigus à Somers town, et M. Squeers y avait loué un logement pour quelques jours, parce qu'il avait à faire à Londres un séjour un peu plus long que d'habitude, et que d'ailleurs la Tête de Sarrazin ayant appris à connaître, à ses dépens, l'appétit de maître Wackford, avait refusé de le traiter à des conditions plus favorables qu'une grande personne.

« Nous voilà! dit Squeers bousculant Smike devant lui dans la petite salle où M. Snawley et sa femme étaient en train de manger un homard pour leur souper. Voici le vagabond, le traître, le rebelle, le monstre d'ingratitude!

— Quoi! l'élève qui s'était sauvé! cria Snawley laissant de saisissement retomber ses mains sur la table, le couteau et la fourchette en l'air, et écarquillant ses grands yeux.

— Lui-même, dit Squeers mettant son poing sous le nez de Smike, le retirant et recommençant plusieurs fois la même menace avec la physionomie la plus féroce. S'il n'y avait pas là une dame, je lui..... mais, patience, il n'y perdra rien. »

Et M. Squeers se mit à raconter où, quand et comment il avait rattrapé son fugitif.

« Il est clair que c'est un coup de la Providence, dit M. Snawley baissant les yeux avec un air d'humilité, et élevant sa fourchette, avec un morceau de homard au bout, vers le plafond, pour remercier le ciel.

— Il n'y a pas de doute, c'est la Providence qui se déclare contre lui, répliqua Squeers en se grattant le nez.

— Cela ne pouvait être autrement, comme de juste. Il n'y a pas à s'y méprendre.

— Les mauvais cœurs et les mauvaises actions sont toujours punis, monsieur, dit M. Snawley.

— Il n'y a pas d'exemple du contraire, » répliqua Squeers tout en tirant de son portefeuille un petit paquet de lettres, pour voir s'il n'en avait pas perdu dans la bagarre.

Quand il fut tranquille de ce côté : « Vous voyez bien, madame Snawley, dit-il : j'ai été le bienfaiteur de ce garçon-là, je l'ai nourri, instruit, vêtu, blanchi. J'ai été l'ami de ce garçon-là, son ami universel, classique, commercial, mathématique, philosophique et trigonométrique. Mon fils, Wackford, mon propre fils, a été pour lui un frère. Mme Squeers a été pour lui une mère, une grand'mère, une tante, ah! je pourrais même dire un oncle, enfin tout. Elle n'a jamais élevé personne dans du coton, excepté vos deux charmants, vos deux délicieux petits enfants, comme elle a élevé ce garçon-là dans du coton. Eh bien! quelle en est la récompense? Je lui ai prodigué le lait de notre commune tendresse; mais, maintenant, je sens, quand je le regarde, que ce lait-là tourne et s'aigrit sur mon cœur.

— C'est bien possible, monsieur, dit Mme Snawley, c'est bien possible.

— Mais où a-t-il été tout ce temps-là? demanda Snawley, serait-il resté avec?...

— Ah! monsieur, dit Squeers en l'interrompant et se retournant vers Smike, êtes-vous resté avec ce démon de Nickleby, monsieur? »

Mais ni questions ni taloches ne purent arracher là-dessus un mot de réponse à Smike. Il avait pris en lui-même la résolution de périr plutôt dans l'affreuse prison où il allait retourner, que de prononcer une syllabe qui pût compromettre son premier, son unique ami. Il avait eu le temps de se rappeler les recommandations que lui avait faites Nicolas en quittant le Yorkshire, de garder un profond secret sur sa vie passée. Il avait une idée vague et confuse que son bienfaiteur pouvait bien avoir commis un crime en l'emmenant, un crime terrible, qui l'exposerait à un châtiment redoutable s'il était découvert, et cette crainte avait aussi contribué à le mettre dans l'état de terreur stupide où il était retombé.

Telles étaient les pensées (si on peut donner ce nom aux visions imparfaites qui erraient sans suite dans son cerveau affaibli) qui vinrent assaillir l'esprit de Smike et le rendirent également sourd à l'éloquence persuasive de Squeers ou à ses procédés d'intimidation. Voyant tous ses efforts inutiles, M. Squeers le conduisit dans une petite chambre en haut sur le derrière, pour y passer la nuit; puis, après avoir pris la précaution de lui faire quitter ses souliers, son gilet et son habit, et de fermer par-dessus lui la porte en dehors, dans le cas peu vraisemblable où il retrouverait l'énergie de tenter encore une évasion, le digne gentleman l'abandonna à ses réflexions.

Ces réflexions, personne ne peut dire ce qu'elles étaient, ce que fut le désespoir de cette pauvre créature quand il retomba dans ses pensées uniques, dans le souvenir récent de sa dernière demeure, des amis si chers, des visages si doux qu'il y laissait. Il entrevoyait tous ces rêves dans une espèce d'engourdissement douloureux, sommeil lourd et pénible d'une intelligence qui n'avait pu se développer sous le régime de cruautés dont il avait été victime dans sa première enfance. Combien il faut pour cela d'années de souffrances et de misère, sans un rayon d'espérance ! Comme il faut que ces cordes du cœur, qui vibrent une prompte réponse à la douceur et à l'affection, se soient rouillées ou brisées dans leurs secrètes attaches, sans avoir même à renvoyer l'écho languissant de quelque vieux chant de bonheur ou d'amour! Comme il faut qu'il ait été sombre, le jour, le triste jour où cette lueur à peine apparue dans l'esprit s'est ensevelie à tout jamais dans les ombres d'un long crépuscule, d'une nuit plus sombre et plus triste encore !

Pourtant, même alors, il aurait pu se réveiller peut ˆ re au son de certaines voix aimées, mais elles ne pouvaient p˛   rer jusqu'à lui. Aussi, quand il se glissa à tâtons dans son ⌐., il était redevenu déjà la même créature insouciante, découragée, flétrie, que Nicolas avait trouvée et transformée en arrivant à Dotheboys-Hall.

CHAPITRE VII.

Dans lequel Smike retrouve encore un autre vieil ami, mais cette fois la rencontre est heureuse et l'occasion lui profite.

La nuit si pleine d'angoisses pour le pauvre malheureux avait fait place à une matinée d'été claire et pure de tout nuage, au moment où une diligence du Nord traversait gaiement à grand bruit les rues d'Islington, encore silencieuses, annonçant son approche par un avertissement sonore du conducteur, qui jouait sur son cor la fanfare du retour. Bientôt le bruit cessa, elle venait de s'arrêter tout près du bureau de la poste.

Il n'y avait de voyageurs à l'extérieur qu'un bon gros provincial, à la mise honnête, qui, planté sur l'impériale, les yeux fixés sur le dôme de la cathédrale de Saint-Paul, paraissait absorbé dans une admiration stupéfaite, au point de rester entièrement insensible au remue-ménage du bagage et des effets qu'on descendait de la voiture, jusqu'à ce qu'enfin une des fenêtres de l'intérieur s'étant abaissée avec vivacité, il se retourna pour regarder, et se trouva face à face avec une jolie petite figure de femme qui venait de mettre le nez à la portière.

« Vois donc, ma fille, cria le villageois en montrant du doigt l'objet de son admiration, c'est l'église de Saint-Paul ; trédame! en voilà une qui est de taille!

— Dieu du ciel, John ! je n'aurais jamais cru qu'elle pût être seulement moitié si haute. Quel monstre !

— Un monstre ! ma foi, madame Browdie, je crois que vous avez dit le mot, répliqua le provincial d'un air de bonne humeur en descendant lentement avec son large pardessus ; et cet autre bâtiment-là, de l'autre côté de la rue, qu'est-ce que ce peut être, croyez-vous ? Je vous le donnerais bien en douze mois, pour réussir à le deviner ; ce n'est pas autre chose qu'un bureau de poste. Ha ! ha ! ils ne risquent rien de doubler les ports de lettres pour faire leurs frais ; un bureau de poste ! qu'est-ce que vous dites de cela ? Eh bien ! si c'est comme cela que sont les bureaux de poste, je voudrais bien voir un peu la maison du lord maire. »

A ces mots, John Browdie, car c'était lui, ouvrit la portière, passa la tête dans l'intérieur, et donnant une petite tape sur la joue de Mme Browdie, ci-devant Mlle Price, tomba dans un bruyant accès de fou rire.

« Bon ! dit John, voilà-t-il pas, Dieu me pardonne, qu'elle s'est encore rendormie.

— Elle n'a fait que cela toute cette nuit et toute la journée d'hier, à l'exception de deux ou trois minutes, de temps en temps, reprit la douce amie de John Browdie, et encore j'aurais mieux aimé qu'elle dormît toujours, tant elle était maussade chaque fois qu'elle se réveillait.

De qui donc parlaient-ils ? C'était d'une personne profondément assoupie, tellement enveloppée sous les plis de son châle et de son manteau, qu'il eût été impossible au plus fin de deviner son sexe, sans un chapeau de castor brun, à voile vert, qui décorait sa tête, et qui, à force d'être cogné et aplati, l'espace de quatre-vingt-cinq lieues contre le coin de la voiture, d'où sortaient encore, en ce moment, les ronflements bruyants de la dame, présentait un aspect si risible, qu'il n'en fallait pas tant pour mettre en mouvement les muscles toujours prêts à rire de la grosse face vermeille de Browdie.

« Ohé ! cria John en tirant un bout du voile de la dormeuse ; allons ! réveillons-nous, pas moins ! »

Ce ne fut pas sans se renfoncer encore bien des fois dans son coin, sans pousser bien des exclamations d'impatience et de fatigue, que la personne en question finit par pouvoir se tenir sur son séant ; et alors, sous une masse informe de castor écrasé, avec un hémicycle de papillotes bleues autour de la tête, vous auriez pu reconnaître, devinez quoi ! les traits délicats de miss Fanny Squeers.

« Ah! Tilda! cria Mlle Squeers, m'avez-vous assez donné de coups de pied tout le long de cette chienne de nuit?

— Par exemple! j'aime bien cela, répliqua son amie en riant, lorsque c'est vous qui avez pris, sans vous gêner, presque toute la voiture à vous seule.

— Écoutez, Tilda, dit Mlle Squeers sérieusement, ne dites pas non, parce que c'est la vérité et qu'il est inutile que vous essayiez de me persuader le contraire. Il est possible que vous ne vous en soyez pas aperçue : vous dormiez si bien; mais, moi, je n'ai pas seulement fermé l'œil; ainsi j'espère que vous pouvez me croire. »

En faisant cette réponse, Mlle Squeers ajustait son voile et son chapeau, mais avec peu de succès, car il n'aurait fallu rien moins que la baguette d'un magicien et la suspension complète de toutes les lois de la nature, pour donner à son couvre-chef une forme régulière ou figure humaine. Pourtant, elle finit par se flatter qu'elle n'avait pas encore l'air trop malpropre. Elle secoua les miettes de sandwiches et les restes de biscuits qui s'étaient accumulés dans son giron, et profita du bras que lui offrait John Browdie pour descendre de voiture.

« Là! dit John au cocher dont il venait de faire approcher le fiacre, en faisant monter les dames et charger le bagage, nous allons à l'hôtel de Sarah, mon garçon.

— Là-s-où? cria le cocher.

— Qu'est-ce que vous dites donc, Browdie? interrompit Mlle Squeers; cette idée! c'est à la Tête de Sarrazin.

— Je savais toujours bien qu'il y avait du Sarah là dedans, c'est le zin qui m'avait échappé; à présent vous savez où ce que c'est, brave homme?

— Oh! ah! je connais ça, répondit le cocher d'un air refrogné en fermant la portière.

— Tilda, ma chère, réellement, reprit Mlle Squeers d'un ton de reproche, on va nous prendre pour je ne sais qui.

— Qu'ils nous prennent comme ils voudront, et, s'ils ne nous prennent pas, qu'ils nous laissent, dit John Browdie. Nous ne sommes pas venus à Londres pour autre chose que pour nous amuser, n'est-ce pas?

— Je l'espère, monsieur Browdie, répliqua Mlle Squeers visiblement contrariée.

— Eh bien! alors, dit John, qu'est-ce que ça fait? je n'ai pu me marier que depuis quatre jours, parce que la mort de mon pauvre vieux père a tout retardé; c'est donc une noce complète, la fille, le garçon, la demoiselle d'honneur; si ce n'est pas l'occasion pour un homme de se donner du plaisir, quand est-ce donc qu'il s'en donnera? hein? sapristi! je vous le demande. »

Et pour commencer à se donner du plaisir, sans perdre de temps, M. Browdie appliqua un gros baiser sur les joues de sa femme et eut bien du mal à en prendre un à miss Squeers, qui l'égratignait bel et bien en luttant contre cette douce violence avec un courage de Lucrèce. Ce ne fut qu'en arrivant à la Tête de Sarrazin qu'il sortit vainqueur de la résistance pudique ou des simagrées de la jeune rebelle.

Une fois là ils se retirèrent tous dans leur chambre, chacun de leur côté; après un si long voyage, le sommeil n'était pas de trop; mais ils se retrouvèrent à midi à table, devant un déjeuner substantiel servi par les mains de M. John Browdie dans un petit cabinet particulier au premier étage avec vue de tous côtés sur les écuries.

Il fallait voir maintenant Mlle Squeers, débarrassée du castor brun et du voile vert et des papillotes de papier bleu, parée dans sa splendeur virginale d'un spencer et d'une jupe blanche, avec un chapeau de mousseline blanche, garni en dedans d'une rose de Damas artificielle, tout épanouie. Ses cheveux luxuriants, frisés en boucles si serrées qu'elles n'avaient pas à craindre d'être dérangées par le vent, et le tour de son chapeau couronné de petites roses de Damas en bouton, qu'on pouvait prendre pour les dignes enfants de la grosse, la mère aux autres, à laquelle elles tenaient compagnie. Il fallait voir aussi la large ceinture de ruban de damas bien assortie avec toute cette petite famille de roses, comme elle prenait bien les contours de sa taille flexible, sans compter qu'elle dissimulait par derrière avec un art ingénieux le défaut du spencer, malheureusement un peu court. Il fallait voir tout cela, et puis aussi autour de ses poignets des bracelets de corail dont les grains un peu rares laissaient trop voir le cordon noir par lequel ils étaient enfilés, et le collier de corail qui reposait sur son cou, laissant pendre sur son corsage un cœur de cornaline isolé, l'emblème de ses affections libres et dégagées. En vérité, à contempler toutes ces séductions muettes mais expressives, tous ces appels secrets aux plus purs sentiments de notre nature, il y avait de quoi faire fondre les glaces de l'âge, et mettre en combustion les ardeurs de la jeunesse.

Le domestique qui servait n'y fut pas insensible; tout domestique qu'il était, il se permettait d'avoir de la sensibilité et des passions comme un autre, et il regarda miss Squeers sous le nez en lui donnant les rôties pour le thé.

« Papa est-il ici, savez-vous ? demanda miss Squeers avec dignité.

— Plaît-il, mademoiselle ?

— Papa, répéta-t-elle, est-il ici ?

— Ici où, mademoiselle ?

— Ici, dans la maison, répliqua miss Squeers. Papa, M. Wackford Squeers ; il reste ici ; est-il chez lui ?

— Je n'ai pas entendu dire qu'il y eût un gentleman de ce nom dans la maison, mademoiselle, répliqua le garçon ; peut-être est-il en bas au café ; je vais voir. »

Voilà-t-il pas quelque chose de joli, ma foi ! Mlle Squeers, tout le long du chemin jusqu'à Londres, n'avait parlé que de leur faire voir comme ils seraient bien reçus et bien traités, en arrivant ; avec quel respect serait accueilli son nom et celui de sa famille ; et puis on venait lui dire tout tranquillement qu'on ne savait pas si son père était descendu dans l'hôtel, comme si c'était le premier venu, disait Mlle Squeers dans un violent accès d'indignation.

« Eh bien ! c'est cela ; informez-vous, l'homme, dit John Browdie ; et puis, par la même occasion, vous me monterez encore un pâté de pigeons ; voulez-vous ?... L'animal ! murmura John en regardant le plat déjà vide, pendant que le garçon se retirait, il vous appelle ça un pâté : trois pigeonneaux avec deux liards de farce et une croûte si légère qu'on ne sait pas, quand on l'a dans la bouche, si elle y est encore ou si elle n'y est plus. A ce compte-là, il doit falloir bien des pâtés pour faire un déjeuner. »

Au bout d'un court intervalle, dont John profita pour dire deux mots au jambon et s'administrer une tranche de bœuf froid, le garçon revint avec un autre pâté et la nouvelle que M. Squeers ne restait pas dans la maison, mais qu'il y venait tous les jours, et qu'aussitôt qu'il serait arrivé on le ferait monter. Là-dessus il sortit, et n'avait pas tourné les talons qu'il rentrait avec M. Squeers et son héritier intéressant.

« Par exemple, qui est-ce qui se serait attendu à cela ? dit M. Squeers après avoir salué d'abord la compagnie, et reçu de sa fille quelques nouvelles de son ménage.

— Vous êtes bien surpris, papa, de me voir ici, répliqua la demoiselle d'un ton de dépit ; mais c'est que, comme vous voyez, miss Tilda a fini par se marier.

— Et moi je suis parti tout droit pour voir Londres, voyez-vous ça, monsieur l'instituteur ? dit John livrant une attaque furieuse au pâté.

— C'est la mode à présent, tous les jeunes gens qui se marient n'en font pas d'autres, repartit Squeers. Ils ne s'inquiètent pas plus de la dépense que de rien du tout; et cependant, combien ne vaudrait-il pas mieux mettre cet argent-là de côté pour l'éducation future de quelque petit garçon, par exemple; car les marmots vous arrivent, continua M. Squeers en moraliste profond, sans que vous vous en aperceviez. J'y ai été pris, j'en sais quelque chose.

— Voulez-vous prendre une bouchée? dit John.

— Merci, pour moi, non, répondit Squeers; mais si vous voulez seulement laisser mon petit Wackford prendre un peu de gras, je vous en serais obligé. Non, pas de fourchette, il prendra cela avec ses doigts, autrement le garçon le ferait payer, et ils n'ont pas besoin de cela. Ils gagnent déjà bien assez comme cela sur les pâtés,... et vous, monsieur, si vous entendez monter le garçon, fourrez ça dans votre poche et mettez-vous à la fenêtre pour regarder le paysage, vous m'entendez bien?

— Oh! n'ayez pas peur, papa, je connais cela, répliqua l'enfant docile.

— Eh bien! dit Squeers se tournant vers sa fille; c'est à votre tour maintenant à vous marier bientôt; il est grand temps.

— Oh! dit miss Squeers d'un air agacé, je ne suis pas pressée.

— Vraiment, Fanny? cria sa bonne amie avec un peu de malice.

— Non, Tilda, répliqua miss Squeers secouant la tête avec énergie. Voyez-vous, moi, je peux attendre.

— Mais il me semble que c'est aussi ce que font les amoureux, continua Mme Browdie.

— Oh! moi, je ne les attire guère, vous savez, Tilda, repartit miss Squeers.

— Je le sais, répondit son amie; pour cela, c'est extrêmement vrai. »

Le ton de sarcasme dont fut lancée cette repartie aurait pu provoquer une réplique acrimonieuse de la part de Mlle Squeers, dont le caractère, naturellement rageur, encore aigri par la fatigue et les cahots cuisants du voyage, s'irritait d'ailleurs au souvenir du mauvais succès de ses anciennes prétentions sur M. Browdie. La réplique acrimonieuse aurait amené beaucoup d'autres répliques, qui auraient pu amener Dieu sait quoi, si, par bonheur, la conversation n'avait pas, précisément au même instant, changé de sujet, grâce à M. Squeers lui-même.

« Je parie que vous ne devinez pas sur qui nous avons mis la main, Wackford et moi.

— Papa, ce n'est pas M... ? » Miss Squeers n'eut pas la force de finir sa phrase, mais Mme Browdie vint à son secours, et la finit pour elle. « Nickleby ? dit-elle.

— Non, dit Squeers, mais le numéro deux.

— Ce ne serait pas Smike, peut-être? cria Mlle Squeers en battant des mains.

— Justement, c'est lui, répondit le père ; je vous l'ai empoigné bel et bien.

— Comment! s'écria John Browdie poussant son assiette, empoigné ce pauvre.... (il se reprit) cet infernal coquin. Et où est-il donc?

— Parbleu ! dans mon logement, reprit Squeers ; je vous l'ai enfermé à double tour dans la chambre de derrière, au deuxième étage, l'homme dedans, la clef dehors.

— Quoi! vrai! dans ton logement? Tu le tiens dans ton logement? Ha! ha! L'Angleterre n'a pas ton pareil. Donne-moi ta main, l'ami. Il faut que je te donne une poignée de main pour ce bon tour. Il le tient dans son logement!

— Oui, dit Squeers chancelant sur sa chaise du coup de poing amical que le robuste naturel du Yorkshire venait de lui donner dans la poitrine, en manière de compliment. C'est bon! merci ; mais ne recommencez pas. Je sais bien que vous ne vouliez pas me faire de mal, mais vous m'en avez fait tout de même. Eh bien! qu'est-ce que vous dites de cela? Ce n'est pas mauvais, hein?

— Mauvais! répéta John Browdie ; rien que de l'entendre, les bras m'en tombent.

— Je savais bien que j'allais vous surprendre un peu, dit Squeers en se frottant les mains. Cela a été bien joué, allez, et prestement.

— Comment donc ça? demanda John en rapprochant de lui sa chaise ; voyons, contez-nous cela tout par le menu. »

Tout en désespérant de satisfaire l'impatience de John Browdie, M. Squeers se mit alors à raconter avec volubilité par quel heureux hasard Smike était tombé entre ses mains, et ne s'arrêta pas d'un bout à l'autre, excepté quand il était interrompu par les cris d'admiration de ses auditeurs.

« Et n'ayez pas peur qu'il m'échappe, ajouta Squeers en finissant et d'un air fin, j'ai pris mes précautions, j'ai arrêté pour demain matin trois places d'impériale ; il sera entre moi et Wackford, et je me suis arrangé pour laisser à mon agent à Londres le soin de faire solder mes comptes et de m'envoyer les nouveaux pensionnaires. Vous voyez que vous avez bien fait de venir aujourd'hui, on, sans cela, vous ne nous auriez pas trouvés ici. Mais, puisque c'est comme cela, à moins que vous ne vouliez prendre le thé chez moi ce soir, nous ne nous reverrons plus avant mon départ.

— Eh bien! c'est dit, répliqua John en lui secouant la main, vous nous verrez ce soir, quand vous demeureriez à six lieues d'ici.

— Vrai! vous voulez venir? » reprit M. Squeers qui ne s'était guère attendu à lui voir accepter avec tant d'empressement son invitation, sans quoi il y aurait regardé à deux fois avant de la faire.

John Browdie, pour toute réponse, lui donna encore une poignée de main.

Leur intention, disait-il, n'était pas de commencer à visiter Londres le jour même de leur arrivée : ainsi, ils seraient chez M. Snawley à six heures sans faute, et quelques moments après, la conversation finit par le départ de M. Squeers avec son fils.

Tout le reste de la journée, M. Browdie fut dans un état d'excitation des plus étranges; il lui prenait par moments des explosions de fou rire à tout rompre. Il n'avait que le temps de prendre son chapeau et de s'en aller passer son accès dans la cour de l'auberge. Il ne tenait pas en place, il ne faisait qu'aller et venir, claquant des mains, dansant des pas de danses rustiques les plus comiques; en un mot, toute sa conduite avait quelque chose de si extraordinaire, que miss Squeers le crut fou, et prit des ménagements avec Mathilde pour lui communiquer longuement son opinion bien arrêtée à cet égard. Néanmoins, Mme Browdie, loin de se montrer alarmée, déclara qu'elle l'avait déjà vu plus d'une fois dans cet état; qu'elle savait bien, par expérience, que cela finirait par une petite indisposition, mais que les conséquences n'en avaient rien de grave, et que ce qu'il y avait de mieux à faire, c'était de le laisser tranquille.

Le résultat lui donna raison. En effet, dès le soir même, pendant qu'ils étaient tous à table dans la salle à manger de M. Snawley, sur la brune, John Browdie se trouva si mal à son aise, et se sentit un étourdissement si violent, que la société en conçut les plus vives alarmes, excepté, pourtant, son excellente moitié, qui seule, conservant toute sa présence d'esprit, leur assura que, si M. Squeers voulait seulement lui prêter son lit une heure ou deux, en le laissant entièrement seul, son mal se passerait aussi vite qu'il était venu. Tout le monde convint que c'était le meilleur parti à prendre, plutôt que d'envoyer tout de suite chercher le médecin. On monta donc John en le soutenant à grand'peine le long de l'escalier. La chose n'était pas bien commode : ce grand corps était d'un poids énorme, et, s'il montait trois marches, il en reculait deux. Enfin, on le hissa sur le lit, on l'y laissa sous la garde de sa femme, qui revint dans la salle commune au bout de quelques minutes, avec l'heureuse nouvelle qu'il dormait comme un loir.

La vérité est que, dans ce moment même, au lieu de dormir comme un loir, John Browdie était assis sur son lit, rouge comme un coq, et se fourrant un coin de l'oreiller dans la bouche pour s'empêcher de rire aux éclats. Une fois qu'il eut réprimé cette envie, il ôta ses souliers, se glissa sans bruit vers la chambre voisine où Smike était retenu prisonnier, tourna la clef en dehors, entra comme un trait, ferma la bouche au captif avec sa large main, avant qu'il pût pousser un cri d'effroi, et lui dit à l'oreille :

« Ouais ! est-ce que tu ne me reconnais pas, mon garçon ? Browdie.... celui que tu as rencontré après la bonne volée donnée au maître d'école ?

— Si, si, cria Smike ; oh ! secourez-moi.

— Te secourir ! répliqua John en lui fermant encore la bouche pour qu'il n'en dît pas davantage ; est-ce que tu devrais avoir besoin de secours, si tu n'étais pas le plus grand nigaud que la terre ait porté ! Qu'est-ce que tu es venu faire ici ?

— C'est lui qui m'a emmené ; c'est lui, cria Smike.

— Il t'a emmené ! Tu ne pouvais pas lui écrabouiller la tête ou te jeter par terre en lui allongeant des coups de pied, en criant à la garde ? Quand j'avais ton âge, j'aurais voulu en manger douze comme lui ! Mais, va, tu n'es qu'un pauvre idiot, ajouta John d'un air de pitié, et, Dieu me pardonne, j'ai tort de gronder ainsi une pauvre créature comme toi. »

Smike allait ouvrir la bouche pour répondre, mais Browdie l'arrêta.

« Tiens-toi tranquille, et pas un mot avant que je te le dise ! »

Après cette sage précaution, John Browdie secoua la tête d'un air résolu, et tirant de sa poche un tournevis, il se mit à dévisser la serrure, comme s'il n'avait jamais fait que cela, et la posa par terre avec l'instrument à côté.

« Vois-tu ça ? eh bien ! c'est toi qui l'as fait ; à présent, file ! »

Smike le regardait, la bouche béante, sans comprendre un mot.

« Je te dis de filer, répéta John, et lestement ! Sais-tu ou tu demeures?.. Oui?... bon. Ces habits-là, est-ce à toi ou au maître d'école ?

— Ce sont les miens, répondit Smike, pendant que l'autre le poussait dans la chambre voisine et lui montrait une paire de souliers et un habit posés sur une chaise.

— Mets-les vite. » Et en même temps John, pour l'aider, lui passait le bras droit dans la manche gauche, et lui mettait le pan de l'habit à la place du collet. « A présent, suis-moi, et, quand tu auras gagné la porte, tourne à droite, qu'on ne te voie pas passer.

— Mais.... mais il va m'entendre fermer la porte, répliqua Smike, tremblant à cette idée de la tête aux pieds.

— Qu'est-ce que tu as besoin de la fermer, nigaud, est-ce que tu as peur d'enrhumer le maître d'école, hein ?

— N....on, dit Smike dont les dents claquaient de frayeur; mais il m'a déjà rattrapé, il me rattrapera encore; oh ! bien sûr, il me rattrapera encore.

— Il me rattrapera ! il me rattrapera ! reprit John impatienté; il ne te rattrapera pas, te dis-je. Je ne veux pas avoir l'air avec lui d'un mauvais voisin, c'est pour ça que je veux lui laisser croire que tu t'es sauvé de toi-même; mais s'il sort de la salle avant que tu aies décampé, gare à ses os ! je ne te laisserai pas reprendre. S'il s'aperçoit de ton départ tout de suite, je lui ferai faire fausse route, je t'en réponds. Mais si tu as du cœur, tu seras rendu chez toi avant qu'il se doute seulement que tu n'es plus ici. Allons ! »

Smike, qui avait tout juste assez d'intelligence pour comprendre que toutes les paroles de John étaient autant d'encouragements, s'apprêtait à le suivre d'un pas tremblant, quand Browdie lui murmura tout bas :

« Tu vas dire au jeune maître que j'ai épousé Mathilde Price, et qu'il n'a qu'à m'écrire à la Tête de Sarrazin; dis-lui que je ne lui garde pas de rancune. Nom d'un chien ! je vais crever de rire si j'ai le malheur de penser à cette soirée-là. Ah ! mon Dieu ! je crois encore le voir acharné contre les tartines de beurre. »

C'était un souvenir périlleux pour John dans un pareil moment : il en éprouva un chatouillement qui manqua d'éclater en un rire bruyant, il ne s'en fallut pas de l'épaisseur d'un cheveu. Heureusement, pourtant, il eut la force de se retenir, descendit à pas de loup, tirant Smike derrière lui, se plaça devant la porte de la salle pour barrer le passage au premier qui voudrait sortir, et lui fit signe de décamper.

Une fois là, Smike ne se le fit pas dire deux fois. Il ouvrit la porte tout doucement, et, jetant sur son libérateur un regard de reconnaissance et de frayeur tout ensemble, il prit à droite et se mit à courir comme le vent.

John resta à son poste quelques minutes, puis, voyant que la conversation dans la salle continuait son train, remonta quatre à quatre, toujours avec la même précaution, écouta pendant une heure par-dessus la rampe s'il entendait quelque bruit. Tout restait parfaitement tranquille. Il regagna donc le lit de M. Squeers, et, tirant la couverture par-dessus sa tête, se mit à rire aux larmes.

Quelqu'un qui aurait pu voir le lit s'agiter sous les sanglots de rire étouffés, avec la grosse figure rougeaude du robuste naturel du Yorkshire apparaissant de temps en temps entre deux draps, comme un hippopotame en goguette qui viendrait respirer à la surface de l'eau, pour faire encore après le plongeon dans de nouvelles convulsions de gaieté folâtre, ne se serait guère moins amusé pour son compte que ne le faisait John Browdie lui-même.

CHAPITRE VIII.

Nicolas devient amoureux. Il emploie un médiateur dont les démarches sont couronnées d'un succès inattendu, excepté pourtant sur un seul point.

Se voyant une fois hors des griffes de son ancien persécuteur, Smike n'eut pas besoin d'être stimulé davantage pour faire tous les efforts et pour appeler à son aide toute l'énergie dont il était capable. Sans perdre un seul instant à réfléchir au chemin qu'il prenait, sans s'occuper de savoir s'il le conduisait chez lui, ou s'il ne l'éloignait pas au contraire, il se mit à fuir avec une vélocité surprenante et une persévérance infatigable. La crainte lui donnait des ailes, et la voix trop connue de Squeers semblait retentir à ses oreilles sous la forme de cris imaginaires poussés par une troupe d'ennemis acharnés à sa poursuite. Les sens troublés du pauvre garçon lui faisaient, pour ainsi dire, sentir déjà derrière lui leur haleine; ils pressaient ses pas, ils suivaient sa piste, quelquefois distancés, il est vrai, dans cette course fantastique, mais quelquefois aussi gagnant sur lui du terrain, selon les alternatives d'espérance ou de crainte dont il se sentait agité. Longtemps encore, après s'être convaincu que c'étaient de vains sons qui n'avaient d'existence que dans le désordre de son cerveau, il n'en continuait pas moins sa course toujours aussi impétueuse, que son épuisement et sa faiblesse ne pouvaient pas retarder d'un moment. Ce ne fut que lorsque l'obscurité et le silence d'une grande route dans la campagne le rappelèrent au sentiment des objets extérieurs, et qu'au-dessus de sa tête le ciel étoilé l'avertit de la marche rapide du temps, qu'enfin, couvert de sueur et de poussière, hors d'haleine, il s'arrêta pour douter et regarder autour de lui.

Tout était calme et silencieux; une masse de lumière dans le lointain, qui jetait sur le ciel une teinte enflammée, marquait la place de la grande cité. Les champs solitaires, séparés par des haies et des fossés, qu'il avait percés, franchis ou traversés dans sa fuite, bordaient la route des deux côtés du chemin. Il était tard. Smike était bien sûr qu'on ne pouvait l'avoir suivi à la trace par où il avait passé; et, s'il devait espérer de retourner chez lui, c'était à coup sûr à l'heure qu'il était, à l'ombre d'une nuit déjà avancée. Smike lui-même, malgré son peu d'intelligence, encore aveuglé par la crainte, finit petit à petit par le comprendre. Il avait eu d'abord une idée vague, une idée enfantine, c'était de faire dix ou douze kilomètres dans la campagne, et de revenir ensuite chez lui par un large circuit, qui l'affranchirait du souci de passer par Londres, tant il appréhendait de traverser les rues tout seul et de s'y rencontrer encore en face de son terrible ennemi; mais, cédant enfin à des inspirations plus raisonnables, il revint sur ses pas, prit la grande route, toujours avec crainte et tremblement, et se dirigea vers Londres d'un pied léger, presque aussi rapidement qu'il avait fui la résidence provisoire de M. Squeers.

A l'heure où il rentra dans la ville par les quartiers de l'ouest, la plus grande partie des boutiques et des magasins étaient fermés; la foule, qui était sortie vers le soir pour prendre l'air après un jour brûlant, avait déjà regagné ses pénates, excepté quelques traînards qui flânaient encore dans les rues avant d'aller retrouver leur lit, mais il en restait encore assez pour lui indiquer de temps en temps son chemin, et, à force de questions répétées, il finit par se trouver à la porte de Newman Noggs.

Newman avait justement passé toute cette soirée à courir par voies et par chemins dans les rues de traverse et dans tous les coins de la ville, à la recherche de la personne même qui venait soulever en ce moment son marteau, pendant que Nicolas avait fait de son côté des battues qui n'avaient pas été plus heureuses. Newman était donc assis à table, devant un misérable souper, d'un air triste et mélancolique, lorsque ses oreilles entendirent le coup timide et incertain donné par Smike à sa porte. Son inquiétude le tenait sur le qui-vive, attentif au moindre bruit. Aussitôt donc il descendit l'escalier, et poussant un cri de joyeuse surprise, entraîna derrière lui le visiteur inespéré dans le corridor et jusqu'au haut de l'escalier sans lui dire un seul mot. Ce ne fut que lorsqu'il l'eut déposé en sûreté dans son galetas, la porte bien fermée derrière eux, qu'il prépara une grande cruche de gin et d'eau ; il la porta à la bouche de Smike, comme on présente une tasse de ricin à la bouche d'un enfant rebelle, en lui recommandant de l'avaler jusqu'à la dernière goutte.

Newman parut singulièrement déconcerté en voyant que Smike ne faisait guère que tremper ses lèvres dans la précieuse composition qu'il avait préparée de ses mains. Déjà il levait la cruche pour s'en accommoder lui-même, en poussant un profond soupir de compassion pour la faiblesse de son pauvre ami, lorsqu'en entendant Smike commencer le récit de ses aventures, il arrêta son bras à mi-chemin, prêta l'oreille et resta en suspens, la cruche à la main.

Newman était assez drôle à voir changer, à chaque instant, d'attitude, à mesure que Smike avançait dans son récit. Il avait commencé par se redresser en se frottant les lèvres du revers de la main, cérémonie préparatoire pour se disposer à boire un coup ; puis, au nom de Squeers, il mit la cruche sous son bras, ouvrit de grands yeux et regarda devant lui, au comble de l'étonnement. Quand Smike en vint aux coups qu'il avait reçus dans le fiacre, l'autre se hâta de poser la cruche sur la table ; et se mit à arpenter la chambre de sa marche boiteuse, dans un état d'excitation impossible à décrire, s'arrêtant de temps en temps brusquement pour écouter avec plus d'attention. Lorsqu'il fut question de John Browdie, il retomba lentement et par degrés sur sa chaise, se frottant les mains sur les genoux avec un mouvement de plus en plus rapide, à mesure que la narration devenait plus intéressante, et finit par un éclat de rire combiné avec un cri bruyant de ha! ha! ha! après quoi il demanda, d'un air inquiet et découragé, s'il y avait lieu de croire en effet que John Browdie et Squeers ne se seraient pas peignés par hasard.

« Non! je ne pense pas, répliqua Smike, je ne crois pas que Squeers ait pu s'apercevoir de mon évasion avant que je fusse déjà bien loin. »

Newman se gratta la tête avec les apparences du plus grand désappointement, puis il reprit la cruche, et se mit à en déguster le délicieux contenu, adressant en même temps à Smike, par-dessus les bords, un sourire ardent et sauvage.

« Vous allez rester ici, dit Newman, vous êtes fatigué, harassé; moi j'irai leur annoncer votre retour; vous pouvez vous vanter de leur avoir fait une belle peur. M. Nicolas....

— Que Dieu bénisse! cria Smike.

— Ainsi soit-il! répliqua Newman. M. Nicolas n'a pas pris une minute de paix ni de repos, pas plus que la vieille dame ni que miss Nickleby elle-même.

— Oh! non, non! est-ce que vous croyez qu'elle a pensé à moi?... Qui? elle? oh! est-ce vrai?... est-ce bien vrai? Ne me dites pas cela, si ça n'est pas.

— Certainement si, cria Newman, c'est un bien noble cœur; elle est aussi bonne que belle.

— Oui, oui, cria Smike, vous avez bien raison.

— Si gracieuse et si douce! dit Newman.

— Oui, oui, cria Smike avec un redoublement de vivacité.

— Ce qui ne l'empêche pas, poursuivit Newman, d'être un modèle de franchise et de loyauté. »

Il allait continuer sur ce ton lorsque, dans son enthousiasme, en regardant par hasard son compagnon, il s'aperçut qu'il s'était couvert la face de ses mains, et que des larmes furtives coulaient entre ses doigts.

Un moment auparavant, ces mêmes yeux, maintenant baignés de pleurs, étincelaient d'une flamme inaccoutumée, et tous les traits de son visage s'étaient illuminés d'une ardeur qui en avait fait, pour un moment, une créature toute différente d'elle-même.

« Ah! bon! murmura Newman comme un homme embarrassé de sa découverte, je n'en suis pas surpris, j'y avais déjà pensé plus d'une fois: avec un bon naturel comme celui-là, c'était inévitable. Pauvre garçon!... oui, oui, il le sent lui-même.... c'est ce qui l'attendait.... cela lui rappelle ses premiers maux.... Ah! c'est bien cela; oui, je connais cela.... hum!... »

Le ton dont Newman Noggs exprimait ces réflexions ambiguës montrait assez qu'il n'envisageait pas du tout avec satisfaction le sentiment qui les lui avait inspirées. Il resta assis quelques minutes d'un air rêveur, jetant de temps en temps à Smike un regard d'inquiétude et de pitié qui montrait assez qu'il avait plus d'une raison de sympathiser lui-même avec ses tristes pensées.

Enfin il remit sur le tapis la proposition qu'il avait déjà faite, c'était que Smike passât la nuit où il était. Pendant ce temps-là, lui, Noggs, irait tout de suite calmer au cottage l'inquiétude de la famille. Mais Smike n'ayant pas voulu entendre parler de cela, dans l'impatience où il était de revoir ses amis, ils sortirent ensemble, la nuit était déjà bien avancée, et Smike fatigué par sa course rapide avait si mal aux pieds, qu'il pouvait à peine suivre Noggs en clopinant. Le soleil était déjà levé depuis une heure, lorsqu'ils arrivèrent au lieu de leur destination.

Nicolas qui avait passé la nuit, sans pouvoir fermer l'œil, à combiner des plans chimériques pour retrouver l'ami qu'il avait perdu, n'eut pas plutôt entendu à la porte le son de leurs voix bien connues, qu'il se jeta à bas de son lit pour les faire entrer, plein de joie. Le bruit de leur conversation, de leurs félicitations, de leur indignation, eut bientôt réveillé tout le reste de la famille, et Smike reçut un accueil cordial et empressé non-seulement de Catherine, mais aussi de Mme Nickleby qui l'assura de son estime éternelle et de sa protection à tout jamais. Elle eut même l'obligeance de raconter, à cette occasion, pour son amusement plutôt que pour celui de la société, une histoire extrêmement remarquable tirée d'un livre dont elle n'avait jamais su le titre. Mais il s'agissait d'une évasion miraculeuse d'une prison qu'elle ne pouvait pas se rappeler, au profit d'un officier dont elle avait oublié le nom, puni pour un crime dont elle n'avait gardé qu'un souvenir très-imparfait.

Nicolas commença par supposer que son oncle ne devait pas être entièrement étranger à cette tentative hardie qui avait été si près de réussir. Mais, après mûres réflexions, il fut plutôt porté à croire que c'était à M. Squeers que revenait tout l'honneur de l'enlèvement de Smike; et, pour mieux s'en assurer, il résolut de s'adresser à John Browdie lui-même pour connaître mieux les détails; en attendant il se rendit à ses occupations ordinaires, rêvant tout le long du chemin à une infinie variété de plans, tous également fondés sur les principes les plus rigoureux de la justice distributive, mais malheureusement aussi tous plus inexécutables les uns que les autres, pour punir comme il le méritait le maître de pension du Yorkshire.

« Un beau temps, monsieur Linkinwater, dit Nicolas en entrant dans le bureau.

— Ah! répliqua Timothée; qu'on vienne donc nous parler de la campagne! qu'est-ce que vous dites de ce temps-là, hein, pour un temps de Londres?

— Cela n'empêche pas qu'il est un peu plus beau hors de la ville.

— Plus beau! répéta Tim Linkinwater, je voudrais que vous le vissiez seulement de la croisée de ma chambre à coucher.

— Et vous, je voudrais que vous le vissiez de la mienne, répliqua Nicolas avec un sourire.

— Bah, bah! dit Tim Linkinwater, ne me parlez pas de cela. La campagne! (Bow était pour Timothée un véritable lieu champêtre) des bêtises! vous pouvez à la campagne vous procurer des œufs frais et des fleurs, c'est vrai, mais voilà tout; et encore quand je veux des œufs frais pour mon déjeuner, je n'ai qu'à aller au marché de London-hall; on en trouve là tous les matins, et, quant aux fleurs, vous n'avez qu'à monter l'escalier, et, quand vous aurez senti mon réséda ou regardé ma giroflée double, qui est à la fenêtre de la mansarde, n° 6, sur la cour, vous ne regretterez pas votre peine.

— Une giroflée double, au n° 6, sur la cour? il y en a donc une? dit Nicolas.

— S'il y en a une! répliqua Timothée; je crois bien, et encore le pot n'est pas fameux, il est fêlé et n'a pas d'égout. Il y avait même, ce printemps, des jacinthes en fleur dans.... mais vous allez vous moquer, j'en suis sûr.

— Me moquer de quoi?

— De ce qu'elles étaient fleuries dans de vieilles bouteilles à cirage, dit Timothée.

— Comment donc, mais il n'y a pas de quoi rire, » répliqua Nicolas.

Timothée le regarda sérieusement un moment, comme s'il se sentait encouragé, par le ton de sa réponse, à se montrer plus communicatif avec lui sur ce sujet; puis, mettant derrière l'oreille sa plume qu'il venait de tailler, et faisant claquer gentiment son canif en fermant la lame :

« Voyez-vous, dit-il, monsieur Nickleby, ces fleurs-là appartiennent à un pauvre petit garçon malade et bossu. Il semble que ce soit le seul plaisir de sa triste existence. Voyons! combien y a-t-il d'années, dit Timothée réfléchissant, que je l'ai vu pour la première fois, tout petit, se traînant sur une paire de béquilles? Ma foi! ce n'est pas bien vieux. Ça ne paraîtrait rien pour un autre, mais lui, quand j'y pense, c'est bien long, bien long; savez-vous, continua-t-il, que c'est bien pénible de voir un petit enfant contrefait, isolé des autres enfants, les regardant actifs et joyeux se livrer à des ébats qu'il ne peut que suivre des yeux sans y prendre part! J'en ai eu le cœur navré plus d'une fois.

— C'est que ce cœur-là est bon, dit Nicolas, de s'arracher ainsi à ses préoccupations journalières et de pouvoir donner quelques instants à des observations comme celle-là. Vous disiez donc....

— Que ces fleurs appartiennent à ce pauvre petit garçon, dit Timothée : voilà tout. Quand le temps est beau et qu'il peut se traîner hors de son lit, il vient mettre sa chaise tout près de la fenêtre et s'y assied, occupé tout le jour à les regarder et à les soigner. Nous avons commencé par nous saluer d'un signe de tête; nous avons fini par nous parler. Autrefois, quand je lui souhaitais le bonjour en lui demandant comment il allait, il prenait un visage souriant, et me disait : Mieux. Mais à présent, il se contente de secouer la tête et se penche sur ses vieilles plantes comme pour les soigner de plus près. Que ce doit être triste de ne pas voir autre chose, pendant des mois et des années, que les tuiles des toits voisins et les nuages qui passent! Heureusement qu'il est plein de patience.

— N'a-t-il personne auprès de lui dans la maison, demanda Nicolas, pour égayer sa solitude ou pour secourir sa faiblesse?

— Son père y demeure, je crois, répliqua Timothée, et j'y vois encore d'autres gens, mais personne n'a l'air de faire grande attention aux douleurs du pauvre estropié. Je lui ai demandé bien des fois si je ne pouvais pas lui être bon à quelque chose, il m'a toujours fait la même réponse : Rien. Depuis quelque temps, sa voix est devenue trop faible pour se faire entendre. Mais je vois encore au mouvement de ses lèvres que sa réponse est toujours la même. A présent, comme il ne peut plus quitter son lit, on l'a approché tout contre la fenêtre. Il y reste étendu toute la journée, regardant tantôt le ciel, tantôt ces fleurs, qu'il se donne encore la peine d'arroser et d'arranger lui-même de ses petites mains amaigries. Le soir, quand il voit de la chandelle dans ma chambre, il tire le rideau de sa croisée et le laisse comme cela jusqu'à ce que je sois couché. Il semble que cela lui tienne compagnie de savoir que je suis là. Aussi je m'assieds souvent à ma fenêtre une heure ou deux pour qu'il puisse voir que je ne suis pas encore au lit. Quelquefois même je me lève la nuit, pour regarder la lueur triste et sombre qui éclaire sa petite chambre, et je me demande s'il dort ou s'il veille.

« Bientôt il ne veillera plus, il dormira toute sa nuit, dit Timothée, pour ne plus se réveiller que dans le ciel. Nous n'avons pourtant jamais seulement serré la main l'un de l'autre de toute notre vie, eh bien ! cela n'empêche pas que je le regretterai comme un vieil ami. A présent, dites-moi si, dans toutes vos fleurs de la campagne, il y en a une qui pût m'intéresser autant que celle-là ? Croyez-vous franchement que je ne verrais pas avec moins de peine se flétrir sous mes yeux mille espèces de ces fleurs d'élite, décorées aujourd'hui des noms latins les plus rudes que l'on puisse inventer, plutôt que de voir disparaître ce pot fêlé et ces bouteilles noircies quand on les emportera au grenier ? La campagne ! cria Timothée avec un mépris superbe ; ne savez-vous pas qu'il n'y a qu'à Londres que je puisse avoir une cour comme celle-là, au-dessous de ma chambre à coucher ? »

Là-dessus Timothée se détourna, sous prétexte de se plonger dans ses calculs, et se hâta de profiter de l'occasion pour s'essuyer les yeux pendant qu'il supposait Nicolas occupé à regarder ailleurs.

Soit que les calculs de Timothée fussent ce jour-là plus compliqués que d'habitude, soit que ces souvenirs attendrissants eussent, en effet, troublé sa sérénité ordinaire, quand Nicolas, à son retour d'une commission qu'il avait à faire, lui demanda si M. Charles Cheeryble était seul dans son cabinet, Timothée lui répondit tout de suite, et sans la moindre hésitation, qu'il n'y avait personne avec lui, quoiqu'il n'y eût pas dix minutes qu'il y fût entré quelqu'un, et que Timothée se fît un point d'honneur tout particulier de ne jamais laisser déranger les deux frères quand ils étaient occupés avec quelque visiteur.

« En ce cas, je vais tout de suite lui porter cette lettre, » dit Nicolas ; et en même temps il alla frapper à la porte du cabinet.

Pas de réponse.

Il frappe encore : personne ne répond encore.

« C'est qu'il n'y est pas, pensa Nicolas. Je vais toujours mettre la lettre sur son bureau. »

Il ouvre donc la porte et entre. Mais il n'a rien de plus pressé que de revenir sur ses pas en voyant, à son grand étonnement et avec quelque embarras, une demoiselle aux pieds de M. Cheeryble qui la suppliait de se relever, engageant une personne tierce, qui avait tout l'air de la domestique de la demoiselle, à joindre ses efforts aux siens pour la déterminer à ne point rester dans cette position.

Nicolas balbutia quelque excuse assez gauche, et se retirait précipitamment quand la demoiselle, en tournant un peu la tête, lui présenta les traits de la charmante jeune fille qu'il avait vue au bureau de placement lors de sa première visite à cet établissement. Puis, en jetant un coup d'œil sur la domestique, il reconnut cette même bonne, de modeste apparence, qui l'accompagnait alors. Suspendu entre l'admiration que lui inspirait la vue des charmes de la demoiselle et la confusion où le jetait la surprise de cette reconnaissance inattendue, il resta immobile comme une souche, dans un tel état de saisissement et d'embarras, qu'il se sentit pour le moment également incapable de parler ni de bouger.

« Ma chère madame, ma chère demoiselle, criait le frère Charles dans une agitation violente, finissez, je vous prie; pas un mot de plus, je vous en conjure; ce que je vous demande à mains jointes, c'est de vous lever. Nous..., nous ne sommes pas seuls. »

En même temps il releva la jeune personne qui alla prendre une chaise en chancelant et s'évanouit.

« Elle se trouve mal, monsieur, dit Nicolas se précipitant vers elle.

— Pauvre enfant, cria le frère Charles, pauvre enfant! Où est le frère Ned? Ned, mon cher frère, venez un peu, je vous prie.

— Frère Charles, mon cher ami, répliqua Ned en entrant brusquement dans la chambre, qu'est-ce qu'il y a? quoi?

— Chut! chut! pas un mot de plus, au nom du ciel, frère Ned, répliqua l'autre. Sonnez la gouvernante, mon cher frère; appelez Tim Linkinwater. Monsieur Tim Linkinwater, venez vite. Mon cher monsieur Nickleby, je vous en prie et vous en supplie, laissez-nous seuls.

— Il me semble qu'elle est mieux, dit Nicolas qui, dans son zèle à considérer la malade, n'avait pas même entendu qu'on le priait de sortir.

— Pauvre mignonne! cria frère Charles en prenant doucement la main de la jeune fille dans la sienne et lui tenant la tête posée sur son bras. Frère Ned, mon cher ami, je comprends votre étonnement de voir une scène pareille ici, dans notre cabinet d'affaires, mais.... » Avant d'en dire davantage, il se rappela la présence de Nicolas, et, lui serrant la main, le pria avec instance de quitter la chambre et de lui envoyer sans retard Tim Linkinwater.

Nicolas se retira immédiatement, et, en retournant au bureau, trouva la vieille gouvernante et Tim Linkinwater qui se coudoyaient l'un l'autre, dans leur empressement extraordinaire à se rendre près des frères Cheeryble. Sans s'arrêter à écouter Nicolas, Tim Linkinwater se précipita dans le cabinet, et Nicolas entendit aussitôt fermer en dedans la porte à double tour.

Il eut le temps de réfléchir à son aise sur cet incident, car l'absence de Timothée dura près d'une heure, pendant laquelle Nicolas ne fit autre chose que penser à la demoiselle, à sa beauté incomparable, aux raisons qui l'avaient amenée là, au mystère dont on entourait cette affaire. Plus il y pensait, plus il se perdait en conjectures et plus il brûlait de savoir ce que c'était que cette jeune personne, qu'il ne connaissait pas et qu'il aurait pourtant reconnue entre mille. Puis il se promenait de long en large dans son bureau, poursuivi par ce visage et cette tournure dont il avait toujours devant les yeux l'image vive et présente; son esprit écartait tout autre sujet pour ne songer qu'à celui-là.

Enfin Tim Linkinwater revient.... d'une froideur désespérante, des papiers à la main, la plume entre les dents, tout comme si de rien n'était.

« Est-elle tout à fait remise? demanda Nicolas avec impétuosité.

— Qui ça? répondit Tim Linkinwater.

— Qui ça! répéta Nicolas, la jeune demoiselle.

— Combien font quatre cent vingt-sept fois trois mille deux cent trente-huit, monsieur Nickleby? demanda Timothée reprenant sa plume à la main.

— Tout à l'heure, reprit Nicolas; répondez d'abord à ma question; je vous demandais....

— Ah! cette demoiselle? dit Timothée en mettant ses lunettes, oui, oui; oh! elle est tout à fait bien.

— Tout à fait bien, n'est-ce pas?

— Tout à fait, répliqua M. Linkinwater gravement.

— Est-ce qu'elle pourra retourner chez elle aujourd'hui?

— Elle est partie.

— Partie?

— Oui.

— J'espère qu'elle n'a pas loin à aller? dit Nicolas regardant l'autre d'un œil curieux.

— Mais, reprit l'imperturbable Timothée, moi aussi. »

Nicolas hasarda encore une ou deux observations, mais il était évident que Tim Linkinwater avait ses raisons pour éluder ses questions et qu'il était résolu à ne plus donner aucun renseignement sur la belle inconnue, qui avait éveillé un si vif intérêt dans le cœur de son jeune ami. Sans se laisser décourager par cet échec, Nicolas revint le lendemain à la charge, enhardi par l'occasion : car il trouva M. Linkinwater moins taciturne et moins boutonné qu'à l'ordinaire; mais sitôt qu'il revint à son sujet favori, l'autre retomba dans un état de taciturnité plus désespérant que jamais, et, après avoir répondu d'abord par monosyllabes, il finit par ne plus répondre du tout, lui laissant le soin d'interpréter comme il voudrait quelques mouvements de tête ou d'épaules parfaitement insignifiants, qui ne faisaient qu'aiguiser l'appétit féroce de Nicolas, tourmenté par un besoin déraisonnable de satisfaire sa curiosité.

Battu sur tous les points, il n'avait plus d'autre espoir que d'épier la prochaine visite de la demoiselle; mais il n'en est pas plus avancé : les jours se passent et la demoiselle ne revient pas. Il avait beau examiner avec attention la suscription de toutes les lettres adressées dans ses bureaux aux patrons, il n'y en avait pas une qu'il pût supposer de son écriture. Deux ou trois fois on le chargea de commissions au dehors, qui devaient le tenir éloigné quelque temps, et qui étaient dans les attributions ordinaires de Tim Linkinwater. Nicolas ne put s'empêcher de soupçonner qu'on faisait exprès, pour une raison ou pour une autre, de l'envoyer en ville pendant que la demoiselle venait à la maison. Mais rien ne justifiait ses soupçons, et il n'y avait pas de danger que Timothée se laissât prendre à lui faire quelque aveu ou lui donner quelque indice qui pût les confirmer en rien.

Les obstacles et le mystère ne sont pas absolument nécessaires à l'amour pour alimenter sa flamme, mais ce sont le plus souvent pour lui de puissants auxiliaires. « Loin des yeux, loin du cœur, » dit le proverbe : cela peut être pour l'amitié, quoiqu'à vrai dire, les attachements infidèles n'aient pas toujours besoin de l'absence pour y trouver une excuse, et qu'elle aide plutôt, au contraire, à en prolonger le semblant, comme les pierres fausses imitent mieux à distance le pur éclat du diamant. Mais l'amour se nourrit surtout des ardeurs d'une imagination vive; il a la mémoire longue et l'entretien facile; il vit de peu, presque de rien. Aussi est-ce souvent dans les séparations, et sous l'empire des circonstances les plus difficiles, qu'il prend son plus riche développement. Nous en avons un exemple dans Nicolas, qui, à force de rêver uniquement à son inconnue, de jour en jour et d'heure en d'heure, en vint à croire à la fin qu'il en était amoureux fou, et qu'il n'y avait jamais eu au monde d'amour aussi mal servi par la fortune, aussi persécuté que le sien.

Quoi qu'il en soit, il avait beau aimer et languir à l'instar des modèles les plus orthodoxes du genre, que pouvait-il faire? choisir Catherine pour confidente? mais il se sentait retenu sur-le-champ par cette considération bien simple qu'il n'avait rien à lui dire, car il n'avait pas même une fois en sa vie eu l'avantage de parler à l'objet de sa passion, ou même de reposer sur elle ses yeux, si ce n'est en deux occasions ; encore n'avait-elle fait alors que paraître et disparaître avec la rapidité de l'éclair, ou, comme disait Nicolas dans ses éternelles conversations avec lui-même sur ce sujet intéressant, ce n'avait été qu'une apparition de jeunesse et de beauté trop brillante pour durer longtemps. Ce qu'il y a de sûr, c'est que son ardour et son dévouement restaient sans récompense : on ne voyait plus la demoiselle. C'était donc de l'amour en pure perte, et quel amour ! de quoi on défrayer honnêtement une douzaine de gentlemen de notre temps. Tout ce qu'y gagnait Nicolas, c'était de devenir tous les jours plus mélancolique, plus sentimental, plus langoureux.

Les choses en étaient là, quand la banqueroute d'un correspondant des frères Cheeryble, en Allemagne, imposa à Tim Linkinwater et à Nicolas un travail forcé pour la vérification de comptes longs et embrouillés, embrassant un laps de temps considérable. Pour en finir plus tôt, Tim Linkinwater ouvrit l'avis que, pendant une semaine ou deux, on restât au bureau jusqu'à dix heures du soir. Nicolas accueillit de grand cœur cette proposition, car rien ne rebutait son zèle pour le service de ses chers patrons, pas même son amour romanesque, quoique l'amour ne soit guère compatible avec les affaires. Dès leur première veille, le soir, à neuf heures, arriva, non pas la demoiselle en personne, mais sa suivante, qui, après être restée enfermée quelque temps avec le frère Charles, partit, pour revenir le lendemain à la même heure, et le surlendemain, et ainsi de suite.

Ces visites répétées enflammèrent la curiosité de Nicolas au plus haut degré. Le supplice de Tantale n'était rien auprès de ses tourments ; et, désespérant de pouvoir approfondir ce mystère sans négliger son devoir, il confia son secret tout entier à Newman Noggs, le priant, en grâce, de faire le guet toute la soirée, de suivre la jeune fille jusque chez elle, de prendre tous les renseignements qu'il pourrait se procurer sur le nom, la condition, l'histoire de sa maîtresse, sans cependant exciter de soupçons, enfin, de lui faire du tout un rapport fidèle et détaillé dans le plus bref délai.

Jugez si Newman Noggs était fier de cette preuve de confiance. Dès le soir même il alla se poster dans le square, une grande heure d'avance ; il se planta derrière la pompe, enfonça son chapeau sur ses yeux, et se mit à faire le pied de grue avec un air de mystère si peu dissimulé, qu'il ne devait pas manquer d'éveiller les soupçons de tous les passants. Aussi, plusieurs bonnes qui vinrent tirer de l'eau dans leurs seaux, et quelques petits garçons qui s'arrêtèrent pour boire au robinet, restèrent pétrifiés par l'apparition de Newman Noggs, jetant un regard furtif derrière la pompe sans rien montrer de sa personne que sa figure, la figure d'un ogre qui sent la chair fraîche.

La messagère ne se fit pas attendre : elle entra à son heure habituelle, et repartit un peu plus tard. Newman et Nicolas s'étaient donné deux rendez-vous, l'un pour le lendemain soir, en cas de non-succès, l'autre pour le surlendemain, quand même. Le point de réunion était une certaine taverne à mi-chemin entre la Cité et Golden-square : Nicolas y attendit vainement son confident le premier jour; mais le second, il n'arriva qu'après lui et fut reçu par Newman à bras ouverts.

« Tout va bien, dit-il tout bas à Nicolas. Asseyez-vous, asseyez-vous, mon brave jeune homme, et laissez-moi vous conter tout cela. »

Nicolas prit un siége et demanda avec empressement ce qu'il y avait de nouveau.

« Du nouveau! il y en a, et beaucoup, dit Newman dans une espèce de transport de ravissement. Tout va bien, ne vous inquiétez pas. Voyons! par où commencer? Soyez tranquille; du courage! Tout va bien.

— Vraiment? dit Nicolas vivement.

— Quand je vous le dis, c'est que c'est vrai.

— Eh bien! qu'est-ce qu'il y a? Son nom d'abord, mon cher ami.

— Crevisse, répondit Newman.

— Crevisse! répéta Nicolas indigné.

— Vous l'avez dit. Je me rappelle ce nom-là à cause de sa ressemblance avec écrevisse.

— Crevisse! répéta encore Nicolas avec plus d'énergie que tout à l'heure. C'est impossible, il faut que vous vous soyez trompé, c'est sans doute le nom de sa domestique.

— Non pas, non pas, dit Newman secouant la tête en homme sûr de ne pas se tromper : Mlle Cécile Crevisse.

— Cécile, ah! reprit Nicolas marmottant les deux noms à la suite l'un de l'autre, et recommençant sur tous les tons, à la bonne heure! Cécile est un joli nom.

— Très-joli, et la petite aussi, dit Newman.

— Qui cela? demanda Nicolas.

— Mlle Crevisse.

— Mais, où donc l'avez-vous vue?

— Ne vous inquiétez pas, mon cher garçon, répondit Noggs en lui donnant une tape sur l'épaule. Je l'ai vue, et vous la verrez aussi J'ai arrangé tout cela.

— Mon cher Newman, cria Nicolas en lui serrant la main avec force, vous ne plaisantez pas ?

— Du tout, répliqua Newman. Je vous parle sérieusement. Tout cela est exact. Vous la verrez demain soir. Elle consent à entendre votre déclaration. Je l'ai persuadée. C'est un prodige d'affabilité, de bonté, de douceur, de beauté.

— Oh ! j'en étais sûr, dit Nicolas. C'est bien elle, Newman, je la reconnais à ce portrait, et il pressait la main de Newman à la faire crier.

— Doucement donc, fit Noggs.

— Où demeure-t-elle ? cria Nicolas. Qu'avez-vous appris sur son compte ? A-t-elle un père, une mère, des frères, des sœurs ? Qu'est-ce qu'elle a dit ? Comment avez-vous fait pour la voir ? N'a-t-elle pas été bien étonnée ? Lui avez-vous dit combien je désirais ardemment de m'entretenir avec elle ? Lui avez-vous dit où je l'ai vue pour la première fois ? Lui avez-vous dit comment, où, quand, depuis combien de temps, et combien de fois j'ai pensé à sa charmante figure qui, dans mes plus amers chagrins, m'apparaissait comme un reflet d'un monde meilleur ? Dites, Newman, dites donc ! »

Le pauvre Noggs était littéralement suffoqué par ce flot de questions qui venaient l'assaillir, sans lui laisser seulement le temps de respirer. A chaque parole de cet interrogatoire, il faisait sur sa chaise un mouvement spasmodique, et ne cessait de fixer sur Nicolas des yeux empreints d'une expression de perplexité comique.

« Non, dit-il, je ne lui ai pas parlé de cela.

— Pas parlé de quoi ?

— Du reflet d'un monde meilleur. Je ne lui ai pas dit non plus qui vous étiez ni où vous l'aviez vue pour la première fois. Mais, par exemple, je lui ai dit que vous l'aimiez à la folie.

— Vous aviez bien raison, Newman, répliqua Nicolas avec sa fougue ordinaire. Dieu sait combien c'est vrai.

— Je lui ai dit encore qu'il y avait longtemps que vous nourrissiez secrètement cette passion pour elle.

— Oui, oui, c'est encore vrai ; et qu'a-t-elle dit à cela ?

— Elle s'est mise à rougir.

— Bon, cela devait être, » dit Nicolas satisfait.

Alors Newman, poursuivant son récit, lui raconta que la demoiselle était seule d'enfant dans la maison ; qu'elle n'avait plus de mère ; qu'elle demeurait avec son père, et que, si elle avait consenti à accorder une entrevue à son prétendant, c'était sur les instances de sa domestique, qui paraissait exercer sur elle une grande influence. Il avait lui-même eu besoin de déployer l'éloquence la plus pathétique pour l'amener là ; il avait été bien formellement entendu qu'elle consentait purement et simplement à entendre la déclaration de Nicolas, sans prendre aucun engagement, ni rien promettre de ses dispositions à son égard. Quant au mystère de ses relations avec les frères Cheeryble, Newman ne pouvait en rien l'éclaircir ; il n'avait même voulu y faire aucune allusion, ni dans ses conversations préliminaires avec la servante, ni plus tard dans son entrevue avec la demoiselle ; il s'était borné à leur faire connaître qu'il avait été chargé de suivre la bonne jusque chez elle, sans dire de quel endroit. Au reste, Newman, d'après quelques mots échappés à la domestique, avait conjecturé que la demoiselle menait une vie triste et misérable sous l'autorité rigoureuse de son père, homme d'un caractère violent et brutal. C'était même à cette circonstance qu'il attribuait la démarche de la demoiselle auprès des frères Cheeryble, pour se mettre sous leur protection et les intéresser à son sort, et le parti qu'elle avait pris à grand'peine d'accorder à Nicolas l'entrevue sollicitée pour lui. C'était, selon lui, une déduction logique dont la conséquence sortait naturellement des prémisses. N'était-il pas, en effet, tout naturel qu'une demoiselle, dans une situation si peu digne d'envie, n'eût rien de plus pressé que de changer de condition ?

On comprend que Newman, en raison de ses habitudes, n'était pas homme à donner tous ces renseignements d'une haleine, et qu'il fallut bien des questions pour tirer de lui ces longs détails. Nicolas sut de même que Noggs, allant au-devant du peu de confiance que pouvait inspirer le costume de l'ambassadeur, avait expliqué la modestie de son extérieur par la nécessité de prendre un travestissement pour mieux remplir ses fonctions délicates. Et, quand son ami lui demanda comment il avait été entraîné par son zèle jusqu'à solliciter une entrevue, il répondit qu'ayant trouvé la demoiselle bien disposée à cet égard, il avait cru satisfaire à la fois aux intérêts de sa cause et aux lois de la chevalerie, en profitant de cette précieuse occasion pour mettre Nicolas à même de pousser sa pointe. Après cent questions et cent réponses de ce genre, répétées plus de vingt fois, ils se séparèrent, se donnant rendez-vous pour le lendemain à dix heures et demie du soir, afin de ne pas manquer l'entrevue fixée à onze heures.

Il faut avouer qu'il y a de drôles de choses dans le monde, pensait en lui-même Nicolas en revenant chez lui. Je n'avais jamais eu cette ambition, je n'en aurais même pas eu l'idée, tant cela me semblait impossible. De connaître à la longue quelque particularité sur le sort d'une personne à laquelle je prenais beaucoup d'intérêt, de la voir dans la rue, de passer et repasser moi-même devant sa maison, de la rencontrer quelquefois sur son chemin, d'arriver enfin à concevoir l'espérance qu'un jour viendrait où je serais en position de lui parler de mon amour, toutes mes prétentions n'allaient pas au delà, et voilà que déjà.... Mais je serais un grand fol de me plaindre de ma bonne fortune. »

Cependant, au fond, il se sentait mécontent, et, dans ce mécontentement, il y avait quelque chose de plus qu'une simple réaction de sentiments. Il en voulait à la demoiselle de s'être rendue si facilement. « Car enfin, se disait-il, si elle m'avait connu, c'est différent, mais se rendre au premier venu ! » certes, ce n'était pas du tout agréable. L'instant d'après, c'était contre lui-même qu'il était fâché ; il se reprochait ces soupçons honteux. Comment croire qu'il pût rien entrer d'équivoque dans le temple même de l'honneur ? et, au besoin, l'estime des frères Cheeryble n'était-elle pas un garant assez sûr de sa conduite honorable ? « Le fait est que je m'y perds, disait-il ; cette demoiselle est un mystère d'un bout à l'autre. » Cette conclusion n'était guère plus satisfaisante que ses premières réflexions, et ne faisait que le lancer davantage dans un nouvel océan de conjectures chimériques où il trébuchait à chaque pas ; il resta dans cet embarras jusqu'à ce que l'horloge, en sonnant dix heures, lui rappela l'heure du rendez-vous.

Nicolas avait fait toilette. Newman Noggs lui-même avait fait aussi quelques frais. Son habit, qui ne s'était jamais vu à pareille fête, présentait un ensemble de boutons presque complet, et les épingles, qui faisaient l'office de reprises perdues, étaient attachées assez proprement. Il portait son chapeau d'un air coquet, avec son mouchoir dans le fond de la forme : seulement, il y en avait un bout chiffonné qui pendait par derrière comme une queue, et dont on ne peut faire honneur à l'esprit inventif de Noggs, entièrement innocent de cet embellissement fortuit. Il ne s'en apercevait même pas, car l'état d'excitation de ses nerfs le rendait insensible à toute autre chose que le grand objet de leur expédition.

Ils traversèrent les rues dans un profond silence et, après avoir marché quelque temps d'un bon pas, ils en trouvèrent une de pauvre apparence, et peu fréquentée, près de la route d'Edge-ware.

« Numéro douze, dit Newman.

— Ah ! dit Nicolas regardant autour de lui.
— Une bonne petite rue, dit Newman.
— Oui, un peu triste. »

Newman laissa passer cette observation sans y répondre ; mais, s'arrêtant brusquement, il planta Nicolas le dos contre une des grilles des sous-sols et lui recommanda de rester là à attendre, sans remuer ni pieds ni pattes, jusqu'à ce qu'il fût allé en éclaireur pousser une reconnaissance. En effet, il se mit à trotter en clopinant, regardant à chaque instant par-dessus son épaule, pour s'assurer que Nicolas observait fidèlement ses instructions. Puis il monta les marches d'une maison, à peu près à douze portes de là, et disparut.

Il ne fut pas longtemps à reparaître, et revint, toujours clopinant ; mais il s'arrêta à moitié chemin et fit signe à Nicolas de le suivre.

« Eh bien ? dit Nicolas s'avançant vers lui sur la pointe du pied.

— Tout va bien ! répliqua Newman transporté de joie, on vous attend. Il n'y a personne à la maison, cela se trouve bien. Ha ! ha ! »

Après ces paroles encourageantes, il se glissa devant une porte sur laquelle Nicolas aperçut en passant une plaque de cuivre avec ce mot en grosses lettres : « Crevisse ; » puis, s'arrêtant à la grille de service qui se trouvait ouverte, il fit signe à son jeune ami de descendre avec lui.

« Où diable me menez-vous ? dit Nicolas en se reculant. Est-ce que nous allons à la cuisine, comme des valets, chercher les plats et les assiettes ?

— Chut ! répliqua Newman, le vieux Crevisse est féroce comme un Turc. Il tuerait tout et souffletterait la demoiselle ; cela lui arrive déjà bien assez souvent.

— Comment ! cria Nicolas furieux, voulez-vous dire par là qu'il y ait au monde un téméraire qui soufflette une si charmante.... »

Il n'eut pas le temps pour le moment d'achever son compliment, car Newman le poussa si doucement, qu'il manqua de le précipiter au bas de l'escalier. Nicolas comprit que le plus sage était d'en rire, et descendit sans plus mot dire ; mais sa physionomie, pour le moment, ne trahissait guère l'espérance ni le ravissement d'un amoureux bien épris. Derrière lui descendait Newman, qui serait bien descendu la tête la première, sans l'assistance opportune de Nicolas. Nicolas lui donna la main pour le suivre à son tour par un corridor pavé, noir à faire peur, et de là dans une arrière-cuisine, ou, si vous l'aimez mieux, dans une cave où ils s'arrêtèrent, engloutis dans la plus sombre obscurité.

« Ah çà ! dit Nicolas tout bas, d'un ton peu satisfait, je suppose que ce n'est pas là tout, n'est-ce pas ?

— Non, non, répondit Noggs ; elles vont être ici dans la minute. Tout va bien.

— Je suis bien aise de vous entendre m'en donner l'assurance ; j'avoue que je ne l'aurais pas cru. »

Ils n'échangèrent plus une parole. Nicolas, debout, entendait seulement la respiration bruyante de Newman Noggs, et croyait voir briller son nez rouge comme une braise au milieu des ténèbres dans lesquelles ils étaient ensevelis. Tout à coup un bruit de pas discrets frappa son oreille, et immédiatement après une voix de femme demanda si le gentleman n'est pas là.

« Si, répondit Nicolas se retournant vers le coin d'où la voix se faisait entendre. Qui est-ce qui est là ?

— Oh ! ce n'est que moi, monsieur, répondit la voix.... Maintenant, si vous voulez venir, madame ? »

Une lumière lointaine vint éclairer la cuisine, puis la servante entra, portant une chandelle, et suivie de sa jeune maîtresse, qui semblait accablée de pudeur et de confusion.

A la vue de la demoiselle, Nicolas tressaillit et changea de couleur. Son cœur battit avec violence, et lui restait là comme s'il eût pris tout à coup racine dans le sol. Au même instant, car la demoiselle et la chandelle avaient à peine eu le temps d'entrer ensemble, on entend à la porte de la rue un furieux coup de marteau qui fait sauter Newman Noggs avec une agilité surprenante, du baril de bière sur lequel, nouveau Bacchus, il s'était assis à califourchon, et il s'écrie brusquement, la figure pâle comme un linge : « Crevisse, morbleu ! »

La demoiselle jeta un cri perçant : la servante se tordit les mains : Nicolas portait de l'une à l'autre ses regards stupéfaits : Newman courait de droite à gauche, fourrant les mains successivement dans toutes les poches qu'il possédait, et en retournant la doublure dans l'excès de son irrésolution. Cela ne dura qu'un moment, mais assez pour accumuler en une minute tout ce que l'imagination peut rêver de plus abominable confusion.

« Sortez, au nom du ciel ! Nous avons eu tort, c'est Dieu qui nous punit, cria la demoiselle. Sortez, ou je suis perdue sans ressource.

— Voulez-vous me permettre de vous dire un mot, cria Nicolas, un seul mot? Il n'en faudra pas plus pour expliquer toute cette mésaventure. »

Mais autant en emportait le vent; car la jeune dame était déjà remontée, les yeux égarés de frayeur. Il voulait la suivre, sans Newman qui se cramponna à son collet pour le retenir et l'entraîna dans le corridor par où ils étaient entrés.

« Laissez-moi, Newman, de par tous les diables! cria Nicolas. Il faut que je lui parle, je le veux; je ne quitterai pas cette maison sans lui dire....

— Sa réputation.... son honneur.... de la violence.... Réfléchissez, dit Newman le serrant de ses deux bras et le poussant devant lui. Laissez-les ouvrir la porte au père; sitôt qu'elle sera refermée, nous nous en irons tout de suite par où nous sommes venus. Allons! par ici. Bon! »

Vaincu par les remontrances de Newman, par les larmes et les prières de la servante, et par ce terrible coup de marteau qui allait toujours son train, Nicolas se laissa entraîner; et, juste au moment où Crevisse faisait son entrée par la porte, Noggs et lui firent leur sortie par la grille.

Ils se mirent à courir le long de plusieurs rues sans s'arrêter et sans dire un mot. Enfin, ils firent halte et se regardèrent dans le blanc des yeux aussi consternés l'un que l'autre.

« Ne craignez rien, dit Newman reprenant haleine; ne vous laissez pas décourager, tout va bien. On ne sera pas toujours si malheureux. Personne ne pouvait prévoir ça. J'ai fait de mon mieux.

— A merveille, répliqua Nicolas en lui prenant la main; à merveille, comme un brave et fidèle ami. Seulement, écoutez bien, Newman, je ne suis point désappointé du tout, et je ne vous en sais pas moins de gré de votre zèle; seulement, vous vous êtes trompé de demoiselle.

— Comment! cria Newman Noggs, attrapé par la servante?

— Newman, Newman, dit Nicolas en lui mettant la main sur l'épaule, vous vous étiez aussi trompé de servante. »

Newman en laissa retomber sa mâchoire inférieure de saisissement et regarda en face Nicolas, avec son bon œil fixe et immobile, et comme cloué dans sa tête.

« Ne prenez pas la chose à cœur, dit Nicolas, cela n'a pas d'importance. Vous voyez que cela m'est égal. Vous avez suivi cette bonne pour une autre, voilà tout. »

Et voilà tout en effet. Était-ce que Newman Noggs, à force de regarder de côté derrière la pompe, avait fini par se fatiguer la vue et se tromper de direction? était-ce que, croyant avoir du temps de reste, il était allé se réconforter avec quelques gouttes d'un liquide plus généreux que celui de la pompe? qu'on l'explique comme on voudra, le fait est qu'il s'était trompé. Nicolas s'en retourna chez lui pour rêver à cette aventure, et surtout pour réfléchir à son aise sur les charmes de sa jeune et belle inconnue, plus inconnue que jamais.

CHAPITRE IX.

Contenant quelques épisodes romanesques des amours de Mme Nickleby avec le gentleman en culotte courte, son voisin porte à porte.

A partir de cette dernière conversation intéressante que Mme Nickleby avait eue avec son fils, elle s'était mise à déployer une attention inaccoutumée dans le soin de sa parure, ajoutant, jour par jour, à ces vêtements sérieux et conformes à la gravité de son âge qui jusqu'alors avaient composé son costume, une grande variété d'enjolivements et d'atours qui en eux-mêmes n'étaient pas considérables, mais qui, dans leur ensemble, et surtout dans leur but, avaient une certaine importance. Il n'y avait pas jusqu'à sa robe noire qui n'empruntât quelque agrément à l'élégante gentillesse avec laquelle elle était portée, et ses habits de deuil prenaient un tout autre caractère, sous la main habile qui relevait leurs attraits languissants par une disposition savante d'ornements supplémentaires, placés à propos. Ce n'est pas qu'ils fussent toujours bien frais ni bien coûteux; c'étaient des restes de splendeur passée, échappés au naufrage domestique de la bonne dame, et qui dormaient en paix dans le coin obscur de quelque tiroir ou de quelque cassette; mais, en troublant leur repos pour donner à son deuil un air plus jeune et plus coquet, Mme Nickleby transformait ces gages de respect et de tendre affection pour les morts en emblèmes redoutables des intentions les plus meurtrières et les plus assassines contre les vivants.

Cette révolution dans les habitudes de Mme Nickleby pouvait tenir à un sentiment élevé du devoir, et à des inspirations de la nature la plus honorable. Peut-être aussi cette dame avait-elle fini par se reprocher la faiblesse avec laquelle elle s'abandonnait à un chagrin stérile, ou par sentir la nécessité de donner dans sa personne un exemple légitime de propreté et de décorum à sa fille encore novice dans l'art de plaire. Après cela, devoir à part, et sans parler de sa responsabilité maternelle, ce changement se justifiait aisément par le simple sentiment de la charité la plus pure et la plus désintéressée. Le gentleman d'à côté avait été vilipendé par Nicolas. On l'avait traité rudement d'idiot et de vieil imbécile. Or, ces attaques contre son intelligence retombaient bien un peu sur Mme Nickleby : il est donc possible qu'elle eût compris qu'en bonne chrétienne, elle devait, pour l'honneur de cette victime d'une criante injustice, ne rien négliger pour prouver qu'il n'était ni l'un ni l'autre. Pouvait-elle mieux faire, je vous le demande, pour un but si louable et si vertueux, que de démontrer à tous les yeux, en mettant en relief ses avantages personnels, que la passion du monsieur était la chose du monde la plus naturelle et la plus raisonnable, et le résultat tout simple (résultat facile à prévoir pour toute personne sage et discrète) de l'imprudence avec laquelle elle avait déployé ses charmes dans toutes les séductions de leur maturité, sans ménagement et sans réserve, sous l'œil même, pour ainsi dire, d'un cœur trop ardent et trop inflammable?

« Ah! disait Mme Nickleby en secouant la tête d'un air grave; si Nicolas savait tout ce que son pauvre cher père a souffert avant notre union, du temps que je ne lui montrais que de la haine, il aurait un peu plus d'indulgence. Je n'oublierai jamais cette matinée où je le regardai avec mépris, lorsqu'il m'offrit de porter mon ombrelle, ou bien encore cette soirée où je lui ai fait la moue tout le temps; c'est vraiment bien heureux qu'il n'ait pas pris le parti d'émigrer alors, mais je suis sûre que mes rigueurs lui en ont donné l'idée. »

Le défunt n'aurait-il pas mieux fait d'émigrer avant son mariage? C'était une question sur laquelle Mme Nickleby n'eut pas le temps de s'appesantir; car, au milieu de ses réflexions, elle vit entrer dans la chambre Catherine, sa fille, sa boîte à ouvrage à la main, et il n'en fallait pas tant, à coup sûr, pour donner aux pensées de Mme Nickleby un cours tout différent.

« Ma chère Catherine, dit-elle, je ne sais pas comment cela se fait, mais une journée d'été belle et chaude comme celle-ci, avec le chant des oiseaux de tous côtés, me rappelle toujours un cochon de lait à la broche avec une sauce à l'oignon à la française.

— Voilà une singulière association d'idées, maman, qu'en dites-vous?

— Ma foi, je ne sais pas, répliqua Mme Nickleby. Cochon de lait à la broche! Voyons! cinq semaines après votre baptême, nous eûmes à la broche.... non.... ce ne pouvait pas être un cochon de lait; car je me rappelle qu'il y avait deux pièces à découper, et votre pauvre papa et moi, nous n'aurions jamais eu l'idée de faire rôtir à la fois deux cochons de lait; c'étaient sans doute des perdrix.... Cochon de lait à la broche! Maintenant que j'y pense, je ne crois pas que nous en ayons eu jamais à la maison, car votre papa ne pouvait même pas souffrir d'en voir quelqu'un étalé dans les boutiques. Il disait qu'il croyait voir des petits enfants de lait, si ce n'est que les petits cochons ont le teint beaucoup plus beau; or, il avait horreur des petits enfants, la crainte qu'il avait de voir augmenter sa famille lui donnait pour eux une répugnance invincible.... Mais alors, qu'est-ce qui peut donc m'avoir mis cela dans la tête? Ah! je me rappelle avoir dîné un jour chez Mme Bevan (vous savez, dans la grande rue, en détournant devant le carrossier, où cet ivrogne est tombé un jour par le soupirail d'une maison vacante, huit jours avant le terme, et ne fut découvert que lorsque le nouveau locataire fit son emménagement). Eh bien! là, il y avait un cochon de lait à la broche. C'est là, sans aucun doute, ce qui me fait penser aux petits cochons, dans l'été. Avec cela qu'il y avait dans la salle à manger un petit serin qui n'a fait que chanter tout le temps du dîner.... C'est-à-dire, non ce n'était pas un petit serin, c'était une perruche, et elle ne chantait pas précisément, mais elle parlait et jurait à faire frémir; je crois bien que ce doit être ça, ou plutôt à présent j'en suis sûre. Ne pensez-vous pas comme moi, ma chère?

— Comment donc! mais il n'y a pas l'ombre d'un doute, maman, répondit gaiement Catherine avec un sourire.

— Non, ne plaisantez pas. Voyons! Catherine, dites-moi si vous ne pensez pas comme moi, reprit Mme Nickleby avec autant de gravité que si c'était une question de l'intérêt le plus vif et le plus pressant. Si vous n'êtes pas de mon avis, dites-le: il faut être franche, surtout quand il s'agit d'un sujet véritablement aussi curieux et aussi remarquable que cette étrange relation d'idées. »

Catherine ne put s'empêcher de rire encore en répétant qu'elle était parfaitement convaincue, et, dans la crainte que sa mère n'eût pas encore épuisé cette question ou cette conversation déjà longue, elle lui proposa d'emporter leur ouvrage dans la serre, pour y jouir du beau temps.

Mme Nickleby ne se fit pas prier deux fois, et elles partirent pour la serre, ce qui coupa court à toute discussion.

« Eh bien! dit Mme Nickleby en s'asseyant à sa place, j'avoue que je n'ai jamais vu une si bonne créature que Smike. Vraiment, le mal qu'il s'est donné pour entrelacer en berceau tous ces petits arbustes, et pour élever au pied les fleurs les plus embaumées, est au-dessus de tous les remerciements.... Pourtant, ma chère Catherine, j'aurais désiré qu'il n'eût pas mis tout le sable de votre côté pour ne me laisser que la terre.

— Chère maman, répondit Catherine avec empressement, mettez-vous à ma place,... je vous en prie, pour m'obliger, maman.

— Non, ma chère, je n'en ferai rien.... j'ai ma place et je la garde, dit Mme Nickleby; tiens, qu'est-ce que cela ? » Catherine regarda sa mère pour savoir ce qu'elle voulait dire : « Voyez s'il n'a pas été chercher, je ne sais où, deux ou trois pieds de ces fleurs que je vous disais l'autre soir que j'aimais tant, en vous demandant si vous n'étiez pas comme moi ; non, je me trompe, c'était vous qui les aimiez, disiez-vous, et qui me demandiez si je n'étais pas comme vous.... mais cela revient au même.... Eh bien ! les voilà.... Je vous assure que je trouve que c'est une attention bien aimable de sa part ; je n'en vois pas, ajouta-t-elle en regardant de plus près autour d'elle, je n'en vois pas de mon côté ; c'est qu'apparemment elles se plaisent mieux près du sable. Vous pouvez en être sûre, Catherine ; c'est pour cela qu'il les aura plantées toutes près de vous, et qu'il aura mis tout le sable de votre côté, qui est plus exposé au soleil, et je vous assure que ce n'est pas maladroit du tout ; moi-même je n'aurais peut-être pas eu l'idée d'y penser.

— Maman, dit Catherine la tête penchée sur son ouvrage de manière à cacher presque son visage, avant votre mariage....

— Mon Dieu, ma chère Catherine, dit en l'interrompant Mme Nickleby, qu'est-ce qui peut, je vous le demande, vous transporter ainsi à l'époque qui a précédé mon mariage, quand je vous parle du soin de Smike et de ses attentions pour moi ? On dirait que vous ne prenez pas le moindre intérêt au jardin.

— Ah ! maman, dit Catherine relevant la tête, vous savez bien que si.

— Alors, ma chère, comment se fait-il que vous ayez l'air de ne pas seulement vous apercevoir de la propreté élégante avec laquelle il est tenu ? Vraiment, Catherine, je trouve cela bien drôle de votre part.

— Mais, maman, repartit Catherine doucement, je vous assure que je m'en aperçois bien ; pauvre garçon !

— Au moins je ne vous en entends jamais parler, reprit Mme Nickleby, c'est tout ce que je peux en dire. » Comme la bonne dame ne restait pas volontiers longtemps sur le même sujet, elle fut bientôt se prendre au petit piége que lui avait tendu sa fille, et lui demanda ce qu'elle voulait dire tout à l'heure.

« A propos de quoi donc, maman ? dit Catherine qui, probablement, avait déjà entièrement oublié son essai infructueux pour faire diversion à l'éloge de Smike.

— Mais, ma chère Catherine, répondit sa mère, qu'avez-vous donc ? Dormez-vous ou avez-vous perdu l'esprit ? Ne me parliez-vous pas du temps avant mon mariage ?

— Ah ! oui, maman, dit Catherine, je me rappelle la question que je voulais vous faire : avant votre mariage, avez-vous eu beaucoup de prétendants ?

— Des prétendants ! ma chère, cria Mme Nickleby avec un sourire de satisfaction superbe ; de compte fait, Catherine, je dois en avoir eu au moins une douzaine.

— Ah ! maman, reprit Catherine d'un ton moins satisfait.

— Oui, ma chère, une douzaine, et sans compter encore votre pauvre papa ni un jeune gentleman que je rencontrais alors à l'école de danse, et qui envoyait des montres et des bracelets chez nous, enveloppés dans du papier doré (bien entendu qu'on n'a jamais voulu les recevoir), et qui, plus tard, a eu le malheur d'aller à Botany-Bay sur un bâtiment de guerre, je veux dire sur un bâtiment de condamnés ; puis, dit-on, il se sauva dans un bois, tua des moutons, je ne sais pas comment il se fait qu'il y a là des moutons. Enfin il allait être pendu lorsqu'il s'étrangla par accident, et alors le gouvernement lui a remis sa peine. Après cela, dit Mme Nickleby récapitulant ses conquêtes sur le bout de ses doigts, en commençant par le pouce gauche, j'avais le jeune Lukin, Mogley, Tipslark, Cabbery, Smifser.... »

Parvenue, dans son compte, à son petit doigt, Mme Nickleby allait faire un report sur l'autre main, lorsque sa fille et elle tressaillirent toutes deux vivement en entendant un hem ! bruyant qui avait l'air de venir des fondations mêmes du mur mitoyen.

« Maman, qu'est-ce que c'est que cela ? dit Catherine à voix basse.

— Je ne sais qu'en dire, répondit Mme Nickleby visiblement émue, à moins que ce ne soit le gentleman d'à côté. Je ne vois pas ce qui pourrait....

— Ah ! ah ! hem ! » cria la même voix, et cela non pas sur le ton d'une de ces petites toux ordinaires par lesquelles on prélude pour éclaircir sa voix, mais plutôt comme une espèce de beuglement qui alla réveiller tous les échos du voisinage, et se prolongea de manière à laisser croire que l'auteur de ce mugissement sans nom devait en avoir la face cramoisie.

« Je sais maintenant, ma chère, dit Mme Nickleby posant sa main sur celle de Catherine ; ne craignez rien, ma petite, ce n'est pas à vous que cela s'adresse, et ce n'est point du tout pour faire peur aux gens ; il faut rendre justice à tout le monde, Catherine, c'est un devoir pour moi. »

Et, en parlant ainsi, Mme Nickleby hocha la tête et caressa bien des fois le dos de la main de sa fille. On voyait qu'elle aurait pu, si elle avait voulu, révéler un secret des plus importants, mais, Dieu merci ! elle savait se retenir, et certainement n'en ferait rien.

« Mais que voulez-vous dire, maman ? demanda Catherine surprise au dernier point.

— Ne vous agitez pas comme cela, ma chère, répliqua Mme Nickleby regardant du côté du mur mitoyen. Vous voyez bien que moi je suis calme, et, certes, s'il était permis à quelqu'un d'être agité, je serais, vu les circonstances, bien excusable de l'être ; mais je ne le suis pas, Catherine, je ne le suis pas du tout.

— Mais, maman, on avait l'air de vouloir attirer notre attention, dit Catherine.

— On voulait, en effet, attirer notre attention, ma chère, ou au moins, continua Mme Nickleby se redressant et caressant la main de sa fille d'une manière plus tendre encore, attirer l'attention de l'une de nous,... hem ! Vous n'avez que faire de vous tourmenter, ma fille. »

Catherine paraissait n'y rien comprendre, et elle allait demander de plus amples explications, lorsqu'on entendit, dans la même direction qu'auparavant, comme le bruit d'une lutte violente, une espèce de cri de guerre sauvage poussé par une voix déjà cassée, accompagnée de trépignements violents sur le sable, et ce vacarme n'était pas encore fini qu'on voyait s'élever dans l'air, avec la rapidité d'une fusée, un gros concombre qui descendit bientôt et vint, par ricochet, rouler aux pieds de Mme Nickleby.

Cet étrange phénomène fut suivi d'un autre exactement pareil ; mais après cela ce fut un beau potiron de grosseur monstrueuse qu'on vit tourner dans le vide et venir s'abattre encore dans le jardin ; puis plusieurs concombres partirent ensemble, puis enfin, pour le bouquet, l'air fut obscurci par une grêle d'oignons, de radis et d'autres petits légumes qui couronnèrent en tombant, en roulant, en rebondissant de toutes parts, ce feu d'artifice végétal.

Catherine alors se leva de sa chaise un peu alarmée et prit sa mère par la main pour courir toutes les deux à la maison. Mais, chose singulière, elle sentait de la part de Mme Nickleby plus de résistance que d'empressement à la suivre, et, jetant les yeux du côté où regardait cette dame, elle fut tout à coup effrayée par l'apparition d'un vieux bonnet de velours noir qui, petit à petit, comme si celui qui en était armé montait une échelle ou un marchepied, s'élevait au-dessus du mur de séparation entre leur jardin et le cottage voisin. Quelques degrés de plus et le bonnet lui-même fut suivi d'une grosse tête et d'un vieux visage percé d'une paire d'yeux gris les plus extraordinaires du monde; des yeux égarés, tout grands ouverts, roulant dans leur orbite avec un regard hébété, languissant, niais, hideux à voir.

« Maman! cria Catherine véritablement épouvantée cette fois, ne vous arrêtez donc pas, ne perdez pas un instant; venez donc, maman, je vous en prie.

— Catherine, ma chère, répondit sa mère en la retenant dans sa course, que vous êtes donc enfant; je suis toute honteuse de vous voir comme cela. Comment pouvez-vous espérer de jamais vous tirer d'affaire dans la vie, si vous montrez toujours autant de faiblesse?... Qu'est-ce que vous voulez, monsieur? dit Mme Nickleby, s'adressant à l'étranger indiscret, avec un air de mécontentement démenti par son sourire. Pourquoi vous permettez-vous de venir regarder dans ce jardin?

— Reine de mon âme! répliqua l'autre en joignant ses mains pour l'implorer, buvez un petit coup dans ce gobelet.

— Mais c'est absurde, monsieur, dit Mme Nickleby.... Catherine, ma mignonne, tenez-vous tranquille.

— Pourquoi ne voulez-vous pas boire un petit coup dans ce gobelet? répéta l'étranger avec insistance, penchant la tête sur son épaule droite de l'air le plus suppliant, et posant sa main sur son cœur. Oh! je vous en prie, un petit coup dans le gobelet.

— Je ne consentirai jamais à faire pareille chose, monsieur, dit Mme Nickleby; je vous en prie, allez-vous-en.

— Pourquoi faut-il, dit le vieux monsieur, montant un échelon de plus et s'accoudant sur le mur avec autant d'aisance que s'il regardait par la fenêtre; pourquoi faut-il que la beauté montre toujours un cœur si rebelle, même à une passion aussi honorable et aussi respectueuse que la mienne? Ici il sourit, envoya des baisers avec sa main et fit plusieurs salutations très-humbles. C'est la faute des abeilles qui, après la saison du miel, lorsqu'on croit les avoir étouffées avec le soufre, s'envolent réellement en Barbarie, et vont, de leurs chants monotones, bercer le sommeil des Maures dans l'esclavage; ou peut-être, ajoute-t-il baissant la voix et parlant du bout des lèvres, peut-être cela vient-il de ce que l'on a vu dernièrement la statue de Charing-Cross se promener à minuit en redingote devant la Bourse, bras dessus, bras dessous, avec la pompe de Ald-Gate.

— Vous entendez, maman? murmura Catherine.

— Chut, ma fille, répliqua Mme Nickleby du même ton; vous voyez qu'il est très-poli et je crois même qu'il nous faisait tout à l'heure une citation de quelque poëte. Ne m'ennuyez donc pas comme cela.... laissez-moi, vous me pincez jusqu'au sang.... Retirez-vous d'ici, monsieur.

— D'ici! dit le gentleman d'un air languissant; oh oui, d'ici, certainement.

— Sans doute, continua Mme Nickleby, vous n'avez que faire ici; vous n'êtes pas là chez vous, monsieur, vous devez le savoir.

— Je le sais bien, dit le vieux monsieur en mettant son doigt contre son nez avec un air de familiarité très-répréhensible; je sais que c'est ici un lieu sacré, enchanté, où les charmes les plus divins (ici nouveau baiser envoyé avec la main, nouvelles salutations très-humbles), où les charmes les plus divins répandent sur les jardins d'alentour une vertu mollifique qui développe chez les fruits et les légumes une maturité précoce. Pour ce qui est de cela, je ne l'ignore pas. Mais voulez-vous me permettre, ô la plus belle de toutes les créatures, de vous faire une question pendant que la planète de Vénus est allée faire je ne sais quoi chez les Horseguards? car si elle était là, jalouse comme elle est de la supériorité de vos appas, elle viendrait interrompre notre entretien.

— Catherine, dit Mme Nickleby se tournant vers sa fille, je suis bien embarrassée véritablement; je ne sais que répondre à ce gentleman, et cependant, vous le savez, on ne doit jamais manquer de politesse.

— Chère maman, répondit Catherine, ne lui dites pas un mot, mais sauvons-nous à toutes jambes et enfermons-nous à la maison jusqu'au retour de Nicolas. »

Mme Nickleby prit alors de grands airs, pour ne pas dire des airs méprisants, à cette proposition humiliante; et, se tournant vers le vieux monsieur, qui les observait avec une attention stupide pendant leur pourparler: « Monsieur, dit-elle, si vous voulez vous conduire en parfait gentleman, comme vous paraissez l'être, à en juger par votre langage et.... et.... votre mine (tout le portrait de votre grand-papa, ma chère Catherine, dans ses beaux jours), et me faire tout vraiment la question que vous avez à m'adresser, je veux bien y répondre. »

S'il est vrai que l'excellent papa de Mme Nickleby ressemblait, dans ses beaux jours, au voisin à présent occupé à regarder par-dessus le mur, il faut avouer que ce devait être pour le moins, à la fleur de son âge, un vieux bonhomme bien ridicule. Ce fut sans doute aussi l'opinion de Catherine, qui prit sur elle d'examiner avec quelque attention le vivant portrait de son grand-père, au moment où il ôta son bonnet de velours noir pour exposer au jour une tête parfaitement chauve, et faire une longue kyrielle de révérences, avec accompagnement, à chaque fois, de baisers aériens. Enfin, après s'être épuisé, selon toute apparence, dans cet exercice fatigant, il se couvrit encore la tête, tira avec beaucoup de soin son bonnet par-dessus ses oreilles, et, reprenant sa première attitude, parla en ces termes:

« Voici la question.... »

Ici il s'interrompit pour regarder de tous les côtés autour de lui, et s'assurer, d'une manière certaine, qu'il n'y avait personne à l'écouter. Quand il fut bien sûr de son fait, il se donna plusieurs fois une petite tape sur le nez, avec un air rusé, comme s'il se félicitait en lui-même de sa précaution, puis, étendant le col, il dit d'un ton de mystère, quoique assez haut:

« N'êtes-vous pas une princesse ?

— Vous vous moquez de moi, monsieur, répliqua Mme Nickleby, faisant semblant d'opérer sa retraite du côté de sa maison.

— Du tout ; mais, franchement, en êtes-vous une ? dit le vieux gentleman.

— Vous savez bien que non, monsieur.

— Alors, ne seriez-vous pas parente de l'archevêque de Canterbury ? demanda-t-il avec beaucoup d'intérêt, ou bien du pape à Rome, ou de l'orateur de la chambre des communes ? Veuillez m'excuser si je fais erreur, mais on m'a dit que vous étiez la nièce des commissaires du pavage, et la belle-fille du lord-maire et de la cour du conseil municipal, ce qui établirait naturellement votre parenté avec ces trois grands personnages.

— Monsieur, répondit Mme Nickleby avec vivacité, quiconque a tenu sur mon compte de tels propos a pris d'étranges libertés avec moi, et si mon fils Nicolas venait à le savoir, je suis certaine qu'il ne permettrait pas un instant qu'on abusât ainsi de mon nom. Cette idée ! ajouta Mme Nickleby en se redressant, la nièce des commissaires du pavage !

— Je vous en prie, maman, venons-nous-en, lui dit tout bas Catherine.

— Je vous en prie, maman! Quelle bêtise! Catherine, dit Mme Nickleby d'un ton courroucé; mais voilà toujours comme vous êtes. Si on m'avait prise pour la nièce de quelque méchant moineau, cela vous aurait été égal, et vous vous révoltez à l'idée qu'on fasse de moi une cousine du papa. Mais je sais bien que personne ne s'intéresse à moi, aussi je n'y compte guère; et Mme Nickleby pleurnichait.

— Des larmes! cria le vieux gentleman en faisant un saut si énergique qu'il dégringola deux échelons et s'égratigna le menton contre le mur.... Allons! attrapez-moi ces globules de cristal, qu'on les saisisse, qu'on les mette en bouteille, qu'on les bouche bien, qu'on les cachette avec mon Cupidon, qu'on les étiquète première qualité, et qu'on les range sur la quatorzième planche avec une barre de fer par-dessus pour les empêcher de partir. Cela ferait un bruit de tonnerre. »

Tout en exécutant ces commandements, comme s'il y avait là une douzaine de domestiques empressés à accomplir ses ordres, il retournait son bonnet de velours et le remettait avec une grande dignité sur le coin de la tête, de manière à se cacher l'œil droit et les trois quarts du nez, puis, le poing sur la hanche, il avait l'air de porter un défi insolent à un moineau qu'il voyait près de lui sur une branche, jusqu'à ce que l'oiseau se déroba par la fuite à son air menaçant. Alors il mit son bonnet dans sa poche, d'un air de grande satisfaction, et prit les manières les plus respectueuses pour s'adresser à Mme Nickleby.

« Belle madame! (telles furent ses expressions) si j'ai fait quelque méprise au sujet de votre famille ou de vos relations, je vous demande humblement pardon; si j'ai supposé que vous étiez alliée à des puissances étrangères, ou à des comités nationaux, c'est parce que vous avez dans toute votre personne des manières, un port, une dignité qui me serviront d'excuse, quand je dirai qu'il n'y a personne qui puisse rivaliser avec vous à cet égard, si ce n'est peut-être, par exception, la muse tragique, quand par hasard elle joue de l'orgue de barbarie devant la compagnie des Indes orientales. Je ne suis plus un jeune homme, madame, comme vous voyez, et, quoique des personnes qui vous ressemblent ne sachent pas ce que c'est que de vieillir, je prends la liberté d'espérer que nous sommes faits l'un pour l'autre.

— Vous voyez ce que je vous avais dit, Catherine, ma chère

fille, dit Mme Nickleby d'une voix défaillante et détournant les yeux par modestie.

— Madame, dit avec volubilité le vieux gentleman relevant sa main droite avec une négligence qui ne manquait pas de grâce, comme s'il faisait peu de cas de la fortune, j'ai des terres, des biches, des canaux, des étangs poissonneux, des pêcheries de baleines qui m'appartiennent dans la mer du Nord, et plusieurs bancs d'huîtres d'un grand rapport dans l'océan Pacifique. prenez seulement la peine d'aller à la banque, ôtez le chapeau à trois cornes de l'huissier robuste qui y fait sentinelle, et vous trouverez, dans la doublure du fond, ma carte enveloppée dans un morceau de papier bleu. On peut aussi visiter ma canne chez le chapelain de la chambre des communes, auquel il est expressément défendu de recevoir de l'argent pour la montrer. J'ai des ennemis autour de moi, madame, continua-t-il en regardant du côté de sa maison, et en parlant tout bas : ils ne me laisseront pas de repos qu'ils ne m'aient dépouillé de mes biens. Si j'avais l'avantage d'obtenir votre cœur et votre main, vous pourriez vous adresser au lord chancelier, ou même, au besoin, appeler les forces militaires. Rien qu'en envoyant mon curedent au commandant en chef, cela suffirait; et alors nous ferions maison nette avant la cérémonie du mariage. Après cela, l'amour, le bonheur et le ravissement; le ravissement, le bonheur et l'amour. Ah! soyez à moi, soyez à moi ! »

En répétant ces derniers mots avec un enthousiasme délirant, le vieux gentleman remit son bonnet de velours noir, et, fixant les yeux avec vivacité sur le ciel, dit quelques mots assez peu intelligibles sur un ballon qu'il attendait et qui était un peu en retard, et finit par répéter son refrain :

« Soyez à moi, soyez à moi !

— Ma chère Catherine, dit Mme Nickleby, je ne me sens pas la force de parler, et pourtant il est nécessaire, pour le bonheur de tout le monde, que nous en finissions une fois pour toutes.

— Mais, au contraire, maman, reprit sa fille, il n'y a pas du tout nécessité que vous disiez un mot.

— Permettez-moi, s'il vous plaît, ma chère, de juger par moi-même de ce qui me regarde, dit Mme Nickleby.

— Soyez à moi, soyez à moi ! » cria le vieux gentleman.

Mme Nickleby fixa sur la terre des yeux pudiques, et dit :

« Monsieur, je pourrais me dispenser de faire connaître à un étranger si de pareilles propositions de sa part sont reçues ou non de la mienne avec des sentiments de reconnaissance ou de sympathie, avec cela qu'elles sont accompagnées de circonstances véritablement singulières ; cependant, il peut être en même temps permis de dire, quant à présent, et dans une certaine mesure (locution familière à Mme Nickleby), qu'on ne peut voir qu'avec plaisir et satisfaction les sentiments qu'on inspire.

— Soyez à moi, soyez à moi ! cria le vieux gentleman. Gog et Magog, Gog et Magog, soyez à moi, soyez à moi ! »

Mme Nickleby reprit son discours avec un sérieux imperturbable :

« Monsieur, il me suffira de vous dire, et je suis sûre que vous interpréterez mes paroles comme une réponse décisive qui ne vous laissera plus d'espoir, que j'ai pris la résolution de rester veuve et de me dévouer uniquement à mes enfants ; car j'ai des enfants, monsieur. Il est vrai qu'il y a beaucoup de personnes, dont vous pourriez partager l'erreur, qui se refusent à le croire malgré tout ; mais c'est la vérité, et même de grands enfants. Nous serons charmés de vous avoir pour voisin, charmés, enchantés, je vous assure ; mais à tout autre titre, c'est impossible, tout à fait impossible. Que je sois encore assez jeune pour me remarier, je ne dis ni oui, ni non ; mais je n'en veux pas entendre parler pour tout au monde. Je me suis promis de ne jamais me remarier, et je ne me remarierai jamais. Il m'est très-pénible d'avoir à refuser vos offres, et j'aurais bien mieux aimé que vous ne me les eussiez pas faites ; mais enfin, c'est la réponse que depuis longtemps j'étais résolue à faire, et que je ferai toujours. »

Toutes les parties de cette harangue n'étaient pas destinées au vieux gentleman seulement ; il y en avait quelques-unes à l'adresse de Catherine, et d'autres qui pouvaient passer pour un soliloque. Dans tous les cas, l'effet ne fut pas ce qu'on devait en attendre. En entendant les conclusions négatives de l'objet de ses feux, l'amant, au lieu de se désespérer, parut se livrer à une inattention assez peu respectueuse ; puis, à peine si Mme Nickleby avait fini de parler, qu'au grand effroi de cette dame et de sa fille il se mit tout à coup à mettre bas son habit et à sauter sur le chaperon du mur, où il prit des poses propres à déployer en plein les agréments de sa culotte courte et de ses bas de laine grise tricotée ; il finit par se tenir en équilibre sur une jambe, en répétant avec un redoublement de véhémence, son beuglement favori.

Il était en train de faire un trille prolongé sur la dernière note, embelli de quelques fioritures, quand on vit une main sale se glisser doucement, mais vivement, le long du mur, comme pour attraper une mouche; et, en effet, elle saisit avec la plus grande dextérité une des chevilles du vieux gentleman, puis, aussitôt, l'autre main fit son apparition de la même manière et empoigna l'autre cheville.

Le vieux gentleman, ainsi pris au piége, leva une fois ou deux les jambes avec assez de difficulté, comme une mécanique dont les ressorts grossiers sont roides ou rouillés ; puis, regardant au bas du mur dans son jardin, il poussa un grand éclat de rire.

« Ah ! c'est donc vous? dit le vieux gentleman.
— Oui, c'est moi ! répliqua une voix rude.
— Et comment va l'empereur de Tartarie?
— Oh ! toujours de même, ni mieux ni pis.
— Et le jeune prince de la Chine, dit le vieux gentleman avec beaucoup d'intérêt, est-il réconcilié avec son beau-père, le grand négociant en pommes de terre ?
— Non, répondit la voix rude, et ce qui est bien plus fort, c'est qu'il dit qu'il ne se réconciliera jamais avec lui.
— En ce cas, dit le vieux gentleman, je ferai peut-être bien de descendre.
— C'est cela, lui répondit-on de l'autre côté, je crois que vous ne ferez pas mal. »

Alors une des mains se détacha avec précaution d'une des jambes prisonnières; le vieux gentleman se baissa pour se mettre sur son séant, et il se retournait pour sourire à Mme Nickleby et la saluer encore, lorsqu'on le vit disparaître avec précipitation, comme si quelqu'un l'avait tiré en bas par les jambes.

Catherine se sentit soulagée par cette disparition soudaine, et se disposait à parler à sa mère lorsque les mains sales reparurent à l'horizon, suivies immédiatement d'un gros homme trapu qui venait de monter à l'échelle précédemment occupée par leur étrange voisin.

« Je vous demande pardon, mesdames, dit le nouveau venu, ricanant et touchant par respect le bord de son chapeau; n'a-t-il pas fait la cour à l'une de vous?
— Oui, dit Catherine.
— Ah ! répliqua l'homme, prenant son mouchoir dans son chapeau pour s'essuyer le front, il n'y manque jamais, voyez-vous; il n'y a rien qui puisse l'empêcher de faire la cour à quelque dame.
— Pauvre homme ! on n'a pas besoin de vous demander s'il est fou.
— Oh pour cela non, répliqua l'homme regardant le fond de

son chapeau pour y lancer son mouchoir, et le remettant sur sa tête ; cela se voit bien tout seul.

— Et y a-t-il longtemps? demanda Catherine.

— Voilà déjà assez longtemps.

— Et il n'y a pas d'espérance de guérison? dit Catherine émue de compassion.

— Pas la moindre ; et ce serait bien dommage, reprit le gardien des fous, il n'en vaut pas pis pour avoir perdu la tête. C'était bien l'individu le plus cruel, la plus mauvaise tête, le plus insupportable vieux drôle qu'on pût voir.

— Vraiment? dit Catherine.

— Par saint Georges! répliqua le gardien secouant la tête avec tant d'énergie qu'il fut obligé de plisser son front pour retenir son chapeau, je n'ai pas encore rencontré un pareil vagabond et mon camarade en dit autant. Il a fait mourir sa pauvre femme de chagrin ; il a mis ses filles à la porte ; ses garçons couraient les rues ; enfin, par bonheur, il est devenu fou, de colère, d'avarice, d'égoïsme, de boisson et de ripaille. Sans cela il aurait rendu fou tous les autres. De l'espoir pour lui ! un vieux coquin comme lui ! il n'y en a déjà pas tant de l'espoir pour le prodiguer ; mais je parierais bien un écu que, s'il y en a encore, on le garde pour de meilleurs sujets que lui. »

Après cette profession de foi, le gardien secoua encore la tête comme pour dire que ce serait bien malheureux qu'il en fût autrement ; puis, touchant son chapeau d'un air grognon, non pas qu'il fût de mauvaise humeur contre ces dames, mais seulement contre son prisonnier, il descendit de l'échelle et l'emporta.

Pendant cette conversation, Mme Nickleby avait regardé cet homme d'un air sévère et défiant. Elle poussa alors un profond soupir, prit ses lèvres pincées, et, secouant la tête comme une personne qui n'est point du tout convaincue :

« Pauvre malheureux ! dit Catherine.

— Ah oui! bien malheureux, repartit Mme Nickleby ; n'est-il pas honteux qu'on tolère des choses pareilles ? Fi !

— Et comment pourrait-on l'empêcher, maman? dit Catherine tristement. Les infirmités de la nature humaine....

— La nature humaine ! dit Mme Nickleby ; comment ! vous êtes assez simple pour supposer que ce pauvre gentleman est fou ?

— Et comment voulez-vous, maman, quand on l'a vu, qu'on n'en soit pas bien persuadé ?

— Eh bien alors, moi je vous dis, Catherine, répondit Mme Nickleby, qu'il n'en est rien, et que je ne comprends pas que vous puissiez vous en laisser ainsi imposer. C'est un complot de ces gens-là pour mettre la main sur ses biens. Ne le lui avez-vous pas entendu dire à lui-même ? Je ne dis pas qu'il n'est pas un peu original, un peu léger, et cela peut être : il n'est pas le seul ; mais tout à fait fou ! et s'exprimer comme il le fait dans un langage aussi respectueux et même aussi poétique ! et faire sa déclaration avec tant de bon sens, de discernement, de prudence, et non pas courir les rues pour aller se mettre à genoux aux pieds du premier brin de fille qu'il rencontrerait comme pourrait faire un fou ; non, non, Catherine, il y a beaucoup trop de raison dans sa folie, soyez-en sûre, ma chère. »

CHAPITRE X.

Paraphrase de cet adage philosophique : qu'il n'est si bons amis qui ne se quittent.

Le bitume des trottoirs de Snow-hill avait été toute la journée à frire et à rôtir en plein soleil, et les deux têtes jumelles du Sarrasin qui montait la garde à l'entrée de l'hôtellerie, dont elles représentent, en partie double, et l'enseigne et le nom, avaient l'air (du moins c'était le sentiment des voyageurs harassés et tirant la jambe qui les regardaient en passant), plus féroces encore qu'à l'ordinaire, irritées sans doute d'avoir cuit dans leur jus, sous un soleil brûlant, lorsque, dans un des plus petits salons de l'auberge, dont la fenêtre ouverte sur la cour recevait, sous la forme d'une vapeur à couper au couteau, les émanations qui s'exhalaient de la sueur fumante des chevaux dans l'écurie, on vit le service ordinaire d'une table à thé, rangé dans un ordre ragoûtant et propret, flanqué de grosses pièces de résistance rôties et bouillies : une langue, un pâté de pigeons, une volaille froide, un cruchon d'ale et quelques autres menus objets du même genre, que dans nos villes et nos cités dégénérées on réserve généralement à présent pour les pique-niques, les dîners de table d'hôte ou les déjeuners dînatoires.

M. John Browdie, les mains dans les poches, voltigeait sans cesse autour de ces friandises, s'arrêtant seulement de temps en temps pour chasser les mouches du sucrier avec le mouchoir de sa femme, ou pour plonger une cuiller à thé dans le pot au lait et déguster la crème, ou pour casser une croûte, couper une tranche, et avaler le tout en deux fois, comme une couple de pilules; et chaque fois qu'il sortait de faire un doigt de cour aux comestibles, il regardait à sa montre et déclarait, avec une impatience vraiment pathétique, qu'il ne lui était plus possible d'attendre seulement deux minutes de plus.

« Mathilde! dit-il à sa femme, qui reposait sur un sofa, les yeux demi-ouverts, demi-fermés.

— Eh bien, John?

— Eh bien, John! répéta son mari impatienté; voyons, ma fille, as-tu faim?

— Pas beaucoup, dit Mme Browdie.

— Pas beaucoup? répéta encore John levant les yeux au plafond; peut-on dire pas beaucoup, quand nous avons dîné à trois heures et consommé seulement après un goûter de petits gâteaux, qui ne fait qu'irriter l'appétit d'un homme au lieu de l'apaiser; pas beaucoup!

— Monsieur! dit le garçon en passant la tête à la porte, voici un gentleman pour vous.

— Un quoi pour moi? cria John, comme s'il avait compris que ce fût une lettre ou un paquet.

— Un gentleman, monsieur.

— Sapristi! mon garçon, dit John, qu'est-ce que tu as besoin de venir me dire ça? qu'il entre.

— Êtes-vous chez vous, monsieur?

— Chez moi! cria John, je voudrais bien y être; il y a deux heures que j'aurais pris mon thé. Ah çà, puisque j'ai déjà dit à l'autre garçon de lui dire d'entrer et de se dépêcher, que nous mourions de faim, qu'il entre donc.

« Ah! ah! tiens! donnez-moi la main, monsieur Nickleby. Par exemple, je peux bien dire que voilà un des beaux jours de ma vie. Comment allez-vous? eh bien, c'est égal, je suis content de vous voir. »

Dans la chaleur de l'accueil cordial qu'il fit à Nicolas, John Browdie oublia qu'il avait faim; il lui donnait à chaque instant une nouvelle poignée de mains en lui appliquant sur la paume une tape qui n'était pas mince, pour ajouter encore un témoignage plus frappant à ses démonstrations de satisfaction.

« Eh oui! c'est elle, dit John, remarquant que Nicolas venait de regarder sa femme. La voilà, nous ne nous disputerons plus pour elle à présent. Ah chien! quand je pense à ça!... Mais est-ce que vous ne voulez pas prendre un morceau?... Prenez donc, mon garçon; tenez : *pour tous les biens que nous allons recevoir*, etc. »

Je ne doute pas, pour ma part, que le *bénédicité* n'ait été bien et dûment achevé; mais on n'en entendit pas davantage, car John s'était déjà mis à si bien jouer des couteaux et des fourchettes, que pour le moment il ne pouvait plus parler.

« Monsieur Browdie, dit Nicolas en avançant une chaise pour la nouvelle mariée, avec votre permission, je vais profiter de l'usage pour prendre la liberté de....

— Prenez tout ce que vous voudrez, dit John, et quand il n'y aura plus rien dans le plat, dites au garçon d'en monter. »

Sans s'expliquer sur ce malentendu, Nicolas embrassa Mme Browdie rougissante, et la conduisit à sa chaise.

« C'est bon! dit John, qui ne s'attendait pas à cela; ne vous gênez pas, faites comme chez vous.

— Vous pouvez y compter, répliqua Nicolas; j'y mets pourtant une condition.

— Laquelle donc?

— C'est que vous me ferez parrain la première fois qu'il vous en faudra un.

— Là! vous l'entendez, cria John posant son couteau et sa fourchette. Parrain! ha! ha! ha! Mathilde, entendez-vous? parrain! Allez, mon garçon, ne dites plus un mot, vous ne pourriez que gâter ça; le mot est bon. Quand j'aurai besoin d'un.... parrain! ha! ha! ha! »

Jamais homme ne fut aussi chatouillé jusqu'aux larmes par quelque bonne plaisanterie des temps passés, que John Browdie fut émerveillé de celle-là. C'était un rire étouffé, c'étaient de grands éclats de rire, c'étaient des quintes de rire qui le suffoquaient en lui fourrant des morceaux de bœuf tout entiers dans le cornet. Il n'en riait que plus fort et continuait de manger en même temps; la face toute rouge, le front tout noir, il toussait, il criait, il se remettait, il repartait avec de nouveaux rires qu'il essayait de réprimer. Il avait une rechute d'étouffement, se faisait taper dans le dos, frappait des pieds, faisait peur à sa femme; enfin, il revint à lui dans un état d'épuisement extrême; l'eau lui coulait des yeux comme d'une fontaine, ce qui ne l'empêchait pas de répéter encore d'une voix affaiblie : « Parrain!... dites donc, Mathilde, un parrain! » et cela sur un ton qui prouvait que la saillie de Nicolas lui causait un si vif plaisir, qu'il défiait même la souffrance.

« Vous rappelez-vous le soir où nous avons, pour la première fois, pris du thé ensemble? dit Nicolas.

— N'ayez pas peur que je l'oublie jamais, allez, répliqua John Browdie.

— C'était un terrible garçon ce soir-là, n'est-ce pas, madame Browdie? dit Nicolas, un vrai tigre.

— Ah! c'est quand nous sommes retournés à la maison, monsieur Nickleby, qu'il fallait l'entendre. C'est là que c'était un vrai tigre, répliqua Mathilde; je n'ai jamais eu si grand'peur de ma vie.

— Allons, allons, dit John en ricanant avec une bouche grimaçante, vous vous faites plus peureuse que vous n'êtes.

— C'est si vrai, répliqua Mme Browdie, que j'étais presque décidée à ne vous reparler de ma vie.

— Presque, dit John ricanant encore plus fort, presque décidée! et tout le long du chemin elle ne faisait que me câliner et me cajoler.... Pourquoi donc, lui disais-je, vous êtes vous laissé courtiser par ce garçon-là (c'était de vous que je parlais). — Je vous assure que vous vous trompez, me disait-elle, et elle me serrait le bras. — Ah! je me trompe, que je lui disais. — Oui, qu'elle me répondait, et elle me serrait encore plus fort.

— Mon Dieu! John, s'écria sa jolie petite femme pour arrêter ce torrent de réminiscences indiscrètes, en rougissant jusque dans le blanc des yeux, comment pouvez-vous dire des bêtises pareilles? Comme si jamais j'avais seulement songé à ce que vous dites là!

— Je ne sais pas si vous y aviez songé, quoique j'en sois à peu près sûr; mais, répliqua John, ce que je sais bien, c'est que vous le faisiez tout de même.... Oui, que je lui disais, vous êtes une inconstante, une infidèle, une vraie girouette. — Non, je ne suis pas une infidèle, qu'elle me disait. — Ne me dites pas cela, que je lui répondais, après ce qui s'est passé avec le jeune maître de là-bas. — Lui! qu'elle me faisait en se récriant. — Oui, lui! — Tenez, John, qu'elle me dit en se rapprochant de mon oreille et en me serrant toujours le bras de plus en plus fort, croyez-vous vraiment possible qu'ayant un bel homme comme vous pour me faire la cour, j'aurais voulu vous changer pour un méchant petit père fouetteur comme lui?... Voilà ce qu'elle a dit. Ha! ha! ha! elle vous a appelé père fouetteur. Ma foi! là-dessus je lui ai dit : Eh bien! vous n'avez qu'à fixer le jour des noces, et ne pensons plus à cela. Ha! ha! ha! »

Nicolas rit de bon cœur à ce récit, surtout en ce qu'il avait de peu flatteur pour son amour-propre, charmé de donner ainsi le change aux inquiétudes de Mathilde, dont les protestations se trouvèrent noyées dans l'hilarité générale. La bonne humeur de Nicolas la mit donc à son aise, et, tout en désavouant le propos qu'on lui prêtait, elle en rit elle-même si franchement que Nicolas ne put s'empêcher de croire que l'histoire était parfaitement vraie dans ses détails essentiels.

« Voici la seconde fois, dit Nicolas, que nous nous trouvons à table ensemble, et la troisième seulement que je vous vois; eh bien! je me trouve aussi à mon aise avec vous qu'avec de vieux amis.

— C'est tout comme moi, dit John.

— Et moi aussi, ajouta sa jeune épouse.

— Oui; mais, dit Nicolas, ce n'est pas la même chose. Moi, j'ai des raisons particulières de reconnaissance. Sans votre bon cœur, mon brave ami, moi qui n'y avais aucun droit, je ne sais pas ce que je serais devenu, ni comment je me serais tiré d'affaire dans ce moment-là.

— Parlez donc d'autre chose, répliqua John d'un air bourru. Vous m'ennuyez.

— En ce cas, continua Nicolas en souriant, je vais vous chanter une autre chanson, mais toujours sur le même air. Je vous ai déjà dit dans ma lettre tout ce que je sentais de gratitude pour l'intérêt que vous avez témoigné à ce pauvre Smike, en lui rendant la liberté au risque de vous attirer des désagréments. Mais je ne saurais assez vous répéter combien nous vous sommes tous reconnaissants, lui, moi, et d'autres encore que vous ne connaissez pas, pour avoir eu pitié de lui.

— Ah! s'écria Mme Browdie; toute cette soirée-là j'étais sur les épines.

— Ont-ils eu l'air de vous croire pour quelque chose dans sa délivrance? demanda Nicolas à John Browdie.

— Ils n'y ont seulement pas pensé, répondit le gros rieur en montrant ses dents d'une oreille à l'autre. J'étais là bien à mon aise dans le lit du maître d'école, longtemps encore après la brune, et personne ne venait. C'est bon! que je me disais; maintenant le garçon a pris de l'avance; s'il n'est pas chez lui à l'heure qu'il est, c'est qu'il n'y sera jamais. Ainsi vous pouvez venir quand vous voudrez, vous nous trouverez prêts; c'est du maître d'école que je parlais, vous comprenez?

— Je comprends bien, dit Nicolas.

— Bon! le voilà donc qui vient. J'entends fermer la porte en bas et monter à tâtons.... Allez doucement, vous ne tomberez pas, que je me dis en moi-même; prenez votre temps, monsieur, il n'y a rien qui presse.... Le voilà à la porte, il tourne la clef, il tourne la clef, il tourne toujours, il aurait pu tourner jusqu'à demain, la serrure était par terre.... Holà, qu'il crie. — Oui, que je me dis, criez, mon bonhomme, tant que vous voudrez, vous ne réveillerez personne. — Holà, hé! et puis il s'arrête. — Tu ferais mieux de ne pas m'irriter davantage, disait le maître d'école quelques minutes après; Smike, je vais te briser les os.... Encore une pause. Alors, tout à coup il demande de la lumière, on apporte une chandelle. Vous jugez du tintamarre.... Il est parti, qu'il dit rouge de colère et comme un fou furieux. Est-ce que vous n'avez rien entendu? — Ah oui! que je fais, je viens d'entendre fermer la porte d'entrée dans l'instant; et puis tout de suite après j'ai entendu courir par là (je ne lui montrais pas le bon côté). — Au secours! qu'il crie. — J'y vais, que je dis,... et nous voilà partis au rebours. Ho! ho! he!

— Avez-vous été loin comme cela? demanda Nicolas.

— Si nous avons été loin? répliqua John: je lui ai joliment dégourdi les jambes pendant un quart d'heure. Il était bon à voir, allez! le maître d'école, sans chapeau, pataugeant jusqu'aux genoux dans l'eau et dans la boue, trébuchant sur des barrières, culbutant dans des fossés, beuglant comme une vache enragée, ouvrant son œil, son œil unique, tout grand pour découvrir son échappé, ses pans d'habit voltigeant par derrière, et toute sa personne crottée jusqu'à l'échine, y compris le museau. J'ai cru que j'allais tomber par terre en pâmoison à force de rire. »

Rien que d'y penser, John recommençait de plus belle, et la contagion passant à ses auditeurs, ce fut bientôt un trio d'éclats de rire, en je ne sais combien de couplets, tant qu'enfin ils n'en purent plus.

« C'est un mauvais homme, dit John en s'essuyant les yeux, un très-mauvais homme, votre maître d'école.

— Je ne peux pas le voir en peinture, John, dit sa femme.

— Allons donc! reprit John, c'est pourtant à vous que je dois sa connaissance: sans vous, je ne saurais seulement pas ce que c'est. C'est vous qui me l'avez fait connaître.

— Je ne pouvais pas, John, répliqua sa femme, renier Fanny Squeers, mon ancienne camarade d'enfance, n'est-ce pas?

— Bien, ma fille, répéta John, c'est justement ce que je dis. Il faut vivre en bons voisins, voilà tout, et le traiter comme une vieille connaissance. Moi je ne demande pas autre chose; pas de bruit, tant qu'on peut l'éviter. Ne pensez-vous pas comme moi, Nickleby?

— Certainement, répondit Nicolas, et vous avez été fidèle à vos principes, le jour où je vous ai rencontré à cheval sur la route, après notre soirée orageuse.

— Sans doute, dit John. Quand j'ai dit quelque chose, je la tiens.

— Et vous avez raison ; et vous agissez là comme un brave homme, quoique peut-être pas comme un enfant du Yorkshire, s'il est vrai, comme on le dit à Londres, que ce soit le pays des gasconnades. A propos! ne me disiez-vous pas dans votre lettre que vous avez ici Mlle Squeers avec vous?

— Oui, répliqua John, c'est la fille d'honneur de Mathilde, et une drôle de fille d'honneur! Il n'y a pas de danger qu'elle se presse de se marier celle-là.

— Taisez-vous donc, John, dit Mme Browdie, qui n'en goûtait pas moins la plaisanterie contre les vieilles filles, maintenant qu'elle avait ce qu'il lui fallait.

— C'est l'amoureux qui pourra se vanter d'être né coiffé, dit John en clignant de l'œil à cette idée-là; en voilà un qui aura de la chance; une fameuse chance!

— Voyez-vous, monsieur Nickleby, dit Mathilde, c'est parce qu'elle est ici avec nous que John vous a écrit pour vous inviter à venir ce soir; nous avons pensé qu'il vous serait médiocrement agréable de vous rencontrer avec elle, après ce qui s'est passé.

— Sans le moindre doute. Vous avez eu bien raison ; dit Nicolas, l'interrompant.

— Surtout, remarqua Mme Browdie, prenant un air malin, d'après ce que nous savons de vos amours du temps jadis.

— Ce que nous savons! vraiment? dit Nicolas, secouant la tête. Moi je n'en sais rien, mais je suppose que vous m'avez joué là quelque mauvais tour.

— Soyez-en sûr, elle n'y aura pas manqué, dit John Browdie, en passant son large index par une des jolies petites boucles de la chevelure de sa femme, dont il paraissait très-fier. Elle a toujours été aussi maligne qu'un....

— Qu'un quoi? dit Mathilde.

— Qu'une femme, là! répondit John. Je ne connais rien au-dessus de ça.

— Vous alliez me parler de Mlle Squeers, dit Nicolas, pour couper court à de certaines petites privautés conjugales, qui commençaient à marcher bon train entre M. et Mme Browdie, et qui rendaient la position d'un tiers un peu embarrassante, ne fût-ce que parce que cela l'excitait plutôt qu'autrement.

— Ah! oui, répliqua Mme Browdie.... John, finissez donc.... John a fixé notre entrevue à ce soir, parce qu'elle avait résolu d'aller prendre le thé chez son père Pour éviter les anicroches, et pour être sûrs d'être seuls entre nous, John a promis d'aller la rechercher chez son père.

— C'est très-bien arrangé comme cela, dit Nicolas, je ne regrette qu'une chose, c'est de vous donner tant d'embarras.

— Pas le moins du monde, répondit Mme Browdie, car nous avions, John et moi, beaucoup de plaisir à vous voir. Savez-vous, monsieur Nickleby, ajouta-t-elle avec son sourire le plus narquois, que Fanny Squeers m'avait tout l'air de vous aimer beaucoup?

— Je lui en ai beaucoup d'obligation, dit Nicolas, mais je vous donne ma parole que je n'ai jamais eu la prétention de faire aucune impression sur son cœur virginal.

— Qu'est-ce que vous me dites là? continua Mme Browdie; ça n'est pas possible; car, voyons, sérieusement et sans rire, Fanny elle-même m'a donné à entendre que vous lui aviez fait votre déclaration, et que vous alliez vous unir par des engagements irrévocables et solennels.

— Vraiment, madame, vraiment! se mit à crier une femme d'une voix perçante, vraiment! elle vous a donné à entendre que moi, moi j'allais m'unir à un assassin, un voleur, qui a versé le sang de papa, pouvez-vous?... pouvez-vous croire, madame, que j'aimais beaucoup un être que je méprise comme la boue de mes souliers, que je ne daignerais pas toucher avec des pincettes de cuisine, de peur de me salir et de me noircir les doigts? Pouvez-vous le croire, madame, le pouvez-vous? Oh! basse et vile Mathilde! »

Ces reproches sortaient de la bouche de Mlle Squeers en personne. C'est elle qui venait d'ouvrir la porte toute grande et de développer aux yeux étonnés des Browdie et de Nicolas, non-seulement ses propres appas, arrangés avec symétrie dans les blancs et chastes vêtements déjà décrits (seulement un peu plus malpropres, cela se conçoit), mais aussi l'imposante paire de Wackfords, père et fils, qui lui servait d'escorte.

« Voilà donc le prix, continua Mlle Squeers que la colère rendait éloquente, voilà le prix de toute ma patience, de toute mon amitié pour ce cœur à double visage, cette vipère, cette.... cette sirène! » Mlle Squeers fut longtemps à trouver cette dernière épithète, mais elle finit par l'éjaculer d'un air triomphant, comme un argument sans réplique. « Voilà le prix, n'est-ce pas, de toute mon indulgence à supporter sa perfidie, la bassesse de ses sentiments, sa fausseté, la coquetterie qu'elle déploie pour attraper des amants vulgaires, d'une manière qui me faisait rougir pour mon.... pour mon....

— Sexe, lui souffla M. Squeers regardant les spectateurs d'un mauvais œil; c'est bien le cas de dire d'un mauvais œil.

— Oui, dit toujours Mlle Squeers, mais heureusement, et j'en remercie mon étoile, que maman en est aussi....

— Bravo, bravo! dit tout bas M. Squeers, et je voudrais, pour tout au monde, qu'elle fût ici: elle se donnerait un bon coup de poigne avec ces gens-là.

— Voilà le prix, n'est-ce pas? dit Mlle Squeers (levant la tête et l'abaissant ensuite avec majesté, pour regarder par terre d'un air de mépris) de la bonté avec laquelle j'ai bien voulu faire attention à elle, la tirer de la crotte, et me ravaler jusqu'à la couvrir de mon patronage.

— Allons, allons! répliqua Mme Browdie, malgré tous les efforts que faisait son époux pour la retenir, et l'empêcher de venir se mettre au premier plan; ne dites donc pas des bêtises pareilles!

— Est-ce que je ne vous ai pas couverte de mon patronage, madame?

— Non, répondit Mme Browdie.

— Allez! dit Mlle Squeers avec hauteur, vous devriez rougir; mais non, votre front ne sait pas rougir; il est incapable d'exprimer aucun autre sentiment que l'audace et l'effronterie.

— Dites donc, se mit à dire John Browdie, que ces attaques répétées contre sa femme commençaient à piquer au jeu, doucement, s'il vous plaît, doucement!

— Oh! vous, monsieur Browdie, reprit Mlle Squeers en l'arrêtant promptement, je vous plains; je n'ai rien pour vous ni contre vous, qu'un sentiment de parfaite pitié.

— Ah! dit John.

— Oui, répéta Mlle Squeers regardant de côté son cher père, quoique je sois, selon vous, une *drôle de demoiselle d'honneur*, et qu'il *n'y ait pas de danger que je me presse de me marier*, et que mon mari doive avoir *de la chance*, je n'ai pour vous, monsieur, que des sentiments de pitié. »

Ici, Mlle Squeers regarda encore de côté son vénérable père, qui la regardait aussi de côté, comme pour lui dire: « Bon! attrape ça, mon garçon.

— Moi, je sais bien ce qui vous attend, dit Mlle Squeers en secouant avec violence toute l'économie de sa frisure; je sais bien la vie qui s'ouvre devant vous, et vous seriez mon plus cruel, mon plus mortel ennemi, que je ne pourrais vous souhaiter rien de pis.

— Pendant que vous êtes en train de souhaiter, ne souhaiteriez-vous pas plutôt d'être sa femme, le cas échéant? demanda Mme Browdie avec la plus grande douceur de ton et de manière.

— Ah! madame, que vous avez d'esprit, répliqua Mlle Squeers avec une profonde révérence, presque autant d'esprit que de finesse. Car vous avez mis beaucoup de finesse, madame, à choisir si à propos le moment où j'irais prendre le thé chez papa, pour ne pas revenir avant qu'on vînt me chercher. C'est grand dommage que vous n'ayez pas pensé qu'on pouvait être aussi fine que vous et déjouer vos plans.

— Vous pouvez quitter ces grands airs, mon enfant, dit la ci-devant Mlle Price se donnant à présent des airs de matrone, vous ne réussirez pas à me vexer comme cela.

— Vous pouvez vous dispenser de faire ainsi la madame avec moi, répondit Mlle Squeers, je ne le souffrirai pas. Voilà donc le prix, n'est-ce pas?

— La voilà encore avec son prix.... cria John Browdie impatienté. Voyons, Fanny, que ça finisse; persuadez-vous une bonne fois que c'est là le prix, et n'ennuyez plus personne à demander sans fin si c'est le prix ou si ce n'est pas le prix.

— On ne vous demandait pas votre avis, monsieur Browdie, répondit Mlle Squeers avec une politesse étudiée, mais je vous en remercie tout de même; ayez seulement la bonté de ne pas vous permettre de m'appeler par mon petit nom. On a beau avoir de la pitié pour quelqu'un, ce n'est pas une raison pour qu'on oublie ce qu'on se doit à soi-même, monsieur Browdie. Mathilde! dit Mlle Squeers avec un tel redoublement de violence que John en sauta dans ses bottes, je renonce à vous pour toujours, mademoiselle, je vous abandonne, je vous renie; je ne voudrais pas, ajouta-t-elle d'une voix solennelle, avoir une enfant qui s'appelât Mathilde, quand ce nom-là devrait la sauver du tombeau.

— Quant à ce qui est de ça, remarqua John, il sera toujours temps de chercher un nom à la petite, quand elle sera venue.

— John, dit Mme Browdie par voie de conciliation, ne la taquinez pas.

— Ah! taquiner. Vraiment! cria Mlle Squeers montant sur ses échasses, taquiner! en vérité? Hé! hé! hé! taquiner! Ne la taquinez pas; prenez garde de lui faire de la peine, je vous prie.

— Écoutez, Fanny, dit Mme Browdie, vous savez qu'on est exposé à ne pas entendre toujours des compliments quand on écoute aux portes. Je n'y peux rien; seulement, j'en suis vraiment fâchée; mais, vous me croirez si vous voulez, Fanny, j'ai tant de fois prêché vos louanges en votre absence, que vous pourriez bien me pardonner ce que j'ai dit là : une fois n'est pas coutume.

— Ah ! c'est très-bien, madame ! cria Mlle Squeers avec une autre révérence ; bien des remercîments de votre bonté ; il ne me manque plus que de me mettre à vos genoux pour vous prier de m'épargner une autre fois.

— Je ne crois pas, reprit Mme Browdie, avoir jamais dit du mal de vous, même tout à l'heure. Dans tous les cas, vous ne pouvez pas vous plaindre que je n'aie pas dit la vérité ; mais, quoi qu'il en soit, j'en suis très-fâchée et je vous en demande pardon. Combien de fois, Fanny, n'avez-vous pas dit bien pis de moi ? et cependant je ne vous en ai jamais gardé rancune ; j'espère que vous ferez de même avec moi. »

Mlle Squeers, au lieu de faire une réponse directe, se contenta de toiser son ancienne amie des pieds à la tête et de lever le nez de l'air du plus ineffable dédain. Elle ne put s'empêcher cependant de laisser échapper, sans en faire connaître l'application, les termes de « drôlesse, » de « gueuse, » et de « être méprisable, » et ces exclamations, prononcées en se mordant les lèvres pour de bon, avec une grande difficulté d'avaler, et une respiration entrecoupée, pouvaient donner à croire que les sentiments intérieurs de Mlle Squeers, mal comprimés dans son sein, ne demandaient qu'à éclater au dehors.

Pendant le cours de cette conversation, maître Wackford, voyant qu'on ne faisait aucune attention à lui, et entraîné par ses inclinations favorites, s'était, petit à petit, avancé de côté, vers la table. Il commença ses attaques contre la nourriture par de légères escarmouches, consistant, par exemple, à torcher avec ses doigts le tour des plats, et à les lécher après avec un plaisir infini ; à prendre une tartine de pain et à la promener sur la surface du beurre dans l'assiette ; à empocher des morceaux de sucre, sans cesser d'avoir l'air, pendant tout ce temps-là, d'être absorbé dans ses pensées, et ainsi de suite. Mais, quand il vit que toutes ces petites libertés passaient inaperçues, il en prit naturellement de plus grandes, et, après s'être administré déjà une bonne petite collation froide, il farfouillait, pour le moment, au fond du pâté.

Tout ce petit manége n'avait point échappé à M. Squeers ; seulement, tant que l'attention de la société fut tout entière à des objets plus intéressants, il se complaisait dans la pensée que son héritier présomptif s'engraissait aux frais de l'ennemi ; mais une fois qu'un peu de calme passager dans les débats dut lui faire craindre que le petit Wackford ne fût pris en flagrant délit, il fit semblant de s'en apercevoir lui-même pour la première fois, et appliqua sur la joue du jeune gentleman une claque à faire trembler jusqu'aux tasses dans leurs soucoupes.

« Quoi ! cria M. Squeers, manger les restes des ennemis de son père ! Ne voyez-vous pas, enfant dénaturé ! que cela n'est bon qu'à vous empoisonner ?

— Laissez-le donc manger : ça ne lui fera pas de mal, dit John enchanté d'avoir enfin affaire à un homme. Je voudrais voir là toute l'école : je leur donnerais de quoi restaurer leurs pauvres petits estomacs, quand je devrais y dépenser mon dernier sou. »

Squeers le regarda en coulisse avec l'expression de malice la plus infernale qui pût se trahir sur sa face, et elle était riche en expressions de ce genre, puis il lui montra le poing, mais furtivement.

« Allons ! allons ! maître d'école, dit John, pas de bêtises, parce que, voyez-vous, si je vous montrais le mien, moi, vous n'auriez qu'à en sentir le vent pour tomber par terre.

— Je suis sûr que c'était vous, reprit Squeers, qui avez fait échapper mon pensionnaire. C'est vous, n'est-ce pas, avouez-le ?

— Moi ! répondit John en élevant la voix. Eh bien ! oui, c'est moi ; qu'est-ce que ça me fait, c'est moi : après ?

— Vous l'entendez, ma fille, il avoue que c'est lui, dit Squeers s'adressant à sa fille, vous avez bien entendu que c'est lui ?

— C'est lui ! c'est lui ! cria John. Voilà bien plus fort, ce que je vais vous dire. Si tu rattrapes un autre petit échappé, ce sera encore moi qui le ferai sauver. Rattrapes-en vingt, trente, c'est moi qui les sauverai vingt, trente fois. Et voilà encore bien plus fort, à présent que tu m'as fait monter la moutarde au nez, tu n'es qu'un vieux coquin. Et tu es bien heureux d'en être un vieux, car je t'aurais flanqué une raclée quand tu t'es permis de venir conter à un honnête homme comment tu avais rossé le pauvre garçon dans le fiacre.

— Un honnête homme ! cria Squeers en ricanant.

— Ah ! oui, un honnête homme, répliqua John, je m'en flatte, et qui n'a qu'une chose à se reprocher, c'est d'avoir jamais mis les pieds chez toi.

— Diffamation, dit Squeers triomphant, et deux témoins. Wackford sait prêter serment, il ne sera pas embarrassé. Ah ! nous vous tenons, monsieur. Ah ! coquin ! » M. Squeers tira son agenda pour en prendre note. « Très-bien, je ne donnerais pas pour cinq cents francs ce que ça me rapportera aux prochaines assises, monsieur, sans compter l'honneur.

— Les assises ! cria John, qu'est-ce que tu me chantes avec

tes assises? Ce n'est pas la première fois, l'ami, qu'ils y vont aux assises, les maîtres d'école du Yorkshire, et je ne te conseille pas de revenir là-dessus, c'est trop chatouilleux. »

M. Squeers secoua la tête d'un air menaçant: il était pâle de colère. Puis donnant le bras à sa fille, et tirant le petit Wackford par la main, il opéra sa retraite du côté de la porte.

« Quant à vous, monsieur, dit-il en se retournant vers Nicolas qui, satisfait de lui avoir donné son compte déjà une bonne fois, s'était exprès abstenu de prendre part à la discussion, vous verrez si vous aurez affaire à moi avant peu. Ah! vous escamotez les enfants, c'est bon. Prenez garde que les pères, n'oubliez pas cela, que les pères ne viennent les réclamer et me les renvoyer pour en faire ce que je veux, malgré vos dents.

— Je n'ai pas peur de ça, répliqua Nicolas haussant les épaules et tournant le dos avec mépris.

— Non? répliqua Squeers avec un regard diabolique. Allons, partons.

— Je vais quitter avec papa cette société-là pour toujours, dit Mlle Squeers portant autour d'elle des yeux pleins de mépris et de hauteur. Je serais honteuse de respirer le même air avec de pareilles gens. Pauvre M. Browdie! hé! hé! hé! il me fait pitié, vraiment. Quelle dupe! hé! hé! hé! Perfide et artificieuse Mathilde! »

Après ce nouvel accès de sombre et majestueuse colère, miss Squeers vida les lieux et, pour soutenir jusqu'au bout la dignité de son rôle, on l'entendait encore sangloter, crier, et s'agiter dans le corridor.

John Browdie resta debout derrière la table, à promener ses yeux de sa femme à Nicolas, de Nicolas à sa femme, la bouche toute grande ouverte, jusqu'à ce que sa main tomba par hasard sur le cruchon d'ale qu'il porta par habitude à ses lèvres; il y cacha quelque temps une partie de sa physionomie, reprit haleine, passa la bière à Nicolas et tira le cordon de la sonnette.

« Holà! garçon! dit-il gaiement, alerte. Emporte-moi tout cela, et qu'on nous fasse pour souper quelques grillades, un bon plat et bien conditionné, à dix heures. Apporte-nous un grog au cognac et une paire de pantoufles, vos plus grandes, et lestement. Sarpejeu! ajouta-t-il en se frottant les mains, je n'ai plus à sortir ce soir, pour aller chercher personne; ma femme, nous allons commencer pour tout de bon à passer ensemble nos soirées conjugales. »

CHAPITRE XI.

Faisant office d'huissier introducteur, en présentant à la société un certain nombre de personnages divers.

L'orage avait depuis longtemps fait place au calme le plus profond, et la soirée était déjà pas mal avancée. Quant au souper, il n'en était plus question, que pour le digérer ; et la digestion s'en faisait, grâce à une tranquillité parfaite, à une conversation enjouée, à un usage modéré du grog au cognac, dans des conditions aussi favorables que peuvent le désirer les connaisseurs qui ont étudié l'anatomie et les fonctions de la constitution humaine, lorsque les trois amis, ou plutôt, les deux amis, car aux yeux de la religion comme de la municipalité, en vertu de leur union dans le saint état du mariage, M. et Mme Browdie ne faisaient plus qu'un, furent mis en émoi par un bruit de colère et de menaces au bas des escaliers, qui atteignit bientôt une telle consistance, avec accompagnement d'expressions si hyperboliquement féroces et sanguinaires, qu'on eût pu croire que la tête du Sarrasin était véritablement descendue dans l'établissement pour se planter sur les épaules de quelque Sarrasin réel, vivant, féroce, inexorable.

Au lieu de dégénérer promptement, après les premiers éclats, en un simple grognement de murmures sourds, comme presque toujours cela se passe dans les disputes des tavernes, des assemblées législatives ou autres, le tumulte dont nous parlons ne faisait au contraire que s'accroître, et, quoique les cris ne parussent sortir que d'une paire de poumons, ils paraissaient d'une qualité tellement supérieure et répétaient avec tant de plaisir et de vigueur les mots de « coquin ! gueux ! insolent ! canaille ! » et une variété d'autres compliments qui n'étaient pas moins flatteurs pour l'adversaire auquel on les adressait, qu'un concert d'une douzaine de voix, dans des circonstances ordinaires, n'aurait pas fait la moitié autant de tapage, ni produit, il s'en faut, un aussi grand émoi.

« Tiens ! qu'est-ce qu'il y a donc ? » dit Nicolas se précipitant vers la porte.

John Browdie avait déjà fait quelques enjambées dans la même direction, lorsque Mme Browdie devint pâle, s'appuya sur sa chaise, et pria son mari d'une voix défaillante de faire attention que, s'il allait s'exposer à quelque danger, son intention était d'avoir immédiatement une attaque de nerfs, et qu'elle pourrait avoir des suites plus sérieuses qu'il ne croyait.

John parut un peu déconcerté de cette dernière partie de l'avis que lui donna sa femme, quoique en même temps sa physionomie laissât paraître une espèce d'orgueil et de joie paternels ; mais enfin ne pouvant se résoudre à se tenir là les bras croisées pendant qu'on se battait ailleurs, il fit avec sa femme une espèce de compromis en lui prenant le bras pour descendre promptement sur les pas de Nicolas, qui était déjà au bas de l'escalier.

Le corridor du café de l'hôtel était le théâtre du désordre, et l'on y voyait rassemblé tout l'établissement, habitués et domestiques, sans compter deux ou trois cochers et valets d'écurie. Ils formaient le cercle autour d'un jeune homme auquel on pouvait donner, d'après sa mine, deux ou trois ans de plus qu'à Nicolas, et qui ne paraissait pas s'être contenté des provocations dont nous venons de parler tout à l'heure ; il fallait qu'il eût poussé bien plus loin son indignation, car il n'avait plus à ses pieds que des bas, et l'on voyait seulement, non loin de là, une paire de pantoufles à la hauteur de la tête d'un personnage inconnu, étendu tout de son long dans un coin vis-à-vis, et qui avait tout l'air d'avoir été premièrement couché par terre par un coup de pied bien appliqué, puis ensuite soufflé gentiment avec les pantoufles.

Les chalands du café, les garçons, les cochers, les valets d'écurie, sans parler d'une fille de comptoir qui regardait par derrière la fenêtre à demi ouverte, avaient l'air pour le moment, autant qu'on en pouvait juger par leurs clignements d'yeux, leurs hochements de tête, leurs exclamations échangées à voix basse, fortement disposés à prendre parti contre le jeune gentleman, qui n'avait plus que ses bas dans les pieds. Nicolas s'en aperçut, et voyant un jeune homme à peu près de son âge qui n'avait pas l'air d'être un tapageur de profession, dans une situation difficile, cédant à une inspiration généreuse, qui n'est pas rare chez les jeunes gens, se sentit au contraire vigoureusement disposé à prendre son parti contre tout le monde, et c'est ce qui fit qu'il se jeta étourdiment au centre du groupe, demandant, d'un ton plus vif peut-être qu'il n'était prudent de le faire en pareille circonstance, pourquoi tout ce bruit-là.

« Hallo ! dit un des valets d'écurie, voilà quelque prince déguisé.

— Place pour le fils aîné de l'empereur de Russie, messieurs! » cria l'autre.

Sans faire attention à ces plaisanteries toujours sûres de l'accueil le plus sympathique lorsqu'elles s'attaquent dans la foule aux personnes bien mises, Nicolas regarda négligemment autour de lui, et, s'adressant au jeune gentleman qui avait eu le temps de ramasser ses pantoufles et de les chausser, il lui répéta d'un air courtois sa question.

« Oh mon Dieu! rien du tout, » répondit-il.

Là-dessus il s'éleva un murmure des spectateurs, et quelques-uns des plus hardis se mirent à crier : « Ah! rien du tout! — Excusez du peu! — Rien du tout, hein! — Il appelle cela rien, ce monsieur, il est bien heureux de trouver que ce n'est rien. » Après avoir épuisé leur répertoire d'expressions ironiques du même genre, deux ou trois individus de l'écurie commencèrent à bousculer Nicolas et le jeune gentleman, auteur du tumulte, tantôt tombant sur eux par accident, tantôt leur marchant sur les pieds, et ainsi de suite. Mais, comme chacun pouvait en prendre sa part en payant son écot, et que ce n'était pas ici comme une partie de cartes, où le nombre de joueurs est nécessairement limité, John Browdie se mit aussi de la partie, et faisant une trouée dans la foule, au grand effroi de sa femme, tombant à droite, tombant à gauche, tombant en avant, tombant en arrière sur ceux qui le gênaient, enfonçant même du coude par occasion le chapeau du plus grand des deux valets d'écurie, qui s'étaient montrés particulièrement hostiles à la cause de Nicolas, il fit bientôt prendre une autre tournure à l'affaire, et plus d'un gaillard sot le se recula en boitillant à distance respectueuse, maudissant, les larmes dans les yeux, le lourdaud de campagnard dont le pied venait d'écraser le sien.

« Que je le voie recommencer, dit le monsieur qui avait été étendu dans le coin d'un coup de pied dans le derrière, se relevant en même temps, non pas comme on pouvait le croire, pour prendre sa revanche contre son adversaire, mais de peur que Browdie, sans y faire attention, ne lui marchât sur le corps, que je le voie recommencer! je ne dis que ça.

— Eh bien! moi, que je vous entende recommencer vos observations, dit le jeune homme, et je vais d'un coup de poing vous envoyer la tête au beau milieu de ces verres à boire qui sont là derrière vous. »

Là-dessus, un des garçons, qui n'avait cessé de se frotter les mains de plaisir en voyant cette scène divertissante, tant qu'il s'était agi seulement de casser des têtes et non des verres, conjura sérieusement les spectateurs d'aller chercher la police, assurant qu'autrement il était bien sûr qu'il y aurait mort d'homme, et que d'ailleurs c'était lui qui était responsable de la porcelaine et des cristaux de l'établissement.

« Ce n'est pas la peine que personne se dérange pour aller chercher la police, dit le jeune homme, je veux rester à l'auberge toute la nuit, et l'on me trouvera bien ici demain matin, si l'on veut m'attaquer en justice.

— Pourquoi l'avez-vous frappé, aussi? dit l'un des assistants.

— Oui, pourquoi l'avez-vous frappé? » demandèrent tous les autres.

Le jeune homme, qui n'avait pas le bonheur de jouir de la popularité de ces honnêtes gens, regarda froidement autour de lui, et s'adressant à Nicolas :

« Vous me demandiez tout à l'heure, dit-il, ce qu'il y avait? Voici ce qu'il y a, c'est bien simple. Cet individu, que vous voyez là-bas, était en train de boire, avec un de ses amis, dans le café, quand je suis venu moi-même y passer une demi-heure avant d'aller au lit : car j'ai préféré coucher ici, plutôt que d'aller à cette heure avancée de la nuit à la maison où on ne m'attend que demain. Si bien que cet individu se mit à s'exprimer en termes malhonnêtes et d'une familiarité insolente sur le compte d'une demoiselle que j'ai l'honneur de connaître et que je reconnus dans sa conversation au portrait qu'il en fit au milieu de quelques inventions de son cru. Comme il parlait assez haut pour se faire entendre des personnes qui étaient là, je lui représentai très-poliment qu'il se trompait dans ses conjectures, et, comme elles étaient d'une nature offensante, je le priai de ne pas recommencer. En effet, il se contint un bout de temps; mais, comme il se mit en sortant à renouer conversation avec plus d'insolence que jamais, je n'ai pas pu m'empêcher de sauter sur lui et de lui faciliter son départ au moyen d'un coup de pied, qui l'a mis dans la position où vous venez de le voir tout à l'heure. Eh bien! je prétends savoir mieux que personne ce que j'ai à faire, ajouta le jeune homme encore un peu échauffé de sa récente querelle, et s'il y a quelqu'un ici qui juge à propos de reprendre la discussion pour son propre compte, ce n'est pas moi qui m'y opposerai, qu'il vienne. »

Il se trouva justement que, dans la disposition d'esprit où était Nicolas, il n'y avait pas une dispute dont le dénoûment lui parût plus louable et plus honorable. Toujours poursuivi par le souvenir de sa belle inconnue, il ne pouvait pas y avoir de sujet de querelle auquel il se montrât plus sympathique; et naturellement il se disait que c'était là ce qu'il aurait fait lui-même, si quelque hâbleur audacieux avait osé parler d'elle d'une manière légère en sa présence. Sensible à ces considérations, il épousa avec une grande chaleur la querelle du jeune gentleman, déclarant qu'il avait bien fait et qu'il ne l'en estimait que plus, et aussitôt John Browdie, sans être tout à fait aussi sûr du point de droit, protesta avec autant de véhémence que l'avait fait Nicolas.

« Qu'il y prenne garde, je ne dis que ça, dit l'adversaire maltraité qui se faisait en ce moment donner un coup de brosse par le garçon pour faire disparaître les traces de sa dernière chute sur le parquet poudreux. Il me le payera de m'avoir frappé pour rien. Je ne lui dis que ça. Ne voilà-t-il pas à présent qu'il ne sera plus permis à un homme de trouver jolie une jolie fille, sans se faire mettre en pièces pour cela. »

Cette réflexion parut toucher d'une manière toute particulière la demoiselle de comptoir, qui dit, en arrangeant son bonnet devant la glace, « qu'il ne manquerait plus que cela, et que, s'il fallait punir les gens pour des actions si innocentes et si naturelles, il y aurait bientôt plus de battus que de personnes pour les battre : et que, pour elle, elle ne comprenait pas la conduite du gentleman. Voilà quelle était son opinion. »

« Ma chère demoiselle, lui dit le jeune gentleman à l'oreille en s'avançant du côté de la fenêtre.

— Cela ne signifie rien, monsieur, » répliqua la demoiselle sèchement, quoiqu'elle ne pût s'empêcher en se détournant de sourire et de se mordre les lèvres (sur quoi Mme Browdie, qui était encore debout sur l'escalier, lui jeta un regard de dédain et cria à son mari de revenir).

« Mais écoutez-moi donc, dit le jeune homme toujours tout bas. Si l'on était criminel pour oser trouver jolie une jolie figure, je serais moi-même le plus grand coupable du monde en ce moment, car je ne sais pas résister à cela : une jolie figure fait sur moi l'effet le plus extraordinaire; elle m'apaise et me subjugue au milieu même de l'emportement le plus fougueux et le plus obstiné. Vous n'avez qu'à voir l'effet que la vôtre a déjà produit sur moi.

— Oh! c'est très-joli, répliqua la demoiselle en secouant la tête; mais....

— Oui, je sais que c'est très-joli, dit le jeune homme contemplant avec un air d'admiration la figure de la demoiselle de comptoir; c'est justement là, vous savez, ce que je vous disais à l'instant ; mais on ne doit parler de la beauté qu'avec respect, en termes honnêtes, comme il sied à un privilége si précieux et si excellent, tandis que ce drôle ne sait pas plus.... »

La jeune personne interrompit là la conversation en passant la tête par la fenêtre pour demander d'une voix perçante au garçon si c'est que cet homme qui venait de se faire battre, avait l'intention de rester dans le corridor toute la nuit, ou s'il voulait bien débarrasser le passage. Les garçons transmirent les instructions de la demoiselle aux valets d'écurie, qui ne furent pas longs à changer de ton aussi, si bien que l'infortunée victime fut en un clin d'œil jetée à la porte comme un paquet.

« Je suis sûr d'avoir déjà vu ce drôle-là, dit Nicolas.

— Vraiment? répliqua sa nouvelle connaissance.

— Oh! je le parierais, dit Nicolas réfléchissant; où donc puis-je avoir.... Tiens! j'y suis, c'est le commis d'un bureau de placement, dans le beau quartier de Londres. Je savais bien que sa figure ne m'était pas inconnue. »

Et c'était bien en effet Tom, le vilain commis en question.

« Quelle drôle de chose! dit Nicolas réfléchissant à tous les incidents étranges qui de temps en temps, au moment où il s'y attendait le moins, lui ramenaient ce bureau de placement sous les yeux, sans rime ni raison.

— Je vous suis très-obligé de la bonté que vous avez mise à vous faire l'avocat de ma cause lorsqu'elle en avait tant besoin, dit en riant le jeune homme, et il tira sa carte de sa poche pour la lui remettre. Peut-être voudrez-vous bien me faire la faveur de me dire où je puis aller vous offrir mes remercîments? »

Nicolas prit la carte, et, en y jetant involontairement les yeux, en même temps qu'il répondait au compliment poli du jeune homme, il montra tout à coup la plus grande surprise.

« Monsieur Frank Cheeryble! dit Nicolas. Vous ne seriez pas, par hasard, le neveu de Cheeryble frères que l'on attend demain?

— Je ne me donne pas d'habitude, répondit M. Frank en plaisantant, le titre de neveu de Cheeryble frères. Mais je suis en effet le neveu des deux excellents frères connus sous cette raison commerciale, et j'en suis tout fier; mais vous, monsieur, je vois que vous devez être monsieur Nickleby, dont j'ai tant entendu parler. Ma foi, je ne m'attendais pas à faire ainsi votre connaissance; mais, pour être singulière, cette rencontre ne m'en est pas moins agréable, je vous assure. »

Nicolas paya ces compliments de la même monnaie, et ils

échangèrent des poignées de main cordiales. Puis il lui présenta John Browdie, qui n'avait pas encore pu revenir de son admiration pour le jeune inconnu, depuis qu'il avait su si habilement retourner la demoiselle de comptoir. Puis vint la présentation à Mme Browdie, puis finalement ils montèrent tous pour passer ensemble une demi-heure d'amusement véritable et de satisfaction réciproque ; mais disons à l'honneur de Mme John Browdie, qu'elle commença la conversation par déclarer que, de toutes les petites effrontées qu'elle avait jamais vues, la demoiselle d'en bas était bien la plus légère et la plus laide.

Ce M. Frank Cheeryble, à en juger par le dernier incident, était un jeune homme qui avait la tête un peu chaude. Ce n'est pas absolument un miracle ni un phénomène dans l'histoire philosophique de l'humanité ; mais c'était en même temps un garçon de bonne humeur, qui avait de l'entrain et de la gaieté, dont la physionomie et la manière rappelaient tout à fait à Nicolas les excellents frères. Son ton était simple comme le leur. Il avait dans toute sa personne cet air de franche bonhomie qui gagne naturellement le cœur de tous ceux qui ont quelques sentiments généreux. De plus, c'était un garçon de bonne mine, intelligent, plein de vivacité, extrêmement enjoué, et qui, au bout de cinq minutes, s'était fait à toutes les excentricités de John Browdie, aussi aisément que s'il le connaissait d'enfance. Aussi ne faut-il pas s'étonner qu'au moment où il fallut se séparer pour aller coucher, il eût produit l'impression la plus favorable, non-seulement sur le digne enfant du Yorkshire et sur sa femme, mais encore sur Nicolas qui, ruminant tout cela le long de son chemin, en retournant chez lui, finit par conclure qu'il venait de jeter là les fondements d'une liaison très-agréable et très-désirable pour lui.

« Mais n'est-ce pas une chose extraordinaire, se disait Nicolas, que la rencontre de cet employé du bureau de placement ? Il n'est pas vraisemblable que le neveu connaisse cette belle demoiselle. Lorsque Tim Linkinwater m'a donné à entendre l'autre jour que M. Franck venait ici pour être associé à ses oncles, il m'a dit en même temps qu'il était resté en Allemagne pendant quatre ans, pour y diriger les affaires de la maison, et qu'il avait passé les six derniers mois à établir une agence d'affaires dans le nord de l'Angleterre, cela fait bien quatre ans et demi.... quatre ans et demi ! Elle, elle ne peut pas avoir plus de dix-sept ans, mettons dix-huit tout au plus ; c'était donc un enfant quand il a quitté Londres. Il ne pouvait la connaître, probablement même il ne l'avait jamais vue. Ainsi ce n'est pas lui qui peut me donner des renseignements sur elle ; et, dans tous les cas, ajoutait Nicolas pour répondre à son idée fixe, il ne peut pas y avoir de danger qu'elle ait eu une première inclination de ce côté ; c'est évident. »

Serait-il vrai que l'égoïsme fût un ingrédient nécessaire dans la composition chimique de cette passion qu'on appelle l'amour ? ou bien vaut-il mieux croire toutes les belles choses qu'on ont dites les poëtes, dans l'exercice de leur vocation infaillible ? Il y a sans contredit des exemples authentiques de messieurs qui ont cédé leurs dames ou de dames qui ont cédé leurs messieurs avec des circonstances qui font le plus grand honneur à leur magnanimité ; mais est-il aussi sûr que la majorité de ces messieurs et de ces dames n'ont pas fait de nécessité vertu, et n'ont pas noblement renoncé à ce qu'ils savaient bien ne pouvoir atteindre, à peu près comme un simple soldat de nos armées pourrait faire le vœu de ne jamais accepter l'ordre de la Jarretière, ou comme un pauvre curé, très-pieux et très-instruit, mais sans famille, je ne parle pas de ses enfants qui lui en font souvent une considérable, pourrait renoncer à un évêché ?

Voilà, par exemple, Nicolas Nickleby qui se serait reproché comme une bassesse de calculer en lui-même les chances que sa rencontre avec Franck pouvait lui donner d'accroître sa faveur auprès des frères Cheeryble ; le voilà déjà plongé dans un autre ordre de calculs bien plus déraisonnables. Ce même neveu ne serait-il pas par hasard son rival dans le cœur de la belle inconnue ? C'était une question qu'il discutait en lui-même avec autant de gravité que si, une fois réglée, elle devait décider toutes les autres : et il revenait incessamment sur ce sujet, tout indigné, tout contrarié qu'il y eût quelqu'un au monde qui se permît de faire la cour à une femme avec laquelle il n'avait pas échangé un seul mot dans toute sa vie.

A coup sûr, loin de méconnaître le mérite de sa nouvelle connaissance, il se le serait plutôt exagéré ; mais enfin c'était déjà de la part de son rival supposé, une espèce d'outrage personnel que d'avoir du mérite, du moins aux yeux de cette demoiselle seulement, car partout ailleurs Nicolas lui permettait volontiers d'en avoir autant qu'il lui plairait. Vous voyez bien qu'il y avait dans tout cela un égoïsme véritable. Et pourtant Nicolas était une des natures les plus franches et les plus généreuses ; il n'y avait peut-être pas d'homme qui eût moins de pensées basses et sordides ; et nous n'avons aucune raison de supposer qu'amoureux fou comme il l'était, ses pensées et ses sentiments ne fussent pas en tout semblables à ceux de tous les gens qui se trouvent aussi dans cet état de passion que les poètes nous représentent comme sublime.

Au reste, il ne s'amusa pas à analyser, comme nous le faisons, ses secrets sentiments; il alla toujours son train, continuant ses rêves tout le long du chemin, et puis toute la nuit sur le même sujet. Car, après s'être bien persuadé que Franck ne pouvait connaître ni par conséquent courtiser la demoiselle mystérieuse, il commença à entrevoir qu'il n'en était guère plus avancé, que peut-être ne la reverrait-il jamais. Puis, sur cette hypothèse, il construisait le plus ingénieux échafaudage de chagrins plus affligeants les uns que les autres. La vision chimérique qu'il s'était faite à propos de M. Franck n'était plus rien auprès : c'était comme le supplice de Tantale qui ne lui laissait aucun repos et fatiguait jusqu'à son sommeil.

Malgré tout ce qu'on a pu dire de contraire en prose ou en vers, il n'y a pas encore un cas d'observation bien établi qui autorise à croire que jamais l'aurore ait différé ou hâté d'une heure son retour pour se donner le plaisir jaloux de désespérer quelque amoureux inoffensif. Le soleil sait bien qu'il a des devoirs publics à remplir, et, docile aux tables dressées dans l'observatoire de Greenwich, il se lève invariablement selon les prescriptions de l'almanach, sans jamais se laisser influencer par aucune considération particulière. L'aurore ramena donc aussi pour Nicolas l'ouverture régulière de son bureau, le train courant des affaires, et par-dessus le marché M. Franck Cheeryble, accompagné d'une suite de sourires et de compliments de bon accueil des dignes frères, et d'une réception plus grave et plus bureaucratique, mais non moins cordiale au fond, de la part de M. Tim Linkinwater.

« Comprend-on que M. Frank et M. Nickleby se soient rencontrés hier au soir! dit Tim Linkinwater, descendant lentement de son tabouret et promenant ses yeux autour du bureau le dos appuyé contre son pupitre, comme il faisait toujours quand il avait quelque chose de très-particulier à dire. Il y a dans cette rencontre des deux jeunes gens hier au soir, une coïncidence vraiment remarquable. Et puis qu'on vienne me dire à présent qu'il y ait un lieu au monde comme Londres pour ces coïncidences-là!

— Je ne m'y connais pas, dit Franck, mais....

— Vous ne vous y connaissez pas, monsieur Francis, reprit Timothée en l'interrompant d'un air obstiné, à la bonne heure, mais il n'est pas grand besoin de s'y connaître. S'il y a un autre lieu au monde pour cela, où est-il? Est-ce en Europe? Non, sans aucun doute. Est-ce en Asie? pas davantage. En Afrique? pas le moins du monde. En Amérique? vous savez bien vous-même le contraire. Eh bien! alors, dit Timothée, en se croisant les bras, où est-ce?

— Je n'avais pas l'intention de vous contester ce point-là, Timothée, dit le jeune Cheeryble, en riant. Je ne voudrais pas commettre une pareille hérésie. Tout ce que je voulais vous dire, quand vous m'avez interrompu, c'est que j'en suis très-obligé à la coïncidence, voilà tout.

— Oh! si vous ne me contestez pas ce point-là, dit Timothée en se radoucissant, c'est différent. Eh bien! tenez, je vais vous dire : je n'aurais pas été fâché que vous me l'eussiez contesté ; je voudrais bien qu'on me le contestât, vous ou tout autre. Je vous aurais bientôt terrassé mon homme par un argument sans réplique, » ajouta Timothée en tapant doucement ses lunettes sur l'index de sa main gauche.

Comme il n'y avait là personne pour défendre contre Timothée les quatre parties du monde, ou plutôt pour subir l'échec honteux que lui aurait infailliblement procuré une telle témérité, Timothée ne poussa pas plus loin sa démonstration devenue inutile et remonta sur son tabouret.

« Frère Ned, dit Charles, après avoir donné à Timothée quelques petites tapes d'amitié dans le dos, nous devons nous trouver très-heureux d'avoir près de nous maintenant deux jeunes gens de la force de notre neveu Frank et de M. Nickleby : ce doit être pour nous une source de plaisir et de grande satisfaction.

— Certainement, Charles, certainement, répondit l'autre

— Quant à Timothée, ajouta le frère Ned, ce n'est pas la peine d'en parler, c'est un petit garçon, un enfant que nous regardons comme rien du tout, et auquel il ne faut pas penser. Qu'est-ce que vous dites de cela, monsieur Timothée, vilain garnement?

— Je dis que je suis jaloux de vos deux favoris, et que je vais chercher une autre place. Ainsi vous n'avez qu'à vous pourvoir de votre côté, s'il vous plaît. »

Timothée trouva cette plaisanterie si délicieuse, si extraordinaire, si mirobolante, qu'il posa sa plume sur l'encrier, et descendant ou plutôt se précipitant de son siége, en dépit de ses habitudes méthodiques, il se mit à se pâmer de rire, secouant sa tête tout le temps si violemment qu'il s'en échappa une nuée d'atomes de poudre qui volèrent par tout le bureau. Les frères n'étaient pas en reste non plus, et riaient d'aussi bon cœur que lui à l'idée d'une séparation volontaire. Nicolas et Franck faisaient chorus, et riaient encore plus fort que les autres, peut-être pour dissimuler une autre émotion produite chez eux par ce petit incident. Et, à vrai dire, après les premiers éclats de rire, l'attendrissement gagnait aussi les trois vieux amis, sans qu'ils voulussent le laisser paraître. Ainsi cet accès de gaieté franche et naïve leur procura plus de bonheur et de vrai plaisir que jamais assemblée élégante n'en a trouvé peut-être dans le trait d'esprit le plus aigu, décoché contre quelque absent.

« Monsieur Nickleby, dit le frère Charles en l'attirant à part et lui pressant doucement la main, je suis impatient, mon cher monsieur, de voir si vous êtes établi convenablement et à votre aise dans votre cottage. Nous nous reprocherions de laisser ceux qui nous rendent service souffrir de quelque privation ou de quelque gêne qu'il serait en notre pouvoir de faire disparaître. Je désire aussi beaucoup voir votre mère et votre sœur, faire connaissance avec elles, monsieur Nickleby, et trouver une occasion de relever leur courage en leur donnant l'assurance que tous les petits services que nous pourrons leur rendre sont bien au-dessous de tout ce que nous devons à votre zèle et à l'ardeur que vous déployez dans votre emploi. Pas un mot, mon cher monsieur, je vous en prie. C'est demain dimanche. Je prendrai la liberté d'y aller vers l'heure du thé, dans l'espérance de vous trouver chez vous. Si vous n'y êtes pas, vous savez, ou si ces dames ont de la répugnance pour une visite intempestive, et qu'elles préfèrent ne pas nous voir encore, je puis y retourner un autre jour: tous les jours me conviendront. Que cela soit bien entendu entre nous. Dites-moi, frère Ned, mon cher ami, je voudrais vous dire un mot par là. »

Les deux jumeaux sortirent du bureau, en se donnant le bras. Nicolas crut voir dans cette nouvelle preuve d'amitié, et dans toutes celles qui lui furent prodiguées ce jour-là même une espèce de bienvenue par laquelle les frères voulaient fêter le retour de leur neveu, en lui renouvelant à lui-même toutes les assurances flatteuses qu'il en avait déjà reçues auparavant, et ces attentions délicates ajoutaient de plus en plus à ses sentiments d'affection reconnaissante.

La nouvelle qu'elle allait recevoir le lendemain une visite (et quelle visite!) éveilla dans l'âme de Mme Nickleby un mélange de ravissement et de regret; car, si elle y voyait d'un côté le gage de sa prochaine rentrée dans la bonne société et dans les plaisirs presque oubliés déjà de visites du matin, de soirées pour prendre le thé, etc., elle ne pouvait pas, de l'autre, s'empêcher de songer avec amertume et découragement qu'elle n'avait plus sa théière d'argent, dont le couvercle était surmonté d'un bouton en ivoire, ni son petit pot au lait assorti, qui avaient fait la joie de son cœur dans le temps jadis, et qu'elle avait bien soin de garder toute l'année d'un bout à l'autre, enveloppés dans leur coiffe de chamois sur une certaine tablette tout en haut, que son imagination attristée lui représentait encore avec les plus vives couleurs, comme si elle y était.

« Je me demande qui est-ce qui a acheté à la vente cette boîte aux épices, dit Mme Nickleby en secouant la tête ; elle était toujours dans le coin à gauche, tout près des oignons confits. Vous vous rappelez cette boîte aux épices ? Catherine.

— Parfaitement, maman.

— Je serais tentée de croire qu'il n'en est rien, Catherine, répondit Mme Nickleby d'un ton sévère, à voir l'air froid et indifférent dont vous en parlez. Il y a dans les pertes que nous avons faites, je l'avoue, quelque chose qui m'est plus pénible encore que ces pertes mêmes, soyez-en sûre, Catherine, je vous le dis sincèrement, et Mme Nickleby se frottait le nez de l'air le plus contrarié du monde, c'est de voir autour de moi des gens qui prennent les choses avec un si beau calme et une froideur si désespérante.

— Ma chère maman, dit Catherine glissant doucement son bras autour du cou de sa mère, pourquoi dire des choses que je sais bien que vous ne pensez pas ? Comment voulez-vous que je croie sérieusement que vous êtes fâchée de me voir heureuse et contente ? Vous et Nicolas, vous me restez tous les deux ; nous voici réunis encore une fois : cela ne vaut-il pas bien quelques misérables bagatelles dont nous ne sentons jamais le besoin ? Après que j'ai vu de mes yeux toute la misère et la désolation que la mort peut traîner après elle, que j'ai connu la douleur de vivre seule et solitaire au milieu même de la foule, que j'ai passé par l'agonie d'une séparation cruelle au sein de l'affliction et de la pauvreté, qui nous auraient rendu plus nécessaire la consolation de les supporter ensemble, pouvez-vous vous étonner que je trouve ici un lieu de tranquillité et de repos, où, vous sentant à mes côtés, je ne sens plus ni désir ni regret ? Il fut un temps, ce n'est pas encore bien loin de nous, où toutes les douceurs de notre ancienne existence revenaient souvent tourmenter ma mémoire, je l'avoue, plus souvent peut-être que vous ne pouvez croire ; mais j'affectais de ne point y penser, dans l'espérance que je réussirais à vous les faire moins regretter à vous-même. Ah ! non, je n'étais pas insensible. Plût à Dieu que je l'eusse été, j'en aurais été plus heureuse. Chère maman, dit

Catherine avec une vive émotion, je ne vois plus qu'une différence entre cette maison où nous sommes et celle où nous avons tous passé tant d'heureuses années, c'est que le meilleur, le plus noble cœur qui ait jamais souffert en ce monde, a disparu d'ici pour monter en paix dans les cieux.

— Catherine ! ma chère Catherine ! cria Mme Nickleby.

— J'ai pensé bien des fois, dit Catherine en soupirant, à ses paroles si tendres. Vers la fin, quand il montait se coucher, en passant devant la petite chambre, il y regardait et me disait : « Que la bénédiction de Dieu soit sur vous, ma chère petite, » et sa figure était si pâle, maman ! Oh ! oui, il avait le cœur brisé, c'était de chagrin. A cette époque-là je ne pensais guère à ça, j'étais trop jeune. »

Un flot de larmes vinrent au secours de Catherine et soulagèrent sa peine. Elle posa sa tête sur le sein de sa mère, et pleura comme un petit enfant.

C'est une remarque à faire à l'honneur de notre nature, qu'aussitôt que notre cœur se sent touché et attendri par quelque pensée de bonheur tranquille ou d'affection pure, seul moment où la mémoire des morts lui revient avec le plus de puissance irrésistible, on croirait que nos bonnes pensées, que nos sympathies honnêtes sont des charmes dont la vertu donne à l'âme le pouvoir d'entretenir quelque commerce vague et mystérieux avec les esprits de ceux que nous avons chèrement aimés dans la vie. Hélas ! combien de fois, combien de temps ces anges patients voltigent-ils au-dessus de notre tête, attendant en vain, pour correspondre avec nous, le mot magique qu'il nous serait souvent si facile de prononcer et qui sort si rarement de notre bouche que bientôt même on l'oublie à jamais.

La pauvre Mme Nickleby était trop accoutumée à dire sans réserve tout ce qui lui passait par la tête, pour qu'il lui fût jamais venu dans l'idée que sa fille pût nourrir de semblables pensées en secret, d'autant plus que les plus rudes épreuves et les plus injustes reproches ne lui en avaient jamais arraché la confidence. Mais maintenant que le bonheur dont les faisait jouir tout ce que Nicolas venait de leur dire, ainsi que les habitudes paisibles de leur nouvelle vie, avait rappelé ces souvenirs dans l'âme de Catherine avec tant de force qu'elle n'avait pu les réprimer, Mme Nickleby commença à entrevoir qu'elle pouvait bien avoir été de temps en temps un peu irréfléchie, et elle sentit quelque chose qui ressemblait au remords en embrassant sa fille et en cédant aux émotions qu'une conversation pareille avait naturellement éveillées.

Jugez si ce soir-là on mit tout en l'air dans la maison, et si on fit d'immenses préparatifs pour la visite annoncée ; on n'oublia pas même un grand bouquet, qu'on se procura chez le jardinier à côté et que l'on divisa en une foule d'autres plus petits pour orner la maison. Mme Nickleby en aurait volontiers tapissé tout le salon d'après les principes de goût qui lui étaient particuliers, et qui n'auraient pas manqué d'attirer l'attention, si Catherine ne s'était pas offerte à lui en épargner la peine, pour les disposer elle-même avec l'élégance la plus simple et la plus naturelle. Jamais le cottage n'avait paru plus joli que lorsqu'il fut le lendemain éclairé par le jour le plus gai et le soleil le plus brillant ; mais ni l'orgueil de Smike, en regardant son jardin, ni celui de Mme Nickleby, en passant en revue son mobilier, ni celui de Catherine, en jetant partout son coup d'œil de maîtresse de maison, n'approchaient de l'orgueil avec lequel Nicolas contemplait Catherine elle-même ; et, en effet, le plus riche château de toute l'Angleterre aurait été fier de trouver dans la beauté de ses traits et dans l'élégance de ses formes son ornement le plus rare et le plus précieux.

Vers six heures du soir, Mme Nickleby fut jetée dans la plus vive agitation par le coup de marteau depuis si longtemps attendu, et son agitation ne fit que s'accroître en entendant le pas de deux paires de bottes dans le corridor, ce qui fit prophétiser à la bonne dame, hors d'elle-même, que ce devaient être les deux MM. Cheeryble, et tout en se trompant elle ne se trompait pas. Ce n'étaient pas les deux frères, comme elle l'avait auguré, mais c'étaient M. Charles Cheeryble et M. Franck Cheeryble, son neveu, qui commença par s'excuser de cette visite indiscrète, en demandant mille pardons qui lui furent tous accordés de la meilleure grâce du monde par Mme Nickleby, car elle avait compté ses cuillers et savait qu'elle en aurait plus qu'il n'en fallait pour son thé. L'apparition de ce visiteur imprévu ne causa donc pas le moindre embarras (si ce n'est peut-être à Catherine, qui en fut quitte pour rougir deux ou trois fois dans le commencement). Et d'ailleurs le vieux gentleman fut si cordial et si bon, et le jeune gentleman l'imita si bien en cela, qu'il n'y avait pas trace de cette roideur cérémonieuse qui gâte presque toujours une première entrevue, et que Catherine se surprit plus d'une fois à se demander quand est-ce que la présentation officielle allait commencer.

Une fois à table à prendre le thé, la conversation s'engagea sur une foule de sujets variés ; elle fut même plus d'une fois animée par des discussions qui ne manquaient pas d'avoir leur côté plaisant. Par exemple, en faisant allusion au récent voyage de son neveu en Allemagne, le vieux M. Cheeryble informa la compagnie que le susdit jeune M. Cheeryble était véhémentement soupçonné d'être devenu passionnément amoureux de la fille d'un certain bourgmestre allemand : accusation que le jeune M. Cheeryble repoussa de toutes les forces de son indignation, ce qui fournit à Mme Nickleby l'occasion de remarquer finement que la chaleur même de cette résistance lui donnait lieu de penser qu'il devait y avoir quelque chose de vrai. Alors le jeune M. Cheeryble supplia instamment le vieux M. Cheeryble de confesser qu'il avait voulu seulement plaisanter, ce que le vieux M. Cheeryble finit par avouer après s'être bien fait prier, car le jeune M. Cheeryble y tenait si expressément, que, selon l'observation répétée depuis bien des fois par Mme Nickleby, en se rappelant cette scène, il en eut le visage tout coloré : et elle en fit d'autant plus volontiers la remarque, que les jeunes gens en général ne forment pas une classe renommée pour sa discrétion et sa modestie, surtout quand il s'agit d'une conquête, car alors ce n'est pas leur visage qui se colore d'une rougeur modeste, mais c'est plutôt l'histoire de leurs amours qu'ils colorent à leur guise sans respect pour la vérité.

Après le thé on fit un tour dans le jardin, et, comme la soirée était belle, on le quitta pour enfiler quelques sentiers dans la campagne et se promener de long en large sur le chemin jusqu'à la brune. La société tout entière sembla trouver le temps très-court. Catherine conduisait la bande, s'appuyant sur le bras de son frère, et causant avec lui et M. Franck Cheeryble. Mme Nickleby et le frère Charles suivaient par derrière à une petite distance. La pauvre dame était si sensible à la bonté que son cavalier mettait à lui exprimer son amitié pour Nicolas et son admiration pour Catherine, que le torrent impétueux de ses divagations ordinaires se contint pour cette fois dans des limites raisonnables. Smike, qui n'avait jamais été de sa vie l'objet d'un plus vif intérêt que dans cette journée, marchait près d'eux, voltigeant d'un groupe à l'autre, selon que le frère Charles lui mettait la main sur l'épaule, le retenait près de lui, ou que Nicolas se retournait d'un visage souriant pour lui faire signe de venir causer avec son vieil ami, celui qui le comprenait le mieux, et qui savait le moyen inconnu aux autres de dérider son front.

L'orgueil est un des sept péchés capitaux ; mais ce n'est sans doute pas l'orgueil qu'une mère éprouve en pensant à ses enfants, ou ce serait un péché composé de deux vertus cardinales :

la foi et l'espérance. Péché ou vertu, cet orgueil-là gonfla le cœur de Mme Nickleby pendant toute la soirée, et, quand on reprit le chemin de la maison, on voyait encore briller, à la lumière, sur ses joues, les traces des plus douces larmes qu'elle eût versées jamais. Après un petit souper, dont la gaieté tranquille était en parfaite harmonie avec ces dispositions d'esprit, les deux gentlemen finirent par prendre congé de ces dames. Il y eut encore là, au départ, une circonstance qui devint l'occasion d'une foule de plaisanteries amusantes, c'est que M. Franck Cheeryble serra une fois de plus qu'il n'est d'usage la main de Catherine, oubliant tout à fait qu'il lui avait déjà dit adieu. L'oncle Charles y vit une preuve accablante que son neveu distrait ne pensait qu'à sa flamme allemande, supposition qui fut aussitôt accueillie par un immense éclat de rire. Il ne faut pas grand'chose pour égayer des cœurs innocents.

Bref, ce fut un jour de bonheur tranquille et serein; nous avons tous quelques beaux jours (j'en souhaite même beaucoup de pareils à mes lecteurs) sur lesquels nous revenons toujours avec un plaisir particulier. Eh bien! c'était un de ceux-là, et bien des fois plus tard il en fut parlé comme d'un jour qui tenait une place mémorable dans le calendrier de ceux qui avaient eu le bonheur d'en prendre leur part.

Pourtant, n'y avait-il pas une exception, et pour celui qui avait le plus besoin d'être heureux?

Qui est-ce donc que celui-là qui, dans le silence de sa chambre, tomba à genoux pour faire à Dieu la prière que lui avait apprise son premier ami, puis joignit les mains et les étendit dans le vide, d'un air désespéré, avant de tomber la face contre terre dans un accès du chagrin le plus amer?

CHAPITRE XII.

M. Ralph Nickleby rompt avec une ancienne connaissance. On pourrait aussi conclure du contenu de ce chapitre que, même entre mari et femme, il ne faut pas pousser les plaisanteries trop loin.

Il y a des gens qui, ne vivant uniquement que pour s'enrichir n'importe comment, et qui, ne se faisant aucune illusion sur la bassesse et la turpitude des moyens auxquels ils ont recours journellement dans ce but, affectent néanmoins, au point de s'y tromper quelquefois eux-mêmes, une grande dignité morale, et secouent la tête ou poussent de profonds soupirs, en se plaignant de la corruption du monde. Parmi les plus abominables coquins qui aient jamais posé le pied ou plutôt qui aient jamais rampé sur cette terre (car c'est la seule attitude qui convienne à ces êtres bas et dégradés), il y en a qui vous enregistrent bravement, jour par jour, leurs faits et gestes dans un journal, et tiennent avec le ciel un compte ouvert de doit et avoir, où l'on est toujours sûr de trouver la balance à leur avantage. Est-ce une insulte gratuite à la Providence? (s'il y a rien de gratuit dans l'âme intéressée, vile et fausse de ces hommes qui se traînent dans les sentiers les plus fangeux de la vie) ou bien est-ce réellement une espérance qu'ils conservent encore de tromper jusqu'au ciel même et de faire dans l'autre monde un placement par les mêmes procédés qui leur ont procuré de bons placements dans celui-ci? Il ne s'agit pas de savoir comment cela se fait; ce qu'il y a de sûr, c'est que cela est; et ce qu'il y a de sûr aussi, c'est qu'une pareille exactitude dans la tenue des livres de ces messieurs, comme l'ont prouvé certains mémoires biographiques qui ont révélé bien des choses, ne peut pas manquer d'avoir son utilité, quand ce ne serait que d'épargner à l'ange, chargé de tenir là-haut la comptabilité, de la peine et du temps.

Ralph Nickleby n'était pas de ces gens-là : grave, inflexible, obstiné, impénétrable, Ralph ne se souciait de rien, dans la vie ou après la vie, que de la satisfaction de ses deux passions, dont la première était l'avarice, l'appétit le plus impérieux de sa nature, et dont la seconde était la haine. Ne voulant voir en lui-même qu'un type de l'humanité tout entière, il ne se donnait pas la peine de dissimuler son véritable caractère aux yeux du monde en général ; et, dans le fond de son cœur, sitôt qu'il lui venait une mauvaise pensée, il se hâtait de l'accueillir avec joie, et de la caresser avec amour. Le seul précepte de philosophie que Ralph Nickleby pratiquât à la lettre, c'était le *connais-toi toi-même*. Il se connaissait bien lui-même, et c'est pour cela qu'il haïssait tous les hommes, parce qu'il aimait à croire qu'ils lui ressemblaient tous, ayant été jetés dans le même moule. En effet, s'il n'y a pas d'homme qui se haïsse lui-même (le plus insensible d'entre nous a trop d'amour-propre pour cela), toutefois, la plupart des hommes jugent, sans le savoir, des autres par eux-mêmes : et l'on peut établir, en règle générale, que ceux qui ont l'habitude de tourner en dérision la nature humaine et qui affectent de la mépriser, ne sont pas non plus ses meilleurs ni ses plus honorables échantillons.

Mais c'est aux aventures de Ralph lui-même que nous avons affaire. Ralph se tenait donc debout, regardant Newman Noggs d'un air refrogné pendant que l'élégant commis ôtait ses gants sans doigts, les étendait soigneusement sur la paume de sa main gauche, les étalant avec sa main droite pour en polir les plis, et se disposait à les rouler de l'air le plus affairé, comme s'il oubliait en ce moment tout autre soin devant l'intérêt majeur de ce cérémonial.

« Parti de Londres! dit Ralph lentement, vous vous serez trompé, vous retournerez.

— Pas trompé, répliqua Newman, pas même partant, parti.

— Ce n'est donc plus un homme! Est-ce une femme ou un enfant? marmotta Ralph avec un geste courroucé.

— Je ne sais pas, dit Newman, mais il est parti. »

Plus le mot *parti* semblait désagréable à Ralph Nickleby, plus Newman Noggs semblait éprouver à le répéter un plaisir inexprimable. Il le prononçait à pleine bouche, appuyant dessus aussi longtemps qu'il pouvait le faire décemment; et quand il ne pouvait plus en prolonger le son sans affectation, on voyait qu'il ouvrait encore la bouche pour se le répéter en dedans, comme si c'était au moins pour lui une consolation.

« Et où cela est-il parti? dit Ralph.

—France, répliqua Newman,... le danger d'une seconde attaque d'érésipèle.... une mauvaise attaque.... à la tête. Alors les médecins lui ont ordonné de partir et il est pa-a-r-ti.

— Et lord Frédérick?

— Il est par-ti aussi, répliqua Newman.

— Alors, il emporte avec lui ses taloches, n'est-ce pas? dit Ralph en se détournant. Il empoche les coups, et file sans dire mot et sans obtenir la moindre réparation!

— Il est trop malade, dit Newman.

— Trop malade! répéta Ralph; mais moi, j'aurais été mourant que je m'en serais vengé; au contraire, je n'en aurais été que plus prompt à me venger, si j'avais été à sa place. Mais il est trop malade! pauvre sir Mulberry! trop malade! »

En prononçant ces mots avec un suprême mépris et l'apparence d'une grande irritation intérieure, Ralph se hâta de faire signe à Newman de sortir, et, se jetant sur sa chaise, il se mit à battre du pied sur le parquet avec impatience.

« Il faut que ce garçon-là soit sorcier, dit Ralph en grinçant des dents; les circonstances conspirent pour l'aider. Parlez-moi des faveurs de la fortune! Qu'est-ce que c'est que l'argent même, au prix d'un bonheur insolent comme celui-là ?»

Il fourra avec colère ses mains dans ses poches, mais cependant ses premières réflexions furent sans doute adoucies par quelques pensées consolantes, car sa figure se détendit, et, s'il y avait encore dans les plis de son front une expression sérieuse, elle trahissait plutôt la méditation et le calcul que le désappointement.

« Après tout, murmura Ralph, Hawk finira toujours par revenir, et si je connais bien mon homme, comme je dois à présent le connaître, sa fureur n'aura rien perdu de sa violence pour attendre. Obligé de vivre dans la solitude, combien un homme de son caractère doit trouver monotone une chambre de malade! ne pas vivre! ne pas boire! ne pas jouer! ne rien faire enfin de ce qu'il aime et de ce qui fait le fond de son existence! Il n'y a pas de danger qu'il oublie de lui faire payer cher tout cela. Il n'y en a pas beaucoup qui en fussent capables, mais lui moins que personne. »

Il sourit et secoua la tête, posa son menton sur sa main, rêva et sourit encore, puis, au bout d'un moment, il se leva et tira la sonnette.

« Et ce M. Squeers, est-il venu ici? dit Ralph.

— Il est venu hier au soir; il était encore ici quand je suis parti, répondit Newman.

— Je le sais bien, imbécile! Ce n'est pas là ce que je vous demande, dit Ralph en pleine colère. Est-il venu depuis? a-t-il passé ici ce matin?

— Non, brailla Newman de toute sa force.

— S'il vient en mon absence,... je suis sûr qu'il sera ici ce soir à neuf heures,... qu'il attende,... et s'il y a un autre homme avec lui, comme c'est possible, dit Ralph se reprenant, qu'il attende aussi.

— Qu'ils attendent tous les deux, dit Newman.

— Oui, répliqua Ralph tournant vers lui des yeux courroucés; voyons, aidez-moi à passer ce spencer, au lieu de toujours répéter après moi comme un perroquet qui croasse.

— Je voudrais bien être un perroquet, dit Newman d'un air boudeur.

— Je le voudrais bien aussi, répliqua Ralph en boutonnant son spencer, il y a longtemps que je vous aurais tordu le cou. »

Newman ne répondit rien à ce compliment; mais, en ajustant par derrière le collet du spencer de son patron, il regarda un moment par-dessus l'épaule, comme s'il avait l'intention de commencer par lui tordre le nez. Cependant, en rencontrant l'œil de Ralph, il rappela ses doigts prêts à s'égarer, et se frotta lui-même le nez avec une véhémence tout à fait étonnante.

Ralph, qui n'avait point pénétré ses intentions excentriques, se contenta de jeter sur son commis un regard menaçant, en lui recommandant d'avoir soin de ne pas faire d'erreur, prit ses gants et son chapeau et sortit.

Il fallait qu'il eût une clientèle bien extraordinaire et bien mélangée, car il faisait des visites tout à fait hétérogènes, tantôt dans de riches hôtels, tantôt dans de pauvres petites maisons : mais elles se ressemblaient toutes à ses yeux par un but commun, l'argent. Sa figure était un talisman pour les portiers et les serviteurs de ses clients opulents, et le faisait admettre à l'instant, quoiqu'il trottât à pied, pendant qu'il en voyait d'autres refusés à la porte, avec leurs beaux équipages. Ici, son ton était doux et sa civilité servile; son pas léger rebondissait sans bruit sur le tapis moelleux. Sa voix murmurante n'était entendue que de la personne même à laquelle elle s'adressait. Mais dans les habitations pauvres, Ralph n'était plus le même homme : dès son entrée dans le corridor, ses bottes craquaient hardiment; en demandant l'argent qui lui était redû, sa voix était haute et aigre, ses menaces étaient grossières et insolentes. Il avait encore une autre classe de pratiques chez lesquelles il jouait un personnage tout différent. C'étaient les procureurs de réputation véreuse, qui lui prêtaient leur ministère pour contracter des affaires nouvelles ou tirer de nouveaux profits d'affaires déjà anciennes. Là, Ralph avait l'humeur familière et plaisante; il s'égayait sur les nouvelles du jour, et n'était jamais plus agréable que sur les banqueroutes et les difficultés pécuniaires qui faisaient aller son négoce. Bref, il eût été difficile de reconnaître ce Janus multiple sous tant de visages divers, sans le volumineux portefeuille de cuir plein de billets et d'obligations qu'il tirait de sa poche en entrant dans chaque maison, et l'éternel refrain de ses plaintes uniformes, chanté seulement sur des airs différents, « de ce que le monde le croyait riche, et qu'en effet il devrait l'être s'il avait ce qu'on lui devait. Mais quoi! quand une fois l'argent était dehors, il ne voulait plus rentrer, ni intérêt ni principal, et l'on avait bien du mal à vivre, je dis à vivre au jour le jour. »

Quand il avait fait sa tournée jusqu'à Pimlico, en prenant seulement le temps de faire en route un piètre dîner dans quelque cuisine bourgeoise, Ralph revenait chez lui tout le long du parc de Saint-James.

Ce jour-là donc on voyait bien, aux plis de son front et à ses lèvres pincées, mais plus encore à sa complète indifférence pour tous les objets qui pouvaient frapper sa vue, sans qu'il parût les voir, qu'il roulait dans sa tête quelque projet profond. Complétement absorbé dans ses méditations, Ralph, cet homme fier de sa vue perçante, ne s'aperçut pas même qu'il était suivi par une ombre obstinée, qui tantôt marchait sans bruit derrière lui d'un pas clandestin, tantôt le devançait de quelques pieds, ou même se glissait à ses côtés sans le quitter des yeux un moment, et qui plongeait sur lui un œil si pénétrant, un regard si avide et si attentif, qu'il rappelait plutôt ces figures de fantaisie que le peintre introduit sur sa toile dans une scène dramatique ou celles qui agitent nos mauvais rêves, que l'examen soutenu de l'observateur le plus infatigable.

Il y avait déjà quelque temps que le ciel s'était couvert de nuages sombres, et les premières gouttes d'un orage violent forcèrent Ralph à chercher un abri sous un arbre. Il y était appuyé les bras croisés, enseveli dans ses pensées, lorsque, en levant les yeux par hasard, il rencontra tout à coup ceux d'un homme qui venait de faire sans bruit le tour du tronc pour le regarder en face d'un œil scrutateur. La figure de l'usurier prit à l'instant une expression que l'étranger parut se rappeler sans hésiter, car elle le décida à faire un pas vers lui en l'appelant par son nom.

Étonné, dans le premier moment, Ralph recula quelque peu et le toisa de la tête aux pieds. Un homme sec, hâve, décrépit, à peu près du même âge que lui, le corps courbé, la figure sinistre, rendue plus répugnante encore par des joues creuses et affamées, le teint hâlé, les sourcils épais et noirs, que ses cheveux tout blancs faisaient paraître plus noirs encore; des vêtements grossiers et râpés, d'une forme étrange et bizarre; enfin, dans toute sa personne, les marques irrécusables de l'abjection et de la dégradation : voilà d'abord tout ce qu'il en put voir. Mais, à mesure qu'il le regardait davantage, la figure et les traits de l'inconnu lui parurent graduellement moins étrangers; il lui sembla qu'ils se fondaient et se transformaient en quelque image qui lui était familière, jusqu'à ce qu'enfin une illusion d'optique parut en composer un homme qu'il avait connu de longues années auparavant, mais qu'il avait oublié et perdu de vue depuis longtemps déjà.

L'homme vit que la reconnaissance était réciproque, et fit signe à Ralph de reprendre sa première place au pied de l'arbre, au lieu de rester à la pluie à laquelle, dans ses premiers moments de surprise, il n'avait pas même songé, et lui adressa ces paroles d'une voix enrouée et affaiblie :

« Je suis sûr que vous ne m'auriez pas reconnu à ma voix, monsieur Nickleby, dit-il.

— Non, répondit Ralph fixant sur lui un regard sévère ; cependant il y a quelque chose que je me rappelle.

— Il n'y a plus grand'chose en moi que vous puissiez vous rappeler après ces huit dernières années, répliqua l'autre.

— Il y en a bien assez comme cela, dit Ralph négligemment en détournant la tête. Il n'y en a que trop.

— Si j'avais pu douter que ce fût bien vous, monsieur Nickleby, dit l'autre, votre accueil et vos manières ne m'auraient pas laissé longtemps en suspens.

— Est-ce que vous espériez mieux ? demanda Ralph avec aigreur.

— Non, dit l'homme.

— Vous aviez raison ; et, puisque cela ne vous surprend pas, pourquoi montrez-vous de la surprise ? »

L'étranger se tut d'abord. Il paraissait disposé à répondre par quelque reproche, mais il se domina.

« Monsieur Nickleby, lui dit-il sans autre préambule, voulez-vous bien entendre quelques mots que j'ai à vous dire ?

— Je suis obligé d'attendre ici que la pluie cesse un peu, dit Ralph regardant le temps ; si vous me parlez, monsieur, je n'irai pas me boucher les oreilles, quoique je ne promette pas pour cela d'en être moins sourd à vos paroles.

— Je possédais autrefois votre confiance.... »

Au début, Ralph se retourna et sourit involontairement.

« Enfin, dit l'autre, je possédais votre confiance autant que jamais homme a pu la posséder.

— Ah! répliqua Ralph se croisant les bras ; ceci, c'est autre chose, c'est tout autre chose.

— Allons, ne jouons pas sur les mots, monsieur Nickleby, au nom de l'humanité!

— Au nom de quoi ? demanda Ralph.

— De l'humanité, répliqua l'autre rudement. J'ai faim, et je n'ai pas de quoi manger. Vous devez voir en moi un grand changement après une si longue absence. Je dis que vous devez le voir, car je le vois moi-même, quoique je l'aie subi lentement et par degrés insensibles. Si cela ne suffisait pas pour émouvoir votre pitié, sachez donc que je n'ai pas de pain, je ne parle pas du pain quotidien de l'oraison dominicale qui, dans ces riches cités, comprend à peu près toutes les jouissances du monde pour le riche, et la nourriture grossière qui peut suffire à soutenir la vie du pauvre; non, le pain dont je parle, le pain dont je manque, le pain que je demande, c'est une croûte de pain sec. Quand le reste ne vous toucherait pas, j'espère que du moins vous ne serez pas insensible à mon dénûment.

— Est-ce là la forme banale que vous avez adoptée pour mendier, monsieur? dit Ralph; vous n'avez pas mal étudié votre rôle; mais, si vous voulez prendre conseil d'un homme qui sait ce que c'est que le monde, je vous recommanderai de parler moins haut, un peu moins haut, ou vous risquez fort de mourir de faim tout de bon. »

En disant cela, Ralph tenait son poing gauche étroitement serré dans sa main droite, et, penchant un peu la tête d'un côté en laissant retomber son menton sur sa poitrine, il considérait d'un air sombre et refrogné celui qui venait de s'adresser à lui. Il était dans l'attitude où l'artiste pourrait représenter l'Insensibilité même.

« Je ne suis encore à Londres que depuis hier, dit le vieillard jetant un coup d'œil sur ses vêtements salis par le voyage, et sur sa chaussure usée.

— Le premier jour que vous y avez passé devrait bien être aussi le dernier, répliqua Ralph.

— Je n'ai fait que chercher, pendant tout ce temps-là, partout où je croyais avoir l'espérance de vous rencontrer, reprit l'autre plus humblement, et je vous rencontre enfin au moment où j'y avais presque renoncé, monsieur Nickleby. »

Il parut attendre un moment quelque réponse, mais sans succès.

« Je suis, continua-t-il, un malheureux proscrit, bien misérable; j'ai près de soixante ans, je suis sans ressource et sans appui, comme un enfant de six ans.

— Et moi aussi, j'ai soixante ans, répliqua Ralph; mais je ne suis pas pour cela sans ressource et sans appui. Travaillez au lieu de faire de belles tirades sur le pain comme tout à l'heure; gagnez-en, cela vaudra mieux.

— Et comment? cria l'autre; où? Faites-m'en connaître les moyens. Voulez-vous me les fournir, dites, voulez-vous?

— Ce ne serait pas la première fois, reprit Ralph avec un grand sang-froid, et je pense que vous n'avez pas besoin de me demander si je suis prêt à recommencer.

— Il y a un peu plus de vingt ans, dit l'autre d'une voix étouffée, que nous avons fait notre première rencontre. Vous vous rappelez; je venais vous réclamer ma part de profit dans une affaire que je vous avais procurée; et, pour punir ma persistance, vous m'avez fait arrêter, comme étant mon créancier pour une avance de deux cent cinquante francs et quelques centimes, à cinquante pour cent d'intérêt ou à peu près.

— Je me rappelle quelque chose comme cela, répliqua Ralph d'un air insouciant; et puis après?

— Nous ne nous sommes pas brouillés là-dessus. J'ai fait ma soumission sous les verrous et les grilles derrière lesquelles vous m'aviez claquemuré; et, comme vous n'étiez pas alors aussi huppé que vous êtes aujourd'hui, vous n'avez pas été fâché de reprendre un commis un peu dégourdi, et qui s'entendît à votre genre de trafic.

— Dites que vous avez imploré, mendié mon assistance, et que j'ai cédé à vos prières, répondit Ralph. C'était bien de la bonté de ma part, ou peut-être avais-je besoin de vous, je ne me le rappelle pas. Cependant je suis porté à croire que vous pouviez me servir, car sans cela je vous aurais bien laissé implorer ma pitié jusqu'à demain. Vous étiez un homme utile, pas trop honnête, pas trop scrupuleux, pas trop délicat, ni d'action, ni de sentiment, mais enfin vous étiez un homme utile.

— Utile! je le crois bien, dit l'étranger. Vous m'aviez déjà bien vexé, bien maltraité, plusieurs années auparavant, sans que je vous servisse moins fidèlement jusqu'alors, malgré votre dureté. N'est-ce pas vrai? »

Ralph ne répondit pas.

« N'est-ce pas vrai? répéta l'autre.

— Vous aviez fait votre besogne, répliqua Ralph, et moi je vous avais payé vos gages. Il me semble que nous ne nous devions rien, nous étions quittes.

— Alors, peut-être; mais depuis?

— Si nous ne le sommes pas depuis, c'est que nous ne l'étions pas même alors; car vous venez de le dire vous-même, vous me deviez de l'argent et vous m'en devez encore.

— Oui, mais ce n'est pas tout, dit l'étranger avec vivacité; ce n'est pas tout, remarquez bien. Je n'avais pas oublié le mal que vous m'aviez fait comme vous pouvez le croire; aussi la rancune d'un côté, et, de l'autre, l'espoir de gagner à cela quelque argent, me firent profiter de ma position près de vous, pour m'emparer d'un secret qui me donnât prise sur vous. Je le tiens, et vous sacrifieriez bien la moitié de ce que vous possédez pour le connaître, mais ce n'est que par moi que vous pouvez le connaître. Je vous ai donc quitté, bien longtemps après, vous vous rappelez, et, pour un pauvre petit démêlé avec la loi que, vous autres agioteurs, vous ne craignez pas de violer impunément tous les jours, je fus condamné à être transporté pendant sept ans. Vous voyez dans quel état je suis revenu. Maintenant, monsieur Nickleby, ajouta-t-il avec un singulier mélange d'humilité et d'assurance, voyons ! que voulez-vous faire pour moi? Comment voulez-vous reconnaître, ou plutôt, franchement, combien voulez-vous payer mon secret? Mes prétentions ne sont pas énormes, mais enfin il faut que je vive, et je ne puis pas vivre sans boire ni manger. L'argent est de votre côté : la faim et la soif sont du mien. Vous pouvez vous en tirer à bon marché.

— Est-ce tout? dit Ralph, fixant toujours sur son ancien commis le même regard de mépris inflexible, et remuant seulement les lèvres.

— C'est de vous que cela dépend, monsieur Nickleby ; c'est tout, et ce n'est pas tout, selon qu'il vous plaira.

— Eh bien alors, monsieur.... je ne sais pas quel nom vous donner, dit Ralph.

— Mon ancien nom, si vous voulez.

— Eh bien donc! écoutez-moi bien, monsieur Brooker, dit Ralph avec les accents d'une colère rentrée. Écoutez-moi bien, car ce sont les derniers mots que vous entendrez jamais de moi. Il y a longtemps que je vous connais pour être un franc coquin, mais vous n'avez pas le cœur solide, et les travaux forcés avec un boulet au pied et une nourriture moins abondante que du temps où je vous *vexais* et vous *maltraitais*, ont déjà singulièrement hébété vos esprits, sans cela vous ne viendriez pas me débiter de pareilles fariboles. Vous ! un secret qui vous donne prise sur moi ! eh bien ! gardez-le ou dites-le à tout le monde, comme vous voudrez, je vous laisse le choix.

— Je n'ai pas envie de le dire à tout le monde, reprit Brooker; à quoi cela me servirait-il?

— A quoi cela vous servirait-il? dit Ralph; à peu près autant que de venir me faire ces contes, je vous assure. Tenez! jouons cartes sur table ; je suis un homme soigneux et je sais toutes mes affaires sur le bout de mon doigt. Je connais le monde et le monde me connaît. Tout ce que vous avez pu ramasser en ouvrant tout grands vos yeux et vos oreilles quand vous étiez à mon service, le monde le sait et l'exagère même. Vous ne pouvez plus rien lui dire de moi qui le surprenne, à moins pourtant que vous ne chantiez mes louanges; mais alors, il vous huerait comme un menteur. Eh bien! tout cela ne me fait trouver ni moins d'affaires, ni moins de confiance dans mes clients; bien au contraire, il n'y a pas de jour que je ne sois honni ou manacé par l'un ou l'autre; mais après tout, les choses n'en vont pas moins leur petit train, et je n'en suis pas plus pauvre.

— Il ne s'agit pas ici de vous honnir ou de vous menacer, répondit l'homme. Je viens vous parler seulement de quelque chose que vous avez perdu de mon fait, de quelque chose que je puis seul vous rendre, d'un secret enfin qui peut mourir avec moi, sans que jamais vous ayez le moyen de le rattraper

— Je puis me flatter, dit Ralph, d'être joliment soigneux de mon argent, et, généralement, je ne me fie qu'à moi pour le garder. Je surveille de près les gens à qui j'ai affaire, et je vous ai surveillé de près plus que personne. Ainsi donc, je vous fais cadeau de tout ce que vous avez pu me prendre.

— Ceux qui portent votre nom vous sont-ils encore chers ? dit l'homme avec énergie ; en ce cas....

— Non, répondit Ralph, outré de cette insistance et poursuivi par le souvenir de Nicolas, que la dernière question venait de raviver encore. Non, ils ne me sont pas chers. Si vous étiez venu me demander l'aumône comme tous les mendiants, je vous aurais jeté une pièce de dix sous en mémoire de vos bons tours d'autrefois ; mais, puisque vous venez essayer l'effet de ces chantages, vieux comme le monde, sur un homme que vous devriez pourtant mieux connaître, je ne vous donnerai seulement pas deux sous, quand ce serait pour ne pas vous laisser crever de faim ; et rappelez-vous bien ceci, monsieur le gibier de potence, dit Ralph en le menaçant avec la main : si jamais nous nous rencontrons et que vous ayez le front de me tendre la main, vous retournerez voir encore ce que c'est qu'une prison. Vous aurez le temps de consolider la prise que vous avez sur moi dans l'intervalle des travaux forcés auxquels on emploie les vagabonds comme vous. Voilà le cas que je fais de vos balivernes : attrape. »

Après avoir étonné de son ton dédaigneux le misérable objet de sa colère, qui soutint son regard méprisant sans prononcer un mot, Ralph s'en retourna de son pas ordinaire, sans montrer la moindre curiosité de voir ce que devenait son interlocuteur, et même sans regarder une fois derrière lui. L'homme resta à la même place, les yeux toujours fixés sur son ancien patron, jusqu'à ce qu'il l'eut perdu de vue tout à fait ; puis, se croisant les bras sous l'aisselle comme si l'humidité et le besoin glaçaient ses membres, il s'en alla le long du chemin d'un pas traînant, demandant l'aumône aux passants.

Ralph, sans être le moins du monde ému de ce qui venait de se passer, après les menaces qu'il laissait comme adieu à son compagnon de rencontre, se remit en route d'une marche délibérée, et, tournant par le parc, laissant Golden Square à sa droite, enfilant quelques rues du beau quartier de l'Ouest, il finit par arriver à celle où résidait Mme Mantalini. Le nom de cette dame avait disparu de la plaque flamboyante attachée à la porte ; c'était celui de miss Knag qui avait pris sa place. Mais les robes et les chapeaux se montraient encore avec le même éclat derrière les fenêtres du premier, au crépuscule d'un soir d'été, et l'établissement paraissait avoir conservé toute son ancienne physionomie, sauf ce petit changement ostensible dans le nom de la propriétaire.

« Hum ! murmura Ralph en se caressant le menton d'un air de connaisseur et en examinant la maison de haut en bas. Voilà des gens qui font assez bonne mine, ils ne peuvent pas aller bien loin pourtant ; mais si je puis me tenir au courant et arriver à temps, mon affaire est bonne et les profits sont clairs. Il ne faut pas que je les perde de vue : voilà tout. »

Là-dessus, il hocha la tête d'un air de satisfaction, et s'apprêtait à se retirer, quand son oreille subtile intercepta un son de voix confuses et le bruit d'une vague rumeur mêlée à un grand remue-ménage dans l'escalier de la maison même qui venait d'être l'objet de son examen curieux.

Pendant qu'il ne savait pas encore s'il devait frapper à la porte ou écouter par le trou de la serrure, une servante de Mme Mantalini, qu'il avait déjà vue souvent, ouvrit brusquement et se précipita dehors, les rubans bleus de son bonnet flottant en l'air.

« Holà ! ici ! arrêtez donc ! cria Ralph. Qu'est-ce qu'il y a ? Est-ce que vous ne me voyez pas, vous ne m'avez donc pas entendu frapper ?

— Ah ! monsieur Nickleby, dit la fille, montez, pour l'amour de Dieu ! Le bourgeois est allé recommencer.

— Recommencer quoi ? dit Ralph sèchement. Qu'est-ce que vous voulez-dire ?

— Je savais bien qu'il recommencerait si on l'y réduisait, s'écria-t-elle ; il y a longtemps que je le disais.

— Voyons, dit Ralph en l'attrapant par le poignet ; venez donc par ici, petite sotte, et n'allez pas colporter ainsi des secrets de famille dans le voisinage pour détruire le crédit de l'établissement. Venez par ici, m'entendez-vous ? »

Sans autre formalité, il emmène ou plutôt il entraîne dans la maison la servante effrayée en fermant la porte ; il la fait monter devant lui et la suit sans cérémonie.

Guidé par le bruit d'un grand nombre de voix parlant toutes ensemble, il passe, dans son impatience, par-devant la servante, dès les premières marches de l'escalier, et monte rapidement jusqu'au petit salon, où il se trouve tout à coup, avec stupéfaction, en face d'une scène de désordre inexprimable.

Toutes les demoiselles de l'atelier étaient là, les unes en chapeau, les autres en cheveux, toutes dans des attitudes diverses, mais en proie aux mêmes alarmes et montrant la même affliction. Il y en avait de groupées autour de Mme Mantalini, qui était assise tout en larmes, d'autres autour de M. Mantalini, sans contredit le personnage le plus saisissant de toute la troupe. Il était étendu tout de son long, les pieds sur le parquet, la tête et les épaules soutenues par un grand laquais qui ne paraissait pas trop savoir qu'en faire. M. Mantalini avait les yeux fermés, la figure pâle, les cheveux jusqu'à un certain point hérissés, les favoris et les moustaches aplatis, les dents serrées, une petite fiole dans la main droite et une petite cuiller à thé dans la main gauche. Ses bras, ses pieds, ses jambes, ses épaules, tout était roide et inerte. Néanmoins, Mme Mantalini, au lieu de verser des larmes sur le corps de son bien-aimé, criait et tempêtait sur sa chaise. Tout cela au milieu d'un tumulte de langues tout à fait étourdissant, et dont la confusion paraissait avoir mis l'infortuné laquais dans la perplexité la plus désespérante.

« Qu'est-ce qu'il y a donc ici ? » dit Ralph en s'avançant brusquement.

A cette question, les clameurs devinrent vingt fois plus bruyantes, et firent éclater en même temps une foule de réponses contradictoires. « Il s'est empoisonné. — Il ne s'est pas empoisonné. — Envoyez chercher le médecin. — N'en faites rien. — Il se meurt. — Ce n'est pas vrai, il fait semblant. » Sans compter d'autres cris divers proférés avec une volubilité étourdissante, jusqu'à ce qu'enfin on vit Mme Mantalini en conversation directe avec Ralph. Alors la curiosité de savoir ce qu'elle pouvait lui dire calma la douleur de ces dames, et, comme d'un accord unanime, rétablit à l'instant un silence profond, qui ne fut pas même interrompu par le moindre chuchotement.

« Monsieur Nickleby, dit Mme Mantalini, par quel hasard êtes-vous venu en ce moment, quelle singulière rencontre ! »

Ici on entendit une voix tremblotante pousser, dans une espèce de délire supposé, ces mots autrefois sûrs de leur effet : « Diable de charmante petite femme ! » Mais personne n'y fit attention que le grand laquais. En effet, dans son effroi d'entendre sortir ces sons gutturaux d'entre ses doigts, pour ainsi dire, il laissa tomber lourdement sur le parquet la tête de son maître, qui sonna le creux en tombant, et, sans essayer seulement de la relever, se mit à regarder fixement l'assistance, comme s'il venait de faire un chef-d'œuvre.

« Quoi qu'il en soit, continua Mme Mantalini séchant ses larmes et parlant avec beaucoup d'indignation, je suis bien aise de cette occasion pour dire devant vous et devant tout le monde, une fois pour toutes, que je ne veux plus continuer à entretenir les extravagances et les désordres de monsieur. J'ai eu assez longtemps la sottise d'être sa dupe. Désormais, il se tirera d'affaires comme il pourra, et dépensera autant d'argent qu'il voudra, aux frais ou au profit de qui bon lui semblera, mais non pas à mes dépens; et par conséquent vous ferez bien de ne plus vous y fier maintenant. »

Là-dessus, Mme Mantalini, insensible comme un marbre aux lamentations les plus pathétiques de la part de son mari, le laissa maudire l'apothicaire de ne pas avoir mis dans la fiole une dose d'acide prussique assez forte, et se consoler en pensant qu'il allait prendre encore une fiole ou deux pour en finir. Puis elle se mit à dérouler la liste des nombreux méfaits de cet aimable gentleman, de ses galanteries, de ses trahisons, de ses extravagances, de ses infidélités (surtout de ses infidélités). Puis elle finit par protester contre l'idée qu'on pût croire qu'elle conservât pour lui le moindre reste d'affection, et par donner en preuve de son indifférence absolue qu'elle l'avait laissé s'empoisonner déjà six fois depuis quinze jours, et sans dire même un simple mot pour le sauver de la mort.

« Mais ce n'est pas tout, ajouta-t-elle en soupirant, il me faut une séparation qui me rende ma liberté, et je la veux. S'il me la refuse à l'amiable, je l'aurai judiciairement. Je sais que c'est mon droit, et j'espère que mon sort servira de leçon à toutes les demoiselles qui peuvent voir cette scène pénible. »

Mlle Knag, sans contredit la plus âgée de toutes ces demoiselles, porta la parole en leur nom pour dire du ton le plus solennel que ce serait une leçon pour elle; et toutes les jeunes personnes firent chorus, à l'exception d'une ou deux qui paraissaient douter dans leur conscience que de si belles moustaches pussent avoir tort.

« Pourquoi dire tout cela devant tant de monde, lui murmura Ralph à voix basse? vous savez bien que vous ne parlez pas sérieusement.

— Je parle très-sérieusement, répliqua tout haut Mme Mantalini en faisant un mouvement de retraite vers Mlle Knag.

— A la bonne heure! mais réfléchissez, insista Ralph, qui avait un grand intérêt dans l'affaire ; il ne faut pas aller si vite en besogne. Vous savez qu'une femme mariée n'a pas de biens en propre.

— Pas la moindre petite somme du diable, dit M. Mantalini se relevant et s'appuyant sur son coude.

— Je sais tout cela, repartit Mme Mantalini en remuant la tête; aussi, moi, je n'ai plus rien. Le commerce, le magasin, la maison, tout enfin appartient à Mlle Knag.

— Pour cela, madame Mantalini, c'est la vérité pure, dit Mlle Knag, qui avait fait à l'amiable des arrangements secrets avec sa maîtresse, c'est la vérité toute pure, madame Mantalini ; certainement ; il n'y a rien de plus vrai. Et je puis dire que je ne me suis jamais tant applaudie de ma vie d'avoir eu la force de résister à toutes les offres matrimoniales qu'on m'a faites, si avantageuses qu'elles pussent être, en comparant le bonheur de ma position actuelle avec votre disgrâce si malheureuse et si peu méritée, madame Mantalini.

— Diable de vieille fille! cria M. Mantalini en se tournant du côté de sa femme. Comment! mon amour ne soufflettera pas et ne pincera pas jusqu'au sang l'envieuse douairière qui se permet des réflexions sur son délicieux esclave? »

Mais les flatteries de M. Mantalini avaient fait leur temps. « Mlle Knag, monsieur, lui dit sa femme, est mon intime amie. » Et M. Mantalini eut beau lui décocher des œillades meurtrières, et se retourner le blanc des yeux jusqu'à risquer de ne plus pouvoir jamais les remettre en place, Mme Mantalini ne fit pas mine de s'attendrir le moins du monde.

Il faut rendre justice à Mlle Knag, c'était à elle que revenait tout l'honneur de ce revirement subit. Reconnaissant par la balance des comptes journaliers qu'il n'y avait pas moyen d'espérer que son industrie pût prospérer ou même continuer d'exister, tant que M. Mantalini aurait la haute main dans la dépense; et fortement intéressée maintenant au succès de la maison, elle s'était soigneusement appliquée à vérifier et constater quelques particularités de la conduite privée de ce gentleman. Une fois sûre de son fait, elle avait su les présenter avec tant d'évidence et d'adresse à Mme Mantalini, qu'elle lui avait, par ses révélations, dessillé les yeux, mieux que n'avaient pu le faire, depuis plusieurs années, les raisonnements philosophiques les plus rigoureux. La découverte providentielle qu'elle avait faite d'une correspondance trop tendre, où Mme Mantalini était dépeinte par son mari comme une *vieille femme bien ordinaire*, avait porté le dernier coup à ses doutes et décidé la question.

Cependant, malgré sa résolution, Mme Mantalini pleurait à fendre l'âme. Appuyée sur le bras de Mlle Knag, elle fit signe qu'elle voulait sortir, et toutes ces demoiselles, lui formant un cortége de pleureuses, accompagnèrent sa retraite.

« Nickleby, dit M. Mantalini tout en pleurs, vous venez d'être témoin de cette infernale cruauté de la part de cette damnée d'enchanteresse contre son esclave le plus soumis ; eh bien ! Dieu me damne si je ne pardonne pas à cette femme !

— Pardonner ! répéta Mme Mantalini courroucée.

— Je lui pardonne, Nickleby. Vous allez me blâmer; le monde va me blâmer ; les femmes vont me blâmer ; tout le monde va me rire au nez, me turlupiner, me railler, se moquer de moi en diable ; on va dire : « Elle ne connaissait pas son bonheur ; aussi « pourquoi était-il si faible ? pourquoi était-il si tendre ? c'était « au fond un bon diable, malheureusement il l'aimait trop. Il « n'avait pas le courage de la voir de mauvaise humeur et de « supporter les vilains mots dont elle l'accablait. Quel diable de « malheur ! il n'y en eut jamais de plus diabolique. » Mais c'est égal, je lui pardonne. »

A la fin de cette harangue sentimentale, M. Mantalini tomba à plat, étendu sans connaissance et sans mouvement, jusqu'à ce que les femmes eurent quitté la chambre; après quoi il se remit tout doucement sur son séant, et regarda fixement Nickleby d'un air penaud, tenant encore sa fiole d'une main et sa cuiller à thé de l'autre.

« Vous pouvez maintenant laisser de côté toutes ces giries, et vous ne risquez rien de recommencer à vivre d'industrie.

— Diable ! Nickleby, comme vous dites cela ! vous ne parlez pas sérieusement ?

— Je ne plaisante pas souvent, dit Ralph; bonne nuit !

— Non ; mais que venez-vous de dire là, Nickleby ? dit Mantalini.

— Peut-être que je me trompe, répliqua Ralph, je vous le souhaite ; en tout cas, vous savez mieux que moi ce qui en est ; bonne nuit ! »

En vain, Mantalini le pria de rester pour lui donner conseil ; Ralph l'abandonna à ses tristes réflexions et s'en alla tranquillement.

« Ho, ho ! se dit-il en lui-même, le vent a tourné plus vite que je ne croyais ; moitié coquin et moitié fou, il s'est laissé arracher le masque. Hum !... je crois que vos beaux jours sont passés, mon beau monsieur. »

Tout en disant cela, il crayonna une note sur son agenda, où le nom de Mantalini figurait avec honneur, et voyant à sa montre qu'il était entre neuf et dix, se dépêcha de retourner chez lui.

« Sont-ils ici? » demanda-t-il en entrant à Newman.

Newman fit signe que oui : « Venus il y a une demi-heure.

— Ils sont deux, dont l'un est un gros homme luisant?

— Oui, dit Newman, dans votre cabinet.

— Bon ! allez me chercher une voiture.

— Une voiture ! quoi ! vous.... aller en voiture ?... Eh ! » bégaya Newman.

Ralph répéta ses ordres d'un air mécontent, et Noggs, bien excusable de se montrer surpris d'une circonstance si extraordinaire, si contraire aux habitudes de son patron, car il ne l'avait vu de sa vie prendre un fiacre, alla faire sa commission, et revint promptement avec le véhicule.

M. Squeers y monta d'abord, puis Ralph, puis le troisième personnage que Newman n'avait jamais vu. Newman se tint sur le pas de la porte pour les voir partir, sans se donner la peine de se demander où il pouvait aller et pourquoi faire, jusqu'au moment où il entendit par hasard Ralph donner au cocher le nom et l'adresse de la personne chez laquelle il devait les mener.

Aussi prompt que l'éclair, Newman, dans son étonnement, court chercher au bureau son chapeau, et s'élance après la voiture, dans l'intention sans doute de monter derrière; mais il n'y avait plus moyen, elle avait sur lui trop d'avance : il fallut renoncer à l'espoir de l'atteindre dans sa course ; Newman resta au beau milieu de la rue, à la regarder la bouche béante.

« Au fait, dit Noggs s'arrêtant pour reprendre haleine, qu'aurais-je gagné à monter derrière? Il m'aurait vu.... Ah ! c'est là qu'il va ! Qu'est-ce que cela va devenir? Si je l'avais seulement su hier, j'aurais pu le dire.... Ah ! c'est là qu'il va ! Il y a quelque méchanceté là-dessous ; cela ne peut pas être autrement. »

Ses réflexions furent interrompues par l'approche d'un homme à cheveux gris, d'un extérieur fort extraordinaire, mais peu avantageux, qui, s'avançant vers lui d'un pas timide, lui demanda la charité.

Newman, encore plongé dans ses méditations, se détourna sans lui répondre; mais l'homme le suivit et lui dépeignit sa misère sous des couleurs si vives que Newman (la dernière personne assurément dont on pût espérer de recevoir l'aumône, il n'on avait déjà pas trop pour lui) chercha dans son chapeau s'il n'avait pas un sou, car, lorsqu'il avait quelque argent, c'est là qu'il le mettait dans un coin de son mouchoir.

Pendant qu'il était occupé à en défaire le nœud avec ses dents, le pauvre lui dit quelque chose qui attira son attention, et, de fil en aiguille, Newman finit par s'en aller côte à côte avec lui, l'étranger parlant avec chaleur, et Newman l'écoutant avec intérêt.

CHAPITRE XIII.

Contenant des choses surprenantes.

« Comme nous nous en allons de Londres demain soir, et que je ne crois pas avoir été jamais si heureux de ma vie ni de mes jours, monsieur Nickleby, ma foi! je veux boire encore un coup à votre santé et au plaisir de notre prochaine rencontre. »

Ainsi parlait John Browdie en se frottant les mains avec de grandes démonstrations de joie et en regardant autour de lui avec sa bonne face rougeaude, sur laquelle brillait une expression en parfaite harmonie avec la déclaration qu'il venait de faire.

Quant au temps précis où John se trouvait dans ces heureuses dispositions, c'était le même soir dont il était question dans le dernier chapitre : la scène se passait dans le cottage, et les personnages se composaient de Nicolas, Mme Nickleby, Mme Browdie, Catherine Nickleby et Smike.

Quelle bonne soirée ils avaient passée là! Mme Nickleby connaissant les obligations que son fils avait à l'honnête villageois du Yorkshire, avait consenti, après s'être fait un peu prier, à inviter M. et Mme Browdie à venir prendre le thé chez elle. Cela n'allait pas tout seul ; il y eut bien des difficultés et des protocoles ; elle n'avait pas eu l'occasion de commencer par rendre visite à Mme Browdie, car Mme Nickleby avait beau dire et redire avec complaisance, comme le font presque toujours les gens pointilleux, qu'elle n'avait pas l'ombre d'amour-propre et qu'elle ne tenait pas le moins du monde à l'étiquette, il n'y avait pas en réalité de partisan plus fidèle des formes et des cérémonies ; et comme il était évident qu'avant de s'être fait visite, elle était censée, poliment parlant et selon toutes les lois de la société, ne pas même savoir qu'il y eût une Mme Browdie au monde, elle se trouvait, selon elle, dans une situation particulièrement pénible et délicate.

« C'est de moi, mon cher, disait Mme Nickleby, que doit venir la première visite, cela ne peut pas se passer autrement ; le fait est qu'il doit y avoir de ma part une espèce d'avance polie qui montre à cette jeune dame que je désire faire sa connaissance. Eh bien ! il y a un jeune homme qui a l'air très-respectable, ajouta Mme Nickleby après quelques moments de réflexion : c'est le conducteur d'un des omnibus qui passent par ici ; il porte un chapeau verni, votre sœur et moi nous l'avons souvent remarqué ; il a aussi une verrue sur le nez, n'est-ce pas, Catherine? tout à fait comme un domestique de maison bourgeoise.

— Est-ce que tous les domestiques de maison bourgeoise, ma mère, ont une verrue sur le nez ? demanda Nicolas.

— Mon cher Nicolas, quelle absurdité vous me faites dire ! répondit-elle. Ne voyez-vous pas bien que c'est son chapeau verni qui le fait ressembler à un domestique de maison bourgeoise, et non pas sa verrue sur le nez ? Quoique ce ne fût pourtant pas encore une chose aussi ridicule qu'on pourrait le croire, car nous avons eu une fois un valet de chambre qui avait non-seulement une verrue, mais aussi une loupe, et une grosse loupe encore. Je me rappelle même qu'il nous demanda d'augmenter ses gages en conséquence, parce que cette loupe était pour lui d'un gros entretien. Mais, voyons ! où en étais-je ? Ah ! bon, m'y voici ; ce qu'il y aurait de mieux à faire, ce serait de charger ce jeune homme (je suis sûre qu'on en serait quitte pour une bouteille de bière) de remettre ma carte et de présenter mes compliments aux deux Têtes de Sarrasin. Ma foi ! si le garçon de l'auberge allait le prendre pour un domestique de maison bourgeoise, tant mieux ! alors Mme Browdie n'aurait plus qu'à m'envoyer aussi sa carte par le porteur, qui n'aurait qu'à nous avertir lui-même, en passant, par un double coup de marteau à la porte, et tout serait fini.

— Mais, ma chère mère, dit Nicolas, je ne suppose pas que des gens naïfs et primitifs comme ceux-là sachent ce que c'est que d'avoir seulement une carte.

— Oh ! alors, mon cher Nicolas, cela change bien la thèse, répliqua Mme Nickleby ; si vous mettez la question sur ce terrain, vous sentez que je n'ai plus rien à dire, si ce n'est que je ne mets point du tout en doute que ce ne soient de braves gens et que je ne m'oppose point du tout à ce qu'ils viennent prendre avec nous le thé si cela leur fait plaisir, et qu'enfin je ferai mon possible pour être très-civile avec eux dans ce cas. »

Ce fut donc une affaire réglée, et Mme Nickleby, prenant ainsi le rôle de protection et de condescendance qui convenait à son rang et à sa longue expérience matrimoniale, invita M. et Mme Browdie, qui acceptèrent sans façon; et, comme ils se montrèrent pleins de déférence pour Mme Nickleby, qu'ils parurent apprécier à son gré ses grandes manières, qu'enfin ils trouvèrent tout à merveille, la bonne dame daigna plus d'une fois, dans la soirée, glisser un mot en leur faveur dans l'oreille de Catherine, disant qu'elle n'avait jamais vu de plus honnêtes gens, ni qui eussent une meilleure tenue.

Et c'est comme cela que John Browdie en était venu à déclarer dans la salle à manger, après le souper, c'est-à-dire à onze heures moins vingt après midi, qu'il n'avait jamais été si heureux de sa vie ni de ses jours.

Mme Browdie, de son côté, ne témoignait pas moins de contentement; car cette jeune ménagère, dont la beauté rustique faisait un contraste piquant avec les charmes plus délicats de Catherine, sans qu'elles eussent l'une ni l'autre à souffrir de ce contraste qui servait plutôt à les faire valoir toutes les deux, ne pouvait se lasser d'admirer les manières douces et séduisantes de la jeune demoiselle ainsi que l'affabilité obligeante de la vieille dame. Et puis Catherine avait eu l'adresse de tourner la conversation sur des sujets où une demoiselle de la campagne un peu timide et désorientée dans une autre compagnie pouvait reprendre ses avantages et se sentir plus à l'aise. Quant à Mme Nickleby, si elle ne fut pas toujours aussi heureuse dans le choix de ses sujets de conversation; si elle se montra, selon l'expression de Mme Browdie, un peu élevée pour elle dans son langage et dans ses idées, elle se fit pourtant aussi bienveillante que possible, et, dans son intérêt sympathique pour le jeune couple, elle alla jusqu'à se donner obligeamment la peine d'occuper les oreilles avides de Mme Browdie de très-longues leçons sur la tenue du ménage, avec force explications dont les exemples divers étaient toujours tirés de l'économie domestique en usage dans son cottage. Et pourtant, il faut le dire, comme c'était Catherine qui en avait exclusivement le soin, la bonne dame avait autant de droits de s'en attribuer l'honneur en pratique ou en théorie que pourrait le faire quelque statue des douze apôtres qui servent à l'embellissement de l'extérieur de la cathédrale de Saint-Paul.

« M. Browdie, disait Catherine à sa jeune femme, est bien le meilleur homme, le plus cordial, le plus gai que j'aie jamais vu; je suis sûre que, si j'étais accablée par le poids de je ne sais combien de chagrins, je n'aurais qu'à le regarder pour être heureuse.

— Vous avez raison, Catherine, dit Mme Nickleby, il a l'air d'un excellent homme, et je vous assure, madame, que ce sera toujours avec plaisir, réellement avec plaisir à présent, que je vous verrai venir nous rendre visite comme cela sans gêne et sans cérémonie. Nous ne ferons rien d'extraordinaire, ajouta-t-elle d'un ton à laisser croire que ce n'était pas faute de pouvoir en faire au besoin; pas d'embarras, pas de préparatifs, je ne le souffrirai pas. Je vous avais bien dit, ma chère Catherine, que vous ne feriez que gêner Mme Browdie autrement, et que ce serait de notre part une folie et un mauvais procédé.

— Je vous en ai, madame, la plus grande obligation, répondit Mme Browdie avec reconnaissance. Allons, John, voilà qu'il est près de onze heures. J'ai peur, madame, que nous ne vous fassions coucher trop tard.

— Trop tard! cria Mme Nickleby avec un mince filet d'éclat de rire et une petite toux au bout, comme on met un point d'exclamation après une interjection admirative; c'est au contraire de bonne heure pour nous. Si vous saviez jusqu'à quelle heure nous avions l'habitude de veiller! Minuit, une heure, deux et trois heures du matin, ce n'était rien pour nous. Les bals, les dîners, les parties de cartes....; les gens que nous avions l'habitude de voir étaient de vrais roués. Quand j'y pense encore quelquefois, je me demande avec étonnement comment nous pouvions y résister, et véritablement c'est l'inconvénient d'avoir de grandes relations sociales et d'être trop recherché par le monde. Aussi je recommande bien aux jeunes ménages d'avoir le courage de ne pas s'y laisser entraîner; mais, au reste, heureusement, comme de raison, qu'il y a très-peu de jeunes ménages qui soient en position d'avoir à lutter contre de semblables tentations. Nous avions surtout une famille qui demeurait à un quart de lieue de chez nous, pas précisément sur la route, mais en tournant tout de suite à gauche à cette barrière où la malle de Plymouth a passé sur le corps d'un âne, une famille composée des gens les plus extraordinaires pour faire tous les jours des parties extravagantes. C'est là, par exemple, qu'on ne ménageait ni le champagne ni les fleurs artificielles, ni les verres de couleur, ni enfin toutes les délicatesses en vins, viandes et liqueurs, que le gastronome le plus éprouvé puisse souhaiter. Je ne crois pas que jamais ils aient leurs pareils, les Peltirogus. Vous vous rappelez, Catherine, les Peltirogus? »

Catherine vit bien que, dans l'intérêt des visiteurs, il était temps d'arrêter ce flux de réminiscences. Aussi répondit-elle à l'instant qu'elle avait conservé des Peltirogus un souvenir présent et vivant; puis elle se hâta d'ajouter que M. Browdie avait à moitié promis, au commencement de la soirée, de chanter à la société une chanson du Yorkshire, et qu'elle le sommait de remplir sa promesse, persuadée que sa mère aurait à l'entendre un plaisir inexprimable. Mme Nickleby soutint sa fille de la meilleure grâce du monde, d'autant plus qu'il y avait là dedans deux choses qui la flattaient secrètement: une espèce de patronage et de protection d'abord à exercer sur les Browdie, et puis la reconnaissance implicite de son goût supérieur, et comme une réputation de connaisseur en pareille matière. John Browdie commença donc à chercher dans sa tête les mots d'une chansonnette du Nord, et à s'aider de la mémoire de sa femme, puis il se livra, sur sa chaise, à divers mouvements et balancements qui n'eurent pas l'effet désiré de mieux le mettre sur la voie.

Alors il choisit pour point de mire sur le plafond, afin de mieux fixer ses souvenirs, une mouche en particulier au milieu de toutes ses camarades endormies, et se mit à chanter d'une voix de tonnerre une romance sentimentale dont l'auteur avait mis les paroles dans la bouche d'un berger mélancolique qui se mourait de désespoir et d'amour.

Il avait à peine fini le premier couplet, car c'était comme un fait exprès, qu'il fut brusquement interrompu par un coup de marteau si violent et si fort à la porte de la rue que les dames en tressaillirent, et que John Browdie s'arrêta tout court.

« Ce ne peut être qu'une méprise, dit Nicolas sans y attacher d'importance, nous ne connaissons personne qui puisse nous rendre visite à cette heure de la nuit. »

Cependant Mme Nickleby n'était pas aussi tranquille : elle fit une foule de suppositions en un moment. Peut-être que la maison Cheeryble venait d'être incendiée; peut-être que les bons frères avaient envoyé prévenir Nicolas qu'ils leur donnaient un intérêt dans leur société (jugez comme l'heure était bien choisie pour lui faire cette communication!); ou peut-être encore que M. Linkinwater s'était sauvé avec la caisse, ou peut-être que miss la Creevy était malade, ou peut-être que....

Mais elle fut arrêtée dans ses conjectures par une exclamation subite de Catherine, et par l'apparition de Ralph Nickleby, qui entra dans la chambre.

« Restez, » dit Ralph à Nicolas, qui se leva brusquement, et à Catherine, qui s'avançait vers son frère pour s'attacher à son bras. « Avant que ce garçon-là dise un mot, écoutez-moi. »

Nicolas se mordit les lèvres et secoua la tête d'un air menaçant, mais il lui fut impossible pour le moment d'articuler une syllabe. Catherine se serra contre lui, Smike se réfugia derrière eux, et John Browdie, qui, d'après ce qu'il avait entendu dire de Ralph, ne parut pas avoir grande difficulté à le reconnaître, se tint entre son jeune ami et le vieil usurier avec l'intention de les empêcher, l'un ou l'autre, d'avancer un pas de plus.

« Écoutez-moi, vous dis-je, répéta Ralph, et ne l'écoutez pas.

— Alors, reprit John, dépêchez-vous, monsieur, de dire ce que vous avez à dire, et tâchez de ne pas vous échauffer le sang, vous ferez mieux de vous le rafraîchir.

— Oh! vous, dit Ralph, je vous reconnaîtrais à votre langue, comme lui (en montrant Smike) à sa mine.

— Ne lui parlez pas, dit Nicolas recouvrant la parole, je ne souffrirai pas cela ; je ne veux pas l'entendre, je ne connais pas cet homme-là, je ne peux pas respirer l'air qu'il corrompt par sa présence; sa présence elle-même est une insulte pour ma sœur; je suis honteux de le voir ici, je ne souffrirai pas que....

— Tenez-vous tranquille, cria John en lui appuyant sa large main sur la poitrine.

— Alors qu'il se retire à l'instant, dit Nicolas se débattant, qu'il se retire, s'il ne veut pas que je porte la main sur lui; je ne lui permettrai pas de rester ici. John — John Browdie — suis-je ici chez moi? — me prenez-vous pour un enfant? Rien que de le voir là, cria Nicolas enflammé de colère, regarder avec tant de calme des gens qui connaissent trop la noirceur et la lâcheté de son cœur, j'en deviendrai fou. »

John Browdie ne répondit pas un mot à toutes ces exclamations, mais il retint toujours Nicolas sans lâcher prise, le laissa parler et reprit à son tour :

« Il y a là quelque chose à dire et quelque chose à entendre. Vous y avez plus d'intérêt que vous ne croyez. Quand je vous dis que je me doute déjà de quelque chose! tenez, qu'est-ce que c'est donc que cette ombre que je vois là-bas, derrière la porte?... Eh! le maître d'école! montre-toi donc, mon homme, ne sois pas comme cela tout honteux; et vous, le vieux monsieur, allons, faites donc entrer le maître d'école. »

En s'entendant apostropher, M. Squeers, qui était resté en arrière, dans le corridor, à attendre le moment où son apparition serait utile pour faire son entrée avec plus d'effet, se vit obligé de ne pas la différer davantage, et se présenta comme un intrus, d'un pas timide et d'un air piteux. John ne put s'empêcher d'en rire d'une gaieté si franche et si divertissante que Catherine elle-même, au milieu de cette scène de surprise et d'inquiétude pénible, eut bien de la peine à ne pas faire comme lui, tout en roulant des larmes dans ses yeux.

« Quand vous aurez fini de vous amuser, monsieur..., dit Ralph impatienté.

— C'est à peu près fini pour le quart d'heure, répliqua John.
— Ne vous gênez pas, monsieur, j'ai le temps. »

Et, en effet, Ralph attendit qu'il y eût un parfait silence; puis, se tournant du côté de Mme Nickleby, mais sans quitter des yeux le visage de Catherine, parce qu'il tenait beaucoup à surveiller l'effet qu'il produisait sur elle :

« Maintenant, madame, dit-il, écoutez-moi : je n'imagine pas que vous soyez pour rien dans une très-belle tartine que m'a adressée ce petit jeune homme, votre fils; je ne sais que trop que, soumise à sa volonté, vous n'êtes pas libre de faire la vôtre; que vos conseils, votre opinion, vos désirs, tout ce qui devrait avoir, selon la nature et la raison, quelque influence sur lui (car autrement à quoi pourrait servir votre haute expérience?), ne sont absolument d'aucun poids et ne comptent pour rien dans ses décisions. »

Mme Nickleby secoua la tête en soupirant; elle semblait dire : « il y a du bon dans ce qu'il dit, certainement. »

« C'est pour cette raison, en partie, et aussi parce que je n'ai pas envie de me laisser déshonorer par les actes d'un petit drôle que moi je me suis vu obligé de renier et qui, après cela, dans sa majesté risible, fait semblant,... ah! ah! de me renier lui-même, que je me présente ici ce soir. Ma visite a encore un autre motif, un motif d'humanité : je viens ici, ajouta-t-il promenant ses regards autour de lui avec un sourire provoquant et victorieux, traînant et pesant sur les mots comme s'il ne voulait rien perdre du plaisir de les prononcer; je viens rendre un fils à son père; oui, monsieur, continua-t-il en s'inclinant vers Nicolas pour jouir de sa surprise, car Nicolas avait changé de couleur, rendre un fils à son père, un fils égaré, entraîné, dérobé, peut-être, et séquestré par vos soins, dans l'intention odieuse de lui voler quelque jour la malheureuse petite portion d'héritage qui pourrait lui revenir.

— Pour ce qui est de cela, vous savez que vous mentez, dit Nicolas fièrement.

— Pour ce qui est de cela, je sais que je dis la vérité ; nous avons ici son père.

— Ici même, dit M. Squeers ricanant et faisant un pas en avant ; vous entendez bien ? Ici. Est-ce que je ne vous avais pas bien dit de prendre garde que son père ne vînt vous le reprendre pour me le renvoyer ? Eh bien ! il se trouve justement que son père est mon ami : ainsi, je vais le ravoir et tout de suite. Hein ! que dites-vous de cela ? Je suis sûr que vous regrettez de vous être donné tant de mal pour si peu de profit, n'est-ce pas ?

— Ce n'est toujours pas pour rien, dit Nicolas en détournant tranquillement la tête ; car vous portez sur le corps certaines marques bien réelles dont vous m'êtes redevable et qui vous démangeront longtemps. Vous ne risquez rien de les frotter à votre aise quelques mois encore pour les faire disparaître, monsieur Squeers. »

Piqué de cette réponse, l'estimable instituteur porta un coup d'œil rapide sur la table comme s'il y cherchait un cruchon ou une bouteille pour les jeter à la tête de Nicolas ; mais, s'il en eut un instant la pensée, il en fut bientôt détourné par Ralph, qui, le prenant par le coude, lui rappela qu'il était temps de faire entrer le père pour réclamer son enfant.

Ravi d'être choisi pour cette mission toute d'affection paternelle, M. Squeers se hâta de sortir, et revint presque aussitôt escortant un personnage luisant, à la figure huileuse, qui, s'échappant aussitôt de ses bras et présentant à la compagnie les traits et la tournure de M. Snawley, se précipita sur Smike, et, fourrant sous son bras la tête du pauvre garçon, en manière d'embrassement un peu rude, éleva bien haut dans le vide de l'air son chapeau à larges bords en signe de reconnaissance profonde pour le ciel qui lui rendait l'objet de son amour et s'écriant en même temps : « Ah ! qui m'aurait dit la dernière fois que je l'ai vu que c'est ici que j'aurais le bonheur de le retrouver encore ! j'étais bien loin de le penser.

— Tranquillisez-vous, monsieur, dit Ralph avec une expression de sympathie qui jurait avec son ton habituel, à présent vous le tenez bien.

— Je le tiens ; ah ! n'est-ce pas que je le tiens enfin ? c'est donc bien vrai que je le tiens ! cria M. Snawley, qui ne voulait pas en croire son bonheur ; oui, c'est bien lui, c'est lui en chair et en os !

— Les os je ne dis pas, reprit John Browdie, mais la chair, il n'y en a guère. »

M. Snawley, absorbé dans les mouvements de sa sensibilité paternelle, ne releva pas cette remarque inconvenante, et, pour mieux s'assurer que son fils lui était bien rendu, il lui fourrait encore sous son bras la tête qu'il tenait prisonnière.

« Qu'est-ce qui faisait, dit Snawley, que je pris tout de suite à lui un si grand intérêt quand ce digne instituteur me l'a ramené dernièrement chez moi? qu'est-ce qui faisait que je brûlais du désir de le châtier sévèrement pour s'être ainsi dérobé par la fuite aux soins de ses meilleurs amis, ses maîtres et ses pasteurs?

— C'était l'instinct paternel, monsieur, dit Squeers.

— Vous l'avez dit, monsieur, répliqua Snawley, c'était ce sentiment élevé que l'on trouve partout, soit dans l'antiquité, chez les Romains et les Grecs, soit aujourd'hui même chez les bêtes qui courent les champs comme chez les oiseaux qui volent dans l'air! excepté pourtant chez les lapins et les matous, qui dévorent quelquefois leur progéniture. Comme mon cœur soupirait après lui! je l'aurais.... je ne sais pas ce que je ne lui aurais pas fait pour soulager la colère paternelle que m'avait inspirée sa fuite.

— C'est ce qui fait bien voir, monsieur, ce que c'est que la nature, dit M. Squeers; c'est une bien drôle de chose, allez, que la nature!

— Oui, c'est une sainte chose, monsieur, reprit Snawley.

— Je crois bien, ajouta M. Squeers avec un soupir de componction; je voudrais bien savoir comment nous ferions sans elle. La nature, dit M. Squeers d'un ton solennel, elle est plus facile à concevoir qu'à décrire; ah! monsieur, quel bonheur si on restait toujours dans l'état de naturel »

Pendant ce dialogue philosophique, les assistants étaient restés dans une espèce de stupeur: Nicolas n'en revenait pas; il promenait ses yeux perçants de Snawley à Squeers, de Squeers à Ralph, partagé entre le dégoût, le doute et la surprise; Smike profita de ce moment de repos pour échapper à son père et se réfugier près de Nicolas, le suppliant, dans les termes les plus émouvants, de ne jamais l'abandonner, de le laisser vivre et mourir près de lui.

« S'il est vrai que vous soyez le père de ce jeune homme, dit Nicolas, regardez le triste état où il est, et dites-moi si vous avez, en effet, l'intention de le renvoyer dans ce repaire honteux d'où je l'ai tiré?

— Encore des calomnies! cria Squeers; vous vous rappellerez cela; vous ne valez pas la poudre et le plomb d'un coup de pistolet, mais vous me le payerez d'une manière ou d'une autre.

— Arrêtez, dit Ralph interrompant cette scène au moment où Snawley allait reprendre la parole; allons au fait au lieu de nous disputer avec des vauriens sans cervelle. Voici votre fils, et vous êtes prêt à en donner la preuve?... Et vous, monsieur Squeers, vous reconnaissez bien ce garçon pour être le même que vous avez gardé chez vous depuis nombre d'années sous le nom de Smike, n'est-ce pas?

— Si je le reconnais, répondit Squeers, par exemple!

— Bien, dit Ralph; quelques mots suffiront pour tout expliquer; n'aviez-vous pas, monsieur Snawley, un fils de votre première femme?

— Oui, monsieur, et c'est celui que vous voyez devant vous.

— C'est ce que nous allons faire voir, dit Ralph. N'étiez-vous pas séparé de votre femme, et n'avait-elle pas emmené avec elle son enfant quand il n'avait encore qu'un an? Un an et demi après votre séparation, n'avez-vous pas reçu d'elle la nouvelle que l'enfant était mort, et ne l'avez-vous pas cru?

— Certainement, je l'ai cru; répliqua Snawley; aussi ma joie de....

— Soyez raisonnable, monsieur, je vous en prie, dit Ralph; ne mêlons pas la sensibilité aux affaires. Votre femme donc est morte, il y a à peu près dix-huit mois, dans un petit endroit où elle était femme de charge dans une famille; est-ce bien cela?

— C'est bien cela, répondit Snawley.

— A son lit de mort elle vous écrivit une lettre d'aveu qui, ne portant d'autre suscription que votre nom sans adresse, a mis nécessairement beaucoup de temps avant de vous parvenir: vous ne l'avez reçue qu'il y a peu de jours?

— Tout cela, monsieur, dit Snawley, est d'une parfaite exactitude: il n'y a pas un détail inexact.

— Or, reprit Ralph, elle vous confessait, dans cette lettre, que la mort de son fils, dont elle vous avait entretenu, n'était qu'une invention de sa part pour blesser vos sentiments, car il semble que vous en étiez venus ensemble à vous jouer tous les plus mauvais tours que vous pouviez. Or, cet enfant, prétendu mort, était réellement vivant, quoique d'une intelligence faible et bornée. Elle l'avait fait placer, par une personne de confiance, dans une pension à bon marché du Yorkshire. Elle avait payé les frais de son éducation pendant quelques années; puis, se voyant pauvre et partant pour un long voyage qui la séparait de lui, elle l'avait petit à petit abandonné. Elle finissait par vous demander pardon de tous ses torts? »

Snawley répondait par un petit signe de tête et par de grands soupirs en s'essuyant les yeux.

« Cette pension, continua Ralph, c'était celle de M. Squeers : l'enfant lui avait été confié sous le nom de Smike. Toutes les explications ont été satisfaisantes ; les dates correspondent exactement avec les livres de M. Squeers, qui est en ce moment domicilié chez vous. Vous avez deux autres enfants dans sa ~n-sion ; vous lui avez communiqué les dernières déclaratio. le votre femme mourante : il vous a amené vers moi comme vers l'homme dont la recommandation lui avait fait recevoir chez lui le futur ravisseur de votre fils, et moi je vous amène ici à mon tour. N'est-ce pas cela?

— Vous parlez, monsieur, répliqua Snawley, comme un livre ; mais comme un bon livre qui ne dit rien que de vrai.

— Voici votre portefeuille, dit Ralph qui en tira un de la poche de son habit ; il contient, n'est-il pas vrai, les certificats de votre premier mariage et de la naissance de l'enfant ; deux lettres de votre femme et plusieurs autres papiers qui peuvent servir directement ou indirectement à confirmer ces faits?

— Tout y est, monsieur.

— Et vous ne vous opposez pas à ce qu'on en prenne ici connaissance de manière à bien établir, aux yeux de ces gens-là, vos titres en droit et en raison à réclamer votre fils, pour exercer sur lui, sans délai, votre autorité ? C'est du moins ce que j'ai cru comprendre.

— C'est bien en effet mon intention ; je ne l'aurais pas expliquée mieux que vous ne faites, monsieur.

— Eh bien ! donc, dit Ralph en plaçant le portefeuille sur la table, ils n'ont qu'à les examiner si cela leur fait plaisir. Seulement, comme ce sont les pièces originales, je vous recommanderai de ne pas vous éloigner pendant qu'on les examine, pour être sûr de ne pas les perdre. »

A ces mots, Ralph prit un siége sans qu'on lui en eût fait la politesse, et, serrant les lèvres jusque-là légèrement séparées par un sourire diabolique, se croisa les bras et regarda son neveu pour la première fois.

Sensible à l'insulte grossière que contenaient ses dernières paroles, Nicolas jeta sur lui un regard indigné ; cependant il prit sur lui de son mieux d'examiner de près les documents en question, avec l'aide de John Browdie. Ils étaient irréprochables ; les certificats étaient des extraits réguliers des registres de paroisse, avec signatures authentiques; la première lettre de la femme avait bien l'air d'avoir été écrite et conservée depuis plusieurs années; elle concordait exactement, pour l'écriture, avec la seconde, en tenant compte pour celle-ci de ce qu'elle avait été écrite par une personne *in extremis;* enfin, il y avait plusieurs autres chiffons de papier d'enregistrement et des notes qui paraissaient également à l'abri de tout soupçon.

« Cher Nicolas, lui dit Catherine à l'oreille, après avoir suivi avec inquiétude la lecture de ces pièces par-dessus son épaule, est-ce donc bien vrai? faut-il les croire?

— J'en ai peur, dit Nicolas; et vous, John, qu'en dites-vous? »

John se gratta la tête, la secoua, mais ne dit rien du tout.

« Vous remarquerez, madame, dit Ralph en s'adressant à Mme Nickleby, que ce jeune garçon étant encore mineur et d'une intelligence bornée, nous aurions pu venir ici, armés de tous les pouvoirs de la loi, et soutenus d'une troupe de satellites de la justice : et je n'y aurais pas manqué, madame, si je n'avais voulu ménager votre sensibilité et celle de votre fille.

— Vous avez déjà bien montré ce que vous savez faire pour ménager sa sensibilité, dit Nicolas serrant sa sœur contre lui.

— Merci, répliqua Ralph; je suis on ne peut plus sensible à vos éloges.

— Eh bien! dit Squeers, à présent, qu'est-ce que nous faisons là? Les chevaux de fiacre vont attraper un rhume, si nous les laissons là sans bouger. Il y en a déjà un qui éternue d'une force! Il vient d'en ouvrir la porte toute grande. Quel est l'ordre et la marche?... Hein! n'emmenons-nous pas avec nous le jeune Snawley?

— Non, non! répliqua Smike en reculant, et se cramponnant après Nicolas; non, je vous en prie, non! Je ne veux pas vous quitter pour aller avec lui, non, non!

— Voilà qui est bien cruel! dit Snawley regardant ses amis, comme pour implorer leur appui. Je vous demande si c'est pour ça que les parents mettent des enfants au monde?

— Je vous demande si c'est pour ça (montrant du doigt M. Squeers) que les parents mettent des enfants au monde, dit John Browdie tout crûment.

— Ne faites pas attention, repartit M. Squeers en se tapant le bout du nez pour se moquer de John.

— Ne faites pas attention, dit John; non, c'est vrai, ni moi ni d'autres. Vous voudriez bien qu'on ne fît pas attention à vous, maître d'école. C'est ce qu'il vous faut, qu'on ne regarde pas de trop près à des gens de votre trempe. Voyons, où est-ce que vous allez maintenant? Surtout ne me marchez pas sur les pieds, dites donc. »

En effet, Squeers s'avançait pour s'emparer de Smike; mais John, qui ne badinait pas, lui avait allongé dans la poitrine un coup de coude si habilement dirigé, que l'instituteur chancelant tourna sur ses talons et se renversa sur Ralph Nickleby. Dans ses efforts impuissants pour reprendre son équilibre, il le poussa sur sa chaise et tomba sur lui lourdement.

Cette circonstance accidentelle devint le signal d'une attaque décisive. Au milieu d'un grand tapage, occasionné par les prières et les supplications de Smike, les cris et les exclamations des femmes, l'altercation véhémente des hommes, les nouveaux venus firent mine d'enlever l'enfant prodigue de vive force; déjà même Squeers était en effet parvenu à mettre sur lui la main pour l'entraîner dehors, lorsque Nicolas, jusque-là irrésolu, se décida enfin, saisit notre homme par le collet, et le secouant de manière que toutes les dents lui branlaient dans la tête, le conduisit ainsi poliment jusqu'à la porte de la chambre, qu'il ferma sur lui après l'avoir jeté dans le corridor.

« A présent, dit Nicolas aux deux autres, ayez, s'il vous plaît, la complaisance de suivre votre ami.

— Je veux mon fils, dit Snawley.

— Votre fils, répliqua Nicolas, est libre dans son choix. Il veut rester, qu'il reste.

— Vous ne voulez pas me le donner? dit Snawley.

— Non, je ne vous le donnerais pas malgré lui, pour en faire la victime des brutalités auxquelles vous voulez l'abandonner, quand ce ne serait qu'un chien ou un chat.

— Prenez un chandelier pour frapper ce misérable Nickleby et le jeter par terre, criait Squeers par le trou de la serrure, et surtout n'oubliez pas de m'apporter mon chapeau, quelqu'un de vous, si vous ne voulez pas qu'il me le vole.

— Je suis désolée, assurément, disait Mme Nickleby qui était restée tout ce temps-là dans un coin avec Mme Browdie à pleurer et à se mordre les doigts, pendant que Catherine, pâle, mais calme, s'était tenue le plus près possible de son frère, je suis désolée de tout ceci. Je ne vois pas quel parti prendre, je vous assure. Nicolas doit savoir ce qu'il a à faire, et je m'en rapporte à lui. Mais vraiment c'est aussi une terrible responsabilité à prendre que de garder les enfants des autres : quoique je sois obligée de convenir que le jeune M. Snawley est certainement aussi serviable et aussi complaisant qu'on peut l'être. Mais est-ce qu'on ne pourrait pas arranger cela à l'amiable? Qui empêcherait, par exemple, le père de M. Snawley de nous payer une petite pension pour son fils? On pourrait convenir de lui donner du poisson deux fois la semaine, deux fois du pudding, ou du baba, ou quelque chose comme cela; il me semble que tout le monde trouverait son compte à cet arrangement. »

Ce mezzo-termine, malgré les larmes et les soupirs dont il était accompagné, était trop raisonnable pour avoir le moindre succès. Personne n'y fit seulement attention, et la pauvre Mme Nickleby en fut quitte pour développer à Mme Browdie les avantages de ce plan incompris, et tous les malheurs qui avaient résulté dans mainte et mainte occasion de ce qu'on n'avait pas suivi ses avis.

« Vous, monsieur, dit Snawley s'adressant à Smike, qui tremblait de tous ses membres, vous êtes un fils ingrat, dénaturé, méchant. Vous ne voulez pas que je vous aime d'un amour qui ferait mon bonheur. Voulez-vous venir à la maison?

— Non, non, cria Smike, reculant de plus belle.

— Il n'a jamais aimé personne, braillait Squeers, toujours par le trou de la serrure.

« Il ne m'a jamais aimé moi-même; il n'a jamais aimé Wackford, un vrai chérubin. Comment voulez-vous après cela qu'il aime son père? Il ne l'aimera jamais son père: jamais. Est-ce qu'il sait seulement ce que c'est que d'avoir un père? Est-ce qu'il peut comprendre cela? Il est trop bouché. »

M. Snawley regarda fixement son fils pendant une bonne minute, puis se couvrant les yeux d'une main et levant son chapeau de l'autre vers le ciel, parut tout entier à sa douleur de voir une si noire ingratitude. Enfin, essuyant ses yeux sur sa manche, il ramassa le chapeau de M. Squeers, le mit sous son bras, le sien sous l'autre, et sortit d'un pas lent et mélancolique.

Ralph ne resta qu'un instant après lui pour dire à Nicolas : « Vous voyez, dans tous les cas, monsieur, que votre roman est tombé dans l'eau. Il ne s'agit plus ici d'un inconnu : ce n'est plus le fils persécuté d'un grand personnage. C'est tout bonnement le fils idiot, imbécile, d'un pauvre petit commerçant. Nous verrons ce que va devenir votre haute sympathie devant une découverte aussi commune.

— Vous le verrez, dit Nicolas, en lui montrant la porte.

— Je veux que vous sachiez bien, monsieur, ajouta Ralph, que je n'ai jamais assez compté sur votre bon sens pour croire que vous le rendriez ce soir. Vous avez pour cela trop d'orgueil, d'entêtement ; vous tenez trop à vous faire une réputation de beaux sentiments. Tout cela, monsieur, on l'abattra, on l'écrasera, on le foulera aux pieds, et avant peu. Vous allez apprendre à connaître à vos dépens ce que c'est que les poursuites fatigantes et ruineuses de la justice dans ses formalités les plus oppressives ; vous allez connaître ses tortures de toutes les heures, ses jours sans repos, ses nuits sans sommeil. Voilà les épreuves que je vous prépare pour briser ce cœur hautain, si confiant dans sa force. Et, quand vous aurez fait de cette maison un enfer, quand vous aurez appelé sur ce malheureux-là et sur tous ceux qui se plaisent à voir en vous un héros en herbe les cruelles conséquences de votre obstination, alors nous réglerons le vieux compte que nous avons ensemble : nous verrons qui est-ce qui aura le dernier, et qui s'en tirera le plus avantageusement, même aux yeux du monde. »

Ralph Nickleby se retira ; mais M. Squeers, qui avait entendu une partie de ces adieux du bon oncle, et qui se sentait alors dans un paroxysme de méchanceté impuissante, ne put s'empêcher de retourner à la porte de la salle à manger pour y battre une douzaine d'entrechats avec accompagnement de contorsions sauvages et de grimaces hideuses, emblèmes figuratifs de sa confiance triomphante dans la chute prochaine et la défaite assurée de Nicolas.

Après avoir exécuté cette danse guerrière, où son pantalon court et ses grandes bottes jouèrent un rôle important, M. Squeers suivit ses amis, pendant que la famille se livrait à ses réflexions sur ce qui venait de se passer.

CHAPITRE XIV.

Jette quelque jour sur les amours de Nicolas. Mais, est-ce un bien, est-ce un mal ? Nous en laisserons juger le lecteur.

Après avoir mûrement réfléchi à la position pénible et embarrassante dans laquelle il se trouvait placé, Nicolas se décida à s'en ouvrir franchement aux bons frères sans perdre de temps. Il profita donc de la première occasion qu'il rencontra de se trouver seul avec M. Charles Cheeryble, le lendemain soir, pour lui raconter la petite histoire de Smike et pour lui exprimer d'un ton modeste, mais assuré, l'espérance que son excellent protecteur voudrait bien, en raison des circonstances, approuver le parti extrême qu'il avait pris de s'interposer entre le père et le fils et même de soutenir le dernier dans sa désobéissance, quelle que fût la couleur qu'on ne manquerait pas de donner à l'horreur et à la crainte qu'il paraissait éprouver de son père; car il n'ignorait pas que de pareils sentiments étaient en apparence assez odieux, assez contraires aux lois de la nature pour exposer ceux qui passeraient pour les encourager à devenir les objets de la haine et de la réprobation générale.

« En vérité, disait Nicolas, la répugnance qu'il éprouve pour cet homme paraît si profonde que j'ai peine à croire qu'il soit réellement son fils; il semble que la nature ne lui a pas mis dans le cœur le moindre sentiment d'affection pour lui, et certainement la nature ne peut jamais se tromper.

— Mon cher monsieur, répliqua le frère Charles, je vois que vous partagez une erreur bien commune en imputant à la nature des choses avec lesquelles elle n'a pas le moindre rapport et dont elle n'est nullement responsable. En parlant de la nature comme d'une abstraction, on perd de vue la nature elle-même. Voici un pauvre garçon qui n'a jamais su par expérience ce que c'est que la tendresse d'un père, qui n'a guère connu toute sa vie que souffrances et chagrins; le voici présenté à un homme qu'on lui dit être son père et qui commence l'exercice de sa paternité par lui signifier son intention de mettre fin à son bonheur, encore si court et si récent, pour le plonger de nouveau dans ses misères passées et l'enlever au seul ami qu'il ait jamais eu, car vous avez été le premier et le seul. Supposez, dans ce cas, que la nature eût mis au cœur de ce jeune homme une secrète attraction vers son père qui l'éloignerait de son ami; la nature jouerait alors le rôle d'un imposteur et d'un idiot. »

Nicolas fut charmé de voir le vieux gentleman parler avec tant de chaleur, et, pour le laisser s'étendre davantage sur ce sujet, il ne répondit rien.

« Tous les jours, dit le frère Charles, sous une forme ou sous une autre, j'ai quelque preuve nouvelle de ces sortes de méprises. Ce sont des parents qui n'ont jamais montré d'amour à leurs enfants et qui se plaignent de les voir manquer à l'affection naturelle qu'ils leur doivent. Ce sont des enfants qui n'ont jamais rempli leurs devoirs envers leurs parents et qui se plaignent que leurs parents n'ont pas pour eux d'affection naturelle. Ce sont des législateurs qui, les trouvant également à plaindre les uns et les autres de n'avoir jamais pu épanouir au soleil de la vie leurs affections réciproques, en prennent occasion de sermonner bien haut et les parents et les enfants tout ensemble, et de crier que les liens mêmes de la nature ne sont plus respectés. Les affections et les instincts naturels, mon cher monsieur, sont bien, sans contredit, le chef-d'œuvre de la puissance divine ; mais, comme tous ses autres chefs-d'œuvre, ils ont besoin qu'on les soigne et qu'on les cultive, ou bien il n'est pas moins dans la nature qu'ils s'effacent alors complétement pour faire place à d'autres sentiments ; c'est ainsi qu'on voit les fruits les plus doux de la terre, lorsqu'on en néglige la culture, périr étouffés sous le chiendent et les ronces. Voilà les réflexions que je voudrais qu'on fit plus souvent ; et il vaudrait mieux se rappeler plus à propos les obligations que la nature impose, et en parler un peu moins à tort et à travers. »

Après cela, le frère Charles, qui s'était fort échauffé dans ce monologue, s'arrêta pour se calmer un peu, puis il continua en ces termes :

« Vous êtes sans doute surpris, mon cher monsieur, que je n'aie pas montré plus d'étonnement en entendant votre récit tout à l'heure ; cela s'explique aisément : votre oncle est venu ici ce matin. »

Nicolas rougit et fit un pas ou deux en arrière.

« Oui, dit le vieux gentleman frappant, avec vivacité, sur son bureau, il est venu ici, dans cette chambre même ; il est resté sourd à la raison, aux sentiments de famille, à la justice ; mais frère Ned ne l'a pas ménagé, frère Ned, monsieur, aurait tiré des larmes d'une pierre.

— Et il était venu pour...? dit Nicolas.

— Pour se plaindre de vous, répondit le frère Charles ; pour verser dans nos oreilles le poison du mensonge et de la calomnie ; mais il en a été pour ses frais et n'y a gagné que quelques bonnes vérités qu'on lui a dites. Frère Ned, mon cher monsieur Nickleby, frère Ned est un vrai lion, et Tim Linkinwater aussi. Certainement Timothée est un vrai lion ; nous avions commencé par le faire venir pour lui tenir tête, et en effet il lui a sauté sur le corps dès le premier signal.

— Comment pourrais-je, dit Nicolas, reconnaître jamais toutes les obligations que vos bontés m'imposent chaque jour ?

— En gardant sur ce sujet, mon cher monsieur, un silence absolu, répliqua frère Charles. On vous rendra justice, ou du moins on ne vous fera pas de mal, ni à vous ni aux vôtres, comptez là-dessus ; on ne vous arrachera pas un cheveu de la tête, ni à votre jeune ami, ni à votre mère, ni à votre sœur; je l'ai déclaré; frère Ned l'a déclaré et Tim Linkinwater l'a déclaré comme nous ; nous tous, nous l'avons déclaré et nous tiendrons tous notre parole. J'ai vu le père, si c'est vraiment le père, et je ne vois pas de raison pour qu'il ne le soit pas; c'est un barbare et un hypocrite, monsieur Nickleby ; je ne le lui ai pas envoyé dire : «Monsieur, lui ai-je dit, vous êtes un barbare;» oui, ma foi, je le lui ai dit comme cela : «Vous êtes un barbare, monsieur!» et vraiment j'en suis charmé; je suis charmé de lui avoir dit que c'était un barbare, cela me fait plaisir d'y penser. »

Pendant tout ce temps-là, frère Charles avait été tellement entraîné par son indignation, que Nicolas, croyant le moment favorable, allait risquer de dire un mot de sa reconnaissance; mais M. Cheeryble lui mit doucement la main sur le bras, lui fit signe de s'asseoir et s'essuyant la figure :

« C'est une affaire finie pour le moment, continua-t-il, n'en dites plus un mot; j'ai à vous parler sur un autre sujet, un sujet confidentiel, monsieur Nickleby ; il faut nous remettre, calmons-nous. »

Il fit deux ou trois tours dans la chambre, reprit sa chaise et, l'approchant plus près de Nicolas :

« Je vais, lui dit-il, mon cher monsieur, vous charger d'une mission de confiance dans une affaire très-délicate.

— Vous n'aurez pas de peine, monsieur, dit Nicolas, à trouver quelque messager plus habile, mais j'ose dire que vous n'en trouverez pas un qui soit plus disposé à justifier votre confiance par son zèle.

— Pour cela, j'en suis bien sûr, reprit le frère Charles, j'en suis bien sûr; vous n'aurez pas de peine à croire que je pense comme vous à cet égard, quand je vous dirai que l'objet de cette mission est une jeune demoiselle.

— Une jeune demoiselle, monsieur ! cria Nicolas tremblant d'émotion et avide d'entendre la suite.

— Une très-belle demoiselle, dit M. Cheeryble gravement.

— Après, monsieur, s'il vous plaît, répliqua Nicolas.

— Je réfléchis, continua le frère Charles d'un air triste, à ce qu'il semblait à Nicolas, et avec une expression pénible, au moyen de vous mettre au courant. Le hasard vous a fait rencontrer ici dans ce cabinet, un matin, mon cher monsieur, une demoiselle qui se trouvait mal ; vous le rappelez-vous ? Vous avez peut-être oublié ?...

— Non, non, répliqua Nicolas vivement; je.... je me le rappelle très-bien, au contraire.

— Eh bien ! c'est elle qui est la demoiselle dont je parle, » dit le frère Charles.

Comme le fameux perroquet de la foire, Nicolas ne put prononcer un mot, mais il n'en pensait pas moins.

« C'est la fille, dit M. Cheeryble, d'une dame que j'ai connue elle-même jeune, belle et demoiselle ; elle avait quelques années de plus que moi, et je vous avouerai que je.... c'est un mot qui me coûte à prononcer aujourd'hui.... je l'aimais tendrement : cela va peut-être vous faire rire d'entendre une tête grise comme moi parler d'amour, mais je ne m'en fâcherai pas ; je sais bien que lorsque j'avais votre âge l'on aurais fait autant.

— Je n'en ai point du tout envie, croyez-le bien, dit Nicolas.

— Elle avait une sœur, continua M. Cheeryble, qui allait épouser, quand elle mourut, mon cher frère Ned ; elle aussi, elle est morte maintenant comme sa sœur, et voilà bien des années. Celle dont je vous parle se maria.... par inclination, et Dieu sait que si mes prières avaient eu auprès de lui quelque pouvoir, la vie de la pauvre femme aurait été une vie de bonheur. »

Il y eut ici un court silence que respecta Nicolas. Le vieux gentleman reprit avec calme :

« S'il avait suffi des vœux et des espérances que je formais sincèrement du plus profond de mon cœur pour épargner à mon rival préféré les épreuves de l'adversité, lui aussi il n'aurait eu qu'une vie de paix et de bonheur ; mais qu'il vous suffise de savoir qu'il en fut tout autrement.... Hélas ! non, elle ne fut pas heureuse.... Ils tombèrent bientôt dans des embarras d'affaires et des difficultés sans nombre. Un an avant sa mort, elle se vit réduite à venir faire un appel à mon ancienne amitié ; elle était bien changée, cruellement changée, abattue par la souffrance et les mauvais traitements ; l'âme brisée comme le corps par le chagrin. Il s'empara de l'argent que, pour procurer à sa femme une heure de tranquillité d'esprit, j'aurais prodigué sans ménagement. Que dis-je, il l'envoya souvent en rechercher encore après ; et, tout en le gaspillant pour ses plaisirs, il faisait, du succès même des prières que sa femme m'adressait, un sujet de plaisanteries cruelles et de reproches amers ; il savait bien, disait-il, qu'elle se repentait cruellement du choix qu'elle avait fait ; qu'au fond elle ne l'avait épousé que par des motifs d'intérêt et de vanité (c'était dans sa jeunesse, au moment où elle le prit pour époux, un gai viveur lancé dans le grand monde), et il cherchait à rejeter sur elle de la manière la plus injuste et la plus dure les causes de cette ruine et de cette décadence dont sa mauvaise conduite était seule coupable. A l'époque dont je vous parle, la demoiselle en question n'était encore qu'une toute petite fille, et je ne la revis plus jusqu'au jour où vous l'avez rencontrée ici vous-même; mais mon neveu Frank.... »

Nicolas tressaillit, s'excusa, en balbutiant, de cette émotion involontaire et pria son patron de continuer.

« Mon neveu Frank, disais-je donc, reprit M. Cheeryble, la rencontra aussi par hasard et la perdit de vue, une minute après, pendant les deux jours qui suivirent son retour en Angleterre; son père alla cacher sa vie dans un coin obscur pour échapper à ses créanciers. Malade, pauvre, aux portes du tombeau, elle, pendant ce temps-là, cette enfant digne d'un meilleur père (Dieu nous pardonne ce souhait qui semble accuser sa sagesse!) ne recula devant aucune privation, bravant la honte et la misère, tout ce qu'il y a de plus effrayant pour un jeune cœur si pur et si délicat, afin de pouvoir le soutenir, n'ayant au milieu de ses peines d'autre auxiliaire dans l'accomplissement de ses devoirs pénibles qu'une fidèle servante autrefois aide de cuisine dans la maison, maintenant leur unique domestique, mais bien digne par sa loyauté et son dévouement d'être, oui, monsieur, d'être la femme de quelque Tim Linkinwater. »

Après cet éloge fait en l'honneur de la pauvre servante avec une énergie et une complaisance impossibles à décrire, frère Charles se renversa sur sa chaise et continua jusqu'à la fin son récit avec plus de sang-froid.

En voici la substance : résistant avec une noble fierté à toutes les offres de secours et de pension que pouvaient lui faire les amis de feu sa mère, parce qu'ils y mettaient pour condition de quitter le misérable qui était après tout son père, et serait resté par là sans ressources et sans amis; renonçant même par un instinct de délicatesse à vouloir intéresser en leur faveur le cœur noble et loyal que détestait son père et dont il avait outragé les intentions nobles et généreuses par des interprétations calomnieuses, la jeune fille avait lutté seule et sans appui pour le nourrir du fruit de son travail. Au sein de la pauvreté et de l'affliction dont elle était accablée, ses mains infatigables n'avaient jamais quitté sa tâche incessante. Jamais les fantaisies bourrues d'un malade qui n'avait pour se soutenir ni les souvenirs consolants du passé ni l'espérance de l'avenir n'avaient lassé sa patience. Jamais elle n'avait regretté l'existence plus douce qu'on lui avait offerte et qu'elle avait refusée. Jamais elle ne s'était plainte de la destinée pénible qu'elle avait volontairement acceptée. Tous les petits talents qu'elle avait pu acquérir dans des jours plus heureux, elle les avait mis à contribution et pratiqués dans un seul but, celui de soutenir son père, et cela pendant deux années entières, travaillant tout le jour, souvent aussi la nuit; maniant tour à tour l'aiguille, la plume et le pinceau; ne craignant pas, en qualité d'institutrice à domicile, de s'exposer à tous les caprices, à toutes les indignités que des femmes (et pourtant elles ont aussi des filles) se permettent trop souvent avec les personnes de leur sexe qui remplissent ce rôle dans leur maison. Car il semble qu'elles veuillent ainsi venger leur jalousie d'une intelligence dont elles sont obligées de reconnaître la supériorité, et c'est pour cela que le plus souvent elles font leurs victimes des maîtresses de leurs enfants, leurs supérieures sans aucun doute et sans aucune comparaison par la culture de l'esprit, et qu'elles leur font souffrir plus de vexations que l'escroc le plus effronté n'en peut faire endurer à son laquais. Elle avait dévoré toutes ces amertumes pendant deux grandes années, et puis, après avoir essayé son courage, sans l'épuiser jamais, dans toutes ces industries successives, elle avait reconnu qu'elle était impuissante à atteindre le but unique de ses efforts et de sa vie tout entière. Vaincue par des déceptions continuelles, des difficultés toujours renaissantes, elle s'était vue obligée de revenir chercher l'ancien ami de sa mère et de finir par décharger dans son âme le secret des peines dont son cœur était oppressé.

« Eussé-je été pauvre, dit le frère Charles les yeux étincelants, eussé-je été pauvre, monsieur Nickleby, mon cher monsieur, et, Dieu merci je ne le suis pas, je me serais refusé (d'ailleurs tout le monde l'aurait fait comme moi), les choses les plus nécessaires à la vie pour lui venir en aide; et pourtant, même avec notre fortune, il ne nous est pas facile de la secourir comme nous voudrions. Si son père était mort, il n'y aurait rien de plus aisé; elle viendrait chez nous partager et égayer notre heureux logis; elle deviendrait comme notre enfant ou notre sœur, mais il vit toujours et personne ne peut le tirer d'affaire. On l'a déjà essayé en vain bien des fois, et ce n'est pas sans de bonnes raisons que tout le monde a fini par l'abandonner.

— Mais ne pourrait-on pas persuader à cette demoiselle.... dit Nicolas, qui s'arrêta dans la crainte d'en avoir déjà trop dit.

— Quoi? de le laisser là? dit frère Charles. Qu'est-ce qui aurait le courage d'engager un enfant à délaisser son père? On lui avait déjà proposé de consentir seulement à ne le voir que par occasion (ce n'est pas moi pourtant), mais toujours sans succès.

« — Au moins, est-il bon pour elle ? dit Nicolas ; sait-il reconnaître son affection ?

— La bonté, la vraie bonté, celle qui rend dévouement pour dévouement, n'est pas dans sa nature, répondit M. Cheeryble ; du reste, il a pour elle toute la bonté que peut avoir un homme comme lui ; la mère avait beau être la plus aimante, la plus constante des femmes, cela ne l'a pas empêchée d'être, depuis son mariage jusqu'à sa mort, victime de sa légèreté lâche et cruelle, et cela ne l'a pas empêchée non plus de l'aimer toujours. A son lit de mort, c'est elle encore qui l'a recommandé aux soins de sa fille, et sa fille ne l'a jamais oublié, elle ne l'oubliera jamais.

— N'avez-vous donc aucune influence sur lui ? demanda Nicolas.

— Moi ! mon cher monsieur, je serais le dernier à en avoir ; il a contre moi une haine et une jalousie si aveugles que, s'il venait à apprendre que sa fille m'a ouvert son cœur, il ne cesserait de lui rendre la vie malheureuse par ses reproches. Et pourtant,... voyez quel est ce caractère vain et égoïste !... Quand il viendrait à savoir que c'est de moi qu'elle tient jusqu'au dernier sou qu'elle lui rapporte, il ne renoncerait pas pour cela à satisfaire, aux dépens de la bourse épuisée de sa fille, la moindre de ses fantaisies.

— Quel gredin ! il n'a donc pas d'âme ? dit Nicolas indigné.

— N'employons pas les gros mots, dit frère Charles avec douceur ; il faut nous plier nous-mêmes aux circonstances où cette jeune demoiselle se trouve placée. Les secours que j'ai pu lui faire accepter, j'ai été obligé, sur ses propres instances, de les diviser par petites portions, de peur que, s'il venait à s'apercevoir qu'elle pût se procurer trop aisément de l'argent, il ne le prodiguât encore en folles dépenses avec plus d'ardeur. Elle a donc fait bien des allées et venues secrètement, le soir, pour venir recevoir notre offrande ; mais cela ne peut plus durer comme cela, monsieur Nickleby, j'en suis honteux moi-même. »

Puis, petit à petit, il expliqua comment son frère et lui avaient médité dans leur cerveau bien des plans et des projets pour venir au secours de cette jeune fille de la manière la plus prudente et la plus délicate, sans que son père soupçonnât la source de leur petit bien-être ; comment ils avaient fini par trouver qu'ils ne pouvaient rien faire de mieux que de faire semblant de lui acheter à un prix assez élevé les petits dessins et les jolis travaux d'aiguille qu'elle pouvait faire, en ayant soin de lui faire toujours des commandes. C'était pour les aider dans ce hut, car ils étaient obligés de se faire représenter dans ce commerce par quelque intermédiaire, qu'après mûre délibération, ils s'étaient décidés à charger Nicolas de cette mission délicate.

« Le père me connaît, dit frère Charles; il connaît aussi mon frère Ned : ainsi nous ne pouvons nous présenter ni l'un ni l'autre. Frank est un excellent garçon, un brave garçon, mais nous avons peur de le trouver un peu volage et un peu léger dans une question qui exige tant de ménagements; et puis, qui sait, il pourrait prendre feu un peu trop vite, car la demoiselle est bien belle, monsieur, tout le portrait de sa pauvre mère, et, s'il venait à s'éprendre d'elle avant de s'en être bien rendu compte lui-même, il ne ferait que porter le trouble et le chagrin dans un cœur innocent où nous nous trouverions heureux, au contraire, de pouvoir ramener par degrés le bonheur et la paix. Avec cela, il avait déjà pris un intérêt extraordinaire à son sort la première fois qu'il la rencontra, car, si les renseignements que nous avons pris sont exacts, c'était pour elle qu'il avait fait tout ce tapage qui a été l'occasion de votre première connaissance. »

Nicolas balbutia qu'il s'était déjà douté que cela pouvait bien être, et, pour justifier cette supposition qu'il avait faite, il raconta où et quand il avait vu lui-même la jeune personne.

« Eh bien! vous voyez, continua frère Charles, que lui non plus ne pourrait pas convenir. Quant à Tim Linkinwater, il n'en faut pas parler; car Timothée, monsieur, est un gaillard si terrible, que rien ne pourrait l'empêcher d'en venir aux gros mots avec le père en moins de cinq minutes d'entrevue. Vous ne connaissez pas Timothée, monsieur : vous ne pouvez pas vous le figurer lorsqu'il est excité par quelque circonstance qui agit fortement sur sa sensibilité; alors, monsieur, il devient effrayant, Tim Linkinwater,... tout à fait effrayant! C'est donc sur vous que nous reposerons toute notre confiance; nous avons trouvé en vous, ou plutôt j'ai trouvé en vous, mais cela revient au même, car mon frère Ned et moi, c'est la même chose, si ce n'est qu'il est bien le meilleur homme de la terre, et qu'il n'a pas, qu'il n'aura jamais son pareil dans le monde.... Je répète donc que nous avons trouvé en vous les vertus et les affections domestiques unies à une grande délicatesse de sentiment qui vous rendent tout à fait propre à une telle mission; c'est donc vous, monsieur, qui ferez l'affaire.

— Et la demoiselle, monsieur, dit Nicolas, si embarrassé

qu'il ne savait trop que dire, a-t-elle.... se prête-t-elle à cette ruse innocente?

— Oui, oui, répondit M. Cheeryble; du moins elle sait que vous venez de notre part; seulement elle ne sait pas l'emploi que nous ferons de ces petits objets que vous irez lui acheter pour nous de temps en temps. Peut-être même, à force d'habileté,... mais il en faudrait beaucoup.... peut-être pourriez-vous lui laisser croire que nous gagnons sur elle.... Eh ! eh ! »

Cette supposition innocente et naïve rendait le frère Charles si heureux, il trouvait tant de plaisir à penser qu'il ne serait pas impossible d'amener la jeune personne à supposer qu'elle ne leur avait pas d'obligation, que Nicolas ne voulut pas troubler son bonheur en élevant le moindre doute à cet égard.

Mais, par exemple, pendant toute cette conversation, il avait toujours eu sur le bout des lèvres un aveu prêt à s'échapper. Il ne s'en fallut de rien qu'il déclarât à M. Cheeryble que les objections qui le faisaient renoncer à employer son neveu pour cette commission ne s'appliquaient pas avec moins de force et de justice à lui-même. Vingt fois il fut sur le point d'ouvrir son cœur tout entier et de demander grâce ; mais chaque fois aussi ce premier mouvement fut suivi d'un autre instinct plus fort, qui venait modérer sa candeur et retenait sur sa langue son secret prêt à s'envoler. « Et pourquoi, se disait Nicolas, irais-je semer des difficultés dans l'exécution de ce dessein si bienveillant et si généreux? Avec l'amour et le respect que j'ai pour cette bonne et charmante jeune fille, il me conviendrait bien d'aller jouer le personnage d'un fat et d'un freluquet qui voudrait lui épargner le danger de s'amouracher de sa personne ! Et puis, ne suis-je donc pas sûr de moi? L'honneur ne me fait-il pas un devoir de réprimer ma passion? Cet excellent homme, qui m'a choisi dans cette affaire, n'a-t-il pas droit d'attendre de moi tous les services du plus entier dévouement, et seraient-ce de misérables considérations personnelles qui pourraient m'empêcher de les lui rendre? »

A chacune des questions que Nicolas se posait ainsi en lui-même, une voix intérieure répondait aussi avec la plus grande énergie : « Non ! » Il finit même par se regarder comme un glorieux martyr de son devoir, et se résigna noblement à tous les sacrifices. Mais pour peu qu'il se fût examiné de plus près, il aurait facilement découvert qu'il ne faisait qu'obéir à ses plus chers désirs. C'est toujours comme cela; nous sommes d'habiles escamoteurs avec nos propres sentiments, et nous savons, en un tour de main, changer nos faiblesses mêmes en vertus héroïques et magnanimes.

M. Cheeryble, naturellement, ne se doutait guère des réflexions qui se présentaient alors à son jeune ami; il se mit donc à lui donner les pouvoirs et les instructions nécessaires pour faire sa première visite dès le lendemain matin; puis, quand tous les préliminaires eurent été bien réglés et le secret le plus absolu recommandé, Nicolas retourna chez lui, le soir, en proie à une foule de pensées.

L'endroit où l'avait adressé M. Cheeryble formait une rangée de maisons sans élégance et même sans propreté, située dans les limites privilégiées de la prison du *banc du roi*, à quelques centaines de pas de l'obélisque de Saint-Georges-des-Champs. Ces limites privilégiées forment comme un asile auprès de la prison; elles comprennent une douzaine de rues où les débiteurs qui peuvent se procurer de l'argent pour payer des droits assez considérables dont leurs créanciers ne retirent aucun profit, sont autorisés à résider en toute sûreté, grâce à la sagesse de ces lois éclairées qui laissent le débiteur sans argent mourir de faim dans un cachot, sans même lui fournir la nourriture, les vêtements, le logement et le chauffage qu'elles ne refusent pas aux criminels convaincus des plus noirs forfaits, à la honte du genre humain. Pour moi, je trouve que de toutes les plaisantes fictions qui représentent la loi toujours occupée à bien équilibrer sa balance, il n'y en a pas de plus plaisante ni de plus amusante pour l'observateur, dans la pratique, que celle qui suppose tout homme égal devant son impartialité, et toutes ses grâces également accessibles à tout individu, sans tenir le moindre compte de la monnaie qui garnit son gousset.

C'est vers cette rangée de maisons que Nicolas dirigea ses pas, suivant les indications de M. Charles Cheeryble, sans se troubler la cervelle de la moindre réflexion sur la balance de Thémis, et c'est à cette rangée de maisons qu'il arriva enfin, le cœur palpitant, après avoir eu à traverser d'abord un faubourg sale et poudreux qui, en fait d'objets intéressants, présente partout aux yeux des théâtres de marionnettes, des huîtres, des crabes et des homards, du gingerbeer, des voitures de déménagements, des boutiques de fruitières, des étalages de fripiers.

Devant chacune de ces maisons, étaient des jardinets complétement négligés sous tous les autres rapports, mais qui formaient comme autant de petits magasins de poussière, qui attendaient là que le vent tournât le coin de la rue pour venir la balayer sur la route. Nicolas s'arrêta devant l'une d'elles, ouvrit la grille mal assurée qui pendillait sur ses gonds brisés, s'entrebâillant devant les visiteurs, mais pas assez pour les laisser passer. Il y passa pourtant, et frappa à la porte d'entrée d'une main tremblante.

La maison, à l'intérieur, offrait une assez pauvre apparence : une fenêtre sombre, au parloir, garnie de jalousies mal pointes et de rideaux de mousseline malpropres, croisant au bas des vitres à l'aide de cordons lâches et mous; mais, après avoir ouvert la porte, on ne trouvait pas que l'intérieur répondît mal au dehors. L'escalier était garni d'un tapis passé; le corridor, d'une toile cirée qui n'avait pas souffert moins d'avaries; pour plus d'agrément, on voyait, en passant dans le parloir sur le devant, fumer (quoiqu'il ne fût pas encore midi), un de ces messieurs les privilégiés du *banc du roi*, pendant que la dame de la maison était activement occupée à mastiquer avec de l'encaustique les pieds disjoints d'un bois de lit à la porte de l'arrière-salle, sans doute pour recevoir quelque nouveau locataire qui avait eu le bonheur de la louer pour son domicile.

Nicolas eut tout le temps de faire ces observations, pendant que le petit saute-ruisseau chargé de faire les commissions des locataires de la maison, descendait quatre à quatre l'escalier de la cuisine pour crier après la domestique de Mlle Bray. La servante, en effet, ne se fit pas attendre; elle sortit d'une espèce de cave éloignée, pour faire son apparition au grand jour, et pria Nicolas de la suivre, sans faire attention aux symptômes d'agitation nerveuse et de malaise fiévreux que trahissait toute la personne du jeune étranger, et cela tout bonnement pour avoir demandé à voir la jeune demoiselle.

Il monta néanmoins, fut introduit dans une pièce sur le devant où il vit, assise près de la fenêtre, à une petite table fournie de tous les ustensiles nécessaires pour les dessins ébauchés, la belle jeune fille qui occupait sa pensée, et qui, dans ce moment même, entourée de tout le prestige nouveau dont le récit du frère Charles avait embelli son histoire aux yeux de Nicolas, lui semblait mille fois plus belle encore qu'il ne l'avait jamais supposée.

Mais ce furent surtout les petites décorations pleines de grâce et d'élégance répandues autour de cette chambre si pauvrement meublée, qui allèrent au cœur de Nicolas : des fleurs, des plantes, des oiseaux, la harpe, le vieux piano dont les touches avaient rendu sous ses doigts des sons plus joyeux au temps jadis. Par combien de peines et d'efforts avait-elle pu réussir à conserver aujourd'hui ces deux derniers anneaux de la chaîne brisée, qui la rattachaient, par le souvenir, à la maison maternelle où elle n'était plus ? Il n'y avait pas de si mince ornement qui ne fût un témoin de son courage et de sa patience; elle y avait consacré ses heures de loisir; elle y avait répandu cette grâce charmante dont la main d'une femme sait embellir avec goût tous les petits objets qu'elle touche ; elle y avait laissé comme l'empreinte des soins délicats qu'elle en avait pris. Nicolas croyait voir la petite chambre animée d'un sourire céleste; il lui semblait que le dévouement éclatant d'une si faible et si jeune créature, avait illuminé d'un de ses rayons les objets inanimés dont il était entouré, pour les rendre aussi éclatants que lui-même ; il lui semblait voir l'auréole dont les anciens peintres environnent la tête des anges et des séraphins dans un monde d'innocence et de pureté, se jouer autour d'un ange comme eux. L'illusion était complète; la lumière de l'auréole était visible à ses yeux.

Et cependant Nicolas était dans les limites de la prison du *banc du roi!* Encore, si la scène s'était passée en Italie, au coucher du soleil, sur quelque terrasse splendide ! Mais, qu'importe ? n'y a-t-il pas un ciel vaste qui couvre le monde entier ? Qu'il soit bleu d'azur ou chargé de nuages, n'y a-t-il pas derrière ce premier ciel un ciel pur qui se révèle aussi brillant à tous les cœurs ? C'est celui-là sans doute que voyait Nicolas, et dont ses pensées avaient emprunté l'éclat radieux.

Il ne faudrait pas croire qu'il eût tout aperçu d'un coup d'œil ; au contraire, il ne s'était pas même douté jusque-là de la présence d'un malade étendu dans un fauteuil, la tête soutenue sur des oreillers, et qui, à force de se mouvoir sans cesse et sans repos dans son impatience, finit par attirer son attention.

C'était un homme qui avait à peine cinquante ans, mais que sa maigreur faisait paraître beaucoup plus âgé. Ses traits présentaient les restes d'une belle figure, quoique les traces de l'âge n'eussent pu dissimuler l'ardeur des passions impétueuses et violentes, au lieu d'y reproduire l'expression d'émotions plus douces, qui donnent souvent plus d'attraits à des visages moins favorisés de la nature. Il avait le regard effaré ; son corps et ses membres étaient usés jusqu'aux os, mais on voyait encore dans son grand œil, au fond de son orbite, quelque chose de l'ancienne flamme qui l'animait. Elle semblait même se raviver encore pendant qu'il frappait, à coups redoublés, le parquet d'un gros bâton sur lequel il s'appuyait dans son fauteuil, et qu'il appelait, avec impatience, sa fille par son nom.

« Madeleine, qui est-ce ? Nous n'avons besoin de personne ici. Qui est-ce qui a laissé entrer un étranger ? De quoi s'agit-il ?

— Je crois..., dit la jeune demoiselle en s'inclinant, non sans quelque confusion, pour répondre au salut de Nicolas.

— Vous croyez toujours, répondit son père avec pétulance; de quoi s'agit-il? »

Pendant ce temps-là, Nicolas avait retrouvé assez de présence d'esprit pour s'expliquer lui-même. Il s'annonça, ainsi qu'il avait été convenu d'avance, comme envoyé pour commander une paire de petits écrans et du velours peint pour couvrir une ottomane. On désirait que ces articles fussent du dessin le plus élégant : on ne tenait pas au temps ni à la dépense. Il était aussi chargé de payer les deux dessins déjà livrés; et, s'avançant vers la petite table avec de grands remercîments, il y déposa un billet de banque plié sous enveloppe et cacheté.

— Madeleine, dit le père, regardez si le compte y est; ouvrez l'enveloppe, ma chère amie.

— Je sais bien que le compte y est, papa, j'en suis sûre.

— Donnez-moi cela, dit M. Bray tendant la main, dont il ouvrait et fermait les doigts osseux avec une impatience nerveuse. Voyons!... J'en suis sûre! j'en suis sûre! c'est toujours comme cela; comment pouvez-vous en être sûre sans y voir? Cent vingt-cinq francs, est-ce bien le compte?

— Tout à fait,» dit Madeleine en se penchant sur lui. Elle mit tant d'empressement à ranger les coussins sous la tête de son père que Nicolas ne put voir sa figure; mais, au moment où elle s'était baissée, il avait cru surprendre une larme dans ses yeux.

« Tirez la sonnette; tirez donc la sonnette! dit le malade avec la même vivacité maladive et montrant le cordon de sa main tremblante qui froissait en l'air le billet de banque; dites à la bonne d'aller le changer.... d'aller me chercher un journal.... de m'acheter du raisin.... qu'elle apporte encore une bouteille du même vin que la semaine dernière.... et puis.... et puis, je ne me rappelle plus la moitié de ce qu'il me faut, mais elle retournera, qu'elle commence toujours par là.... qu'elle commence par là! Allons, Madeleine, ma chère fille, vite, vite qu'on se dépêche! mon Dieu que vous êtes donc lente! »

«Il se rappelle bien ce qu'il lui faut, pensa Nicolas; mais elle, il ne songe pas même si elle a besoin de quelque chose.» Peut-être laissa-t-il transpirer sa pensée dans sa physionomie, car le malade, se tournant de son côté d'un air très-bourru, lui demanda si c'est qu'il attendait un reçu.

« Oh! cela ne fait rien du tout, dit Nicolas.

—Rien du tout? Qu'entendez-vous par là, monsieur? répondit

le père avec aigreur; est-ce que par hasard, avec votre méchant billet de banque, vous croiriez nous faire une faveur ou un cadeau, quand il ne s'agit ici que d'une affaire commerciale où vous payez pour valeur reçue? Diable! monsieur, si vous ne savez pas apprécier le temps qu'ont coûté les marchandises dont vous trafiquez et le mérite particulier de leur confection, il ne faut pas vous imaginer pour cela que ce soit de l'argent perdu. Savez-vous, monsieur, que vous parlez à un gentleman qui avait autrefois le moyen d'acheter cinquante individus comme vous et tout ce que vous possédez par-dessus le marché?... que voulez-vous dire par là?

— Je veux dire simplement que je compte faire plus d'une affaire avec mademoiselle, et que, si elle veut bien le permettre, je lui épargnerai la peine de remplir ces formalités.

— Eh bien! moi, je veux dire, s'il vous plaît, repartit le père, que nous remplirons toutes les formalités qu'il faudra. Ma fille, monsieur, ne demande de ménagements ni à vous ni à personne; ayez la bonté de vous en tenir strictement au détail de votre commerce et de n'en plus sortir. Voilà-t-il pas maintenant que tous les petits commerçants vont se mettre à la protéger de leur pitié! jour de Dieu, il ne manquerait plus que cela! Madeleine, ma fille, donnez-lui un reçu, et, à l'avenir, n'y manquez jamais. »

Pendant qu'elle faisait semblant d'écrire et que Nicolas réfléchissait sur ce caractère qui, pour être étrange, n'en est pas moins assez commun, le malade, qui paraissait de temps en temps tourmenté par des douleurs vives, s'affaissa dans son fauteuil gémissant et murmurant tout ensemble d'une voix faible qu'il y avait une heure que la bonne était partie et que tout le monde conspirait pour le pousser à bout.

« Quand est-ce, dit Nicolas en prenant la quittance supposée, quand est-ce que je.... dois repasser? »

C'est à la demoiselle même qu'il adressait cette question, mais ce fut le père qui y répondit immédiatement.

« Quand on vous dira de revenir, monsieur, et pas avant. Il ne s'agit pas de nous ennuyer et de nous persécuter. Ma chère Madeleine, quand est-ce que ce monsieur doit revenir?

— Oh! pas de longtemps, pas avant trois ou quatre semaines: ce n'est pas nécessaire, je puis m'en passer, dit la jeune dame avec beaucoup de vivacité.

— Comment, nous pouvons nous en passer, lui dit tout bas son père avec insistance, trois ou quatre semaines, Madeleine, mais vous n'y pensez pas, trois ou quatre semaines!

— Alors, plus tôt, plus tôt, si vous voulez, dit la demoiselle se tournant du côté de Nicolas.

— Trois ou quatre semaines! marmottait toujours le père; mais Madeleine, en vérité! Ne rien gagner pendant trois ou quatre semaines!

— C'est bien long, madame, dit Nicolas.

— Ah! vous trouvez? reprit le père avec colère. Si j'avais la fantaisie de mendier des secours et de m'incliner seulement pour demander l'aide de gens que je méprise, ce n'est pas trois ou quatre mois, monsieur, que je pourrais attendre sans que ce fût trop long, c'est trois ou quatre ans que je n'aurais pas besoin de votre argent. Il faudrait seulement, monsieur, que je voulusse me résoudre à sacrifier mon indépendance, mais, comme je ne le veux pas, repassez dans huit jours. »

Nicolas fit une salutation profonde à la demoiselle et se retira en réfléchissant aux singulières idées que M. Bray se faisait de l'indépendance, et en souhaitant ardemment que Dieu n'envoyât que rarement ces caractères indépendants habiter l'humble argile dont il a pétri le corps humain.

En descendant les escaliers, il entendit au-dessus de lui un pas léger et vit, en se retournant, la jeune fille sur le palier jetant sur lui un regard timide et ne sachant si elle devait le rappeler ou non. Le moyen le plus sûr de trancher la question c'était de remonter quelques marches; c'est ce que fit Nicolas.

« Je ne sais pas, monsieur, lui dit précipitamment Madeleine, si je fais bien de vous adresser cette prière, mais, je vous en supplie, ne dites rien aux chers amis de ma pauvre mère de ce qui s'est passé là devant vous. Voyez-vous, il a souffert beaucoup cette nuit, c'est ce qui le met de mauvaise humeur ce matin. Je vous le demande, monsieur, comme une grâce, comme une faveur pour moi. »

Nicolas répliqua avec chaleur qu'il suffirait que ce fût de sa part un simple désir pour qu'il fût bien aise de le satisfaire au péril même de sa vie.

« Vous parlez là un peu vite, monsieur.

— Je parle dans la sincérité de mon âme, répondit Nicolas, dont les lèvres tremblaient en même temps; jamais homme n'a parlé plus sérieusement. Je n'ai pas l'habitude de déguiser mes sentiments, et d'ailleurs, je ne pourrais pas vous cacher mon cœur tout entier, chère madame, aussi vrai que je sais toute votre histoire et que je nourris pour vous les mêmes sentiments que tout homme ou tout ange doit éprouver en vous voyant, et en entendant le récit de vos peines. Je vous prie d'être persuadée que je donnerais volontiers ma vie pour vous servir. »

La demoiselle détourna la tête sans pouvoir cacher ses larmes.

« Pardonnez-moi, dit Nicolas avec une ardeur dont l'empressement n'ôtait rien à son respect, pardonnez-moi de paraître vous en avoir trop dit, ou d'avoir l'air de me prévaloir des secrètes confidences que j'ai reçues, mais je n'ai pu me résoudre à vous quitter comme si l'intérêt et la sympathie que j'éprouve pour vous expiraient avec la commission dont je suis chargé aujourd'hui. Non ce n'est point une affection passagère que vous m'avez inspirée. A partir de ce moment, je suis votre serviteur à toujours, votre humble mais dévoué serviteur; et ni vous, ni celui qui m'a donné sa confiance, vous n'aurez à rougir de ce dévouement fidèle et loyal, fondé sur l'honneur même ; car, si vous pouviez lire au fond de ce pur sentiment de mon cœur, vous n'y trouveriez que le respect le plus profond pour votre personne. Si j'étais capable de donner un autre sens à mes paroles, je serais indigne de l'estime de celui qui m'a donné la sienne, je trahirais la nature même qui a mis sur mes lèvres ces paroles honnêtes, en les déshonorant par un mensonge. »

Elle lui fit signe de la main qu'il était temps de partir, mais ne dit pas un mot. Nicolas de son côté garda le silence et se retira. Ainsi finit sa première entrevue avec Madeleine Bray.

CHAPITRE XV.

M. Ralph Nickleby, dans un entretien confidentiel avec un autre de ses anciens amis, concerte un projet dont ils se promettent tous deux de tirer avantage.

«Voilà les trois quarts passés, murmurait Newman Noggs en entendant la sonnerie d'une église voisine, et c'est à deux heures que je dîne. Il le fait exprès ; il y tient; c'est bien là lui!»

C'était dans le petit trou qui lui servait de bureau et perché sur le haut de son tabouret officiel, que Newman s'adressait ce monologue, et le sujet du monologue se rapportait, comme tous les murmures par lesquels Newman avait l'habitude d'exhaler ses plaintes, à Ralph Nickleby.

« Il faut que cet homme-là n'ait jamais eu d'appétit, dit Newman, que pour les livres, sous et deniers. Quant à cela, par exemple, il en est gourmand comme un loup. Je voudrais pour sa peine qu'on lui fît avaler un échantillon de toutes nos pièces de monnaie. Un gros sou serait déjà un joli morceau, mais l'écu de six francs. Ha! ha! »

L'image de Ralph Nickleby avalant de force un écu de six francs rendit à Newman un peu de bonne humeur, et, sous l'influence de cette heureuse disposition, il tira lentement de son pupitre une de ces bouteilles portatives généralement connues sous le nom de pistolets de poche, et, la secouant tout contre son oreille pour jouir du son agréable et rafraîchissant produit par le liquide agité, il dérida ses traits, qui se déridèrent bien mieux encore quand il se fut gargarisé avec une gorgée de la précieuse liqueur; il remit le bouchon et fit claquer deux ou trois fois ses lèvres comme un homme qui savoure son bonheur; mais le parfum du liquide s'évapora bientôt, et alors revinrent les doléances.

« Trois heures, dans cinq minutes, dit Newman en grognant,... et j'ai déjeuné à huit heures! Dieu sait quel déjeuner!... et l'heure exacte de mon dîner est à deux heures. Car enfin j'aurais pu avoir à la maison quelque bon petit morceau de rosbif tout chaud qui se serait refroidi depuis ce temps-là à m'attendre. Je n'en ai pas, c'est vrai, mais qu'on sait-il?... Ne partez pas avant mon retour. Ne partez pas avant mon retour; tous les jours le même refrain! mais alors pourquoi choisissez-vous toujours pour sortir l'heure de mon dîner? hein?... c'est donc pour me vexer? hein? »

Ces mots, quoique prononcés sur un ton très-élevé, ne s'adressaient cependant qu'au vide des airs; pourtant Newman Noggs, en entendant de sa propre bouche la récapitulation de ses justes griefs, en parut plus ému, et dans son désespoir il s'aplatit d'un coup de poing son vieux chapeau sur la tête, ajusta sur ses mains ses gants impérissables et jura sur la tête de ses pères qu'il en arriverait ce qui pourrait, mais qu'il voulait aller dîner à l'instant même.

Et, passant à l'exécution immédiate de sa résolution, il était déjà dans le corridor, quand le bruit du passe-partout dans la porte d'entrée lui fit opérer précipitamment sa retraite au fond de son bureau.

« Le voici! murmura-t-il, et il y a quelqu'un avec lui, je l'entends déjà me dire : « Attendez que ce monsieur soit parti! » Eh bien, non, moi, je ne veux pas attendre. Attrape ça! »

En même temps Newman se glissa dans un grand placard vide

à deux battants, et le ferma sur lui dans l'intention de s'échapper aussitôt que Ralph serait entré lui-même dans son cabinet.

« Nogga ! cria Ralph, où est-il fourré ?... Nogga ! »

Mais pas plus de Nogga que s'il n'existait pas.

« Je suis sûr que l'animal est allé dîner malgré ma défense, murmura Ralph en regardant dans le bureau et en tirant sa montre pour voir l'heure.... Hum ! hum ! tenez ! Gride, vous ferez aussi bien de venir ici ; mon commis est sorti et le soleil donne dans mon cabinet. Cette pièce est à l'ombre et, si cela vous est égal, nous serons plus au frais.

— Cela m'est égal, monsieur Nickleby, tout à fait égal. Je ne tiens pas à une chambre plutôt qu'à une autre. Ah ! comment donc ; mais on est très-bien ici, très-bien ! »

L'individu que nous présentons ici pour la première fois aux lecteurs était un petit vieillard de soixante-dix à soixante-quinze ans, très-maigre, très-courbé, avec une légère déviation de la colonne vertébrale. Il portait un habit gris à collet très-étroit, un gilet de soie noire à raies d'un très-ancien modèle et un pantalon si court qu'il laissait voir dans toute leur laideur ses jambes de fuseau. Les seuls ornements qui rehaussaient sa toilette étaient une chaîne de montre en acier à laquelle pendillaient de grands cachets en or et un ruban noir destiné, d'après une mode déjà si ancienne qu'elle était même alors surannée, à réunir par derrière ses cheveux gris en une petite queue. Son nez et son menton étaient pointus et saillants ; ses mâchoires étaient rentrées en elles-mêmes, faute de dents pour les retenir. Sa figure était ridée et jaunâtre, excepté vers les pommettes de ses joues, bariolées par les couleurs panachées d'une pomme de reinette à la fin de l'hiver. A la place où jadis avait été sa barbe on voyait encore quelques touffes grises dont l'apparence grêle et languissante semblait, comme ses sourcils râpés, protester contre la stérilité du sol où elles prenaient leur nourriture. Toute sa tournure, son air, son attitude, représentaient la docilité basse et rampante du chat ; et, quant à l'expression de sa figure, elle consistait uniquement dans certains plis du coin de l'œil qui laissait lire, dans son regard rusé, un mélange d'astuce, de libertinage, de sournoiserie et d'avarice. Tel est le portrait véritable du vieil Arthur Gride qui n'avait pas une ride à la face, ni dans tout son costume le moindre pli qui ne rappelât la ladrerie la plus avide et la plus rapace, et qui ne le désignât clairement comme appartenant à la même catégorie sociale que M. Ralph Nickleby. Tel est le portrait véritable du vieil Arthur Gride tel qu'il était, assis sur une chaise de canne, les yeux levés sur la figure de Ralph Nickleby qui, du haut du grand tabouret sur lequel il se balançait, les bras étendus sur ses genoux, plongeait aussi ses yeux dans ceux de son visiteur pour percer ses intentions secrètes; car il savait bien que, quelle que fût l'affaire qui l'amenait, ils seraient à deux de jeu.

« Et comment vous êtes-vous porté? dit Gride feignant un vif intérêt pour la santé de Ralph ; car je ne vous ai pas vu depuis.... non, ma foi, pas depuis....

— Pas depuis longtemps, dit Ralph avec un sourire particulier qui voulait dire qu'il n'était pas la dupe de ces formules de compliment, et qu'il savait bien que ce n'était pas pour cela que son ami était venu lui rendre visite. Il s'en est peu fallu que vous ne me vissiez pas, car je venais justement de mettre la clef dans la porte quand vous avez tourné le coin de la rue.

— J'ai du bonheur! reprit Gride.

— C'est ce qu'on dit, » répliqua Ralph sèchement.

Le vieil usurier branla le menton et se mit à sourire, mais sans faire aucune autre observation, et ils restèrent tous les deux un petit bout de temps sur leurs chaises sans rien dire. Chacun d'eux observait l'autre, pour l'attaquer à son avantage.

« Eh bien! Gride, dit Ralph à la fin, d'où vient le vent aujourd'hui?

— Ha! ha! monsieur Nickleby, vous êtes un homme terrible, cria l'autre, charmé de voir que Ralph le mit lui-même sur la voie pour lui parler d'affaires; Dieu de Dieu! quel terrible homme vous faites!

— Bah! répondit Ralph, je vous parlais comme cela parce que vous avez, vous, des manières câlines et des allures glissantes. Je ne dis pas que cela ne vaille pas mieux, mais je n'ai pas la patience de procéder comme cela.

— Vous êtes un vrai génie de nature, monsieur Nickleby, dit le vieil Arthur, et si profond, ah!

— Assez profond, répondit Ralph, pour savoir que j'ai besoin de l'être le plus que je peux, quand des hommes comme vous se mettent à me faire des compliments. Vous savez que je vous ai vu de près flatter et cajoler les gens, et je n'ai pas oublié ce qu'il leur en coûtait!

— Ha! ha! ha! reprit Arthur en se frottant les mains, ah! vous vous le rappelez, cela ne m'étonne pas, il n'y pas d'homme comme vous pour ces choses-là, et vraiment j'ai bien du plaisir à voir que vous vous rappelez le bon vieux temps. Ah! Dieu!

— A présent, dit Ralph avec un grand sang-froid, voyons, d'où vient le vent, encore une fois? Qu'est-ce qui vous amène?

— Là, là! voyez! cria l'autre, il ne peut pas même parler du bon vieux temps sans passer tout de suite aux affaires positives. Ah! Dieu de Dieu! quel homme!

— Et quelle est cette affaire du bon vieux temps que vous venez remettre sur le tapis? car je sais bien que vous ne venez que pour cela, et qu'autrement vous ne parleriez pas tant du bon vieux temps.

— Il se méfie de tout le monde; moi-même il me soupçonne, cria le vieil Arthur en levant les mains au ciel. Moi-même! Grand Dieu! Même moi! Quel homme! Il n'y a qu'un Nickleby dans le monde; je ne connais personne comme lui. C'est un géant, nous ne sommes que des pygmées. Un géant, un vrai géant! »

Ralph regardait avec un sourire tranquille le vieux renard rire ainsi d'un air affecté, pendant que Newman Noggs, dans son armoire, se sentait le cœur faillir à mesure que l'image de son dîner devenait de plus en plus problématique.

« C'est égal, cria le vieil Arthur, il faut que j'en passe par où il veut; il n'y a pas à le contrarier; l'homme de tête, comme disent les Écossais, et les Écossais ne sont pas bêtes, ne cause que d'affaires et ne donne pas son temps gratis; et il a bien raison, le temps est de l'argent. C'est de l'argent que le temps!

— Il faut que ce soit vous ou moi qui ayons fait ce proverbe, dit Ralph. Je crois bien que le temps est de l'argent, et de bon argent encore, pour ceux à qui il rapporte intérêt. Le temps est de l'argent! Bien mieux, c'est qu'il en coûte aussi, de l'argent; il n'y a même pas d'article plus dispendieux. Je sais des gens qui pourraient en dire quelque chose, ou je ne m'y connais pas. »

En réponse à cette saillie, le vieil Arthur recommença de lever les mains au ciel et de s'écrier au milieu de son rire étouffé: « Quel homme! » Après quoi il approcha sa chaise basse un peu plus près du tabouret de Ralph, et de là, fixant les yeux sur sa figure impassible :

« Qu'est-ce que vous diriez, lui demanda-t-il, si j'allais vous annoncer que je vais...., que je vais me marier?

— Mais je dirais, répliqua Ralph, en abaissant froidement les yeux sur lui, que vous avez vos raisons pour me faire un mensonge, et que ce n'est pas la première fois, pas plus que ce ne sera la dernière. Je dirais que vous ne me surprenez pas et que je ne me laisse pas prendre à ça.

— Eh bien! je vous annonce sérieusement que je vais le faire, dit le vieil Arthur.

— Et moi, je vous répète sérieusement ce que je viens de vous dire. Voyons! tenez-vous bien, que je vous réponde. Quel diable d'air mielleux vous prenez là! Il y a quelque chose là-dessous.

— Tenez! je ne voudrais pas vous attraper, vous savez, reprit Arthur Gride d'un air de bonhomie; d'ailleurs, je n'y réussirais pas, ce serait une folie de ma part de l'essayer. Moi, attraper M. Nickleby! le pygmée attraper le géant! Eh bien, je vous répète ma question,... hé! hé! hé! Qu'est-ce que vous diriez si j'allais vous annoncer que je vais me marier?

— A quelque vieille sorcière? dit Ralph.

— Non pas, non pas, cria Arthur en se frottant les mains avec un air de ravissement. Encore une erreur! Je suis bien aise de trouver M. Nickleby en défaut; et cette fois il y est bien.... Non, c'est une jeune et belle fille, fraîche, aimable, charmante, et dix-neuf ans à peine: des yeux noirs, avec de longs cils, des lèvres lisses et vermeilles qui appellent le baiser; des grappes magnifiques de cheveux abondants qui donnent aux mains la démangeaison d'y passer les doigts; une taille qui vous donne l'envie, malgré vous, de serrer l'air dans vos dix doigts comme si vous arrondissiez autour d'elle votre bras; de petits pieds qui trottinent si légèrement qu'ils n'ont pas l'air de toucher le sol. Eh bien! je vais épouser tout cela, monsieur, tout cela. Hé! hé!

— Diable! voilà un radotage qui passe la permission, dit Ralph après avoir écouté, en retroussant le coin de ses lèvres, les adorations du vieux pécheur; et quel est le nom de la jeune fille?

— Ah! quel homme profond! voyez comme il est profond! s'écria le vieil Arthur; il devine que j'ai besoin de son aide; il devine qu'il peut me donner un coup d'épaule, il devine qu'il en tirera profit. Il voit tout d'un seul coup d'œil! Son nom? c'est... Il n'y a personne ici qui puisse nous entendre?

— Ouais! qui diable voulez-vous qu'il y ait? répondit Ralph brusquement.

— Je ne savais pas si, par hasard, il n'y aurait pas quelqu'un à monter ou à descendre l'escalier, dit Arthur Gride après avoir ouvert la porte, pour regarder dehors, et l'avoir ensuite soigneusement refermée; ou bien encore votre commis aurait pu revenir et écouter à la porte. Les commis et les domestiques, il n'y a rien de pareil pour écouter aux portes, et j'aurais été désolé que M. Noggs....

— Diable soit de M. Noggs! dit Ralph avec un ton d'aigreur; continuez donc toujours ce que vous avez à me dire.

— Ma foi ! diable soit de M. Noggs si vous voulez, répliqua Gride, ce n'est pas moi qui vous contredirai là-dessus. Le nom de la demoiselle est donc....

— Voyons ! dit Ralph, dont les lenteurs et l'hésitation du vieil Arthur irritaient la curiosité ; son nom ?

— Madeleine Bray ! »

Arthur Gride avait paru compter sur ce nom pour produire de l'effet sur Ralph ; mais, s'il produisit quelque effet, il n'y parut guère sur sa physionomie ; et, loin de trahir la moindre émotion, il répéta ce nom avec calme à plusieurs reprises, comme s'il cherchait à se rappeler où et quand il l'avait déjà entendu prononcer.

« Bray ! dit Ralph, Bray ! j'ai connu un jeune Bray qui.... Mais non, il n'avait pas de fille.

— Comment ! vous ne vous rappelez pas Bray ? répondit le vieil Arthur.

— Non, dit Ralph le regardant d'un air impassible.

— Walter Bray ! ce beau des beaux, qui a rendu sa jolie femme si malheureuse ?

— Si vous n'avez pas d'autre marque distinctive que celle-là pour me rappeler votre beau des beaux, dit Ralph en haussant les épaules, comment voulez-vous que je le reconnaisse parmi les neuf dixièmes de tous les beaux que j'ai jamais connus ?

— Ta, ta, ta ! Ce Bray, qui habite maintenant dans les limites privilégiées du Banc du roi ; vous ne pouvez pas avoir oublié Bray ; nous avons fait assez d'affaires avec lui tous les deux ; il vous doit même de l'argent.

— Ah ! celui-là ? répliqua Ralph ; bon ! bon ! vous commencez à vous expliquer plus clairement. Ah ! c'est la fille de celui-là dont vous me parlez ? »

Ces paroles avaient beau être dites du ton le plus naturel du monde ; sous ce ton naturel, le vieil Arthur Gride, qui n'était pas un sot, aurait dû reconnaître l'intention secrète de Ralph, de l'amener à donner des explications et des détails plus développés qu'il n'en avait envie, ou que Ralph n'aurait pu vraisemblablement s'en procurer autrement ; mais le vieil Arthur, entraîné par la conversation, donna dans le piége et prit au sérieux l'incertitude apparente qu'avait montrée son ami.

« Je savais bien qu'il ne vous faudrait pas longtemps pour vous le rappeler.

— Vous avez raison, répondit Ralph ; mais, voyez-vous, le vieil Arthur Gride et le mariage sont des mots qui jurent tellement ensemble que vous m'aviez troublé. Le vieil Arthur Gride.

avec des yeux noirs, avec de longs cils, et des lèvres qui appellent le baiser, et des grappes de cheveux dans lesquelles il voudrait passer ses doigts, et des tailles qu'il voudrait serrer dans ses mains, et des petits pieds qui ne touchent rien en marchant ; toutes ces belles choses et le vieil Arthur Gride forment un accouplement monstrueux. Mais ce n'est rien encore auprès du mariage du vieil Arthur Gride avec la fille d'un beau des beaux ruiné aujourd'hui, locataire dans les limites du Banc du roi. Ceci, c'est à n'y pas croire, tant la chose me paraît mythologique. Franchement, mon vieux camarade, si vous avez besoin que je vous donne un coup de main dans cette affaire, comme je n'en doute pas, puisque vous êtes venu me voir, expliquez-vous, et droit au fait ; surtout n'allez pas me rabâcher que c'est dans mon intérêt, parce que je sais bien qu'il faut avant tout que ce soit dans le vôtre ; et grandement encore, sans quoi vous ne me serviriez pas ce plat de votre métier. »

Il y avait non-seulement dans les paroles de Ralph, mais aussi dans le ton de sa voix et dans les regards dont il les accompagnait, assez d'aigreur et de raillerie amère pour faire prendre feu au sang glacé du vieil usurier et colorer de honte même ses joues flétries ; mais, loin de montrer quelque colère, il se contenta de répéter son vieux refrain : « Cruel homme ! » et de secouer sa tête de droite et de gauche comme s'il ne pouvait s'empêcher de rire de ses saillies joviales et de son franc parler. Toutefois, comme il lut dans les traits de son interlocuteur qu'il était temps de se dépêcher et d'arriver au but, il prit l'air sérieux qui convient pour traiter les affaires, et il entra résolûment dans le développement précis de l'objet de sa négociation.

Il commença par insister sur ce fait que Madeleine Bray s'était sacrifiée au soutien de son père qui n'avait pas d'autre ami sur la terre, et qu'elle était l'esclave soumise de ses moindres désirs. Ralph répondit à cela qu'il en avait déjà entendu quelque chose et que c'était une sotte ; que si elle avait connu un peu plus ce que c'est que le monde, elle n'aurait pas agi comme cela.

Gride, en second lieu, parla du caractère du père qu'il représenta comme un homme qui avait peut-être pour sa fille toute l'affection qu'il pouvait avoir pour quelqu'un, mais qui s'aimait lui-même par-dessus toute chose. Ralph observa que cela allait sans dire, vu que la chose était toute naturelle et qu'il n'y avait pas de mal à cela.

Troisièmement, le vieil Arthur articula que la jeune fille était un morceau délicat et que sa beauté lui avait véritablement donné le goût d'en faire sa femme. A cela Ralph ne daigna répondre que par un sourire blessant et par un coup d'œil de dégoût sur le vieillard décrépit qui lui parlait d'amour.

« A présent, dit Gride, passons au petit plan que j'ai imaginé, car j'aurais dû vous dire, si vous ne l'avez pas déjà deviné, que je ne me suis pas encore présenté au père; mais vous devinez tout : ah! quel fin matois!

— En ce cas, dit Ralph avec impatience, ne vous y jouez pas; vous savez qu'il ne faut pas se jouer à plus fort que soi....

— Toujours une réponse à tout sur le bout de la langue, cria le vieil Arthur levant dans son admiration les mains et les yeux vers le ciel. Il n'est jamais pris; mon Dieu! qu'on est heureux d'avoir tant d'esprit argent comptant et tant d'argent comptant pour faire honneur à son esprit! » Puis il changea tout à coup de ton pour continuer ainsi : « J'ai déjà fait plus d'une fois, dans les six derniers mois, le chemin du logement de Bray, car il y a juste six mois que j'ai vu pour la première fois ce morceau friand : oh! oui, bien friand! mais laissons cela pour le moment; c'est moi qui le fais poursuivre comme créancier à son compte de trente-sept mille cinq cents francs.

— Vous avez l'air de dire que vous êtes son seul créancier poursuivant, dit Ralph tirant son portefeuille; vous auriez tort, car je le suis aussi pour vingt-quatre mille trois cent soixante-quinze francs quatre-vingt-cinq centimes.

— Oui, je le sais, dit vivement le vieil Arthur, vous êtes le seul avec moi, il n'y en a pas d'autre. Tout le monde ne va pas faire la dépense de coffrer un débiteur et on s'en rapporte à nous pour le serrer de près, je vous en réponds. Il n'y a que vous et moi qui nous soyons laissé prendre à ce traquenard. Dieu de Dieu! quel abîme sans fond! j'y ai presque laissé toute ma fortune. Quand je pense que nous lui avons prêté notre argent sur simples billets, sans autre garantie que le nom d'un endosseur que tout le monde supposait alors aussi bon que de l'or en barre; et qui, tout à coup, a tourné comme vous savez! Quand je pense qu'au moment de mettre la main sur lui il est mort insolvable! Ah! j'ai bien manqué d'être ruiné du coup; il ne s'en fallait de guère.

— Et votre plan, dit Ralph, vous ne m'en parlez pas? A quoi cela sert-il de crier misère entre nous sur les désagréments de notre trafic, puisqu'il n'y a là personne pour nous entendre?

— C'est égal, c'est toujours bon à dire, répondit le vieil Arthur avec son gros rire, même quand il n'y a personne pour nous entendre; cela entretient la main. Eh bien! si j'allais m'offrir pour gendre à Bray, à la simple condition que, le jour même de mon mariage, il reprendra tout tranquillement sa liberté avec une pension à manger de l'autre côté de la Manche comme un gentleman (je sais que cela ne peut pas durer longtemps ; j'ai consulté son docteur qui m'a déclaré qu'il avait une maladie du cœur qui n'ira pas loin), et si on lui faisait valoir avec esprit, si on lui faisait toucher au doigt les avantages de cette proposition, croyez-vous qu'il pût me résister ? Et si, moi, il ne peut pas me résister, croyez-vous que sa fille puisse lui résister non plus ? Croyez-vous qu'avant une semaine, un mois, un jour, enfin au moment même où je la demanderai, je ne fasse pas de Madeleine Mme Arthur Gride, la jolie Mme Arthur Gride ? mon petit bichon, mon petit poulot de Mme Arthur Gride ?

— Continuez, dit Ralph en secouant la tête comme un homme qui ne se payait pas de cela, et d'un ton froidement étudié qui faisait un étrange contraste avec les transports passionnés auxquels son ami s'était laissé entraîner par degrés,... continuez, ce n'est pas pour me parler de ces fadaises que vous êtes venu me voir.

— Là ! que vous êtes pressant ! cria le vieil Arthur en se rapprochant de Ralph tout contre lui. Eh bien ! non, c'est vrai, je ne dis pas que c'est pour cela. Je suis venu vous demander ce que vous me prendriez, en cas de réussite auprès du père, pour la créance que vous avez sur lui. Vingt-cinq pour cent ? trente pour cent ? non ? allons ! cinquante pour cent. Je veux bien aller jusque-là pour un ami comme vous, nous avons toujours été si bien ensemble que vous devriez bien pourtant être moins exigeant. Eh bien ! est-ce dit ?

— Vous n'avez pas fini, dit Ralph immobile comme une pierre.

— C'est vrai, j'ai encore quelque chose à vous dire, mais quoi ! vous ne m'en donnez pas le temps. Le voici : il me faut quelqu'un pour m'appuyer dans cette affaire, quelqu'un qui soit en état de parler, de presser, d'emporter une difficulté, un homme de votre force enfin. Moi, je n'en suis pas capable, je suis un pauvre diable trop timide et trop sensible pour cela. Je vous propose donc, pour la peine que je vous donne un bon prix d'une créance dont vous n'attendiez plus un sol depuis longtemps, de me rendre auprès de lui un service d'ami dont j'ai besoin.

— Vous n'avez pas tout dit encore, cria Ralph.

— Mais si, je vous assure.

— Non, non. Je vous dis que non.

— Ah! répondit le vieil Arthur faisant semblant d'être tout à coup éclairé par un trait de lumière, vous voulez dire que j'ai à vous parler encore de quelque chose qui concerne mes intérêts et mes intentions. Est-ce la peine de vous en parler?

— Je crois que vous ferez bien, répondit Ralph sèchement.

— Je ne voulais pas vous ennuyer de ces détails, dit Arthur Gride, parce que je supposais qu'il suffisait de vous entretenir de vos propres intérêts dans cette affaire. C'est bien aimable à vous de vouloir ainsi vous intéresser à ce qui me touche seul. Certainement, c'est bien aimable à vous. Eh bien! supposons que j'eusse connaissance de quelque bien, un petit bien, très-peu de chose, sur lequel ce charmant petit poulet eût des titres à faire valoir et dont personne ne s'est douté jusqu'à ce jour; mais dont son mari pourrait faire son profit, connaissant la chose comme je la connais. Cette circonstance expliquerait....

— Elle expliquerait tout, répondit Ralph brusquement; à présent laissez-moi me rendre compte de la chose et réfléchir à ce que je dois vous demander pour la peine que je vous aiderai à réussir.

— Surtout ne soyez pas trop exigeant, cria le vieil Arthur levant vers lui les mains, dans la posture d'un suppliant, et lui répétant d'une voix tremblante: ne soyez pas trop exigeant avec moi; c'est un très-petit bien, très-peu de chose, contentez-vous de cinquante pour cent, et c'est marché fait. C'est plus que je ne devrais offrir, mais vous êtes si bon!... Cinquante pour cent; c'est convenu, n'est-ce pas? »

Sans faire aucune attention à ses supplications, Ralph resta trois ou quatre minutes à réfléchir profondément sur sa chaise, regardant d'un air pensif son solliciteur. Quand il eut bien médité, il rompit le silence, et, à la manière dont il parla, il eût été injuste de lui reprocher de recourir à des circonlocutions inutiles ou de ne pas aller droit au but.

« Si vous épousiez cette jeune fille sans mon aide, dit Ralph, vous êtes toujours dans l'obligation de me payer la dette de son père en totalité, car c'est le seul moyen de le mettre en liberté. Il est donc clair que vous devez m'en donner le montant sans déduction et sans frais, ou bien tout ce que je gagnerais à l'honneur que vous m'avez fait de me choisir pour confident, ce serait de perdre quelque chose que j'aurais eu sans cela. Voilà donc le premier article de notre traité; voici le second: pour la peine que je me serai donnée à négocier cette affaire, à persuader le père, à vous faire la courte échelle, il sera stipulé que vous me donnerez deux mille cinq cents francs.... C'est une bagatelle en comparaison des lèvres vermeilles, des cheveux en grappes et de toutes ces autres belles choses que vous aurez à vous tout seul. Enfin, troisième et dernier article, vous me signerez aujourd'hui même l'engagement de m'acquitter le tout, le jour de votre mariage avec Madeleine Bray, avant midi sonnant. Vous me disiez tout à l'heure que j'étais en état de parler, de presser, d'emporter une difficulté, eh bien je tiens à emporter celle-là, et je suis décidé à n'en rien rabattre. Vous accepterez mes conditions si cela vous fait plaisir;... sinon, mariez-vous sans moi si vous pouvez, ma créance sera toujours payée. »

Prières, protestations, contre-propositions d'Arthur Gride, Ralph fut sourd à tout; il ne voulut pas même rentrer dans la discussion du sujet; il laissa le vieil Arthur se donner carrière sur l'énormité de ses exigences, sur les modifications qu'il y faudrait apporter; il le laissa faire, de moment en moment, un pas de plus vers les conditions auxquelles il résistait d'abord, sans bouger sur sa chaise, sans rien dire, parfaitement muet, examinant l'un après l'autre, avec l'air de ne rien entendre, les papiers et les notes de son portefeuille.

En voyant son ami rester ferme comme un roc, Arthur Gride qui, avant de venir, s'était préparé à quelque désagrément de ce genre, finit, bon gré mal gré, par signer tous les articles du traité, y compris l'engagement en question, sur papier timbré (Ralph en avait toujours une provision toute prête). Il y mit seulement la condition que M. Nickleby l'accompagnerait sur l'heure même au logement de Bray pour entamer immédiatement les négociations, dans le cas où ils viendraient à trouver les circonstances propices et favorables à leur dessein.

En exécution de cette convention, la digne paire d'amis sortit presque aussitôt, et Newman Noggs apparut, bouteille en main, s'élançant aussi de son armoire, par-dessus laquelle, entr'ouvrant la porte supérieure, il avait plus d'une fois, au risque périlleux d'être découvert, passé sa trogne pour mieux entendre certaines parties du complot ou certains points de la discussion qui l'intéressaient davantage.

« Je n'ai plus faim, dit Newman mettant son flacon dans sa poche; j'ai dîné. »

Après cette observation faite d'un ton dolent et chagrin, il alla d'un saut jusqu'à la porte et revint de même sur ses pas.

« Je ne sais pas, dit-il, quelle est, ni quelle peut être cette jeune fille, mais je la plains de tout mon cœur et de toute mon âme, sans pouvoir la défendre, pas plus que mille autres personnes exposées comme elle tous les jours à de lâches complots, quoique je n'en sache pas de plus vil que celui-ci. Après tout la connaissance que j'en ai n'ajoute rien à son malheur; elle n'est pénible que pour moi. Le mal n'en est pas plus grand parce que je le connais ; seulement, en m'affligeant, il fait une victime de plus. Gride et Nickleby! qu'ils sont bien accouplés ensemble!... Ah! les gredins! gredins! gredins! »

Et chaque fois qu'il répétait ce mot, Newman Noggs entraîné par ses réflexions donnait un nouveau renfoncement à son infortuné chapeau. Il faut dire que son cerveau était un peu surexcité par le contenu du pistolet de poche auquel il avait dit deux mots pendant sa séquestration volontaire au fond de l'armoire. Enfin il sortit pour aller chercher les consolations que pouvaient lui donner une tranche de bœuf et des choux verts dans quelque restaurant à bon marché.

Cependant les deux coalisés s'étaient rendus dans cette maison que nous connaissons déjà pour avoir été visitée quelques jours auparavant par Nicolas. Ayant été admis auprès de M. Bray dont la fille était sortie pour l'instant, ils avaient fini, après des manœuvres savantes qui faisaient beaucoup d'honneur à l'habileté de Ralph, par rompre la glace et mettre sur le tapis le véritable objet de leur visite au malade.

« Vous voyez devant vous votre solliciteur, monsieur Bray, dit Ralph au patient qui n'était pas encore revenu de sa surprise et, du fond de son fauteuil, promenait alternativement ses yeux de l'un à l'autre. Qu'est-ce que cela fait qu'il ait eu le malheur d'être en partie la cause de votre détention ici? J'ai fait comme lui ; que voulez-vous, il faut bien que tout le monde vive; vous avez trop d'expérience du monde pour ne pas voir les choses sous leur véritable jour. Nous venons vous offrir la meilleure réparation qui soit en notre pouvoir, et voyez quelle réparation. Il s'agit d'un mariage qu'on vous propose et que bien des pères, comtes, barons ou baronnets seraient bien aise de happer pour leurs filles; M. Arthur Gride avec une fortune princière, n'est-ce pas une bonne aubaine?

— Ma fille, monsieur, répondit Bray avec hauteur, grâce à l'éducation que je lui ai donnée, payera richement l'apport de la plus belle fortune qu'un homme puisse lui offrir en échange de sa main!

— C'est précisément ce que je vous disais, reprit l'artificieux Nickleby en se tournant vers son ami, le vieil Arthur Gride; précisément ce qui m'a fait considérer la chose comme facile et convenable. Les avantages sont partagés; personne ne devra rien à l'autre. Vous avez de l'argent, miss Madeleine a du mérite et de la beauté. Elle n'est pas riche ; vous, vous n'êtes pas jeune : troc pour troc.... Vous êtes quittes.... Un vrai mariage du bon Dieu.

— En effet, ajouta Arthur Gride en jetant une œillade hideuse à son futur beau-père. C'est le bon Dieu, dit-on, qui écrit les mariages là-haut. Le nôtre sera donc par conséquent prédestiné !

— Et puis, n'oubliez pas, monsieur Bray, dit Ralph qui se hâta de substituer au raisonnement stupide de Gride des considérations plus terre à terre, mais plus palpables, n'oubliez pas les conséquences nécessaires de l'acceptation ou du refus que vous allez faire des propositions de mon ami.

— Comment voulez-vous que ce soit moi qui accepte ou qui refuse? répliqua monsieur Bray, bien convaincu, malgré son objection, que c'était lui en effet qui déciderait la chose. C'est à ma fille d'accepter ou de refuser; vous savez bien que c'est à ma fille.

— C'est vrai, dit Ralph d'un ton pénétré. Cependant vous avez toujours le pouvoir de la conseiller, de lui exposer les raisons pour et contre, de hasarder un désir.

— Hasarder un désir! monsieur, répondit le débiteur tour à tour humble et fier, sans jamais cesser d'être égoïste avant tout ; je suis son père, il me semble, et j'irais hasarder un désir! tourner autour du pot! Croyez-vous, par hasard, comme les amis de sa mère, mes ennemis (au diable soient-ils!), qu'elle ait fait avec moi autre chose que son devoir, monsieur, son devoir bien strict? ou bien supposez-vous que, parce que j'ai été malheureux, ce soit une raison suffisante pour avoir changé nos positions relatives, et que ce soit à elle de commander, à moi d'obéir? Hasarder un désir! Ce serait drôle! Peut-être vous imaginez-vous, parce que vous me voyez ici à peine capable de me lever de mon fauteuil sans l'aide d'un bras, que je suis battu de l'oiseau, sans courage et sans caractère, sans pouvoir pour décider moi-même des intérêts de mon enfant.... Ah! j'ai toujours le pouvoir de hasarder un désir! Il ne manquerait plus que cela.

— Pardon, dit Ralph qui connaissait bien son homme et qui avait pris ses mesures en conséquence, vous ne m'avez pas laissé achever ; j'allais vous dire qu'il vous suffirait de hasarder un désir, rien qu'un désir, pour que ce fût pour elle comme un ordre.

— Ah! à la bonne heure, j'entends cela, repartit M. Bray exaspéré. Vous n'avez peut-être jamais entendu parler de cela; mais sachez qu'il fut un temps où je n'étais pas embarrassé de triompher de la résistance de toute la famille de sa mère. Ils avaient pour eux leur crédit et leurs richesses ; mais, moi, j'avais ma volonté, et cela me suffisait.

— Voilà encore, répliqua Ralph d'un ton aussi adouci que pouvait le permettre son caractère, que vous ne m'avez pas laissé parler jusqu'au bout. Vous êtes un homme tout à fait propre encore à briller dans le monde. Vous avez encore bien des années devant vous, du moins si vous viviez plus librement, au grand air, sous un ciel plus pur et dans une société de votre choix. La gaieté est votre élément. Ce n'est pas d'aujourd'hui que vous en avez donné la preuve. Eh bien ! à vous les plaisirs de la mode et la liberté, à vous la France avec une pension qui vous permettrait d'y trouver les jouissances du luxe ; vous auriez encore un long bail à faire avec la vie ; ou plutôt vous renaîtriez à une nouvelle existence. Vous avez déjà fait autrefois du bruit à Londres par votre goût pour la dépense et le plaisir. Vous pourriez briller encore sur un nouveau théâtre en mettant à profit l'expérience du passé, et vivre un peu aux dépens des autres au lieu de laisser les autres vivre à vos dépens. Maintenant, retournons la médaille ; qu'avez-vous à attendre d'un refus ? Rien autre chose qu'une pierre tumulaire dans le cimetière voisin ; quand ? peut-être dans vingt ans, peut-être dans deux ans, c'est ce que je ne sais pas : voilà tout. »

M. Bray restait le coude appuyé sur le bras de son fauteuil et la main devant la figure.

« Je parle franchement, dit Ralph en s'asseyant auprès de lui, parce que je sens vivement. Il est de mon intérêt que vous donniez votre fille en mariage à mon ami Gride, parce qu'alors il me paye, au moins il me paye en partie. Vous voyez que je ne m'en cache pas ; je joue cartes sur table ; mais vous aussi vous avez votre intérêt à faire adopter ce parti à votre fille ; ne perdez point cela de vue. Elle fera peut-être quelque objection, quelque représentation. Elle pleurera, elle dira qu'il est trop vieux, que ce serait la rendre malheureuse pour toute la vie ; mais alors qu'arrive-t-il ? »

Quelques gestes échappés au malade montraient que chacun de ses arguments portait coup et qu'il n'en perdait pas une syllabe, pas plus que Ralph ne perdait le moindre signe qui pouvait trahir les secrets sentiments de M. Bray.

« Je vous disais donc, poursuivit l'usurier artificieux, si elle ne l'épouse pas, qu'arrive-t-il ? ou du moins que doit-il arriver ? Certes, une fois vous mort, les gens que vous détestez feraient son bonheur ; mais pouvez-vous en supporter la pensée ?

— Non, répondit Bray poussé par un sentiment de rancune invincible.

— Je le savais bien, dit Ralph tranquillement. S'il faut que ce soit la mort de quelqu'un qui lui profite, ajouta-t-il en baissant la voix, il vaut mieux que ce soit celle de son mari. Ne l'exposez pas à soupirer après la vôtre comme le signal assuré de sa délivrance et de son bonheur. Examinons les objections. Voyons cela de près. Voici : Son prétendu est un vieillard ; mais ne voit-on pas tous les jours des hommes d'une grande famille et d'une grande fortune qui, par conséquent, n'ont pas votre excuse, puisqu'ils ont sous la main les jouissances de la vie et le superflu de la richesse, marier leurs filles à des vieillards, ou même, ce qui est bien pis, à des jeunes gens sans cœur et sans cervelle, parce qu'ils ont des titres qui chatouillent doucement leur orgueil, des biens qui garantissent leurs intérêts de famille, une influence qui leur assure un siége au parlement ? C'est à vous de décider pour elle, monsieur ; elle ne peut pas avoir un meilleur juge de ce qu'il lui faut, et elle vous en aura de la reconnaissance toute sa vie.

— Chut.... chut ! cria M. Bray, tressaillant tout à coup et mettant sa main tremblante sur la bouche de Ralph pour le faire taire, la voici, je l'entends à la porte. »

Dans ce mouvement précipité de M. Bray inquiet et confus, il y avait comme un éclair de conscience, une étincelle d'honnêteté qui leur montrait sous leur vrai jour tous les sophismes de ce cruel dessein, et qui en éclairait toute la bassesse, toute la honte, toute la barbarie. Le père retomba dans son fauteuil, pâle et tremblant ; Arthur Gride, dans son embarras, chercha partout son chapeau, sans oser lever ses yeux attachés au parquet. Il n'y eut pas jusqu'à Ralph qui ne fît le chien couchant et ne se sentît l'oreille basse en présence d'une jeune fille innocente.

Mais si l'effet fut subit, il ne fut pas moins rapide. Ralph fut le premier à se remettre, et, voyant dans les yeux de Madeleine une expression d'inquiétude, il pria la pauvre fille de se calmer, en l'assurant qu'elle n'avait rien à craindre.

« Ce n'est rien qu'une crise soudaine, dit Ralph jetant un coup d'œil sur M. Bray ; mais le voilà tout à fait remis. »

Le cœur le plus dur, le plus émoussé par l'expérience du monde, n'aurait pu rester insensible à la vue de cette jeune et belle créature dont ils venaient, une minute auparavant, de concerter entre eux la perte ; jeter ses bras autour du cou de son père ; lui prodiguer des mots de tendresse et d'amour, les paroles les plus douces que puisse entendre l'oreille d'un père, que puissent former les lèvres d'un enfant; mais Ralph la regardait froidement pendant qu'Arthur Gride, dont les yeux chassieux ne voyaient que les agréments physiques de sa victime, sans pénétrer jusqu'à l'âme qui les animait, laissait percer une espèce d'intérêt fantastique. Mais, grand Dieu! que cet intérêt était loin de ressembler aux sentiments qu'inspire d'ordinaire la contemplation de la vertu!

« Madeleine, lui dit son père en se dégageant doucement de ses embrassements, ce n'est rien.

— Mais vous avez déjà eu pareille crise hier, et c'est bien terrible de vous voir toujours souffrir ainsi! Est-ce que vous ne voulez pas que je vous fasse quelque chose?

— Non, rien maintenant. Voici deux messieurs, Madeleine, dont l'un ne vous est pas inconnu.... Elle me disait toujours, ajouta M. Bray en s'adressant à Arthur Gride, que, rien que de vous voir, j'avais une rechute. Elle ne pouvait pas dire autrement, sachant ce qu'elle savait, et rien de plus, de nos relations et de leurs suites; mais, soyez tranquille, elle pourra bien changer d'idée là-dessus; il n'est pas rare, vous savez, que les jeunes filles changent d'idée. Vous êtes bien fatiguée, ma petite?

— Mais non, je vous assure.

— Je vous assure que si, vous en faites trop.

— Je voudrais en faire davantage.

— Je sais cela; mais vous en faites plus que vos forces, ma chère enfant. Cette vie misérable de travail journalier, de fatigue incessante est trop pénible pour vous; il est impossible que vous y résistiez, pauvre Madeleine! »

En lui disant ce petit mot tendre, M. Bray attira sa fille dans ses bras et lui baisa la joue avec vivacité.

Ralph, qui ne le perdait pas de vue, crut devoir les laisser seuls, et s'avança du côté de la porte en faisant signe à Gride de le suivre.

« Vous nous reverrez? dit Ralph.

— Oui, oui, répondit M. Bray en se hâtant d'écarter sa fille, dans huit jours: je ne vous demande que huit jours.

— Huit jours soit! dit Ralph se tournant vers son compagnon; ainsi, d'aujourd'hui en huit. Je vous salue, et vous, mademoiselle Madeleine, je vous baise les mains.

— Vous ne partirez pas sans me donner une poignée de main, Gride, dit M. Bray tendant la main au vieil Arthur, qui s'inclina humblement. Je vous sais gré de vos intentions, et je suis bien aisé de vous le dire. Je vous devais de l'argent; ce n'est pas votre faute.... Ma chère Madeleine, votre main à Grido!

— Grand Dieu! si mademoiselle daignait!.... seulement le bout des doigts, » dit Arthur hésitant à avancer sa main et la retirant timidement après. Madeleine recula involontairement devant cette figure de marmouset; cependant, docile à son père, elle lui mit dans la main le bout des doigts, qu'elle retira aussitôt. Arthur allait les serrer pour les porter à ses lèvres, lorsque, trompé dans son attente par leur retraite précipitée, il en fut quitte pour appliquer à ses propres doigts un baiser amoureux après lequel il se mit à suivre, avec une foule de grimaces tendres et passionnées, son ami, qui déjà l'attendait dans la rue.

« Eh bien! qu'en dites-vous? qu'en dites-vous? Qu'en dit le géant au pygmée? demanda Arthur Grido en rejoignant Ralph.

— Qu'en dit le pygmée au géant? répondit Ralph relevant ses sourcils et jetant sur son questionneur un regard de mépris.

— Le pygmée ne sait que dire, répliqua Arthur Grido, il est entre la crainte et l'espérance; mais n'est-ce pas que c'est un friand morceau? »

Ralph répondit en grognant qu'il n'avait pas grand goût pour la beauté.

« Mais moi, j'en ai, dit Arthur en se frottant les mains. Ah! Dieu! comme ses yeux étaient jolis pendant qu'elle se penchait tendrement sur lui. Quels longs cils! Quelle frange délicate! Elle.... elle.... me regardait si doucement!

— Pas bien amoureusement, toujours, dit Ralph.

— Ah! vous ne trouvez pas, répliqua le vieil Arthur; mais, est-ce que vous ne pensez pas que cela pourra venir?... Qu'en dites-vous? »

Ralph, en le regardant, fronça le sourcil d'un air dédaigneux et lui dit en ricanant entre ses dents :

« Avez-vous remarqué qu'il lui a dit qu'elle était fatiguée, qu'elle travaillait trop, qu'elle faisait plus que ses forces?

— Oui; eh bien?

— Croyez-vous qu'il lui en ait jamais ouvert la bouche auparavant? Et puis encore, quand il lui a dit qu'elle ne pourrait résister à cette vie-là? Allez! allez! il va bientôt lui faire changer de vie.

— Alors, vous croyez donc la chose faite? dit le vieil Arthur en fixant sur son compagnon ses petits yeux libidineux.

— Je regarde cela comme une chose faite, dit Ralph; il en est déjà à chercher à se justifier lui-même à nos propres yeux, en nous faisant croire qu'il ne songe qu'au bonheur de sa fille et point du tout au sien ; on jouait un rôle de père vertueux si prévoyant, si tendre pour sa fille, qu'elle aura peine à le reconnaître. J'ai vu tout à l'heure, dans l'œil de Madeleine, une larme de douce surprise ; avant peu elle en versera beaucoup des larmes de surprise ; mais elles ne seront pas si douces. Allez ! nous pouvons attendre avec constance la semaine prochaine. »

CHAPITRE XVI.

Au bénéfice de M. Vincent Crummles, et bien décidément pour sa dernière représentation sur notre théâtre.

Ce fut le cœur bien gros et bien triste que Nicolas, accablé par une foule d'idées pénibles, reprit son chemin vers le comptoir des frères Cheeryble. Toutes les vaines espérances dont il s'était bercé, toutes les visions agréables qui avaient assailli son esprit et qui s'étaient groupées autour de la belle image de Madeleine Bray étaient maintenant dissipées sans qu'il restât le moindre vestige de leurs brillantes illusions.

Ce serait faire injure à la nature honnête de Nicolas et méconnaître la magnanimité de son caractère de supposer que la révélation du secret mystérieux dont jusque-là Madeleine Bray était entourée, au point qu'il ignorait même son nom, avait calmé son ardeur ou refroidi les flammes de sa passion. S'il avait eu pour elle auparavant un de ces sentiments que les jeunes gens tiennent toujours prêts pour les attraits de la beauté, il éprouvait maintenant au dedans de lui-même que les siens étaient bien plus forts et plus profonds ; mais le respect dû à ce cœur innocent et pur, les égards que méritait sa situation solitaire et abandonnée, la sympathie naturelle qu'on ressent pour les épreuves d'une femme si jeune et si belle, ou l'admiration qu'inspirait son grand et noble caractère, tout semblait l'élever dans une sphère où il ne pouvait l'atteindre ; tout en imprimant à son amour plus de force et de vivacité respectueuse, lui murmurait tout bas à l'oreille que cet amour était sans espoir.

« Je tiendrai ma parole, je ferai ce que je lui ai promis, dit Nicolas avec fermeté. La mission que j'ai à remplir n'est pas ordinaire ; le double devoir qui m'est imposé, je veux l'accomplir avec la plus scrupuleuse fidélité. En pareil cas, mes sentiments secrets doivent passer après ; je saurai en faire le sacrifice. »

Cependant ces sentiments secrets n'en existaient pas moins, et Nicolas, à son insu, les encourageait plus qu'il ne croyait. Sa raison (si la raison y était pour quelque chose), c'était qu'il ne pouvait faire de tort qu'à son propre repos, et que, s'il les gardait pour lui seul par le sentiment du devoir, c'était bien le moins qu'il eût le droit de s'en entretenir avec lui-même pour se dédommager de son dévouement héroïque.

Toutes ces pensées, jointes à ce qu'il avait vu le matin même et à l'espérance de sa visite prochaine, l'avaient rendu d'une société triste et distraite. Aussi Tim Linkinwater, inquiet de ce changement d'humeur, en vint-il à soupçonner que sans doute il avait fait quelque erreur de chiffres qui pesait sur sa conscience et le conjura-t-il, au nom de l'honneur, s'il en était ainsi, de lui en faire l'aveu sincère et de réparer sa faute, fût-ce même au prix d'une rature, plutôt que de s'exposer à voir sa vie tout entière empoisonnée par les remords les plus amers et les plus cuisants.

Mais, pour toute réponse à ces représentations amicales et à bien d'autres instances, où M. Frank s'unit à M. Timothée, pour lui rendre la paix de l'âme, Nicolas, au contraire, jurait qu'il n'avait jamais été plus gai de sa vie : ce qui ne l'empêcha pas, pendant toute la journée et plus encore le soir, en retournant chez lui, de revenir toujours dans sa pensée sur le même sujet; de ruminer toujours les mêmes choses et d'arriver toujours aux mêmes conclusions.

C'est surtout quand ils se trouvent dans cette disposition vague, rêveuse, incertaine, qu'on voit les gens rôder et flâner sans savoir pourquoi ; lire sur les murs avec une grande attention les placards et les affiches, sans comprendre un mot de ce qu'ils contiennent; s'arrêter à la montre des boutiques et des magasins, et ouvrir de grands yeux pour voir des choses qu'ils ne voient pas C'est ce qui fit que Nicolas se surprit à étudier avec le plus vif intérêt une grande affiche dramatique, suspendue à la porte d'un petit théâtre, devant lequel il fallait qu'il passât pour aller chez lui, et à lire, d'un bout à l'autre, une liste des acteurs et des actrices qui avaient promis d'embellir de leur présence un bénéfice du soir même. A voir la gravité qu'il y mettait, on aurait cru sa curiosité excitée par un catalogue des noms illustres des messieurs et des dames qui occupaient les pages les plus brillantes du livre du destin, et qu'il lisait lui-même avec anxiété l'arrêt de ses futures destinées. Quand il s'en aperçut, il sourit tout le premier de sa distraction étrange, et se préparait à continuer sa route, lorsqu'en jetant un dernier coup d'œil sur les premières lignes de l'affiche, il y vit annoncée, en grands caractères, avec de grands espaces pour les distancer : *Sans remise, la dernière représentation de M. Vincent Crummles, le célèbre artiste de province.*

« Quel conte ! dit Nicolas en se retournant ; ce n'est pas possible ! »

C'était au contraire bien vrai. Dans une ligne à part se trouvait l'annonce de la première représentation d'un nouveau mélodrame. Une autre ligne, à part aussi, annonçait la sixième représentation d'un mélodrame ancien. Une troisième ligne était consacrée à la suite des débuts de l'incomparable avaleur de sabres africain qui avait eu la bonté de consentir à continuer une semaine de plus à faire le bonheur du public de Londres. Une quatrième ligne avertissait aussi les passants que M. Snittle Timberry, rétabli de l'indisposition grave qui l'avait retenu quelque temps loin du théâtre, reparaîtrait aujourd'hui même. Une cinquième ligne disait qu'il y avait tous les soirs à chaque représentation des bravos, des larmes, de grands éclats de rire. Une sixième déclarait que c'était décidément la dernière représentation de M. Vincent Crummles, le célèbre artiste de province.

« Ce ne peut être que lui, pensa Nicolas ; il n'est pas possible qu'il y ait deux Vincent Crummles au monde. »

Pour mieux s'en assurer, il se remit à lire l'affiche. Il y trouva dans la première pièce un baron, dont le fils Roberto était joué par un jeune Crummles, et son neveu Spalatro par un M. Percy Crummles, tous pour leur dernière représentation. De plus, il y avait dans la pièce une danse de caractère intercalée, et un solo dansé au son des castagnettes par l'enfant phénoménal.... pour sa dernière représentation. Il n'y avait plus de doute ; et Nicolas, bien sûr cette fois de ne pas se tromper, après avoir fait remettre à M. Crummles un bout de papier sur lequel il avait écrit au crayon son nom de guerre, M. Johnson, fut introduit par un brigand à grande ceinture bouclée qui lui serrait la taille, à grands gantelets de cuir sur les mains, et se trouva en présence de son ancien directeur.

M. Crummles se montra sincèrement charmé de le revoir ; il quitta précipitamment pour lui une petite glace devant laquelle il s'attifait, portant un sourcil touffu collé en zigzag autour de son œil gauche, et tenant l'autre à la main ainsi que le mollet destiné à l'une de ses jambes, et vint l'embrasser cordialement. Sa première parole fut que Mme Crummles serait bien heureuse de pouvoir lui dire adieu avant son départ.

« Car il faut vous dire, monsieur Johnson, qu'elle a toujours eu un faible pour vous; et cela dès la première entrevue. Aussi, la première fois que nous avons dîné ensemble, je me suis dit : Voilà un garçon dont il n'y a pas à s'inquiéter. Un homme que Mme Crummles trouvait à son goût était bien sûr de faire son chemin. Ah! Johnson, quelle femme!

— Je lui suis bien reconnaissant, dit Nicolas, de sa bonne opinion et de sa bienveillance pour moi en toutes choses; mais où donc allez-vous, que vous me parlez de me dire adieu?

— Est-ce que vous n'avez pas vu cela dans le journal? dit Crummles avec une certaine dignité.

— Non, répliqua Nicolas.

— Vous m'étonnez, dit le directeur; c'était à l article *Variétés*. J'avais par là, quelque part, le paragraphe qui me regarde; mais je ne sais plus si je vais pouvoir le retrouver.... ah! justement! le voici. »

Et M. Crummles, tout en disant qu'il l'avait sans doute perdu, tira du gousset de son pantalon bourgeois, maintenant suspendu à une espèce de portemanteau dans la chambre, pêle-mêle avec les effets de plusieurs autres artistes, un petit morceau de journal à peu près d'un pouce carré qu'il lui donna à lire.

« L'habile M. Vincent Crummles, depuis longtemps si favo-
« rablement connu du public en sa qualité de directeur de pro-
« vince et d'acteur d'un mérite peu ordinaire, est sur le point
« de traverser l'Atlantique pour une expédition dramatique. On
« nous assure que Crummles part accompagné de sa dame et de
« son honorable famille. Nous ne connaissons pas d'artiste qui
« soit supérieur à Crummles dans la spécialité de ses rôles,
« ni d'homme qui mérite à plus juste titre, par son caractère
« public ou particulier, d'emporter les regrets sincères d'un plus
« grand nombre d'amis. Crummles est assuré du succès ! »

« Voici encore un autre petit bout d'article, lui dit M. Crummles en lui passant un morceau de papier de moins en moins volumineux. Celui-ci est extrait de la *Correspondance*. »

Nicolas lut tout haut ce qui suit, signé : *Philo-Dramaticus*.

« Crummles, acteur et directeur de province, doit avoir au
« plus de quarante-trois à quarante-quatre ans; *il n'est pas vrai*
« *que Crummles soit Prussien*, car il est né à Chelsea. »

« Hum, dit Nicolas, voilà un drôle de paragraphe.

— Très-drôle, répondit Crummles en se grattant l'aile du nez et regardant Nicolas avec l'air d'une grande indifférence, je ne peux pas deviner qui est-ce qui a mis cela ; ce n'est toujours pas moi. »

M. Crummles, toujours les yeux fixés sur Nicolas, secoua la tête deux ou trois fois avec une profonde gravité et se mit à plier les extraits de journaux qui le concernaient et à les remettre dans son gousset, en observant qu'il ne savait pas du tout où diable les journaux allaient prendre tout ce qu'ils disaient.

« Ah ! voilà une nouvelle qui m'étonne bien, dit Nicolas, partir pour l'Amérique ! vous n'y pensiez pas du temps que nous étions ensemble.

— Non, répliqua Crummles, je n'y pensais pas. Le fait est, voyez-vous, monsieur Johnson, que Mme Crumles (quelle femme extraordinaire !).... Ici, M. Crummles baissa la voix et chuchota quelque chose à l'oreille de Nicolas.

— Ah ! dit Nicolas en souriant, c'est en vue d'un accroissement de votre famille?

— Un septième accroissement, Johnson, répondit M. Crummles d'un air solennel. J'avais bien cru que le phénomène fermerait la marche ; mais nous avons tout l'air d'en avoir encore un autre. Oh ! c'est une femme extrêmement remarquable!

— Recevez mes compliments, dit Nicolas ; j'espère que vous aurez deux phénomènes au lieu d'un.

— Mais il est à peu près sûr que ce ne sera pas un enfant ordinaire, ou je serais bien trompé, repartit M. Crummles. Le talent des trois autres brille surtout dans les combats et la pantomime sérieuse ; je voudrais bien que ce petit-là eût du goût pour les jeunes premiers tragiques ; j'entends dire qu'ils en sont à court en Amérique. En tout cas on le prendra tel qu'il sera. Après cela, il peut avoir du génie pour la corde roide ; il peut avoir du génie pour toutes sortes de choses, pour peu qu'il tienne de sa mère, Johnson, car elle, c'est un génie universel ; mais, quel que soit son génie, vous pouvez être sûr qu'entre nos mains il ne restera pas inculte. »

Tout en s'exprimant en ces termes graves et solennels, M. Crummles se collait au-dessus de l'œil son autre sourcil, s'ajustait ses mollets postiches et les couvrait d'une paire de jambes couleur de chair jaunâtre, pas très-propre aux genoux, à force d'avoir traîné par terre dans les malédictions, les prières, les agonies et autres effets en honneur dans le drame pathétique.

L'ex-directeur de Nicolas ne perdit pas de temps, en complétant sa toilette, pour l'informer qu'il avait une assez belle indemnité de voyage, par suite d'un engagement avantageux qu'il avait été assez heureux pour contracter avec un théâtre d'Amérique, et que Mme Crummles et lui, qui ne pouvaient pas avoir l'espérance de durer toujours, car on n'est pas immortel, excepté dans le sens figuré du mot qui vous assure une vie éternelle dans les fastes de la gloire, avaient formé le projet d'établir là leur dernière résidence. Ils avaient l'espérance d'y acheter quelque propriété qui pût les faire vivre dans leur vieillesse et passer, après eux, entre les mains de leurs enfants. Nicolas approuva fort cette résolution, et la conversation tourna sur ceux de leurs amis communs dont le sort pouvait le mieux intéresser Nicolas et dont M. Crummles était à même de lui donner des nouvelles. Mlle Snevellicci, par exemple, avait fait un bon mariage; elle avait épousé un jeune chandelier, bien à son aise, fournisseur de chandelles pour le théâtre. Quant à M. Lillyvick, il ne faisait pas tout ce qu'il voulait sous le sceptre tyrannique de Mme Lillyvick, qui avait établi dans sa maison un empire suprême et sans partage.

Nicolas répondit à ces confidences de M. Crummles en lui confiant à son tour son vrai nom, sa situation, ses espérances, et en lui donnant quelques éclaircissements, dans les termes les plus généraux qu'il put le faire, sur les circonstances qui avaient précédé leurs premières relations.

Après l'avoir félicité de tout son cœur des changements heureux survenus dans sa fortune, M. Crummles lui annonça que, le lendemain matin même, sa famille et lui partaient pour Liverpool, où ils trouveraient prêt à mettre à la voile le vaisseau qui devait les arracher aux rivages de l'Angleterre, et il prévint Nicolas que, s'il voulait dire un dernier adieu à Mme Crummles, il fallait qu'il acceptât une place au souper de départ donné le soir même en l'honneur de la famille dans une taverne voisine. C'est M. Snittle Timberry qui devait le présider. Les honneurs de la vice-présidence étaient dévolus à l'avaleur de sabres africain.

Cependant le foyer des acteurs s'était rempli petit à petit, l'air y devenait étouffant et la foule plus compacte, enrichie tout nouvellement encore de la présence de quatre gentlemen qui venaient de se tuer les uns les autres dans la pièce que l'on représentait sur le théâtre. Nicolas se hâta d'accepter l'invitation et de promettre de revenir après la représentation. Il se hâta surtout de sortir, car il préférait l'air frais et pur d'une soirée d'été, au dehors, au parfum composé du gaz, des peaux d'orange et de la poudre à canon qui empestait les coulisses resplendissantes de l'éclat des quinquets.

Il profita de cet intervalle pour aller acheter une tabatière d'argent; ses moyens ne lui permettaient pas de l'acheter en or; c'était un souvenir qu'il destinait à M. Crummles. Il y joignit une paire de boucles d'oreilles pour Mme Crummles, un collier pour le phénomène, une épingle flamboyante pour chacun des jeunes fils, puis il fit un petit tour de promenade rafraîchissante, revint au théâtre peu de temps après le rendez-vous, trouva les lumières éteintes, la salle vide, le rideau relevé pour la nuit, et M. Crummles se promenant de long en large sur la scène, en attendant sa venue.

« Timberry ne va pas tarder, dit M. Crummles; il a été obligé de jouer ce soir jusqu'au bout; il remplit dans la dernière pièce le rôle d'un nègre fidèle; c'est ce qui fait qu'il est un peu plus longtemps à se débarbouiller.

— Au fait! dit Nicolas, il me semble que c'est un rôle assez déplaisant.

— Mais non, je ne trouve pas, répliqua M. Crummles, cela s'en va aisément avec de l'eau; il n'y a, comme vous savez, que le cou et la figure. Ah! nous avions autrefois dans notre troupe un premier tragique qui ne jouait jamais Othello sans se faire tout noir des pieds à la tête. Et c'est ce que j'appelle jouer son rôle en conscience et avec le sentiment de la chose; mais cela ne se voit pas tous les jours, malheureusement. »

En effet, M. Snittle Timberry fit son entrée, bras dessus bras dessous, avec l'avaleur africain. On lui présenta Nicolas, sur quoi, il leva son chapeau un demi-pied de haut, en disant qu'il était très-fier de faire sa connaissance. L'avaleur en dit autant, et, tout Africain qu'il était, Nicolas ne put s'empêcher de remarquer que, pour la figure et la prononciation, il ressemblait terriblement à un Irlandais.

« Je vois par l'affiche que vous sortez d'être malade, monsieur, dit Nicolas à M. Timberry; j'espère que vous ne serez pas fatigué ce soir de manière à vous en trouver plus mal? »

M. Timberry répondit en hochant la tête d'un air sombre, se frappa la poitrine à plusieurs reprises d'une manière très-significative, et, se drapant dans son manteau :... « Mais n'importe, dit-il, n'importe, allons! »

C'est une chose remarquable que, sur la scène, c'est justement au moment où les personnages sont dans une de ces situations désespérées qui les réduisent à un état complet de faiblesse et d'épuisement qu'ils ne manquent jamais d'exécuter les tours de force qui supposent le plus de présence d'esprit et de vigueur des muscles. Ainsi, voilà un prince ou un chef de brigands blessé; il a perdu tout son sang; il en est tellement affaibli qu'il ne peut bouger; mais on entend les doux sons de la musique, et alors on le voit approcher à quatre pattes d'un cottage voisin pour y demander du secours, et il fait tout le long du chemin une telle collection de bonds divers et de tortillements ; il retrousse ses jambes avec tant de souplesse; il tombe et se relève tant de fois, qu'il faut assurément, pour jouer ce rôle de moribond, un hercule bien stylé à faire tout ce qu'il veut de son corps. Eh bien! M. Snittle Timberry s'était fait si bien comme une seconde nature de ses poses forcées que, tout le long du chemin, pour aller du théâtre à la taverne, où le souper était servi, il se livra à une série d'exercices gymnastiques qui faisaient l'admiration de tout le monde, pour mieux prouver sans doute la gravité de son indisposition récente et les effets désastreux qu'elle avait produits sur son système nerveux.

« Par exemple! dit Mme Crummles quand on lui présenta Nicolas, voilà un bonheur auquel je ne m'attendais pas.

— Ni moi non plus, répliqua Nicolas; c'est un hasard heureux qui m'a procuré cette occasion de vous voir, quand d'ailleurs j'aurais donné quelque chose de bien bon cœur pour avoir ce plaisir.

— Voici quelqu'un de votre connaissance, dit Mme Crummles en faisant avancer le phénomène, en robe de gaze bleue, avec d'immenses volants et en pantalon de même étoffe; et puis en voici encore un autre, continua-t-elle en présentant successivement les jeunes Crummles. A propos, comment se porte votre ami le fidèle Digby?

— Digby? dit Nicolas oubliant un instant l'ancien nom de guerre de Smike; ah! j'y suis, il se porte tout à fait.... qu'est-ce que j'allais donc dire? il est loin de bien se porter.

— Comment! s'écria Mme Crummles, reculant de deux pas comme dans la tragédie.

— J'ai peur, dit Nicolas secouant la tête et souriant, sans en avoir envie, que votre époux, madame Crummles, ne fût encore plus frappé que la première fois qu'il l'a vu de son aptitude physique à jouer les apothicaires affamés.

— Que voulez-vous dire? répondit Mme Crummles du ton qui lui valait le plus d'applaudissements au théâtre; d'où vient cet air triste?

— Je veux dire que j'ai un lâche ennemi qui a voulu me frapper dans la personne de mon ami, et que, dans l'espérance de me faire de la peine, il le persécute, il lui inflige de telles tortures d'inquiétude et de terreur que.... mais excusez-moi, dit Nicolas en se retenant, ce sont des choses dont je ferais mieux de ne pas parler, et dont je ne parle jamais, excepté à ceux qui sont au fait de mes tracas; pardon, je m'étais un moment oublié. »

Nicolas termina ses excuses par un salut respectueux au phénomène et se hâta de changer de sujet, se reprochant en lui-même son impétuosité, et se demandant ce que Mme Crummles devait penser d'une explosion de sentiments si soudaine.

A vrai dire, si cette dame y pensa, elle n'y pensa guère, car, à la vue du souper servi sur la table, elle donna sa main à Nicolas pour aller se placer d'un pas majestueux à la gauche de M. Snittle Timberry. Nicolas eut l'honneur d'être près d'elle, de l'autre côté; M. Crummles, à la droite du président. Autour du vice-président se groupèrent le phénomène et ses jeunes frères.

Les convives montaient au nombre de vingt-cinq ou trente, tous artistes dramatiques, engagés ou non à quelque théâtre de Londres, et tous intimes de M. et de Mme Crummles. Les messieurs et les dames étaient presque en nombre égal. Comme c'étaient les premiers qui avaient fait les frais de cette petite partie, chacun d'eux avait eu le privilége d'amener avec lui quelqu'une de ces dernières.

C'était, en somme, une réunion très-distinguée, car, indépendamment des planètes secondaires qui vinrent en cette occasion se ranger, en satellites bien appris, autour de leur soleil dramatique, M. Snittle Timberry, il y avait là un homme de lettres qui avait dramatisé, dans son temps, deux cent quarante-sept romans à peine publiés, quelques-uns même encore sous presse, ce qui faisait par conséquent que c'était un homme de lettres.

C'était lui qui était assis à la gauche de Nicolas: il lui avait été présenté du bout de la table par son ami l'avaleur africain, qui avait profité de l'occasion pour faire un éloge pompeux de sa glorieuse réputation.

« Je suis heureux, dit poliment Nicolas, de faire la connaissance d'un homme si distingué par son mérite.

— Monsieur, répliqua le personnage, soyez le bienvenu parmi nous. L'honneur est réciproque, comme j'ai l'habitude de le dire, de l'auteur et de moi quand je mets son livre en drame. Avez-vous jamais entendu définir la gloire?

— Plus d'une fois, je vous assure, répliqua Nicolas avec un sourire; et vous, quelle est votre définition?

— Quand je mets un livre en drame, monsieur, dit l'homme de lettres, c'est de la gloire.... pour son auteur.

— Ah! c'est comme ça que vous l'entendez?

— Oui, monsieur, voilà la gloire!

— A ce compte, l'archevêque Turpin, Améric Vespuce et tous les plagiaires pourraient se vanter d'avoir créé la gloire des célébrités qu'ils ont pillées avec tant d'impudence.

— Je ne connais pas ces messieurs-là, répondit l'homme de lettres.

— Il est vrai que vous avez pour vous l'exemple de Shakspeare, qui a mis sur la scène des histoires déjà publiées.

— Vous voulez parler de ce cher William, monsieur? C'est vrai, il a fait comme nous. Certainement William était un metteur en œuvre, et même il ne s'en acquittait pas mal, à tout prendre.

— Vous m'avez interrompu comme j'allais dire, répliqua Nicolas, que Shakspeare a tiré le sujet de plusieurs de ses pièces de contes et de légendes antiques tombés dans le domaine public; mais, qu'à mon avis, il y a aujourd'hui dans votre profession bien des messieurs qui ne se gênent pas pour aller plus loin.

— Vous avez bien raison, monsieur, dit en l'interrompant le dramaturge, renversé d'un air fat sur le dos de sa chaise, et donnant de l'exercice à son cure-dent; l'intelligence humaine, monsieur, a progressé depuis son temps, elle progresse, elle progressera....

— Quand je disais qu'ils sont allés plus loin, monsieur, reprit Nicolas, je ne l'entendais pas du tout comme vous. Si Shakspeare a fait entrer dans le cercle magique de son génie universel les traditions qui se rattachaient d'une manière particulière à son but, s'il a fait, des matières les plus communes, des astres radieux capables de jeter sur le monde, pendant des siècles, une lumière resplendissante, vous, vous fourrez quand même dans le cercle magique de votre imbécillité des sujets qui répugnent à l'essence même du théâtre, et vous rapetissez tout, comme tout s'agrandissait sous ses mains. Vous prenez, par exemple, les livres encore incomplets d'auteurs vivants, vous les leur arrachez des mains, encore humides de la presse, pour tailler, couper, rogner, pour les proportionner à la force et à la taille de vos acteurs, à la capacité de vos théâtres; vous cousez à l'œuvre originale le dénoûment qui leur manquait encore; vous brochez en courant, avec une précipitation cruelle, des idées que le créateur de son œuvre médite maintenant même dans le travail de ses journées laborieuses, dans les fatigues de ses nuits sans sommeil. Vous vous emparez des incidents qu'il invente, du dialogue qu'il élabore, des derniers mots qu'il a tracés de sa plume, il n'y a pas plus de quinze jours, vous vous en servez pour deviner le reste, pour anticiper sur la marche de son plan.... tout cela sans sa permission et contre son gré. Et puis, pour qu'il n'y manque rien, vous publiez, dans une plate brochure, un fouillis insipide d'extraits sans suite empruntés à son livre mutilé; vous y mettez votre nom, votre nom d'*auteur*, sans oublier d'y joindre, pour le recommander davantage, la longue énumération de cent autres outrages que vous avez déjà commis contre l'honnêteté littéraire. Je voudrais bien qu'on me fît voir la différence qu'il peut y avoir entre un vol de cette nature et l'adresse malhonnête du filou qui vient, au milieu de la rue, me prendre mon mouchoir dans ma poche. Je n'en vois qu'une c'est que la législation de notre pays s'intéresse à mon mouchoir, mais que pour nos cervelles, elle nous laisse le soin de les défendre nous-mêmes contre les entreprises des gens, excepté pourtant quand on vient les attaquer à coups de bâton.

— Il faut bien vivre, monsieur, dit l'homme de lettres en haussant les épaules.

— Vous m'avouerez, répliqua Nicolas, que si la raison est bonne pour vous, elle ne serait pas invoquée avec moins de force par l'auteur que vous dépouillez. Mais, si vous mettez la question sur ce terrain, je n'ai plus qu'une chose à dire: c'est que, si j'étais auteur et vous dramatiste, quelque altérée que fût votre soif ordinaire, j'aimerais mieux vous payer à boire à discrétion pendant six mois à la taverne, que de partager avec vous une niche du temple de la gloire pendant six cents générations, dussiez-vous vous contenter du coin le plus humble de mon piédestal. »

Au train que prenait la conversation, il y avait à craindre que le ton n'en devînt plus aigre, lorsque heureusement Mme Crummles intervint pour l'empêcher de dégénérer en une querelle violente; ce qu'elle fit par quelques questions adroites adressées à l'homme de lettres sur le plan de la demi-douzaine de pièces nouvelles qu'il venait de composer, de contrat fait avec la direction, pour faire paraître sur la scène l'avaleur de sabres africain, dans la multiplicité variée de ses exercices incomparables. Il se trouva dès lors engagé naturellement avec cette dame dans une conversation animée dont l'intérêt dissipa promptement toutes les vapeurs de ses dernières discussions avec Nicolas.

Lorsque les pièces de résistance eurent successivement disparu de la table; lorsqu'à leur place, le punch, le vin, les liqueurs, placés devant la société passèrent de main en main, les convives qui s'étaient réunis jusque-là, pour la conversation, en petits groupes de trois ou quatre, retombèrent peu à peu dans un profond silence, regardant la plupart, de temps en temps, du côté de M. Snittle Timberry. Quelques-uns même, plus hardis que les autres, faisaient raisonner sur la table le revers des phalanges de leurs doigts, et ne craignaient pas d'exprimer hautement leur impatience en réveillant le zèle du président par des encouragements comme ceux-ci :

« Allons, Timberry !... vous dormez, monsieur le président.... nos verres sont pleins, monsieur, et n'attendent plus qu'un toast. »

A ces observations, M. Timberry ne daigna pas faire d'autre réponse que de frapper sa poitrine comme pour faciliter le passage de sa respiration embarrassée, sans oublier d'autres marques apparentes de l'indisposition à laquelle il était bien aise de faire croire qu'il était encore en proie.... car, sur le théâtre comme ailleurs, il ne faut pas faire trop bon marché de sa personne.... Cependant, M. Crummles, qui savait mieux que personne que c'était lui qui serait le sujet du prochain toast, restait gracieusement assis, le bras négligemment passé sur le dos de sa chaise, et, de temps en temps, levant son verre jusqu'à ses lèvres, il y buvait quelques gouttes de punch, du même air dont il était accoutumé à avaler de longues gorgées de rien du tout dans les gobelets de carton des banquets somptueux représentés sur la scène.

Enfin, M. Snittle Timberry se leva dans l'attitude classique des orateurs, une main dans le devant de son gilet, l'autre sur la tabatière de son voisin, et se voyant accueilli d'avance avec un grand enthousiasme, il proposa, avec accompagnement de compliments et de titres glorieux, la santé de son ami M. Vincent Crummles : puis il enfila un discours passablement long, dont le caractère principal fut qu'il étendit sa main droite d'un côté, sa main gauche de l'autre, et que, de temps à autre, il prononça le nom de M. et de Mme Crummles, en saisissant leur main et en la serrant entre les siennes. Ceci fait, M. Vincent Crummles parla à son tour pour adresser ses remercîments à l'assemblée. Ensuite, l'avaleur africain proposa la santé de Mme Vincent Crummles en termes touchants. On entendit de gros soupirs et des sanglots s'échapper de la poitrine des dames, et en particulier de Mme Crummles, ce qui n'empêcha pas cette femme héroïque d'insister pour répondre par son petit discours de remercîment, et elle s'en tira de manière que jamais discours de remercîment n'a depuis surpassé ni même égalé le sien. M. Snittle Timberry ne put pas non plus résister au désir de porter un nouveau toast aux enfants Crummles, qui ne purent répondre que par l'organe de M. Vincent Crummles, leur père.

Il ne se fit pas prier pour régaler la compagnie de cette petite harangue supplémentaire, dans laquelle il chanta leurs vertus, leurs qualités aimables, leurs mérites excellents, les souhaitant pour fils et pour filles à tous les messieurs et à toutes les dames là présents qui jouirent de ce souhait en silence. A ces solennités succéda un intervalle de repos égayé par des distractions musicales et d'autres intermèdes prévus. Ils ne furent pas plutôt finis, que M. Crummles proposa la santé de cet artiste éminent, l'honneur et l'ornement de sa profession, M. Snittle Timberry; puis, un peu plus tard, dans la soirée, il porta la santé de cet autre artiste, également l'honneur et l'ornement de sa profession, l'avaleur africain, auquel il donnait, avec sa permission, le titre de son cher ami; et, en effet, l'avaleur africain, d'un geste gracieux, accorda cette permission qu'il n'avait aucune raison particulière de refuser. C'était le tour de l'homme de lettres à voir tout le monde boire à sa santé; mais il fallut y renoncer quand on découvrit qu'il avait commencé lui-même par boire trop de petits verres à sa propre santé et qu'il ronflait sur les marches de l'escalier. Ce furent les dames qui profitèrent de l'honneur qu'on lui avait réservé. Enfin, après une séance très-longue, M. Snittle Timberry leva le siége, et la compagnie se dispersa au milieu des embrassements et des adieux.

Nicolas resta le dernier pour distribuer ses petits cadeaux. Après avoir fait le tour de la famille, quand il arriva à M. Crummles, il ne put s'empêcher de remarquer en lui-même la différence de leur séparation présente, pleine de naturel et de simplicité et des adieux théâtrals que le directeur lui avait faits à Portsmouth. Ses grands airs dramatiques avaient entièrement disparu et, quand il lui mit la main dans la sienne, il le fit avec une tristesse si touchante que, s'il avait pu en garder la recette, pour les scènes pathétiques de ce genre, dans ses rôles, elle eût suffi pour en faire le meilleur acteur de son temps dans la comédie bourgeoise; et, lorsque Nicolas la reçut avec toute la chaleur sincère et cordiale qu'il ressentait en effet, Vincent Crummles en fut ému jusqu'aux larmes.

« Le bon temps! dit le pauvre homme, la bonne petite vie que nous avons menée ensemble! Nous n'avons jamais eu un mot plus haut que l'autre. Je suis sûr que demain matin j'aurai bien du plaisir à penser que je vous ai revu la veille, mais aujourd'hui, je voudrais presque que nous ne nous fussions pas revus. »

Nicolas se préparait à relever l'abattement de ces adieux par quelque gaie réplique lorsqu'il fut tout à fait déconcerté par l'apparition subite de Mme Gruddon qui avait, à ce qu'il paraît, refusé de prendre part au souper avec les autres pour pouvoir se lever de meilleure heure le lendemain et qui, pour le moment, s'élança d'une chambre à coucher voisine avec des vêtements blancs tout à fait extraordinaires. Nicolas reconnut bien que ce n'était point une robe lorsqu'elle lui passa les bras autour du cou et l'embrassa à l'étouffer.

« Quoi! dit Nicolas, se soumettant d'aussi bonne grâce à ses marques d'affection que s'il les avait reçues de la plus belle personne du monde, est-ce que vous partez aussi?

— Partir! répondit Mme Gruddon, oh! mon Dieu! que voudriez-vous donc qu'ils fissent sans moi? »

Nicolas subit une autre embrassade de meilleure grâce encore que la première fois, s'il était possible, se dégagea de ses bras et de loin agita son chapeau, aussi gaiement que s'il n'avait pas été profondément touché dans son cœur, pour faire aux Vincent Crummles le dernier signe d'adieu.

CHAPITRE XVII.

Suite des faits et gestes de la famille Nickleby et conclusion des amours du voisin en culotte courte.

Pendant que Nicolas, absorbé tout entier dans l'immense intérêt de ses dernières aventures, n'avait pas d'autre occupation pour ses heures de loisir que de penser à Madeleine Bray ; pendant qu'en exécution des commissions dont le chargeait le frère Charles, dans sa tendre sollicitude pour elle, il lui rendait de fréquentes visites dont la dernière était toujours la plus dangereuse pour son repos et portait un nouveau coup à ses résolutions magnanimes, Mme Nickleby et Catherine continuaient de vivre dans une solitude paisible sans autre trouble, sans autre souci que les tentatives fatigantes renouvelées par M. Snawley pour se remettre en possession de son fils. Pourtant elles avaient, je me trompe, un autre sujet d'alarmes ; c'était de voir la santé de Smike, depuis longtemps sur son déclin, prendre de jour en jour un caractère moins vague et plus inquiétant, et souvent elles s'en entretenaient avec Nicolas dans les termes de l'appréhension la plus vive, car le pauvre garçon était cher à toute la maison.

Ce n'est pas qu'il eût à se reprocher de les avoir troublés par la moindre plainte ou par le plus léger murmure ; il ne songeait qu'à une chose, à multiplier tous les petits services qu'il pouvait leur rendre, à leur renvoyer au moins, en échange de leurs bienfaits, un visage heureux et content, de cacher à leurs yeux amis tous les signes qui auraient pu leur faire lire dans ses traits quelque sombre pressentiment ; mais il avait beau faire : souvent, trop souvent, elles voyaient bien que son œil brillait d'un éclat fiévreux dans cette orbite cave où il était enfoncé ; que sa joue creuse était animée d'un teint trop coloré ; que sa respiration était lourde et gênée ; que sa constitution tout entière devenait de plus en plus faible et épuisée.

Il faut avouer que c'est un terrible mal que celui qui se plaît à préparer ainsi sa victime d'avance, à la mûrir pour la mort ; qui, tous les jours, semble raffiner les dehors grossiers de sa proie ; qui écrit tous les jours dans ses traits, pour l'œil familier qui sait y lire, les signes infaillibles de la prochaine métamorphose ; mal terrible, en effet, où la lutte entre l'âme et le corps est si lente, si calme, si solennelle, et pourtant d'un progrès si sûr que, jour par jour, atome par atome, la partie mortelle dépérit et disparaît, pendant que l'esprit plus vif et plus léger, à mesure qu'il se dégage de son fardeau et sent venir l'immortalité, n'a l'air de regarder sa transformation que comme une étape de la vie mortelle ! Mal étrange où la vie et la mort sont si étroitement unies et mêlées ensemble, qu'il semble que la mort emprunte à la vie ses couleurs chaudes et vives comme la vie emprunte à la mort ses formes sèches et décharnées ! Mal rebelle, incurable à la médecine, inexorable pour le riche comme pour le pauvre, qui tantôt s'avance à pas de géant, tantôt marche languissamment d'un pied tardif, mais qui, lent ou précipité, est toujours sûr d'arriver à son but.

Quoique l'esprit de Nicolas se refusât à y croire, il n'avait pu s'empêcher de songer quelquefois à ce mal affreux et c'est pour cela qu'il avait fait examiner Smike par un des premiers médecins de Londres. Le docteur avait déclaré qu'il ne voyait point de sujet de s'alarmer encore, que les symptômes actuels n'étaient pas de nature à motiver une réponse décisive ; certainement la constitution avait éprouvé dès le bas âge un choc bien violent, mais pourtant on ne pouvait encore rien affirmer ; le docteur n'en disait pas davantage.

Cependant, au bout du compte, Smike n'avait pas l'air d'empirer, et, comme il n'était pas difficile de trouver dans les tourments et l'agitation de ces dernières épreuves des raisons suffisantes pour expliquer les symptômes de son mal, Nicolas aimait à nourrir l'espérance de voir bientôt son ami recouvrer la santé. Il la faisait partager à ses sœurs et à sa mère; et, comme l'objet de leur commune sollicitude n'avait pas l'air de ressentir lui-même ni souffrance, ni abattement, que tous les jours au contraire il répondait, le sourire sur les lèvres, qu'il se sentait mieux que la veille, leurs craintes se dissipèrent et le bonheur général revint encore par degrés habiter la maison.

Plus tard, dans les années qui suivirent, Nicolas mainte et mainte fois repassa dans son souvenir cette période de sa vie, et se représenta ces scènes domestiques d'un repos humble et tranquille, qui lui rappelait alors sa première jeunesse. Mainte et mainte fois, au crépuscule d'une soirée d'été ou devant le feu pétillant de l'hiver, ses pensées mélancoliques retournèrent vers ces temps passés et s'arrêtèrent, avec un chagrin qui n'était pas sans charme, sur les plus minces souvenirs dont les détails se pressaient dans son esprit. C'était la petite chambre où ils étaient si souvent restés assis, à la tombée du jour, à rêver ensemble des projets de bonheur. C'était la voix folâtre et le rire joyeux de Catherine, qui leur manquait bien quand elle était sortie par hasard et qu'ils restaient tristement à attendre son retour, ne rompant le silence que pour exprimer leur ennui de son absence. C'était l'ardeur avec laquelle le pauvre Smike s'élançait du coin obscur où il se tenait d'ordinaire pour lui faire la recevoir à son arrivée, ou bien les larmes qu'ils voyaient souvent alors baigner son visage, sans pouvoir se rendre compte de cet étrange mélange de joie et de tristesse. Il n'y avait pas, dans l'histoire de ces jours tranquilles, un incident si petit, un mot si futile, un regard si fugitif, alors inaperçu, qui ne se retraçât frais et vivant à sa mémoire, quand le temps eut adouci plus tard ses soucis et ses peines. Ses souvenirs refleurissaient alors, sans avoir été flétris par la poussière desséchante des années, verts au contraire, jeunes et vigoureux comme le rejeton de la vieille.

Mais ces souvenirs ne se bornaient pas là, et nous ne devons pas oublier plusieurs autres personnes qui s'y trouvèrent mêlées; ce qui nous ramène naturellement aux détails de notre histoire commencée: qu'elle reprenne donc son train accoutumé. Nous promettons aux lecteurs de modérer désormais ses allures anticipées, ses écarts désordonnés, et de la contenir dans le cours régulier de ses développements légitimes.

Si les frères Cheeryble témoignaient tous les jours à Nicolas, par quelque nouvelle preuve de leur bienveillance solide, qu'ils les trouvaient de plus en plus digne de leur estime et de leur confiance, ils ne négligeaient pas non plus de la répandre sur ceux qui lui appartenaient. Mme Nickleby reçut bien des petits cadeaux, toujours les mieux accommodés à ses besoins, qui ne contribuèrent pas peu à l'amélioration du ménage et à l'embellissement du cottage. Catherine avait fini par se faire, grâce à eux, sur sa ménagère, une exposition éblouissante des plus jolis objets de fantaisie. Quant à leur société, si ce n'était pas frère Charles ou frère Ned qui venait leur dire un petit bonjour tous les dimanches ou un petit bonsoir dans la semaine, M. Tim Linkinwater ne manquait guère de faire de leur maison son but de promenade et son lieu de repos tous les soirs. Notez qu'il n'avait pas, dans toute sa vie, voulu faire plus d'une demi-douzaine de connaissances et qu'il n'avait encore aimé personne comme ses nouveaux amis. Enfin, trois fois au moins la semaine, je ne sais comment cela se faisait, mais il y avait toujours quelque étrange concours de circonstances qui faisait que M. Frank Cheeryble, pour une affaire ou pour une autre, passait devant leur porte et naturellement il entrait par politesse.

« C'est bien le jeune homme le plus attentif que j'aie jamais vu, Catherine, dit à sa fille Mme Nickleby un soir qu'elle venait d'en faire le sujet d'un éloge détaillé pendant lequel Catherine avait gardé un profond silence.

— Attentif? maman, répondit Catherine.

— Bon Dieu ! Catherine, cria Mme Nickleby avec sa vivacité ordinaire, qu'avez-vous donc, qu'est-ce qui vous prend, vous voilà toute rouge !

— Ah ! maman, comme vous vous figurez toujours des choses étranges !

— Ma chère Catherine, je ne me figure rien du tout, je suis bien certaine de mon fait ; mais, d'ailleurs, voilà que c'est passé, par conséquent peu importe que ce fût ou non.... Mais de quoi donc étions-nous en train de parler ?... Ah ! de M. Frank. Je n'ai vu de ma vie autant d'attention à personne !

— Vous ne dites pas cela sérieusement, maman, répondit Catherine qui se sentit rougir de manière à ne pas pouvoir le nier cette fois.

— Je ne parle pas sérieusement ! répliqua Mme Nickleby, et pourquoi donc ne parlerais-je pas sérieusement ? Très-sérieusement au contraire, et je puis dire que sa politesse et ses attentions pour moi sont une des choses qui m'ont donné le plus de plaisir, de satisfaction, de contentement depuis bien longtemps

On ne rencontre pas tous les jours ces formes-là maintenant chez les jeunes gens, et c'est ce qui fait que, quand on les rencontre, on en est encore plus frappé.

— Ah! des attentions pour vous, maman, repartit Catherine vivement, ah! certainement je n'y étais pas.

— Ma chère Catherine, répliqua Mme Nickleby, quelle étrange fille vous faites! et de qui donc croyiez-vous que je voulais parler? Que m'aurait importé qu'il fît attention à quelque autre? Seulement je suis fâchée de savoir qu'il aime une dame allemande.

— Mais, maman, il a dit positivement le contraire; ne vous rappelez-vous pas qu'il a démenti cette plaisanterie le soir même où il vint nous voir pour la première fois? Et d'ailleurs, ajouta Catherine d'un ton plus doux, pourquoi en serions-nous fâchées; qu'est-ce que cela nous fait, maman?

— A nous, Catherine? il est possible que cela ne nous fasse rien, mais moi j'avoue que cela me fait quelque chose. J'aime qu'un Anglais soit Anglais jusqu'au bout et non pas moitié Anglais, moitié je ne sais quoi; aussi, la première fois qu'il viendra, je lui dirai tout net que je voudrais qu'il épousât une Anglaise comme lui. Nous verrons ce qu'il dira à cela.

— Je vous en prie, maman, dit Catherine avec la plus grande vivacité, n'en faites rien, au nom du ciel, réfléchissez combien cela serait....

— Eh bien! ma chère, combien cela serait quoi? » dit Mme Nickleby ouvrant des yeux tout grands d'étonnement.

Avant que Catherine eût eu le temps de répondre, un drôle de petit coup de marteau à la porte, bien connu de la maison, annonça une visite de miss la Creevy, qui se présenta bientôt en personne. Sa vue fit oublier, en dépit d'elle, à Mme Nickleby les *raisonnements* qu'elle préparait contre sa fille pour la confondre, et la jeta dans une foule de suppositions sur la voiture qu'avait dû prendre leur bonne amie pour venir : comme quoi le conducteur qui l'avait amenée devait être ou l'homme en bras de chemise, ou l'homme à l'œil de taffetas noir. Quel qu'il fût, avait-il retrouvé l'ombrelle qu'elle avait laissée dans l'omnibus la semaine dernière? Peut-être s'étaient-ils arrêtés longtemps, en venant, à la maison de *mi-chemin :* peut-être, au contraire, qu'étant au complet ils avaient fait le chemin tout d'une traite. Enfin, disait Mme Nickleby, ils avaient sûrement rattrapé et passé Nicolas sur la route.

« Je ne l'ai pas vu du tout, dit Mlle la Creevy : je n'ai rencontré que ce cher brave homme de M. Tim Linkinwater.

— Je parie qu'il faisait sa petite promenade de tous les soirs, et qu'il venait se reposer à la maison avant de retourner à la Cité, dit Mme Nickleby.

— Je le pense comme vous, répliqua miss la Creevy, d'autant plus qu'il était avec M. Frank Cheeryble.

— Ce n'est sûrement pas là, dit Catherine, ce qui vous fait croire qu'il doive venir ici?

— Je vous demande pardon, ma chère. M. Frank Cheeryble n'est pas un grand marcheur pour son âge, et je remarque que généralement il tombe de fatigue et se sent le besoin de se reposer longtemps quand il est venu jusqu'ici. Mais où est mon bon ami? continua la petite femme cherchant autour d'elle, après un coup d'œil malin à l'adresse de Catherine. Il ne s'est pas sauvé encore une fois, je suppose?

— Ah! vous parlez de M. Smike, dit Mme Nickleby; il était ici il n'y a qu'un instant. »

Après information, on sut, au grand étonnement de la bonne dame, que Smike venait au moment même de monter se coucher.

« Là! voyez! dit Mme Nickleby, quelle étrange créature! Mardi dernier,... était-ce mardi? mais oui, pour sûr...; vous vous rappelez, ma chère Catherine, la dernière fois qu'est venu le jeune M. Cheeryble;... mardi dernier donc, il a fait absolument de même, juste au moment où il a entendu frapper à la porte. Ce ne peut pas être par répugnance pour le monde, car il aime toutes les personnes qui aiment Nicolas, et il sait si M. Frank Cheeryble est de ce nombre. Mais ce qu'il y a de plus étrange là dedans, c'est qu'il ne se couche pas: ce n'est donc pas pour se reposer qu'il se retire. Or, je sais qu'il ne se couche pas, car ma chambre est tout contre la sienne et, mardi dernier, quand je suis montée, plusieurs heures après lui, je n'ai pas même vu ses souliers à la porte, et cependant il n'avait pas de chandelle : il faut qu'il soit resté là dans l'obscurité à bouder sur sa chaise. Ma parole, quand je pense à cela, je trouve que c'est bien extraordinaire. »

Comme elle ne trouva pas d'écho parmi ses auditeurs, qui gardaient un profond silence, soit parce qu'elles ne savaient que dire, soit par discrétion pour ne pas l'interrompre, Mme Nickleby, selon sa vieille habitude, se mit à suivre le fil de son discours.

« J'espère, dit-elle, que, malgré cette conduite inexplicable, il n'en est pas cependant à se mettre au lit pour y passer toute sa vie, comme *la femme altérée de Tutbury* ou *le revenant de Cook-Lane*, et d'autres êtres non moins fantastiques. Par parenthèse, il y en avait un des deux qui avait avec nous quelques rapports de famille. Il faudrait que je regardasse dans quelques vieilles lettres que j'ai là-haut, pour savoir si ce n'était pas mon grand-père qui a été camarade de classes du revenant de Cock-Lane, ou si ce n'est pas plutôt ma grand'mère qui a été en pension avec la femme altérée de Tutbury. Vous connaissez bien cette histoire, miss la Creevy? Quel était donc celui des deux qui ne faisait aucune attention à ce que disait M. le curé ? Était-ce le revenant de Cock-Lane, ou la femme altérée de Tutbury ?

— Je crois que c'est le revenant de Cock-Lane.

— Eh bien ! maintenant je n'ai plus aucun doute, dit Mme Nickleby, c'était lui qui était le camarade de classes de mon grand-père, car je me rappelle que le maître d'école était un dissident, et cela expliquerait, en grande partie, la conduite inconvenante du revenant de Cock-Lane envers le ministre quand il fut devenu grand. Ah! ciel! élever un revenant !... Je vous disais donc, ma fille.... »

Où l'auraient menée, Dieu le sait, ses réflexions sur ce thème sans but et sans fin, si heureusement l'arrivée de Tim Linkinwater avec M. Frank Cheeryble n'était pas venue y mettre un terme. Mais la bonne dame mit tant d'empressement à les recevoir, qu'elle en perdit de vue tout autre intérêt.

« Que je suis donc fâchée que Nicolas ne soit pas à la maison! dit-elle. Catherine, ma chère, vous ne risquez rien de vous multiplier; il faut que vous comptiez pour deux, pour Nicolas et pour vous-même.

— Mlle Nickleby n'a pas besoin, ce me semble, d'être autre chose qu'elle-même. Pour moi, si vous voulez bien le permettre, je m'oppose tout à fait à ce qu'elle y change rien.

— Dans tous les cas, c'est à elle à vous retenir, repartit Mme Nickleby. M. Linkinwater parle de s'en aller dans dix minutes, mais je ne peux pas vous laisser partir sitôt. Nicolas m'en voudrait bien fort, j'en suis sûre. Ma chère Catherine.... »

Elle acheva la phrase à Catherine par une foule de signes de tête, de froncements de sourcils, de clignements d'œil assez peu intelligibles, que sa fille interpréta comme autant d'invitations à faire des instances auprès des visiteurs pour qu'ils prolongeassent leur visite. Et Catherine, en fille bien apprise, n'y manqua pas. Cependant, il est à remarquer que c'est à Tim Linkinwater seulement que s'adressèrent ses prières; et ses manières trahissaient un certain embarras qui ne lui ôtait rien de sa grâce accoutumée, qui ajoutait plutôt à ses charmes en colorant ses joues, mais auquel l'œil même de Mme Nickleby ne pouvait pas se méprendre. Heureusement que la tournure de son esprit ne portait guère la bonne dame à la réflexion, excepté dans les occasions malheureuses où ces réflexions pouvaient se faire tout haut et s'épancher à grands cris. Elle attribua donc simplement la rougeur de sa fille à ce qu'elle était contrariée de n'avoir pas mis sa belle robe, « quoique vraiment, ajouta-t-elle, je ne l'aie jamais vue plus à son avantage. » Bien convaincue d'avoir trouvé la vraie cause du trouble de sa fille, et se félicitant une fois de plus de l'heureuse intuition qui, chez elle, ne se trompait jamais, elle ne songea plus qu'à s'applaudir d'être si fine et si bonne connaisseuse.

Nicolas ne revenait pas, et Smike ne reparaissait pas. Chose étonnante! la petite société n'en fut pas moins de la plus belle humeur du monde. Si je vous disais qu'il y eut comme un échange d'agaceries entre miss la Creevy et Tim Linkinwater ; que le vieux caissier fit une foule de plaisanteries plus drôles les unes que les autres ; qu'il devint, petit à petit, des plus galants, pour ne pas dire tendre. La petite miss la Creevy n'était pas en reste. Quel feu! quelle gaieté! elle alla jusqu'à railler Timothée d'être resté garçon toute sa vie, et le convertit même, car il s'oublia jusqu'à déclarer que, s'il pouvait trouver quelqu'un qui lui convînt, il ne disait pas qu'il ne changerait pas de condition. Là-dessus miss la Creevy l'avertit qu'elle avait son affaire ; elle connaissait une dame qui lui conviendrait parfaitement et qui possédait une jolie fortune. Mais Timothée se montra peu sensible à cette dernière séduction. Timothée était un homme de cœur, ce n'était pas la fortune qu'il cherchait, c'était le mérite personnel et un caractère enjoué, dans celle dont il voudrait faire sa femme ; avec de pareilles qualités, ils auraient toujours assez d'argent pour satisfaire aux besoins modérés d'un honnête ménage. Miss la Creevy n'était pas pour le contredire dans ces bons sentiments ; bien au contraire, elle et Mme Nickleby ne trouvaient pas assez d'éloges pour les encourager ; et Timothée, ne connaissant plus rien, se lança à bride abattue dans un grand nombre d'autres déclarations, qui faisaient également honneur à son désintéressement et à son dévouement délicat pour le beau sexe ; jugez s'il grandit encore dans l'estime de ces dames. Toute cette scène fut jouée avec un mélange comique de sérieux et de badinage, qui donna lieu à de grands éclats de rire, et leur fit passer une soirée ravissante.

C'était ordinairement Catherine qui était l'âme et la vie de la conversation chez elle : mais ce jour-là elle était plus réservée que de coutume.... C'était peut-être parce que miss la Creevy et

Timothée avaient pris le dé et ne le rendaient pas.... Elle se tenait à part des interlocuteurs, assise à la fenêtre, à regarder l'ombre du soir qui s'avançait dans le ciel, à jouir des beautés calmes de la nuit; doux spectacle qui n'avait pas apparemment moins d'attrait pour Frank, car il commença par rester près de là le nez en l'air, puis il prit une chaise près d'elle, par sympathie. Après cela, tout le monde sait qu'on a tant de choses à se dire sur une soirée d'été, et qu'on ne se les dit jamais mieux qu'à voix basse, pour mieux se conformer au repos tranquille de ces heures sereines. N'est-ce pas aussi le moment où le dialogue s'interrompt par de longues pauses ? Puis il se ravive par un mot ou deux, dits avec expression. Vient ensuite un intervalle de silence, qui n'est pourtant pas un silence parfait, car on détourne la tête, on baisse les yeux vers la terre.... On est encore sujet à d'autres habitudes qui ne valent pas la peine d'en parler. Par exemple, on n'aime pas à voir allumer les bougies, on confond les heures avec les minutes : toutes influences naturelles et irrésistibles de ce temps de la journée qu'on appelle le soir, comme pourraient l'attester tant de livres aimables qui nous prêteraient au besoin leur témoignage. Et voilà pourquoi Mme Nickleby avait grand tort, lorsqu'on finit par apporter les bougies, de se montrer surprise que les yeux brillants de Catherine se refusassent à soutenir l'éclat des lumières, qu'elle fût obligée de commencer par détourner la tête, et même par sortir un moment pour se réconforter. Ce n'était pourtant pas bien extraordinaire. Quand on est restée assise si longtemps dans les ténèbres, il n'y a rien d'éblouissant comme la lumière des bougies, et vous n'avez qu'à demander à toutes les jeunes personnes, elles vous diront qu'il n'y a rien là que de très-naturel. Ce n'est pas que les vieilles gens l'ignorent; mais il y a si longtemps qu'ils le savent, qu'ils oublient quelquefois ces choses-là, et c'est bien dommage.

Cependant la surprise de la bonne dame ne finit pas là. Elle redoubla plutôt, quand elle fit la découverte que Catherine n'avait pas le moindre appétit à souper. Personne même ne pourrait dire tous les efforts de rhétorique que Mme Nickleby, dans son inquiétude, se préparait à faire pour persuader à sa fille d'avoir faim, lorsque l'attention générale fut, pour le moment, attirée par un bruit étrange et d'autant plus merveilleux qu'au dire de la servante pâle et tremblante (et chacun put s'assurer qu'elle avait raison), ce bruit descendait par la cheminée de la chambre voisine.

Quand une fois chacun se fut bien convaincu, malgré l'invraisemblance de la chose, que le bruit venait en effet de la cheminée en question, et qu'il continuait d'y entretenir des sons variés, tantôt grondants, tantôt grattants, tantôt glissants, tantôt ronflants, tantôt discordants, mais toujours étouffés par le tuyau de la cheminée, Frank Cheeryble prit une bougie, Tim Linkinwater s'arma d'une paire de pincettes, et ils se mettaient en devoir de vérifier incontinent la cause de ce tapage, lorsque Mme Nickleby, prête à se trouver mal, ne voulut pas entendre parler d'être laissée seule dans le salon. Après un petit pourparler qui se termina par une irruption en masse dans la chambre hantée par les esprits, Mme Nickleby serait demeurée seule avec la domestique, si miss la Creevy, prévenue que cette fille avait eu des attaques de nerfs dans son enfance, n'avait pas consenti à rester avec elle pour donner l'alarme au besoin ou pour appliquer les remèdes nécessaires.

En s'avançant vers la porte de la chambre mystérieuse, l'expédition ne fut pas peu surprise d'entendre chanter, avec l'expression de mélancolie la plus affectée, une voix humaine, mais une voix humaine qui semblait sortir du fond d'une demi-douzaine de lits de plume superposés. Elle chantait l'air autrefois populaire :

L'infidèle a trahi sa foi.

Aussitôt les confédérés font irruption sans crier gare, et leur étonnement redouble, en voyant que cette complainte romanesque devait venir du gosier de quelque individu planté dans le corps de la cheminée, dont on n'apercevait encore que les jambes, pendillant par la grille au charbon, et qui, sans doute, attendait avec impatience, pour mettre pied à terre, qu'on voulût bien décrocher le rideau de tôle qui cachait l'embouchure.

A ce spectacle burlesque et si peu en rapport avec les habitudes régulières de ses opérations commerciales, Tim Linkinwater sentit ses moyens complétement paralysés. Il avait commencé par administrer à l'étranger quelques bons petits coups de pincettes dans les mollets, mais sans aucun effet. Il y avait donc renoncé et se contentait pour le moment de battre l'une contre l'autre les deux branches de son arme peu meurtrière, comme s'il leur faisait sonner la charge pour recommencer l'assaut.

« Il faut que ce soit quelque ivrogne, dit Frank : ce n'est pas un voleur qui s'annoncerait aux gens avec si peu de façon. »

Tout en faisant cette réflexion avec une grande indignation, il leva la bougie pour mieux voir les jambes de l'ennemi, et s'apprêtait à les tirer sans plus de cérémonie, quand Mme Nickleby, joignant les mains, poussa un son aigu entre le cri de terreur et l'exclamation banale, demandant avec instance qu'on voulût bien lui dire si, par hasard, ses yeux ne l'avaient point trompée, et si les membres en question n'étaient pas couronnés d'une culotte courte et habillés de bas de laine grise tricotés.

« Justement, cria Frank en approchant la lumière pour passer l'examen, voilà bien déjà la culotte courte et.... et de gros bas gris. Est-ce que vous connaissez l'homme, madame?

— Ma chère Catherine, dit Mme Nickleby d'un ton délibéré, et s'asseyant sur une chaise, avec cet air de résignation désespérée, qui semblait annoncer qu'au point où en étaient venues les choses, tout déguisement était désormais inutile ; ayez la bonté, mon enfant, d'expliquer positivement ce qui en est. Je n'ai jamais donné d'encouragement à sa passion.... jamais.... pas le moindre, vous le savez, ma chère; je vous en prends à témoin. Il a toujours été respectueux.... extrêmement respectueux.... dans sa déclaration, c'est vrai : vous y étiez vous-même. Cependant je dois dire que, s'il faut me voir persécutée de cette manière, s'il faut m'attendre à voir ses légumes, dont je ne me rappelle pas le nom, et tous ses produits horticoles rouler sur mes pas dans mon jardin; s'il faut que les gens viennent, par amour pour moi, s'étouffer dans mes cheminées, réellement je ne sais plus que devenir. C'est une chose très-ennuyeuse. Avant d'épouser votre cher papa, j'ai eu certainement alors bien des contrariétés, mais jamais de pareilles, et celles-là, au moins, je devais m'y attendre, et j'y étais préparée. J'étais loin d'avoir votre âge, ma chère, que déjà un jeune gentleman, qui se plaçait près de nous au temple, s'amusait presque tous les dimanches à graver, avec la pointe de son couteau, mon nom en grosses lettres sur le devant de son banc pendant le sermon. Je ne peux pas dire que cela ne me fît pas plaisir, c'est bien naturel, mais en même temps c'était assez ennuyeux, car le banc était justement en vue, et le bedeau le fît sortir plusieurs fois de l'église pour l'avoir pris sur le fait. Mais enfin, tout cela n'est rien auprès du procédé de ce monsieur. Cette fois, c'est bien pis et plus embarrassant. J'aimerais bien mieux, ma chère Catherine, continua Mme Nickleby avec une grande solennité et un torrent de larmes, oh! oui, j'aimerais bien mieux être laide à faire peur; je ne serais pas exposée à tous les tourments qu'on me fait endurer. »

Rien ne peut peindre l'étonnement de Frank Cheeryble et de Tim Linkinwater. Ils se regardaient l'un l'autre, puis ils regardaient Catherine, comme pour demander le mot de l'énigme. Elle sentait bien que des explications étaient devenues nécessaires, mais partagée, comme elle l'était, entre la terreur qu'elle avait éprouvée à l'apparition des jambes de l'amoureux, la crainte que le propriétaire des bas gris ne fût réellement suffoqué, l'embarras de trouver à cette scène mystérieuse une solution qui ne fût pas trop ridicule, elle était hors d'état de prononcer un mot.

« Il me fait beaucoup de peine, reprit Mme Nickleby séchant ses larmes, beaucoup de peine; mais pourtant qu'on ne lui enlève pas un cheveu de la tête, je vous en conjure; pas un cheveu de la tête. »

Vu l'état des choses, il n'aurait pas été aussi facile que Mme Nickleby paraissait le craindre, d'enlever un cheveu de la tête du gentleman, car cette partie de sa personne physique n'était pas celle qu'il présentait à ses agresseurs; elle était, pour le moment, occupée, quelques pieds plus haut, dans la cheminée dont le tuyau n'était pas large. Jusque-là, il n'avait pas cessé de chanter sa complainte sur la banqueroute que la belle inconnue avait faite à sa foi; mais ses croassements amoureux n'avaient plus la même vigueur, et il ruait des pieds avec une grande violence, comme si la respiration commençait à lui manquer; M. Frank Cheeryble crut le moment venu de ne plus rien marchander : il le prit au cul et aux chausses avec une telle ardeur, qu'il le jeta tout palpitant sur le parquet, un peu plus vivement qu'il n'en avait eu le dessein.

« Oui, oui, dit Catherine aussitôt qu'elle put voir à plein le singulier visiteur qui faisait son entrée si brusquement dans la chambre, je le reconnais; je vous en prie, ne lui faites pas de mal. S'est-il blessé? j'espère que non.... Faites-moi le plaisir de vous assurer s'il ne s'est point fait de mal.

— Lui! point du tout, je vous assure, répliqua Frank tâtant avec précaution et presque avec tendresse le protégé de Catherine. Il ne s'est pas fait le moindre mal.

— Ne le laissez pas approcher, dit-elle en se reculant le plus loin qu'elle put.

— Non, non, n'ayez pas peur, répliqua Frank, il ne bougera pas de là; vous voyez que je le tiens; mais voulez-vous me permettre de vous demander ce que tout cela signifie, et si vous n'attendiez pas la visite de ce vieux monsieur?

— Point du tout, dit Catherine; par exemple! Mais.... quoique maman ne soit pas de mon avis là-dessus, je vous dirai que c'est un fou qui s'est échappé de la maison voisine et qui aura trouvé quelque occasion de venir se réfugier ici.

— Catherine, dit avec une dignité sévère Mme Nickleby blessée dans ses sentiments, vous m'étonnez.

— Ma chère maman.... reprit Catherine avec l'air d'un doux reproche.

— Vous m'étonnez, répéta Mme Nickleby. Je vous assure, Catherine, que je ne me serais jamais attendue à vous voir prendre le parti des gens qui persécutent cet infortuné gentleman, quand vous savez vous-même les abominables desseins qu'ils ont formés pour s'emparer de ses biens, car c'est là le fin mot. Il serait plus charitable à vous, Catherine, de prier M. Linkinwater ou M. Cheeryble d'intervenir en sa faveur pour lui faire rendre justice. Vous ne devriez pas vous laisser ainsi influencer par vos sentiments personnels : ce n'est pas bien.... pas bien du tout. Et moi donc, si je m'abandonnais à mes sentiments ! car enfin, s'il y a quelqu'un qui doive être indigné, n'est-ce pas moi? moi qui ai tant de raison de l'être. Et cependant, en même temps, je ne voudrais pas pour tout au monde commettre une pareille injustice. Non, continua Mme Nickleby redressant fièrement la tête, qu'elle détournait néanmoins avec une modestie pleine de majesté, il me suffira pour me faire comprendre de ce gentleman, de lui dire, de lui répéter la réponse qu'il a déjà reçue de moi l'autre jour : il n'en recevra jamais d'autre. Je veux bien le croire égaré par un sentiment sincère quand il se met, pour l'amour de moi, dans des situations si effrayantes, mais je ne l'en prie pas moins d'avoir la bonté de s'en aller tout de suite, ou il me sera impossible de m'en taire à mon fils Nicolas. Je lui suis reconnaissante, très-reconnaissante, mais je ne puis pas un instant prêter l'oreille à ses déclarations. C'est tout à fait impossible. »

Pendant le cours de cette longue tirade, le vieux gentleman, le nez et les joues embellis de larges taches de suie dérobées à la cheminée qu'il venait de ramoner, était assis par terre, les bras croisés, regardant les spectateurs dans un profond silence et d'un air véritablement majestueux. Il ne paraissait pas avoir la moindre idée de tout ce que Mme Nickleby venait de débiter sur son compte; seulement, quand elle eut achevé sa harangue, il lui fit l'honneur de la regarder longtemps en face, et de lui demander si elle avait fini.

« Je n'ai plus rien à ajouter, répliqua cette dame avec modestie, réellement je ne saurais plus que dire.

— Très-bien ! dit le vieux gentleman en élevant la voix. Alors, garçon, apportez-moi une bouteille d'éclair, un verre propre et un tire-bouchon. »

Comme le garçon ne venait pas à cet appel, le vieux gentleman, après un moment de silence, éleva de nouveau la voix pour demander une sandwiche au tonnerre. Comme cet article de consommation ne venait pas davantage, il voulut au moins se faire servir une fricassée de revers de bottes au coulis de poissons rouges, et finit par un éclat de rire bruyant, couronné par un beuglement long, sonore, retentissant.

Mme Nickleby, loin de se rendre à l'opinion exprimée sur la physionomie de tous les assistants, en présence de ces actes de folie, secoua la tête d'une manière significative, en femme résolue à ne rien voir dans tout cela que des marques légères d'originalité un peu excentrique; et rien n'aurait pu l'empêcher de conserver ce sentiment jusqu'à la fin de ses jours, sans une suite de circonstances nouvelles qui vinrent s'ajouter à cette scène burlesque, et changèrent la thèse du tout au tout.

Il est bon de savoir que miss la Creevy, restée seule avec la bonne pour surveiller ses nerfs, ne voyant rien d'imminent dans son état, et se sentant une vive démangeaison d'aller voir ce qui se passait de l'autre côté, se précipita dans la chambre, au moment où le vieux gentleman soufflait comme un bœuf. Par quel hasard se fit-il, je ne sais, qu'en l'apercevant ce monsieur aussitôt coupa court à cet exercice, se dressa tout à coup sur ses pieds, et se mit à lui envoyer avec sa main des baisers passionnés. Qu'on juge de la terreur de la petite artiste; elle ne savait où elle en était, et ne trouva rien de mieux que d'aller chercher au plus tôt un refuge derrière Tim Linkinwater.

« Ah ! ah ! cria le vieux gentleman croisant les mains et les serrant ensemble de toutes ses forces ; c'est elle que je revois ! la voici, c'est bien elle ! mon amour, ma vie, ma fiancée, ma beauté non pareille ! La voilà donc enfin revenue.... enfin.... vivent le gaz et les longues guêtres ! »

Mme Nickleby parut un moment déconcertée, mais ce fut l'affaire d'un instant. Elle fit plusieurs fois à Mlle la Creevy et aux autres spectateurs des signes de tête incompris, elle fronça le sourcil, elle sourit d'un air grave; tout cela pour leur faire entendre qu'elle savait bien que c'était un malentendu, qu'elle tenait la clef de l'énigme et qu'en moins d'une minute elle allait tout éclaircir.

« La voilà revenue ! disait le vieux gentleman, mettant la main sur son cœur. Cormoran et sapajou ! la voilà revenue ! Qu'elle veuille seulement m'accepter pour esclave, et tout mon or est à ses pieds. Où trouver tant de grâce, de beautés séduisantes ! Est-ce chez l'impératrice de Madagascar ? non ; chez la reine Pomaré? non ; chez Mme Roland qui prend tous les matins un bain gratis dans le Kalydor? non. Mettez-les toutes ensemble, confondues avec les trois Grâces, les neuf Muses et les quatorze pâtissières de la rue d'Oxford, et vous n'en ferez pas une femme aussi jolie de moitié. Ouais ! je vous en défie. »

Après ce dithyrambe, le vieux gentleman fit claquer ses doigts plus de vingt fois, et s'arrêta à contempler en extase les charmes de miss la Creevy. Mme Nickleby profita de cet intervalle favorable pour entrer immédiatement en matière, non pas cependant sans avoir fait précéder ses explications d'une petite toux en manière de préface.

« Certes, je suis heureuse, en pareille circonstance, de voir qu'on en prenne une autre pour moi : c'est une grande consolation dans l'embarras où je me trouverais sans cela. Et je dois dire que c'est la première fois que j'ai été l'objet d'une telle méprise, excepté pourtant quand on m'a prise pour ma fille Catherine, ce qui n'est pas rare. Dans ce dernier cas, il fallait que les gens fussent bien simples pour se tromper de la sorte, mais enfin ils me prenaient pour elle, et, comme vous pensez bien, ce n'était pas ma faute. Ce serait aussi par trop pénible qu'on me rendît responsable de ces erreurs-là. Mais ici, je me reprocherais toujours d'avoir souffert que qui que ce fût, particulièrement une personne à laquelle j'ai tant d'obligations, éprouvât des contrariétés pour moi, et je crois de mon devoir de déclarer au gentleman qu'il se trompe, que c'est moi la dame dont je ne sais quel impertinent lui avait dit qu'elle était la nièce du comité de pavage général, et que c'est moi qui le prie et le supplie de se retirer tranquillement ne fût-ce que pour.... (ici Mme Nickleby sourit et rougit à la fois), pour me faire plaisir. » On devait s'attendre à voir le vieux gentleman touché jusqu'au fond de l'âme de la délicatesse de cet appel généreux à sa sensibilité. C'était bien le moins qu'il y répondît par quelque politesse. Quel fut donc le choc affreux qui vint frapper Mme Nickleby, lorsque, s'adressant à elle en personne, de la manière la moins équivoque, il répliqua d'une voix glapissante : « Arrière, vieille chatte ! »

— Monsieur ! cria Mme Nickleby presque défaillante.

— Vieille chatte ! » car il osa le répéter avec les noms de toutes les chattes connues, depuis Minette et Griselide jusqu'à Puss, Tit et Grimalkin. « Pchi ! Pchi ! » en même temps il sifflait entre ses dents comme un matou effarouché, faisait avec les bras des moulinets effrayants, tantôt en s'approchant avec fureur, tantôt en reculant avec frayeur devant Mme Nickleby, figurant à peu près cette espèce de danse sauvage qu'on voit représenter aux paysans les jours de marché pour faire peur aux cochons, aux vaches et autre bétail, lorsque ces animaux indociles veulent prendre à droite au lieu de tourner à gauche.

Mme Nickleby ne perdit pas son temps à répondre un seul mot, elle poussa un cri de surprise et d'horreur et s'évanouit

« Laissez-moi soigner maman, dit promptement Catherine, ce ne sera rien, Dieu merci! mais, je vous prie, emmenez l'homme, vite qu'on l'emmène. »

Frank ne savait trop comment exécuter cet ordre. Heureusement il s'avisa d'un stratagème ingénieux qui réussit à merveille. Il pria miss la Creevy de marcher quelques pas en avant, bien sûr que le vieux gentleman ne manquerait pas de la suivre. En effet, il se mit à sa poursuite dans un ravissement bien flatteur pour cette demoiselle, mais toujours sous la garde vigilante de Tim Linkinwater d'un côté, et de Frank Cheeryble de l'autre.

« Catherine, murmura Mme Nickleby reprenant ses esprits aussitôt qu'il n'y eut plus là personne pour la voir évanouie, est-il parti ? »

Quand elle fut assurée du fait :

« Ah! Catherine, dit-elle, je ne me pardonnerai jamais, non jamais! Ce pauvre gentleman a décidément perdu la tête, et c'est moi, malheureuse, qui en suis la cause.

— Vous, la cause! dit Catherine dans un étonnement profond.

— Moi-même, ma chère enfant, répliqua Mme Nickleby avec un calme plein de désespoir. Vous l'avez vu l'autre jour, vous le voyez aujourd'hui : quel changement! Je l'avais bien dit à votre frère, et ce n'est pas d'aujourd'hui que j'avais peur que mon refus ne fût un coup trop violent pour lui. Vous voyez en effet ce qui en est résulté. Je veux bien qu'il fût un peu exalté, mais que de raison, de sensibilité, d'honnêteté dans son langage, lorsque nous l'avons vu dans le jardin, vous vous rappelez? Comparez cela avec les abominables sottises qu'il a dites ce soir et ses procédés insensés envers cette pauvre petite malheureuse vieille fille; convenez qu'il n'y a personne qui puisse douter de sa folie.

— Personne, assurément, dit Catherine avec douceur.

— Ni moi non plus, lui répondit sa mère; mais au moins, si j'en ai été cause sans le vouloir, j'ai la satisfaction de penser que je ne mérite aucun reproche. Je l'ai dit à Nicolas; je lui ai dit : mon cher Nicolas, de la prudence; n'allons pas trop vite; c'est à peine s'il m'écoutait. Si l'on avait traité les choses en douceur dès le commencement, comme je le voulais, mais, Nicolas et vous, vous êtes tout le portrait de votre pauvre papa. Enfin! j'ai ma conscience pour moi, c'est beaucoup. »

Après s'être ainsi lavé les mains de toute responsabilité sur ce point pour les fautes passées, présentes et à venir, Mme Nickleby eut la bonté d'exprimer le vœu que jamais ses enfants n'eussent de plus grands reproches à se faire que leur mère, puis elle se prépara à recevoir le cortége, qui revint bientôt annoncer que le vieux gentleman était coffré et rendu à la surveillance de ses gardiens, qui ne s'étaient pas seulement aperçus de son absence pendant qu'ils se régalaient à table avec quelques amis.

La paix étant ainsi rétablie, il y eut une demi-heure de conversation délicieuse, selon l'expression de Frank, en causant avec Tim Linkinwater, chemin faisant, pour revenir chez eux. Et Timothée, voyant enfin à sa montre qu'il était grand temps de partir, ces dames restèrent seules, malgré les offres pressantes de Frank de leur tenir compagnie jusqu'à l'arrivée de Nicolas, n'importe à quelle heure, si la brusque invasion de leur voisin malencontreux leur laissait la moindre crainte de rester toutes seules; mais, en voyant leur résolution qui ne laissait plus de prétexte à son insistance pour monter la garde près d'elles, il fut obligé d'abandonner la citadelle et d'opérer sa retraite avec le fidèle Timothée.

Il se passa près de trois heures ensuite dans un silence absolu. Quand Nicolas revint, Catherine fut toute honteuse de voir combien elle était restée de temps, sans s'en apercevoir, assise toute seule, plongée dans ses pensées.

« Vraiment! dit-elle, je ne croyais pas qu'il y eût plus d'une demi-heure.

— Il faut donc, Catherine, reprit gaiement Nicolas, que ces pensées-là aient été bien agréables pour vous faire passer le temps si vite. Je voudrais bien les connaître. »

Catherine resta confuse à remuer, en se jouant, je ne sais quoi sur la table : elle leva les yeux avec un sourire, et les baissa avec une larme.

« Eh bien! Catherine, dit Nicolas, attirant sa sœur sur son sein et lui baisant le front, voyons donc un peu ce visage; non? Ah! je n'ai pas eu le temps de le voir, vilaine méchante!... Mieux que cela, Catherine. Allons! laissez-moi le regarder plus longtemps, je veux y lire le secret de vos pensées. »

Cette proposition avait beau être faite sans la moindre connaissance, sans le moindre soupçon de ce qui se passait dans son cœur, Catherine n'en fut pas moins alarmée de penser qu'il pourrait deviner ses pensées. Nicolas s'en aperçut et changea en riant de sujet pour parler de la maison. C'est ainsi qu'il vint à savoir, petit à petit, en montant l'escalier avec elle, que Smike avait passé la soirée tout seul; petit à petit, car c'était encore un sujet dont Catherine paraissait s'entretenir avec quelque répugnance.

« Le pauvre garçon, dit Nicolas en donnant un petit coup à sa porte; qu'est-ce que tout cela veut donc dire? »

Catherine était suspendue au bras de son frère. La porte s'ouvrit trop brusquement pour qu'elle eût le temps de le quitter, avant que Smike, pâle, hagard, tout habillé, se trouvât face à face avec eux.

« Vous n'étiez donc pas allé vous coucher? dit Nicolas.

— N....on, fut toute sa réponse.

— Pourquoi non? dit Nicolas retenant le bras de sa sœur qui faisait un effort pour se retirer.

— Je n'aurais pas pu dormir, dit Smike serrant la main que lui présentait son ami.

— Vous n'êtes donc pas bien? » répliqua Nicolas.

Smike s'empressa de répondre qu'il était mieux au contraire, bien mieux.

« Alors, pourquoi donc vous abandonner à ces accès de mélancolie? lui demanda Nicolas avec douceur; ou pourquoi ne pas nous en dire au moins la cause? Vous n'étiez pas comme ça, Smike!

— C'est vrai, je m'en aperçois moi-même, répliqua-t-il. Je vous en dirai la raison quelque jour, mais pas aujourd'hui. Je m'en veux moi-même : vous êtes tous si bons, si bienveillants pour moi; mais je ne peux pas m'en empêcher, j'ai le cœur si plein.... Vous ne savez pas tout ce que j'ai dans le cœur! »

Il tordit la main de Nicolas avant de la lui rendre, et, jetant un coup d'œil attendri sur le frère et la sœur, debout devant lui et se tenant par le bras, comme s'il y avait dans l'image de leur mutuelle affection quelque chose qui touchait profondément son âme, il se retira dans sa chambre, où ce fut bientôt la seule créature qui veillât encore sous ce toit paisible.

CHAPITRE XVIII.

Grave catastrophe.

Les petites courses de Hampton étaient en plein exercice : la gaieté coulait à pleins bords : le jour était éblouissant : le soleil, au haut d'un ciel sans nuage, brillait de son plus vif éclat : le siège des cochers, le haut des tentes, faisaient flotter dans les airs des banderoles aux couleurs resplendissantes, qui n'avaient jamais eu de reflets plus éclatants.

Les vieux drapeaux passés semblaient remis à neuf sous un ciel étincelant ; les dorures ternies reluisaient plus brillantes ; la toile sale et jaunâtre qui défendait les spectateurs contre les ardeurs du jour paraissait blanche comme la neige ; il n'y avait pas jusqu'aux haillons du mendiant qui ne se décorassent d'une teinte assez poétique pour que la charité s'oubliât elle-même dans un sentiment d'admiration passionnée en présence d'une pauvreté si pittoresque.

C'était enfin une de ces scènes d'activité vivante et animée, prises à leur beau moment de vivacité et de fraîcheur, où elles ne peuvent manquer de plaire, car, pour peu que l'œil soit fatigué de spectacle ou de lumière, pour peu que l'oreille soit étourdie de bruit et de tapage sans fin, l'œil n'a qu'à se reposer, n'importe où, sur des visages curieux, heureux, expressifs, et l'oreille n'a qu'à confondre ces sons étourdissants dans l'explosion générale de joie et d'allégresse qui égaye ce tableau. Même la figure hâlée des enfants de Bohême, groupés ou couchés demi-nus, contribue au plaisir. On aime à voir dans leurs traits que le soleil a passé par là ; à y reconnaître l'air et la lumière dont ils sont baignés tous les jours ; on sent que ce sont de vrais enfants qui vivent comme des enfants de la nature. Si leur oreiller est quelquefois humide, ce n'est pas de leurs larmes, c'est de la rosée du ciel. Les membres de leurs petites filles sont libres comme l'air, au lieu d'être soumis de force aux horribles tortures qui imposent à leur sexe, dans les fabriques, la gêne la plus pénible et les grimaces les plus disgracieuses. Ils vivent au jour le jour, c'est vrai, mais au milieu des arbres qui se balancent sur leur tête, et non parmi les affreuses machines qui vieillissent l'enfant avant qu'il sache seulement ce que c'est que l'enrance, et lui donnent d'avance toutes les infirmités et la faiblesse de l'âge, sans pouvoir seulement lui donner, comme l'âge, le bonheur de mourir.

Plût à Dieu qu'ils fussent vrais, les vieux contes dont nous bercent nos nourrices, et que les Bohémiens, ces prétendus voleurs d'enfants, en volassent par là, à la douzaine!

La grande course du jour venait de finir, et, de chaque côté de la corde, les longues lignes de spectateurs se rompant tout à coup pour verser la foule dans l'enceinte, donnaient à la scène une animation nouvelle et un mouvement plein de vie. Il y en avait qui se précipitaient de ce côté pour apercevoir le cheval vainqueur; d'autres couraient de droite et de gauche, avec non moins d'ardeur, à la recherche de leur cocher qu'ils avaient laissé occupé à choisir une bonne place pour leur voiture. Ici un petit groupe se formait autour d'une table pour voir plumer quelque innocent badaud à un jeu de hasard. Plus loin, un autre industriel, entouré de ses compères dissimulés sous des travestissements divers, l'un avec des lunettes, l'autre avec un lorgnon et un chapeau à la dernière mode; l'autre habillé en fermier cossu, son manteau sur le bras et ses billets de banque dans un grand portefeuille de cuir; plusieurs autres villageois, avec leurs gros fouets à la main pour figurer d'innocents campagnards qui étaient venus sur leur bidet voir la fête, essayait par son bagout bruyant et sonore, ou par l'annonce de quelque tour d'adresse, de faire tomber dans le panneau un chaland imprudent, pendant que messieurs ses associés, dont la mine basse jurait avec leur linge blanc et leur costume élégant, trahissaient le vif intérêt qu'ils prenaient au succès de la chose, en échangeant entre eux un regard furtif, à l'arrivée de quelque nouveau venu. Ailleurs, des flâneurs prenaient place à l'arrière d'un large cercle de curieux assemblés autour d'un bateleur ambulant, et de son orchestre retentissant, ou se pressaient pour voir le classique combat de taureaux. Cependant les ventriloques, occupés à des dialogues intéressants avec des poupées de bois, des diseuses de bonne aventure occupées à faire taire les cris importuns des enfants qui gênent leur commerce, partageaient avec toutes ces professions variées l'honneur d'attirer l'attention générale du public. Les cabarets en plein vent étaient pleins. On commençait à entendre dans les équipages le cliquetis des verres: on y vidait les paniers chargés de toutes sortes de provisions séduisantes; on jouait des couteaux et des fourchettes; le champagne faisait sauter le bouchon; les yeux, animés déjà par le plaisir, pétillaient bien mieux encore, et les filous comptaient le produit de leur journée, acquis à la sueur de leur front. L'attention, concentrée tout à l'heure sur un seul point, se partageait maintenant entre mille intérêts différents, et, partout où vous portiez les regards, vous ne pouviez plus voir qu'une réunion confuse, un joyeux pêle-mêle de rieurs, de causeurs, de joueurs, de voleurs, de mendiants et de mascarades.

Les joueurs surtout n'avaient pas à se plaindre. Une foule de baraques disposées en salons de jeux étalaient aux yeux le luxe de leurs tapis moelleux, de leurs portières à grandes raies, de leurs rideaux cramoisis, de leurs toits élevés, de leurs pots de géraniums et de leurs domestiques en livrée. Il y avait le club des Étrangers, le club de l'Athenæum, le club de Hampton, le club de Saint-James, une lieue de clubs, ou peu s'en faut, à l'usage des joueurs : il y avait le *rouge et noir*, *la merveille* et *le lansquenet*.

Entrons dans un de ces temples de la fortune, nous y trouverons des personnages de notre connaissance.

Voyez d'abord ces trois tables à jeu, entourées de joueurs et de curieux. Quoique ce soit la salle la plus vaste dans son genre de tout le champ de course; quoiqu'on ait pris la précaution d'en relever la toile pour donner plus d'air, et de pratiquer deux portes pour établir un courant, il y fait une chaleur atroce. A l'exception de deux ou trois personnages qui tiennent à la main quelques pièces d'or égarées dans une pile d'écus, pour y puiser à chaque tour de bille le montant de leur enjeu, avec le calme diligent d'un joueur de profession qui n'a fait autre chose ce matin, cette nuit, hier et tous les jours, vous n'apercevrez pas chez les autres de caractère intéressant. Ce sont, pour la plupart, des jeunes gens attirés par la curiosité, qui risquent quelques petites sommes pour continuer les amusements du jour, sans montrer grand intérêt de perte ou de gain. Cependant voici deux individus qui méritent d'attirer en passant notre attention, comme des échantillons remarquables d'une classe particulière.

L'un d'eux est un homme de cinquante-six à cinquante-huit ans ; il est assis sur une chaise près d'une des entrées du salon, les mains croisées sur la pomme de sa canne et son menton posé sur ses mains. C'est un homme grand, gras, haut de buste, boutonné jusqu'au cou dans un petit habit vert qui le fait paraître encore plus long qu'il n'est. Il porte une culotte courte, des guêtres, une cravate blanche et un chapeau blanc à larges bords. Au milieu du bruit et des bourdonnements de la salle, des allées et venues perpétuelles des passants, il conserve un calme impassible ; sa figure ne laisse pas percer la moindre émotion, pas même l'expression de l'ennui, bien moins encore, aux yeux de l'observateur superficiel, la plus légère marque d'intérêt à ce qui se fait : il est là sur sa chaise, tranquille et recueilli. Quelquefois, mais bien rarement, il salue de la tête une figure qui passe, ou fait signe à un domestique d'aller voir ce qu'on lui veut à une table où on l'appelle ; mais c'est pour retomber, le moment d'après, dans son état habituel d'insensibilité. Est-ce un vieux monsieur, sourd comme un pot, qui est venu se reposer là ? cela pourrait bien être ; est-ce une personne qui attend patiemment un ami en retard, sans faire seulement attention aux gens qui sont là ? est-ce un malade atteint de catalepsie, ou pétrifié par l'usage de l'opium ? Tout le monde se retourne pour le regarder. Lui, il ne fait pas un geste, pas un mouvement d'yeux ; il laisse passer les uns, puis les autres, puis les autres encore, sans y faire seulement attention. Quand il bouge, par hasard, on se demande comment il a fait pour voir ce qui l'a dérangé de ses habitudes, et, de fait, il a l'air aveugle autant que sourd. Eh bien ! il n'y a pas un visage qui entre ou qui sorte sans qu'il l'ait vu ; il ne se fait pas un geste aux trois tables qui lui échappe ; les banquiers ne disent pas un mot qui soit perdu pour ses oreilles ; il n'y a pas un gagnant ni un perdant qu'il n'enregistre dans sa mémoire : c'est le propriétaire du lieu.

L'autre préside la table de la roulette. Il a probablement dix ans de moins que le premier. C'est un gaillard trapu, ventru, l'air robuste, la lèvre inférieure un peu retroussée, peut-être par l'habitude de compter en dedans l'argent à mesure qu'il le paye ; mais, au fond, sa mine n'est pas déplaisante, elle serait plutôt honnête et franche. Il a mis habit bas, parce qu'il fait chaud, et se tient debout derrière la table, avec un rempart d'écus de toutes les dimensions devant lui, sans compter un petit coffre à billets de banque. Il n'y a pas d'interruption dans le jeu. Vingt joueurs environ parient à la fois. L'homme fait rouler la bille, compte l'argent des enjeux, les retire de la couleur perdante, paye les gagnants, et tout cela en un clin d'œil ; recommence à faire rouler la bille, et tient toujours les joueurs en haleine. Quelle promptitude merveilleuse ! et jamais d'hésitation, jamais d'erreur, jamais de temps d'arrêt, jamais de repos dans la répétition de ces phrases incohérentes que l'habitude, et peut-être le besoin d'avoir toujours quelque chose à dire pour entretenir le jeu, lui fait réciter constamment, avec la même expression monotone et dans le même ordre, tout le long du jour.

« Rouge et noire de Paris, messieurs! faites votre jeu et vos enjeux, tout le temps que la bille roule; rouge et noire de Paris, messieurs! c'est un jeu français, messieurs; c'est moi qui l'ai importé, c'est connu. Rouge et noire de Paris! la noire gagne, la noire.... Arrêtez un moment, monsieur, je vais vous payer tout de suite; cinquante francs ici, douze francs cinquante là, soixante-quinze là et vingt-cinq par ici. Messieurs, la bille roule; tant que la bille roule, vous pouvez, monsieur; le beau du jeu, messieurs, c'est que vous pouvez doubler vos enjeux ou engager votre argent tout le temps que la bille roule.... Encore la noire; c'est la noire qui gagne; je n'ai jamais vu chose pareille, jamais de ma vie, ma parole d'honneur. Si un de ces messieurs avait soutenu la noire depuis cinq minutes, il aurait gagné douze cents francs en quatre tours de bille, c'est sûr. Messieurs ! nous avons du porto, du xérès, des cigares, d'excellent champagne. Garçon! une bouteille de champagne et douze ou quinze cigares; ne nous refusons rien, messieurs; et des verres propres, garçon. Tout le temps que la bille roule,... j'ai perdu trois mille francs hier, messieurs, en un tour de bille ; c'est connu.... Comment vous portez-vous, monsieur (à un monsieur qu'il reconnaît, et sans changer de ton, lui faisant seulement du coin de l'œil un signe imperceptible)? Voulez-vous prendre un verre de xérès, monsieur? Garçon! un verre propre et du xérès à monsieur; vous le passerez à la ronde, n'est-ce pas, garçon? Voici le rouge et noire de Paris, messieurs! Tout le temps que la bille roule, messieurs, faites votre jeu et vos enjeux; voici le rouge et noire de Paris, jeu nouveau que j'ai importé moi-même, c'est connu. Messieurs, la bille roule! »

Cet estimable fonctionnaire était tout entier à son emploi, quand on vit entrer dans la baraque une demi-douzaine de personnages qu'il salua respectueusement, sans discontinuer cependant ni ses paroles ni sa besogne. En même temps il appela par un coup d'œil l'attention d'un individu qui était près de lui sur le plus grand des nouveaux venus, auquel le propriétaire ôtait son chapeau. C'était sir Mulberry Hawk, accompagné de son élève, et d'une escorte de gens d'une mise élégante, mais d'un caractère plus que suspect.

Le propriétaire, à voix basse, souhaita le bonjour à sir Mulberry qui, du même ton, l'envoya au diable, et se retourna pour continuer la conversation avec son cortége.

Il était évidemment agacé par la certitude où il était qu'en se montrant pour la première fois en public, après ce qui lui était arrivé, il devenait nécessairement un objet de curiosité. Et il était facile de voir que, s'il se montrait aux courses ce jour-là, c'était moins pour prendre sa part des plaisirs de la fête que pour y rencontrer à la fois un grand nombre de ses connaissances et se débarrasser d'un coup des ennuis de sa rentrée officielle. Il restait encore sur sa figure une légère cicatrice qu'il ne cessait de dissimuler avec son gant toutes les fois qu'il rencontrait quelqu'un qui venait à le reconnaître. Car il ne se passait pas de minute que quelque allant et venant ne le saluât en passant ; et la précaution qu'il prenait de cacher sa blessure ne faisait que rendre plus visible la honte qu'il ressentait de sa mésaventure.

« Ah ! c'est vous, Hawk, dit un élégant portant un habit à la dernière mode, une cravate d'un goût exquis et tous les autres accessoires de toilette qui font la réputation d'un dandy. Comment cela va-t-il, mon vieux ? »

Or, il est bon de savoir que c'était un homme qui faisait concurrence à sir Mulberry pour mettre la dernière main à l'éducation des jeunes gentilshommes, et par conséquent le personnage que Hawk détestait le plus cordialement et craignait le plus de rencontrer en cette occasion. Ils se donnèrent une poignée de main avec les démonstrations de la satisfaction la plus vive.

« Eh bien ! mon vieux, cela va-t-il mieux à présent, hein ?
— Très-bien, très-bien, dit Mulberry.
— Ah ! j'en suis bien aise, dit l'autre : et vous, Verisopht, comment vous portez-vous ? Il est un peu battu de l'oiseau, ce me semble, notre ami. Il n'a pas encore repris tout à fait son assiette. Hein ? »

Notez que ce monsieur avait les dents très-blanches et que, toutes les fois que la conversation ne prêtait pas à rire, il finissait généralement par cette interjection commode, pour ne pas perdre l'occasion de montrer la blancheur de son râtelier.

« Mais, dit le jeune lord négligemment, il est tout à fait dans son assiette ordinaire, il n'y a rien de changé, que je sache.
— Ma parole d'honneur, repartit l'autre, je suis charmé de cette nouvelle. Y a-t-il longtemps que vous avez quitté Bruxelles?
— Nous ne sommes arrivés à Londres, dit lord Frédérick, que cette nuit, assez tard. »

Pendant ce temps-là, sir Mulberry s'était retourné pour causer avec un de ses acolytes, et faisait semblant de ne pas entendre cette conversation.

« Eh bien ! continua son rival, affectant de parler tout bas à lord Verisopht, je vous assure qu'il faut avoir le courage et la hardiesse de Hawk pour se montrer sitôt en public : ce que j'en dis, c'est dans son intérêt; mais vraiment il a du courage. Il s'est absenté tout juste assez, voyez-vous, pour exciter la curiosité, mais pas assez pour faire oublier aux gens cette diable de désagréable.... A propos.... vous connaissez, comme de raison, les détails publics sur cette affaire; pourquoi donc n'avez-vous pas démenti ces maudits journaux? il est bien rare que je les lise, mais je les ai parcourus dans cette espérance, et franchement....

— Eh bien! parcourez-les demain.... non, après-demain; voulez-vous? interrompit sir Mulberry en se retournant tout à coup.

— Ma foi, mon cher ami, je ne lis guère les journaux, dit l'autre en haussant les épaules; mais je lirai celui-là pour vous faire plaisir. Qu'est-ce que nous y verrons?

— Bonjour ! » répondit sir Mulberry en tournant brusquement sur ses talons avec son pupille. Puis ils reprirent le pas de flâneurs nonchalants dont ils étaient entrés, et parcoururent le salon tranquillement, bras dessus bras dessous.

« Ce n'est pas un cas de mort violente que je lui donnerai le plaisir de lire dans le journal après-demain, marmotta sir Mulberry avec un gros juron, mais il ne s'en faudra de guère. On peut couper la figure à un homme à coups de cravache et l'étriller à coups de canne sans le faire mourir sous le bâton. »

Lord Frédérick ne répondit rien; mais il y avait dans son air quelque chose de déplaisant pour sir Mulberry, qui continua d'un ton aussi féroce que s'il avait parlé à Nicolas lui-même, au lieu de s'adresser à son ami.

« J'ai envoyé ce matin avant huit heures Jenkins chez le vieux Nickleby; Nickleby n'a pas perdu de temps ; il était chez moi avant le retour de l'autre. En cinq minutes il m'a mis au courant de tout : je sais où trouver le gredin ; il m'a dit le lieu et l'heure ; mais pas tant de paroles, demain sera bientôt venu.

— Et qu'est-ce qu'on fera demain ? » demanda lord Frédérick languissamment.

Sir Mulberry Hawk l'honora d'un regard courroucé, mais ne daigna pas lui faire d'autre réponse. Ils continuèrent leur promenade taciturne, occupés chacun de leurs secrètes pensées, jusqu'à ce qu'ils eurent traversé la foule ; et, quand ils se virent seuls, sir Mulberry fit un demi-tour pour s'en aller.

« Un instant, lui dit son compagnon, je veux vous parler.... sérieusement ; ne vous en retournez pas ; promenons-nous encore ici quelques minutes.

— Que pouvez-vous avoir à me dire ? lui répondit son mentor en dégageant son bras ; ne puis-je aussi bien l'entendre là-bas qu'ici ?

— Hawk! répliqua l'autre, dites-moi, il faut que je sache....

— *Il faut que je sache!* interrompit Hawk d'un ton dédaigneux. Ouais! alors continuez ; s'il faut que vous sachiez, je vois bien qu'il n'y a pas moyen que j'y échappe. Ah! il faut que je sache!

— Eh bien! il faut que je vous demande, si vous voulez, répliqua lord Frédérick, il faut que j'insiste pour obtenir de vous une réponse claire et nette.... Ce que vous venez de me dire là tout à l'heure, était-ce tout simplement une boutade de mauvaise humeur, un mot en l'air, ou bien avez-vous sérieusement l'intention d'agir comme vous l'avez dit? Est-ce un projet bien arrêté après mûre réflexion ?

— Mais, dit sir Mulberry en ricanant, est-ce que vous ne vous rappelez pas ce qui s'est passé certain soir que je suis resté sur le pavé avec une jambe cassée ?

— Parfaitement bien.

— Alors, au nom du diable, reprit sir Mulberry, vous n'avez pas besoin d'autre réponse, celle-là suffit, je pense. »

Tel était l'ascendant qu'il avait pris depuis longtemps sur sa dupe, telle était l'obéissance et la soumission dont il lui avait fait contracter l'habitude, que le jeune homme sembla hésiter un moment à continuer l'entretien sur le même sujet; mais bientôt, reprenant courage, et comme honteux de lui-même, il repartit avec colère : « Si je me rappelle bien ce qui s'est passé alors, vous devez vous rappeler aussi que je me suis expliqué franchement à cet égard, et que je vous ai dit que vos menaces d'aujourd'hui ne s'effectueraient jamais à ma connaissance et de mon consentement.

— Est-ce que vous voudriez m'en empêcher? demanda sir Mulberry avec un éclat de rire.

— .... Ou....i, je vous en empêcherai, si je peux, répliqua l'autre vivement.

— Voilà au moins une clause prudente; vous avez bien fait de l'ajouter en cas de besoin, dit sir Mulberry. Écoutez, occupez-vous de vos affaires et laissez-moi m'occuper des miennes.

— C'est que cette affaire-ci est aussi bien la mienne que la vôtre, continua lord Frédérick ; j'en ferai mon affaire, ou plutôt j'en fais dès à présent mon affaire ; j'y suis déjà assez compromis comme cela.

— En ce cas, faites donc de votre côté ce qu'il vous plaira et comme il vous plaira, dit sir Mulberry affectant un ton dégagé et un air de bonne humeur. Je ne puis pas mieux dire : je ne vous demande rien, je vous laisse libre, faites comme moi. Je ne conseillerais à personne de venir me contrarier dans l'exécution de mes projets ; j'espère que vous me connaissez assez pour n'en rien faire. Le fait est, à ce que je vois, que vous avez cru devoir me donner un avis ; je ne doute pas de vos intentions ; elles peuvent être bonnes, mais l'avis est loin de l'être, et je n'en veux pas. A présent, s'il vous plaît, nous allons retourner à ma voiture, je ne m'amuse pas du tout ici, bien au contraire ; si nous poussions plus loin cette conversation, nous pourrions bien en venir à une querelle, ce qui ne serait pas une preuve de sagesse, ni de votre part, ni de la mienne. »

Là-dessus, sans attendre d'autre observation, sir Mulberry Hawk se mit à bâiller et s'éloigna tout tranquillement.

C'était de sa part une marque de tact et la preuve qu'il connaissait bien le caractère du jeune lord, de le traiter comme il faisait. Sir Mulberry avait vu clairement que c'était le moment ou jamais d'établir solidement sa domination. Il savait que, dès l'instant où il s'emporterait, le jeune homme s'emporterait aussi, et, bien des fois, quand il s'était présenté quelque circonstance de nature à diminuer son influence, il s'était bien trouvé, pour mieux l'assurer, d'adopter ce ton rassis et laconique, et, dans le cas présent, il ne doutait pas que le succès ne répondît à sa confiance.

Mais il lui en coûtait de dissimuler ainsi sa colère sous des dehors insouciants et sous cet air d'indifférence que son habile expérience lui faisait juger nécessaire ; aussi, dans son for intérieur, il se promettait bien de faire payer cher cette pénible contrainte à Nicolas, en ajoutant à la sévérité de sa vengeance quelque dédommagement de plus pour cette mortification nouvelle. Un jour ou l'autre, de manière ou d'autre, Nicolas n'en serait pas le bon marchand. Quant au jeune lord, tant qu'il n'avait été qu'un instrument passif dans ses mains, sir Mulberry n'avait eu pour lui que du mépris ; mais aujourd'hui, ce n'était plus du mépris, c'était un commencement de haine en le voyant assez osé pour se permettre des opinions différentes de la sienne, et même pour affecter avec lui un ton de hauteur et de supériorité.

Il ne savait que trop combien il dépendait, dans le sens le plus vil et le plus lâche du mot, de ce jeune écervelé, et l'humiliation qu'il lui avait aujourd'hui infligée ne lui en semblait que plus amère. Aussi, du moment qu'il commença à le haïr, il mesura sa haine, c'est assez l'ordinaire, sur l'étendue même des torts que l'autre pouvait avoir à lui reprocher. Qu'on n'oublie pas que sir Mulberry Hawk avait dupé, surpris, trompé son élève de toutes les manières, et l'on ne sera pas étonné qu'en commençant à le détester, il le détestât à l'instant même de tout son cœur.

De l'autre côté, le jeune lord avait pensé (chose rare chez lui!) et même sérieusement à l'affaire de Nicolas et à toutes les circonstances préliminaires. Disons à son honneur, qu'après mûre réflexion, il avait pris une résolution honnête et courageuse. La conduite grossière et insultante de sir Mulberry dans cette occasion avait produit une impression profonde sur son esprit. Il n'avait pu non plus s'empêcher de concevoir, depuis quelque temps, le soupçon trop naturel que son mentor, en l'engageant dans une poursuite amoureuse contre Mlle Nickleby, travaillait pour son propre compte. Il était véritablement honteux du rôle qu'on lui avait fait jouer dans cette affaire, et profondément mortifié par un certain pressentiment qu'il avait été pris pour dupe. Pendant le temps qu'ils venaient de passer loin du monde, il avait eu tout le loisir nécessaire pour réfléchir là-dessus à son aise, et, toutes les fois que l'indolence naturelle de son caractère lui avait permis de le faire, il n'en avait pas manqué l'occasion. Nous passons quelques autres circonstances qui, pour être légères, n'en avaient pas moins contribué à confirmer ses soupçons. En un mot, il ne fallait plus qu'un souffle pour allumer sa colère contre sir Mulberry. C'est le dédain et le ton insolent de celui-ci dans leur dernière conversation, la seule qu'ils eussent jamais eue sur ce sujet depuis l'événement, qui précipita la crise.

Pour le moment, ils allèrent rejoindre leur société, mais chacun d'eux emportait dans son cœur un germe de haine, qui devait bientôt éclater contre l'autre. Le jeune homme, en particulier, était poursuivi par les menaces de vengeance rancunière prononcées contre Nicolas, et bien décidé à l'empêcher, s'il pouvait, par quelque mesure énergique; mais, le pis de l'affaire, c'est que sir Mulberry, tout fier de l'avoir réduit au silence, ne put s'empêcher, dans l'ivresse de son triomphe, de poursuivre ses prétendus avantages. Il y avait là M. Pyke, M. Pluck, le colonel Chawser et d'autres gentlemen de la même clique, et sir Mulberry attachait une grande importance à leur faire voir qu'il n'avait rien perdu de son influence. Dans le commencement, le jeune lord se borna à rêver silencieusement aux mesures qu'il devait prendre pour briser immédiatement toute relation avec son ancien ami; mais, petit à petit, le rouge lui monta au visage, et il se sentit exaspéré par des plaisanteries et des familiarités dont quelques heures auparavant il n'aurait fait que s'amuser. Il n'y gagnait pas grand'chose, car pour donner à sir Mulberry la réplique en pareille compagnie, lord Frédérick n'était pas de force à lui tenir tête ; pourtant il n'y eut pas encore là de rupture violente. Ils s'en retournèrent à Londres au milieu des exclamations admiratives de Pyke, Pluck et compagnie, qui protestaient, tout le long du chemin, que jamais sir Mulberry n'avait eu de sa vie tant d'entrain.

Ils dînèrent ensemble. Le dîner était somptueux ; le vin coulait à flots ; on ne l'avait pas épargné déjà tout le reste du jour. Sir Mulberry buvait pour se dédommager de son abstinence forcée ; le jeune lord pour noyer son indignation dans son verre ; et le reste de la société parce que le vin était excellent et ne leur coûtait rien. Il était près de minuit lorsqu'ils se levèrent vivement, hors d'eux-mêmes, échauffés par le vin, le sang bouillant, la tête en feu, pour passer à la table de jeu.

Là ils se trouvèrent en face d'une autre société qui n'était pas plus raisonnable. L'excitation du jeu, la chaleur du salon, l'éclat des bougies, n'étaient guère propres à calmer la fièvre de leurs sens. Au milieu de ce tourbillon de bruit et de sensations confuses, ils étaient en proie à un véritable délire. Il n'y en avait pas un, dans l'enivrement sauvage du moment, qui fût capable de penser à la valeur de l'argent, à sa ruine, au lendemain. « Encore du vin ! » criait-t-on de toutes parts ; et les verres se vidaient l'un après l'autre dans leur gosier brûlant et desséché, à travers leurs lèvres bouillantes toutes gercées par la soif. Le vin leur faisait l'effet de l'huile que l'on verse sur un ardent brasier. La discussion s'animait, l'orgie montait toujours, les verres se brisaient en éclats sur le parquet, en s'échappant des mains qui ne pouvaient plus les porter jusqu'aux lèvres : les lèvres proféraient des jurons dont elles avaient à peine la force de prononcer les sons. Les joueurs ivres maudissaient à grands cris le sort qui les avait fait perdre. Il y en avait qui, montés sur des tables, vibraient des bouteilles autour de leur tête en portant un défi à tous les assistants. Il y en avait qui dansaient, d'autres qui chantaient, d'autres qui déchiraient des cartes dans un transport de rage ! le tumulte et la folie régnaient en maîtres, lorsqu'on entendit un tapage qui fit taire tous les autres et qu'on vit deux hommes, se tenant l'un l'autre à la gorge, lutter au milieu du salon.

Une douzaine de voix jusque-là silencieuses appelèrent au secours pour les séparer. Ceux qui avaient eu la prudence de garder leur tête pour gagner au jeu et qui vivaient de ces scènes de désordre, se jetèrent sur les combattants, les séparèrent de force et les entraînèrent à quelque distance l'un de l'autre.

« Lâchez-moi, s'écriait sir Mulberry d'une voix épaisse et enrouée, c'est lui qui m'a frappé : vous m'entendez, je vous dis qu'il m'a frappé ; n'ai-je pas ici quelque ami ? qu'il vienne. Ah ! c'est vous, Westwood, vous venez de m'entendre dire qu'il m'a frappé.

— Oui, oui, je vous ai entendu, répliqua l'un de ceux qui le retenaient : retirez-vous, laissez passer la nuit là-dessus.

— Non, de par tous les diables, répliqua-t-il, il y a là une douzaine de témoins qui ont vu donner le soufflet.

— Il sera bien temps demain, dit l'autre.

— Il ne sera pas temps du tout, cria sir Mulberry : ce soir, tout de suite, ici même! » Sa fureur était si grande qu'il était là, les poings fermés, s'arrachant les cheveux et trépignant des pieds sans pouvoir articuler.

« Qu'est-ce que c'est donc, milord ? disait à lord Verisopht un de ceux qui l'entouraient, est-ce qu'il y a eu des soufflets ?

— Non, il n'y en a eu qu'un, répondit-il encore tout ému : c'est moi qui l'ai donné. Je suis bien aise que tout le monde le sache ici. À présent il faut arranger l'affaire avec lui. Capitaine Adams, dit le jeune lord jetant un regard rapide autour de lui et s'adressant à l'un de ceux qui les avaient séparés, dites-moi, je voudrais bien vous dire un mot. »

La personne en question s'approcha, prit son bras, l'emmena quelques pas plus loin dans un coin où les rejoignirent bientôt sir Mulberry et son ami Westwood.

Il y a peut-être des endroits mieux famés où une telle affaire aurait pu éveiller la sympathie pour ou contre et donner lieu à quelque remontrance amicale, à quelque intervention officieuse. Peut-être alors aurait-on pu l'arrêter sur-le-champ et laisser au temps et à la réflexion le soin de calmer les esprits à jeun ; mais le lieu de la scène était au contraire un rendez-vous de mauvais sujets, un bouge de la pire espèce. Troublée au milieu de ses débauches, la société se sépara. Les uns s'en allèrent chancelants, avec l'air de cette gravité stupide, hébétée par le vin ; les autres discutant à grand bruit les détails de la scène qui venait de se passer sous leurs yeux. Les honorables habitués dont l'industrie était de vivre du produit de leur gain se dirent l'un à l'autre en s'en allant que Hawk était un bon tireur. Quant à ceux qui avaient fait le plus de tapage, ils tombèrent endormis sur les sofas et n'y pensèrent plus.

Cependant les deux seconds, car nous pouvons maintenant leur donner ce titre, après avoir eu chacun une longue conférence à part avec celui qui les avait choisis pour témoins, se réunirent dans une autre pièce. C'étaient deux hommes sans âme, de vrais roués, tous deux initiés au monde et à ses vices les plus corrompus, tous deux des paniers percés, tous deux en interdiction de biens pour dettes, tous deux se faisant honneur de ces turpitudes auxquelles la société sait trouver des noms élégants et des excuses de convention dans son indulgence dépravée. C'était donc par conséquent deux de ces gentlemen connus dans le monde pour être très-chatouilleux sur leur honneur personnel et très-pointilleux à l'endroit de l'honneur des autres.

Ils se trouvaient l'un et l'autre d'une humeur plus vive et plus gaie que jamais, car il était à peu près sûr qu'une affaire comme cela ferait du bruit, et elle ne pouvait manquer de donner un nouveau relief à leur réputation.

« Voilà un cas qui se présente assez mal, Adams, dit M. Westwood en se redressant.

— C'est vrai, répondit le capitaine; il y a eu un soufflet de donné, et par conséquent je ne vois plus rien à faire qu'une affaire.

— Pas d'excuses, je suppose?

— Pas la moindre de notre côté, quand on perdrait son temps à en demander jusqu'à la fin du monde. Il paraît que le fond de la querelle, c'est quelque chose comme une petite fille sur le compte de laquelle sir Mulberry a tenu des propos qui ont blessé lord Frédérick. Mais il s'y est joint à la suite une longue récrimination sur une foule d'autres contrariétés et de sujets de reproches réciproques. Sir Mulberry a employé le sarcasme: lord Frédérick était monté, et l'a frappé dans la chaleur de la dispute, avec des circonstances qui n'ont pas diminué la gravité de la chose. Et, ma foi, à moins que sir Mulberry ne soit disposé à se rétracter complétement, lord Frédérick est prêt à tenir le soufflet pour bon.

— Alors, il n'y a plus rien à dire : il ne reste qu'à régler l'heure et le lieu du rendez-vous. C'est une responsabilité, mais il est important d'en finir. Voyez-vous de l'inconvénient à ce que ce soit au lever du soleil?

— Diable! dit le capitaine en regardant à sa montre. Il n'y a pas grand temps; mais, comme il paraît que cela remonte loin, et que toute négociation serait peine perdue, j'accepte.

— Après ce qui s'est passé ici, il est possible qu'il en perce bien tôt au dehors quelque chose qui nous oblige à lever le pied sans délai, et à quitter Londres à temps, dit M. Westwood. Qu'est-ce que vous dites d'un des prés, le long de la rivière, en face de Twickenham ? »

Le capitaine n'avait pas d'objection.

« Voulez-vous que nous nous rejoignions dans l'avenue d'ormes qui mène de Pétersham à Ham-House, pour régler en arrivant le lieu précis du combat ? »

Adopté. Après quelques autres préliminaires aussi laconiques, on décida le chemin que prendrait chaque adversaire pour éviter tout soupçon, et on se sépara.

« Nous n'avons guère plus de temps à présent qu'il ne nous en faut, milord, dit le capitaine, pour venir prendre chez moi ma boîte de pistolets, et nous en aller tout doucement au rendez-vous. Si vous me permettez de renvoyer votre domestique, nous prendrons mon cabriolet, car j'ai peur que le vôtre ne nous fasse reconnaître. »

Quand une fois ils furent dans la rue, quel contraste avec la scène dont ils sortaient ! Le petit jour commençait à poindre. La lumière jaunâtre qui éclairait le salon avait fait place à la lueur claire, brillante, glorieuse du matin. Au lieu de l'atmosphère chaude, étouffante, chargée du fumet des lampes expirantes et des vapeurs de l'orgie, l'air libre, l'air frais, l'air pur et salubre ! Mais hélas ! la tête fiévreuse sur laquelle soufflait cet air pur, aspirait avec lui le remords d'une vie passée dans la dissipation et le regret des occasions perdues. Lord Verisopht, les veines gonflées, la peau brûlante, l'œil hagard et farouche, les idées en désordre, l'esprit perdu, croyait lire dans la lumière du jour un reproche, et reculait involontairement devant les feux de l'aurore comme devant un spectacle effrayant et hideux.

« Du frisson ? dit le capitaine. Vous avez froid.

— Un peu.

— Il fait frais, quand on sort d'une chambre chaude. Enveloppez-vous dans ce manteau. Bon, bon, nous voilà bien. »

Ils traversèrent les rues tranquilles, troublées seulement par le bruit des roues, descendirent un moment au logis du capitaine, quittèrent la ville et se trouvèrent sur la route, sans avoir été contrariés ni inquiétés dans leur marche.

Les champs, les arbres, les jardins, les haies, que tout paraissait beau ! Le jeune homme avait passé devant, plus de mille fois auparavant, sans les voir. Il en était frappé aujourd'hui. Tous ces objets portaient à son âme la sérénité et la paix, et n'y trouvaient qu'un chaos de pensées confuses ; et cependant au milieu du désordre de son esprit, elles lui laissaient une impression bienfaisante. Il n'avait pas à réprimer chez lui le vil sentiment de la peur, mais la colère qui le possédait devenait plus calme, à mesure qu'il jetait les yeux autour de lui, et, quoique toutes les illusions qu'il s'était faites autrefois sur son indigne précepteur de corruption fussent maintenant dissipées, il aurait mieux aimé ne l'avoir jamais connu que d'en être venu à cette extrémité.

La nuit passée, le jour de la veille, bien d'autres jours, bien d'autres nuits encore se confondaient dans sa mémoire en un tourbillon vertigineux. Il lui était impossible de distinguer les temps et les époques. Tantôt le bruit des roues sur le macadam frappait ses oreilles d'une harmonie sauvage dans laquelle il croyait reconnaître des bribes d'airs oubliés. Tantôt il n'entendait plus rien qu'un son étourdissant, semblable à celui d'un torrent qui s'écoule. Mais son compagnon n'avait qu'à railler son silence, et ils recommençaient à causer et à rire avec des éclats bruyants. Quand ils s'arrêtèrent, il fut tout étonné de se trouver un cigare à la bouche : il eut besoin de réfléchir pour se rappeler où et quand il s'était mis à fumer.

Ils s'arrêtèrent donc à la porte de l'avenue et mirent pied à terre, laissant la voiture aux soins du domestique, garçon dégourdi, qui n'était guère moins accoutumé que son maître à ces expéditions clandestines. Sir Mulberry y était déjà avec son témoin. Ils marchèrent tous les quatre, dans un profond silence, le long des ormes qui, s'élevant en berceau au-dessus de leurs têtes, formaient une longue perspective d'arceaux gothiques, couronnés de verdure, s'ouvrant au loin, comme une brèche dans les ruines, sur un ciel pur.

Après une courte halte, occupée à quelques paroles échangées entre les témoins, enfin ils tournèrent à droite, suivirent un sentier à travers une petite prairie, passèrent près de Ham-House, pour arriver à un champ derrière la maison. C'est là qu'ils s'arrêtèrent. On mesura l'espace, on accomplit quelques formalités réglées par le code de l'honneur : les deux adversaires furent placés en face, à la distance convenue, et sir Mulberry tourna les yeux, pour la première fois, vers son jeune ami. Il le vit pâle, les yeux injectés de sang, les vêtements en désordre, la tête échevelée. Ce n'était peut-être que les suites d'une journée fatigante et d'une nuit sans sommeil. Quant à sa figure, elle n'exprimait que la colère et la haine. Il porta la main devant ses yeux, pour regarder en face, quelques minutes, d'une contenance ferme, l'ennemi qu'il avait devant lui, prit l'arme qu'on lui présenta, baissa l'œil sur le point de mire, et ne le releva plus jusqu'au signal donné ; le coup partit aussitôt.

Son adversaire avait tiré presque en même temps. A l'instant même le jeune lord tourna vivement la tête, fixa sur son meurtrier un regard affreux, et, sans gémir, sans broncher, tomba roide mort.

« Il est tué ! cria Westwood, qui était accouru avec l'autre témoin, et se tenait un genou en terre près du cadavre.

— Je m'en lave les mains, dit sir Mulberry. C'est lui qui l'a voulu ; il m'y a forcé malgré moi.

— Capitaine Adams, cria Westwood à la hâte, je vous prends à témoin que tout s'est passé dans les règles. Hawk, nous n'avons pas un moment à perdre. Il nous faut partir à l'instant, et nous dépêcher de passer la Manche. L'affaire n'est déjà pas bonne, mais elle pourrait devenir encore plus mauvaise, si nous tardons un moment. Adams, je vous conseille de veiller à votre propre sûreté, et de ne pas rester ici. Vous savez, les vivants avant les morts. Au revoir. »

A ces mots, il saisit le bras de sir Mulberry et l'entraîna sur ses pas. Le capitaine Adams ne resta qu'un instant, le temps de se convaincre que l'accident était sans remède, prit sa course dans la même direction, pour s'entendre avec son domestique sur les moyens d'enlever le corps et d'assurer en même temps sa retraite.

Ainsi périt lord Frédérick Verisopht, de la main même qu'il avait remplie de ses dons et qu'il avait étreinte avec amitié plus de mille fois ; victime de l'homme sans lequel, après une vie heureuse et longue peut-être, il serait mort entouré, à son chevet, des figures bénies de ses chers enfants.

Le soleil se levait fièrement à l'horizon dans toute sa majesté : la Tamise, glorieuse, suivait son cours sinueux ; les feuilles s'agitaient avec un bruit léger, au souffle de la brise. Les oiseaux versaient dans l'air, du sein de chaque arbre au vert feuillage, leurs chants joyeux ; le papillon, créature d'un jour, se balançait sur ses petites ailes : le jour éveillait partout le mouvement et la lumière. Seulement, au milieu de tout cela, sur le gazon qu'il foulait de son poids et dont chaque brin contenait mille vies imperceptibles, était étendu l'homme mort, la face immobile et roide, tournée vers le ciel.

CHAPITRE XIX.

Au moment où le complot de M. Ralph Nickleby et de son ami touche au succès, la mèche est éventée par un tiers qu'ils n'avaient pas admis dans leur confidence.

Dans une vieille maison, horriblement sombre et poudreuse, qui semblait être tombée en décrépitude avec son maître, et avoir pris avec lui les rides et le teint jaunâtre de la vieillesse, à force de la tenir cachée à la lumière du jour, comme lui à force de tenir son argent caché dans ses coffres, demeurait Arthur Gride. On y voyait rangées, dans un ordre monotone, le long des murs obscurs, de vieilles chaises et de vieilles tables qui n'avaient pas coûté cher de façon, aux formes massives, roides et froides comme des cœurs d'avares. On y voyait des armoires amincies par l'usage, molles et flexibles à force de s'être ouvertes et fermées sur les tiroirs qu'elles renfermaient, tremblotantes au moindre mouvement (sans doute par appréhension et par crainte des voleurs), qui se blottissaient dans des coins sombres d'où elles ne pouvaient projeter d'ombre sur le parquet, et où on aurait dit qu'elles étaient allées se tapir pour se dérober aux regards. Sur l'escalier, une grande pendule toute refrognée, avec ses longues aiguilles toutes maigres, et sa face affamée, son balancier monotone, dont le tic tac parlait tout bas prudemment, sa sonnerie, dont le timbre faible et languissant, semblable à la voix cassée d'un vieillard, râlait en marquant l'heure, comme un homme qui meurt de faim sur la paille.

N'ayez pas peur qu'il y eût là, auprès du feu, quelque bon canapé pour vous inviter au bien-être et au repos ; il y avait des fauteuils, c'est vrai, mais ils paraissaient mal à leur aise. Ils retroussaient leurs bras d'un air soupçonneux et timide, comme des gens qui se tiennent sur leurs gardes. Il y en avait d'autres dont les formes grêles et élancées pouvaient faire croire qu'ils s'étaient redressés de toute leur hauteur pour effaroucher, de leurs regards les plus effrayants, l'imprudent visiteur qui s'aventurerait à les prendre. D'autres, encore, s'appuyaient sur leurs voisins ou s'accotaient, pour se soutenir, contre le mur, peut-être pour déployer, avec une certaine ostentation, toute leur incommodité, ayant l'air de prendre les gens à témoin qu'ils ne valaient pas la peine qu'on y touchât. Les bois de lit, avec leurs pieds lourds, leurs piliers carrés, ressemblaient plutôt à des tombeaux dressés pour les cauchemars de l'insomnie; leurs rideaux moisis se ramassaient en petits plis les uns contre les autres, pour se communiquer tout bas, de proche en proche, quand ils étaient froissés par le vent, leurs craintes tremblantes sur la sécurité des objets séduisants qui pouvaient tenter les voleurs, dans l'ombre des cabinets voisins soigneusement fermés.

C'est du fond de la chambre la plus triste et la plus affamée de toute cette maison, le temple de la tristesse et de la faim, qu'un beau matin se firent entendre les accents chevrotants de la voix du vieux Gride gazouillant, d'un ton de croque-mort, la queue de quelque chansonnette oubliée :

>   Tari ta ta,
>   Jette-moi là
> Tes vieux souliers, car je t'épouse.
> Toute fille en sera jalouse.

Peut-être n'en savait-il plus que ce refrain dont il répétait encore les notes aiguës et tremblotantes, si un violent accès de toux n'était venu l'obliger à se modérer et à poursuivre en silence les soins dont il était en ce moment occupé.

Ces soins consistaient à tirer, des planches d'une garde-robe vermoulue, quantité de hardes malpropres, l'une après l'autre ; à leur faire subir un examen soigneux et minutieux, en les tenant devant ses yeux contre le jour ; puis, après les avoir remises exactement dans leurs plis, il les rangeait dans l'un des deux tas qu'il avait faits près de lui. Il se gardait bien de jamais prendre à la fois, dans l'armoire, deux articles de toilette ; il ne les prenait qu'à mesure, un par un, et ne manquait pas de fermer la porte de la garde-robe et de tourner la clef à chaque visite nouvelle qu'il faisait à ses planches.

« L'habit tabac! dit Arthur Gride en inspectant un habit usé jusqu'à la corde : étais-je bien en couleur tabac ? je ne me rappelle plus. »

En y réfléchissant, il ne parut pas satisfait de ses souvenirs, car il replia ce vêtement, le mit de côté et monta sur une chaise pour en prendre un autre, toujours en chantonnant :

> Jeunesse, amour et beauté,
> Argent, fraîcheur et santé.
> Oh ! l'heureuse épouse !
> Toute fille en sera jalouse.

« Je ne vois pas où ils vont toujours chercher la jeunesse

dans leurs chansons, dit le vieil Arthur, ce ne peut être que pour le besoin du vers. Après ça, cette chansonnette-ci n'est pas fameuse; une pauvre petite chanson de campagne qu'on m'a apprise dans mon enfance; tiens! mais.... un instant! la jeunesse, ce n'est peut-être pas déjà si bête !... c'est la mariée qu'ils voulent dire.... ma foi! oui, hé! hé! c'est de la mariée qu'ils veulent parler. Ma foi! c'est excellent, excellent, sans compter que c'est vrai, très-vrai. »

Il fut si heureux de cette découverte qu'il recommença le couplet avec un redoublement d'énergie accompagné par instants d'un balancement de tête tout à fait folâtre. « Mais reprenons nos occupations, dit-il.

« Le vert-bouteille, oh! c'était un fameux habit que le vert-bouteille, sans compter que je l'ai acheté si bon marché au fripier, et encore.... hé! hé! hé! c'est qu'il y avait un vieux schelling dans la poche de côté. Quand on pense que le fripier ne s'était pas seulement aperçu qu'il y avait un schelling dedans. Moi, par exemple, je ne l'ai pas manqué; je m'en étais déjà aperçu en tâtant le drap pour en examiner la qualité. L'imbécile ! et puis il n'est pas mal chanceux ce vert-bouteille, il m'a porté bonheur; dès le premier jour que je l'ai porté : le vieux lord Mallowford a été trouvé brûlé dans son lit, et toutes ses dettes remboursées; décidément, je veux me marier en vert bouteille. Peg !... Peg Sliderskew.... je mettrai le vert-bouteille. »

A cet appel répété deux ou trois fois d'une voix retentissante, à la porte de la chambre, on vit bientôt paraître une petite vieille mince, terreuse, chassieuse, boiteuse, hideuse, qui, essuyant du coin de son tablier sale sa figure ratatinée, lui demanda à voix basse, comme les sourds n'y manquent jamais :

« Est-ce que vous m'appelez, ou si c'est la pendule qui sonne ? J'ai l'oreille si dure à présent que je n'y connais plus rien ; cependant, quand j'entends du bruit, je sais bien comme de raison que c'est vous qui le faites, puisque, excepté vous, il n'y a jamais âme qui vive dans la maison.

— C'est moi, Peg.... moi, dit Arthur Gride en se donnant une tape sur la poitrine pour qu'à défaut du son sa gouvernante pût comprendre le geste.

— Vous ? eh bien ! reprit Peg, qu'est-ce que vous voulez ?

— Je veux me marier en vert-bouteille, cria Arthur Gride.

— C'est bien trop bon pour se marier, maître, répliqua Peg après avoir jeté un coup d'œil sur l'habit. Est-ce que vous n'avez pas quelque chose de plus mauvais que ça ?

— Rien de convenable.

— Comment, pas convenable? si j'étais que de vous, je porterais mes habits de tous les jours, bravement;... hein !

— Ils ne sont pas assez bien, Peg, lui répondit son maître.

— Pas assez quoi ?

— Bien.

— Bien pour quoi ? répliqua Peg d'un ton bourru ; ils seront toujours assez bien pour le vieux qui les porte. »

Arthur Gride marmotta une imprécation contre la surdité de sa gouvernante, et lui cria dans l'oreille :

« Ils ne sont pas assez gaillards ; je veux que tout le monde me regarde pour admirer ma tournure.

— Regarde ! cria Peg ; si elle est aussi jolie que vous dites, elle ne vous regardera pas beaucoup, maître, vous pouvez en être sûr ; et quant à vous faire regarder, que vous soyez jaune, remoulade, vert-bouteille, bleu de ciel ou carreaux écossais, vous n'y gagnerez pas grand'chose. »

Charmée du compliment consolant qu'elle venait de lui faire, Peg Sliderskew se mit à ramasser l'habillement favorisé d'une préférence par Arthur Gride, le prit en paquet dans ses bras décharnés et resta là à faire des grimaces, à rire du coin de la bouche, à cligner ses yeux humides, comme un de ces marmousets dont le sculpteur s'est amusé à sabrer la figure dans quelque bas-relief fantastique.

« Ah! vous êtes d'humeur à rire aujourd'hui, à ce qu'il paraît, Peg, lui dit son maître d'assez mauvaise grâce.

— Dam, n'y a-t-il pas de quoi ? reprit la petite vieille, je ne rirai pas toujours, et peut-être même avant peu, s'il vient quelqu'un ici pour me commander en maître, car je suis bien aise de vous le dire, Peg Sliderskew ne se laissera pas monter sur le dos; il y a trop d'années qu'elle dirige la maison; mais vous le savez bien, je n'ai pas besoin de vous le dire, cela ne m'irait pas, d'abord; non, non, ni à vous non plus. Vous n'avez qu'à essayer, et vous serez bientôt ruiné, ruiné, ruiné.

— Dieu! Dieu! je n'ai garde de l'essayer jamais, dit Arthur Gride effrayé rien que d'entendre prononcer ce mot : du diable si j'essaye! Ce ne serait déjà pas si difficile de me ruiner ; il faut, au contraire, que nous redoublions de soins, d'économie, car nous allons avoir une bouche de plus dans la maison; seulement, il ne faut pas..., il ne faut pas que notre économie aille jusqu'à lui faire perdre sa bonne mine, car j'ai bien du plaisir à la voir comme cela.

— Prenez garde, vous pourriez bien finir par trouver que

les bonnes mines coûtent cher, repartit Peg en remuant son index d'un air prophétique.

— Mais vous ne savez donc pas qu'elle peut gagner de l'argent par elle-même? dit Arthur Gride examinant avec attention l'effet que cette communication allait produire sur la physionomie de la vieille ; elle sait dessiner, peindre, confectionner toutes sortes de jolies petites choses pour orner les chaises et les fauteuils ; elle sait faire des pantoufles, Peg, des cordons de montre, des chaînes en cheveux, mille et mille petites bagatelles élégantes dont je ne serais pas même capable de vous réciter tous les noms ; et puis elle sait jouer du piano (qui plus est, c'est qu'elle en a un), elle chante comme un petit oiseau. Sa toilette et son entretien ne coûteront pas cher, allez, Peg ; ne pensez-vous pas comme moi?

— Sans doute, si vous ne vous laissez pas attraper, répliqua Peg.

— Attraper! moi! s'écria Arthur, sachez-bien que votre vieux maître, Peg, ne se laisse pas comme cela attraper par de jolis minois : non pas, non pas, ni par de vieilles laiderons non plus, madame Sliderskew, ajouta-t-il à voix basse en manière de monologue.

— Je ne sais ce que vous dites là entre vos dents, dit Peg mais je vois bien que c'est quelque chose que vous ne voulez pas que j'entende.

— Sapristi ! il faut que cette femme-là ait le diable au corps, » marmotta son bourgeois ; puis il se hâta d'ajouter bien haut avec un regard caressant qui ne le rendait pas plus beau : « Je disais que je m'en rapportais entièrement à vous pour mes intérêts, Peg, voilà tout.

— Eh bien! répliqua Peg satisfaite, vous n'avez qu'à vous en rapporter à moi et ne plus vous inquiéter de rien.

— Oui, va-t'en voir s'ils viennent, » pensa Arthur Gride en lui-même; mais s'il le pensa , il eut bien soin de ne pas seulement remuer les lèvres; la vieille s'en serait aperçu. Encore n'était-il pas bien rassuré; il avait peur qu'elle ne lût jusqu'au fond de ses pensées mêmes; aussi lui lança-t-il encore une œillade câline en lui disant :

« Il y a des points à faire dans le vert-bouteille ; vous prendrez pour le coudre de la soie noire première qualité; vous en achèterez un écheveau. L'habit a besoin aussi de quelques boutons neufs et frais. Ah ! une bonne idée, Peg ! je suis sûr d'avance qu'elle vous plaira. Comme je n'ai encore rien donné à ma fiancée, et que les petites filles aiment ces attentions-là, vous frotterez un peu ce collier étincelant que j'ai là-haut, pour que je le lui donne le jour de ses noces. Quel bonheur de l'arrondir moi-même autour de son charmant petit cou! Mais, par exemple, je le lui reprendrai le lendemain. Hé! hé! hé! Je le mets sous clef, et puis ni vu ni connu : qui est-ce qui sera attrapé de nous deux, elle ou moi, je vous le demande, Peg? »

Ce plan ingénieux parut tout à fait du goût de Mme Sliderskew, et elle en exprima sa satisfaction par une suite de contorsions et de tortillements de corps et de tête qui n'étaient pas pour ajouter à ses charmes naturels, et qu'elle continua jusqu'à ce qu'elle eut passé le pas de la porte. Là, sa physionomie changea en un tour de main pour prendre une expression aigre et méchante, et, entre ses mâchoires de travers, elle murmura de tout son cœur des malédictions contre la future Mme Gride, tout en remontant l'escalier presque à quatre pattes et en s'arrêtant à chaque marche pour reprendre sa respiration.

« La vieille sorcière! dit Arthur Gride quand il se vit seul; heureusement qu'elle est très-sobre et très-sourde; sa nourriture ne me coûte presque rien ; quant à écouter aux portes, il n'y a pas de danger, elle n'entendrait rien. C'est une femme charmante.... pour ce que j'en veux faire ; c'est une vieille gouvernante de maison très-discrète et qui vaut son pesant de.... cuivre. »

Après avoir ainsi chanté les mérites de sa domestique, le vieil Arthur retourna au refrain de sa chansonnette, puis, ayant mis de côté l'habit décidément destiné à faire valoir ses formes gracieuses, le jour prochain des noces, il replaça les autres avec le même soin qu'il avait mis à les prendre, dans les coins humides où ils reposaient en silence depuis bien des années.

En entendant sonner à la porte, il se dépêcha de terminer cette opération et de fermer l'armoire. Quoiqu'il n'y eût pas besoin de se presser beaucoup, car la discrète Marguerite entendait rarement la sonnette et ne reconnaissait qu'il y avait quelqu'un à la porte que lorsque, par hasard, elle jetait un coup d'œil égaré au plafond de la cuisine, et qu'elle voyait branler le battant, cependant, quelques moments après, Marguerite entra en boitillant suivie de Newman Noggs.

« Ah! monsieur Noggs, cria Arthur Gride en se frottant les mains ; mon bon ami monsieur Noggs, quelle nouvelle m'apportez-vous? »

Newman, la figure immobile et impassible, l'œil fixe, puisqu'il ne pouvait pas bouger, lui répondit en lui mettant un billet dans la main :

« Une lettre de M. Nickleby, le porteur attend la réponse.
— Ne voudriez-vous pas prendre...? »
Newman leva les yeux, tout alléché, en faisant claquer ses lèvres.
« Une.... chaise? dit Arthur Gride.
— Non, répondit Newman ; merci. »
Arthur ouvrit la lettre d'une main tremblante, en dévora le contenu avec une avidité sans pareille, la relut plusieurs fois, toujours avec un rire étouffé. Il n'avait pas le courage de la quitter des yeux. Enfin, il la lut et la relut tant de fois, que Newman crut devoir lui rappeler qu'il était là à l'attendre.
« Réponse, dit-il; le porteur attend.
— C'est vrai, répliqua le vieil Arthur; oui, oui, ma foi, je l'avais presque oublié.
— Je voyais bien que vous l'oubliiez, dit Newman.
— Vous avez bien fait de m'en faire ressouvenir, monsieur Noggs, vraiment oui, dit Arthur. Je vais écrire deux mots ; vous me voyez.... vous me voyez.... un peu agité, monsieur Noggs, c'est que la nouvelle est....
— Mauvaise? interrompit Newman.
— Non, monsieur Noggs, je vous remercie, bonne, bonne, au contraire ; la meilleure nouvelle du monde. Je vais prendre une plume et de l'encre pour écrire deux mots de réponse; je ne veux pas vous retenir longtemps ; je sais, monsieur Noggs, que vous êtes un vrai trésor pour votre maître, et qu'il ne peut se passer de vous; aussi, quand il parle de vous, c'est dans des termes qui vous étonneraient vous-même. C'est comme moi, je vous prie de croire, je n'en parle pas autrement non plus.
— Oui, se dit Newman en le voyant sortir pour chercher son écritoire, je me le rappelle bien; *je donne M. Noggs au diable de tout mon cœur,* voilà comme vous en parlez. »
Gride, en sortant, avait laissé tomber la lettre par terre ; Newman, poussé par la curiosité de savoir la tournure que prenait le complot dont il avait entendu dresser le plan du fond de son armoire, commença par regarder avec soin si personne ne pouvait le voir, puis la ramassa et lut rapidement ce qui suit :

« Gride,

« J'ai revu Bray ce matin, et, selon votre désir, j'ai proposé de faire le mariage après-demain. Il n'y a pas d'objection de sa part, quant à elle, elle ne tient pas à un jour plus qu'à l'autre.

Nous nous y rendrons ensemble : soyez chez moi à sept heures du matin ; je n'ai pas besoin de vous recommander de l'exactitude.

« En attendant, suspendez vos visites à la fille : vous les avez renouvelées dans ces derniers temps plus que de raison ; vous savez bien qu'elle ne brûle pas précisément de vous voir ; vous faisiez là une imprudence. Contenez, si vous pouvez, votre ardeur juvénile quarante-huit heures encore, et laissez-la seule avec son père : vous ne feriez que défaire ce qu'il fait, et ce serait dommage, car il s'en acquitte bien.

« Votre très-humble,
 « Ralph Nickleby. »

En entendant le bruit des pas de Gride, qui revenait, Newman laissa retomber la lettre au même endroit, et, pour mieux l'y fixer, donna dessus un bon coup de talon, puis il se hâta de retourner sur sa chaise d'une seule enjambée, prenant un air aussi innocent que l'enfant qui vient de naître. Arthur Gride, après avoir regardé avec inquiétude autour de lui, vit par terre la lettre qu'il cherchait, la ramassa, s'assit à son bureau pour écrire, regardant du coin de l'œil Newman Noggs, qui regardait lui-même le mur d'en face avec une attention si remarquable qu'Arthur en fut tout alarmé.

« Est-ce que vous voyez-là quelque chose de particulier, monsieur Noggs? » dit Arthur essayant de suivre la direction des yeux de Newman.

Peine perdue ! c'était une chose impossible et que jamais personne n'avait pu faire.

« Oh ! rien, une toile d'araignée, répliqua Newman.
— Oh ! voilà tout?
— Non, il y a une mouche dedans.
— Il n'en manque pas ici de toiles d'araignées, repartit Arthur Gride.
— C'est comme chez nous, répondit Newman, ni de mouches non plus pour s'y prendre. »

Newman parut enchanté de cette repartie, et, pour célébrer son succès, il se mit, au grand désagrément des nerfs d'Arthur Gride, à tirer de ses doigts une foule de craquements dans les jointures, qu'on aurait pu prendre, avec un peu de bonne volonté, pour une charge de mousqueterie dans le lointain. Arthur finit pourtant par pouvoir achever sa lettre à Ralph, et la remit en mains propres à l'excentrique messager de son noble ami.

« Voilà, monsieur Noggs, dit Gride. »

Newman le salua d'un signe de tête, mit la lettre dans son chapeau et s'en allait, lorsque Gride, qui, dans l'enthousiasme de son bonheur, ne connaissait plus rien, lui fit signe de revenir sur ses pas, et lui dit tout bas d'une voix perçante avec un ricanement qui lui rida toute la face au point de lui cacher presque les yeux :

« Voulez-vous..., voulez-vous prendre une petite goutte de quelque chose, seulement pour y goûter ? »

Qu'Arthur Gride eût offert à Newman de boire ensemble un petit coup d'amitié (et il en était bien incapable), Newman n'aurait pas voulu à ce titre accepter de lui le vin le plus généreux. Mais ici c'était un ladre qui proposait dans l'espérance d'être refusé, et Newman ne fut pas fâché de lui jouer un mauvais tour en acceptant tout net, pour voir un peu ce qu'il dirait, et pour le punir à sa manière.

Arthur Gride, pris au piége, s'approcha donc de l'armoire. Il y avait une tablette chargée de grandes chopes flamandes et de bouteilles curieuses, les unes avec des goulots longs comme des cous de cigogne, les autres avec de gros ventres hollandais et de petits goulots apoplectiques : c'est là qu'il prit une bouteille poudreuse d'assez bonne mine, avec deux verres d'une petitesse microscopique.

« Vous n'avez jamais goûté de cela, dit-il, c'est de l'eau d'or. Je l'aimerais rien que pour son nom. Nom délicieux ! de l'eau d'or ! Dieu de Dieu ! n'est-ce pas péché d'en boire ? »

Et en effet le cœur avait l'air de lui manquer à cette pensée. Il s'amusait avec le bouchon de manière à laisser craindre que tout cela ne finît par remettre la bouteille en place sans y toucher. Newman en eut la peur : il prit un des petits verricules, et le toqua deux ou trois fois contre la bouteille, comme pour rappeler doucement à l'autre qu'il ne lui avait encore rien donné. Arthur poussa un profond soupir avant de consommer le sacrifice, le remplit lentement, non pas jusqu'au bord pourtant, puis remplit le sien à son tour.

« Un instant ! un instant ! Ne buvez pas encore, dit-il en arrêtant la main de Newman prêt à boire. Vous voyez bien, voilà vingt ans qu'on m'en a fait cadeau, et quand j'en prends une goutte, ce qui m'arrive très.... très-rarement, j'aime à y réfléchir auparavant, pour taquiner ma soif. Voyons ! porterons-nous une santé ? Oui, c'est cela, nous allons porter une santé, n'est-ce pas, monsieur Noggs ?

— Ah ! dit Newman impatienté du retard et surtout de l'exiguïté du verre, dépêchons-nous : le porteur attend.

— Mais, je vais vous dire, nous allons boire; hé! hé! hé! à la santé d'une dame.

— Des dames? dit Newman.

— Non pas, monsieur Noggs, non pas ; d'une dame. Vous êtes étonné de m'entendre dire d'*une* dame ; je vois bien que vous êtes étonné. Eh bien! c'est de la petite Madeleine. Voici mon toast, monsieur Noggs : à la petite Madeleine!

— A Madeleine! dit Newman ajoutant en lui-même, par restriction mentale : « que Dieu la protége ! »

La promptitude et l'indifférence avec laquelle Newman expédia sa ration d'eau d'or frappèrent le vieil Arthur d'une si profonde surprise qu'il ne pouvait en revenir, et restait là à le regarder, la bouche ouverte, sans avoir la force de respirer. Newman n'eut seulement pas l'air de s'en apercevoir et le laissa savourer son nectar à son aise, ou le reverser dans la bouteille, par réflexion, si cela lui convenait, et partit, après avoir offensé mortellement la dignité de Peg Sliderskew, en la bousculant dans le corridor, sans seulement crier gare.

M. Gride et sa gouvernante ne furent pas plutôt seuls qu'ils se formèrent immédiatement en petit comité exécutif pour discuter et régler tous les points de la réception qui serait faite à la jeune fiancée. Mais les comités, en général, dans leurs délibérations, sont si longs et si ennuyeux, que celui-là pourrait bien ne pas être plus amusant que les autres. Nous ferons donc mieux de sortir avec Newman Noggs et de nous attacher à ses pas. Aussi bien nous aurions été toujours obligés de le faire, car la nécessité nous presse, et nécessité n'a pas de loi ; tout le monde sait cela.

« Vous avez été bien longtemps, dit Ralph à Newman de retour.

— C'est lui qui a été bien longtemps, répliqua Newman.

— Bah! cria Ralph impatienté. Voyons! donnez-moi sa lettre, si vous en avez une; sa réponse, en tout cas; et surtout, restez : j'ai deux mots à vous dire, monsieur. »

Newman lui remit la lettre, et prit l'air le plus vertueux et le plus innocent, pendant que son patron en brisait le cachet et y jetait les yeux.

« Il ne manquera pas de venir! marmotta Ralph en la déchirant en mille morceaux; belle nouvelle, ma foi! c'est bien la peine de me dire cela. Noggs! quel était, je vous prie, monsieur, l'homme avec lequel je vous ai vu dans la rue hier au soir ?

— Je ne le connais pas.

— Vous ferez bien de vous en rafraîchir la mémoire, monsieur, dit Ralph d'un air menaçant.

— Quand je vous dis, répliqua Newman hardiment, que je ne le connais pas. Il est venu ici deux fois demander après vous : vous n'y étiez pas. Il est revenu : vous l'avez mis à la porte, vous-même. Il a dit s'appeler Brooker.

— Je sais bien tout cela, dit Ralph ; mais après ?

— Mais après ? Eh bien, il a rôdé autour de la maison ; il m'a suivi dans la rue. Tous les soirs il vient me tourmenter pour que je lui donne les moyens de se trouver avec vous, face à face, comme il prétend s'y être trouvé déjà une fois, il n'y a pas encore longtemps. Il veut, dit-il, vous voir seulement face à face, et alors vous ne demanderez pas mieux que de l'entendre jusqu'au bout, toujours à ce qu'il dit.

— Et que répondez-vous à cela ? demanda Ralph jetant un coup d'œil perçant à son souffre-douleur.

— Que cela ne me regarde pas ; que je ne veux pas l'introduire chez vous ; qu'il n'a qu'à vous attraper dans la rue, si c'est là tout ce qu'il demande. Mais non, il ne veut pas de cela : vous refuseriez de l'écouter comme cela, à ce qu'il dit. Il faut qu'il vous tienne seul dans une chambre, la porte fermée à clef, à vous parler sans crainte, et alors il vous fera bien changer de ton, et vous forcera bien à l'écouter patiemment.

— L'impudent gredin ! murmura Ralph entre ses dents.

— Je n'en sais pas davantage, dit Newman, et je vous répète que je ne le connais pas. Peut-être lui-même n'en sait-il pas plus là-dessus que vous, qui pourriez bien le connaître mieux que personne.

— Je ne dis pas non, répliqua Ralph.

— Eh bien ! répliqua Newman de mauvaise humeur, ce n'est pas une raison pour me dire que je le connais, voilà tout. Vous allez peut-être aussi me demander pourquoi je ne vous en ai jamais parlé auparavant : avec cela que je serais bien reçu à vous conter tout ce qu'on dit de vous ! Quand, par hasard, cela m'arrive, qu'est-ce que j'y gagne ? que vous m'appelez un âne, une brute, et que vous prenez feu comme un dragon volant. »

Tout cela était exact, et Newman avait fait preuve d'adresse en allant au-devant d'une question qui était en effet déjà sur les lèvres de Ralph.

« C'est un fainéant, un sacripant, dit celui-ci, un vagabond qui s'est échappé de Botany Bay, où il faisait un voyage pour ses crimes ; un coquin qu'on aura lâché pour qu'il allât se faire pendre ailleurs ; un filou qui a l'audace de se frotter à moi, quoiqu'il sache bien que je le connais. La première fois qu'il viendra vous ennuyer, mettez-le entre les mains de la police, comme essayant d'extorquer de l'argent par des mensonges et des menaces, entendez-vous? et après cela je m'en charge; je l'enverrai se rafraîchir les talons un bon bout de temps au cachot, et je vous réponds qu'il sortira de là doux comme un mouton; vous m'entendez bien, n'est-ce pas?

— Oui! dit Newman.

— Eh bien! répondit Ralph, n'y manquez pas; je vous donnerai quelque chose. Vous pouvez vous en aller. »

Newman profita de la permission, et revint s'enfermer dans son petit bureau, où il resta tout le jour occupé de sérieuses réflexions. Le soir, quand il fut libre, il courut à la Cité, reprendre son ancien poste, derrière la pompe, pour voir sortir Nicolas; car Newman Noggs avait son amour-propre, et ne se sentait pas le courage d'aller se présenter chez les frères Cheeryble dans l'accoutrement misérable qu'il était réduit à porter, pour s'annoncer comme l'ami de leur protégé.

Il n'y avait pas cinq minutes qu'il y était, quand il eut le plaisir de voir arriver Nicolas. Aussitôt, il sortit de son embuscade pour aller au-devant de lui. Nicolas, de son côté, ne fut pas moins charmé de sa rencontre, car il y avait quelque temps qu'il ne l'avait vu; ils se serrèrent la main avec chaleur.

« Justement, je pensais à vous à l'instant même, dit Nicolas.

— Cela se trouve bien : vous voyez que j'en faisais autant; je n'ai pas pu m'empêcher de venir vous trouver ce soir. Je voulais vous dire que je me crois sur la voie de quelque découverte.

— Et qu'est-ce que ce peut être? répliqua Nicolas en souriant à cette singulière communication.

— Je ne sais pas ce que c'est ou ce que ce n'est pas, dit Newman, mais c'est un secret où votre oncle est intéressé. Malheureusement je n'ai pas encore pu découvrir comment, quoique j'aie déjà là-dessus des soupçons très-positifs; mais je ne veux pas vous en donner encore connaissance, de peur que cela ne vous fasse de la peine.

— A moi! de la peine! cria Nicolas; est-ce que j'y suis intéressé?

— Je crois que oui, répliqua Newman; je me suis fourré dans la tête que vous devez y être intéressé. J'ai rencontré un homme qui en sait plus long qu'il ne veut en dire, et il m'a déjà lâché quelques demi-confidences qui me tourmentent.... mais bien fort, dit Newman en se grattant le nez de manière qu'il devint pourpre de rouge qu'il était, et en fixant les yeux sur Nicolas pendant ce temps-là de toute sa force. »

Étonné de le voir devenu tout à coup si mystérieux, Nicolas lui fit une foule de questions pour tirer de lui quelque chose, mais en vain; il fut impossible d'obtenir de Newman le moindre éclaircissement. C'était toujours la même répétition : combien il était inquiet et perplexe! combien il fallait de précaution! comment Ralph, ce renard aux yeux de lynx, l'avait déjà vu dans la compagnie d'un correspondant inconnu; toute la peine qu'il avait eue à le dérouter par une extrême discrétion dans ses manières et une grande habileté dans ses réponses; heureusement qu'il était sur ses gardes, et que, dès l'origine, il s'était préparé à cette lutte de finesse.

Nicolas n'avait pas oublié les goûts de son compagnon, et il suffisait de voir son nez pour les connaître : c'était comme un fanal placé sur sa figure pour en avertir les passants. Il l'attira donc dans une petite taverne borgne, où il se mit à repasser avec lui l'origine et les progrès de leur intimité, reprenant un à un, comme cela se fait souvent, les petits incidents les plus intéressants qui l'avaient signalée; c'est ainsi qu'ils arrivèrent à la mystification de l'affaire Cécilia *Crevisse*.

« A propos! dit Newman, cela me rappelle que vous ne m'avez jamais dit le vrai nom de votre dulcinée.

— Madeleine! cria Nicolas.

— Madeleine! s'écria aussi Newman; quelle Madeleine? son autre nom?... Voyons! quel est son autre nom?

— Bray, dit Nicolas tout étonné de cette ardeur de questions.

« C'est cela même! cria Newman. Diable! ça va mal. Comment aussi restez-vous là à vous croiser les bras, à regarder faire ce mariage abominable, sans faire rien seulement pour essayer au moins de la sauver?

— Que voulez-vous dire? s'écria Nicolas bondissant. Un mariage! êtes-vous fou?

— Il y en a un de nous deux qui est fou. Qui sait si ce n'est pas elle qui est folle? Mais vous êtes donc aveugle, sourd, paralysé, mort et enterré? dit Newman. Vous ne savez donc pas que, dans vingt-quatre heures, grâce à votre oncle Ralph, elle va épouser un homme qui ne vaut pas mieux que lui, pire encore si c'était possible? Vous ne savez donc pas que, dans vingt-quatre heures, elle va être sacrifiée, aussi sûr que vous êtes là vivant devant moi, à un vieux coquin, un vrai fils du diable, qui en remontrerait à son père?

— Faites attention à ce que vous dites, répliqua Nicolas. Au nom du ciel! faites-y attention. Je suis tout seul à Londres; je n'ai pas là le secours des personnes qui pourraient lui tendre la main dans le naufrage; ils sont partis loin d'ici. Voyons! qu'est-ce que vous voulez dire?

— Je n'avais jamais entendu prononcer son nom, dit Newman suffoqué. Pourquoi ne me l'avez-vous jamais dit? Comment pouvais-je le savoir? Au moins nous aurions eu le temps de nous retourner.

— Qu'est-ce que vous voulez dire? » criait toujours Nicolas.

Il ne fut pas facile de lui arracher ce qu'il voulait dire. Pourtant enfin, après une grande quantité de pantomimes des plus étranges qui n'éclaircissaient rien, Nicolas, q.. .l'était guère moins exaspéré que Newman, le mit de force sur son siége et de force l'y retint jusqu'à ce qu'il eut conté son conte.

La rage, la surprise, l'indignation, toutes les passions déchaînées entrèrent en foule dans le cœur du malheureux, à mesure qu'il entendit dérouler tous les détails du complot. Et il ne les eut pas plutôt entendus jusqu'au bout qu'il partit comme un trait, pâle comme la mort et tremblant comme la feuille.

Newman courut à sa poursuite, car il craignait quelque éclat

« Arrêtez! criait-il, arrêtez! Il va faire un mauvais coup! Il va assassiner un homme! Holà! eh! arrêtez! au voleur! arrêtez le voleur. »

CHAPITRE XX.

Nicolas commence par désespérer de sauver Madeleine Bray, mais ensuite il reprend courage et veut faire un effort. Détails domestiques sur les Kenwig et les Lillyvick.

Voyant que Newman était résolu à employer tous les moyens pour arrêter sa marche, et craignant que quelque passant malencontreux attiré par les cris de : « Arrêtez le voleur! » ne lui mît en effet la main sur le collet et ne le plaçât dans une position désagréable, dont il ne pourrait se tirer sans quelque difficulté, Nicolas se mit à ralentir le pas et se laissa rejoindre par Newman Noggs, et il était grandement temps, car le malheureux clerc était tellement essoufflé qu'il n'aurait pas pu tenir une minute de plus.

« Je vais de ce pas chez Bray, dit Nicolas, je veux le voir, et, si je n'éveille pas chez lui quelque sentiment d'humanité, quelque étincelle d'affection pour sa fille, privée de l'appui d'une mère et des secours de l'amitié, c'est qu'il ne bat plus rien dans sa poitrine.

— Vous n'en ferez rien, répliqua Newman, gardez-vous-en bien.

— Eh bien! alors, dit Nicolas avec la même vivacité, je vais suivre ma première idée, je vais tout droit chez Ralph Nickleby.

— Pendant que vous ferez le chemin, il sera déjà au lit.

— Je saurai bien l'en faire sortir, dit Nicolas.

— Bah! bah! dit Noggs, calmez-vous.

— Écoutez, repartit Nicolas après un moment de silence, en tenant, pendant qu'il parlait, la main de son ami dans la sienne, vous êtes le meilleur de mes amis, Newman; j'ai déjà résisté à bien des épreuves, mais aujourd'hui l'événement dont il s'agit détruit le bonheur d'une autre, et d'une manière si cruelle que je vous déclare que vous voyez en moi un homme réduit au désespoir. »

Et, en effet, il semblait qu'il n'y eût pas d'espoir. Quel usage faire du secret que Newman Noggs avait surpris du fond de son armoire? Il n'y avait rien dans le complot formé entre Ralph Nickleby et Gride qui pût donner prétexte à une opposition légale contre le mariage; rien même qui pût y faire renoncer Bray, qui, certainement, sans en connaître positivement les détails, devait en soupçonner le fond. Quant aux intérêts cachés que quelques mots d'Arthur Gride n'avaient guère fait qu'indiquer, il était évident qu'il y avait là encore quelque fraude nouvelle dont Madeleine était victime; mais, dans la bouche de Newman Noggs, et sous l'influence répétée de son pistolet de poche, les détails en restaient tout à fait inintelligibles et plongés dans les plus profondes ténèbres.

« Je ne vois pas le moindre rayon d'espérance, dit Nicolas.

— Raison de plus pour garder son sang-froid, sa raison, sa réflexion, sa tête libre, dit Newman pesant sur chaque mot alternativement et s'arrêtant pour en voir l'effet sur le visage de son ami. Où sont les frères?

— Ils sont tous deux à l'étranger pour affaires de commerce, et ne reviendront pas avant huit jours.

— Mais n'y a-t-il pas moyen de correspondre avec eux, d'en avoir seulement un à Londres demain soir?

— Impossible, dit Nicolas, la mer nous sépare. En supposant

les vents les plus favorables, l'aller et le retour seuls nous prendraient trois fois vingt-quatre heures.

— Et leur neveu, dit Newman, ou leur vieux caissier?

— Et que feraient-ils plus que moi? répliqua Nicolas; au contraire, c'est avec eux surtout qu'on m'a recommandé le silence le plus discret sur ce sujet. Quelle excuse pourrais-je donner pour avoir trahi la confiance que l'on me montre, lorsqu'il n'y a plus qu'un miracle qui puisse sauver la victime?

— Réfléchissez, dit Newman avec insistance, n'y a-t-il pas quelque moyen?

— Non, dit Nicolas dans un profond abattement, non : le père presse le mariage...., la fille y consent, les deux démons qui la poursuivent la tiennent maintenant dans leurs griffes; ils ont pour eux la loi, l'autorité, la force, l'argent, le crédit. Quel espoir voulez-vous qu'il me reste?

— L'espoir jusqu'au tombeau! dit Newman en lui donnant une tape d'encouragement sur le dos, toujours l'espoir! c'est un bon et fidèle ami que l'espoir. Ne l'abandonnez pas, si vous ne voulez pas qu'il vous abandonne. Vous m'entendez bien, Nicolas, cela ne sert à rien de se désespérer; il faut remuer ciel et terre. C'est toujours quelque chose que de pouvoir se dire qu'on a fait tout ce qu'on pouvait; mais surtout ne jetez pas le manche après la cognée, ou ce ne sera plus la peine de rien faire; l'espoir! l'espoir jusqu'au tombeau! »

Nicolas avait besoin d'encouragements; la nouvelle qu'il venait de recevoir de la conjuration des deux usuriers était venue le frapper comme un coup de foudre; le peu de temps qui lui restait pour faire quelques efforts contraires, la probabilité ou plutôt la certitude qu'il ne fallait plus que quelques heures pour lui enlever Madeleine, pour la condamner à un malheur affreux, qui sait? peut-être même à une mort prématurée, tout se réunissait pour le terrasser et l'anéantir. Il n'avait pas formé une seule espérance, il n'en avait pas couvé, sans le savoir, une seule dans son cœur pour le succès de ses amours, qu'il ne vît en ce moment tomber à ses pieds morte et détruite à jamais; il n'y avait pas un charme dont sa mémoire ou son imagination eût entouré son idole, qui ne vînt se représenter à lui dans son angoisse pour augmenter sa peine et ajouter une nouvelle amertume à son désespoir. Il n'y avait pas un sentiment de sympathie pour le triste sort de sa jeune amie ou d'admiration pour son héroïsme et son courage qui ne le fît trembler d'indignation dans tous ses membres et qui ne gonflât son cœur jusqu'à en rompre tous les vaisseaux.

Mais si Nicolas ne trouvait dans son cœur qu'une affliction stérile, au lieu d'y trouver des ressources, heureusement celui de Newman ne lui manqua pas; il y avait dans ses remontrances et dans ses conseils un fond d'intérêt si pressant, et dans ses manières tant de sincérité et de chaleur, que, malgré leur forme étrange et bizarre, elles n'en donnaient pas moins à Nicolas une nouvelle vigueur; et ce fut grâce à cet utile secours qu'après avoir continué de marcher avec lui un bout de chemin en silence, il put dire à son ami :

« Je vous remercie de vos bons conseils, Newman, et j'en profiterai. Il y a encore une démarche que du moins je puis faire, que je dois faire, et je m'en occuperai demain.

— Qu'est-ce que c'est? demanda Noggs avec inquiétude; surtout vous ne voulez pas aller menacer Ralph? Vous ne voulez pas aller voir le père?

— Non, Newman, répondit Nicolas, c'est la fille que je veux aller voir. Je veux faire tout ce qu'auraient pu faire, après tout, les frères eux-mêmes s'ils avaient été ici, comme malheureusement ils n'y sont pas. Je veux discuter avec elle cette union monstrueuse, lui montrer toutes les horreurs de la situation où elle se précipite, peut-être par un entraînement téméraire et faute de réflexion. Je veux la prier au moins de prendre du temps. Il ne lui a peut-être manqué qu'un bon conseil pour la sauver : qui sait si ce n'est pas à moi qu'il est réservé de lui faire faire ces réflexions salutaires, quoiqu'il soit déjà bien tard et qu'elle soit suspendue sur le bord de l'abîme?

— Voilà de braves paroles, dit Newman; à la bonne heure, bravo ! oui, c'est très-bien!

— Et croyez-en ma parole, continua Nicolas dans son honnête enthousiasme. Dans cet effort que je veux faire, il n'y a ni égoïsme, ni intérêt personnel; il n'y a que de la pitié pour elle, de l'horreur et du mépris pour les machinations auxquelles elle est près de succomber. Il y aurait là vingt rivaux, et vingt rivaux préférés, à me disputer son amour, que je le ferais tout de même.

— Oui, vous le feriez, j'en suis sûr; mais où donc courez-vous comme cela?

— A la maison, répondit Nicolas; venez-vous avec moi, ou s'il faut que je vous dise bonsoir?

— Je vous accompagnerai encore un peu, si vous voulez me promettre seulement de marcher, et non pas de courir comme vous faites, dit Noggs.

— Non, pas ce soir, dit vivement Nicolas; je ne puis pas

marcher votre pas. Si je n'allais pas plus vite, je sens que j'étoufferais. Demain, je vous dirai tout ce qui se sera passé.

— Par ma foi ! dit Newman en le suivant des yeux, c'est un garçon qui est parfois bien violent, et je ne l'en aime que davantage; d'ailleurs, il n'a foi que trop d'excuses, car le diable s'en mêle. Espoir ! espoir ! moi qui lui recommande l'espoir. Quand Ralph Nickleby et Cride ont mis leur malice en commun,... quel espoir contre de tels adversaires ? ho ! ho ! »

C'était un rire bien amer, que celui qui terminait ainsi le monologue de Newman Noggs, et le mouvement de tête dont il l'accompagna n'était pas moins triste, ni sa physionomie moins sombre, quand il revint sur ses pas et se remit péniblement en marche.

En toute autre circonstance, il n'aurait pas manqué de passer par quelque méchante taverne ou quelque cabaret, d'autant plus que cela ne l'aurait pas beaucoup dérangé (le lecteur le prendra dans le sens qu'il voudra); mais, ce soir-là, Newman avait trop de chagrin et d'inquiétude pour attendre aucune consolation de ce remède ordinaire, et c'est ce qui fit qu'il se rendit tout droit chez lui, en proie à son abattement et à ses réflexions mélancoliques.

Or, vous saurez que miss Morleena Kenwigs avait reçu, dans l'après-midi, une invitation à se rendre le lendemain, par le bateau à vapeur du pont de Wesminster, à l'île du Pâté-d'Anguille, à Twickenham. C'était une partie de plaisir avec déjeuner froid, bière en bouteille, cidre et crevettes. On devait danser en plein air au son d'un orchestre de musiciens ambulants qui s'y rendaient tout exprès. Le bateau à vapeur était loué, pour la circonstance, par un maître de danse à la mode, pour l'agrément de sa nombreuse clientèle ; et, par un retour de reconnaissance, ses élèves, pour montrer l'estime qu'ils faisaient de leur maître de danse, avaient acheté pour leur compte et fait acheter à leurs amis un certain nombre de billets bleu de ciel, qui leur donnaient le droit de s'associer à l'expédition. C'est d'un de ces billets bleu de ciel qu'une voisine ambitieuse avait fait hommage à miss Morleena Kenwigs, en l'invitant à venir à la fête avec ses filles ; et Mme Kenwigs pensant, comme de raison, que l'honneur de la famille était intéressé à ce que miss Morleena étalât la toilette la plus brillante, quoique prise au dépourvu par un si court délai; qu'il fallait faire voir au maître de danse qu'il n'était pas le seul maître de danse de ce monde, qu'il y en avait d'autres ; qu'il était bon de montrer à tous les pères et mères présents dans l'île du Pâté-d'Anguille que leurs enfants n'étaient pas les seuls qui pussent recevoir une jolie éducation; Mme Kenwigs, sous l'empire de ces préoccupations, et pressée par les préparatifs qu'il fallait faire, s'était déjà pâmée deux fois. Mais, n'importe, soutenue par la ferme résolution de faire honneur au nom de la famille, ou de mourir à la peine, elle travaillait encore avec un courage infatigable, lorsque Newman rentra chez lui.

Mme Kenwigs avait été tellement occupée, depuis le reçu du billet, à repasser les collerettes, à plisser les volants, à décorer les jupes, sans compter, par ci par là, un évanouissement ou deux (ce qui prend toujours un peu de temps), qu'il n'y avait pas plus d'une demi-heure qu'elle venait de s'apercevoir que les blondes queues de miss Morleena étaient devenues trop longues, ou, comme on dit, montées en graine, et qu'à moins de passer par les mains d'un coiffeur habile, loin de remporter, sur les filles de ces autres papas et mamans dont on s'était promis la honte, une victoire signalée, c'était elle, au contraire, qui éprouverait un échec humiliant. Cette découverte avait jeté Mme Kenwigs dans le désespoir; car, pour aller jusque chez le coiffeur, il fallait traverser trois rues au risque des voitures. Il était impossible de penser à laisser Morleena y aller seule, quand même la dépense l'aurait permis, et Mme Kenwigs était très-scrupuleuse sur les convenances. D'un autre côté, M. Kenwigs n'était pas revenu de sa journée, et personne pour conduire Morleena chez le coiffeur.

Mme Kenwigs en était si outrée, qu'elle commença par claquer miss Kenwigs comme étant la cause de ces contrariétés, puis elle finit par verser des larmes.

« Ingrate enfant que vous êtes ! disait-elle; après toute la peine que je me suis donnée pour vous ce soir !

— Mais, maman, ce n'est pas ma faute, répliqua Morleena aussi tout en larmes; comment voulez-vous que j'empêche mes cheveux de grandir?

— Taisez-vous, vilaine petite fille, dit Mme Kenwigs; ne me parlez pas. Quand je voudrais vous laisser aller seule, au risque d'être poursuivie par des insolents, ne sais-je pas bien que vous n'auriez rien de plus pressé que d'aller dire à Laure Chopkins (c'était la fille de l'ambitieuse voisine) la robe que vous allez mettre demain. Je vous connais bien; vous n'avez pas du tout d'amour-propre, et il n'y a pas à vous perdre de vue un seul instant. »

Tout en déplorant, en ces termes, les dispositions perverses de sa fille aînée, Mme Kenwigs faisait encore couler de ses yeux de nouvelles larmes de contrariété, et finit par déclarer qu'elle ne croyait pas qu'il y eût au monde personne de si malheureux qu'elle. Là-dessus, Morleena Kenwigs versa aussi de nouvelles larmes, et la mère et la fille se mirent à sangloter à qui mieux mieux.

Voilà où en étaient les choses lorsqu'on entendit d'en haut le pas boitillant de Newman qui grimpait l'escalier. Aussitôt l'espérance rentra dans le cœur maternel avec le bruit de ces pas bienheureux et ne laissa plus sur sa physionomie que de légères traces de sa dernière émotion. Elle va donc au-devant de son voisin sur le palier, et lui expose leur embarras en finissant par le supplier d'escorter Morleena jusque chez le coiffeur.

« Je n'aurais jamais osé, monsieur Nogga, vous demander ce service, si je ne connaissais pas toute votre bonté, toute votre obligeance. Oh! non, jamais! je ne suis qu'une femme, monsieur Nogga, mais rien au monde ne pourrait me décider à demander une faveur à quelqu'un que je croirais capable de me la refuser, pas plus qu'à voir mes enfants écrasés et foulés aux pieds par la basse jalousie des envieux. »

Mme Kenwigs n'aurait pas fait toutes ces déclarations à Newman, qu'il était assez bon enfant naturellement pour ne pas lui refuser ce bon office; aussi, en moins de deux minutes, miss Morleena et lui étaient en route pour la boutique du coiffeur.

Ce n'était pas exactement une boutique de coiffeur. A la voir, les gens grossiers qui ont un tour d'esprit vulgaire et commun auraient plutôt dit que c'était une boutique de barbier; le fait est qu'on ne s'y bornait pas à tailler et à friser avec élégance les cheveux des dames, et à soigner la tête des petits enfants, mais qu'on y faisait aussi la barbe d'une main légère. Mais cela n'empêchait pas que ce ne fût un établissement tout à fait distingué; des gens même disaient de premier ordre. Et de fait, on y voyait dans la montre, avec d'autres jolies choses, le buste en cire d'une belle blonde et d'un beau brun qui faisaient l'admiration de tout le voisinage. Il y avait même des dames qui étaient allées jusqu'à dire que le beau brun n'était rien autre chose que le portrait véritable du jeune et aimable propriétaire de l'établissement. Ce qui donnait quelque valeur à cette assertion, c'était la grande ressemblance qu'il y avait entre la coiffure de sa tête réelle et vivante, et celle de sa tête de cire. En effet, elles étaient aussi luisantes l'une que l'autre, elles avaient toutes deux au milieu une ligne étroite, tracée au cordeau comme une allée de jardin, et des deux côtés une égale profusion de boucles circulaires retroussées en l'air comme des accroche-cœurs; mais cependant les personnes du sexe les mieux informées ne faisaient aucun cas de cette assertion, car, sans vouloir faire tort (elles étaient trop justes pour cela) à la jolie figure et à la belle tournure du propriétaire, elles regardaient la tête du beau brun dans la montre comme une espèce d'échantillon abstrait et parfait de la beauté masculine, qui n'était peut-être réalisable par hasard que chez les anges et les militaires, mais qui fait rarement à la nature humaine l'honneur de s'y incorporer pour charmer les yeux des mortels.

Tel était l'établissement de coiffure où M. Noggs conduisait Mlle Kenwigs saine et sauve. Le propriétaire, qui savait que Mlle Kenwigs avait trois sœurs, chacune avec deux queues blondes, ce qui pouvait lui rapporter au moins une pièce de dix sous par tête tous les mois, planta là immédiatement un vieux monsieur qu'il venait de savonner pour lui faire la barbe, le repassant à son garçon (qui ne jouissait pas d'une grande popularité chez les dames, parce qu'il était déjà d'un certain âge et qu'il prenait du ventre), et se hâta de coiffer la demoiselle lui-même.

Au moment où venait de s'opérer ce changement à vue, il se présenta justement, pour se faire raser, un bon gros farceur de charbonnier, la pipe à la bouche, qui, en se passant la main sous le menton, demanda quand il y aurait quelqu'un de libre pour lui faire la barbe.

Le garçon à qui s'adressait cette question regarda son jeune patron d'un air indécis, comme un homme qui ne veut pas se compromettre avant de savoir ce qu'il doit répondre. Le jeune propriétaire jette alors sur le charbonnier un regard méprisant et lui dit:

« On ne peut pas vous faire la barbe ici, mon brave homme.
— Pourquoi donc ? dit le charbonnier.
— On ne fait pas ici la barbe aux personnes de votre classe.
— Bah ! dit le charbonnier, la semaine dernière, en regardant par la fenêtre, je vous ai bien vu faire la barbe à un boulanger.
— Il faut bien, mon garçon, répliqua le jeune propriétaire, s'arrêter quelque part. Nous n'allons pas au-dessous des boulangers. Si nous descendions plus bas, nos pratiques nous laisseraient là, et nous n'aurions plus qu'à mettre la clef sur la porte. Il faut que vous alliez chercher ailleurs, cela nous serait impossible ici. »

Le postulant se mit à le regarder en face, puis à lui faire une grimace en se tournant du côté de Newman, qui paraissait charmé de cette occasion de rire; promenant ensuite autour de la boutique des yeux narquois qui n'avaient pas l'air d'avoir grande idée de la qualité des pots de pommade et autres articles étalés en vente, il ôta sa pipe de sa bouche, siffla tout haut en guise d'adieu, remit sa pipe, et s'en alla.

Le vieux monsieur qu'on venait de savonner et qui était là sur une chaise tourna tristement la tête au mur vis-à-vis ; il ne parut pas seulement s'apercevoir de cet incident, tant la rêverie profonde où il était plongé le rendait insensible à tout ce qui se passait autour de lui, et il fallait que cette rêverie fût d'une nature bien lugubre, à en juger par les soupirs qu'il poussait de temps en temps. Le propriétaire se mit donc à coiffer Mlle Kenwigs, le garçon à ratisser sa victime, et Newman Nogg à lire le journal de dimanche dernier ; mais tous trois en silence, car la tristesse du vieux monsieur semblait les avoir gagnés tous ; lorsque miss Kenwigs laissa échapper un petit cri perçant qui fit lever les yeux à Newman, bien étonné de voir quelle en était la cause ; c'est qu'en effet, le vieux monsieur, en tournant la tête, avait montré aux yeux de sa nièce ébahie les traits de M. Lillyvick, le percepteur de taxes.

Certainement c'étaient les traits de M. Lillyvick, mais bien changés par exemple. Autrefois, si jamais vieux monsieur se piquait de ne paraître en public qu'avec sa barbe faite et le visage frais, c'était bien M. Lillyvick. Si jamais percepteur, en sa qualité de percepteur, prenait devant tout le monde un air de dignité solennelle, comme un homme qui porte le monde dans son registre et qui va lui demander compte de deux trimestres en arrière, c'était bien M. Lillyvick. Hélas ! et voilà maintenant M. Lillyvick assis là sur cette chaise avec le reste d'une barbe d'au moins huit jours sur son menton étonné, avec un jabot de chemise sale et chiffonné sur la poitrine au lieu de lever hardiment la crête ; avec une mine si honteuse, si abattue, si découragée, si humiliée et si malheureuse, qu'on aurait réuni l'expression de mortification et de mécompte de quarante mauvaises payes à qui le percepteur vient de couper les eaux de la ville, pour leur apprendre à être plus exactes dans leur payement, que tout cela n'aurait rien été auprès de la mine penaude et contrite de M. Lillyvick, le percepteur des taxes.

« Monsieur Lillyvick ! » dit Newman Noggs ne pouvant en croire ses yeux.

Et M. Lillyvick commença un gémissement qu'il voulut dissimuler ensuite par une petite toux, mais le gémissement était bien un bel et bon gémissement, tandis que la petite toux n'était qu'une frime.

« Oh ! est-ce que vous auriez quelque chose ? dit Newman Noggs.

— Quelque chose! monsieur, cria M. Lillyvick. Le robinet de la vie est à sec, monsieur, il ne reste plus que la lie au fond du réservoir. »

En entendant ce style, qui n'était pas très-clair, mais dont il attribua le genre théâtral à son association récente avec des artistes dramatiques, Newman se disposait à faire quelque autre question; mais M. Lillyvick, qui s'en aperçut, l'en empêcha en lui serrant d'abord tristement la main dans la sienne, puis en lui faisant signe de l'autre de ne pas l'interroger.

« Laissez-moi d'abord raser, dit M. Lillyvick; je vais être expédié avant Morleena.... car c'est Morleena, n'est-ce pas?

— Oui, sans doute, dit Newman.

— Les Kenwigs ont aussi un garçon, n'est-ce pas? »

Newman répondit encore affirmativement.

« Et est-il gentil, le petit garçon? demanda le percepteur.

— Mais, pas trop mal, répondit Newman, qui trouvait la question un peu embarrassante.

— Suzanne Kenwigs, reprit l'autre, disait souvent que, si jamais elle avait encore un petit garçon, elle espérait bien qu'il me ressemblerait. Me ressemble-t-il, monsieur Noggs? »

Autre question embarrassante que Newman éluda en répondant à M. Lillyvick qu'en effet le petit garçon pourrait bien lui ressembler plus tard.

« Je serais bien aise, dit M. Lillyvick, d'avoir quelqu'un qui me ressemblât par quelque endroit avant de mourir.

— Mourir? vous n'y êtes pas, dans tous les cas, dit Newman.

— Attendez que je sois rasé, » répliqua M. Lillyvick d'une voix solennelle; et, se remettant entre les mains du garçon, il ne dit plus un mot.

C'était cela qui était drôle, si drôle même aux yeux de miss Morleena, que cette demoiselle, au risque de se faire couper l'oreille, ne put s'empêcher de se retourner plus de vingt fois pendant le précédent dialogue. Toutefois, M. Lillyvick n'eut pas seulement l'air de la connaître : au contraire, il essayait (au moins c'était l'opinion de Newman Noggs) d'échapper à ses regards et de se replier sur lui-même toutes les fois qu'il attirait son attention. Newman se demandait avec étonnement ce qui avait pu occasionner un pareil changement de la part du percepteur des taxes; mais, réfléchissant, en véritable philosophe, qu'il le saurait toujours tôt ou tard, et qu'il pouvait parfaitement attendre, il ne se laissa, au bout du compte, troubler que le moins possible par la singularité de manières du vieux gentleman.

Enfin, voici les cheveux coupés et frisés, et le vieux monsieur, qui était resté quelque temps à attendre, se léva aussi pour s'en aller. Il prend le bras de Newman, pendant que celui-ci continue dans la rue son office d'écuyer accompagnadour de Mlle Kenwigs, et marche quelque temps avec eux sans faire la moindre observation. Newman, qui pouvait se vanter de n'avoir pas son égal pour les habitudes taciturnes, ne fit aucun effort pour rompre le silence; aussi était-on déjà tout près de la maison quand M. Lillyvick se décida à ouvrir la bouche.

« Dites-moi, monsieur Noggs, les Kenwigs ont dû être bien saisis de cette nouvelle.

— Quelle nouvelle? répondit Newman.

— De.... mon....

— Mariage? demanda Newman.

— Ah! répliqua M. Lillyvick en poussant encore un gémissement qu'il ne songea pas même à dissimuler par une petite toux.

— Nous l'avons tenu longtemps caché à maman, interrompit Mlle Morleena; mais cela ne l'a pas empêchée de bien pleurer quand elle l'a su. Papa a été aussi bien abattu, mais il va mieux maintenant; et moi aussi, j'ai été bien malade, mais je vais mieux aussi.

— Est-ce que vous embrasseriez votre grand-oncle Lillyvick, s'il vous le demandait, Morleena? dit le percepteur avec quelque hésitation.

— Certainement, mon oncle Lillyvick, répondit Morleena avec l'énergie combinée de son père et de sa mère; mais non pas la tante Lillyvick; ce n'est pas ma tante, et je ne lui donnerai jamais ce nom. »

Morleena avait à peine achevé de prononcer ces mots, que M. Lillyvick l'enleva dans ses bras pour mieux l'embrasser, et, voyant qu'ils étaient arrivés déjà à la porte des Kenwigs, il monta droit à leur salon, portant toujours dans ses bras miss Morleena, qu'il déposa au milieu de la chambre, pendant que M. et Mme Kenwigs étaient à souper. A la vue de leur oncle parjure, Mme Kenwigs devint pâle et se trouva mal, tandis que M. Kenwigs se leva avec majesté.

« Kenwigs, dit le percepteur, donnez-moi une poignée de main.

— Monsieur, dit M. Kenwigs, il est passé le temps où j'étais fier de donner une poignée de main à un homme comme celui que je vois maintenant devant mes yeux; il est passé, monsieur, le temps où une visite de cet homme excitait dans mon sein et dans celui de ma famille des sensations à la fois naturelles et flatteuses ; mais aujourd'hui je regarde ce même homme avec des émotions qui surpassent tout ce qu'on peut dire, et je me demande ce qu'il a fait de son honneur, de sa loyauté, enfin de sa nature humaine.

— Suzanne Kenwigs, dit M. Lillyvick en se tournant humblement vers sa nièce, est-ce que vous ne voulez rien me dire?

— Et comment voulez-vous qu'elle le puisse, monsieur, dit M. Kenwigs en frappant sur la table avec énergie. La nourriture d'un petit enfant bien portant, ainsi que le chagrin ressenti de votre conduite cruelle, l'ont réduite à ce point de faiblesse que c'est à peine si quatre pintes de bière par jour peuvent suffire à la soutenir.

— Je suis charmé, dit le pauvre percepteur avec douceur d'apprendre que ce soit un petit enfant bien portant, j'en suis charmé. »

C'était là prendre les Kenwigs par leur faible. Aussi, à l'instant même, Mme Kenwigs fondit en larmes et M. Kenwigs montra la plus vive émotion.

« Mon sentiment le plus cher, dit-il tristement, pendant tout le temps que nous avons attendu la venue de cet enfant, c'était de me dire ceci : Si c'est un garçon, comme je l'espère, car j'ai entendu dire bien des fois à son oncle Lillyvick qu'il préférerait que celui-ci fût un garçon, si c'est un garçon, que dira l'oncle Lillyvick, quel est le nom qu'il voudra qu'on lui donne? L'appellera-t-on Pierre? ou Alexandre? ou Pompée? ou Diogène? ou comment? Et aujourd'hui, quand je le regarde, pauvre enfant chéri, innocent, abandonné, tout ce qu'il peut faire avec ses petits bras, c'est de déchirer son petit bonnet. Tout ce qu'il peut faire avec ses petites jambes, c'est de se donner des coups de pied à soi-même. Quand je le vois étendu dans le giron de sa mère, roucoulant, et, dans son état d'innocence, s'étouffant presque en se fourrant son petit poing dans la bouche; quand je le vois et que je pense que son oncle Lillyvick, ici présent, qui devait tant l'aimer, s'est retiré de lui, je me sens saisir d'un sentiment de vengeance impossible à décrire, et il me semble entendre le cher et précieux enfant me dire lui-même de haïr son oncle. »

Ce tableau touchant émut si profondément Mme Kenwigs qu'elle essaya longtemps vainement d'amener à bien quelques paroles imparfaites qui avortèrent en route, noyées et submergées dans des flots de larmes. Enfin :

« Mon oncle, dit-elle, qui l'aurait jamais cru, que vous nous tournerez ainsi le dos, à moi, à mes chers enfants et à Kenwigs, qui est l'auteur de leur existence! Vous, autrefois si bon et si tendre pour nous que, si quelqu'un nous avait prophétisé chose pareille, nous l'aurions foudroyé de notre mépris. Vous, dont nous avons donné le nom, au pied de l'autel, à notre premier petit garçon! Ah! pensée cruelle!

— Croyez-vous, dit M. Kenwigs, que nous pensions à l'argent, croyez-vous que notre chagrin eût un motif intéressé?

— Non! cria Mme Kenwigs, je me moque de tout cela.

— Et moi aussi, dit M. Kenwigs, et je m'en suis toujours moqué.

— C'est ma sensibilité, dit Mme Kenwigs, qui a été lacérée sans pitié. C'est mon cœur qui a été déchiré par les plus tristes angoisses. J'ai été délaissée dans mes couches; mon enfant inoffensif en est devenu tout grognon et tout mal à son aise; Morleena en est devenue à rien; eh bien! tout cela, je l'oublie et le pardonne, car, je le sens, mon oncle, je ne pourrais jamais me quereller avec vous; mais ne me demandez jamais de la recevoir, elle, jamais! car je ne le veux pas, non! je ne le veux pas! veux pas! veux pas! veux pas!

— Suzanne, ma chère Suzanne, dit M. Kenwigs, pas tant d'émotion, songez à votre enfant.

— Oui! dit Mme Kenwigs en poussant un grand cri, je veux songer à mon enfant! je veux songer à mon enfant! mon enfant à moi, dont il n'y a pas d'oncles qui puissent me dépouiller! Mon enfant, haï, méprisé, abandonné, qu'on a planté là. »

Et ici les sensations de Mme Kenwigs devinrent si violentes, que M. Kenwigs s'empressa de lui administrer de la corne de cerf intérieurement, du vinaigre extérieurement, et de mettre en pièces un lacet de corset, quatre cordons de jupe et un certain nombre de petits boutons.

Newman était resté spectateur de cette scène, car M. Lillyvick lui avait fait signe de ne pas se retirer, et M. Kenwigs lui avait fait ensuite un signe de tête qui pouvait passer pour une invitation de continuer à les honorer de sa présence. Mais il était resté jusque-là spectateur silencieux. Alors pourtant, il se permit de faire à Mme Kenwigs quelques représentations et de la supplier de se remettre, car il avait sur elle quelque influence; ce que voyant M. Lillyvick, il profita d'un moment de calme de sa nièce, et lui dit d'une voix défaillante:

« Ce n'est pas moi qui vous demanderai jamais de recevoir ma....., je n'ai pas besoin de vous dire quoi, vous savez bien ce que je veux dire, Suzanne, et vous, Kenwigs: il y a eu hier huit jours qu'elle s'est fait enlever par un capitaine à demi-solde. »

Tableau! étonnement simultané de M. et Mme Kenwigs.

« Enlevée par un capitaine à demi-solde, répéta M. Lillyvick: honteusement, traîtreusement enlevée par un capitaine à demi-solde, une méchante trogne de capitaine à qui personne n'aurait jamais pensé. C'est ici, dans cette chambre, continua M. Lillyvick en promenant tristement ses regards autour de lui, que j'ai vu pour la première fois Henriette Petowker. C'est ici, dans cette chambre, que je la renie pour toujours! »

A la bonne heure, voilà une déclaration qui changeait bien la face des choses. Mme Kenwigs se jeta au cou du vieux gentleman, en se faisant des reproches amers de la dureté qu'elle venait de lui montrer, et en s'écriant: « Si j'ai tant souffert, combien, mon cher oncle, vous avez dû plus souffrir encore! » M. Kenwigs serra la main de son ancien protecteur et lui voua une amitié éternelle et un remords qui ne s'effacerait jamais. Mme Kenwigs fut saisie d'horreur en pensant qu'elle avait pu réchauffer dans son sein un pareil serpent, une couleuvre, un aspic, une vipère, un vil crocodile comme Henriette Petowker. M. Kenwigs déclara qu'il fallait qu'elle fût tout cela et bien autre chose pour n'avoir pu se corriger en voyant si longtemps sous ses yeux l'exemple de vertu de Mme Kenwigs. Mme Kenwigs se rappela avoir entendu dire souvent à M. Kenwigs qu'il n'était pas édifié de la conduite de miss Petowker, et qu'il ne s'expliquait pas l'aveuglement de son épouse pour cette misérable créature. M. Kenwigs se rappela bien quelques soupçons qui lui avaient traversé l'esprit, mais il ne s'était jamais étonné de ne pas les voir partagés par Mme Kenwigs, qui était la chasteté, la pureté, la loyauté même, pendant qu'Henriette était toute bassesse, toute fausseté, toute trahison. Mais M. et Mme Kenwigs furent unanimes à déclarer avec la plus vive émotion et en versant des larmes de sympathie, que c'était un bien pour un mal, et ils conjurèrent ensemble le bon percepteur, au lieu de s'abandonner à des regrets stériles, de chercher sa consolation dans la société de parents affectionnés et fidèles, dont les bras et les cœurs lui seraient toujours ouverts.

« Par attachement et par estime pour vous, Suzanne, et vous, Kenwigs, dit M. Lillyvick, car ce n'est pas par esprit de vengeance ou de ressentiment contre elle, elle n'en vaut pas la peine, je veux demain matin placer sur la tête de vos enfants, avec réversibilité sur les plus vivants à l'époque de leur majorité ou de leur mariage, l'argent que je voulais autrefois leur léguer par testament. L'acte sera exécuté demain, et M. Noggs voudra bien être un de nos témoins; il verra si je tiens ma promesse. »

Le moyen de résister à cette offre grande et généreuse! M. Kenwigs, Mme Kenwigs, Mlle Morleena Kenwigs sanglotèrent tous à qui mieux mieux, et le bruit de leurs sanglots gagnant les chambres voisines, les petits enfants qui étaient au lit se mirent à faire chorus par leurs cris d'attendrissement. M. Kenwigs, la tête perdue, se précipita et reparut bientôt les portant dans ses bras, deux par deux, et les déposant en bonnet de nuit et en chemise longue aux pieds de M. Lillyvick pour qu'ils pussent de là faire monter vers lui l'expression de leurs remercîments et leurs prières au ciel pour son bonheur.

« A présent, dit M. Lillyvick, à la suite de cette scène déchirante et quand on eut remporté les enfants, à présent, donnez-moi quelque chose pour souper. Cela s'est passé à sept lieues de Londres. Je suis arrivé ce matin, je suis resté toute la journée à badauder sans pouvoir me résoudre à venir vous voir. Moi qui ne la contrariais en rien, qui la laissais en liberté de faire tout ce qu'elle voulait, et voilà comme elle m'en a récompensé! J'avais douze petites cuillers et six cents francs en or, que j'ai bien regrettés d'abord ; ce n'est pas agréable à perdre. J'ai peur de n'avoir jamais la force de retourner soulever le marteau de mes contribuables pour frapper mon toc toc accoutumé dans mes rondes; mais, je vous en prie, n'en parlons plus. Les petites cuillers pouvaient bien valoir..., n'y pensons plus, n'y pensons plus ! »

Tout en marmottant ces regrets cuisants, le percepteur laissa couler une ou deux larmes, mais on le conduisit à un fauteuil où l'on obtint de lui, sans avoir besoin de trop le prier, qu'il se décidât à souper de bon cœur ; puis, quand il eut fini de fumer sa première pipe et absorbé une demi-douzaine de verres d'un punch de six francs sacrifié par M. Kenwigs pour le retour de l'oncle au sein de sa famille, comme autrefois le veau gras de l'enfant prodigue, il parut, quoiqu'il eût toujours l'oreille basse, résigné décidément à son sort, peut-être même plus satisfait qu'autrement de la fugue de sa femme.

Autre tableau : M. Kenwigs enlace d'une main la taille de Mme Kenwigs : son autre main soutient sa pipe qui, par parenthèse, le fait tousser et clignoter pas mal, car ce n'était pas un grand fumeur; il repose ses yeux sur Morleena assise elle-même sur un genou de son oncle, et s'écrie : « Quand je vois cet homme respectable revenir se mêler encore à la famille dont il fait l'ornement; quand je vois ses affections se développer dans ces épanchements légitimes, je trouve que sa nature est aussi élevée et aussi étendue que sa situation sociale, où il joue un rôle si honorable, et je crois entendre la voix de mes enfants au berceau, dont il a assuré l'existence, me murmurer doucement à l'oreille : Voici un événement que le ciel même regarde avec bonheur. »

CHAPITRE XXI.

Le complot de MM. Ralph Nickleby et Arthur Gride suit son cours.

Animé d'une de ces résolutions vigoureuses et déterminées que des circonstances exceptionnelles inspirent quelquefois aux natures même les plus indolentes, l'adorateur de Madeleine Bray, qui était au contraire tout feu et tout ardeur, en voyant poindre le jour, sauta à bas de sa couche agitée, que le sommeil n'avait pas visitée de toute la nuit, et se prépara à la dernière tentative sur laquelle reposait le dernier espoir, espoir faible et fragile, d'un heureux succès.

Il est possible que, pour les esprits inquiets et ardents, le matin soit l'heure naturelle de l'énergie et de l'activité; cependant ce n'est pas le moment où l'espérance est la plus vive, ni le courage le plus entreprenant et le plus spontané. Dans les positions critiques et périlleuses, l'habitude de les envisager, un examen consciencieux des difficultés qui nous entourent, en nous familiarisant avec le danger, diminuent par degrés nos appréhensions, et produisent une indifférence relative, quelquefois même une vague et mystérieuse confiance dans quelque secours inconnu, dont nous serions bien embarrassés d'avoir à expliquer la nature ou la force. Mais quand nous abordons ces réflexions, le matin, à tête reposée, après avoir traversé cette sombre et silencieuse lacune qui sépare déjà le jour d'aujourd'hui du jour d'hier; quand il nous faut river de nouveau chacun de ces anneaux dont se compose la brillante chaîne de l'espérance; quand notre enthousiasme s'est calmé pour faire place à la calme et froide raison, le doute et les appréhensions renaissent. Quand le voyageur reprend sa route, au grand jour, il voit se développer devant lui les montagnes escarpées et les plaines inconnues que les ténèbres de la nuit avaient complaisamment dérobées à sa vue, pour ne point abattre son courage; il en est de même du pèlerin de la vie humaine : les rayons du soleil levant lui montront chaque jour quelque nouvel obstacle à surmonter, quelque pic à atteindre. Lui aussi, il voit s'étendre devant lui un horizon qu'il ne soupçonnait pas la veille au soir; et la lumière qui vient dorer gaiement tous les spectacles de la nature, semble se faire un jeu de mettre en relief tous les tristes obstacles qui s'élèvent entre la tombe et lui.

C'est dans ces dispositions que Nicolas, avec l'impatience naturelle qui tenait à sa situation, sortit doucement de chez lui de bonne heure. Pourquoi de si bonne heure? il n'en savait trop rien. Au contraire, il n'ignorait pas qu'il avait encore à passer bien des heures avant de pouvoir parler à Madeleine, et qu'il n'y avait rien à faire dans l'intervalle que de laisser couler le temps; mais c'est égal, il lui semblait que ce serait gaspiller ce temps précieux que de le perdre à rester au lit; il aimait mieux le perdre à errer dans Londres, comme s'il suffisait de se lever et de remuer pour arriver plus tôt au but.

Et cependant, à mesure qu'il arpentait les rues, et qu'il y voyait, d'un œil distrait, le jour ramener, par degrés, le tracas et le bruit, tout semblait lui présenter quelque nouveau sujet de découragement. La veille au soir, il trouvait si monstrueux le sacrifice d'une femme jeune, aimante et belle au misérable qu'on lui destinait pour époux, qu'il ne pouvait y croire, et, plus il s'échauffait sur cette idée, plus il restait convaincu qu'il se déclarerait quelque secours inattendu qui viendrait l'arracher de ses griffes. Mais le matin, en pensant à la marche régulière des choses, jour par jour, heure par heure, réglées comme un cadran; en pensant à la jeunesse qui meurt ainsi que la beauté, pendant que l'âge hideux de l'avarice et de la rapine continue doucement son chemin; comment la cupidité rusée s'enrichit, pendant qu'il y a tant de cœurs honnêtes que leur vertu n'empêche pas d'être pauvres et tristes; combien il y a peu de mortels fortunés qui occupent les riches hôtels, pendant qu'il y en a tant d'autres qui habitent des trous infects; combien même qui se lèvent chaque matin, se couchent chaque soir, vivent et meurent, de père en fils, de mère en fille, de race en race, de génération en génération, sans avoir un chez eux pour abriter leur tête, sans voir un seul homme mettre au service de leur misère l'énergie charitable de ses efforts et de son caractère; combien de femmes et d'enfants, poursuivant, non pas le luxe ni les splendeurs de la vie opulente, mais simplement le moyen de soutenir leur misérable et chiche existence, divisés par classes dans cette même ville, comptés, numérotés dans le recensement de la police avec autant d'exactitude que les grandes familles et les personnages de haut rang le sont sur le livre de la noblesse, s'en distinguaient seulement par cette légère différence qu'ils étaient dressés, prédestinés, dès leur enfance, à faire les métiers les plus criminels et les plus odieux; comment l'ignorance trouvait partout des juges pour la punir, nulle part des maîtres pour l'instruire; comment la geôle s'ouvrait toujours, comment la potence était toujours en exercice pour des milliers de malheureux nés dans une situation qui les a faits coupables dès le berceau, sans quoi ils gagneraient aujourd'hui leur pain honnêtement, et vivraient en paix; combien étaient déjà morts dans l'âme, sans espérance de la voir revivre jamais; combien d'autres, que leur éducation et leur fortune ont mis si bien sur la voie qu'ils ne pourraient s'égarer, en dépit de leurs vices, détournent avec mépris leurs yeux du malheureux frappé fatalement par la loi, quand il ne pouvait guère faire autre chose, et qu'on aurait dû plutôt s'étonner de lui voir faire quelque chose de bien, qu'à eux quelque chose de mal; combien il y avait d'injustice, de misère, d'iniquité, ce qui n'empêchait pas le monde d'aller son petit train d'un bout de l'année à l'autre; avec la même indifférence et la même insouciance, sans que personne songeât à guérir ou à réformer le mal. En pensant à tout cela, et en isolant de la masse le petit cas particulier qui occupait toutes ses pensées, Nicolas sentit bien qu'il n'y avait guère lieu d'espérer, et ne vit point de raison raisonnable pour que son sort ne formât pas un des atomes perdus dans l'ensemble infini des chagrins et des peines enchaînées l'une à l'autre, pour qu'il n'apportât pas au grand total le petit tribut de son humble et mesquine unité.

Mais si la jeunesse a le privilége d'évoquer à volonté les plus tristes tableaux sous les couleurs les plus sombres, elle a heureusement aussi le privilége de ne point s'y arrêter longtemps. A force de réfléchir à ce qu'il avait à faire, et de rappeler, petit à petit, ses dispositions de la veille, interrompues par la nuit, Nicolas reprit insensiblement toute son énergie, et, quand la matinée fut assez avancée pour ce qu'il voulait faire, il ne pensa plus qu'à en tirer le meilleur parti possible. Après un déjeuner précipité et l'expédition de quelques affaires urgentes, il dirigea ses pas vers la demeure de Madeleine Bray, et ne resta pas longtemps en route.

Il avait prévu qu'il était très-possible qu'on ne lui laissât pas voir la demoiselle, quoiqu'on n'en eût jamais fait difficulté, et il réfléchissait au moyen le plus sûr de pénétrer jusqu'à elle dans cette supposition, lorsqu'en arrivant à la porte de la maison, il la trouva entre-bâillée. La négligence de la personne qui ne l'avait point fermée en sortant lui offrait une occasion d'entrer sans cérémonie ; il en profita pour monter et frapper à la chambre où on avait coutume de le recevoir : une voix lui cria d'entrer ; il ne se fit pas prier.

Bray était seul avec sa fille. Depuis trois semaines que Nicolas ne l'avait vue, il s'était opéré dans les traits de cette charmante demoiselle un changement qui ne témoignait que trop visiblement de toute la souffrance morale qu'elle avait eue à endurer et à comprimer pendant ce court intervalle. Il n'y a pas de mots pour exprimer, pas de comparaison pour représenter la pâleur effrayante, la blancheur claire et transparente du beau visage qui se tourna vers lui quand il entra. Ses cheveux magnifiques, d'un brun foncé, voilaient sa face et retombaient sur son cou, dont la blancheur les faisait paraître noirs comme la plume d'un corbeau. Son œil sombre avait quelque chose d'inquiet et d'égaré, mais toujours la même patience dans le regard, la même expression de douleur douce et résignée qu'il lui avait toujours connue, sans aucune trace de larmes. Sa beauté, plus saisissante peut-être que jamais, avait pris un caractère grave et triste, qui lui parut plus pénible et plus attendrissant que l'agonie d'un chagrin violent. Le sien était calme et contenu, mais il était empreint et gravé dans sa physionomie comme si l'effort violent qui avait réussi à lui donner cette contrainte discrète sous les yeux de son père, en dominant l'amertume de ses pensées, avait buriné au passage l'expression rapide de la douleur dans ses traits, pour y laisser une marque toujours vivante de son triomphe.

Le père était assis vis-à-vis d'elle. Il ne la regardait pas précisément en face, mais seulement de côté, et causait d'un air de bonne humeur qui déguisait mal les pensées pénibles dont il était agité. Les crayons, les pinceaux, n'étaient pas à leur place accoutumée sur la table. En général, tous les autres témoins de ses occupations ordinaires avaient également disparu. Les petits vases que Nicolas avait toujours vus remplis de fleurs fraîches étaient vides ou ne contenaient plus que quelques tiges flétries comme leurs feuilles. La serge qui couvrait pendant la nuit la cage du serin n'avait pas encore été retirée ; le pauvre oiseau avait été oublié par sa maîtresse.

Il y a des moments où l'esprit, plus vivement excité par ses peines intérieures à recevoir des impressions vives, voit beaucoup d'un seul coup d'œil ; aussi, Nicolas n'avait eu que la peine d'ouvrir les yeux pour se rendre compte de tout, lorsque M. Bray accueillit sa visite par ces mots prononcés d'un ton impatient :

« Eh bien! monsieur, qu'est-ce que vous voulez? dites tout de suite, s'il vous plaît, la commission dont vous êtes chargé, car ma fille et moi nous sommes occupés d'affaires bien autrement importantes que celle qui vous amène; ainsi, monsieur, dépêchez-vous de nous expliquer la vôtre sans phrases. »

Il était facile à Nicolas de voir que l'impatience nerveuse témoignée par Bray dans ses paroles n'était pas réelle, et qu'au fond du cœur il était, au contraire, ravi d'une interruption qui devait avoir pour effet de donner le change à l'attention de sa fille. Involontairement il porta les yeux sur lui pendant qu'il parlait, et remarqua son embarras, car Bray rougissait et détournait la tête.

Cependant, s'il avait en effet le désir de distraire les pensées de Madeleine en la forçant de prendre part à l'entretien, il ne fut pas trompé dans son attente, car elle se leva, fit quelques pas vers Nicolas, et tendit la main comme pour recevoir la lettre qu'on lui apportait sans doute.

« Madeleine, lui dit son père d'un air maussade, que faites-vous là, ma chère amie?

— C'est que sans doute Mlle Bray s'attendait à recevoir un billet, dit Nicolas parlant très-distinctement et appelant l'attention de Madeleine sur le sens mystérieux de ses paroles par l'énergie avec laquelle il appuyait sur chaque mot ; mais mon patron n'est pas en Angleterre, sans quoi, je me serais présenté avec une lettre. J'espère que mademoiselle voudra bien me donner du temps.... un peu de temps; je ne demande qu'un très-court délai.

— Si vous n'êtes venu que pour cela, monsieur, dit M. Bray, vous n'avez pas besoin de vous tourmenter. Chère Madeleine, je ne savais pas que ce monsieur fût votre débiteur.

— Oh! pour une bagatelle, je crois, répondit Madeleine d'une voix abattue.

— Vous vous imaginez peut-être, dit Bray en retournant sa chaise pour regarder en face Nicolas, que, sans les misérables sommes que vous apportez de temps en temps pour indemniser ma fille de l'emploi qu'elle veut bien faire de ses loisirs, nous n'aurions qu'à mourir de faim?

— Je n'ai jamais eu de pareilles idées, répliqua Nicolas.

— Ah! vous n'avez pas eu de pareilles idées, reprit le malade en ricanant; vous savez bien que si. Ces idées-là, non-seulement vous les avez eues, mais vous les avez toujours chaque fois que vous venez ici. Croyez-vous, jeune homme, que je ne connaisse pas bien ces petits commerçants et l'orgueil qu'ils puisent dans leur bourse lorsque, par une heureuse circonstance, ils mettent un jour ou deux le grappin.... ou croient le mettre.... sur un gentleman.

— Ce n'est pas avec un gentleman, dit Nicolas respectueusement, c'est avec une demoiselle que mon commerce me met en rapport.

— C'est avec la fille d'un gentleman, monsieur, répondit le malade. Ce n'est donc pas la peine d'avocasser; mais voyons, vous avez sans doute des *commandes* ? N'avez-vous pas de nouvelles commandes pour ma fille, monsieur? »

Nicolas ne se trompa pas sur les motifs de ce ton victorieux dont M. Bray lui faisait subir un interrogatoire; mais il se rappela la nécessité de garder jusqu'au bout le rôle dont il s'était chargé, et présenta un morceau de papier qui était censé contenir une liste de quelques dessins dont son patron demandait l'exécution et qu'il avait prise sur lui dans la prévision qu'elle pourrait lui servir.

« Ah! dit M. Bray, voilà les commandes, n'est-ce pas?

— Si vous tenez à vous servir de ce mot,... oui, monsieur, répliqua Nicolas.

— Eh bien! vous pouvez dire à votre maître, reprit Bray en repoussant le papier avec un sourire triomphant, que ma fille, Mlle Madeleine Bray, ne daigne plus désormais se livrer à de pareils travaux; qu'elle n'est pas à sa discrétion et à ses ordres comme il paraît le croire; que nous n'avons pas besoin de son argent pour vivre, comme il s'en flatte; qu'il n'a qu'à donner ce qu'il peut nous devoir au premier mendiant qui passera devant sa boutique, si mieux il n'aime en faire un *item* à la colonne de ses profits, la première fois qu'il relèvera ses comptes; enfin qu'il peut aller au diable, je ne l'en empêche pas. Voilà, monsieur, comme je reçois ses commandes.

— Et voilà, se dit en lui-même Nicolas, comme l'homme qui vend sa fille, malgré ses larmes, entend l'indépendance ! »

Heureusement, le père était trop enivré des grandes destinées qui s'ouvraient encore devant lui, pour remarquer l'air de mépris qu'il aurait pu lire sur la figure de Nicolas; car le jeune homme indigné n'aurait pu s'empêcher de le faire paraître, même au milieu des tortures.

« Là! continua-t-il après un moment de silence; vous avez maintenant la réponse, vous n'avez plus qu'à vous retirer.

à moins que vous n'ayez encore des.... ha! ha!... des commandes.

— Je n'en ai pas, dit Nicolas, et vous me rendrez la justice que, par considération pour votre ancienne situation dans le monde, je ne me suis pas servi de ce terme, ni d'aucun autre qui, bien innocent en lui-même, aurait pu être interprété comme une prétention de ma part ou comme une dépendance de la vôtre. Non, je n'ai pas de commandes, je n'ai que des craintes.... des craintes que je suis venu vous exprimer, au risque de vous déplaire.... Je crains donc que vous ne condamniez cette jeune demoiselle à un pire supplice que de soutenir votre existence par le travail de ses mains, dût-elle y perdre la santé et la vie. Voilà ce que je crains, et c'est sur votre propre conduite, sur votre ton railleur avec moi, que je fonde ces craintes. Je laisse à votre conscience, monsieur, le soin de vous dire si elles sont vraies ou mensongères.

— Au nom du ciel! cria Madeleine se jetant toute tremblante au travers de leur conversation ; n'oubliez pas, monsieur, qu'il est malade.

— Malade! cria l'autre suffoqué et respirant à peine ; malade! malade! Un méchant calicot viendra m'insulter à mon nez et à ma barbe, et elle le prie, par pitié pour moi, de ne pas oublier que je suis malade! »

Aussitôt son mal lui reprend avec une telle violence que Nicolas craignit un moment pour sa vie ; mais l'ayant vu revenir de sa syncope, il se retira après avoir fait comprendre par un signe à la demoiselle qu'il avait quelque chose d'important à lui communiquer, et qu'il allait l'attendre sur le palier. De là il put entendre le père reprendre connaissance petit à petit, sans pourtant faire la moindre allusion à la scène qui venait de se passer, comme s'il n'en avait qu'un souvenir confus. Il finit par demander qu'on le laissât seul.

« Ah! se dit Nicolas ; si cette faible chance qui se présente pouvait au moins n'être pas perdue! Si je pouvais réussir à obtenir d'elle huit jours seulement de réflexion!

— Vous avez, sans doute, quelque commission pour moi? dit Madeleine en venant le retrouver dans un état de grande agitation ; mais, je vous en prie, je vous en supplie, veuillez la remettre de quelques jours : après-demain.... vous pourrez venir.

— Ce sera trop tard.... trop tard pour ce que j'ai à vous dire, répondit Nicolas ; et d'ailleurs, vous ne serez plus ici. Ah! madame, pour peu que vous croyiez devoir une pensée à celui qui m'a envoyé près de vous ; pour peu que vous n'ayez pas sacrifié tout à fait la paix de votre esprit et la tranquillité de votre âme, je vous demande, au nom de Dieu, de vouloir bien m'entendre un moment. »

Elle voulut rentrer, mais Nicolas la retint doucement comme elle passait devant lui.

« Veuillez m'entendre, dit Nicolas, ou plutôt, ce n'est pas moi que je vous prie d'entendre, c'est surtout l'homme au nom duquel je vous parle, qui est en ce moment loin de vous, et ne peut pas savoir le danger où vous êtes. Au nom du ciel ! écoutez-moi. »

La pauvre servante se tenait là debout, les yeux gonflés et rougis par ses larmes, et Nicolas l'implora aussi dans des termes si pathétiques, qu'elle ouvrit une porte voisine par où elle conduisit, en la soutenant, sa maîtresse défaillante, dans la chambre d'à côté, en faisant signe à Nicolas de l'y suivre.

« Laissez-moi, monsieur, je vous prie, dit la demoiselle.

— Je ne veux pas, je ne veux pas vous laisser ainsi, dit Nicolas. J'ai un devoir à remplir, et, si ce n'est pas ici, ce sera dans la chambre que nous venons de quitter, aux risques et périls de M. Bray, qu'il faut que je vous supplie de réfléchir encore au parti funeste dans lequel on vous a précipitée.

— De quel parti voulez-vous parler, monsieur, et qui m'y a précipitée ? demanda la demoiselle, faisant tout ce qu'elle pouvait pour prendre un air de dignité offensée.

— Je parle de ce mariage, répondit Nicolas, de ce mariage fixé à demain par un homme qu'on est sûr de rencontrer partout où il y a un mauvais coup à faire, et jamais où il s'agit de faire quelque bien, de ce mariage dont l'histoire m'est connue mieux qu'à vous, beaucoup mieux. Je sais les trames qu'on tisse autour de vous ; je sais les ouvriers habiles qui les ont ourdies : on vous trahit, on vous vend.... pour un peu d'or, pour quelques pièces de monnaie rouillées par les larmes, et peut-être rougies par le sang des débiteurs ruinés qui, dans leur désespoir, ont porté sur eux-mêmes leurs mains meurtrières.

— Vous avez, dites-vous, un devoir à remplir, répliqua Madeleine, vous n'êtes pas le seul ; moi aussi, j'en ai un, et je le remplirai avec l'aide de Dieu.

— Dites plutôt avec l'aide des démons, répliqua Nicolas, avec l'aide de gens, sans en excepter votre futur mari, qui sont....

— Arrêtez, je ne dois pas entendre ces choses-là, cria Madeleine en faisant de vains efforts pour réprimer un frisson que la moindre allusion au nom d'Arthur Gride semblait avoir provoqué ; si c'est un mal, c'est un mal dont je ne dois me prendre qu'à moi ; je ne suis précipitée dans ce parti par personne, je le prends de moi-même, librement et de mon choix. Vous voyez qu'il ne s'agit ici ni de force, ni de contrainte : dites-le bien à mon cher et bien-aimé protecteur; portez-lui mes souhaits et mes remerciements, dont je vous dois une part, et laissez-moi pour toujours.

— Non, il faut que je vous supplie encore avec toute l'ardeur dont je me sens animé, cria Nicolas, de reculer ce mariage d'une semaine seulement; non, il faut que je vous supplie encore de songer, plus sérieusement que vous ne l'avez pu faire sous l'influence qui vous domine, à la résolution que vous allez prendre. Il est possible que vous ne connaissiez pas pleinement toute la turpitude de l'homme à qui vous allez donner votre main, mais vous n'êtes pas sans en connaître quelque chose. Vous l'avez entendu parler, vous avez vu son visage; réfléchissez, réfléchissez encore, avant qu'il soit trop tard, à l'engagement sacrilége qu'on va exiger de vous à l'autel; à la foi que vous allez lui jurer, sans consulter votre cœur; aux paroles solennelles que vous allez prononcer en sentant que la nature et la raison se révoltent contre elles; à la chute que vous allez faire dans votre propre estime et qui s'aggravera de plus en plus tous les jours, à mesure que son odieux caractère se révélera davantage. Évitez avec horreur la société dégoûtante de ce misérable, comme vous voudriez éviter la contagion et la peste; subissez, s'il le faut, le travail et la peine; mais lui, fuyez-le, fuyez-le dans l'intérêt de votre bonheur; car, croyez-moi, ce n'est pas un vain mot, la pauvreté la plus abjecte, la condition la plus malheureuse dans ce monde soutenue par une conscience droite et pure, ce serait du bonheur au prix de la destinée à laquelle vous allez vous condamner en devenant la femme d'un homme pareil. »

Longtemps avant que Nicolas eût cessé de parler, la demoiselle s'était caché la face dans ses mains et donnait un libre cours à ses larmes. Pourtant elle finit par s'adresser à lui d'une voix troublée d'abord par l'émotion, mais qui se raffermit graduellement à mesure qu'elle avança dans sa réponse.

« Je ne vous dissimulerai pas, monsieur.... quoique ce fût peut-être mon devoir...., que j'ai eu de grandes peines d'esprit, le cœur brisé pour mieux dire, depuis que je vous ai vu. Non, je n'aime pas ce gentleman. La différence de nos âges, de nos goûts, de nos habitudes s'y oppose; il le sait, et cela ne l'empêche pas de m'offrir sa main. En l'acceptant, j'accepte le moyen, le seul qui me reste, de rendre la liberté à mon père, qui se meurt dans ce lieu d'exil. Je prolonge sa vie peut-être de quelques années; je lui rends de l'aisance.... je pourrais mieux dire, plus que de l'aisance.... et je soulage un cœur généreux d'un fardeau bien pénible, en ne lui laissant plus le soin d'assister un homme qui, permettez-moi de le dire avec douleur, ne sympathise pas avec son noble cœur; mais n'allez pas m'estimer assez peu pour me croire capable de feindre un amour que je ne ressens pas. N'allez pas me faire cette réputation : je sens mon cœur faillir à cette seule pensée. Mais si la raison ou la nature ne me permet pas d'aimer l'homme qui paye si cher le mince honneur d'obtenir ma main, je puis toujours remplir avec lui mes devoirs de femme, je puis lui donner tout ce qu'il attend de moi, et je le ferai. Il consent à me prendre telle que je suis, je lui ai donné ma parole; c'est le moment de m'en réjouir plutôt que d'en pleurer, j'y suis résolue. L'intérêt que vous prenez au sort désespéré d'une fille sans appui comme moi, la délicatesse avec laquelle vous avez répondu à la confiance de vos amis, la discrétion fidèle que vous avez mise à remplir vos promesses envers moi méritent mes remercîments les plus chaleureux, et vous pouvez voir que j'y suis sensible jusqu'aux larmes; mais il ne faut pas croire que je me repente ni que je sois malheureuse; je suis heureuse, au contraire, de penser à tout le bonheur que je puis répandre autour de moi par un si léger sacrifice, et je suis sûre que je le serai encore davantage plus tard, quand j'y reviendrai par la pensée et que tout sera fini.

— Vous ne pouvez pas vous-même parler de votre bonheur sans que vos pleurs redoublent, dit Nicolas, et vous fuyez en vain le spectacle de l'avenir lugubre qui vous apparaît chargé de tant de maux. Remettez ce mariage d'une semaine, rien que d'une semaine!

— Il me parlait justement, quand vous êtes entré, avec une gaieté qui me rappelle déjà des temps bien éloignés, car il y a bien longtemps de cela, de la liberté qu'il allait recouvrer demain, dit Madeleine avec une fermeté passagère; de cet heureux changement, de l'air pur qu'il allait enfin respirer, de tous les objets, de tous les tableaux nouveaux qui allaient rajeunir sa constitution épuisée. Comme son œil brillait, comme son visage resplendissait, rien que d'y penser! Oh! non, je ne remettrai pas son bonheur d'une minute.

— Tout cela, ce n'est qu'artifice et que ruse pour peser sur votre volonté, cria Nicolas.

— Je ne veux plus, dit Madeleine précipitamment, rien entendre là-dessus, j'en ai déjà que trop entendu, plus que je n'aurais dû sans doute. Tout ce que je viens de vous dire, monsieur, je vous l'ai dit comme au représentant de l'ami bien cher auquel j'espère que vous voudrez bien le répéter fidèlement. Dans quelque temps d'ici, quand je me sentirai plus calme et que je me serai fait à mon nouveau genre de vie, si je dois vivre assez longtemps pour cela, je lui écrirai. En attendant, je prie tous les saints anges de verser leurs bénédictions sur sa tête et de veiller sur son bonheur. »

Elle se hâtait de quitter Nicolas, lorsqu'il se jeta au-devant d'elle en la suppliant de réfléchir une fois encore au sort au-devant duquel elle courait avec tant d'empressement.

« Songez-y, disait Nicolas avec des prières déchirantes; il n'y aura plus à s'en dédire après. Une fois le mal fait, plus de remède, tout regret devient superflu et n'en reste que plus profond et plus amer. Mon Dieu! qu'est-ce que je pourrais donc dire pour vous arrêter sur le bord de l'abîme? Qu'est-ce que je pourrais donc faire pour vous sauver?

— Rien! répliqua-t-elle d'un air égaré. Dieu merci! voici ma dernière épreuve, c'était la plus cruelle. Prenez pitié de moi, monsieur, je vous en prie, ne me percez pas le cœur par vos prières pressantes; je.... je l'entends qui m'appelle. Je.... je ne dois pas, je ne veux pas rester ici un instant de plus.

— Mais, reprit Nicolas toujours avec la même vivacité et la même rapidité de langage, si c'était un complot, un complot dont je ne tiens pas encore le fil, mais que je puis pénétrer avec le temps; si vous aviez, sans le savoir, des titres à une fortune qui vous fût due et dont le recouvrement vous procurât les mêmes avantages que vous recherchez dans ce mariage, est-ce que vous ne vous rétracteriez pas?

— Non, non, non, c'est impossible, c'est une illusion, et, d'ailleurs, différer, ce serait lui donner la mort. Le voilà qui m'appelle encore!

— C'est peut-être, dit Nicolas, la dernière fois que nous nous reverrons sur la terre; il est à souhaiter pour moi que je ne vous revoie plus jamais!

— Pour moi aussi! pour moi aussi! répliqua Madeleine sans faire attention à ce qu'elle disait; il viendra un temps où le seul souvenir de cet entretien avec vous pourra me rendre folle; mais ne manquez pas de leur dire que vous m'avez laissée calme et heureuse, et recevez pour vous mes vœux au ciel et les bénédictions de mon cœur reconnaissant. »

Elle était partie. Nicolas sortit en chancelant de la maison, poursuivi par le tableau dont il venait de voir le dénoûment, comme par le fantôme de quelque rêve délirant. Le jour passa;

le soir, après avoir réussi à mettre un peu d'ordre dans ses pensées, il sortit de nouveau.

Ce soir-là, le dernier soir du célibat d'Arthur Gride, le trouva comme de raison ivre de joie et d'une humeur charmante. L'habit vert-bouteille avait reçu un bon coup de brosse et pendait là tout prêt pour le lendemain matin. Peg Slidersksw avait rendu ses comptes; l'emploi des trente-six sous qu'on lui donnait pour la dépense deux fois au plus par jour, sans jamais lui donner plus à la fois, avait été par elle soigneusement justifié. Tous les préparatifs étaient faits pour le prochain régal. Un autre qu'Arthur serait peut-être resté plongé dans des rêves de bonheur; mais, lui, il préféra s'asseoir à son bureau pour faire le relevé de ses recettes sur un vieux et sale registre de parchemin, dont le fermoir était rouillé.

« Pauvre petit! dit-il en riant dans sa gorge et tombant à genoux devant un coffre-fort fixé dans le parquet par de bons écrous et dans lequel il plongea son bras presque jusqu'à l'épaule pour en tirer doucement le volume aux pages graisseuses. Pauvre petit! je n'ai pourtant pas d'autre bibliothèque, je n'ai qu'un livre en tout; mais il est vrai de dire que c'est bien un des plus amusants qu'on ait jamais écrits. Oh! le bon livre, où il n'y a rien que de réel et de vrai! C'est ce qui m'en plaît. Vrai comme la banque d'Angleterre, et réel comme sa monnaie d'or et d'argent; Arthur Gride *fecit*. Hé! hé! hé! trouvez-moi donc un de vos romanciers qui vous fasse un aussi bon livre que cela; un livre composé pour l'usage d'une seule personne, tiré à un exemplaire seulement; un livre qui n'est destiné à être lu que par moi, et pas par d'autres. Hi! hi! hi! »

En marmottant ce monologue entre ses dents, Arthur porta sur la table son précieux bouquin, le plaça avec soin sur un pupitre poudreux, prit ses lunettes et se mit à plonger dans les feuillets du registre.

« C'est une bien grosse somme, dit-il d'une voix plaintive, que j'ai à payer à M. Nickleby. La dette entière à acquitter : vingt-quatre mille trois cent quatre-vingt-deux francs soixante-quinze centimes, plus mon billet de douze mille cinq cents francs; total : trente-six mille huit cent quarante-deux francs soixante-quinze centimes, pour demain midi précis. Je sais bien que ma petite poulette m'apporte un dédommagement, mais, avec tout cela, reste toujours à savoir si je n'aurais pas pu faire mes affaires moi-même. *Jamais poltron n'eut belle amie.* Je m'en veux d'avoir été si poltron; est-ce que je ne pouvais pas hardiment aller faire mes offres à Bray moi-même, et gagner d'un seul coup trente-six mille huit cent quarante-deux francs soixante-quinze centimes? »

Le vieil usurier fut si accablé par ces réflexions déchirantes, qu'il poussa du fond de sa poitrine deux ou trois grognements douloureux et déclara, les mains levées vers le ciel, que décidément il mourrait sur la paille ! Cependant, après mûre réflexion, en supputant que, dans tous les cas, il lui aurait fallu payer tout entière, ou peu s'en faut, la dette de Ralph, et qu'il n'était pas bien sûr qu'il eût réussi dans son entreprise, à lui tout seul, il reprit son assiette et, pour se consoler, parcourut, en remuant les lèvres, une foule d'items de la nature la plus satisfaisante, jusqu'au moment où Peg, en entrant, interrompit cette occupation réjouissante.

« Ah ! Marguerite ! dit Arthur. Qu'est-ce que c'est ? qu'est-ce qu'il y a, Marguerite ?

— C'est la volaille, répliqua Marguerite tenant à la main une assiette sur laquelle se pavanait une petite, une toute petite volaille ; un phénomène de volaille microscopique, et si maigre, si décharnée !...

— Voilà une belle pièce ! dit Arthur après s'être au préalable informé du prix, qu'il n'avait pas trouvé exagéré pour le volume de l'animal. Avec une tranche de jambon, un œuf pour faire la sauce, des pommes de terre, des choux verts, un chausson de pommes et un petit morceau de fromage, nous aurons un dîner impérial ; et nous ne serons que deux pour tout cela : elle et moi ; et vous aussi, Marguerite, cela va sans dire, après nous.

— N'allez pas, après cela, vous plaindre qu'on dépense trop, toujours, dit Mme Sliderskew en faisant la mine.

— J'ai peur, reprit Arthur en gémissant, que nous ne soyons obligés de vivre un peu somptueusement la première semaine ; mais il faudra nous rattraper après. Je suis bien décidé à ne pas manger plus que mon appétit, et je sais que vous aimez trop votre vieux maître pour manger plus que votre appétit non plus, n'est-ce pas, Marguerite ?

— Que je quoi ? dit Peg.

— Que vous aimez trop votre vieux maître....

— Ah bien, oui ! ne comptez pas là-dessus.

— Ah ! quelle patience ! Au diable la vieille sorcière ! cria M. Gride. Que vous l'aimez trop pour manger plus que votre appétit, aux dépens de sa bourse.

— Aux quoi ?

— Morbleu ! c'est toujours le mot important qu'elle ne veut

pas entendre; n'ayez pas peur qu'elle fasse répéter les autres. Aux dépens de sa bourse, chameau! »

Comme la dernière épithète, peu flatteuse pour les charmes de Mme Sliderskew, ne fut prononcée qu'à voix basse, Marguerite n'en fut point offensée et se contenta de répondre à la question principale par un grognement sourd qui coïncida justement avec un coup de sonnette à la porte d'entrée.

« Voilà la sonnette, dit Arthur en la lui montrant.

— Oui, oui, je le sais bien, répliqua Marguerite.

— Alors, pourquoi n'y allez-vous pas? brailla Arthur.

— Aller où? Je ne fais pas de mal ici, à ce qu'il me semble? »

Arthur Gride se mit à répéter le mot sonnette de toutes les forces de ses poumons, et Mme Sliderskew, malgré la dureté de son oreille, ayant fini par comprendre son maître, dont les mains, par une pantomime expressive, imitaient les gestes d'un homme qui tire le cordon de la porte, Marguerite se mit en route, après avoir demandé avec aigreur pourquoi il n'avait pas commencé par là, au lieu de lui faire un tas d'histoires sur des sujets qui n'avaient aucun rapport avec la chose, et de la retenir là, pendant qu'elle avait son demi-litre de bière qui l'attendait sur les marches de l'escalier.

« Madame Marguerite, dit Arthur en lui-même en la suivant des yeux, vous commencez à n'être plus la même; d'où vient ce changement, je n'en sais rien; mais si cela dure, nous ne vivrons pas longtemps d'accord, à ce que je vois. Vous devenez maussade, ce me semble; en ce cas, madame Marguerite, vous ferez aussi bien de quitter la place de vous-même, si vous ne voulez pas qu'on vous la fasse quitter de force; et pour moi, c'est tout un.» Tout en disant ces mots, il retournait les feuillets de son registre et bientôt tomba sur un article qui attira son attention et lui fit oublier, en présence de l'intérêt puissant qu'il paraissait y mettre, tout au monde, y compris Peg Sliderskew.

Il n'y avait pas dans la chambre d'autre lumière que celle d'une lampe sombre et crasseuse dont la mèche charbonnée, obscurcie encore par un abat-jour épais, concentrait ses faibles rayons sur un très-petit espace, laissant tout le reste dans une ombre lugubre. Cette lampe, l'usurier l'avait tellement rapprochée de lui, qu'il n'en était séparé que par la place strictement nécessaire pour y mettre le registre sur lequel il s'était penché. Dans l'attitude où il était, les coudes sur son bureau, ses pommettes saillantes appuyées sur ses mains, la lampe jetait toujours assez d'éclat pour faire mieux ressortir la laideur de ses traits encadrés dans la petite table sur laquelle il était accoudé, laissant tout le reste de la chambre enseveli dans les ténèbres. En levant les yeux pour les porter machinalement devant lui pendant qu'il faisait un calcul mental, Arthur Gride rencontra tout à coup le regard d'un homme fixé sur lui.

« Au voleur! au voleur! cria l'usurier se levant vivement et serrant son registre contre sa poitrine. Au meurtre! à l'assassin!

— Qu'est-ce qu'il y a? dit la figure en s'avançant.

— Retirez-vous! s'écria le misérable tout tremblant. Est-ce un homme ou un.... un....?

— Et qui voulez-vous donc que je sois, si je ne suis pas un homme?

— Certainement, certainement, cria Arthur Gride en ombrageant ses yeux de sa main pour mieux voir; c'est bien un homme, ce n'est pas un esprit. Au voleur! au voleur!

— Et pourquoi donc pousser ces cris? Serait-ce par hasard que vous savez qui je suis et que vous voulez m'effrayer par là? dit l'étranger en se rapprochant de lui. Vous voyez bien que je ne suis pas un voleur.

— Alors, cria Gride quelque peu rassuré, mais reculant toujours devant son visiteur, comment vous trouvez-vous là, comment vous appelez-vous? que me voulez-vous?

— Vous n'avez pas besoin de savoir comment je m'appelle : je me trouve là parce que j'y ai été amené par votre servante ; je vous ai interpellé deux ou trois fois, mais vous étiez absorbé trop profondément dans la lecture de votre registre pour m'entendre, et j'ai été obligé d'attendre en silence que vous fussiez moins occupé. Quant à ce que je veux, je vais vous le dire, maintenant que vous êtes assez remis pour m'écouter et me comprendre. »

Arthur Gride s'étant risqué à regarder avec plus d'attention l'inconnu, et voyant que c'était un jeune homme de bonne mine et de figure honnête, revint prendre son siége en marmottant pour excuse qu'on n'était entouré que de mauvais sujets; qu'il avait déjà eu à défendre sa maison contre des entreprises de ce genre, et que c'était là ce qui l'avait rendu plus circonspect et plus craintif; il fit à son visiteur la politesse de le prier de s'asseoir; politesse que l'autre n'accepta pas.

Ce refus donna à penser à Gride qui fit un geste d'inquiétude. « Mon Dieu! dit Nicolas, car c'était lui, rassurez-vous; si je reste debout, ce n'est pas pour me ménager les moyens de vous attaquer avec plus d'avantage; écoutez-moi : vous vous mariez demain matin?

— N....on, répondit Grido; qui est-ce qui vous a dit que je me mariais? d'où savez-vous cela?

— N'importe d'où, répliqua Nicolas, je le sais. La demoiselle dont vous allez recevoir la main vous hait et vous méprise. Son sang se fige rien qu'en entendant prononcer votre nom. Le vautour et l'agneau, le rat et la colombe feraient des couples mieux assortis que le vôtre : vous voyez si je vous connais. »

Grido le regarda comme pétrifié d'étonnement, mais sans dire un mot; il ne s'en sentait pas la force.

« C'est un complot, poursuivit Nicolas, que vous avez ourdi avec un autre, Ralph Nickleby, pour ne pas le nommer. Vous le payez pour la peine qu'il se donne à obtenir la vente qu'on vous fait de Madeleine Bray. Ne le niez pas; je vois d'ici un mensonge qui tremble sur vos lèvres. »

Il s'arrêta, mais voyant qu'Arthur ne faisait pas de réponse, il continua :

« Au reste, vous ne vous oubliez pas non plus; vous la dépouillez à votre profit. Comment cela, par quel moyen? je ne veux pas souiller l'honnêteté de ma cause en vous trompant par une fausseté, je n'en sais rien. Je n'en sais rien quant à présent; mais je ne suis pas le seul qui m'intéresse à cette affaire. Si l'énergie suffit pour espérer de découvrir un jour votre fraude et votre perfidie avant votre mort; si la richesse, la vengeance, un ressentiment légitime peuvent donner la force de suivre à la trace vos démarches tortueuses et de vous poursuivre jusqu'au bout, vous aurez un terrible compte à nous rendre. Nous sommes déjà sur la piste; vous qui savez ce que nous ne savons pas encore, vous pouvez juger seul si nous en avons encore pour longtemps avant de vous tenir. »

Il s'arrêta encore une fois, et Arthur Gride continua de l'observer en silence, d'un œil étincelant.

« Si vous étiez un homme dont on pût avoir l'espérance d'invoquer avec succès la compassion ou l'humanité, dit Nicolas, je vous rappellerais l'abandon où vit cette demoiselle sans appui, son innocence, sa jeunesse, son mérite, sa beauté, sa piété filiale si exemplaire, et je finirais par en appeler plus directement, comme elle l'a fait elle-même, à votre pitié, à votre humanité; mais non, je veux vous prendre par où l'on peut seulement prendre les hommes comme vous, et je vous demande quelle est la somme que vous voulez pour vous indemniser. Rappelez-vous le danger auquel vous vous trouvez exposé; vous voyez que j'en sais assez pour pouvoir en savoir bientôt davantage. Débattez en vous-même le gain auquel vous pouvez prétendre et le risque que vous courez sans cela, et dites-moi votre prix. »

Le vieil Arthur Gride remua les lèvres; mais elles ne firent qu'ébaucher au coin de sa bouche un sourire qui le rendit encore plus laid, et reprirent leur immobilité sans avoir prononcé une parole.

« Si vous croyez, dit Nicolas, qu'on ne vous payerait pas, sachez que miss Bray a des amis opulents qui prodigueront volontiers leur or et leur sang, s'il le faut, pour la sauver dans sa détresse. Dites-moi seulement votre prix ; différez vos noces de quelques jours, et vous verrez s'ils refusent de vous payer. Vous m'entendez? »

Lorsque Nicolas avait commencé de parler, l'impression d'Arthur Gride avait été que Ralph Nickleby l'avait trahi; mais à mesure qu'il l'écouta, il se convainquit davantage que, de quelque manière qu'il eût réussi à pénétrer ce secret, ce jeune homme agissait franchement pour lui-même, sans avoir rien à démêler avec Ralph. Il n'y avait qu'une chose qu'il parût savoir avec certitude, c'est que lui, Gride, payait à Ralph la dette de Bray; mais c'était une circonstance qui n'avait rien d'extraordinaire pour personne, quand on connaissait l'état misérable du débiteur, et Ralph lui-même n'en avait pas fait mystère. Quant à la fraude dont Madeleine devait être la victime, l'inconnu en savait si peu la nature et l'étendue, qu'on devait croire que c'était plutôt chez lui un soupçon en l'air ou une inspiration heureuse du hasard; en tout cas, il n'avait évidemment pas la clef de l'énigme et n'était pas en état de lui nuire, tant qu'il saurait la garder précieusement cachée dans son sein. L'allusion à des amis puissants, l'offre d'une somme d'argent, n'avait aucune consistance aux yeux de Gride, qui ne voyait là dedans que des moyens dilatoires; « et d'ailleurs, se disait-il en jetant un coup d'œil sur Nicolas dont la hardiesse et l'audace le faisaient trembler de colère, quand vous m'offririez de l'argent gros comme vous, monsieur le freluquet, cela ne m'empêcherait pas de prendre cette jolie poulette pour femme, et de vous passer la plume sous le nez, petit blanc-bec. »

La longue habitude qu'avait Gride de peser le pour et le contre de tout ce que lui disaient ses clients, de balancer dans son esprit les chances contraires, de lire sur leur figure pour aider à ses calculs, sans avoir l'air le moins du monde d'y faire attention, lui avait donné la faculté de se décider promptement et de tirer des déductions très-habiles des prémisses les plus embarrassantes, les plus embrouillées, souvent même les plus contradictoires ; aussi, pendant que Nicolas continuait de lui parler, il l'avait suivi pas à pas dans tous ses arguments et ses suppositions, et se trouva à la fin aussi bien préparé que s'il avait réfléchi là-dessus depuis quinze jours.

« Si je vous entends ! cria-t-il en se levant brusquement de son siége, ouvrant les volets de la fenêtre et enlevant le store ; vous allez voir : Au secours ! au secours !

— Que faites-vous ? dit Nicolas en le saisissant par le bras.

— Ce que je fais ? je vais crier au voleur, au meurtre, à l'assassin ; je vais jeter l'alarme dans tout le voisinage ; me colleter avec vous, me barbouiller d'un peu de sang, et prêter serment devant le juge que vous êtes venu pour me voler, si vous ne sortez à l'instant même.... Voilà ! répliqua Gride, retirant la tête de la fenêtre avec une grimace horrible à voir ; voilà ce que je vais faire.

— Misérable ! cria Nicolas.

— Ah ! vous viendrez ici me menacer, dit Gride que sa jalousie contre Nicolas et l'assurance de son triomphe avaient changé en un véritable démon ; vous, l'amant supplanté et désappointé ! hi ! hi ! hi !... Mais c'est égal, vous ne l'aurez pas, pas plus qu'elle ne vous aura. Elle est ma femme, mon amour de petite femme. Ne croyez-vous pas qu'elle va vous regretter ? ne croyez-vous pas qu'elle va pleurer ? Au fait, j'aimerais assez à la voir pleurer.... Je m'en moque pas mal. Elle n'en doit être que plus jolie à voir pleurer !

— Monstre abominable ! dit Nicolas étouffant de colère.

— Encore une minute, cria Arthur Gride, et je vais mettre sur pied toute la rue en poussant de tels cris, qu'ils seraient capables de m'éveiller moi-même dans les bras de la charmante Madeleine.

— Lâche gredin ! dit Nicolas ; si vous étiez seulement un peu plus jeune....

— Pour cela, c'est vrai, dit Arthur Gride en ricanant ; si j'étais seulement un peu plus jeune, ce serait moins humiliant pour vous ; mais dire que je suis laid et vieux, et que c'est à moi que la petite Madeleine vous sacrifie !

— Écoutez, dit Nicolas, et rendez grâces à Dieu de ce que j'ai assez d'empire sur moi-même pour ne pas vous jeter par la fenêtre, ce que vous ne pourriez pas éviter si je vous empoignais une bonne fois. Vous vous trompez ; je ne suis point l'amant de cette demoiselle. Jamais il n'y a eu entre nous ni engagements ni conventions, ni même un mot d'amour ; elle ne sait seulement pas mon nom.

— Eh bien, je lui demanderai tout cela.... je le lui demanderai en lui appliquant de tendres baisers, dit Arthur Gride ; et alors elle me le dira ; elle me les rendra à son tour, et nous rirons à gorge déployée, et nous nous embrasserons, et nous ferons un tas de folies en pensant au pauvre jeune homme qui aurait bien voulu l'avoir, mais qui n'a pas pu, parce que c'est à moi qu'elle était promise. »

En entendant ces provocations insultantes, la figure de Nicolas prit une expression qui fit craindre à Arthur Gride de lui voir mettre à exécution sa menace de le flanquer par la fenêtre ; car il avança la tête dans la rue en se cramponnant après la croisée avec ses deux mains, et jeta les hauts cris ; mais Nicolas, ne jugeant pas nécessaire de se trouver mêlé à la bagarre, lui lança en partant un défi méprisant, et sortit de la chambre, puis après de la maison, d'un pas ferme et assuré. Arthur Gride le vit traverser la rue, et aussitôt, retirant la tête, barricada la fenêtre en dedans, et alla s'asseoir pour respirer un peu.

« Si jamais elle s'avise de devenir maussade ou grognon, voilà de quoi la remettre à sa place, dit-il quand il se sentit mieux. Elle sera bien étonnée de voir que je connais ce godelureau, et si je m'y prends bien, j'aurai là un bon moyen de lui rabattre le caquet et de la faire marcher droit. Je ne suis pas fâché, après tout, qu'il ne soit venu personne au secours ; j'ai bien fait de ne pas crier trop haut. Comprend-on cette audace, d'entrer dans ma maison, de pénétrer jusqu'à moi !... Mais bah ! je vais joliment triompher demain pendant qu'il se rongera les ongles ; à moins qu'il n'aille se jeter à l'eau ou se couper la gorge : pourquoi pas ? Ma foi, il ne manquerait plus que cela ; mon bonheur serait complet. »

Quand il fut rentré dans son assiette en réfléchissant ainsi à son prochain triomphe, Arthur Gride mit de côté son registre, ferma le coffre avec une grande précaution, descendit à la cuisine pour avertir Peg Sliderskew d'aller se coucher, et la gronda d'avoir laissé entrer ainsi un étranger.

Mais il trouva l'innocente Marguerite incapable de comprendre le tort qu'elle pouvait avoir eu d'introduire un visiteur, et lui fit prendre la chandelle pour l'éclairer, pendant qu'il allait faire son tour accoutumé dans la maison, vérifier si tout était bien fermé, et tourner de ses propres mains la clef de la porte d'entrée.

Tout en mettant les verrous, il disait entre ses dents : « Le verrou est mis en haut, le verrou est mis en bas.... la chaîne.... la barre.... le double tour, et j'emporte la clef pour la mettre sous mon oreiller. A présent, s'il vient quelque amoureux éconduit, il faudra donc qu'il passe par le trou de la serrure. Maintenant, allons nous coucher jusqu'à cinq heures et demie; car c'est l'heure à laquelle il faut que je me lève pour aller me marier, Marguerite. » Là-dessus, il donna une petite tape d'amitié à Mme Sliderskew sous le menton. Il sembla même un moment disposé à célébrer les funérailles de son célibat en imprimant un baiser sur les lèvres ratatinées de la vieille, mais il se ravisa, se contenta de lui donner encore une petite tape sur la joue au lieu de cette autre familiarité moins innocente, et, se dérobant au danger, prit modestement le chemin de sa chambre à coucher.

CHAPITRE XXII.

Projets manqués.

Il n'y a pas beaucoup de gens qui restent au lit trop tard, endormis plus longtemps qu'il ne faut, le jour de leur noce. On cite une légende de je ne sais quel personnage très-renommé pour son esprit distrait, qui, en ouvrant les yeux le matin du jour où il allait épouser une jeune femme, et ne s'en souvenant plus du tout, tança ses domestiques pour lui avoir préparé sur sa chaise les beaux habits destinés à le parer ce jour-là. Mais il est vrai qu'on cite aussi la légende d'un jeune gentleman qui, sans respect pour les canons de l'Église, dirigés justement contre de pareils méfaits, conçut une passion violente pour sa grand'mère. Voilà deux cas d'un genre bien différent, mais aussi extraordinaires l'un que l'autre, et je doute que les générations futures soient disposées à suivre volontiers ni l'un ni l'autre exemple.

Arthur Gride était déjà embelli, depuis une heure au moins, de son habillement de noce vert-bouteille, avant que Mme Sliderskew, sortie des bras de Morphée, vînt frapper à la porte de sa chambre; et il avait déjà descendu les escaliers en grande toilette; il s'était déjà léché les lèvres d'une petite goutte de son cordial favori, avant que cette dame, ou plutôt, que cet échantillon délicat des temps rétrospectifs eût orné la cuisine de sa présence.

« Voyez-vous ça! disait Marguerite grommelant, tout en s'acquittant de ses fonctions domestiques, au milieu du petit tas de cendres qu'elle venait d'enlever de la grille rouillée de la cheminée.

Voyez-vous ça, des noces à monsieur ! de belles noces, ma foi ! Il lui faut quelque chose de mieux que sa vieille Marguerite pour prendre soin de lui, à ce qu'il paraît, et cela après m'avoir dit mainte et mainte fois, pour me faire prendre en patience la maigre chère, les piètres gages et le feu mesquin qu'il me donnait à la maison : « Mon testament, Marguerite, mon testament ! Je suis célibataire,... pas d'amis,... pas de parents, Marguerite. » Que de mensonges ! Aujourd'hui, le voilà qui va m'amener une nouvelle maîtresse, un petit brin de fille qui sort de nourrice. S'il lui fallait une femme à ce vieux fou, pourquoi n'en prendre pas une d'un âge mieux assorti avec le sien, et qui connaisse ses habitudes ? Une femme comme moi n'était-elle pas mieux son fait ? Mais, non ; monsieur veut mieux que cela ; oh bien ! vous aurez un plat de mon métier, mon bel ami. »

Pendant que Mme Sliderskew, dominée par un sentiment de désappointement qui renversait tous ses rêves, et sensible peut-être au peu d'estime que son maître paraissait faire de sa personne en lui préférant une étrangère, ne se gênait pas pour exprimer ainsi ses plaintes à demi-voix au bas de l'escalier, Arthur Gride était dans le parloir à réfléchir sur le petit événement de la veille au soir.

« Je ne peux pas m'imaginer, disait-il, où il a pu prendre ce qu'il sait, à moins que je n'aie eu l'indiscrétion d'en laisser entrevoir quelque chose.... à Bray, par exemple, et qu'on ne m'ait entendu. C'est possible ; je n'en serais pas étonné. M. Nickleby me grondait souvent de lui parler avant d'avoir passé le pas de la porte.... Je me garderais bien d'aller lui conter ça, car il m'en dirait de belles ! J'en serais abasourdi toute la journée ! »

En général, Ralph était regardé et considéré, dans sa société, comme un génie supérieur ; mais Arthur Gride, en particulier, s'était fait, de son caractère morne et inflexible, ainsi que de son habileté consommée, une si haute idée, qu'il avait peur de lui. Naturellement lâche et servile au fond de l'âme, il se mettait à plat ventre devant Ralph Nickleby, et même, quand ils n'avaient pas, comme aujourd'hui, des intérêts communs, il lui aurait plutôt léché les pieds, et se serait couché volontiers dans la poussière devant ses pas, plutôt que de lui rendre coup pour coup, ou de répondre à ses sarcasmes autrement que par la bassesse d'un esclave vil et rampant.

C'est chez lui qu'Arthur Gride se rendit à l'instant, selon leurs conventions, et lui raconta comment, la veille au soir, il lui était venu un jeune fanfaron qu'il n'avait jamais vu, qui s'était permis d'entrer jusque dans sa maison, et qui avait essayé de le faire renoncer, par ses menaces, aux noces projetées. Enfin, il lui fit, en raccourci, le récit de tout ce qu'avait dit et fait Nicolas. Il se tut seulement, comme il se l'était promis, sur la crainte qu'il avait d'avoir laissé échapper son secret.

« Eh bien! après? dit Ralph.

— Oh! voilà tout, répliqua Gride.

— Il a essayé de vous effrayer, dit Ralph, et vous, je suppose que vous vous êtes laissé effrayer, n'est-ce pas?

— C'est bien moi, au contraire, qui l'ai effrayé en criant au voleur, à l'assassin, répliqua Gride. Il y a même eu un instant où j'y allais bon jeu, bon argent, voyez-vous; j'avais bien envie de le faire arrêter sur ma parole, comme un homme qui était venu me demander la bourse ou la vie.

— Comment donc? dit Ralph en le regardant de travers; vous êtes jaloux par-dessus le marché?

— Là! le voilà-t-il pas? cria Arthur en se frottant les mains et en affectant de rire.

— Pourquoi toutes ces grimaces, mon cher? lui dit Ralph. Certainement que vous êtes jaloux, et, franchement, vous n'avez pas tort.

— Non, non, non.... J'aurais tort, avouez-le, et ne pensez pas que je n'aurais pas tort, cria Arthur d'une voix émue; n'est-ce pas? Voyons! parlez franchement.

— Dame! réfléchissons un peu, répondit Ralph. Voici un vieillard qui va forcer une jeune fille à l'épouser; survient à ce vieillard un jeune et beau garçon;... Vous m'avez dit que c'était un beau garçon, n'est-ce pas?

— Non! répliqua Arthur Gride en grondant.

— Oh! reprit Ralph, je croyais que si. Eh bien! beau ou pas, il survient à ce vieillard un jeune gaillard qui le provoque de la manière la plus insultante, et lui déclare que sa maîtresse n'a pour lui que de la haine. Pourquoi vous imaginez-vous qu'il fait tout cela? Serait-ce par pur amour de la philosophie?

— Ce n'est toujours pas par amour pour la demoiselle, répliqua Gride; car il a dit lui-même qu'il n'y avait pas eu entre eux une seule parole d'amour.

— Ah! il a dit cela! répéta Ralph avec un air de mépris. Eh bien! il y a une chose qui me plaît dans ce garçon-là, c'est la candeur avec laquelle il vient vous donner le conseil de bien tenir votre.... comment appelez-vous ça? votre mignonne, ou votre poulette, n'importe, soigneusement sous clef. Garde à vous, Gride, garde à vous! Certainement c'est une conquête glorieuse d'enlever cette Hélène à un jeune galant qui vous la disputait : c'est très-glorieux pour un vieillard. Il ne s'agit plus après cela que de ne pas la perdre, quand une fois vous l'aurez ; voilà tout.

— Quel homme ! » cria Arthur Gride affectant, au milieu de ses angoisses réelles, de trouver toutes ces plaisanteries extrêmement divertissantes. Puis il ajouta d'un ton inquiet : « C'est cela, il ne faut pas la perdre, voilà tout. Et ce n'est pas bien difficile, n'est-ce pas ?

— Pas bien difficile ! repartit Ralph en ricanant ; comment donc ? mais il n'y a personne qui ne sache combien c'est chose facile de garder et de surveiller une femme. Mais, allons ! il est bientôt temps de célébrer votre bonheur. Voulez-vous me payer le billet ? je suppose que vous serez bien aise de vous épargner ainsi la peine de vous en occuper plus tard.

— Ah ! quel homme ! recommença Arthur avec un nouveau croassement.

— Pourquoi pas ? dit Ralph. Je suppose que personne ne vous en payera l'intérêt d'ici à midi. Qu'en pensez-vous ?

— Mais, reprit l'autre en regardant Ralph avec toute la finesse que pouvait exprimer sa physionomie sournoise, je suppose que vous êtes dans le même cas.

— Allons! dites plutôt tout de suite, reprit Ralph en frisant sa lèvre avec un sourire moqueur, que vous n'avez pas l'argent sur vous; que vous ne vous attendiez pas à cette proposition, sans quoi vous n'auriez pas manqué de l'apporter pour satisfaire l'homme du monde que vous êtes le plus disposé à contenter. Je connais tout cela. Nous avons l'un pour l'autre exactement le même degré de confiance. Êtes-vous prêt à partir ? »

Gride qui, pendant cette dernière tirade, n'avait fait que témoigner par des grimaces, des signes de tête et des exclamations marmottées entre ses dents, son admiration pour la perspicacité du maître fourbe, répondit qu'il était prêt, et sortit en même temps de son chapeau une paire de grands nœuds de faveur blanche, attacha l'un sur son cœur avec une épingle, et eut toutes les peines du monde à obtenir que son ami prît l'autre pour en faire autant. Puis, dans ce bel accoutrement, ils montèrent dans le fiacre que Ralph avait fait attendre à la porte, et se firent mener à la résidence de la belle et triste fiancée.

Gride, en approchant de la maison, sentait faillir son courage, mais son esprit abattu fut plus que jamais, en entrant, saisi de crainte et de frayeur, en n'y trouvant partout qu'un silence lugubre. Le seul visage qu'ils aperçurent d'abord, celui de la pauvre servante, était défiguré par les larmes et l'insomnie. Personne pour venir les recevoir et saluer leur bienvenue : ils se glissèrent furtivement le long de l'escalier jusqu'au salon d'attente, comme deux filous plutôt que comme un prétendu escorté de son garçon d'honneur.

« Ma foi ! dit Ralph parlant malgré lui à voix basse et d'un ton presque ému, on se croirait plutôt ici à un enterrement qu'à une noce.

— Hé ! hé ! répondit l'autre d'un rire forcé. Êtes-vous... amusant !

— Ce n'est pas sans besoin, répondit Ralph sèchement ; car la chose par elle-même n'a rien de récréatif. Quelle entrée triste et glaciale ! Allons ! gai, gai, monsieur l'amoureux, n'ayez donc pas l'air d'un chien noyé.

— Laissez faire, laissez faire, dit Gride, vous allez voir. Mais.... mais.... est-ce que vous croyez qu'elle ne va pas venir tout de suite nous recevoir ? hein ?

— Ouais, je suppose qu'elle ne viendra qu'à la dernière extrémité, répliqua Ralph en regardant à sa montre ; et il lui reste encore une bonne demi-heure à nous faire croquer le marmot. Tâchez, d'ici là, de modérer votre ardeur impatiente.

— Je.... je.... ne suis pas impatient, balbutia Arthur ; je ne voudrais pas la brusquer pour tout au monde. Ah ! mon Dieu ! j'en serais bien fâché. Qu'elle prenne son temps.... à son aise. Son temps sera toujours le nôtre. »

Pendant que Ralph appuyait sur son compagnon tremblotant un regard perçant qui lui faisait comprendre qu'il connaissait aussi bien que lui-même la véritable raison de cette grande condescendance et de cette patience magnanime, on entendit des pas dans l'escalier. C'était Bray lui-même qui venait sur la pointe du pied, levant la main avec un geste de mystère, comme s'il y avait là quelque malade dont l'état demandait à n'être point troublé par le bruit de leurs voix.

« Chut ! dit-il tout bas ; elle a été très-mal à son aise la nuit dernière. J'ai vu le moment où son cœur allait se briser. En ce moment elle s'habille et pleure amèrement dans sa chambre ; mais elle est mieux ; la voilà calmée.... nous ne pouvons lui demander davantage.

— Elle est prête, n'est-ce pas ? dit Ralph.

— Oui, toute prête.

— Et il n'y a pas à craindre qu'elle nous retarde par des faiblesses de petite fille, des pâmoisons ou n'importe quoi ? dit Ralph.

— Non, on peut être tranquille à présent, répondit Bray. Je l'ai raisonnée ce matin. Tenez, venez un peu par ici. »

Il emmena Ralph Nickleby au bout de la chambre, en lui montrant Gride accroupi dans un coin, s'en prenant dans son agitation nerveuse aux boutons de son habit, et montrant dans la bassesse naturelle de ses traits une expression d'anxiété caduque dont les crispations ajoutaient une nouvelle horreur à sa décrépitude

« Regardez-moi cet homme, dit Bray à voix basse avec un sentiment de dégoût, et dites-moi si ce n'est pas pourtant une chose bien cruelle !

— Qu'est-ce que vous voyez là de si cruel ? lui demanda Ralph d'un air aussi innocent que s'il ne comprenait rien du tout à l'observation de l'autre.

— Ce mariage, répondit Bray ; pouvez-vous me faire une pareille question ? Ne le savez-vous pas aussi bien que moi ? »

Ralph haussa les épaules, sans faire d'autre réponse à la faiblesse de Bray, releva ses sourcils, et retroussa ses lèvres, comme un homme qui aurait bien des choses à dire là-dessus, mais qui les réserve pour une meilleure occasion, ou qui ne juge pas que l'objection qu'on lui fait mérite l'honneur d'une réponse.

« Regardez-le, je vous dis, répéta Bray, n'est-ce pas bien cruel ?

— Non, répliqua Ralph sans sourciller.

— Eh bien ! moi, je vous dis que si, reprit Bray de plus en plus excité. C'est une chose cruelle, lâche et vile. »

Quand les gens sont sur le point de commettre ou d'autoriser une injustice, il n'est pas rare de les voir alors exprimer quelque pitié pour la victime ; ils croient en cela jouer un rôle de vertu et d'honnêteté qui les relève beaucoup à leurs yeux au-dessus de leurs complices insensibles. C'est une espèce de protestation morale des principes contre les œuvres qui semble les mettre en paix avec leur conscience. Il faut rendre à Ralph cette justice, que ce genre de dissimulation hypocrite n'était pas dans ses habitudes. Mais il savait entrer dans l'esprit de ceux qui la pratiquaient, et il laissa Bray dire et redire à son aise, avec la plus grande véhémence, qu'ils avaient là complété une chose des plus cruelles, sans lui faire un mot d'objection.

Puis, quand il lui eut laissé jeter son feu : « Est-ce que vous ne voyez pas, lui dit-il, que cet homme-là n'a plus que le souffle ; est-ce que vous ne voyez pas sa peau ratatinée, sèche et flétrie ? S'il était moins vieux, je ne dis pas, ce serait peut-être cruel, mais dans l'état où il est! Écoutez, monsieur Bray, il ne peut tarder à mourir et à faire de sa femme une veuve jeune et riche; que Mlle Madeleine consulte aujourd'hui votre goût, demain ce sera le sien qu'elle consultera à son tour dans le choix d'un mari.

— C'est vrai, c'est vrai, dit Bray en se rongeant les ongles, et visiblement mal à son aise. Je ne pouvais rien faire de mieux pour elle que de lui donner le conseil d'accepter ces propositions, n'est-il pas vrai? Je vous le demande, Nickleby, vous qui connaissez le monde, n'est-ce pas que je ne pouvais rien faire de mieux?

— Assurément, répliqua Ralph. Et d'ailleurs, monsieur, ne savons-nous pas bien qu'il y a cent pères à deux lieues à la ronde, je dis des plus huppés, des gens bien placés, riches, solides, qui seraient charmés de donner leurs filles, et encore du retour par-dessus le marché, à cet homme que vous voyez là-bas avec sa mine de babouin ou de momie.

— Je le crois bien qu'il y en a! s'écria Bray saisissant avec avidité une occasion de se justifier à lui-même sa résolution dénaturée. C'est ce que je n'ai cessé de lui répéter hier au soir et ce matin.

— Et vous lui avez dit la vérité, et vous aviez raison. Cependant, si vous voulez que je vous parle franchement, moi, si j'avais une fille, et que ma liberté, mon plaisir, bien mieux, ma santé même et ma vie dépendissent de son mariage à ma guise, j'espère bien que je n'aurais pas besoin de lui pousser des arguments pour la faire consentir à mes désirs. »

Bray regarda Ralph comme pour voir s'il parlait sérieusement, et faisant de la tête un signe ou deux d'assentiment aux paroles qu'il venait d'entendre.

« Il faut, dit-il, que je monte quelques minutes pour finir ma toilette. Quand je redescendrai, je vous amènerai Madeleine. À propos, savez-vous que j'ai eu un drôle de rêve cette nuit; voilà que je me le rappelle à présent, pour la première fois. Figurez-vous que je croyais être déjà à ce matin; nous venions, vous et moi, de causer ensemble, comme nous faisons en ce moment même. Je montai l'escalier, justement pour le motif qui fait que je vous quitte. Je tendis ma main à Madeleine pour prendre la sienne et l'emmener, mais voilà que le plancher manque sous mes pas, je tombe d'une hauteur incommensurable, une de ces hauteurs fabuleuses qu'on ne rencontre que dans les songes, et je me trouve au bout du compte, où cela? dans un tombeau!

— Bon! et puis après cela vous vous éveillez, et vous vous

retrouvez, cette fois, étendu sur le dos, la tête pendante hors du lit, ou l'estomac fatigué par une mauvaise digestion, dit Ralph. Baste! M. Bray, faites comme moi (maintenant surtout que vous allez voir s'ouvrir devant vous une nouvelle carrière de plaisir et de jouissances sans fin), occupez-vous un peu plus pendant le jour que vous ne pouvez faire ici, et je vous réponds que vous n'aurez pas du temps de reste pour vous rappeler vos songes de la nuit. »

Ralph le suivit d'un regard assuré jusqu'à la porte, puis retournant vers le fiancé :

« Gride, lui dit-il quand ils furent seuls, écoutez-moi bien. Je vous garantis que voilà un homme à qui vous n'avez pas longtemps à payer pension. C'est toujours comme ça dans vos marchés, il faut que vous soyez né coiffé. S'il n'est pas déjà inscrit pour faire le grand voyage avant quelques mois, j'y perds mon latin. »

Arthur répondit par un gloussement de joie folâtre à cette prophétie, qui flattait si agréablement ses oreilles.

Ralph se jeta sur une chaise, et ils restèrent à attendre tous les deux dans un profond silence. Ralph en lui-même pensait, en riant du bout des lèvres, au singulier changement qu'il avait vu chez Bray, et à la facilité avec laquelle leur complicité avait abattu son orgueil et établi entre eux une familiarité inattendue, quand son oreille attentive crut entendre le frôlement d'une robe de femme dans l'escalier, et le pas d'un homme en même temps.

« Alerte! dit-il en frappant du pied sur le parquet d'un air impatienté, réveillez-vous donc, Gride, et n'ayez pas l'air d'un homme empaillé. Les voici. Voyons! un effort sur vos vieux os. Traînez-vous, si vous pouvez, par ici au-devant d'eux. Vite, vite! »

Gride fit donc un effort, se leva lourdement, et se tint tout contre Ralph, faisant des grâces et des révérences pour saluer l'épousée, quand la porte s'ouvrit et donna passage à .... non, ce n'était ni Bray ni sa fille, c'était Nicolas et Catherine sa sœur.

Si quelque apparition épouvantable évoquée du monde infernal s'était soudainement présentée devant lui, Ralph n'aurait pas été plus saisi qu'il ne le fut alors; on l'aurait dit frappé de la foudre. Ses bras retombèrent sans vie à ses côtés; il chancela en reculant d'un pas; la bouche ouverte, la figure pâle comme un mort, il resta à les considérer dans une rage muette. Il avait les yeux hors de la tête, et les convulsions de la colère, qui défiguraient ses traits, empêchaient de reconnaître en lui cet homme impassible, maître de ses sentiments, cet homme de pierre ou de fer qui, une minute avant, paraissait insensible à toute émotion.

« Voilà l'homme qui est venu chez moi hier soir, lui dit tout bas Grido en le poussant du coude.... L'homme qui est venu chez moi hier soir!

— Je vois bien, murmura l'autre. Je le savais, ce n'était pas si difficile à deviner. Je l'ai toujours dans mon chemin. Que je me tourne de çà ou de là, que j'aille ou vienne, toujours, toujours lui »

Quant à Nicolas, sa figure pâle, ses narines gonflées, ses lèvres tremblantes, quoique fermement pressées l'une contre l'autre, montraient assez la lutte intérieure qui se livrait dans son âme. Mais il réprimait son émotion, et, serrant doucement le bras de Catherine pour la rassurer, il se tenait droit et ferme, face à face avec son indigne parent.

Debout, côte à côte, le frère et la sœur, dans une attitude noble et gracieuse qui faisait valoir leur taille élégante, avaient ensemble un air de ressemblance qui aurait frappé les yeux de tout le monde, quand ils n'auraient pas été rapprochés comme en ce moment. La physionomie, le port, jusqu'au regard et à l'expression du frère, se réfléchissaient dans la sœur comme dans un miroir, mais adouci et comme raffiné, pour ne point faire tort à l'attrait élégant de ses formes délicates et de sa grâce féminine. On était encore plus saisi de retrouver dans le visage de Ralph une ressemblance indéfinissable avec ce couple fraternel. Et cependant, si les autres n'avaient jamais été plus beaux qu'en ce moment, lui il n'avait jamais été plus laid. Pendant que le frère et la sœur n'avaient jamais eu une mine plus fière, lui il n'avait jamais eu une mine plus basse. Singulier rapprochement! C'est à l'instant que ses traits empruntaient à ses pensées haineuses leur expression dure et grossière, que cette ressemblance naturelle, en dépit du contraste, se montrait plus sensible.

« Sortez! fut le premier mot qu'il put prononcer en grinçant des dents. Sortez! Qu'est-ce que vous venez faire ici, menteur, coquin, lâche, voleur?

— Je viens ici, dit Nicolas d'une voix sourde, pour sauver votre victime, si je peux. S'il y a un menteur et un coquin, c'est vous, vous n'êtes pas autre chose à toutes les heures de votre vie. Quant au vol, c'est votre état. Et pour la lâcheté, si vous n'étiez pas le plus lâche des hommes, vous ne seriez pas ici maintenant. Il n'est pas en votre pouvoir de m'effrayer avec de gros mots : je vous mets à pis faire. Je suis ici, comme vous voyez, et j'y resterai jusqu'à ce que j'aie accompli ma mission.

— Vous, petite fille, dit Ralph, retirez-vous. Avec lui nous ne craindrons pas d'employer la force, mais il m'en coûterait de vous faire de la peine, si nous pouvons faire autrement. Ainsi retirez-vous, petite sotte, et laissez là ce drôle pour que nous le traitions comme il mérite.

— Non, je ne me retirerai pas, s'écria Catherine, dont les yeux lançaient des éclairs, et dont la joue s'était enflammée d'une honnête rougeur. Essayez donc de lui faire violence, et vous allez voir comme vous en serez les bons marchands. Ah ! avec moi, à la bonne heure, vous emploieriez la force, je ne suis qu'une fille, vous n'y regardez pas de si près. Mais si je n'ai que la force d'une faible fille, j'ai le cœur d'une femme, et ce n'est pas vous qui viendrez le faire changer de résolution.

— Et quelle est, s'il vous plaît, cette résolution, ma belle dame? dit Ralph.

— C'est d'offrir dans ce moment suprême, répliqua Nicolas, à l'objet infortuné de votre odieux complot un refuge et un abri. Si la vue du mari que vous n'avez pas honte de lui proposer ne suffit pas pour la décider, j'espère qu'elle ne résistera pas aux prières et aux supplications d'une femme comme elle. En tout cas, nous en essayerons. Moi-même, je vais faire connaître à son père de quelle part je viens et qui je représente, pour qu'il sache bien, s'il consomme ce sacrifice, toute l'horreur, toute la cruauté, toute la bassesse de sa conduite. C'est ici que je vais l'attendre avec sa fille. Voilà pourquoi vous nous voyez ma sœur et moi ; voilà ce que nous sommes venus faire. Et comme nous ne sommes pas venus pour vous voir ou vous parler, nous ne nous abaisserons pas jusqu'à vous dire un mot de plus.

— Voyez-vous ça ! dit Ralph. Et vous, madame, vous persistez à rester là, répondez? »

Le sein de sa nièce se souleva, gonflé par l'indignation qu'elle éprouvait de son apostrophe railleuse, mais elle ne répondit pas un mot.

« A présent, Gride, faites bien attention, dit Ralph, vous voyez bien ce garnement-là? je suis honteux de dire que c'est le fils de mon frère ; un réprouvé, un mauvais sujet, souillé de toutes les bassesses et de tous les crimes. Eh bien ! ce garçon-là vient ici aujourd'hui troubler une cérémonie solennelle. Il sait d'avance toutes les conséquences de l'audace qu'il y a à se présenter en un pareil moment dans une maison étrangère, à vouloir y rester de force, il n'y a donc plus qu'une chose à faire, c'est de le mettre à la porte à coups de pied dans le derrière, et à le traîner dans le ruisseau comme un vagabond qu'il est. Ce drôle-là, remarquez bien, n'amène ici sa sœur que pour lui servir de sauvegarde à lui-même ; il compte que nous n'aurons pas le cœur d'exposer au spectacle des outrages et des corrections qu'il mérite, et qui ne sont pas nouveaux pour lui, une jeune fille assez imbécile pour le protéger de sa présence. J'ai eu beau avertir la petite sotte de s'en aller, il la retient près de lui, comme vous voyez, et s'attache aux cordons de son tablier comme un moutard aux jupes de sa mère. Ne voilà-t-il pas un joli garçon pour faire le rodomont comme vous l'avez entendu tout à l'heure!

— Et comme je l'ai entendu hier soir, dit Arthur Gride ; comme je l'ai entendu hier soir, quand il s'est faufilé dans mon domicile et que, hé! hé! hé! et qu'il s'est faufilé lestement dehors, presque mort de frayeur! Et c'est là l'homme qui voudrait épouser Madeleine! N'y a-t-il pas autre chose qu'on pourrait faire, monsieur, pour vous être agréable, sans vous céder ma femme? Payer vos dettes, par exemple, ou bien vous mettre dans vos meubles, ou vous donner quelques billets de banque, pour vous servir de linges à barbe, quand vous aurez de la barbe? Hé! hé! hé!

— Une fois, deux fois, petite fille, dit Ralph se tournant encore vers Catherine ; persistez-vous à rester ici pour vous faire jeter à bas de l'escalier, comme une gourgandine? car je vous jure que c'est ce que je vais faire, si vous restez plus longtemps. Vous ne répondez pas? Eh bien! en ce cas, ne vous en prenez qu'à votre frère de ce que vous allez voir. Gride, appelez Bray, qu'il descende sans sa fille. Qu'on la garde là-haut. »

Nicolas alla se poster devant la porte, et de cette voix comprimée dont il avait déjà parlé tout à l'heure, sans trahir d'ailleurs plus d'émotion qu'auparavant :

« Si vous tenez à votre peau, dit-il, restez où vous êtes, monsieur.

— Ne l'écoutez pas, dit Ralph ; c'est moi seul que vous devez écouter : appelez Bray, Gride.

— N'écoutez ni l'un ni l'autre, si vous voulez, reprit Nicolas ; mais écoutez votre intérêt, et vous vous tiendrez tranquille.

— Voulez-vous appeler Bray? cria Ralph.

— Rappelez-vous, dit Nicolas, que si vous m'approchez, vous vous en repentirez. »

Gride hésitait. Pendant ce temps-là, Ralph, furieux comme un tigre qu'on irrite, fit un pas pour ouvrir la porte, et, pour écarter Catherine, lui saisit rudement le bras de sa main. Nicolas, l'œil étincelant, le saisit lui-même au collet. Au même instant, on entendit tomber à l'étage supérieur, avec une grande violence, un corps pesant, dont la chute fut suivie tout de suite d'un cri de terreur véritablement effrayant.

Ils s'arrêtèrent tous immobiles, se regardant les uns les autres. Un nouveau cri succéda au premier; puis un bruit de pieds qui s'agitent avec empressement; puis des voix perçantes qui s'écrient : « Il est mort! »

« Arrière, misérables! cria Nicolas à son tour, lâchant la bride au sentiment de colère qu'il avait contenu jusque-là. Si mon opinion ne me trompe pas, vous vous êtes pris dans vos propres filets. »

Il se précipite hors de la chambre, s'élance au haut de l'escalier, dans la direction du bruit qu'il avait entendu, perce à travers une foule de personnes qui encombraient une petite chambre à coucher, et trouve Bray roide mort sur le plancher. Sa fille était étendue sur son cadavre, qu'elle serrait de ses bras.

« Comment cela s'est-il fait? » cria-t-il en regardant autour de lui d'un œil égaré.

Plusieurs voix lui répondirent ensemble qu'on avait vu Bray, par la porte entr'ouverte, couché sur son fauteuil dans une position singulière et incommode; qu'on lui avait adressé la parole à plusieurs reprises, sans obtenir de réponse; qu'on l'avait supposé endormi, jusqu'à ce qu'enfin quelqu'un l'ayant secoué par le bras, il était tombé lourdement sur le plancher : on s'était alors aperçu qu'il était mort.

« Quel est le propriétaire de cette maison? » dit précipitamment Nicolas.

On lui montra du doigt une femme âgée.

« Madame, lui dit-il en mettant un genou en terre, pour détacher doucement les bras de Madeleine de la masse inerte et sans vie à laquelle ils se tenaient enlacés, je représente les meilleurs amis de mademoiselle : sa servante ici présente le sait bien ; il faut que je l'arrache à cette scène affreuse. Voici ma sœur, vous pouvez lui confier ce précieux dépôt. Vous verrez sur ma carte mon nom et mon adresse, et vous recevrez de moi toutes les instructions nécessaires pour les arrangements qu'il faudra faire. Voyons! écartez-vous tous; au nom du ciel! donnez-nous de l'air et de l'espace. »

Tout le monde se recula, non moins étonné de la vivacité et du ton impétueux du jeune homme que de l'événement inattendu qui troublait la maison. Nicolas, prenant dans ses bras la jeune fille, privée de sentiment, l'emporta de la chambre à l'étage inférieur, dans le salon qu'il venait de quitter, suivi de la fidèle servante, qu'il envoya chercher immédiatement une voiture, pendant que Catherine et lui, courbés sur leur belle pupille, essayaient en vain de la rappeler à elle. Grâce à la diligence de la servante, la voiture fut à la porte en quelques minutes.

Ralph Nickleby et Gride, pétrifiés et comme paralysés par l'horrible accident qui venait de renverser si soudainement tous leurs plans, le seul point par lequel ils y fussent sensibles, subjugués d'ailleurs par l'énergie et la précipitation extraordinaires de Nicolas, qui ne connaissait pas d'obstacle, regardaient passer cette fantasmagorie comme un songe. Ce ne fut que lorsque tout fut prêt pour entraîner à l'instant Madeleine, que Ralph rompit le silence en déclarant qu'il ne la laisserait pas emmener.

« Qu'est-ce qui a dit cela? cria Nicolas en se relevant des genoux de Madeleine pour le regarder en face, sans quitter la main de la jeune fille encore sans mouvement.

— Moi! répondit Ralph d'une voix enrouée.

— Chut! chut! cria Gride dans son effroi, en s'accrochant toujours à son bras; laissez-le parler.

— Oui, dit Nicolas étendant en l'air le bras qu'il avait de libre, laissez-moi parler; laissez-moi vous dire que vos créances à tous deux sont absorbées dans celle que vient d'exiger la nature, plus puissante que vous; que le billet payable à midi n'est plus qu'un chiffon de papier sans valeur; que vos intrigues frauduleuses vont apparaître au grand jour; que vos complots sont connus des hommes et condamnés de Dieu; que vous êtes des misérables et que je me ris de votre colère.

— Voilà un homme, dit Ralph d'une voix à peine intelligible, voilà un homme qui réclame sa femme, et il l'aura.

— Cet homme qui la réclame, réclame ce qui ne lui appartient pas; et il y aurait là cinquante hommes comme vous pour le soutenir, que je vous dis qu'il ne l'aura pas.

— Et qui l'en empêchera?

— Moi.

— Je voudrais bien un peu savoir de quel droit? dit Ralph, de quel droit, s'il vous plaît?

— De quel droit? le voici, pour que vous n'y reveniez plus : C'est que ceux dont je sers la cause, et près desquels vous avez voulu me desservir par de viles calomnies, sont ses meilleurs et ses plus chers amis; c'est en leur nom que je l'emmène : rangez-vous.

— Encore un mot! cria Ralph, la bouche écumante.

— Pas un mot, répliqua Nicolas; ou plutôt, écoutez bien le dernier que je vous adresse : Faites attention à vous, et rappelez-vous bien l'avertissement que je vous donne; le jour décline pour vous, la nuit commence....

— Malédiction! oui, ma plus mortelle malédiction sur vous, petit drôle!

— Et qui est-ce qui voudra se charger d'accomplir vos malédictions? Malédictions ou bénédictions d'un homme comme vous, que valent-elles? Je vous dis que la vérité se fait jour, que le malheur s'amoncelle sur votre tête, que tout l'édifice des plans odieux que vous avez élevé à grand'peine pendant toute votre vie s'écroule et tombe en poussière, que vous ne faites plus un pas qui ne soit surveillé, qu'aujourd'hui même deux cent cinquante mille francs de votre fortune mal acquise ont disparu dans une grande ruine.

— C'est faux! s'écria Ralph reculant d'horreur.

— C'est vrai, et vous allez bien le savoir. A présent, je n'ai plus de mots à perdre avec vous. Otez-vous de la porte; Catherine, sortez la première.... Surtout gardez-vous de porter la main sur elle, ou sur cette jeune fille, ou sur moi; gardez-vous d'effleurer seulement leur robe.... Passez, ma sœur, vous allez voir s'il va encore bloquer la porte. »

Arthur Gride, dans son trouble ou par malice, se trouva sur le passage; Nicolas l'écarta avec une telle violence, que l'autre se mit à pirouetter tout autour de la chambre, jusqu'à ce qu'il rencontrât un coin de la muraille qui l'étendit par terre tout de son long. Alors, prenant la jeune fille, il se précipita dehors, l'emportant dans ses bras victorieux. Personne ne témoigna l'envie de l'arrêter en route. Perçant au travers de la populace que le bruit de tous ces incidents avait amassée autour de la maison, et portant, dans son émotion, Madeleine aussi aisément qu'il eût fait d'un enfant, il arriva à la voiture où l'attendaient Catherine et la servante, leur confia la jeune fille, et sauta sur le siége près du cocher, qui toucha les chevaux et partit.

CHAPITRE XXIII.

Affaires de famille, soucis, espérances, désappointements et chagrins

Quoique Nicolas et sa sœur eussent mis Mme Nickleby au courant de tous les détails qu'ils pouvaient connaître de l'histoire de Madeleine Bray ; quoiqu'on lui eût bien expliqué la responsabilité particulière de son fils dans cette affaire, et qu'on l'eût même préparée d'avance à la possibilité qu'elle eût à recevoir chez elle cette jeune demoiselle, tout improbable que dût paraître la chose quelques minutes encore avant l'événement ; cependant, depuis le moment où elle avait reçu cette confidence, la veille au soir, elle était restée absorbée dans un état de déplaisir et de profonde mystification, contre lequel venaient échouer toutes les représentations et les raisonnements, et qui ne fit que s'aggraver de plus en plus à chaque monologue, à chaque réflexion nouvelle.

« Mais, au nom du ciel, Catherine, disait la bonne dame, si les MM. Cheeryble ne veulent pas qu'on marie cette fille, pourquoi ne font-ils pas passer un bill contre le lord chancelier ? pourquoi ne pas constituer à la demoiselle une protection juridique ? pourquoi ne pas l'enfermer provisoirement en prison pour plus de sûreté ?... J'en ai vu cent fois des exemples dans le journal.... Ou s'il est vrai qu'ils l'aiment autant que le dit Nicolas, pourquoi ne l'épousent-ils pas eux-mêmes.... l'un d'eux seulement, bien entendu ? Et même, en supposant que, tout en voulant empêcher ce mariage, ils ne veuillent pas l'épouser eux-mêmes, pourquoi, je vous prie, faire de Nicolas un chevalier errant occupé à courir le monde, pour faire rompre les bans des gens ?

— Je crains, chère maman, répondait doucement Catherine, que vous ne compreniez pas bien la situation.

— Bien ! ma fille, grand merci de votre politesse, répliquait Mme Nickleby ; il me semble pourtant que j'ai été mariée moi-même, et que j'en ai vu marier d'autres. Ah ! je ne comprends pas ! à la bonne heure !

— Je sais bien, chère maman, reprenait Catherine, que vous avez acquis une grande expérience, et ne la mets pas en doute ; je veux dire seulement que, peut-être dans cette affaire, vous ne comprenez pas parfaitement toutes les circonstances ; et c'est notre faute; nous ne vous les avons sans doute pas bien expliquées.

— Pour cela, vous avez bien raison, repartit la mère séchement; il est très-probable que vous m'avez mal renseignée; je n'en suis pas responsable, j'espère. Pourtant, comme ces circonstances dont vous parlez sont assez claires par elles-mêmes, je prendrai la liberté, ma mie, de vous dire que je les comprends à merveille, quelle que soit l'opinion contraire que vous puissiez en avoir, vous et Nicolas. Ne semble-t-il pas que tout soit perdu parce que cette demoiselle Madeleine va épouser quelqu'un de plus âgé qu'elle! Est-ce que votre pauvre papa n'était pas plus âgé que moi? et de quatre ans et demi encore! Jeanne Dibabs,... vous savez bien, les Dibabs qui demeuraient dans cette jolie petite maison blanche à un étage, recouverte de chaume et toute tapissée de lierre et de plantes grimpantes, avec un charmant petit portail garni de chèvrefeuille et de toute sorte de choses? Vous vous rappelez même que souvent les perce-oreilles tombaient dans votre thé, le soir pendant l'été, et, quand une fois ils étaient tombés sur le dos dans la tasse, ils remuaient les pattes à faire trembler? Vous rappelez-vous aussi comme les grenouilles venaient quelquefois se glisser jusque dans les lanternes en toile métallique, quand on y passait la nuit, et montaient tout du long pour vous regarder par les petits trous, comme des chrétiens?... Eh bien! donc, cette Jeanne Dibabs, elle a bien épousé un homme beaucoup plus âgé qu'elle, et de son plein gré, en dépit de tout ce qu'on a pu lui dire pour l'en détourner, et elle en était éprise plus qu'on ne peut dire. On n'a pas fait tant de bruit de Jeanne Dibabs, et cela n'a pas empêché que son mari ne fût un homme excellent, honorable, et dont personne ne disait que du bien. Pourquoi donc alors faire tant de bruit du mariage de cette Mlle Madeleine?

— Son mari est bien plus âgé, il n'est pas du tout de son goût, et le caractère de l'homme est exactement le contraire de celui que vous venez de décrire, disait Catherine; jugez, ma mère, s'il y a la moindre ressemblance. »

A cela, Mme Nickleby se contentait de répondre qu'elle savait bien qu'elle n'avait pas de bon sens; que ce serait bien sa faute si elle ne le savait pas; que ses enfants le lui répétaient assez tous les jours, sur tous les tons; qu'à la vérité, à raison de ce qu'elle était un peu leur aînée, il y avait des gens assez simples pour croire peut-être qu'elle devait raisonnablement en savoir plus long qu'eux; mais non, elle savait bien que c'était elle qui avait tort, toujours tort; elle ne pouvait pas avoir raison, il n'y avait que ses enfants qui avaient toujours raison, et elle n'avait rien de mieux à faire que d'être toujours de leur avis. Pendant une heure de suite, toutes les concessions, toutes les déférences de Catherine n'obtinrent d'autre réponse : « Oh ! certainement ! pourquoi me demander quelque chose, à moi ?... On sait bien que mon opinion, à moi, ne tire pas à conséquence.... Qu'importe ce que je puis dire, moi ? »

Et quand elle voulait se donner l'air d'être trop résignée pour rien dire, elle se contentait d'exprimer les mêmes sentiments en hochant la tête, en levant les yeux en l'air, ou commençant de petits gémissements qu'elle terminait, pour les dissimuler, ou une petite toux. Elle en était encore là lorsque Nicolas et Catherine revinrent avec l'objet de leur tendre sollicitude. Satisfaite alors d'avoir suffisamment établi son importance, à ce qu'il lui semblait, par son abnégation prétendue; prenant, d'ailleurs, au fond un intérêt véritable aux épreuves de cette jeune et belle victime, non-seulement elle se mit à déployer toute son activité et tout son zèle, mais elle crut qu'il y allait de son honneur de louer hautement la conduite de son fils, et ne cessa de déclarer, avec un coup d'œil expressif, qu'il était bien heureux que les choses fussent comme elles étaient, et de faire entendre qu'elles ne se seraient jamais passées comme cela sans ses encouragements et ses conseils.

Sans rechercher si Mme Nickleby avait ou non une grande part dans le succès de cette affaire, il est du moins hors de doute qu'elle eut tout lieu de s'en applaudir. Les frères Cheeryble, à leur retour, donnèrent tant d'éloges à Nicolas pour ses soins intelligents, et montrèrent tant de joie du changement heureux qui leur rendait leur jeune favorite après des épreuves si cruelles et des dangers si menaçants, qu'à partir de ce moment, comme elle le répéta souvent à sa fille, la fortune de la famille lui parut faite, ou c'était tout comme. M. Charles Cheeryble, dans ses premiers transports de surprise et de joie, le lui avait dit positivement ou à peu près. Aussi, sans s'expliquer davantage sur la portée de ces mots un peu ambigus, elle ne revenait jamais sur ce sujet qu'elle ne prît un air de mystère et d'importance et ne se livrât à des visions d'opulence, de grandeur et de dignité, dont les formes vagues et nébuleuses ne l'empêchaient pas d'être alors aussi heureuse que si la fortune eût réellement donné un établissement solide à ses rêves de magnificence et de splendeur.

Quant à Madeleine, le choc terrible et soudain qu'elle venait de recevoir, mêlé à sa grande affliction et à ses longues souffrances, avait porté un rude coup à ses forces. Elle ne sortit de l'état de stupeur où l'avait plongée d'abord, pour son bonheur, la mort de son père, que pour tomber dans une fièvre aiguë et dans une maladie dangereuse. Quand les facultés physiques, toutes délicates qu'elles peuvent être, se trouvent en face d'une crise qui les excite, elles puisent dans l'énergie de l'esprit une vigueur surnaturelle qui les soutient; mais le courage passe avec le danger, les forces succombent, et alors leur degré de prostration ne peut se mesurer que sur l'étendue des efforts qu'il leur a fallu faire. Aussi le mal de Madeleine, au lieu d'être d'une nature légère et passagère, alla jusqu'à menacer sa raison et sa vie même.

Comment, dès les premiers progrès d'une lente convalescence, après une maladie si grave et si dangereuse, n'aurait-elle pas été touchée des attentions incessantes d'une garde aussi soigneuse, aussi tendre que l'était Catherine? Cette voix prudente et adoucie, ce pas discret dans la chambre, cette main délicate dans ses soins, ces mille petits services de l'amitié rendus à chaque instant sans trouble et sans bruit, que nous sentons si vivement quand nous sommes malades, quoique nous ne les oublions que trop vite après, sur qui pouvaient-ils faire une impression plus profonde que sur un jeune cœur qui débordait de tous ces sentiments d'affection vive et pure, le trésor d'une femme? sur un cœur presque étranger, jusque-là, aux caresses et au dévouement de son propre sexe, à moins qu'il ne l'eût deviné par lui-même? sur un cœur rendu, par le malheur et la souffrance, plus avide encore d'une sympathie si longtemps inconnue, si longtemps souhaitée vainement? Ne nous étonnons donc pas que les premières heures qui les unirent valussent des années entières d'épreuve pour leur amitié. Ne nous étonnons pas que chaque heure de convalescence doublât la force de leurs épanchements, lorsque Catherine, émue en racontant le passé à sa malade reconnaissante, un passé de quelques semaines qui paraissait vieux comme un siècle, prodiguait les éloges de son enthousiasme à la conduite de son frère bien-aimé. Faudrait-il même s'étonner que ces éloges trouvassent un écho rapide dans le sein de Madeleine, et qu'en voyant si souvent l'image de Nicolas retracée jusque dans les traits de sa sœur, elle finît par ne plus les séparer dans sa pensée, et qu'elle eût elle-même quelquefois de la peine à démêler au fond de son cœur la différence des sentiments qu'elle éprouvait pour l'un et l'autre, mêlant, à son insu, à sa gratitude pour Nicolas quelque chose de l'affection plus tendre qu'elle avait vouée à Catherine?

« Ma chère amie, disait Mme Nickleby en entrant dans la

chambre avec une précaution étudiée, faite pour agacer les nerfs d'un malade cent fois plus que l'arrivée d'un carabinier au grand galop, comment vous trouvez-vous ce soir? Vous allez mieux, j'espère?

— Presque bien, maman, se hâtait de répondre Catherine, e posant son ouvrage pour prendre dans sa main la main de Madeleine.

— Catherine, reprenait Mme Nickleby d'un ton de reproche, ne parlez donc pas si haut. » Et la bonne dame avait une manière de parler tout bas qui aurait glacé le sang d'un hercule dans ses veines.

Catherine acceptait tranquillement ce reproche immérité, et Mme Nickleby, qui faisait craquer toutes les planches du parquet et voltiger tous les rideaux en marchant doucement à sa manière, sur la pointe du pied :

« Mon fils Nicolas, ajoutait-elle, vient de rentrer à l'instant, et je viens moi-même, comme d'habitude, ma chère, savoir de votre propre bouche, avec exactitude, comment vous vous trouvez, car il ne s'en rapporterait pas à moi, il veut que ce soit de vous que je tienne mes nouvelles.

— Il est rentré plus tard que d'habitude ce soir, disait quelquefois Madeleine, d'une bonne demi-heure.

— Là! je n'ai jamais vu de ma vie des gens comme vous, vraiment, s'écriait Mme Nickleby dans le plus grand étonnement; jamais de ma vie. Je ne me doutais pas le moins du monde que Nicolas fût en retard. M. Nickleby disait toujours : Catherine, ma chère enfant, c'est de votre pauvre cher papa que je parle, il disait toujours qu'il n'y avait pas de meilleure pendule au monde que l'appétit; et cependant vous, ma chère demoiselle Bray, ce n'est pas l'appétit qui vous règle. Plût à Dieu que vous en eussiez davantage; et, j'y pense, pourquoi donc ne vous fait-on pas prendre quelque chose pour vous donner de l'appétit? Je ne sais pas si c'est vrai, mais j'ai entendu dire qu'il n'y a rien qui donne de l'appétit comme deux ou trois douzaines de petits homards anglais, quoique, à vrai dire, cela me paraisse un cercle vicieux; car, enfin, pour les manger, il faut commencer par avoir de l'appétit. Qu'est-ce que je dis donc, des homards! c'est des huîtres que je voulais dire, mais cela revient au même.... je ne m'explique toujours pas comment vous pouvez calculer le retour de Nicolas avec tant de....

— Nous parlions justement de lui dans l'instant, maman; c'est pour cela que....

— Il me semble, Catherine, que vous ne parlez jamais d'autre chose, et, franchement, je ne comprends pas que vous soyez si indiscrète. Vous avez bien assez d'autres sujets de conversation, peut-être ; et, quand vous savez toute l'importance qu'il y a à distraire Mlle Bray et à la récréer par une causerie intéressante, réellement je trouve extraordinaire que vous soyez toujours à lui carillonner aux oreilles le même dinn dinn, don, don, toujours et toujours. Ma foi ! Catherine, vous êtes une belle garde-malade ; je sais bien que vous ne le faites pas exprès, mais je peux bien dire que, sans moi, je ne sais pas réellement comment le moral de Mlle Bray pourrait se relever ; c'est ce que je dis tous les jours au docteur. Il me dit, de son côté, qu'il ne sait pas comment je fais pour me conserver comme je suis, et la vérité est que je m'étonne moi-même de me soutenir si bien. Ce n'est pas sans peine ; mais, quand je pense à tout ce qui ne peut se passer de moi dans cette maison, je suis bien obligée de faire de mon mieux. Je n'ai pas de mérite à cela : il le faut, et je me résigne. »

Là-dessus, Mme Nickleby prit un fauteuil et, pendant trois grands quarts d'heure, se lança à perte de vue dans une foule de sujets de distraction où il n'y avait guère que son esprit de distrait. Enfin elle se retira pour aller distraire à son tour Nicolas, pendant son souper. Après avoir commencé par lui confier, apparemment pour lui relever aussi le moral, que décidément elle trouvait la malade empirée, elle continua de lui récréer le cœur en lui racontant que Mlle Bray était triste, indolente, abattue, ce qui tenait à ce que Catherine, sottement, ne l'entretenait que de lui et de leurs affaires de famille. Après avoir consolé Nicolas par ces nouvelles encourageantes, elle entra dans le détail de tout ce qu'elle avait eu à faire dans la journée, et ne put s'empêcher de se montrer de temps en temps émue jusqu'aux larmes, en pensant au malheur que ce serait pour sa famille, à laquelle elle était si nécessaire, si elle venait à lui être enlevée.

D'autres fois, quand Nicolas revenait le soir, c'était en compagnie de M. Frank Cheeryble, qui était chargé par ses oncles de venir savoir comment Madeleine avait passé la journée. Dans ces occasions, qui se répétaient très-souvent, Mme Nickleby n'avait garde de s'endormir : d'après certains signes auxquels sa vigilance ne s'était point trompée, elle avait conjecturé finement que M. Frank, avec tout ce bel intérêt de ses oncles pour Madeleine, venait au moins autant pour voir Catherine que pour chercher des nouvelles de la malade au nom des frères Cheeryble ; d'autant plus que ces messieurs étaient en relations journalières avec le docteur; qu'ils faisaient eux-mêmes de fréquentes visites à la maison, et que tous les matins ils avaient des détails circonstanciés de la bouche même de Nicolas. C'est alors que Mme Nickleby était toute fière; jamais on n'avait vu femme si grave et si discrète, ni si mystérieuse non plus; jamais général d'armée n'usa d'une tactique plus savante, et ne combina des plans plus impénétrables qu'elle, pour sonder M. Frank et vérifier ses soupçons. Et, quand elle se crut sûre de son fait, quelle adresse dans ses manœuvres pour l'amener à la choisir pour confidente, et à s'adresser à son intervention charitable! Mme Nickleby faisait feu de toutes ses batteries pour s'assurer le succès; elle savait les masquer et les démasquer à propos pour porter le trouble chez l'ennemi. Tantôt, elle était pleine de cordialité gracieuse; tantôt, de roideur glaciale. Aujourd'hui, on aurait dit qu'elle voulait épancher tous les secrets de son cœur dans le sein de son infortunée victime; le lendemain, elle le tenait à distance et le recevait avec une réserve calculée, comme si elle venait d'être éclairée d'un rayon de lumière, et qu'on devinant ses intentions, elle eût résolu de les étouffer dans leur germe : comme si elle croyait de son devoir rigoureux d'agir en vrai Spartiate, et de décourager, une fois pour toutes, des espérances qui ne devaient jamais se réaliser. Quelquefois même, quand elle était sûre que Nicolas n'était pas là pour l'entendre, et que Catherine était montée près de son amie pour lui donner des soins empressés, la digne matrone laissait échapper des demi-confidences sur l'intention où elle était d'envoyer sa fille passer trois ou quatre ans en France, ou en Écosse, pour restaurer sa santé altérée par ses dernières fatigues; ou faire un tour en Amérique, n'importe où, pourvu que ce fût une menace de longue et douloureuse séparation. Ce n'était pas tout : elle alla, une fois, jusqu'à faire entendre, en termes obscurs, que sa fille avait inspiré depuis longtemps une passion au fils d'un de ses anciens voisins, un M. Horace Peltirogus (le jeune gentleman pouvait bien avoir alors à peu près quatre ans), et elle poussa la ruse jusqu'à représenter cette affaire comme un arrangement convenu entre les familles : on n'attendait plus que l'assentiment définitif de sa fille pour la mener à l'autel, et consommer le bonheur ineffable de tout le monde.

Elle était encore dans toute l'ivresse de son orgueil et de sa gloire d'avoir fait jouer cette mine décisive le soir même, avec un succès sans pareil, lorsqu'elle profita d'une occasion où elle se vit seule avec Nicolas, avant d'aller au lit, pour le pressentir sur le sujet qui occupait toutes ses pensées. Elle ne faisait aucun doute qu'ils ne fussent tous les deux du même avis sur ce point. Elle commença par attaquer la question en faisant sur l'amabilité de M. Frank Cheeryble en général des observations tout à sa louange.

« Vous avez bien raison, ma mère, dit Nicolas, c'est un charmant garçon.

— Et de bonne mine, ce qui ne gâte rien, reprit Mme Nickleby.

— Tout à fait de bonne mine, répondit Nicolas.

— Qu'est-ce que vous dites de son nez, mon cher? poursuivit Mme Nickleby pour intéresser de plus en plus Nicolas à ce sujet de conversation.

— Que voulez-vous que je dise de son nez? répéta Nicolas.

— Ah! répliqua sa mère, je vous demande quel style de nez vous lui trouvez, à quel ordre d'architecture, pour ainsi dire, il appartient, selon vous. Je ne suis pas bien forte sur les nez. Comment appelleriez-vous le sien, grec ou romain?

— Ma foi! ma mère, dit Nicolas en riant, autant que je me rappelle, je le rangerais plutôt dans l'ordre composite, l'ordre des nez mixtes. Mais j'avoue que je ne me rappelle pas parfaitement le sien. Pourtant, si cela peut vous être agréable, j'y regarderai de plus près, pour vous en faire part.

— Vous me ferez plaisir, mon cher, dit Mme Nickleby de l'air le plus sérieux du monde.

— Très-bien, je n'y manquerai pas. »

Et Nicolas, croyant le sujet épuisé, reprit sa lecture commencée, mais ce n'était pas le compte de Mme Nickleby, et après un moment de réflexion:

« Il vous est très-attaché, mon cher fils, » reprit-elle.

Nicolas répondit de bonne humeur, en fermant son livre, qu'il en était bien aise, et fit seulement la remarque que sa mère paraissait déjà bien avant dans la confidence de leur nouvel ami.

« Hem! dit Mme Nickleby, je n'en sais rien, mais je crois très-nécessaire qu'il y ait quelqu'un qui y soit, dans sa confidence, tout à fait nécessaire. »

Encouragée par un regard de curiosité qu'elle surprit chez son fils, et fière de posséder à elle toute seule un secret de cette importance, Mme Nickleby continua d'un ton très-animé:

« Vraiment, mon cher Nicolas, je ne comprends pas que cela vous ait échappé, quoique, à vrai dire, il soit certain que, dans une certaine mesure, c'est une de ces choses qui peuvent sauter aux yeux d'une femme, sans frapper ceux d'un homme, surtout au début. Je ne me flatte pas d'avoir plus de pénétration qu'une autre en pareille matière. Je puis en avoir davantage, c'est à ceux qui me connaissent à le dire, et je crois bien qu'ils le pensent. Mais ce n'est pas à moi à insister là-dessus, ce serait manquer à la modestie, et d'ailleurs cela ne fait rien à la question. »

Nicolas moucha la chandelle, mit ses mains dans ses goussets, se renversa dans son fauteuil, et prit un air de patience douloureuse et de mélancolique résignation.

« Je crois de mon devoir, mon cher Nicolas, reprit sa mère, de vous dire ce que je sais, non-seulement parce que vous avez le droit de le connaître aussi, comme tout ce qui se passe dans notre famille, mais parce qu'il dépend de vous de seconder nos vues et de faire réussir la chose; et il n'est point douteux qu'en pareille circonstance il vaut toujours mieux éclaircir ses doutes plus tôt que plus tard. Or, il y a une foule de moyens que vous pouvez employer : soit en allant faire un petit tour de promenade dans le jardin, soit en montant pour un moment dans votre chambre; soit en ayant l'air de faire un somme sur votre chaise; soit en prétextant une affaire que vous aviez oubliée, qui vous appelle dehors pour une heure ou deux, avec Smike. Tout cela paraît peu de chose, et peut-être trouvez-vous drôle que j'y attache tant d'importance; et cependant, mon cher ami, je puis vous assurer (et vous le verrez vous-même un de ces jours, si vous devenez jamais amoureux, comme je l'espère, pourvu que votre prétendue soit une fille honnête et respectable; d'ailleurs vous êtes incapable de placer votre affection autrement); je puis vous assurer que ces petites choses-là ont beaucoup plus d'importance que vous ne pourriez le croire. Si votre pauvre papa était encore de ce monde, il vous dirait lui-même toute la conséquence de laisser seuls le jeune homme avec la demoiselle. Vous sentez bien qu'il ne s'agirait pas de quitter la chambre comme si vous le faisiez exprès, mais comme par pur accident, et vous reviendriez de même. Si vous toussez dans le corridor avant d'ouvrir la porte, ou si vous sifflez sans faire semblant de rien, ou si vous fredonnez un air, et bien d'autres choses de la sorte, pour leur faire entendre que vous arrivez, cela vaut toujours mieux; parce que, comme de raison, quoiqu'il n'y ait rien de mal dans ces entrevues secrètes, il y a toujours quelque confusion à se voir surpris l'un et l'autre quand on est.... quand on est assis sur le sofa, et.... une foule de choses. C'est bien ridicule sans doute, mais enfin c'est comme cela. »

Nicolas avait beau regarder sa mère pendant cette longue tirade avec un profond étonnement, qui s'accrut par degrés avec les confidences de Mme Nickleby, elle n'en fut pas troublée le moins du monde : bien au contraire, elle n'y vit que l'admiration inspirée par sa haute expérience des manœuvres antématrimoniales. Aussi, après avoir un moment interrompu le fil de son discours pour remarquer seulement, avec une certaine complaisance, qu'elle savait bien qu'elle allait l'étonner, elle repartit de plus belle pour entrer dans l'exposé des preuves dont les détails étaient des plus incohérents. Enfin, pour le bouquet, elle établit, sans conteste, que M. Frank Cheeryble était passionnément amoureux de Catherine.

« De qui ? cria Nicolas.

— De Catherine, répéta Mme Nickleby.

— Quoi, notre Catherine ? ma sœur ?

— Bon Dieu ! Nicolas, reprit Mme Nickleby, de quelle Catherine voulez-vous donc que ce soit ? Vous imaginez-vous que j'irais me soucier de tout cela le moins du monde, et y prendre le moindre intérêt s'il s'agissait de toute autre que de votre sœur ?

— Mais, ma chère mère, dit Nicolas, assurément ce n'est pas possible.

— Très-bien, mon cher ami, répliqua Mme Nickleby avec une grande assurance. Eh bien ! attendez et vous verrez : je ne vous dis que cela. »

Nicolas, jusqu'alors, n'avait jamais un moment arrêté sa pensée sur la possibilité de l'incident dont sa mère venait de lui faire part. Depuis quelque temps, il avait été trop souvent absent de la maison, et trop occupé d'autres soins ; mais, d'ailleurs, ses idées avaient pris un autre cours, et s'il avait remarqué la fréquence des visites de Frank Cheeryble, c'était pour en concevoir le soupçon jaloux qu'apparemment ce jeune homme ressentait pour Madeleine un intérêt de la même nature que celui qu'il éprouvait lui-même. Même en cet instant, quoiqu'il vît bien que les conjectures d'une mère vigilante eussent dans ce cas plus d'apparence que les siennes, et quoiqu'il se rappelât aussitôt une foule de petites circonstances dont la réunion semblait en effet donner raison aux suppositions dont elle se montrait triomphante, il n'était pas encore bien convaincu qu'il ne fallût pas les attribuer simplement à la galanterie inconsidérée d'un jeune homme naturellement aimant, qui ne se serait pas montré moins empressé avec toute autre jeune fille aimable et belle. Du moins il l'espérait encore, et par conséquent il cherchait à se le persuader.

« Je suis tout troublé de ce que vous me dites là, dit-il après un moment de réflexion, quoique j'aime à croire encore que vous vous trompez.

— Je ne vois pas pourquoi vous aimeriez à le croire, dit Mme Nickleby ; je vous avoue que cela me surprend ; mais, dans tous les cas, vous pouvez compter que je ne me trompe pas.

— Et Catherine ?

— Ah ! pour cela, c'est justement, mon cher, le point sur lequel je ne suis pas encore fixée. Pendant cette maladie de Madeleine, elle n'a presque pas quitté son chevet. Jamais on n'a vu deux personnes s'attacher si vivement l'une à l'autre ; et puis, je vais vous l'avouer, Nicolas, je l'ai tenue de temps en temps un peu à l'écart, parce que c'est, selon moi, un excellent moyen pour garder un jeune homme en haleine. Il ne faut pas qu'il soit trop sûr de son fait, vous sentez. »

La pauvre mère disait tout cela avec un tel mélange de joie du cœur et de satisfaction d'amour-propre, qu'on ne saurait dire la peine qu'éprouvait Nicolas d'être obligé de briser ses espérances. Mais il sentait que l'honneur ne lui laissait pas le choix, et que son devoir le commandait impérieusement.

« Ma chère mère, lui dit-il avec douceur, ne voyez-vous pas que, si M. Frank avait en effet une inclination sérieuse pour Catherine, et que nous eussions la faiblesse de l'encourager, nous ferions là une action malhonnête, et que nous jouerions un rôle plein d'ingratitude ? En vous demandant si vous ne le voyez pas, je ne sens que trop qu'en effet vous n'y avez pas pensé ; autrement, vous y auriez mis plus de réserve. Permettez-moi de vous expliquer ma pensée. Vous savez combien nous sommes pauvres. »

Mme Nickleby secoua la tête en disant, à travers ses larmes, que pauvreté n'est pas vice.

« Non, dit Nicolas, et c'est pour cela même qu'il faut puiser dans notre pauvreté un noble orgueil qui nous défende contre toute tentation d'actions mauvaises, contraires à la délicatesse, et nous laisse ce respect de nous-mêmes que l'indigent peut garder à l'égal du plus fier monarque. Songez à tout ce que nous devons aux frères Cheeryble ; rappelez-vous ce qu'ils ont fait, ce qu'ils font tous les jours pour nous avec une générosité et une délicatesse que nous ne payerions pas assez du sacrifice de notre vie même. La belle récompense, pour reconnaître leurs bienfaits, que de permettre à leur neveu, leur unique parent, on peut dire leur fils, pour lequel il serait insensé de supposer qu'ils n'ont pas formé déjà des plans d'établissement dignes de son éducation et de la fortune dont il doit hériter un jour ; de lui permettre d'épouser une jeune fille sans dot et sans espérances ; une jeune fille qui nous tient de si près que personne ne pourra douter que nous ne lui ayons tendu un piége, que c'était une intrigue préméditée, un vil calcul arrêté entre nous trois ! Rendez-vous bien compte de notre position, ma mère. Que diriez-vous, si, ce mariage une fois convenu, les frères Cheeryble, en venant nous faire ici une de ces visites généreuses qui les amènent souvent chez nous, vous aviez à leur confesser la vérité ? vous sentiriez-vous à votre aise ? ne vous reprocheriez-vous pas d'avoir joué un rôle au moins équivoque ? »

La pauvre Mme Nickleby pleurait bien plus encore et se débattait en murmurant, avec moins d'assurance, que M. Frank commencerait par demander d'abord le consentement de ses oncles.

« Je veux bien, dit Nicolas ; c'est une démarche qui le placerait, lui, dans une meilleure situation près d'eux ; mais nous, qui nous laverait de leurs soupçons ? La distance qui nous sépare les uns des autres en serait-elle moins grande ? les avantages que nous avions à gagner dans cette union, qu'on supposerait intéressée, en seraient-ils moins évidents ? Tenez ! ajouta-t-il d'un ton moins sérieux, nous pourrions bien, dans tout ceci, compter sans notre hôte ; je crois, je suis presque sûr que nous sommes dupes de quelque erreur ; mais s'il en était autrement, je connais assez Catherine pour savoir qu'elle pensera là-dessus comme moi : et vous aussi, ma mère, je vous connais assez pour être assuré que vous ferez de même après quelques moments de réflexion. »

A force de représentations et de prières, Nicolas obtint de sa mère la promesse de faire tout son possible pour penser là-dessus comme lui, et que, si M. Frank persévérait dans ses attentions, elle essayerait de le décourager de son mieux, ou qu'au moins elle ne se prêterait en rien à les seconder. Quant à lui, il se décida à ne point en parler à Catherine avant d'être bien convaincu qu'il y eût réellement nécessité de le faire, se réservant d'ailleurs de s'assurer aussi bien que possible, par ses observations personnelles, de l'état exact des choses. C'était penser sagement ; mais un nouveau sujet d'anxiété cruelle vint l'arrêter dans l'exécution de ce plan.

La santé de Smike était devenue alarmante ; l'épuisement de ses forces ne lui permettait plus d'aller d'une chambre à l'autre sans l'appui d'un bras. Sa maigreur et l'altération de ses traits faisaient peine à voir. Le même médecin qu'il avait appelé d'abord l'avertit que la seule et dernière chance d'espérance qui restât de le sauver, c'était de l'éloigner de Londres au plus vite. On lui désigna, comme la résidence la plus favorable, la partie du Devonshire où Nicolas avait été élevé lui-même. Mais on ne lui laissa pas ignorer, avec tous les ménagements qu'on put prendre, que, quelle que fût la personne qui l'y accompagnerait, elle devrait s'attendre à tout, car tous les symptômes d'une consomption rapide s'étaient déclarés, et il était bien possible qu'il n'en revînt jamais.

Les bons frères, qui connaissaient déjà le triste état du pauvre Smike, avaient envoyé Timothée pour assister à la consultation. Le jour même, frère Charles appela Nicolas dans son cabinet et lui dit :

« Mon cher monsieur, il n'y a pas de temps à perdre. Il ne faut pas laisser mourir ce pauvre garçon, sans avoir mis en usage les derniers moyens de lui sauver la vie. Il ne faut pas non plus qu'on le laisse mourir seul, dans un pays où il serait étranger. Emmenez-le demain matin, veillez à ce qu'il ne lui manque aucun des soins que réclame son état, et ne le quittez pas, ne le quittez pas, mon cher monsieur, avant d'avoir reconnu qu'il n'y a plus de danger immédiat. Il y aurait de la cruauté à vous séparer en ce moment l'un de l'autre ; non, non ! Timothée ira vous voir ce soir et vous faire ses adieux.... Frère Ned, mon cher ami, M. Nicolas est là pour vous serrer la main avant son départ. M. Nickleby ne sera pas longtemps absent. Ce pauvre garçon va se remettre promptement, très-promptement, et alors on trouvera là-bas quelques bonnes gens, quelques honnêtes villageois à qui on pourra le confier, et M. Nickleby ira et viendra de temps en temps, n'est-ce pas, frère Ned? et il aurait tort de se laisser aller au chagrin ; son ami se remettra promptement, j'en suis sûr, n'est-ce pas, frère Ned, n'est-ce pas? »

Il est inutile de dire pourquoi Timothée vint le soir même au cottage, et la mission dont il était chargé. Dès le lendemain matin, Nicolas se mit en route avec son camarade défaillant.

Personne, personne, excepté celui qui n'avait jamais trouvé ailleurs que chez les amis réunis à son départ un regard de tendresse ou une parole de pitié, ne pourrait exprimer les angoisses de l'âme, les pensées amères, le chagrin stérile qui empoisonnaient pour lui cette séparation dernière.

« Regardez, criait Nicolas avec vivacité en passant la tête à la portière, regardez, Smike, ils sont encore là tous au coin du sentier. Et tenez ! voici Catherine, cette pauvre Catherine à qui vous disiez que vous n'auriez jamais le courage de dire adieu, la voici qui agite de loin son mouchoir. Ne vous en allez pas sans lui faire quelque signe d'adieu.

— Je ne puis pas, non, cria son compagnon tremblant, en se rejetant en arrière dans la voiture et en se couvrant les yeux. Est-ce que vous la voyez toujours? Est-ce qu'elle est encore là?

— Certainement, lui dit Nicolas d'un air sérieux. Tenez! la voilà qui vous fait encore un salut de la main. Je viens de le lui rendre pour vous. A présent on ne peut plus la voir. Ne vous attendrissez pas comme cela, mon cher ami, vous les reverrez tous encore. »

Smike, à cet encouragement, répondit en élevant ses mains flétries et les joignant avec ferveur : « Dans le ciel, dit-il; j'adresse humblement cette prière à Dieu ; dans le ciel ! »

Et cette prière avait l'air de sortir du fond d'un cœur brisé à tout jamais.

CHAPITRE XXIV.

Après avoir vu déjouer par son neveu ses derniers complots, Ralph Nickleby couve un projet de vengeance que lui suggère le hasard, et associe à ses desseins un auxiliaire éprouvé.

Le cours des événements nous entraîne : l'historien est obligé de les suivre; c'est ce qui nous force à retourner au point où nous en étions, avant le dernier chapitre, lorsque nous avons laissé Ralph Nickleby avec Arthur Gride dans la maison où la mort venait de planter si soudainement sa sombre et triste bannière.

Les poings fermés, les dents serrées si dur et si ferme que ses mâchoires semblaient fixées et rivées par le fer, Ralph se tint quelques minutes debout, dans l'attitude qu'il avait prise pour adresser à son neveu ses dernières insultes. A l'exception de sa respiration haletante, sa roideur et son immobilité auraient pu le faire prendre pour une statue de bronze. Bientôt il commença, par degrés insensibles, à se détendre comme un homme qui se réveille d'un sommeil de plomb. Il secoua un moment son poing crispé vers la porte par où Nicolas avait disparu; puis le cachant dans son sein comme pour ne pas laisser paraître ce signe d'émotion, il se retourna pour regarder en face l'usurier moins hardi qui ne s'était pas encore relevé de sa chute.

Le misérable couard, qui tremblait encore de tous ses membres et dont les rares cheveux gris s'agitaient et se hérissaient sur sa tête sous l'empire de sa terreur, vacillait sur ses jambes en rencontrant l'œil fixe de Ralph, et, se cachant la face dans ses deux mains, protesta, en se traînant vers la porte, qu'il n'y avait point de sa faute.

« Et qui vous dit le contraire? répondit Ralph d'une voix sourde, qui vous dit le contraire?

— C'est que vous me regardez d'un air ! reprit Gride timidement; on eût dit que vous trouviez à me blâmer dans tout ceci.

— Bah! murmura Ralph avec un rire forcé, s'il y a quelqu'un à blâmer, c'est lui, de n'avoir pas vécu seulement une heure de plus; une heure de plus, il ne nous en fallait pas davantage. Il n'y a personne à blâmer que lui.

— N...o...n, personne, n'est-il pas vrai? dit Gride.

— C'est un malheur, voilà tout, répliqua Ralph, mais j'ai un vieux compte à régler avec ce jeune gars qui vous a soufflé votre maîtresse. Ce n'est pas pour ses rodomontades de tout à l'heure, car nous en aurions eu bientôt raison sans ce maudit accident. »

Il y avait dans le calme des paroles de Ralph quelque chose de si peu naturel, quand on le comparait avec sa physionomie et l'expression de ses traits, dont chaque nerf, chaque muscle, contractés par des mouvements spasmodiques, trahissaient, en dépit d'eux, des passions terribles à voir; il y avait quelque chose de si peu naturel, de si effrayant dans le contraste de sa voix rude, lente, ferme, entrecoupée seulement par la respiration haletante d'un ivrogne qui détache péniblement chaque mot, avec les traces visibles des passions les plus sauvages se révoltant contre la contrainte qu'on leur impose, que, si le cadavre de Bray était venu se planter à sa place devant le malheureux Gride, il ne l'aurait pas épouvanté davantage.

« Et la voiture, dit Ralph après une lutte intérieure aussi violente qu'un homme qui se débat contre un accès d'épilepsie, est-elle toujours à la porte? »

Gride fut charmé de ce prétexte pour aller voir à la fenêtre, pendant que Ralph, immobile de l'autre côté, mettait en pièces sa chemise, de la main qu'il tenait contre sa poitrine, et murmurait d'une voix rauque :

« Deux cent cinquante mille francs! C'est bien deux cent cinquante mille francs qu'il m'a dit! Juste la somme que j'ai en effet comptée hier pour les deux hypothèques, et qui devait courir à partir de demain à de gros intérêts. Si cette maison avait fait banqueroute, et que ce fût lui qui m'en eût le premier porté la nouvelle!... La voiture est-elle là ?

— Oui, oui, dit Gride tressaillant au ton sauvage dont était faite cette question. Elle y est. Dieu! Dieu! Quel homme inflammable vous faites!

— Venez ici, dit Ralph en lui faisant signe d'approcher; il ne faut pas que nous ayons l'air ému. Nous allons sortir en nous donnant le bras.

— Aïe! Vous me pincez jusqu'au sang, » cria Gride.

Ralph le lâcha d'un air impatienté, et, descendant d'un pas ferme et grave, comme à l'ordinaire, monta en voiture, suivi d'Arthur Gride, qui, après avoir regardé Ralph indécis, quand le cocher demanda où il devait les conduire, en le voyant silencieux et absorbé, se fit ramener chez lui.

Pendant la route, Ralph resta dans son coin, les bras croisés, sans prononcer une parole. Le menton appuyé sur sa poitrine, d'un air consterné, et les yeux voilés, par ses sourcils refrognés, il ne donna pas signe de vie et parut plongé dans le sommeil jusqu'au moment où la voiture s'arrêta. Alors il releva la tête, et, regardant par la portière, demanda où ils étaient.

« Chez moi, répondit le triste Gride, qui n'avait pas compté retrouver sa maison si solitaire. Oui, vraiment, chez moi.

— C'est vrai, dit Ralph; je n'avais pas fait attention au chemin que nous avons pris. Je voudrais bien avoir un verre d'eau fraîche. Je trouverai cela chez vous, je suppose ?

— Vous y trouverez un verre de.... tout ce que vous voudrez, répondit Gride en gémissant. Cocher, ce n'est pas la peine de frapper, sonnez seulement. »

Le cocher sonne, sonne, et resonne. Puis il prend le marteau et frappe à fatiguer les échos des rues voisines; puis il écoute à la porte. Personne. La maison restait aussi silencieuse qu'une tombe.

« Qu'est-ce que cela veut dire? demanda Ralph avec impatience.

— Marguerite est si sourde! répondit Gride visiblement inquiet et alarmé. Voyons! cocher, sonnez encore, elle verra peut-être remuer la sonnette. »

Et le cocher de carillonner tour à tour avec la sonnette et le marteau. Les voisins mettaient le nez à la fenêtre, et se demandaient les uns aux autres, à travers la rue, si la gouvernante du vieux Gride ne serait pas morte d'une attaque d'apoplexie.

D'autres se groupaient autour du fiacre, et donnaient carrière à leurs suppositions téméraires. « Elle se sera endormie, disaient les uns. — Elle sera morte de combustion spontanée, disaient les autres. — Mais non, disait une voix, c'est qu'elle est ivre. — Vous vous trompez, reprit un gros farceur, elle aura vu quelque chose de bon à manger, et, comme elle n'y est pas accoutumée, elle en aura eu une telle peur, qu'elle sera tombée en attaque de nerfs. » Cette dernière conjecture fut particulièrement du goût de l'assistance, qui ne put s'empêcher d'en pousser de grands éclats de rire, et qu'on eut beaucoup de peine à empêcher de passer par-dessus la grille, pour descendre à la cuisine et s'assurer du fait en enfonçant les portes. Ce n'est pas tout. Comme on savait, à la ronde, qu'Arthur était sorti le matin pour prendre femme, ce n'étaient que questions et quolibets indiscrets sur sa belle maîtresse. La majorité des gens voulaient absolument qu'elle fût dans le fiacre, déguisée en Ralph Nickleby, et la populace s'indignait, d'une façon plaisante, de cette entrée nuptiale d'une jeune mariée en bottes et en pantalon; on n'entendait de tous côtés que des murmures et des huées. Enfin, les deux usuriers trouvèrent un asile dans une maison voisine; et, s'étant procuré une échelle, grimpèrent par-dessus le mur de l'arrière-cour, qui n'était pas très-haut, et descendirent de l'autre côté sains et saufs.

« Ma foi! dit Arthur en se retournant vers Ralph quand ils furent seuls, je ne sais pas si je dois entrer; j'ai peur. Si nous allions la trouver assassinée.... étendue sur les carreaux avec un coup de fourgon qui lui eût fait sauter la cervelle! Dites donc?

— Eh bien! après? dit Ralph; je donnerais bien quelque chose pour que cela se vît plus souvent, et que ce fût plus facile à faire. Restez là, si vous voulez, à frissonner et à vous écarquiller les yeux.... Moi, j'entre. »

Il se mit d'abord à tirer de l'eau à la pompe de la cour, il en but une bonne gorgée et s'aspergea la tête et la figure, reprit son assurance accoutumée, et entra le premier dans la maison : Gride s'attacha à ses pas.

C'était bien l'obscurité ordinaire de ses appartements; rien de changé : chaque pièce était toujours aussi triste, aussi silencieuse; chaque meuble aussi délabré, à sa place invariable. La vieille et lugubre pendule vibrait toujours lourdement son cœur de fer dans sa boîte poudreuse. Les armoires boiteuses étaient, comme d'habitude, reculées loin des yeux dans leurs coins mélancoliques. Les mêmes échos funèbres répétaient le bruit des pas ; le faucheux s'arrêtait dans sa course agile, effarouché par la vue d'un être humain dans son domaine héréditaire, et restait suspendu, sans mouvement, le long du mur, faisant le mort, en attendant que ces intrus fussent passés.

Les deux usuriers visitèrent depuis la cave jusqu'au grenier, faisant crier chaque porte sur ses gonds, pour regarder dans chaque chambre déserte. Pas de Marguerite. Ils finirent par venir s'asseoir dans la pièce ordinairement occupée par Arthur Gride, pour se délasser de leurs recherches inutiles.

« La vieille sorcière est sortie, je suppose, dit Ralph se préparant à s'en aller, pour quelque emplette, afin de mieux fêter vos noces. Tenez, je déchire notre billet; nous n'en avons plus que faire. »

Gride, qui venait de regarder avec soin tout autour de la chambre, tomba tout à coup à genoux devant un grand coffre, et poussa un cri d'effroi épouvantable.

« Qu'est-ce que vous avez donc? dit Ralph en se retournant avec colère.

— Volé! volé! cria Gride.

— Volé? de l'argent?

— Non, non, non; pis que cela, bien pis.

— Quoi donc?

— C'est bien pis que de l'argent. Ah! si ce n'était que de l'argent! répéta le vieux ladre en farfouillant dans les papiers du coffre, comme une bête sauvage qui gratte la terre de ses pattes. Elle aurait bien mieux fait de me voler de l'argent.... tout mon argent.... avec cela que je n'en garde guère. Elle aurait mieux fait de me réduire à la mendicité, au lieu de faire ce qu'elle a fait.

— Fait quoi? dit Ralph. Voyons! qu'est-ce qu'elle a fait, radoteur du diable? »

Gride, toujours sans répondre, plongeait et replongeait ses mains crochues dans les papiers en criant, en hurlant comme un possédé.

« Il vous manque donc quelque chose? dit Ralph en fureur, le prenant au collet. Qu'est-ce que c'est?

— Des papiers, des actes. Je suis un homme perdu, ruiné, ruiné! Je suis volé, je suis perdu! Elle m'a vu le lire.... cela m'arrivait souvent.... elle m'a épié.... elle m'a vu le mettre dans son étui.... l'étui n'y est plus.... elle l'a pris.... Malédiction sur elle! elle m'a volé.

— Mais quoi? cria Ralph illuminé d'une inspiration soudaine qui faisait étinceler ses yeux et trembler tous ses membres, pendant qu'il tenait dans ses serres le bras décharné de Gride ; quoi ?

— Elle ne sait pourtant pas ce que c'est ; elle ne sait pas lire, continuait à crier Gride sans faire attention aux questions de l'autre. Il n'y a pas d'autre moyen pour elle d'en tirer de l'argent que de le garder caché. Elle se le fera lire par quelqu'un qui lui dira ce qu'elle doit en faire. Elle et son complice, ils en tireront de l'argent, et impunément encore. Ils s'en feront même un mérite : .Ils diront qu'ils l'ont trouvé.... qu'ils savaient bien que je l'avais.... et ils porteront témoignage contre moi.... La seule personne qui puisse en souffrir, c'est moi.... moi.... moi....

— Un peu de calme, dit Ralph en le serrant encore plus fort, et en lui jetant de côté un coup d'œil fixe et ardent, qui indiquait assez qu'il avait trouvé quelque expédient utile à lui communiquer. Entendez un peu raison. Elle ne peut pas être allée bien loin. Je vais mettre la police à ses trousses. Vous n'avez qu'à déclarer ce qu'elle vous a dérobé, et ils sauront bien la rattraper, comptez-y. A la garde ! au secours !

— Non, non, non, cria le vieux poltron en fermant la bouche à Ralph ; je ne peux pas, je n'ose pas.

— Au secours ! au secours ! criait toujours Ralph.

— Non, non, non, répétait l'autre en trépignant comme un fou furieux. Quand je vous dis que non ; je n'ose pas, je n'ose pas.

— Vous n'osez pas déclarer publiquement qu'on vous a volé ?

— Non, répliqua Gride en se tordant les mains. Chut ! chut ! pas un mot de cela. Il ne faut pas qu'on en sache un mot. Je suis perdu. De quelque côté que je me tourne, je suis perdu, je suis trahi. On me livrera à la justice. On me fera mourir dans les cachots de Newgate. »

Ces exclamations frénétiques où se mêlaient à la fois, d'une manière risible et bizarre, la crainte, la douleur et la rage chez ce misérable, frappé d'une terreur panique, descendirent bientôt du ton des cris les plus aigus aux murmures plaintifs d'un lâche désespoir, entrecoupés de temps en temps d'un hurlement nouveau, chaque fois que ses recherches dans le coffre amenaient la découverte de quelque perte nouvelle. Ralph le laissa là, en s'excusant d'être obligé de le quitter sitôt, et, au grand désappointement des flâneurs dans la rue, auxquels il déclara que ce n'était rien, il monta en voiture et se fit conduire chez lui.

Une lettre l'attendait sur sa table. Il l'y laissa quelque temps, comme s'il n'avait pas le courage de l'ouvrir : il finit pourtant par là et devint pâle comme un mort.

« Le malheur est consommé, dit-il : la maison a fait banqueroute. Je vois ce que c'est. Le bruit s'en sera répandu dans la Cité dès hier soir, et les Cheeryble en auront eu vent. C'est bien, c'est bien. »

Il parcourut à grands pas sa chambre dans une agitation violente, puis s'arrêta.

« Deux cent cinquante mille francs ! et je ne les avais déposés là que pour un jour, un seul jour ! Que d'années de soucis et de peines, que de jours cuisants, que de nuits sans sommeil m'ont coûté ces deux cent cinquante mille francs ! Deux cent cinquante mille francs ! Que de belles dames aux joues fardées seraient venues me caresser de leurs sourires ! Que de prodigues imbéciles seraient venus m'offrir leurs compliments du bout des lèvres, tout en me maudissant du fond du cœur, pendant le temps qu'il me fallait pour doubler mon capital ! Comme je les aurais pincés, moulus, broyés à plaisir, tous ces emprunteurs nécessiteux, à la langue dorée, aux yeux câlins, aux épîtres courtoises ! Vous n'avez qu'à croire le sot langage du monde : ils vous disent tous que les gens comme moi sont obligés d'acheter leur richesse par bien des dissimulations et des bassesses, en s'humiliant, en flattant, en rampant comme des chiens couchants. Et c'est tout le contraire. Qui peut dire tous les mensonges, tous les détours vils et abjects, toutes les adulations que m'auraient valus encore mes deux cent cinquante mille francs de la part d'un tas de parvenus qui, sans mon argent, me tourneraient le dos avec mépris, comme ils font chaque jour à des gens qui valent mieux qu'eux ? Et si je les avais doublés, gagné cent pour cent, changé ma pièce d'or en un double louis, il n'y aurait pas dans tous mes sacs un écu qui ne représentât deux cent cinquante mille faussetés méprisables, commises, non pas par le créancier, non, non, n'en croyez rien, mais par le débiteur, l'honnête, le libéral, selon vous, le généreux, le confiant débiteur qui se croirait déshonoré de mettre de côté une pièce de dix sous de son revenu. »

C'est ainsi que, pour donner le change à ses regrets amers, Ralph, en se promenant à grands pas dans la chambre, versait sur les pratiques ordinaires du monde ses sarcasmes les plus amers. Mais à mesure qu'il ramenait son esprit à la pensée de sa perte récente, il montrait un cœur et un visage moins résolus, tant qu'enfin se laissant tomber sur son fauteuil dont il faisait craquer les bras dans son étreinte nerveuse :

« J'ai vu le temps, dit-il, où rien n'aurait pu m'émouvoir comme la perte de cette grosse somme, non rien au monde. Les naissances, les morts, les mariages, tous ces événements qui ont tant d'intérêt pour la plupart des hommes, qu'est-ce que tout cela me fait, à moins qu'ils ne me fassent perdre ou gagner ? Eh bien! en ce moment, sur ma parole, ce n'est pas tant à cette porte que je suis sensible, qu'à son air triomphant en me l'annonçant. C'est à lui que je la devrais (il me semble que je la lui dois), je ne l'en détesterais pas davantage. Patience! que je puisse seulement me venger, à petits coups, lentement, mais sûrement; que je prenne seulement une fois le dessus et que je fasse pencher la balance de mon côté, et nous verrons. »

Ses réflexions furent longues et profondes ; elles se terminèrent par une lettre qu'il chargea Newman de porter à l'adresse de M. Squeers à la tête de Sarrasin. Noggs devait s'informer si l'autre était arrivé à Londres et, dans ce cas, attendre une réponse. Il revint avec la nouvelle que M. Squeers était arrivé le matin même par la diligence, qu'il avait reçu la lettre, étant encore au lit, mais qu'il faisait ses compliments à M. Nickleby et qu'il allait se lever pour venir le voir à l'instant.

En effet, il ne se fit pas longtemps attendre. Mais, dans l'intervalle, Ralph avait eu le temps de faire disparaître tout signe d'émotion, et de reprendre sa physionomie ordinaire, c'est-à-dire dure, immobile, inflexible, à laquelle il devait peut-être en grande partie son influence incontestable sur un grand nombre de gens qui ne se piquaient pas d'être pointilleux à l'endroit de la moralité.

« Eh bien! monsieur Squeers, lui dit-il en accueillant ce digne homme avec son sourire accoutumé, moitié figue, moitié raisin, comment vous portez-vous ?

— Mais, monsieur, dit M. Squeers, pas trop mal. Ma famille, les petits garçons, tout cela va bien, sauf une espèce de gourme qui court la maison et qui ôte aux écoliers l'appétit. Mais que voulez-vous, c'est ce temps-là, tout le monde en souffre, comme je leur dis chaque fois qu'il leur survient quelque épreuve. Les épreuves, monsieur, sont le lot de l'humanité. La mort elle-même, monsieur, est une épreuve. On ne voit que cela dans ce monde, des épreuves! et, si un petit garçon regimbe contre les épreuves et vous ennuie de ses plaintes, il faut bien le gourmer pour le mettre à la raison; c'est encore conforme au texte de l'Écriture, vous savez.

— Monsieur Squeers.... dit Ralph sèchement.

— Monsieur!

— Nous laisserons là, s'il vous plaît, ces précieuses tirades de moralité, pour parler affaires.

— De tout mon cœur, répliqua Squeers, et d'abord que je vous dise....

— Que je dise d'abord moi-même, s'il vous plaît, ce que j'ai à dire.... Noggs! »

Newman se laissa appeler deux ou trois fois avant de se présenter.

« Est-ce que monsieur m'appelle? dit-il.

— Oui. Allez dîner, et dépêchons.... M'entendez-vous?

— Il n'est pas l'heure, dit Newman d'un air mécontent.

— C'est mon heure, ce doit être la vôtre : ne vous le faites pas répéter deux fois.

— Vous changez d'heure tous les jours; ce n'est pas juste.

— Comme vous n'avez pas beaucoup de cuisinières, vous n'aurez pas beaucoup d'excuses à leur faire de les déranger. Allons! partez, monsieur. »

Non-seulement Ralph lui intima cet ordre de son air le plus impérieux; mais, sous prétexte d'aller chercher quelques papiers dans le cabinet de Newman, il s'assura de son départ, et alla derrière lui barrer la porte, pour l'empêcher de rentrer en secret, à l'aide de son passe-partout.

« J'ai des raisons de soupçonner le drôle, dit Ralph en rentrant dans son bureau. Aussi, jusqu'à ce que j'aie avisé au moyen le plus expéditif et le plus commode de consommer sa ruine, je veux toujours le tenir à distance.

— Si vous vouliez consommer sa ruine, dit Squeers, je crois que vous n'auriez pas grand mal, et il se mit à ricaner.

— Peut-être que non. Pas plus que pour bien d'autres gens que je connais. Vous disiez donc que.... »

L'air dégagé dont Ralph avait parlé de ruiner son homme et la réflexion qu'il y avait ajoutée, par forme d'insinuation, n'avaient pas manqué son but. M. Squeers, embarrassé, dit avec un peu d'hésitation et d'un ton plus soumis :

« Mais, ce que je voulais vous dire, monsieur, c'est que l'affaire relative à ce fils ingrat et dénaturé de M. Snawley, me crée bien des ennuis et des désagréments, sans compter que cela me prend un temps considérable, pendant lequel je suis obligé de laisser des semaines entières Mme Squeers dans le veuvage. C'est un plaisir pour moi de traiter avec vous, sans aucun doute....

— Sans aucun doute, répéta Ralph sèchement.

— Oui, c'est ce que je disais, reprit M. Squeers en se frottant les genoux, mais, en même temps, quand il faut venir, comme moi, de plus de quatre-vingts lieues pour une assignation, ce n'est pas amusant, sans compter les risques que l'on court.

— Quels risques?

— Je dis sans compter les risques, répondit Squeers d'une manière évasive.

— Et moi, je vous répète quels risques? répliqua Ralph avec hauteur.

— Quels risques? reprit Squeers en se frottant les genoux encore plus fort.... Mais il n'est pas nécessaire d'insister là-dessus, il y a des choses dont il vaut mieux ne plus parler. Oh! vous savez bien vous-même les risques que je veux dire.

— Combien de fois vous ai-je déjà dit, combien de fois faut-il vous redire que vous ne courez aucuns risques? Qu'est-ce que vous avez affirmé par serment en justice, ou qu'est-ce que vous avez encore à affirmer par serment? qu'à telle et telle époque on vous a amené un pensionnaire du nom de Smike ; qu'il est resté chez vous un certain nombre d'années; que vous l'avez perdu dans telles et telles circonstances; que vous l'avez retrouvé; que vous avez telle et telle preuve pour constater son identité. Tout cela, c'est la vérité, n'est-ce pas?

— Oui, répliqua Squeers, tout cela est bien la vérité.

— Eh bien! alors, où sont donc les risques à courir? S'il y a quelqu'un qui prête un faux serment, ce n'est pas vous, c'est Snawley, et je le paye moins cher que vous.

— Il est sûr qu'il vous a pris bon marché, Snawley, remarqua Squeers.

— Bon marché! continua Ralph avec humeur. A la bonne heure, mais cela ne l'empêche pas de s'en acquitter consciencieusement; quelle figure hypocrite dans ses dépositions! quel air de petit saint! au lieu que vous.... des risques! je ne sais pas ce que vous voulez dire. Les certificats sont authentiques; comme quoi Snawley a eu un autre fils; comme quoi il a été marié deux fois; comme quoi sa première femme est morte, et, à moins qu'elle ne revienne elle-même pour dire que ce n'est pas elle qui a écrit la lettre, je ne connais que Snawley qui puisse dire que Smike n'est pas son fils, et que son vrai fils est, depuis longtemps, mangé aux vers. S'il y a un parjure, c'est Snawley qui le risque, et j'imagine qu'il n'en est pas à son début. Quels sont donc les risques que vous courez?

— Dame! répondit Squeers en s'agitant sur sa chaise, si vous le prenez par là, et vous, où sont les vôtres?

— Où sont les miens? qu'est-ce que cela fait où sont les miens? si je ne parais pas dans l'affaire, vous n'y paraissez pas non plus. Snawley lui-même, après tout, n'a qu'une chose à faire, c'est de ne pas se démentir dans le conte qu'il a forgé : et le seul risque qu'il ait à courir, c'est de se trahir lui-même. Et puis, après cela, venez donc me parler de vos risques dans le complot !

— Oui, des risques, je vous le répète, répondit Squeers contrarié et visiblement mal à son aise. N'allez-vous pas me faire croire que c'est une faveur, maintenant, dont je vous dois de la reconnaissance ?

— Appelez-le comme vous voudrez, dit Ralph s'échauffant, mais écoutez-moi. Dans l'origine, quand on a fabriqué cette histoire, de quoi s'agissait-il ? de vous venger d'un garnement qui vous avait fait du tort dans votre commerce, et qui vous avait presque laissé mort sur la place : c'était de vous mettre à même de rentrer en possession d'un pauvre diable de moribond que vous teniez à recouvrer, parce que, en lui faisant expier sa part de complicité dans l'affaire, vous saviez bien qu'en même temps ce serait pour votre ennemi la plus rude punition à lui infliger que de lui reprendre son protégé. N'est-il pas vrai, monsieur Squeers ?

— Mais, monsieur, répliqua Squeers vaincu par les arguments entassés par Ralph pour le mettre dans son tort, et par son ton sévère et inflexible, c'est vrai jusqu'à un certain point.

— Qu'entendez-vous par là ?

— Mais jusqu'à un certain point veut dire naturellement que ce n'était pas pour moi tout seul, et que vous aviez bien aussi une vieille rancune à satisfaire.

— Si je n'en avais pas eu, dit Ralph sans se déconcerter le moins du monde, vous imaginez-vous que je vous aurais aidé là dedans ?

— Oh ! je sais bien que non, répliqua Squeers. Je tenais seulement à poser carrément la question, pour qu'il n'y ait pas de malentendu entre nous.

— Cela allait tout seul, reprit Ralph. Mais, par exemple, tout n'est pas égal entre nous : c'est moi qui paye la folle enchère L'argent que je sacrifie à ma haine, vous, vous l'empochez au profit de la vôtre. Vous êtes au moins aussi avare que vindicatif. Je ne dis pas que je vaille mieux que vous. Mais enfin quel est le mieux partagé, de celui qui peut tirer de la chose argent et vengeance du même coup de filet, et qui, dans tous les cas, s'il n'est pas sûr de sa vengeance, est bien sûr de l'argent qu'il tient ; ou de celui qui n'est sûr que d'une chose, d'avoir dépensé son argent d'abord, qu'il puisse ou non se venger après ? »

En voyant que M. Squeers en était réduit à ne plus répondre que par un sourire forcé et des haussements d'épaules : « Vous voyez bien, lui dit Ralph, que vous ferez mieux de vous taire et de me remercier de tous ces avantages. » Puis, fixant sur lui un regard assuré, il se mit à lui raconter les derniers événements.

Premièrement, comment Nicolas était venu lui mettre des bâtons dans la roue à propos d'un projet de mariage qu'il avait formé pour certaine demoiselle, et avait profité de la confusion où les avait jetés la mort subite du père pour s'adjuger à lui-même la jeune personne, et l'emmener en triomphe.

Secondement, qu'en vertu d'un contrat ou d'un testament, dans tous les cas d'un acte authentique, au profit de la demoiselle, et qu'on pourrait aisément trier dans les autres papiers, si on pouvait une fois s'insinuer dans l'endroit où il était déposé, elle se trouvait héritière d'un bien considérable, sans le savoir ; mais que, si elle avait une fois connaissance du titre, elle en avait assez pour faire de son mari (notez que ce serait Nicolas, sans aucun doute) un homme riche et fortuné, c'est-à-dire un ennemi des plus redoutables.

Troisièmement, que ce titre se trouvait mêlé à d'autres papiers volés à un homme qui les avait lui-même obtenus ou recélés d'une manière frauduleuse, ce qui l'empêchait de se hasarder à faire de poursuites judiciaires, et que lui, Ralph, connaissait la personne qui les avait volés.

M. Squeers prêtait avec avidité l'oreille à ces détails intéressants ; il en dévorait chaque syllabe, ouvrant la bouche toute grande, aussi bien que son œil unique, et s'étonnant en lui-même des raisons particulières qui lui valaient l'honneur d'une pareille confidence de la part de Ralph, sans savoir encore où il voulait en venir.

« Maintenant, dit Ralph, se penchant en avant vers son auditeur et lui plaçant la main sur l'épaule, écoutez bien le plan que j'ai conçu et qu'il faut, quand je l'aurai mûri, mettre à exécution. Il n'y a personne que la jeune fille et son mari qui puisse tirer aucun profit de ce titre, et ils ne peuvent eux-mêmes en tirer aucun avantage que s'ils s'en procurent la possession : c'est un point que j'ai découvert et qui ne souffre pas l'ombre d'un doute. Eh bien ! c'est cet acte qu'il me faut entre les mains, et celui qui me l'apportera, je lui donnerai cinquante guinées en beaux louis d'or, et je brûlerai le titre devant lui. »

M. Squeers, après avoir suivi de l'œil le mouvement de Ralph qui étendait la main vers le foyer pour faire le geste d'un

homme qui jette le papier au feu, lui dit, avec un gros soupir :
« C'est bien, mais qui est-ce qui vous l'apportera ?

— Peut-être personne, car il faudra se donner du mal pour se
le procurer, dit Ralph ; mais s'il y a un homme au monde qui
en soit capable, c'est-vous ! »

L'air consterné que Squeers prit tout d'abord à cette ouverture, et son refus tout net de la commission auraient ébranlé bien des gens, peut-être même fait renoncer immédiatement tout autre à son dessein ; mais Ralph n'eut pas même l'air de s'en apercevoir. Il laissa le maître de pension jaser là-dessus à perte d'haleine, puis ensuite il reprit, avec le même sang-froid que s'il n'avait pas seulement été interrompu, le cours de ses propositions, avec tous les développements propres à les faire valoir, en insistant sur les points qui devaient le plus toucher son interlocuteur.

C'était l'âge, la décrépitude, la faiblesse de Mme Sliderskew, le peu d'apparence qu'elle eût aucun complice, peut-être même aucune connaissance, vu ses habitudes sédentaires et son long séjour dans une maison aussi solitaire que celle de Gride. Raison de plus pour supposer que le vol commis par elle n'était pas la conséquence d'un plan concerté d'avance : autrement, elle aurait mieux aimé épier une occasion de voler une bonne somme d'argent. L'embarras où elle ne pourrait manquer de se trouver quand elle viendrait à réfléchir à ce qu'elle avait fait, et qu'elle se verrait encombrée de documents dont elle ignorait complétement la valeur. La facilité relative qu'aurait une personne, bien au fait de sa position, une fois insinuée chez elle et mettant ses inquiétudes à profit, à se glisser dans sa confiance et à obtenir d'elle, sous un prétexte ou sous un autre, la remise volontaire du titre désiré. De plus, la résidence habituelle et constante de M. Squeers dans un pays si éloigné de Londres, faisait de son association passagère avec Mme Sliderskew une vraie farce de carnaval, une mascarade dans laquelle il était impossible qu'on vînt à le reconnaître, ni sur le moment ni plus tard. L'impossibilité pour Ralph de s'en charger lui-même, parce qu'elle le connaissait déjà de vue. Tout cela entremêlé de différents commentaires sur le tact exquis et la haute expérience de M. Squeers, de sorte que ce serait pour lui un pur amusement, un jeu d'enfant, que de mettre dedans une vieille bonne femme comme elle. Ralph ne s'en tint pas là, il ajouta à ces moyens de persuasion habiles une vive peinture de la honteuse défaite de Nicolas, s'ils pouvaient réussir à lui faire épouser une mendiante au lieu d'une héritière en espérance. Il dit un mot en passant de l'avantage immense qu'il y avait pour un homme dans la situation de Squeers à se faire un ami comme lui ; il rappela en détail tous les services qu'il lui avait déjà rendus depuis qu'ils s'étaient connus pour la première fois, et en particulier le bon témoignage qu'il avait porté en sa faveur dans une affaire où on imputait à ses mauvais traitements la mort d'un enfant maladif décédé dans sa pension. Il est vrai que cette mort heureuse faisait l'affaire de Ralph et de ses clients, mais il se garda bien de lui faire connaître cette particularité. Enfin, il fit entendre qu'il pourrait porter jusqu'à dix-huit cents francs, qui sait? peut-être même jusqu'à deux mille cinq cents, en cas de succès plein et entier, la somme de douze cents francs qu'il avait promise d'abord.

Après avoir bien et dûment entendu tout du long cette kyrielle d'arguments, M. Squeers se croisa les jambes, les décroisa, se gratta la tête, se frotta l'œil, examina la paume de sa main, se rongea les ongles, avec bien d'autres signes d'embarras et d'indécision, et demanda « si les deux mille cinq cents francs en question étaient bien le dernier mot de M. Nickleby. »

Voyant M. Nickleby déterminé à ne pas dépasser ce chiffre, il se mit encore à s'agiter, à réfléchir, hasarda avec aussi peu de succès la même question, à savoir s'il n'irait pas bien jusqu'à trois mille francs, et finit par déclarer qu'il fallait bien faire quelque chose pour un ami, que c'était dans ses principes, et que par conséquent il se chargeait de l'affaire.

« Oui, mais, dit-il, comment arriver jusqu'à la bonne femme? voilà ce qui m'embarrasse.

— Je n'en sais trop rien, répliqua Ralph, mais je vais essayer. J'ai déjà déterré plus d'une fois dans la ville des gens capables de se cacher mieux qu'elle. Je connais des endroits où, avec une guinée ou deux, bien placées, on peut résoudre des problèmes plus difficiles, et compter sur la discrétion par-dessus le marché. Mais j'entends sonner mon clerc à la porte. Il est temps de nous séparer. Pour éviter les allées et venues, vous ferez bien d'attendre chez vous que je vous donne des nouvelles.

— Bon! reprit Squeers; à propos, si vous ne réussissez pas à la trouver, vous payerez mes frais à l'auberge, et vous me donnerez quelque chose pour indemniser le temps perdu?

— A la bonne heure, dit Ralph en rechignant; je veux bien. Vous n'avez plus rien à me dire? » Squeers secoua la tête et prit le chemin de la porte, où Ralph l'accompagna, s'étonnant tout haut, pour être entendu de Newman, de trouver la porte barrée, comme si on était en pleine nuit, fit entrer Noggs, sortir Squeers, et revint dans son cabinet.

« A présent, murmura-t-il entre ses dents, quoi qu'il arrive, me voilà ferme et assuré. Que je puisse me donner seulement cette petite réparation de la perte que je viens de faire et de l'échec que je viens de subir ; que je sois seulement assez heureux pour lui ravir cette espérance, qui doit lui être si chère : je ne demande que cela pour le moment. Ça sera le premier anneau d'une chaîne dont je vais l'enlacer, et que je veux lui forger de main de maître. »

CHAPITRE XXV.

Comment l'auxiliaire de Ralph se mit à l'œuvre, et comment il réussit.

C'était par une soirée triste, sombre, humide, une soirée d'automne. Dans une chambre au dernier étage d'une méchante baraque, située au fond d'une rue obscure, ou plutôt d'une cour, près de Lambeth, était assis, tout seul, un borgne étrangement accoutré. Son habillement grotesque cachait-il un travestissement, ou dénotait-il sa misère ? Quoi qu'il en soit, il était enveloppé d'une large redingote, dont les bras étaient bien deux fois aussi longs que les siens, et dont l'ampleur, de haut en bas, aurait suffi grandement pour l'ensevelir tout entier de la tête aux pieds, sans qu'on eût besoin de tirer la vieille étoffe crasseuse dont elle était faite.

Sous ce déguisement, et dans un quartier si éloigné de ses habitudes et de ses occupations, si pauvre et si peu respectable, l'œil de Mme Squeers elle-même aurait eu peine à reconnaître son seigneur et maître, quelque pénétrante que l'on suppose la sagacité de cette tendre épouse, illuminée par ses sentiments d'affection conjugale. C'était pourtant bien le seigneur et maître de Mme Squeers. Il avait l'air d'assez mauvaise humeur, son seigneur et maître, quoiqu'il puisât quelque consolation dans une bouteille placée devant lui sur la table ; il jetait autour de la chambre un regard où se peignaient, avec un profond dégoût pour les objets dont il était entouré, le souvenir et le regret impatient de quelques lieux éloignés et de quelques personnes absentes.

Le fait est qu'il n'y avait pas grand agrément ni dans la chambre sur laquelle errait la vue de M. Squeers avec si peu de plaisir, ni dans la ruelle étroite dont il eût eu la perspective, s'il avait tenté de s'approcher de la fenêtre. La mansarde qu'il occupait était nue et laide. Le lit et les quelques meubles de première nécessité qu'elle renfermait étaient des plus vulgaires, dans un état caduc, et d'une apparence moins que séduisante. La ruelle était sale, boueuse et déserte. Comme elle n'avait qu'une issue, elle n'était jamais guère traversée que par ses rares habitants, et, comme la soirée n'était pas engageante pour sortir, on n'y voyait d'autres signes de vie que la chétive lueur de quelques chandelles fumeuses derrière les vitres noircies ; on n'y entendait que le clapotage de la pluie, ou de temps en temps le lourd battement de quelque porte qui craquait en se fermant.

M. Squeers continuait de promener autour de lui son regard mélancolique et d'écouter en silence ces bruits monotones, variés seulement par le frôlement de sa grande redingote, quand il en tirait de temps à autre son bras pour l'allonger vers la bouteille et la porter à ses lèvres. M. Squeers ne fit pas autre chose pendant assez longtemps, jusqu'à ce que le redoublement des ténèbres l'avertit qu'il était temps de moucher sa chandelle. Un peu réveillé par cet exercice, il leva les yeux vers le plafond, et les fixant sur des figures bizarres et fantastiques qu'y avaient dessinées la pluie et l'humidité pénétrant à travers la toiture, il s'adressa lui-même le monologue que voici :

« C'est bon ! voilà qui est joli ! très-joli, ma foi ! Voilà combien de semaines ? six au moins, que je suis ici à pourchasser cette méchante, vieille, petite.... voleuse (M. Squeers eut du mal à se décider à lâcher cette épithète) et, pendant ce temps-là, Dotheboys Hall va à la diable. Voilà ce que c'est que de se faire attraper par ce rusé matois de Nickleby. Vous ne savez jamais où vous en êtes avec lui, et si vous hasardez un sou, il vous fait bientôt perdre un écu. »

Cet apophthegme financier rappela naturellement à M. Squeers qu'il s'agissait pour lui d'un millier d'écus. Pensée divertissante qui détendit les plis de son front, et lui fit lever le coude pour déguster la bouteille d'un air plus enchanté que jamais.

Le monologue reprend : « Je n'ai pas encore vu ni connu de scie tranchante, ni de lime patiente comme ce vieux Nickleby. Il est impossible de s'en faire une idée. C'est une vraie lime sourde, ce Nickleby. Il fallait le voir tourner, virer, trotter, creuser jour par jour son sillon, sa sape ou sa mine, pour aboutir au repaire qui cachait cette précieuse Mme Peg Sliderskew et me préparer le chemin. Comme il rampait, comme il glissait, comme il s'insinuait, le vieil aspic aux traits hideux, à l'œil vitreux, au sang de glace ! Ah ! voilà un homme qui aurait fait florès dans notre partie, mais, bah ! c'était pour lui un trop petit théâtre. Son génie aurait éclaté comme une bombe dans cette étroite prison, et, en dépit de tous les obstacles, il aurait tout brisé sur ses pas, jusqu'à ce qu'il se fût élevé à lui-même un monument de.... allons, c'est bon ! gardons le reste pour une meilleure occasion. »

L'éloquence de M. Squeers fit ici une halte : nouvelle accolade à la bouteille, après quoi il tira de sa poche une lettre graisseuse dont il se mit à lire par cœur le contenu comme un homme qui l'a déjà étudiée bien des fois, et qui ne veut que s'en rafraîchir la mémoire, à défaut d'autre amusement plus agréable.

« *Les cochons se porte bien,* lut M. Squeers. *Les vaches se porte bien, et les pensionnaires boulotte. Le jeune Sprouter cligne de l'œil.* Vraiment ? Je vais le faire cligner, moi, à mon retour. *Cobbey continue de renifler en mangeant à dîner, et répond que le bouilli est si dur que ça le fait renifler.* C'est parfait, Cobbey, je vous ferai bien renifler sans bouilli. *Pitcher a encore eu une fièvre typhoïde.* Voyez-vous ça ? *Ses parents sont venus le retirer, et il est mort chez eux le lendemain.* Je suis sûr que c'était pour me faire enrager : toujours le même système. Il fallait que ce fût ce gamin-là pour mourir justement à l'expiration du trimestre et m'emporter tout mon profit : c'est pousser la rancune bien loin. *Palmer cadet a dit qu'il voudrait être au ciel.* Ma parole d'honneur, je ne sais que faire de ce garnement, il a toujours comme cela des idées épouvantables. Une autre fois, n'at-il pas été jusqu'à dire qu'il voudrait bien être un âne, parce qu'au moins il n'aurait pas un père qui ne l'aime pas. Comprend-on une pareille horreur de la part d'un enfant de six ans ? »

M. Squeers fut tellement ému de voir cet exemple de dureté de cœur dans un enfant d'un âge encore si tendre, que, dans sa colère, il laissa là l'épître de sa dame pour chercher des consolations dans un autre ordre d'idées.

« C'est bien long, six semaines, pour rester à Londres tout ce temps-là, dit-il. Et ne voilà-t-il pas un joli bijou de logement pour y demeurer seulement huit jours ! Après cela, deux mille cinq cents francs, cela fait cinq pensionnaires ; et encore cinq pensionnaires mettent une année entière à payer deux mille cinq cents francs, sans compter qu'il faut en déduire la nourriture et l'entretien. Et puis le temps que je passe ici ne me cause aucun dommage. La pension court toujours comme si j'étais là, et je peux m'en fier à Mme Squeers pour les bien tenir. Je n'aurai à regagner le temps perdu que pour une misère, un petit arriéré de coups de verges à liquider pour me mettre au courant; mais il ne me faut pas plus de deux jours pour acquitter mes dettes, et d'ailleurs deux mille cinq cents francs valent bien un petit surcroît de besogne. Mais voici bientôt le moment d'aller trouver la bonne femme. D'après ce qu'elle m'a dit hier au soir, j'ai lieu de croire que c'est aujourd'hui que nous allons terminer, ou jamais. Commençons par prendre encore un petit verre pour porter une santé à mon succès et me mettre de belle humeur. Madame Squeers, ma bien-aimée, à votre santé ! »

Et, de son œil unique, il salua, selon l'usage, la dame qui était censée lui faire raison de sa santé comme si elle eût été là. Dans son enthousiasme, sans doute, il s'oublia jusqu'à se verser une rasade à pleins bords et la vider d'un trait. Or, comme le liquide était un spiritueux actif et qu'il n'avait pas épargné ses visites à la bouteille, il n'est pas surprenant qu'il se trouvât cette fois d'une gaieté parfaite, l'esprit monté à la hauteur de sa mission.

Sa mission ne fut pas longtemps un mystère. En effet, après avoir fait quelques tours dans la chambre pour se dégourdir les jambes, il prit la bouteille sous son bras, le verre à la main, souffla la chandelle, ce qui annonçait qu'il s'attendait à ne pas revenir tout de suite, se glissa à la dérobée vers l'escalier, grimpa à pas de loup jusqu'à une porte vis-à-vis de sa chambre et il y tapa doucement trois petits coups.

« Qu'ai-je besoin de frapper à la porte, dit-il par réflexion, puisqu'elle n'entend pas ? Je ne suppose pas que je la surprenne indiscrètement à faire quelque chose d'extraordinaire, et d'ailleurs, qu'est-ce que cela me fait ? »

Sans autre préambule, M. Squeers poussa le loquet, et, passant la tête dans un grenier bien autrement déplorable que celui qu'il venait de quitter, s'assura qu'il n'y avait personne que la vieille, qui se chauffait à un feu misérable (car si l'on était encore en automne, le temps était froid comme en hiver), entra et lui donna une petite tape sur l'épaule.

« Eh bien ! ma Slider ? dit M. Squeers d'un ton jovial.
— Est-ce vous ? demanda Peg.
— Certainement, que c'est moi. *Moi*, première personne singulier nominatif, s'accordant avec le verbe *c'est*, et gouverné par *Squeers*, sous-entendu, comme *le cheval*, *la rose*. Exception : quand l'*h* est aspirée, *le*, *la* perdent la voyelle finale, comme dans *l'hâne*, *l'hamour*, » répondit M. Squeers, citant au hasard des bribes de grammaire.

Puis abaissant la voix à son ton ordinaire, pour n'être pas entendu de Marguerite :

« Dans tous les cas, c'est moi ou ce n'est pas moi, vieille sorcière, tu n'en es pas plus avancée. »

En même temps il prit un tabouret, le mit auprès du feu et s'assit dessus en face d'elle, plaça le verre sur le carreau, la bouteille au milieu, et se mit à recommencer d'une voix de stentor :

« Eh bien! ma Slider?

— Ah! à la bonne heure! je vous entends, vous, dit Peg de l'air le plus gracieux.

— Vous voyez, je ne vous ai pas manqué de parole.

— C'est ce qu'on disait dans mon pays, répondit Peg avec assurance ; mais moi, je trouve l'huile meilleure.

— Meilleure que quoi? dit Squeers d'une voix à faire trembler les murailles, en ajoutant à voix basse un petit supplément de compliments.

— Non, dit Peg, certainement non.

— Jamais je n'ai vu de monstre pareil, marmotta Squeers de l'air le plus aimable du monde, pendant que Peg, l'œil fixé sur ses traits, riait à gorge déployée, comme une femme enchantée de l'à-propos de ses réponses. Voyez-vous cela? c'est une bouteille.

— Je vois bien.

— Et voyez-vous ceci ? c'est un verre. »

Peg ne s'y trompa pas non plus.

« Regardez bien, reprit Squeers accompagnant ses remarques de gestes démonstratifs : je remplis le verre avec la bouteille ; je vous dis : A votre santé! et je le vide. Après cela, j'y passe gentiment une petite goutte pour le rincer, je la jette à regret dans le feu.... Là, nous allons mettre le feu à la cheminée.... Je le remplis de nouveau et je vous le passe.

— A la vôtre! dit Peg.

— Elle entend cela , c'est déjà quelque chose, murmura Squeers, en admirant avec quelle vivacité Mme Sliderskew vous sablait son verre de brandy, au risque d'étouffer après dans ses affreux hoquets. Voyons! à présent, causons un peu. Comment va le rhumatisme? »

Mme Sliderskew, avec force œillades, force sourires, force regards expressifs, qui tous également trahissaient son goût vif pour M. Squeers, sa personne, ses manières, sa conversation, lui répondit que son rhumatisme allait mieux.

Devenu de plus en plus facétieux, grâce à la bouteille , M. Squeers continua ses plaisanteries :

« Et d'où viennent les rhumatismes? Qu'est-ce que cela veut dire ? Pourquoi a-t-on des rhumatismes? Hein ? »

Mme Sliderskew répondit en femme d'esprit, qu'elle ne le savait pas, mais que c'était peut-être parce qu'on ne pouvait pas s'en empêcher.

« La rougeole, les rhumatismes, la coqueluche, la toux, la fièvre, le lumbago, répliqua-t-il, tout cela c'est de la philosophie, rien autre chose. Les corps célestes, c'est de la philosophie. Les corps terrestres, philosophie. S'il y a un clou qui loche dans quelque corps céleste, c'est de la philosophie. S'il y a un clou qui loche dans un corps terrestre, toujours de la philosophie. Ou bien il peut se faire quelquefois qu'il y ait un peu de métaphysique, mais ce n'est pas commun. La philosophie est mon talisman, ma selle à tous chevaux. Qu'un parent me fasse une question sur quelque matière classique, commerciale ou mathématique : « Monsieur, lui dis-je gravement, permettez-moi d'abord de vous demander si vous êtes philosophe. —Non, monsieur Squeers, dit-il, je ne le suis pas. — En ce cas, monsieur, j'en suis bien fâché, mais je ne pourrais pas vous expliquer cela. Naturellement le bon parent s'en va avec le regret de n'être point philosophe, et la conviction, comme de juste, que je le suis. »

Tout cela était débité avec un air de profondeur avinée, et de gravité comique. M. Squeers tenait son œil braqué sur Mme Sliderskew, qui n'avait garde d'entendre un mot. Il termina ses réflexions en se servant à la bouteille, et la passa à Marguerite qui fit honneur à cette politesse.

« Voilà le moment de mettre le feu aux poudres, se dit M. Squeers. Savez-vous, ma Slider, que vous êtes rajeunie de vingt ans ! »

Le compliment ne fut pas désagréable à Mme Sliderskew, qui en rit de bon cœur, sans que sa modestie lui permît cependant d'y donner un assentiment verbal.

« Je dis vingt ans de moins que la première fois que je vins me présenter chez vous, vous rappelez-vous?

— Je crois bien : vous m'avez fait assez grand'peur.

— Vraiment ? dit Squeers. En effet, c'était assez drôle de voir un étranger s'introduire chez soi sans autre recommandation que de vous dire qu'il sait vos affaires, votre nom, pourquoi vous vivez si retiré, ce que vous avez chipé, à qui vous l'avez chipé, n'est-ce pas? »

Peg reconnut la vérité de cette réflexion par un signe de tête bien prononcé.

« C'est que, voyez-vous, moi, je suis au courant de tout ce qui se fait dans ce genre-là, continua Squeers. Il ne se passe rien comme cela que je n'y sois pour quelque chose. Je suis une espèce d'homme de loi de première qualité, et connu pour mon habileté. Je suis l'ami intime et le conseiller de confiance de presque tous les hommes, les femmes, les enfants qui se trouvent dans l'embarras pour avoir les doigts trop agiles. »

M. Squeers allait défiler le chapelet de tous ses talents et de ses mérites variés, car c'était concerté entre lui et Ralph Nickleby, et d'ailleurs il puisait dans la bouteille un flot d'éloquence intarissable, lorsque Mme Sliderskew l'interrompit pour lui crier à tue-tête, en se croisant les bras et en remuant la tête comme une pagode.

« Ha! ha! ha! Il ne s'est donc pas seulement marié, ah! il n'est pas marié?

— Non, répliqua Squeers, je peux vous en répondre.

— Et il est survenu un jeune godelureau qui lui a enlevé sa femme à son nez et à sa barbe!

— Comme vous dites, et ce n'est pas là tout. On m'a assuré qu'il l'a rossé comme il faut, qu'il a cassé les vitres, et lui a fait avaler les rubans de marié, jusqu'à l'étrangler.

— Contez-moi donc encore tout ça, cria Marguerite dont la malice prenait un singulier plaisir à se faire répéter toujours la déconvenue de son ancien bourgeois, et dont les yeux pétillaient d'une joie qui ne faisait qu'ajouter à sa laideur hideuse, je veux encore en entendre les détails, en commençant par le commencement, comme si vous ne m'aviez jamais rien dit. N'oubliez pas un mot, et ceci et cela, tout, en recommençant au moment même où il est allé le matin à la maison de sa belle. »

M. Squeers, tout en gratifiant fréquemment Mme Sliderskew de la liqueur enchanteresse dont il prenait lui-même abondamment sa part pour soutenir les efforts de sa voix, eut la complaisance de lui décrire, par le menu, la déconfiture d'Arthur Gride, avec tous les enjolivements que lui suggéra en passant son imagination inventive, dont la fertilité avait séduit tout d'abord la vieille, dès leur première entrevue. Mme Sliderskew, en l'écoutant, était dans l'extase du bonheur, elle roulait sa tête dans tous les sens, elle levait ses épaules décharnées, elle ridait sa face cadavéreuse, avec des variations d'abominable laideur si multiples et si compliquées que M. Squeers lui-même ne pouvait pas revenir de son étonnement, égal à son dégoût.

« Ah! le vieux bouc! le vieux traître! disait-elle. M'a-t-il flouée avec ses fourberies et ses promesses trompeuses; mais c'est égal, il a trouvé à qui parler, je suis femme à lui rendre la monnaie de sa pièce.

— Mieux que ça, Slider, reprit Squeers ; vous auriez pu être quittes, s'il s'était marié, mais avec son désappointement par-dessus le marché, c'est vous qui avez du retour, et fièrement. A propos, cela me rappelle, ajouta-t-il en lui passant le verre, que, si vous désirez avoir mon opinion sur ces actes, pour savoir ce que vous ferez bien de garder, et ce que vous ferez bien de jeter au feu, voilà le moment, Slider.

— Oh ! il n'y a pas de presse, dit Peg, en clignant de l'œil d'un air malin.

— Ah ! très-bien ! moi, je n'y tiens pas. Ce que j'en disais, c'est que vous me l'aviez demandé, vous savez. Vous pensez bien que je ne vous réclamerai pas un sou pour cela, entre amis. Mais, comme de raison, vous savez mieux que personne ce que vous avez à faire. Seulement il faut que vous ayez un fameux toupet, voilà tout.

— Comment, un toupet ? dit Marguerite.

— Dame ! je veux dire que, si c'était moi, je n'oserais pas garder des papiers qui peuvent me faire pendre ; je ne les laisserais pas traîner là, quand je pourrais en faire de l'argent : ceux qui ne pourraient me servir de rien, je m'en déferais ; les autres, je les serrerais en sûreté quelque part, voilà tout. Mais, après cela, chacun sait mieux que personne ce qu'il veut faire. Tout ce que je voulais dire, c'est que moi, je ne ferais pas comme ça.

— Allons ! tenez ! dit Marguerite, il faut que vous les regardiez.

— Moi ! je n'ai pas besoin d'y regarder, répliqua Squeers affectant d'être contrarié. Vous avez l'air de me faire une grâce. Vous n'avez qu'à les montrer à quelque autre, et à lui demander son avis. »

M. Squeers aurait peut-être continué plus longtemps la farce, si Mme Sliderskew, dans son empressement à rentrer dans l'honneur de ses bonnes grâces, ne s'était pas mise à lui témoigner une affection si inquiétante qu'il eut peur un moment de se voir étouffé par ses caresses. Il se hâta de réprimer, de la meilleure grâce possible, ces petites familiarités qu'il est juste d'imputer plutôt à la bouteille qu'à un écart de tempérament de Mme Sliderskew, et protesta qu'il avait voulu plaisanter. Pour lui prouver qu'il était toujours disposé à lui rendre service, il se déclara prêt à examiner les actes à l'instant même, si c'était le moyen de donner satisfaction et consolation aux inquiétudes de sa belle amie.

« Puisque vous voilà levée, ma Slider, brailla Squeers, mettez donc le verrou à la porte, pour que nous ne soyons pas dérangés. »

Peg se mit à trotter vers la porte, poussa le verrou, se traîna au bout de la chambre, et tira de derrière le charbon de terre qui remplissait le bas de son buffet une petite boîte de bois blanc. Elle le mit sur le carreau, aux pieds de Squeers, alla chercher sous son oreiller une petite clef avec laquelle elle lui fit signe d'ouvrir la caisse. M. Squeers, qui n'avait pas perdu un seul de ses mouvements, s'empressa de le faire, et relevant le couvercle, plongea ses yeux ravis sur les documents dont elle était pleine.

« A présent vous voyez, dit Peg se mettant à genoux sur le carreau près de lui, et arrêtant un moment la main impatiente de l'homme de loi prétendu, tout ce qui ne peut pas servir, nous allons le jeter au feu; tout ce qui peut nous rapporter de l'argent, nous le garderons. Et s'il y a quelques papiers qui puissent nous aider à le mettre en peine, à lui torturer le cœur, à le mettre en lambeaux, ceux-là nous les trierons avec un soin particulier. Car c'est là ce que je veux, c'est là ce que j'ai espéré faire quand je lui ai faussé compagnie.

— Je savais bien, dit Squeers, que vous ne l'aimiez pas autrement, mais je m'étonne que vous ne lui ayez pas emporté de l'argent, pendant que vous y étiez.

— Emporté quoi?

— De l'argent, hurla Squeers.... Ma parole, je crois qu'elle m'entend bien, mais qu'elle a juré de me rompre un vaisseau dans la poitrine, pour avoir le plaisir de me soigner après comme garde-malade.... De l'argent, Slider, de l'argent!

— La belle question! cria Peg avec un air de mépris. Si j'avais pris de l'argent à Arthur Gride, il aurait remué ciel et terre pour me trouver; il aurait flairé son cher argent, il l'aurait déterré au bout du monde. Non, non, pas si bête! Je lui ai pris ses secrets, et je savais bien qu'il ne voudrait pas les rendre publics, quand ils vaudraient leur pesant d'or. C'est un vieux renard, un vieux roué, un vieux sans cœur; il a commencé par me laisser mourir de faim et fini par m'attraper; aussi, si je le pouvais, je le tuerais sans pitié, comme un chien.

— Très-bien! bravo! dit Squeers. Mais, d'abord et d'un, Slider, jetez la boîte au feu. Il ne faut jamais garder des choses qui puissent vous compromettre.... retenez bien ce point-ci. Pendant que vous allez la mettre en morceaux, ce qui ne vous sera pas difficile, car elle est vieille et pourrie, pour la faire brûler en détail, moi, je vais faire l'inventaire des papiers, pour vous dire ce que c'est. »

Peg ayant accepté cet arrangement, M. Squeers retourna la boîte sens dessus dessous, en renversa le contenu sur le carreau et le lui passa. Il comptait sur l'attention de la vieille occupée à la faire brûler, dans le cas où il serait bon de la distraire, pour lui dissimuler la soustraction de quelque pièce à sa convenance.

« Là! dit Squeers, vous poussez les morceaux avec les pincettes entre les barreaux de la grille, vous en faites flamber le feu, et moi, pendant ce temps-là, je vais lire. Voyons! » En parlant ainsi, il posa à terre la chandelle auprès de lui vivement avec une grimace satanique, et procéda à l'examen.

Si la bonne femme n'avait pas été sourde comme un pot, elle n'aurait pas manqué d'entendre, quand elle était allée à la porte, la respiration haletante de deux personnes cachées derrière; et, à moins d'être bien renseignées sur son infirmité, ces deux personnes n'auraient rien eu alors de plus pressé que d'entrer sur-le-champ ou de détaler au plus vite. Mais, comme elles savaient à qui elles avaient affaire, elles restèrent coites à la porte, sans qu'on s'en aperçût; puis, trouvant que le verrou n'était pas fermé, parce qu'il n'avait pas de gâche, elles entrèrent avec précaution et s'avancèrent à pas de loup dans la chambre.

Pendant qu'elles se glissaient petit à petit sur la pointe du pied, en retenant leur respiration, Squeers et la vieille sorcière, qui ne s'attendaient pas qu'ils eussent personne sur leurs talons, s'occupaient tranquillement de leur petite affaire : la vieille, tournant sa face ridée tout près des barreaux de la grille dans l'âtre, et gonflant ses joues pour souffler dans les cendres et faire prendre le feu; Squeers se baissant pour lire à la chandelle, qui mettait en relief toute son horrible figure, comme la lueur du feu faisait valoir celle de sa compagne; tous deux, absorbés dans leur emploi, et rayonnant d'une joie qui contrastait singulièrement avec l'air d'anxiété des nouveaux venus, qui profitaient par derrière du plus léger bruit fait par les autres pour avancer un pas, et s'arrêtaient tout court, quand le bruit avait cessé; ajoutez à cela la grande chambre nue et sombre, les murs humides, la lueur douteuse et vacillante de la chandelle, et vous aurez une scène capable d'intéresser le spectateur le plus froid et le plus indifférent, une scène à rester longtemps gravée dans la mémoire.

Ces visiteurs clandestins, c'était M. Frank Cheeryble d'une part, et Newman Noggs de l'autre. Newman avait empoigné par son bout rouillé un vieux soufflet, et lui faisait décrire au-dessus de sa tête une courbe élégante, avant de le faire descendre sur celle de M. Squeers, lorsque Frank lui arrêta le bras d'un air sérieux, et, faisant un pas de plus en avant, s'approcha si près du maître de pension par derrière, qu'en se penchant un peu par-dessus son épaule, il pouvait lire avec lui les pièces qu'il tenait à la main.

M. Squeers, qui n'était pas autrement érudit, parut terriblement embarrassé de comprendre sa première prise, un acte écrit en gros, et qui n'en était pas plus lisible, à moins d'un œil exercé. Il essaya de le lire d'abord de gauche à droite, puis de droite à gauche, toujours avec le même succès, puis à l'envers, sans en être plus avancé.

« Ha! ha! ha! dit en riant Marguerite, à genoux devant le feu qu'elle nourrissait des débris de la cassette, et faisant, dans l'ivresse de sa joie, des grimaces de possédée, Qu'est-ce qu'il y a donc d'écrit là? hein?

— Rien de particulier, répliqua Squeers en lui poussant du pied le grimoire. Ce n'est qu'un vieux bail, à ce que je peux croire. Jetez-le au feu. »

Mme Sliderskew fit comme il avait dit, en demandant ce que signifiait le second.

« Celui-ci? dit Squeers; c'est une liasse de reconnaissances et de billets à échéance renouvelés par six ou huit gentlemen. Mais comme ce sont tous des M. P.[1], cela n'est bon à rien. Jetez-les aussi au feu. »

Même obéissance de Marguerite, même question sur le suivant.

« Celui-ci, dit Squeers, a l'air d'un contrat de vente du droit de présentation à la cure de Purechurch, dans la vallée de Cashup. Soignez celui-là, Slider, au nom du ciel! ne l'égarez pas. Il nous rapportera gros aux prochaines enchères.

— Et l'autre après? demanda Peg.

— Mais, dit Squeers, celui-ci, d'après deux lettres y jointes, m'a l'air d'être l'obligation d'un curé de campagne de donner mille francs sur son traitement, pour en emprunter cinq cents. Soignez aussi celui-là; car, s'il ne le paye pas, nous aurons bientôt mis l'évêque à ses trousses. Nous ne sommes pas sans savoir ce que veut dire la parabole du trou d'aiguille et du chameau.... Il faut, bon gré, mal gré, qu'un prêtre vive de son revenu, si maigre qu'il soit, s'il veut monter au ciel; il n'y a pas à dire.... C'est drôle, mais c'est comme ça.

1. M. P. membre du parlement.

— Qu'est-ce que vous voyez là? dit Peg.

— Oh! rien, répliqua Squeers; je regardais seulement. »

Newman, le fougueux Newman, levait encore le bras armé du soufflet. Mais Frank, par un geste rapide, le lui retint encore, sans faire de bruit.

« Tenez! dit Squeers, des billets.... gardez-moi cela. Une cédule de procureur...; cela aussi.... Deux garanties; ayez-en soin. Résiliation de bail; au feu.... Ah! Madeleine Bray!... *à l'époque de son mariage ou de sa majorité, ladite Madeleine....* Tenez! brûlez-moi ça. »

Mais il se garda bien de le passer à la vieille; il lui substitua un vieux parchemin qu'il tenait exprès d'avance à la main, et, pendant qu'elle avait le dos tourné, il fourra dans la poche de côté de sa grande houppelande le titre dont l'intitulé avait frappé sa vue, et poussa un cri de triomphe.

« Je le tiens! je le tiens! hourra! Le plan était bon, malgré les chances contraires, et nous y voilà enfin! »

Peg demanda ce qu'il avait à rire, mais sans obtenir de réponse. Il fut impossible de retenir plus longtemps le bras de Newman. Le soufflet, descendant de tout son poids sous la main vigoureuse de Noggs sur le crâne de M. Squeers, le renversa sur le carreau, et l'étendit tout de son long, privé de sentiment.

CHAPITRE XXVI.

Clôture d'un des épisodes de cette histoire.

Pour adoucir à son malade la fatigue d'un si long voyage, dans l'état d'épuisement où il se trouvait, Nicolas en fit deux journées. A la fin de la seconde, il arriva à quelques kilomètres du lieu où il avait passé les plus belles années de sa vie. Il y retrouvait, avec des pensées douces et paisibles, le souvenir vivant et pénible des circonstances qui l'avaient exilé avec sa famille de leur ancienne résidence, pour aller errer dans la solitude du monde, à la merci des étrangers.

Il n'avait pas besoin de ces réflexions que la mémoire du passé et le retour vers les scènes de notre jeunesse éveillent d'ordinaire dans les âmes les plus insensibles, pour sentir son cœur s'attendrir et le rendre plus compatissant encore aux souffrances de son ami. Nuit et jour, en tout temps, à toute heure, vigilant, attentif, empressé à accomplir le devoir qu'il s'était imposé lui-même de veiller sur l'être abandonné de tout autre secours, dont le reste de vie s'écoulait rapidement, comme la dernière poussière du sablier, pour disparaître bientôt tout à fait, il était toujours à ses côtés, sans le quitter un instant. Il l'encourageait, il ranimait ses esprits, il épiait ses désirs et ses besoins pour y satisfaire, il le soutenait, il l'égayait de son mieux, il n'avait plus d'autre occupation sans cesse et toujours.

Ils louèrent un appartement modeste dans une petite ferme entourée de prairies, où Nicolas enfant aimait à s'ébattre avec une troupe de camarades ; c'est là qu'ils fixèrent leur lieu de repos.

Dans les premiers temps, Smike avait encore la force de faire un tour dans le voisinage de la maison, pas bien loin à la fois, sans autre aide, sans autre soutien que le bras de Nicolas. Rien alors ne paraissait lui inspirer autant d'intérêt que la vue des lieux qui avaient été le plus souvent témoins des jeux de son ami, dans son enfance. Pour complaire à son goût, et dans l'espérance que son imagination satisfaite tromperait ainsi les tristes heures de son cher malade, en lui procurant l'occasion d'y penser d'abord et d'en parler après, Nicolas choisissait de préférence ce théâtre de ses premiers jeux pour but de leurs excursions journalières. Il le conduisait d'un lieu à l'autre dans une petite carriole, attelée d'un poney, et lui prêtait l'appui de son bras pour visiter à pas lents ses anciennes promenades, que Smike ne quittait jamais au coucher du soleil sans jeter un long regard d'adieu sur celles qui lui paraissaient les plus calmes et les plus belles.

C'était dans ces occasions que Nicolas, cédant presque à son insu à l'influence de ses anciens souvenirs, lui montrait quelque arbre qu'il avait escaladé vingt fois pour aller voir les petits oiseaux dans leur nid; la branche d'où il poussait un cri pour attirer l'attention de la petite Catherine qui s'arrêtait effrayée de la hauteur où il s'était élevé, tout en l'excitant, sans le savoir, à monter plus haut encore, par son étonnement même. Ou bien, c'était le vieux manoir devant lequel ils passaient tous les jours, levant les yeux vers la petite fenêtre par laquelle le soleil venait darder ses rayons et l'éveiller par une belle matinée d'été (tout alors était pour lui de belles matinées d'été). Ou bien, il grimpait par-dessus le mur du jardin, d'où il pouvait voir encore le même buisson de roses que Catherine avait reçu en cadeau sentimental de quelque petit amoureux de son âge et qu'elle avait planté de ses propres mains. Ou bien encore, il y avait la longue rangée de haies où Nicolas et sa sœur cueillaient brin à brin un bouquet de fleurs sauvages. Ici les pelouses et les chemins ombragés où ils s'étaient si souvent égarés ensemble. Pas un sentier, pas un ruisseau, pas un taillis, pas une chaumière qui ne fût liée à quelque événement enfantin qui lui revenait tout à coup en mémoire comme tous les souvenirs d'enfance. Des riens, un mot peut-être, un rire, un regard, un chagrin passager, une idée rapide, un éclair de frayeur naïve : et pourtant ces riens charmants se détachent plus nets et plus distincts sur le fond de notre mémoire que les épreuves les plus cruelles et les afflictions les plus profondes de l'an passé, dans un autre âge.

Dans une de ces excursions, ils traversèrent un jour le cimetière où était le tombeau de son père. « Ici même, dit Nicolas avec émotion, nous venions souvent nous promener avant de savoir ce que c'est que la mort ; nous ne songions guère qu'un jour la terre y recouvrirait des cendres précieuses. Le silence du lieu nous invitait à nous y asseoir pour prendre quelque repos, en causant tout bas. Une fois, Catherine se perdit : après une heure de recherche inutile, on la trouva tranquillement endormie sous cet arbre qui jette son ombre sur la tombe de mon père. Il aimait passionnément sa fille, et, en la relevant dans ses bras, tout endormie, il recommanda qu'au jour de sa mort on l'enterrât à la place où la chère petite avait reposé sa tête. Vous voyez que l'on n'a pas oublié son vœu. »

Smike ne fit pas d'observation sur le moment, mais le soir, comme Nicolas était assis à son chevet, Smike tressaillit tout à coup comme s'il se réveillait en sursaut, et, mettant sa main dans celle de son ami, il lui adressa les larmes aux yeux une prière, c'était de lui faire une promesse solennelle.

« Qu'est-ce que c'est ? lui dit Nicolas avec douceur ; si j'ai le pouvoir, ou seulement l'espérance de la remplir, vous savez bien que ce n'est pas la volonté qui me manquera.

— Je le sais bien, répliqua-t-il. Eh bien, promettez-moi, quand je mourrai, qu'on m'enterrera près, aussi près qu'on y pourra creuser ma fosse, de l'arbre que nous avons vu aujourd'hui. »

Nicolas lui en fit la promesse, en peu de mots, mais graves et solennels. Alors son pauvre ami, gardant toujours sa main dans la sienne, se retourna comme pour dormir ; mais il poussa bien des sanglots étouffés, il pressa bien des fois la main qu'il tenait sur son lit avant de lâcher prise insensiblement pour sommeiller enfin.

Au bout d'une quinzaine, il ne pouvait déjà plus continuer à marcher. Une fois ou deux, Nicolas le mena en voiture, le corps soutenu par des oreillers; mais le mouvement de la voiture lui faisait mal et lui donnait des évanouissements, dangereux dans l'état de faiblesse où il était. Il y avait dans la maison un vieux sofa sur lequel il aimait à rester étendu de préférence dans le jour. Quand il faisait du soleil, et que le temps était chaud, Nicolas faisait rouler le lit de repos dans le verger qui était à la porte, il enveloppait bien le malade et l'y transportait doucement pour y passer assis près de lui des heures entières.

Ce fut dans une de ces occasions que se passa une circonstance que Nicolas regarda d'abord comme une pure vision du cerveau malade de Smike, mais dont il ne reconnut que trop tard la triste réalité.

Il avait porté là son ami dans ses bras (le pauvre garçon ! Ce n'était pas difficile. Un enfant en aurait fait autant), pour voir coucher le soleil, et, après l'avoir bien installé sur le sofa, il avait pris une chaise près de lui. Comme il avait passé toute la nuit précédente à veiller à ses côtés, il céda à la double fatigue de l'esprit et du corps, et insensiblement s'assoupit.

Il n'y avait pas cinq minutes qu'il avait fermé l'œil, quand il fut réveillé tout à coup par un grand cri. Il sauta sur sa chaise, dans cet état de frayeur où l'on se trouve en sortant soudainement du sommeil, et, à son grand étonnement, il voit que Smike avait eu la force de se lever sur son séant : les yeux lui sortaient de la tête, une sueur froide lui coulait du front, un tremblement convulsif agitait ses membres, il l'appelait avec terreur à son secours.

« Grand Dieu ! qu'y a-t-il ? dit Nicolas en se jetant sur lui. Calmez-vous ; vous venez donc d'avoir un rêve ?

— Non, non, non, cria Smike en s'accrochant après lui ; tenez-moi bien : ne me lâchez pas.... Là, là, derrière l'arbre. »

Nicolas suivit la direction de ses yeux, à quelque distance derrière la chaise qu'il venait de quitter lui-même : mais il n'y avait rien.

« Ce n'est qu'un jeu de votre imagination, lui dit-il en essayant de lui remettre les sens ; ce ne peut être que cela.

— Je ne me suis pas trompé : je l'ai vu tout comme je vous vois. Oh ! promettez-moi de me garder avec vous ; jurez-moi que vous ne m'abandonnerez pas, pas un instant.

— Moi ! vous abandonner ! jamais, répondit Nicolas. Recouchez-vous : vous voyez bien que je suis près de vous. A présent, contez-moi cela : qu'est-ce que c'était ?

— Vous rappelez-vous, lui dit Smike à voix basse, en jetant un coup d'œil d'effroi autour de lui, vous rappelez-vous que je vous ai parlé de l'homme qui m'a emmené dans le temps à la pension?

— Assurément.

— Tout à l'heure, en levant les yeux vers cet arbre, celui-là qui est tout seul avec un gros tronc, eh bien! il était là, debout, les yeux fixés sur moi.

— Voyons! dit Nicolas, réfléchissez un moment. Je suppose, pour un instant, qu'il soit de ce monde et que, par extraordinaire, il vienne errer dans un lieu solitaire comme celui-ci, si loin de la grande route : est-ce que vous croyez qu'après un si long temps vous pourriez le reconnaître?

— Partout, sous quelque déguisement que ce soit, répliqua Smike. Quand je vous dis que tout à l'heure c'était bien lui qui était là, appuyé sur son bâton, à m'examiner, tel que je vous ai dit qu'il était présent toujours à ma mémoire. Il était tout couvert de la poussière du voyage, mal vêtu, ses vêtements en loques, si je ne me trompe. Mais aussitôt que je l'ai vu, le souvenir de la nuit pluvieuse, de sa figure quand il m'a quitté, du petit salon où il m'a laissé, m'est revenu à l'esprit tout ensemble. Quand il a vu que je l'avais aperçu, il a eu l'air d'avoir peur, car il a tressailli et s'est sauvé. Je n'ai jamais passé un jour sans penser à lui, une nuit sans en rêver. Tel que je le voyais dans mon sommeil, quand je n'étais qu'un tout petit enfant, tel que je l'ai vu toujours depuis dans mes rêves, tel je viens de le revoir tout à l'heure. »

Nicolas n'épargna aucun raisonnement, aucun moyen de persuasion en son pouvoir, pour convaincre la frêle créature que ses terreurs étaient imaginaires; que cette ressemblance frappante entre l'objet habituel de ses rêves et la vision qu'il venait d'avoir était elle-même une preuve de plus de son erreur. Mais tous ses efforts furent inutiles. Il finit pourtant par obtenir de lui qu'il le laissât un moment à la garde des gens de la ferme, pour aller s'informer avec soin si on avait vu rôder quelque étranger : il alla regarder lui-même derrière l'arbre, chercha dans le verger, dans la pièce de terre qui y était attenante, dans tous les endroits du voisinage où un homme pouvait se cacher. Il n'apprit rien, ne trouva rien, et revint confirmé dans ses premières conjectures. Alors il s'appliqua à calmer les craintes de Smike, et finit par y réussir en partie, mais sans pouvoir détruire son impression primitive; car il persista toujours à déclarer dans les termes les plus expressifs et les plus solennels qu'il avait vu, positivement vu, l'homme qu'il avait dépeint, et que rien au monde ne pourrait lui donner l'ombre d'un doute à cet égard.

A partir de ce moment, Nicolas vit bien que tout espoir était perdu désormais et que le monde allait se fermer bientôt pour le compagnon de son infortune passée, l'ami de ses jours plus heureux. Peu de souffrances, peu de douleurs, mais pas d'efforts, pas d'élan, pas d'aspiration vers la vie. Il était éteint, usé jusqu'à la dernière fibre ; sa voix était devenue si faible qu'à peine si on entendait ce qu'il voulait dire. La nature n'avait plus de ressources, il n'attendait plus que la mort.

Par un beau jour d'automne, le ciel était pur, tout était calme et tranquille ; l'air doux et frais pénétrait par la fenêtre de la chambre silencieuse; on n'entendait d'autre bruit que celui du léger frémissement des feuilles. Nicolas occupait sa place accoutumée, assis au chevet du malade, dont il savait bien que l'heure approchait. C'était une fin paisible, une espèce d'assoupissement immobile. Nicolas se penchait vers lui pour prêter l'oreille à sa respiration presque sans souffle, pour s'assurer si la vie ne l'avait pas abandonné, et s'il n'était pas en proie déjà à ce dernier sommeil dont on ne se réveille plus sur la terre.

Tout à coup il vit les yeux s'ouvrir et la pâle figure s'animer d'un sourire angélique.

« Eh bien ! dit-il, cela vous a fait du bien de reposer un peu ?

— Je viens d'avoir des rêves si agréables, répondit Smike ; des rêves si doux et si heureux !

— Qu'est-ce que vous avez donc rêvé ? »

Le pauvre mourant se tourna vers lui, et lui passant son bras autour du cou, lui répondit :

« J'y serai bientôt. »

Il reprit bientôt après :

« Je n'ai pas peur de mourir, au contraire. Je crois que si je pouvais me relever guéri, je ne le voudrais plus maintenant. Vous m'avez si souvent répété, surtout dans ces derniers temps, que nous nous reverrions un jour, et j'en ai aujourd'hui la conviction si solide, que je suis résigné à tout, même à me séparer de vous. »

La voix tremblante, l'œil humide du malade, et l'étreinte dont il accompagnait ces dernières paroles exprimaient mieux encore tout ce qu'il ressentait dans son cœur, et Nicolas avait peine à cacher lui-même combien le sien était ému.

« C'est bien, mon ami, lui dit enfin celui-ci ; vous ne savez pas tout le plaisir que vous me faites. J'aimerais à vous entendre dire que vous vous trouvez heureux, si c'est possible.

— Il faut que je vous dise avant quelque chose. Je ne dois pas avoir de secret pour vous. Je sais bien d'ailleurs que, dans un moment comme celui-ci, vous ne m'en voudrez pas.

— Moi, vous en vouloir! s'écria Nicolas.

— Non, je sais bien que cela n'est pas possible. Vous m'avez quelquefois demandé la raison de mon changement d'humeur, pourquoi je restais seul si souvent. Voulez-vous que je vous dise pourquoi?

— Si cela vous coûte à me dire, je n'y tiens pas du tout, dit Nicolas. Quand je vous le demandais, c'était pour essayer de vous rendre plus heureux, si la chose était en mon pouvoir.

— Je le sais : je n'en doutais pas. »

Il attira son ami près de son sein. « Vous me pardonnerez, n'est-ce pas? ce n'était pas ma faute, c'était plus fort que moi; j'aurais volontiers donné ma vie pour elle, mais mon pauvre cœur se brisait quand je voyais.... je sais qu'il l'aime tendrement.... qui donc pouvait le deviner avant moi? »

Les mots qui suivirent furent prononcés d'une voix faible et défaillante, entrecoupée de longs repos. Mais ils apprirent à Nicolas, pour la première fois, que son ami mourant nourrissait, avec toute l'ardeur d'une nature aimante concentrée sur un seul objet, une passion secrète, un amour sans espoir pour Catherine, sa sœur.

Il avait recueilli une boucle de ses cheveux qu'il avait suspendue sur sa poitrine à quelque bout de ruban qu'elle avait porté. Il adressa à Nicolas une prière : c'était qu'après sa mort, il la retirât, pour que d'autres yeux ne pussent la voir, mais qu'au moment où on le déposerait dans sa bière pour le porter en terre, il la replaçât fidèlement autour de son cou, afin qu'elle reposât à jamais avec lui dans le tombeau.

Nicolas le lui promit à genoux, il lui renouvela aussi la promesse qu'il serait enseveli à la place qu'il avait désignée lui-même. Ils s'élancèrent dans les bras l'un de l'autre et se donnèrent un baiser sur la joue.

« Eh bien! oui, à présent, murmura-t-il, je suis heureux. »

Il retomba dans un sommeil léger, s'éveilla encore une fois avec un sourire, parla de beaux jardins qui s'étendaient au loin devant lui, remplis de figures célestes d'hommes, de femmes, surtout d'enfants, tout brillants et lumineux, puis il murmura à voix basse le nom d'Éden, et mourut.

CHAPITRE XXVII.

La conjuration commence à tourner mal; la crainte du danger qui se montre entre dans l'âme du chef des conjurés.

Ralph était assis tout seul dans la chambre solitaire où il avait coutume de prendre ses repas et de passer la soirée, quand des occupations lucratives ne l'appelaient pas dehors. Devant lui était servi son déjeuner intact. Sa montre était sur la table où ses doigts battaient la mesure dans un mouvement convulsif. L'aiguille avait depuis longtemps passé l'heure, où depuis des années, il avait l'habitude de la remettre dans son gousset pour descendre l'escalier d'un pas régulier, pour aller vaquer à ses affaires du jour; mais elle avait beau l'avertir de son tic tac monotone, il n'y faisait pas plus attention qu'aux mets ou au carafon qui l'invitaient à manger et à boire; il restait là, la tête appuyée sur sa main, et les yeux fixés tristement sur le parquet.

Pour se départir ainsi de ses habitudes constantes et invariables, lui qui était la régularité et la ponctualité mêmes dans la pratique régulière des affaires dont la richesse était toujours le but, il fallait bien que l'usurier ne fût pas dans son assiette ordinaire. Il fallait qu'il fût sous l'influence de quelque maladie de l'esprit ou du corps, et qu'elle fût bien sérieuse pour agir sur un homme comme lui. Au reste, on le voyait assez à sa figure égarée, son air abattu, ses yeux creux et languissants. Il les leva pourtant à la fin pour jeter autour de lui un regard vif et rapide, comme un homme qui s'éveille en sursaut et n'a pas encore eu le temps de se reconnaître.

« Qu'est-ce que j'ai donc là, dit-il, qui m'oppresse sans que je puisse m'en débarrasser? Je ne suis pourtant pas douillet, et je ne me sens pas malade. Je ne suis pourtant pas un homme à faire des grimaces et des hélas, ou à me nourrir de chimères. Mais que voulez-vous qu'on fasse quand on n'a pas de repos? »

Il pressa son front de sa main.

« Les nuits passent et se succèdent sans que je puisse avoir de repos. Si je m'endors, qu'est-ce que c'est qu'un sommeil troublé par des rêves obstinés qui font toujours passer sous mes yeux un tas de personnages odieux, les mêmes figures détestables, qui viennent à chaque instant se mêler de ce que je dis et de ce que je fais, et toujours pour me contrecarrer. Si je veille, quel repos puis-je avoir, incessamment poursuivi par ce spectre de je ne sais quoi, et c'est bien ce qu'il y a de pis. Il faut pourtant que j'en aie, du repos. Une nuit seulement de repos continu, et je me retrouverai sur mes pieds. »

En même temps, repoussant des mains la table, comme si la vue des mets lui faisait mal au cœur, il aperçut sa montre : elle marquait près de midi.

« Voilà qui est étrange, dit-il, midi, et Noggs n'est pas ici ! Quelque batterie au cabaret qui l'aura retenu. Je voudrais pour quelque chose, même pour de l'argent, quoique je vienne de faire une grosse perte, qu'il eût donné un coup de couteau à un homme dans une querelle de taverne, ou fait un vol avec effraction, ou filouté quelqu'un, ou commis tous les crimes qu'on voudra, pourvu qu'il n'en fût pas quitte à moins des galères avec un boulet au pied, pour me débarrasser de lui. Mais, ce qui vaudrait mieux encore, ce serait de le faire tomber dans quelque piège et de le tenter ici, par quelque moyen, pour qu'il me vole. Qu'il me prenne tout ce qu'il voudra, j'en serai bien aise, si cela me procure le plaisir de le livrer à la justice. Car c'est un traître, j'en mettrais ma tête à couper. Où? quand? comment? je n'en sais rien, mais j'en suis sûr. »

Après avoir attendu encore une demi-heure, il envoya sa gouvernante chez Newman, pour savoir si c'est qu'il était malade, et pourquoi il n'était pas venu sans le prévenir. Elle lui rapporta pour nouvelle qu'il n'avait pas couché chez lui, et que personne ne savait ce qu'il était devenu.

« Mais, ajouta-t-elle, il y a en bas, monsieur, un gentleman que j'ai trouvé à la porte en arrivant, et qui dit....

— Qu'est-ce qu'il dit? demanda Ralph avec colère. Ne vous ai-je pas répété cent fois que je ne voulais recevoir personne?

— Il dit, reprit la servante tout intimidée par ses rebuffades, qu'il vient pour une affaire particulière qui n'admet pas de retard, et j'ai pensé que ce pouvait être pour....

— Pour quoi? au nom du diable! N'allez-vous pas aussi épier et surveiller les affaires qu'on peut avoir avec moi? Dites.

— Ah! ciel! non, monsieur. Je vous voyais tourmenté, et je pensais que peut-être il venait vous parler de M. Noggs. Voilà tout.

— Elle m'a vu tourmenté! marmotta Ralph. Ne voilà-t-il pas qu'ils vont se mettre tous à me guetter? Où est-il, ce monsieur?

vous ne lui avez toujours pas dit, j'espère, que je ne suis pas encore descendu d'aujourd'hui? »

Elle répondit qu'il était dans le petit cabinet, et qu'elle lui avait dit que son maître était occupé, mais qu'elle allait faire sa commission.

« C'est bon, dit Ralph, je vais le recevoir. Retournez à votre cuisine, et n'en bougez pas, vous m'entendez? »

Ravie d'être congédiée, elle eut bientôt tourné les talons. Quant à Ralph, il se recueillit un moment, fit tout ce qu'il put pour reprendre son visage ordinaire, et descendit. Il s'arrêta un moment, pour se remettre, à la porte du cabinet, la main sur le loquet, et, en entrant dans le bureau de Newman, il se trouva en face de M. Charles Cheeryble.

Il n'y avait pas un homme au monde avec lequel il désirât moins se rencontrer en toute occasion; mais, en ce moment qu'il reconnut en lui le patron et le protecteur de Nicolas, il aurait mieux aimé voir un spectre. Cependant, cette apparition inopinée lui rendit un service. Elle réveilla à l'instant toute son énergie. Elle ralluma dans son sein toutes les passions qui, depuis nombre d'années, y avaient établi leur repaire ; elle fit revivre toute sa haine, sa malice et sa rage. Elle ramena le ricanement sur sa lèvre, la menace sur son front. Elle ressuscita en lui, dans toute sa personne, ce même Ralph Nickleby que tant de gens avaient appris à connaître à leurs dépens pour ne l'oublier jamais.

« Ouf! dit Ralph s'arrêtant à la porte, voilà, monsieur, un honneur auquel je ne m'attendais pas.

— Et dont vous vous passeriez bien, dit le frère Charles : je sais que vous vous en passeriez volontiers.

— Vous avez la réputation, répliqua Ralph, d'être la vérité même. Ce qu'il y a de sûr, c'est que vous dites là la vérité, et je ne vous contredirai pas là-dessus. C'est un honneur dont je me passerais volontiers, comme je ne m'y attendais guère. Vous voyez que je suis franc.

— En deux mots, monsieur.... commença le frère Charles.

— En deux mots, monsieur, reprit Ralph en l'interrompant, pour abréger cette conférence, je vous prie de la finir avant de la commencer. Je devine le sujet dont vous allez m'entretenir, et je ne veux pas en entendre parler. Vous aimez la franchise, à ce qu'on dit, en voilà : voici la porte. Nous n'allons pas du même côté. Continuez votre chemin, s'il vous plaît, et laissez-moi tranquillement continuer le mien.

— Tranquillement! répéta le frère Charles avec douceur, en

le regardant avec plus de pitié que de colère. Continuer son chemin tranquillement!

— Enfin, monsieur, vous ne voulez pas, je suppose, rester chez moi malgré moi, et sans doute vous n'avez pas la prétention de persuader un homme fermement décidé à se boucher les oreilles pour ne pas entendre un mot de ce que vous voulez dire.

— Écoutez, monsieur Nickleby, reprit le frère Charles toujours avec le même ton de douceur, mais aussi avec fermeté, si je viens ici, c'est contre mon gré, j'en suis plus fâché, plus désolé que personne. Je n'ai jamais mis les pieds dans cette maison, et, si vous voulez que je vous parle franchement, je ne m'y trouve pas à mon aise, je sens que je ne suis pas à ma place, et je n'ai pas envie d'y revenir jamais. Vous ne vous doutez pas du sujet qui m'amène : vous ne pouvez pas vous en douter, je le vois bien à votre accueil : vous changeriez bientôt de ton. »

Ralph lui jeta un regard perçant, mais l'œil clair et limpide et la physionomie ouverte de l'honnête négociant rencontrèrent fièrement son regard, sans changer d'expression.

« Faut-il que je continue? demanda M. Cheeryble.

— Oh! mon Dieu! comme il vous plaira, répondit Ralph sèchement. Voici des murs pour vous entendre, monsieur, un bureau, deux tabourets, ce sont des auditeurs très-attentifs et dont vous n'avez pas à craindre qu'ils vous interrompent. Continuez, je vous prie; faites comme chez vous; je vais faire un tour, peut-être que quand je reviendrai vous aurez fini tout ce que vous avez à dire, et qu'alors vous voudrez bien me céder la place. »

En même temps il boutonna son habit, passa dans le corridor et décrocha son chapeau. Le vieux gentleman suivit ses pas, et se disposait à ouvrir la bouche, quand Ralph lui fit de la main signe de se taire et lui dit :

« Pas un mot, entendez-vous bien, monsieur? pas un seul mot. Tout vertueux que vous êtes, vous n'êtes pas un ange, après tout, pour vous permettre d'entrer chez les gens bon gré, mal gré, et leur ouvrir, quoi qu'ils en aient, les oreilles pour vous écouter. Prêchez à la muraille, si cela vous amuse, je vous le répète, mais à moi, non.

— Je ne suis pas un ange, Dieu le sait, répondit le frère Charles secouant la tête, je ne suis qu'un homme, avec mes erreurs et mes défauts; mais il y a une qualité que tout le monde peut avoir, en communauté avec les anges, l'occasion heureuse d'exercer, quand ils le veulent,... la charité. C'est elle qui m'amène près de vous. Laissez-moi, je vous prie, vous en donner la preuve.

— Moi, repartit Ralph avec un sourire triomphant, je ne me pique pas de charité pour les autres, et je n'en attends de personne. N'en attendez pas non plus de moi, monsieur, pour le drôle qui on a imposé à votre crédulité enfantine ; il n'aura de moi que de la haine.

— Qui ? lui ? implorer votre charité ! s'écria le vieux négociant avec chaleur, c'est à vous à implorer la sienne, monsieur, c'est plutôt à vous. Si vous ne voulez pas m'entendre, à présent que vous le pouvez encore, il faudra bien que vous m'entendiez plus tard, à moins que vous ne preniez les devants sur ce que j'ai à vous dire, et que vous ne vous arrangiez pour que nous n'ayons plus besoin de nous revoir jamais. Votre neveu est un noble jeune homme, monsieur, un honnête et brave jeune homme. Ce que vous êtes, vous, monsieur Nickleby, je ne veux pas vous le dire, mais ce que vous avez fait, je le sais. Maintenant, monsieur, quand vous sortirez pour l'affaire où vous vous êtes dernièrement engagé, et que vous trouverez des difficultés d'exécution qui vous embarrasseront, venez me trouver, monsieur, moi, mon frère et Tim Linkinwater. Alors nous vous expliquerons tout. Mais venez promptement, car après il pourrait bien être trop tard, et on pourrait vous l'expliquer avec plus de dureté et un peu moins de délicatesse : et surtout rappelez-vous, monsieur, que si je suis venu vous trouver ce matin, c'est par charité pour vous, et que je suis encore dans les mêmes dispositions, quand vous voudrez m'entendre. »

Après avoir prononcé ces mots avec beaucoup de gravité et d'émotion, le frère Charles mit sur sa tête son couvre-chef à larges bords, et, passant devant Ralph Nickleby sans rien ajouter, gagna lestement la porte et sortit. Ralph le regarda partir sans bouger, sans rien dire pendant quelque temps, et ne sortit de cette espèce de stupéfaction silencieuse que par un éclat de rire méprisant.

« Ne serait-ce pas encore, dit-il, un de ces rêves absurdes qui ont troublé mon sommeil toutes ces nuits-ci !.... Par charité pour moi !.... Ouf ! il faut que le vieil imbécile soit devenu fou. »

Malgré cela, tout en s'exprimant sur le ton de la dérision et du mépris, il était évident que, plus Ralph réfléchissait à la chose, plus il se sentait mal à son aise, plus il était en proie à une anxiété vague et craintive qui allait toujours croissant, à mesure que le temps se passait sans qu'il reçût des nouvelles de Newman Noggs. Après avoir attendu presque toute l'après-midi, tourmenté par des appréhensions et des pressentiments de divers genres, par le souvenir de l'avertissement que lui avait donné son neveu Nicolas à leur dernière rencontre, et dont la confirmation ne se montrait déjà que trop, sous une forme ou sous une autre, sans lui laisser un moment de repos, il sortit, et, sans se rendre bien compte des motifs, entraîné par son agitation et ses craintes, il se dirigea vers la demeure de Snawley. Ce fut sa femme qui vint lui ouvrir, et Ralph lui demanda si son mari n'était pas à la maison.

« Non, dit-elle d'un ton aigre; certainement non, qu'il est pas; et je ne crois pas qu'il y soit de longtemps; c'est bien plus fort.

— Est-ce que vous ne me connaissez pas?

— Oh! que si, que je vous connais bien.... trop bien, peut-être, et lui aussi; je suis bien fâchée de vous le dire.

— Allez donc l'avertir que je viens de le voir de l'autre côté de la rue, à travers la jalousie du premier étage, et que j'ai à lui parler d'affaires.... Est-ce que vous ne m'entendez pas?

— Je vous entends bien, répondit Mme Snawley, sans se mettre autrement en devoir d'exécuter sa requête.

— Je savais bien, se dit Ralph à lui-même en passant devant elle sans façon, que cette femme-là était une hypocrite, avec ses psaumes et ses citations de la Bible; mais je ne m'étais pas encore aperçu qu'elle se prît de boisson.

— Arrêtez! lui dit la douce moitié de M. Snawley en lui barrant le passage de sa personne, et une robuste personne encore; vous n'entrerez pas, vous ne lui en avez déjà que trop parlé, d'affaires. Je lui disais bien où cela le mènerait de traiter et de manigancer quelque chose avec vous. C'est vous ou le maître de pension, à moins que ce ne soient tous les deux, qui avez forgé la lettre, rappelez-vous cela, et non pas lui; ainsi, n'allez pas la lui mettre sur le dos.

— Allez-vous vous taire, vieille Jézabel? dit Ralph en regardant avec crainte autour de lui.

— Pardienne! je ne sais peut-être pas quand je dois parler ou me taire! repartit la dame; tâchez seulement, monsieur Nickleby, d'en faire taire d'autres.

— Chameau! dit Ralph. Si votre mari a été assez bête pour vous confier ses secrets, sachez au moins les garder, démon que vous êtes.

— Ce ne sont pas tant ses secrets à lui que ceux d'autres

personnes que je connais, répliqua-t-elle; ce sont plutôt les vôtres. Vous n'avez pas besoin de me faire de gros yeux. Gardez-les pour une meilleure occasion, vous ferez mieux.

— Voulez-vous, encore une fois, dit Ralph réprimant de son mieux sa colère et lui serrant le poignet de ses griffes; voulez-vous aller dire à votre mari que je sais qu'il est à la maison, et qu'il faut que je le voie? Voulez-vous bien me dire aussi ce que signifie, de votre part et de la sienne, ce changement de ton à mon égard?

— Non, répondit-elle en dégageant son bras avec violence; je ne veux ni l'un ni l'autre.

— Alors, c'est un défi que vous me jetez, n'est-ce pas?

— Oui, prenez-le comme cela. »

Ralph, en ce moment, leva la main pour la battre; mais il se retint et se contenta, en s'en allant, de lui faire de la tête des menaces muettes, et de marmotter entre ses dents qu'elle s'en souviendrait.

En sortant de là, il alla tout droit à l'auberge où descendait M. Squeers, et demanda s'il y avait longtemps qu'on l'y avait vu. Il avait une espérance vague qu'il y serait revenu, après avoir bien ou mal terminé sa mission, et qu'il pourrait au moins le rassurer. Mais on n'avait pas vu M. Squeers depuis dix jours, et, tout ce qu'on put lui dire, c'est qu'il avait laissé ses effets et n'avait pas payé son compte.

Troublé de mille inquiétudes et de mille soupçons, et voulant s'assurer si Squeers avait vent de ce qui se passait chez Snawley, ou s'il n'était pas pour quelque chose dans ce changement inexplicable, Ralph se hasarda à aller le demander à son logement de Lambeth, pour avoir une entrevue avec lui dans cet endroit compromettant. Impatient de vérifier ses craintes, sans plus attendre, il s'y rendit sur-le-champ; et, comme il s'était fait décrire auparavant les lieux, il connaissait assez bien les êtres de sa chambre pour grimper l'escalier et frapper doucement à sa porte.

Un coup, deux coups, trois coups, douze coups, personne. « Serait-il endormi? Écoutons par la serrure; il me semble que j'entends le bruit de sa respiration. » Mais non, il s'était trompé, il n'y avait personne. Il s'assied patiemment, pour l'attendre, sur une marche ébréchée, persuadé qu'il était sorti pour quelque petite commission, et qu'il ne pouvait tarder à rentrer.

Plus d'une fois des pas résonnèrent et firent craquer l'escalier. Son oreille crut reconnaître ceux de son complice, et alors il se relevait, tout prêt à lui adresser la parole quand il allait être monté ; mais chaque personne, l'une après l'autre, tournait sur le palier pour entrer dans quelque chambre voisine, sans arriver jusqu'à l'endroit où il croquait le marmot, et c'était pour lui autant de désappointements qui lui faisaient sentir de plus en plus sa solitude et redoublaient ses frissons d'inquiétude.

Il finit par perdre l'espérance de le voir revenir, et, descendant un étage, il demanda à un voisin s'il savait où pouvait être M. Squeers, qu'il désigna par un nom de guerre convenu. Le voisin le renvoya à un autre, celui-là à un troisième, qui lui apprit que la veille au soir, assez tard, il était sorti précipitamment avec deux hommes qui étaient revenus peu de temps après chercher aussi une vieille femme qui demeurait sur le même carré. Cette circonstance avait paru assez singulière au locataire pour piquer sa curiosité, mais il ne leur avait pas parlé, et ne s'en était plus occupé.

Il lui vint à l'idée qu'il était possible qu'on eût arrêté Peg Sliderskew pour vol, et M. Squeers par la même occasion, comme se trouvant dans ce moment-là avec elle, sous prévention de complicité. En ce cas, Gride devait le savoir, et il alla de ce pas chez Gride. Il commençait à ressentir de vives alarmes ; n'y aurait-il pas quelque plan concerté pour amener sa déconfiture et sa ruine?

Arrivé à la porte de l'usurier son compère, il trouva les fenêtres hermétiquement fermées ; les jalousies délabrées étaient baissées : tout était silencieux, triste, désert. Mais, comme c'était assez l'aspect ordinaire de la maison, il ne s'en émut pas. Il frappe, doucement d'abord, puis plus fort, puis d'un bras vigoureux : personne ne répond. Il écrit au crayon quelques mots sur sa carte, la glisse sous la porte et se dispose à partir, lorsqu'il entend soulever furtivement un châssis de fenêtre, lève la tête et ne fait qu'entrevoir la figure de Gride en personne, qui regardait avec précaution d'une croisée du grenier, par-dessus le parapet de la maison, mais qui, en reconnaissant son visiteur, disparaît à l'instant : pas assez vite pourtant pour que Ralph n'eût pas observé ce manége. « Descendez donc, » lui cria-t-il.

A la seconde sommation, Gride reparaît, mais avec de si grands soins pour se dissimuler, qu'on ne voyait sur l'horizon que ses traits anguleux et ses cheveux blancs par-dessus le parapet : on aurait dit une tête coupée tout exprès pour décorer l'entablement.

« Chut! se mit-il à crier. Allez-vous-en.... allez-vous-en.

— Descendez donc, répéta Ralph, en lui faisant signe d'en bas.

— Allez-vous-en, cria Gride en secouant la tête d'un air impatient et effaré. Ne me parlez pas; ne frappez pas; n'appelez pas l'attention sur ma maison, allez-vous-en.

— Je vous donne ma parole, dit Ralph, que je vais carillonner à votre porte, jusqu'à ce que tous les voisins soient sous les armes, si vous ne me dites pas ce que vous avez à vous cacher comme cela, chien de cafard.

— Je ne veux pas entendre ce que vous me dites.... ne m'adressez pas la parole.... ne me compromettez pas.... allez-vous-en.... allez-vous-en, répondit Gride.

— Descendez, je vous dis, répéta Ralph d'un ton courroucé. Allez-vous descendre?

— N—o—n, » répondit Gride en grognant, et il retira sa tête. Ralph, planté là tout seul dans la rue, entendit refermer la croisée, doucement et furtivement encore comme on l'avait ouverte tout à l'heure.

« Comment se fait-il, se dit Ralph, qu'ils me font tous visage de bois, et qu'ils ont l'air de me fuir comme la peste? Eux qui léchaient hier la poussière de mes souliers! Serait-il vrai que *le jour décline pour moi et que la nuit commence!* Je veux savoir ce que tout cela veut dire, à tout prix : il le faut. Je me sens en ce moment plus ferme, plus résolu, plus moi-même que je n'ai jamais été. »

Laissant donc là la porte, que, dans les premiers transports de sa rage, il voulait frapper à coups redoublés, pour forcer Gride, ne fût-ce que par crainte, à venir lui ouvrir, il se retourna du côté de la Cité, et, marchant d'un pied ferme au travers de la foule qui en encombrait les rues (c'était de cinq à six heures du soir), il se dirigea vers le comptoir des frères Cheeryble, et passa la tête par la cage de verre où il trouva Tim Linkinwater tout seul.

« Je m'appelle Nickleby, dit Ralph.

— Connu, répliqua Timothée en le regardant à travers ses lunettes.

— Quel est celui des associés de votre maison qui est venu me trouver ce matin?

— M. Charles.

— Eh bien! dites à M. Charles que je désire le voir.

— Vous allez voir, dit Timothée, sautant à bas de son tabouret avec agilité, vous allez voir non-seulement M. Charles, mais aussi M. Ned. »

Timothée n'en dit pas davantage, mais il fixa sur Ralph un regard froid et sévère, remua la tête d'un air qui voulait dire bien des choses, et disparut. Un moment après il revint introduire Ralph chez les deux frères et resta avec eux dans leur cabinet.

« C'est à la personne qui est venue me parler ce matin que je désire parler à mon tour, dit Ralph montrant du doigt le frère Charles, qui lui répondit tranquillement qu'il n'avait pas de secrets pour son frère Ned, pas plus que pour Tim Linkinwater.

— Moi, j'en ai, dit Ralph.

— Monsieur Nickleby, dit le frère Ned, le sujet dont mon frère était allé vous entretenir ce matin est de ceux que nous connaissons parfaitement tous les trois, et nous ne sommes pas les seuls, et malheureusement il y en aura bien davantage encore bientôt qui pourront le connaître. Si nous sommes allés chez vous ce matin, monsieur, c'était purement et simplement par délicatesse et par convenance. Nous trouvons que ce sentiment de délicatesse et de convenance serait maintenant déplacé; et, si vous voulez que nous en conférions ensemble, il faut que ce soit avec nous trois, ou pas.

— A la bonne heure, messieurs! dit Ralph dont les lèvres étaient retroussées par un frémissement de colère concentrée. Il paraît que, votre frère et vous, vous avez le don de parler par énigmes; je suppose que votre commis, en homme bien avisé, aura étudié le même art avec le même succès pour mieux entrer dans vos bonnes grâces. Allons! je veux bien vous passer cela.

— Vous passer cela! cria Tim Linkinwater offensé pour la maison Cheeryble jusqu'à en devenir rouge comme le feu. Il veut bien nous passer cela ! Il veut bien passer cela à Cheeryble frères ! L'entendez-vous? L'entendez-vous dire qu'il passera quelque chose à Cheeryble frères?

— Timothée, dirent ensemble Ned et Charles, allons! Timothée, allons! du calme. »

Timothée, pour leur complaire, étouffa son indignation comme il put, et la laissa exhaler seulement à travers ses lunettes, en y joignant de temps en temps, comme soupape de sûreté, un petit rire hystérique qui paraissait l'aider puissamment à contenir son courroux.

« Comme personne ne m'offre un siège, dit Ralph regardant autour de lui, je vais en prendre un, car je suis las. Et, à présent, messieurs, je désire savoir.... je demande à savoir, j'en ai le droit, ce que vous avez à me dire, qui puisse justifier le ton que vous prenez, et quelle est cette intervention indirecte que j'ai raison de supposer que vous vous permettez d'exercer dans mes propres affaires. Je vous dirai franchement, messieurs, que, bien que je me soucie peu de l'opinion publique, pour parler votre langue, cependant je n'ai pas envie de me résigner tranquillement aux attaques des mauvaises langues. Que vous soyez dupes de ce que l'on vous dit, ou que vous le preniez volontairement à votre propre compte, le résultat est le même pour moi. Dans l'un comme dans l'autre cas, vous n'espérez pas sans doute d'un homme comme moi trop de résignation et de patience. »

A voir le sang-froid et le sans-gêne avec lequel c'était dit, neuf personnes sur dix, qui n'auraient pas été au fait des circonstances, auraient dû croire, en effet, que c'était Ralph Nickleby qui était l'offensé. Il était assis, les bras croisés, plus pâle un peu que d'habitude, et toujours laid, mais tout à fait à son aise, peut-être même plus que les bons frères et surtout que le fougueux Timothée : tout prêt enfin à affronter la tempête.

« Très-bien, monsieur, dit le frère Charles ; très-bien, frère Ned, voulez-vous sonner?

— Charles, mon cher frère, un instant, je vous prie, répondit l'autre. Peut-être vaudrait-il mieux, pour M. Nickleby comme pour notre cause, qu'il se tînt tranquille, s'il est possible, jusqu'à ce que nous lui ayons dit ce que nous avons à lui dire. C'est une chose que je voudrais bien lui faire comprendre.

— Vous avez raison, tout à fait raison, » dit le frère Charles.

Ralph sourit sans mot dire. On sonne ; la porte s'ouvre ; un homme entre en boitillant. Ralph se retourne, et se trouve en face de Newman Noggs. A partir de ce moment, le cœur est près de lui manquer.

« Cela commence bien, dit-il d'un ton d'amertume. Oh! cela commence bien. Certainement vous êtes la crème des honnêtes gens ; je m'incline devant votre candeur, votre loyauté. Au reste, cela ne m'étonne pas ; je n'ai jamais été la dupe de ces charlatans de probité. Se liguer avec un homme de cette trempe, qui vendrait son âme, s'il en avait une, pour l'aller boire, et qui ne sait pas dire un mot sans que ce soit un mensonge! Qui donc peut se flatter d'être en sûreté contre de pareils procédés ? Oh! cela commence bien.

— Laissez-moi lui parler, cria Newman en se dressant sur la pointe du pied pour regarder par-dessus la tête de Timothée qui s'était interposé pour l'arrêter. Dites donc, vieux Nickleby, qu'est-ce que vous voulez dire par *un homme de cette trempe?* Qui est-ce qui m'a fait ce que je suis? Si j'avais voulu *vendre mon âme pour l'aller boire*, j'aurais mieux fait de me faire voleur, filou, de briser les portes, de forcer les serrures, d'aller dérober le sou de l'aumône dans la sébille du chien de l'aveugle, plutôt que de devenir votre souffre-douleur, votre bête de somme. Si je ne savais pas *dire un mot, sans que ça soit un mensonge*, je serais plus avant dans vos faveurs. Des mensonges ! Quand est-ce que vous m'avez vu vous faire des courbettes et des bassesses, je vous le demande ? Je vous ai servi fidèlement. Vous m'avez fait travailler plus qu'un autre, parce que j'étais plus pauvre. Vous m'avez fait endurer plus d'injures grossières qu'on n'en pourrait entendre dans un corps de garde, et je les ai méprisées comme je vous méprise. Et pourquoi ai-je subi tout cela ? Je me suis mis à votre service parce que j'étais fier, parce qu'au moins j'étais sûr de ne pas avoir chez vous de collègue, d'autre pâtira qui fût témoin de ma misère, et aussi parce que personne ne savait mieux que vous que j'étais un homme ruiné, que je n'avais pas toujours été ce que je suis, et que je serais mieux dans mes affaires, si je n'avais pas été assez fou pour tomber dans vos mains ou dans celles de quelques autres coquins comme vous. Pouvez-vous nier cela, hein ?

— Doucement, lui dit Timothée ; vous aviez promis de vous modérer.

— J'avais promis de me modérer ! cria Newman en l'écartant et en repoussant de sa main la main de Timothée pour le tenir à distance ; ne me parlez pas de ça. Et vous, Nickleby, n'ayez pas l'air de me narguer, ça ne se passerait pas comme ça. Je ne suis pas si bête que vous croyez. Vous parliez de ligue tout à l'heure. Qui est-ce donc qui a fait une ligue avec les maîtres de pension du Yorkshire, et qui avait pris la précaution de renvoyer son saute-ruisseau pour qu'il ne pût rien entendre, mais qui n'avait pas pensé que toutes ces précautions mêmes devaient exciter les soupçons, et l'engager à surveiller son maître le soir dans la ville, laissant à un autre le soin de surveiller le maître d'école ? Qui est-ce qui s'est ligué avec un père égoïste, pour lui faire vendre sa fille au vieil Arthur Gride? Qui est-ce qui s'est ligué avec Gride, et tout cela dans le petit cabinet *où il y a une armoire ?* »

Ralph s'était jusque-là merveilleusement possédé, mais, pour le coup, on l'aurait menacé de le décapiter, qu'il n'aurait pu réprimer un tressaillement dont il ne fut pas maître.

« Ah ! cria Newman, vous ne me narguez plus maintenant, n'est-ce pas ? Et savez-vous qui est-ce qui a donné l'idée à votre victime que voici d'épier les actions de son maître, et de ne pas vouloir devenir aussi méchant ou pire que lui, en lui laissant faire le mal qu'il pouvait empêcher ? Eh bien ! c'est de voir les traitements cruels que ce maître impitoyable faisait souffrir à son propre sang ; c'est de voir ses desseins abominables contre une jeune fille, qui avait su intéresser même son misérable clerc, un banqueroutier, un ivrogne, comme vous l'appelez. C'est là ce qui lui a donné le courage de rester encore à votre service, dans l'espérance d'être utile à cette malheureuse, comme il l'avait déjà été à d'autres, dans plus d'une occasion. Sans cela il y a longtemps qu'il se serait donné la consolation de rosser son maître solidement, dût-il aller au diable (Il l'aurait fait comme il le dit, oui). Et notez bien ceci, que, si je suis ici à cette heure, c'est que ces messieurs l'ont exigé. Car, lorsque je suis venu franchement les trouver (je ne fais pas de ligues, moi), je leur ai dit que je voulais les aider à vous démasquer, à vous suivre à la piste, à achever ce que j'avais commencé dans l'intérêt de la justice, et qu'une fois la chose faite, j'irais vous chercher dans votre cabinet pour vous dire vos vérités en face, d'homme à homme, et comme un homme. A présent que j'ai dit ce que j'avais à dire, chacun son tour : et voilà ! »

Après cette belle péroraison, Newman Noggs, qui n'avait pas cessé, pendant toute sa harangue, de s'asseoir, de se lever, de se rasseoir, dans un mouvement perpétuel, avec des gestes et des soubresauts d'une grande variété, et que cet exercice violent, mêlé à son agitation intérieure, avait mis dans un état de fièvre et de transpiration violente, redevint, sans transition, roide, fixe, immobile, dévisageant Ralph Nickleby de toutes ses forces.

Ralph le regarda un instant, rien qu'un instant, puis fit signe de la main qu'il voulait parler, battit du pied sur le parquet et dit d'une voix étouffée :

« Continuez, messieurs, continuez. Je suis patient, comme vous voyez. Heureusement qu'il y a des lois pour se faire rendre justice. Je vous ferai payer tout cela. Faites attention à ce que vous dites : je vous forcerai bien de donner vos preuves.

— Les preuves sont toutes prêtes, reprit le frère Charles. Votre Snawley a fait hier au soir des aveux complets.

— Qu'est-ce que votre *Snawley* et ses *aveux* peuvent avoir de commun avec moi ? »

Au lieu de répondre à cette question, posée avec un aplomb imperturbable, le brave gentleman déclara que, pour lui montrer que tout ceci n'était pas un jeu, il était nécessaire de lui faire connaître, non-seulement les accusations qui pesaient sur lui, mais les preuves qu'on en avait, et la manière dont on les avait obtenues. Une fois la glace rompue, le frère Ned, Tim Linkinwater et Newman Noggs, tous les trois à la fois, prirent à qui mieux mieux la parole. Enfin, après une scène de confusion générale, Ralph put apprendre distinctement :

Que Newman, ayant reçu la parole solennelle d'un tiers, qu'on ne pouvait pas produire, que Smike n'était pas le fils de Snawley, et qu'il était prêt à en prêter serment en justice, si c'était nécessaire, cette première révélation les avait amenés à douter de la valeur de la réclamation de paternité sur laquelle, sans cela, ils n'avaient aucune raison d'élever une contestation, tant qu'elle se fondait sur des témoignages et des pièces qu'ils n'avaient pas qualité pour désavouer. Que, soupçonnant dès lors l'existence d'un complot, ils n'avaient pas eu de peine à en faire remonter l'origine à la malignité de Ralph, secondée par l'avarice et l'esprit vindicatif de Squeers. Mais, comme prouver et soupçonner sont deux, un jurisconsulte éminent, renommé pour sa sagacité et sa pénétration dans ces sortes d'affaires, leur avait donné le conseil de procéder, dans leur résistance aux prétentions de leur partie adverse, avec autant de mesure et de ménagements que possible; de s'attacher à Snawley, la cheville ouvrière de toutes ces fausses allégations; de tâcher de l'amener, si on pouvait, à se contredire et à se couper ; de le harceler par tous les moyens, de le prendre par la crainte, par la considération de sa sûreté personnelle, de le pousser à divulguer tout le plan prémédité, à livrer son instigateur et tout autre complice; que tout cela avait été conduit avec beaucoup d'habileté; mais que Snawley, qui n'était pas novice dans ces basses intrigues, avait réussi, par son esprit rusé, à déjouer toutes leurs tentatives, jusqu'au moment où une circonstance inespérée l'avait mis à leurs pieds, la veille au soir.

Et voici comment : quand on avait su de Newman Noggs que Squeers était revenu à Londres, et qu'il avait eu avec Ralph une conférence si secrète, que celui-ci avait cru prudent de renvoyer son clerc, pour qu'il n'en entendît rien, on mit le maître de pension en surveillance, dans l'espérance de tirer de ses démarches quelque lumière pour éclaircir l'intrigue supposée. Quand on vit qu'il n'entretenait plus aucune communication avec Ralph ni avec Snawley, on crut avoir fait fausse route. On cessa de le faire surveiller, et peut-être aurait-on entièrement renoncé à s'occuper de lui, si Newman Noggs ne l'avait pas aperçu un soir, par hasard, en conversation dans la rue avec M. Nickleby. Il les avait suivis, et, à sa grande surprise, il les avait vus entrer dans un grand nombre de maisons garnies, de bas étage, dans des espèces de *tapis-francs*, repaires de joueurs et de banqueroutiers, de la connaissance de Ralph. Là,

Il s'était assuré, après leur départ, qu'ils étaient en quête d'une vieille femme dont le signalement répondait exactement à celui de cette vieille sourde de Sliderskew. L'affaire paraissant prendre dès lors une tournure plus sérieuse, la surveillance reprit avec un redoublement de vigilance. On s'adressa à un agent de police secrète qui vint loger dans la même taverne que Squeers. C'est lui qui se mit avec M. Frank Cheeryble aux trousses de l'innocent instituteur qui ne s'en doutait guère, jusqu'au moment où il prit une chambre à Lambeth. Quand M. Squeers eut arrêté son logement, l'agent arrêta le sien juste en face, dans la même rue, d'où il put voir que M. Squeers et la Sliderskew étaient constamment en rapport l'un avec l'autre.

Quand on en fut là, on s'adressa à Arthur Gride. Le vol dont il avait souffert était déjà depuis longtemps connu, grâce à la curiosité des voisins et à quelques mots qui lui étaient échappés dans ses transports de douleur et de rage. Mais il avait positivement refusé d'autoriser ou de seconder l'arrestation de la vieille femme, et fut saisi d'une telle panique, rien qu'à l'idée d'être appelé à porter témoignage contre elle en justice, qu'il se mit lui-même au secret dans sa maison comme un reclus, sans vouloir plus communiquer avec âme qui vive. Là-dessus, on se consulta et on arriva à la presque certitude que Gride et Ralph, avec Squeers et Snawley pour instruments, s'occupaient de remettre la main sur les papiers dérobés dont ils craignaient la publicité, et qui, d'après certaines allusions recueillies par Newman dans son armoire, pouvaient bien intéresser Madeleine. On se résolut donc à faire arrêter Mme Sliderskew avant qu'elle s'en fût dessaisie, ainsi que Squeers, si l'on pouvait parvenir à le trouver mêlé à quelque manœuvre suspecte. En conséquence on avait obtenu un mandat de perquisition, et, quand tout fut prêt, on avait surveillé la fenêtre de Squeers, jusqu'à ce qu'il eut éteint sa chandelle à l'heure où on s'était assuré d'avance qu'il faisait sa visite habituelle à sa voisine. C'est alors que Frank Cheeryble et Newman Noggs avaient monté l'escalier à pas de loup pour venir les écouter à la porte et pour donner à l'agent le signal convenu, quand le moment serait arrivé. Leur arrivée en temps utile, leurs précautions pour tout entendre, la nature des révélations entendues, sont déjà connues du lecteur. M. Squeers, étourdi du coup de soufflet, avait été enlevé avec le titre volé, encore dans sa poche, et l'on s'était saisi de même de Mme Sliderskew. Snawley n'avait pas tardé à être informé de l'arrestation de

Squeers, sans qu'on lui dît pourquoi; et le brave homme, après avoir extorqué d'avance la promesse qu'il ne lui serait rien fait, avait déclaré que toute l'histoire de sa paternité de Smike n'était qu'un conte forgé par Ralph Nickleby qu'il compromît tout du long. Quant à M. Squeers, il venait, le matin même, de subir un interrogatoire secret devant le magistrat, et n'ayant pu expliquer d'une manière satisfaisante comment ce titre se trouvait en sa possession, pas plus que les raisons de son association avec Mme Sliderskew, il avait été cité à comparaître à huitaine.

Voilà toutes les découvertes qu'on exposa à Ralph avec tous ces détails circonstanciés. Quelle que fût l'impression secrète qu'il en ressentit, il ne laissa pas échapper un signe d'émotion, resta parfaitement tranquille sur sa chaise, les yeux baissés d'un air refrogné sur le parquet et la main sur sa bouche. Quand il eut tout entendu jusqu'au bout, il releva précipitamment la tête pour prendre la parole; mais, voyant que le frère Charles avait encore quelque chose à dire, il reprit sa première attitude.

« Je vous ai dit ce matin, reprit le bon gentleman en posant la main sur l'épaule de son frère, que je venais vous voir dans un esprit de charité. Vous savez mieux que personne jusqu'où vous pouvez être engagé dans l'affaire, et inculpé par les révélations de l'homme qui est maintenant entre les mains de la justice. Mais il faut qu'elle ait son cours; il faut une réparation à ce pauvre jeune homme, si doux, si inoffensif, si cruellement poursuivi. Ni mon frère, ni moi, nous n'avons plus le pouvoir de vous soustraire aux conséquences du procès. Tout ce que nous pouvons faire, c'est de vous avertir à temps, pour vous donner l'occasion de les éviter par la fuite. Nous serions fâchés de voir un homme de votre âge puni et déshonoré par votre plus proche parent; nous ne voudrions pas lui voir oublier, à votre exemple, les liens de la nature et du sang. Nous vous prions tous (car je sais bien, frère Ned, que vous vous joindrez à moi pour cela, et vous aussi, Tim Linkinwater, malgré votre prétention d'être un chien d'obstiné, et votre air rechigné, là sur votre chaise), nous vous prions de quitter Londres, d'aller chercher un refuge dans quelque endroit où vous puissiez échapper aux suites de ces machinations odieuses, et vous aurez le temps, monsieur, de les expier et de revenir à de meilleurs sentiments.

— Est-ce que vous croyez par hasard, répondit Ralph en se levant, avoir si bon marché de moi? Est-ce que vous croyez qu'il suffit de dresser une centaine de plans plus ou moins habilement combinés, de suborner une centaine de témoins, de me lâcher dans les chambres une centaine de mâtins, de me débiter une centaine de harangues, dans votre style doucereux, pour m'émouvoir? Je vous remercie toujours de m'avoir dévoilé vous-même vos projets pour que je me prépare à les confondre. Vous ne savez pas à qui vous avez affaire. Vous verrez! Rappelez-vous bien que je ne fais pas plus de cas de vos belles paroles et de vos trahisons que de la boue de mes souliers, que je ne vous crains pas, que je vous défie, que je me moque de vous, que je vous mets à pis faire. »

C'est ainsi qu'ils se séparèrent cette fois, mais Ralph n'était pas au bout de ses peines.

CHAPITRE XXVIII.

Le danger redouble : gare la catastrophe!

Au lieu de retourner chez lui, Ralph se jeta dans le premier cabriolet qu'il trouva sur son chemin, et, se faisant conduire au poste de police du quartier où avait eu lieu la déconvenue de M. Squeers, se fit descendre à une petite distance, paya le cocher, et fit le reste à pied. Après avoir pris des renseignements sur le digne objet de sa sollicitude, il se trouva qu'il avait bien fait d'arriver; car M. Squeers allait justement monter en voiture, comme un gentleman, pour aller passer son délai de huitaine à la Conciergerie.

Sur sa demande de dire un mot au prisonnier, il fut introduit dans une espèce de salle d'attente où, à raison de sa profession libérale et de son rang respectable, M. Squeers avait eu la permission de rester pendant le jour. En y entrant, il put reconnaître, à la lueur d'une chandelle fumeuse et coulante, le maître de pension profondément endormi sur un banc, dans un coin éloigné. Un verre vide, placé devant lui sur une table, faisait voir, avec son état somnolent et des exhalaisons de grog à l'eau-de-vie, que M. Squeers venait de chercher dans ce réconfort agréable un oubli temporaire de sa situation peu réjouissante.

Il eut bien du mal à se réveiller, tant son sommeil était lourd et léthargique. Il finit pourtant par retrouver petit à petit une lueur de raison, et par s'asseoir sur son séant. Alors montrant aux yeux de son visiteur une figure jaune comme de la cire, un nez rouge comme du vermillon, une barbe de hérisson, avec enjolivement d'un mouchoir blanc sale, taché de sang, sur la tête, et noué sous le menton, il se mit à regarder Ralph fixement dans un silence morne, jusqu'à ce qu'il lâcha la bride à ses sentiments, en ces termes énergiques :

« Eh bien! mon beau monsieur, vous venez voir votre ouvrage ; car c'est bien vous qui avez tout fait!

— Qu'est-ce que vous avez donc à la tête ? demanda Ralph.

— Vous le demandez? Ne savez-vous pas bien que c'est votre homme, votre espion, votre janissaire, qui est venu me la casser? répondit Squeers d'un air de reproche. Ah! ce que j'ai? Vous venez un peu tard pour me le demander.

— Pourquoi ne m'avez-vous pas envoyé chercher ? dit Ralph. Comment vouliez-vous que je vinsse plus tôt, si je n'étais pas prévenu de ce qui vous était arrivé ?

— Ma famille! s'écria M. Squeers avec des hoquets, en levant les yeux sur le plafond. Ma fille! à un âge où toute la sensibilité s'exalte à la fois. Mon fils, le jeune héros de la maison, l'ornement et l'orgueil de son village ravi! en voilà un coup porté à ma famille! Le manteau d'armes du blason des Squeers est en pièces ; leur soleil est descendu pour s'éteindre dans les flots de l'Océan !

— Vous venez de boire, dit Ralph, et vous n'avez pas encore cuvé votre vin.

— Je ne viens toujours pas de boire à votre santé, vieux grippe-sou! répliqua M. Squeers. Ainsi vous n'avez rien à y voir. »

Ralph réprima l'indignation qu'éveillait dans son âme l'insolence inaccoutumée du maître d'école, et lui demanda une seconde fois pourquoi il ne l'avait pas envoyé chercher.

« Et qu'est-ce que j'y aurais gagné? répondit Squeers ; cela ne me ferait pas grand bien de leur apprendre que j'ai l'honneur de votre connaissance, et ils ne voudraient pas me relâcher sans caution, avant plus ample informé. En attendant, me voilà ici serré, bel et bien, pendant que vous voilà là-bas libre et à votre aise.

— Comme vous le serez aussi sous peu de jours, repartit Ralph avec une gaieté feinte. Ils ne peuvent pas vous faire de mal, vous sentez.

— En effet, répliqua l'autre avec colère, je suppose qu'ils ne peuvent pas me faire de mal, si je leur explique comment il s'est fait que je me suis trouvé dans l'excellente compagnie de ce vieux cadavre de Sliderskew, que j'aurais voulu voir morte et enterrée, ressuscitée même pour être disséquée, et pendue à des fils de fer dans un musée d'anatomie, avant d'avoir jamais eu rien à faire avec elle. « Prisonnier, m'a dit longuement ce matin le monsieur à la tête poudrée ; prisonnier, comme on vous a trouvé dans la compagnie de cette femme ; comme on vous a trouvé nanti de ce document ; comme vous étiez occupé avec elle à faire disparaître frauduleusement d'autres papiers, sans pouvoir donner d'explications satisfaisantes ; je vous renvoie à la semaine prochaine pour faire une enquête et citer les témoins ; en attendant, je ne puis accepter de caution pour vous relâcher sur parole. » Comment voulez-vous maintenant que je donne des explications satisfaisantes ? Je n'ai qu'une chose à faire. Je passerai le prospectus de mon établissement en disant : C'est moi qui suis le Wackford Squeers ci-nommé, monsieur. C'est moi qui suis l'homme reconnu par des attestations irréfragables pour être d'une rigidité de morale et d'une intégrité de principes exagérées. S'il y a quelque chose de mal dans toute cette affaire, ce n'est pas ma faute. Je n'avais pas du tout de mauvaises intentions, monsieur. On ne m'avait pas dit qu'il y eût du mal. C'était seulement pour rendre service à un ami, mon ami M. Ralph Nickleby de Golden-square ; faites-le venir, monsieur, et demandez-lui compte de ce qui s'est fait ; car c'est lui, et non pas moi, qui en est l'auteur.

— Qu'est-ce que c'est que ce document qu'on a trouvé dans votre poche ? demanda Ralph esquivant pour le moment la question.

— Quel document, dites-vous ? Eh bien ! le document, répliqua Squeers : celui de Madeleine je ne sais plus qui ; c'était un testament, voilà ce que c'était que ce document.

— De quelle nature ? quel est le testateur ? la date, le montant du legs, les dispositions ? demanda Ralph avec ardeur.

— C'est un testament en sa faveur, je n'en sais pas davantage, répondit Squeers, et vous n'en sauriez pas plus que moi, si vous aviez reçu comme moi un bon coup de soufflet sur la tête. C'est grâce à vous et à votre prudence soupçonneuse qu'ils le tiennent maintenant ; si vous me l'aviez laissé jeter au feu, et que vous eussiez voulu me croire sur parole, on n'aurait eu qu'un petit tas de cendres dans l'âtre, au lieu de le trouver sain et sauf dans la poche de ma redingote.

— Battu sur toute la ligne ! murmura Ralph.

— Ah ! dit Squeers en soupirant, car, entre le grog absorbé et les douleurs de sa tête cassée, il délirait étrangement ; au délicieux village de Dotheboys, près de Greta-bridge, dans le

Yorkshire, les jeunes pensionnaires sont nourris, vêtus, blanchis, fournis de livres et d'argent de poche, pourvus de toutes les choses nécessaires ; on leur enseigne toutes les langues mortes et vivantes, les mathématiques, l'orthographe, la géométrie, l'astronomie, la trigonométrie, ou, sous une autre forme, les trigonomiques, ou avec une diphthongue : tout enfin. *Tout,* chaque chose, tablier de savetier ; *en,* adjectif, le contraire de *hors ;* S-q-u, double e, r-s, *Squeers,* nom substantif, éducateur de la jeunesse ; total, *tout en Squeers.* »

Pendant qu'il battait ainsi la campagne, Ralph eut le temps de recouvrer sa présence d'esprit ; il sentit aussitôt la nécessité de dissiper de son mieux les appréhensions du maître de pension, et de lui faire croire que la meilleure tactique pour se sauver de là, c'était de garder un silence absolu.

« Je vous le répète encore une fois, ils ne peuvent pas vous faire de mal. Vous aurez un recours contre eux pour arrestation illégale, et ce sera encore pour vous un profit. Nous saurons bien forger une histoire qui vous tirerait vingt fois d'un embarras aussi vulgaire que celui-là, et, si on vous demande une garantie pour caution de vingt-cinq mille francs, en cas de rappel et citation nouvelle, vous l'aurez. Tout ce que vous avez à faire, c'est de ne pas dire la vérité. Vous avez les idées un peu embrouillées ce soir, ce qui vous empêche d'y voir aussi clair que si vous étiez plus tranquille ; mais voilà tout ce que vous avez à faire, et vous ferez bien de ne pas l'oublier, car, si vous alliez vous couper, cela gâterait tout.

— Oh ! dit Squeers, qui l'avait regardé pendant tout ce temps-là d'un air rusé, la tête penchée de côté, comme un vieux corbeau ; n'ai-je que cela à faire, croyez-vous ? Eh bien ! alors, écoutez un mot ou deux que j'ai à vous dire. Je n'ai pas envie qu'on aille faire des histoires pour mon compte, pas plus que je n'en veux faire moi-même. Si je vois que cela tourne mal pour moi, j'espère que vous en prendrez votre part, et j'aurai soin d'y veiller. Vous ne m'avez jamais dit qu'il y eût des risques à courir. Quand j'ai fait marché avec vous, ce n'était pas pour me fourrer dans ce guêpier, et mon intention n'est pas de prendre la chose en douceur comme vous le pensez. Je me suis laissé aller à vos instigations, de fil en aiguille, parce que nous avions déjà fait quelques affaires d'une certaine nature ensemble, et que, si je vous avais indisposé, vous auriez bien pu me faire du tort dans mon commerce, au lieu que, si je vous ménageais, vous pouviez me donner un bon coup d'épaule. C'est bien. Si tout va comme il faut, à la bonne heure, je n'ai rien à dire, mais si cela va mal, ça change bien les choses, je dirai et je ferai ce que je croirai le plus utile à mes intérêts, sans demander conseil à personne. Mon influence morale sur mes pensionnaires, ajouta M. Squeers avec un redoublement de gravité, chancelle sur sa base. L'image de Mme Squeers, de ma fille et de mon fils Wackford, réduits à mourir de faim, est toujours présente à mes yeux. Devant cette considération, toutes les autres s'effacent et disparaissent. Comme père et comme époux, je ne connais qu'un chiffre dans toute l'arithmétique, c'est le numéro un ; quand il disparaît, adieu le bonheur de la famille. »

Dieu sait combien de temps M. Squeers aurait encore déclamé sur ce ton, et la discussion orageuse qui en serait sortie, s'il n'avait pas été interrompu en ce moment par l'arrivée de la voiture qu'il avait fait demander et d'un agent qui devait lui tenir compagnie en route. Alors il percha, avec une grande dignité, son chapeau sur le haut du mouchoir qui enveloppait sa tête, fourra sa main dans son gousset, passa l'autre dans le bras de son conducteur et se laissa emmener.

« C'était bien ce que j'avais deviné en voyant qu'il ne m'avait pas envoyé chercher, se dit Ralph. Voilà un drôle, je le vois bien à travers ses propos d'ivrogne, qui a pris son parti ; il veut me charger. Ils me voient si bien traqué et poursuivi, que non-seulement ils sont tous saisis de frayeur, mais qu'ils me montrent les dents, comme les animaux de la fable, eux qui, pas plus tard qu'hier, n'avaient pour moi que des coups de chapeau et des révérences. Mais, qu'est-ce que cela me fait ? je ne céderai pas, je ne reculerai pas d'une semelle. »

Il retourna chez lui, où il fut bien aise de trouver sa gouvernante indisposée, pour avoir une bonne raison de s'enfermer seul et de l'envoyer se coucher à son logis, car elle demeurait à sa porte. Alors, il s'assit à la lumière d'une simple chandelle et se mit à réfléchir, pour la première fois, à tous les événements de la journée.

Il n'avait ni bu ni mangé depuis la veille au soir, et, en outre de ses souffrances morales, il s'était fatigué à aller sans repos d'un lieu à l'autre, pendant plusieurs heures de suite. Il se sentait faible et épuisé, et cependant il ne put rien prendre qu'un verre d'eau et continua de rester assis, la tête dans sa main, sans penser, sans dormir, essayant péniblement et sans succès l'un et l'autre, et forcé de reconnaître que tout autre sentiment que celui de l'ennui et de la désolation était émoussé dans son âme.

Il était près de dix heures quand il entendit frapper à sa porte.

Il ne bougea pas : il resta assis sur sa chaise comme s'il n'avait pas même la force d'y faire attention. Les coups, souvent répétés, furent, à plusieurs reprises, accompagnés d'une voix qui disait du dehors qu'on voyait de la lumière à sa fenêtre (c'était sa chandelle), avant qu'il pût se décider à se lever pour descendre.

« Monsieur Nickleby, il y a des nouvelles terribles pour vous, et on m'envoie vous prier de venir tout de suite, lui dit une voix qu'il crut reconnaître. » (Il mit sa main devant ses yeux pour regarder à la porte en ouvrant : c'était Tim Linkinwater qui était là sur les marches.)

— De venir où ? demanda Ralph.
— Chez nous, où vous êtes venu ce matin. J'ai une voiture.
— Et pourquoi voulez-vous que j'y aille ? dit Ralph.
— Ne me demandez pas pourquoi, mais venez vite avec moi, je vous prie.
— Une nouvelle édition de ce matin, répondit Ralph faisant mine de refermer la porte.
— Non, non, cria Timothée en lui prenant le bras de l'air le plus sérieux, c'est seulement pour vous dire quelque chose qui vient d'arriver, quelque chose d'épouvantable, monsieur Nickleby, et qui vous touche de très-près. Vous imaginez-vous que je vous parlerais comme je vous parle, ou que je viendrais à cette heure-ci vous trouver sans cela ? »

Ralph le considéra de plus près, et, voyant son agitation, se sentit défaillir, sans savoir que dire ou que penser.

« Vous ferez mieux de venir le savoir plus tôt que plus tard, dit Timothée, cela peut avoir de l'importance pour vous. Au nom du ciel, venez donc. »

Peut-être, en tout autre temps, l'obstination et la colère de Ralph n'auraient-elles jamais voulu entendre à une invitation partie de la maison Cheeryble, si pressante qu'elle pût être. Mais alors, après un moment d'hésitation, il alla chercher son chapeau dans le vestibule et revint monter en voiture sans dire un mot.

Timothée se rappela bien depuis, et il en parla souvent, qu'au moment où Ralph Nickleby rentra chez lui pour aller chercher son chapeau, il le vit, à la lueur de la bougie qu'il avait posée sur une chaise, chanceler et trébucher comme un homme ivre. Il se rappela bien aussi qu'en mettant le pied sur le marchepied de la voiture, il se retourna et lui vit la face si sombre et si blême, l'air si égaré et si hors de lui, qu'il en eut la chair de poule et ne savait pas s'il devait faire route avec lui. On se plut à croire qu'il était en proie à quelque triste pressentiment, quoiqu'il soit plus naturel de penser que la rude journée qu'il avait traversée suffisait pour expliquer son émotion.

On garda, pendant toute la course, un profond silence. Une fois arrivés, Ralph entra dans la maison, sur les pas de son conducteur, et fut introduit dans la chambre où se tenaient les deux frères. Il fut si frappé, pour ne pas dire si effrayé de la compassion muette qu'il lisait dans leurs traits et dans ceux du vieux caissier, qu'il pouvait à peine ouvrir la bouche.

Cependant il prit un siége et balbutia quelques mots : « Qu'est-ce.... qu'est-ce que vous avez à me dire.... de plus que ce que vous m'avez déjà dit? »

La chambre où ils étaient réunis était une grande pièce, dans l'ancien style, mal éclairée, et terminée par une fenêtre en ogive, autour de laquelle étaient suspendus de grands rideaux en tapisserie. En jetant les yeux de ce côté, il vit dans l'embrasure une ombre obscure qui lui parut un homme. Il fut confirmé dans cette opinion en voyant l'objet se mouvoir, comme pour éviter son regard pénétrant.

« Qu'est-ce que c'est que cet homme que je vois là-bas ? dit-il.

— C'est un homme qui nous a apporté, il y a deux heures, la nouvelle qui nous a engagés à vous envoyer chercher, répondit le frère Charles ; ne vous en occupez pas, monsieur, ne vous en occupez pas pour l'instant.

— Encore des énigmes, dit Ralph d'une voix affaiblie. Eh bien! monsieur? »

Il fut obligé de détourner ses regards de la fenêtre pour les porter vers les frères, mais, sans leur laisser le temps de prendre la parole, il se retourna encore malgré lui. Il était évident que la présence de ce témoin invisible lui causait de l'inquiétude et de la gêne, car il répéta ce mouvement plusieurs fois et finit, dans un état nerveux qui ne lui laissait pas la liberté de changer de position, par s'asseoir de manière à l'avoir en face de lui, marmottant pour excuse que la lumière lui faisait mal.

Les frères commencèrent par avoir ensemble un petit bout d'entretien à part. On voyait qu'ils étaient très-agités. Ralph leur jetait de temps en temps un coup d'œil étonné, et finalement leur dit, en faisant un effort visible pour reprendre son assurance : « Ah çà, qu'est-ce qu'il y a? Si on me dérange de chez moi à cette heure-ci, il faut au moins que ce soit pour quelque chose. Qu'est-ce que vous avez de nouveau à me dire? » Puis, après un moment de silence, il ajouta : « Est-ce que ma nièce serait morte ? »

Cette supposition erronée n'en donnait pas moins l'occasion aux deux frères de commencer l'ouverture de la communication funèbre qu'ils avaient à lui faire. Le frère Charles se retourna pour lui dire qu'il s'agissait bien en effet d'un décès, mais que ce n'était pas celui de sa nièce, qui était bien portante.

« Vous ne m'auriez pas fait venir par hasard, dit Ralph avec des yeux étincelants de joie, pour m'annoncer la mort de son frère ? Oh ! non, je serais trop content. Vous me le diriez, que je n'oserais pas le croire. Ce serait une nouvelle trop heureuse pour être vraie.

— Fi ! c'est horrible, cœur dénaturé et endurci, cria l'autre frère avec horreur. Préparez-vous à une nouvelle qui va vous faire trembler et frémir, pour peu qu'il vous reste dans le cœur quelque sentiment d'humanité. Si je vous disais qu'un pauvre malheureux jeune homme, un enfant plutôt, qui n'a jamais su ce que c'est que les tendres caresses, ou les heures agréables qui font de notre enfance un temps qu'on se rappelle toute la vie comme un doux songe ; une créature sensible, innocente, aimante, qui ne vous a jamais fait ni tort ni peine, mais dont vous avez fait la victime de la haine méchante que vous aviez conçue pour votre neveu, et sur lequel vous avez fait retomber le poids de vos mauvaises passions contre son ami ; si je vous disais que, succombant enfin à vos persécutions, monsieur, à la misère et à la douleur d'une vie, courte en durée, mais longue en souffrance, cette pauvre créature est allée déposer contre vous devant le juge souverain à qui vous aurez à en rendre compte ?...

— Si vous me disiez, dit Ralph, si vous me disiez qu'en effet il est mort, je vous pardonnerais tout le reste. Dites-moi qu'il est mort, et je me reconnais votre obligé, votre débiteur pour toute ma vie. Ah ! il est mort ! je le lis dans vos yeux. Qui est-ce qui triomphe enfin de nous deux ? Est-ce là votre nouvelle effrayante ? votre terrible communication ? Vous voyez comme j'y suis sensible. Vous avez bien fait de m'envoyer chercher. J'aurais volontiers fait quarante lieues à pied, par la boue, la crotte, les ténèbres, pour apprendre une pareille nouvelle, en ce moment. »

Même dans l'emportement de sa joie féroce et sauvage, Ralph put voir encore dans les traits des deux frères le même sentiment de compassion indéfinissable qu'auparavant, malgré le dégoût et l'horreur qu'exprimait leur physionomie.

« Et c'est sans doute *lui*, dit Ralph montrant du doigt l'embrasure de la fenêtre, qui vous a apporté cette nouvelle. C'est sans doute lui qui est là assis dans l'ombre, dans l'espérance de jouir de mon abattement et de ma consternation. Ha! ha! ha! Je puis bien l'assurer que je serai longtemps pour lui une rude épine dans le flanc. Et vous, je vous le répète, vous ne le connaissez pas; et vous regretterez le jour où vous avez pris en pitié ce vagabond.

— Vous me prenez pour votre neveu, dit une voix sourde. Il vaudrait mieux pour vous et pour moi que ce fût lui. »

L'individu qu'il avait aperçu dans l'obscurité se leva, et vint vers lui à pas lents. Ralph tressaillit, en voyant qu'il se trouvait en face non pas de Nicolas, comme il l'avait supposé, mais de Brooker.

Ce n'est pas qu'il crût avoir de motif de le craindre : il n'avait jamais eu peur de lui. Cependant la pâleur que Timothée avait déjà observée sur sa face le soir même revint aussi effrayante. On le vit trembler de tous ses membres, et sa voix était profondément altérée, lorsque fixant les yeux sur le nouveau venu :

« Qu'est-ce que ce coquin fait ici ? Ne savez-vous pas que c'est un galérien, un repris de justice, un voleur ?

— Écoutez ce qu'il a à vous dire, monsieur Nickleby, écoutez-le, quel qu'il soit, » crièrent ensemble les frères avec tant de chaleur que Ralph se retourna vers eux avec surprise, pendant qu'ils lui montraient Brooker ; il se mit donc à le considérer machinalement.

« Cet enfant, dit l'homme, ce jeune garçon dont ces messieurs vous parlaient tout à l'heure....

— Ce jeune garçon..., répéta Ralph jetant sur lui des yeux égarés.

— Que j'ai vu, étendu mort et glacé sur son lit, et qui est maintenant dans la tombe....

— Qui est maintenant dans la tombe, » répéta Ralph par écho, du ton d'un homme qui parle dans ses rêves.

L'individu leva les yeux, et croisant les mains d'un air solennel :

« C'était votre fils unique, j'en prends le ciel à témoin. »

Ralph restait assis, dans un silence lugubre, pressant ses deux mains sur ses tempes. Et, lorsqu'il les retira une minute après, jamais on n'a vu personne défiguré par la blessure la plus hideuse, comme le visage de spectre qu'il découvrit aux yeux des frères. Il regarda Brooker, qui, pendant ce temps-là, s'était tenu à une petite distance, sans dire un mot, sans faire le moindre bruit, le moindre geste.

« Messieurs, dit Brooker, je ne cherche pas à m'excuser : il y a longtemps que je me suis condamné moi-même. Quand je vais vous raconter mon histoire, peut-être me plaindrez-vous d'avoir été entraîné par des traitements odieux à sortir de mon naturel; mais, si je le fais, c'est seulement parce que je vous dois un récit détaillé, ce n'est pas pour me blanchir devant vous. Je suis coupable. »

Il s'arrêta pour se recueillir, détourna les yeux loin de Ralph pour les porter vers les frères, à qui il s'adressa ainsi d'un ton humble et soumis :

« Parmi les personnes qui faisaient des affaires avec cet homme, il peut y avoir de vingt à vingt-cinq ans, messieurs, il y avait un gentleman, grand chasseur, grand buveur, qui, après avoir gaspillé sa fortune, était bien aise de traiter de même celle de sa sœur. Ils n'avaient plus l'un et l'autre ni père ni mère : ils vivaient ensemble; c'était lui qui tenait la maison. A cette époque, monsieur que voilà (montrant Ralph), peut-être pour bien asseoir son influence, peut-être pour amener la demoiselle à ses fins, je n'en sais rien, fréquentait souvent leur maison dans le comté de Leicester, et venait y passer plusieurs jours de suite. Ils avaient eu beaucoup de rapports ensemble, il en avait peut-être encore; ou peut-être venait-il seulement pour ravauder les affaires de son client, qui étaient en fort mauvais état; ce qu'il y a de sûr, c'est qu'il n'y perdait pas. La demoiselle, sans être très-jeune, était, dit-on, une belle personne et possédait une jolie fortune. Dans la suite des temps il l'épousa. Comme il ne l'avait épousée que par intérêt, il tint par la même raison son mariage secret, car il y avait dans le testament du père une clause qui disait que, si elle se mariait contre le consentement de son frère, le bien dont elle avait seulement l'usufruit tant qu'elle resterait fille passerait tout entier à une autre branche de la famille. Or, le frère ne voulait pas donner son consentement, il voulait le vendre, et un bon prix. M. Nickleby ne voulait pas entendre parler de ce sacrifice : ils continuèrent donc de tenir leur mariage secret et d'attendre qu'il se cassât le cou en tombant de cheval, ou qu'il attrapât une bonne fièvre chaude par suite de ses excès. Il n'en fit rien, et pendant ce temps-là un fils naquit de ce mariage clandestin. On mit l'enfant en nourrice, bien loin de là. La mère ne le vit en tout qu'une fois ou deux, à la dérobée. Le père, dans sa soif d'argent, se croyant à la veille de mettre la main dessus, car son beau-frère était très-malade et dépérissait de jour en jour, se garda bien d'aller jamais visiter son enfant, pour éviter tout soupçon. Le frère traînait toujours, et la femme de M. Nickleby pressait instamment son mari de déclarer leur mariage, mais elle ne fut accueillie que par un refus péremptoire. Elle restait donc seule dans une maison de campagne fort triste, ne voyant, pour ainsi dire, personne que quelques chasseurs qui venaient s'enivrer là et faire du tapage. Lui, de son côté, il demeurait à Londres pour s'occuper de ses affaires. Il y eut naturellement des querelles, des récriminations ; enfin, il y avait déjà à peu près sept ans qu'ils étaient mariés, et n'avaient plus que quelques semaines à attendre pour voir mourir le frère, ce qui aurait arrangé tout, lorsqu'elle se fit enlever par un jeune homme et planta là son mari. »

Ici il fit une petite pause. Ralph ne bougea pas. Les frères firent signe à Brooker de continuer.

« Ce fut alors que je reçus de sa propre bouche la confidence de toutes ces circonstances. A dire vrai, c'était déjà le secret de la comédie, car il était connu du frère et de bien d'autres ; et, d'ailleurs, s'il m'en fit confidence, ce n'était que parce qu'il avait besoin de moi. Il se mit à la poursuite des fugitifs, on a dit que c'était pour tirer quelque argent du déshonneur de sa femme ; moi, je crois que c'était plutôt pour se porter à quelque vengeance violente, car, s'il est avare, il n'est pas moins vindicatif: peut-être plus. Il ne put pas les retrouver, et la femme mourut bientôt après. Avant de partir pour ses recherches, je ne sais pas si c'est qu'il commençait à croire qu'il pourrait aimer l'enfant, ou si c'était seulement pour éviter qu'il tombât jamais entre les mains de la mère ; toujours est-il qu'il me chargea de le ramener chez lui, ce que je fis. »

Brooker prit ici, jusqu'à la fin de son récit, un ton plus humble, et baissa la voix.

« Cet homme, continua-t-il en montrant Ralph, avait mal agi avec moi ; il m'avait traité cruellement : je lui en ai dit deux mots, il n'y a pas longtemps, quand je l'ai rencontré dans la rue ; aussi je le haïssais. J'amenai donc l'enfant chez lui et je le logeai dans le grenier sur le devant. Négligé, comme il avait toujours été, il était maladif, et je fus obligé d'appeler un médecin qui déclara qu'il fallait le changer d'air, si on ne voulait pas qu'il mourût. Je crois que c'est là ce qui m'a donné la première idée de faire ce que j'ai fait. M. Nickleby fit un voyage de six semaines. A son retour, je lui annonçai, en appuyant mon dire de preuves apparentes et circonstanciées, que l'enfant était mort et enterré. Soit que cela dérangeât quelque projet qu'il avait en tête, soit qu'il ne fût pas entièrement dépourvu de quelque sentiment d'affection naturelle, le fait est qu'il en montra du chagrin, ce qui me confirma dans mon dessein de lui faire cette révélation plus tard, pour en tirer de l'argent. J'avais entendu parler, comme bien d'autres, des pensions du Yorkshire. J'emmenai l'enfant dans une de ces maisons tenue par un nommé Squeers, et je l'y laissai sous le nom de Smike que je lui donnai. Chaque année j'envoyais le prix de la pension; c'est cinq cents francs par an que j'ai donnés pour lui, pendant six ans, sans jamais souffler un mot de mon secret pendant ce temps-là, car j'avais fini par être si mal au service du père, que je l'avais laissé là après des querelles répétées. J'ai été transporté. Je suis resté, pour faire ma peine, absent d'Angleterre à peu près huit ans. Aussitôt que je fus rentré, je n'ai rien de plus pressé que de faire le voyage du Yorkshire; je me cache un soir dans le village, je prends des informations sur les pensionnaires, et j'apprends que justement celui que j'avais placé là venait de se sauver avec un jeune homme qui portait le même nom que le père de Smike. Je me mets à chercher dans Londres M. Nickleby : je le vois, je lui parle, je cherche à lui faire comprendre que j'ai un secret à lui dire, en lui demandant un petit secours d'argent pour m'aider à vivre; il me reçoit avec des menaces. Alors je rencontre son clerc, et, de fil en aiguille, je lui montre qu'il peut avoir de bonnes raisons pour entrer en pourparler avec moi; je finis par lui confier ce qui se passe; c'est moi, enfin, qui lui ai dit que le jeune homme n'était pas le fils de celui qui le réclamait comme étant son père. Pendant tout ce temps-là je n'avais pas encore revu Smike. Je finis par apprendre de la même source qu'il était malade et l'endroit où il était. Je me mets en route pour tâcher, s'il est possible, d'aller me rappeler à son souvenir, afin de donner plus de poids à mon récit. J'arrive jusqu'à lui à l'improviste, mais, avant que je puisse seulement lui adresser la parole, il me reconnaît : il était bien payé pour ne pas m'avoir oublié, le pauvre garçon; et moi, de mon côté, j'aurais juré que c'était bien lui quand je l'aurais rencontré dans les Indes. C'était bien encore la même figure piteuse que je lui avais connue quand il était tout petit. Je reste indécis quelques jours; enfin je vais trouver le jeune monsieur qui en avait soin, mais il m'apprend sa mort. Il peut vous dire comme Smike m'avait reconnu tout de suite, combien de fois il lui a fait mon portrait comme l'ayant conduit et laissé à la pension, combien de fois il lui a parlé d'un grenier comme étant resté dans son souvenir : eh bien ! c'est celui dont je vous ai parlé et que vous pourriez voir encore dans la maison de son père. Voilà mon histoire. Je ne demande pas mieux que d'être confronté, face à face, avec le maître de pension, et d'être mis à toutes les épreuves qu'on voudra. On verra que tout cela est bien vrai. Je n'en ai que trop le reproche sur ma conscience.

— Malheureux homme, dirent les frères, quelle réparation de vos torts pouvez-vous faire à présent ?

— Aucune, messieurs, aucune ! Je n'en ai plus à faire, pas plus que d'espérance à concevoir. Je suis vieux par l'âge, et plus vieux encore par la misère et le chagrin. Je n'attends de cet aveu que de nouvelles souffrances et peut-être un nouveau châtiment, mais cela ne m'empêche pas de le faire et d'y persister, quoi qu'il arrive. J'étais destiné sans doute à devenir l'instrument de ces terribles représailles contre un homme qui, dans la poursuite téméraire de ses mauvais desseins, a persécuté, traqué son pauvre enfant jusqu'à le faire mourir à la peine. Je n'échapperai pas plus que lui à la loi, je le sais, je viens trop tard pour rien réparer, et, pas plus dans ce monde que dans l'autre, je ne puis trouver maintenant d'espérance.... »

Il avait à peine fini de parler, que la lampe placée sur la table tout près de Ralph, la seule qui éclairât la chambre, fut renversée par terre et les laissa dans l'obscurité. Pendant le court intervalle de temps qui se passa pour demander et pour apporter une autre lumière, Nickleby avait disparu.

Les bons frères et Tim Linkinwater restèrent quelque temps à discuter pour savoir s'il n'allait pas revenir, et, quand il fut évident qu'il était parti tout de bon, ils hésitèrent s'ils l'enverraient encore chercher oui ou non. Enfin, se rappelant sa mine étrange et son silence obstiné, pendant qu'il était assis là immobile, tout le temps de cet entretien, ils supposèrent qu'il pouvait bien être malade et se déterminèrent, malgré l'heure avancée, à envoyer chez lui, sous quelque prétexte, savoir de ses nouvelles. La présence de Brooker, dont ils ne savaient que faire, sans consulter auparavant les dispositions de M. Nickleby à son égard, leur parut un prétexte honnête, et ils résolurent de lui dépêcher un message avant de se mettre au lit.

CHAPITRE XXIX.

Où Nicolas et sa sœur se conduisent de manière à déchoir dans l'estime de tous les gens du monde et de ce qu'on appelle les personnes sensées.

Le lendemain des révélations de Brooker, Nicolas retourna chez lui. Sa première entrevue avec sa famille fut agitée par bien des émotions de part et d'autre, car il les avait tenus au courant, dans ses lettres, de ce qui s'était passé, et, outre qu'ils partageaient naturellement ses chagrins, ils pleuraient tous comme lui la perte d'un jeune homme dont la misère et l'abandon avaient été son premier titre à leur compassion, mais que sa candeur et sa reconnaissance leur avaient rendu plus cher de jour en jour.

« Assurément, dit Mme Nickleby en s'essuyant les yeux et en poussant des sanglots amers, je puis dire que j'ai perdu la meilleure, la plus zélée, la plus obligeante créature du monde, celle dont j'ai reçu les soins les plus attentifs de toute ma vie, après vous, Nicolas et Catherine, et votre pauvre papa, et cette coquine de bonne qui est partie en emportant mon linge.... et les douze petites fourchettes, cela va sans dire. C'était bien l'être le plus facile, le plus égal, le plus attaché, le plus fidèle. Comment ferai-je maintenant pour reposer mes yeux sur ce jardin qu'il mettait son orgueil à embellir pour moi, ou pour entrer dans sa chambre pleine de toutes ces petites inventions qu'il se plaisait à imaginer pour nous faire plaisir, et où il réussissait si bien? Il ne se doutait guère qu'il les laisserait là encore imparfaites. Non, en vérité, je ne puis pas me résigner à cette idée. Ah! c'est un grand chagrin pour moi, un grand chagrin. Au moins, mon cher Nicolas, ce sera pour vous une consolation, jusqu'à la fin de vos jours, de vous rappeler combien vous avez toujours été bon et aimable pour lui, et la mienne sera de penser que nous étions aussi en d'excellents termes ensemble, et qu'il m'aimait beaucoup, le pauvre garçon. Votre attachement pour lui, mon cher, était bien naturel et bien profond : c'est un terrible coup pour vous. Il n'y a qu'à voir comme vous êtes changé pour le comprendre. Mais moi, personne ne peut deviner ce que j'éprouve, non, personne, c'est tout à fait impossible. »

Pendant que Mme Nickleby exprimait ainsi, en toute sincérité de cœur, des chagrins réels, mais qui, selon sa coutume, avaient un air trop personnel; par l'habitude qu'elle avait de rapporter tout à soi, elle n'était pas la seule qui ressentît de la peine dans la maison. Catherine, tant accoutumée qu'elle était à s'effacer devant les autres, ne pouvait retenir son chagrin. Madeleine n'y était guère moins sensible, et la pauvre, la bonne, l'honnête petite demoiselle la Creevy, qui, en l'absence de Nicolas, était venue leur faire une visite, et qui, depuis la mauvaise nouvelle, n'avait fait que les consoler et les distraire de son mieux, ne le vit pas plutôt arriver à la porte, qu'elle s'assit au bas de l'escalier et fondit en larmes, refusant pendant longtemps toute consolation.

« Cela me fait tant de peine, criait l'excellente fille, de le voir revenir tout seul! Je ne peux pas m'empêcher de penser combien il a dû souffrir! Je n'en serais peut-être pas si émue s'il le paraissait davantage lui-même; mais voyez avec quelle fermeté admirable il supporte tout cela.

— Mais, dit Nicolas, il le faut bien; je n'ai pas de mérite à cela.

— Sans doute, sans doute, répliqua la petite femme, et vous avez raison; mais que voulez-vous, excusez-moi de ma faiblesse : je trouve.... je sais bien que j'ai tort de le dire, et je vais m'en repentir tout à l'heure.... que vous méritiez une autre récompense pour tout ce que vous avez fait.

— Quoi! dit Nicolas avec douceur, quelle meilleure récompense pouvais-je attendre, que de voir ses derniers jours heureux et tranquilles, et de me rappeler toujours que je lui ai tenu compagnie jusqu'à la fin, sans avoir eu le regret, ce que mille circonstances auraient pu faire, de n'être pas alors à ses côtés?

— C'est vrai, répondit miss la Creevy avec des sanglots; c'est moi qui ai tort. Je sais bien que je ne suis qu'une ingrate, une impie, une méchante petite folle. »

Et tout en faisant cet aveu, la bonne fille recommençait à pleurer, à faire des efforts pour se contraindre, à essayer de rire. Le rire et les pleurs, mis aux prises sans transition, luttaient à qui resterait maître du champ de bataille. La victoire fut indécise, car miss la Creevy, pour les tirer de peine, finit par une attaque de nerfs.

Nicolas attendit qu'elles fussent toutes remises et calmées pour monter à sa chambre, où il avait besoin de se retirer, pour prendre un peu de repos après un si long voyage, et se jetant tout habillé sur son lit, il tomba dans un profond sommeil. A son réveil, il trouva Catherine assise à son chevet, et, quand elle lui eut vu ouvrir les yeux, elle se pencha sur lui pour l'embrasser.

« Je suis venue vous dire combien je suis heureuse de vous voir de retour à la maison.

— Et moi, Catherine, je ne saurais vous dire tout le plaisir que j'ai de vous revoir.

— Nous soupirions tant après votre retour! reprit Catherine, maman et moi.... et Madeleine.

— Ne me disiez-vous pas, dans votre dernière lettre, qu'elle était tout à fait bien à présent? dit Nicolas vivement, en rougissant; n'a-t-il pas été question, depuis mon départ, de quelques arrangements que les frères Cheeryble ont en vue pour elle?

— Oh! pas un mot de cela, répondit Catherine; je ne saurais songer à me séparer d'elle sans un vrai chagrin; et vous, Nicolas, sans doute vous ne le désirez pas non plus? »

Nicolas rougit encore, et s'asseyant près de sa sœur à la fenêtre, sur un petit canapé :

« Non, Catherine, dit-il, non, je ne le désire pas; je ne ferais pas à d'autres l'aveu de mes véritables sentiments, mais à vous, Catherine, je vous dirai franchement et simplement.... que je l'aime. »

Les yeux de Catherine s'enflammèrent, et elle allait ouvrir la bouche pour répondre, quand Nicolas, lui mettant la main sur son bras, continua ainsi :

« Que personne n'en sache rien que vous!... elle, surtout!

— Cher Nicolas!

— Elle, surtout !... Jamais, quoique ce soit bien long, jamais. Quelquefois j'aime à penser qu'il doit venir un temps où je pourrai le lui dire sans crainte. Mais c'est si loin, dans un horizon si reculé; il faut qu'il se passe tant de temps d'ici-là, et, quand le moment viendra, s'il vient toutefois, je me ressemblerai si peu à moi-même, j'aurai depuis si longtemps dépassé mes jours de jeunesse romanesque, sans que rien altère pourtant mon amour pour elle, que je ne puis m'empêcher de reconnaître que de pareilles espérances sont de pures chimères. Alors j'essaye de les étouffer de mes propres mains, et de surmonter ma peine, plutôt que de les voir se flétrir à la longue et me faire mourir à petit feu. Non, Catherine; depuis mon départ, j'ai eu perpétuellement devant les yeux, dans ce pauvre garçon que nous avons perdu, un exemple de plus de la libéralité généreuse de ces nobles frères. Je veux en être digne autant qu'il est en moi, et, si j'ai jamais auparavant chancelé dans mon devoir rigoureux, je n'en suis que plus résolu à le remplir strictement désormais, et à me mettre à l'abri de toute tentation sans délai.

— Avant d'ajouter un mot, cher Nicolas, dit Catherine qui devint toute pâle, il faut que vous entendiez ce que j'ai à vous confier. C'était pour cela que j'étais venue, mais le courage m'a manqué; ce que vous venez de dire me donne du cœur. » Elle trembla et fondit en larmes.

Il y avait dans toute sa personne quelque chose qui préparait Nicolas à ce qu'il allait entendre.

Catherine essaya de parler, mais ses pleurs l'en empêchèrent.

« Allons! petite folle, dit Nicolas; quoi donc! Catherine, du courage, ma sœur. Je crois savoir ce que vous voulez me dire. Vous voulez me parler de M. Frank, n'est-ce pas? »

Catherine pencha la tête sur l'épaule de son frère, et lui dit en sanglotant : « Oui.

— Et peut-être que, depuis mon départ, il vous a offert sa main, n'est-ce pas? oui?... C'est bon, c'est bon; vous voyez bien qu'il n'est pas si difficile de me dire tout. Il vous a offert sa main?

— Oui, et je l'ai refusée.

— Oui? et puis?

— Je lui ai dit, ajouta-t-elle d'une voix tremblante, tout ce que, depuis, ma mère m'a confié que vous lui aviez dit à elle-même, et pourtant, je n'ai pu lui cacher, pas plus qu'à vous, que c'était un grand chagrin, une triste épreuve pour moi; mais c'est égal, je l'ai fait avec fermeté, et l'ai prié de ne plus me revoir.

— Je reconnais là ma brave Catherine, dit Nicolas en la pressant sur son cœur; j'étais bien sûr que vous le feriez.

— Il a essayé d'ébranler ma résolution, en me déclarant que, malgré ma décision, non-seulement il informerait ses oncles du parti qu'il avait pris, mais qu'il en parlerait aussi dès que vous seriez de retour. J'ai peur, ajouta-t-elle d'un air moins ferme, j'ai peur de ne lui avoir pas assez montré combien j'étais touchée d'un amour si désintéressé, et la sincérité de mes souhaits pour son bonheur à venir. Si vous venez à en causer avec lui, vous me feriez bien plaisir de le lui faire savoir.

— Et vous avez pu supposer, Catherine, quand vous avez cru devoir faire ce sacrifice au devoir et à l'honneur, que je serais moins courageux que vous? lui dit Nicolas avec tendresse.

— Oh! non! non! mais votre position n'est pas la même, et....

— Elle est tout à fait la même, reprit Nicolas en l'interrompant; Madeleine n'est pas, il est vrai, la proche parente de nos bienfaiteurs, mais elle leur appartient par des liens qui ne sont pas moins chers. Et, s'ils m'ont conté d'abord son histoire, c'est qu'ils avaient en moi une confiance sans limites, et m'ont cru franc comme l'acier. Voyez quelle bassesse ce serait de ma part de profiter des circonstances qui l'ont amenée sous notre toit, ou du léger service que j'ai eu le bonheur de lui rendre, pour chercher à conquérir son affection, quand il en résulterait pour les frères, si j'y avais réussi, un désappointement dans leur désir de l'établir comme leur propre fille, et le soupçon trop naturel que j'ai fondé l'espoir de ma fortune sur leur compassion pour une jeune personne, prise ainsi dans mes filets par un calcul honteux, comme si j'avais fait servir à mes vœux intéressés sa reconnaissance même et la générosité de ses sentiments, spéculant bassement sur son malheur! Moi aussi, Catherine, dont le devoir, le plaisir et l'orgueil est de leur reconnaître d'autres titres à mon dévouement, que je n'oublierai jamais; moi, qui déjà leur dois une vie aisée et heureuse, sans avoir le droit d'en demander davantage, j'ai pris le parti bien arrêté de m'ôter ce souci cruel. Je ne sais même pas si je n'ai pas à me reprocher d'avoir attendu trop longtemps. Dès aujourd'hui, je veux, sans réserve et sans équivoque, ouvrir mon âme à M. Cheeryble, et le supplier de prendre les mesures les plus promptes pour chercher à cette jeune personne l'abri d'une autre hospitalité que celle de notre toit.

— Aujourd'hui? sitôt?

— Voilà bien des jours et des semaines que j'y songe; pourquoi différerais-je encore? Si la scène douloureuse que je viens d'avoir sous les yeux m'a fait faire des réflexions, si elle a éveillé plus vivement encore en moi les scrupules et le sentiment du devoir, pourquoi attendrais-je que le temps en eût refroidi l'impression salutaire? Ce n'est pas vous, Catherine, qui m'en donneriez le conseil, ne m'en ayant pas donné l'exemple!

— Mais vous, c'est différent, vous pouvez devenir riche, qui sait? dit Catherine.

— Je puis devenir riche! répéta Nicolas avec un sourire plein de tristesse; c'est vrai, comme aussi je puis devenir vieux. Mais ne parlons plus de cela; riche ou pauvre, jeune ou vieux, nous serons toujours l'un pour l'autre ce que nous sommes, vous et moi; que ce soit là notre consolation. Nous ferons ménage commun, voulez-vous? au moins nous n'y serons point solitaires. Et si, fidèles à ces premières résolutions, nous avions le courage de n'en jamais changer! ce ne serait qu'un anneau de plus à la chaîne qui nous lie déjà l'un à l'autre. Il me semble que c'est hier, Catherine, que nous étions camarades d'enfance, et que nous partagions nos jeux folâtres. Eh bien ! il nous semblera que nous sommes seulement au lendemain, lorsque, reportant en arrière notre pensée vers ces chagrins d'aujourd'hui, comme nous les reportons à présent vers notre enfance, nous nous rappellerons, avec une mélancolie qui ne sera pas sans charme, la peine qu'ils ont pu nous causer. Qui sait si, devenus alors de bonnes vieilles gens, devisant du passé où nous avions le pied plus alerte et la tête moins chenue, nous n'irons pas jusqu'à nous féliciter de ces épreuves qui auront augmenté notre tendresse réciproque et rendu notre vie à ce courant paisible et tranquille où nous aurons été entraînés doucement? Qui sait si nous ne verrons pas les jeunes gens d'alors, comme nous le sommes aujourd'hui, devinant quelque chose de notre histoire, nous montrer de la sympathie, et venir confier à l'oreille discrète du vieux célibataire et de sa vieille sœur, des peines de cœur qui pèseront sur leur inexpérience, tour à tour pleine de crainte et d'espérance. »

Au milieu de ses pleurs, Catherine ne put refuser un sourire à ce tableau de leur vieillesse, et ses pleurs semblèrent moins amers en tombant le long de ses joues.

« N'ai-je pas raison, Catherine? dit-il après un court silence.

— Oui, vous avez raison, mon cher frère, et je ne puis vous dire combien je me sens heureuse d'avoir fait ce que vous m'auriez conseillé de faire.

— Vous n'en avez pas de regret?

— N....o....n, dit Catherine d'une voix timide, en traçant sur le parquet, avec son petit pied, quelque figure incohérente, je n'ai point de regret, sans doute, d'avoir fait ce que me commandaient l'honneur et le devoir, mais je regrette d'y avoir été obligée, du moins je le regrette quelquefois, et quelquefois je.... Tenez ! je ne sais plus ce que je veux dire. Je ne suis qu'une pauvre fille, Nicolas, pardonnez-moi d'avoir été très-agitée. »

Ce n'est pas trop dire que d'assurer que, si Nicolas eût eu dans la main trois cent mille francs, il aurait, sur-le-champ, dans son affection généreuse pour la jeune fille aux joues rougissantes, aux yeux baissés vers la terre, sacrifié jusqu'à son dernier liard, pour assurer son bonheur, sans songer au sien. Malheureusement il n'avait, pour la consoler et ranimer son courage, que des paroles bonnes et tendres; mais elles étaient si bonnes et si tendres, si pleines d'amour et d'encouragement, que la pauvre Catherine jeta ses bras à son cou, en lui promettant de ne plus verser une larme.

« Quel homme, se disait Nicolas avec orgueil, en s'en allant bientôt après chez les frères Cheeryble, ne trouverait pas le prix de tous ses sacrifices de fortune dans la possession d'un cœur comme celui de Catherine, un cœur d'un prix inestimable, si l'or et l'argent n'étaient pas estimés avant tout! Frank a plus de bien qu'il ne lui en faut. Tout son bien ne saurait lui procurer un trésor comme ma sœur. Et pourtant, dans ces mariages qu'on appelle inégaux, le parti le plus riche est toujours celui qui est censé faire un grand sacrifice, pendant que l'autre passe pour faire un bon marché. Mais quoi! je raisonne là comme un amoureux, ou plutôt comme un niais, ce qui pourrait bien être la même chose. »

C'est ainsi que, s'adressant à lui-même des compliments peu flatteurs pour réprimer des idées si mal en harmonie avec le devoir qu'il allait remplir, il continua sa route, et se présenta devant Timothée Linkinwater.

« Ah! monsieur Nickleby, cria Timothée, vous voilà donc, Dieu merci! Comment vous portez-vous, bien? N'est-ce pas que vous ne vous êtes jamais mieux porté?

— Très-bien, dit Nicolas en lui donnant les deux mains.

— Ah! dit Timothée, vous avez l'air fatigué malgré cela, maintenant que je vous regarde. Tenez! écoutez-moi celui-là, l'entendez-vous? (C'était Dick, le vieux merle.) Je ne le reconnaissais plus depuis votre départ. Il ne peut plus se passer de vous maintenant. Il vous fait fête comme à moi.

— Dick est perdu dans mon estime, dit Nicolas, s'il me croit aussi digne que vous de son affection; je lui croyais plus d'intelligence.

— Que je vous dise, monsieur, dit Timothée se tenant dans son attitude favorite, et montrant du bout de sa plume la cage de son favori, vous me croirez, si vous voulez, mais les seules personnes auxquelles il ait jamais voulu faire attention, c'est M. Charles et M. Ned, vous et moi. »

Ici Timothée s'arrêta pour regarder, du coin de l'œil, Nicolas avec intérêt, et rencontrant tout à coup celui de son jeune ami, il répéta avec embarras : « Vous et moi, monsieur, vous et moi. » Autre coup d'œil à Nicolas. Puis, lui serrant la main : « Mais excusez-moi, lui dit-il, je suis un vilain égoïste de vous parler de choses qui n'intéressent que moi. Parlons plutôt de ce pauvre garçon. A-t-il dit, avant de mourir, quelque mot des frères Cheeryble?

— Oui, dit Nicolas, il en a parlé bien des fois.

— A la bonne heure, reprit Timothée en s'essuyant les yeux, c'est bien de sa part.

— Et vous aussi, il a parlé de vous vingt fois, en me recommandant de faire ses amitiés à M. Linkinwater.

— Non, non, ne me dites pas cela, cria Timothée avec des sanglots à fendre le cœur. Pauvre garçon ! je suis bien fâché qu'on n'ait pas pu l'enterrer à Londres. Il n'y a pas, dans toute la ville, un endroit pour se faire enterrer agréablement, comme ce petit cimetière, de l'autre côté de la place. Il y a des maisons de banque tout autour, et vous ne pouvez pas y faire un pas, par le beau temps, sans voir de tous côtés, par les fenêtres ouvertes, les registres et les coffres-forts.... Vraiment! Il vous a chargé de ses amitiés pour moi ? Je ne m'attendais guère qu'il eût pensé à moi. Pauvre garçon ! pauvre garçon ! me faire ses amitiés ! »

Timothée était si profondément touché de cette petite marque de bon souvenir, qu'il fut quelque temps incapable de reprendre la conversation. Nicolas en profita pour s'esquiver et se rendre au cabinet du frère Charles.

Ce n'était pas sans peine qu'il avait préparé d'avance son cœur et son courage à cette entrevue. Mais la chaleur de l'accueil dont il se vit reçu, l'air cordial, la compassion simple et naturelle du bon vieillard, lui allèrent à l'âme et l'attendrirent malgré lui.

« Allons! allons! mon cher monsieur, dit l'excellent négociant, il ne faut pas vous laisser abattre. Non! non! au contraire, il faut apprendre à supporter le malheur, et nous rappeler qu'il y a des consolations jusqu'au sein de la mort même. Plus ce pauvre jeune homme aurait vécu de jours encore, moins il aurait été fait pour le monde, plus il aurait senti ce qui lui manquait, et il n'en aurait été que plus malheureux. Tout est pour le mieux, mon cher monsieur; oui, tout est pour le mieux.

— Je n'ai pas été sans penser à tout cela, monsieur, répliqua Nicolas faisant un effort pour pouvoir parler. Je le sens bien comme vous.

— A la bonne heure, répliqua M. Cheeryble qui, tout en donnant des consolations, n'était guère moins ému lui-même que le bon vieux Timothée; à la bonne heure!... Où donc est mon frère Ned? monsieur Tim Linkinwater, où donc est mon frère Ned?

— Il est sorti avec M. Trimmers, pour faire conduire ce malheureux, que vous savez, à l'hôpital, et envoyer une surveillante à ses enfants, répondit Timothée.

— Mon frère Ned est un brave homme.... un digne homme,

s'écria le frère Charles en fermant la porte et revenant vers Nicolas. Il sera ravi de vous revoir, mon cher monsieur; il ne se passait pas de jour, sans qu'on parlât ici de vous.

— Pour vous dire la vérité monsieur, je suis bien aise de vous trouver seul, dit Nicolas avec une hésitation bien naturelle, car je suis impatient de vous dire quelque chose. Pourriez-vous m'accorder quelques minutes?

— Certainement, certainement, répondit le frère Charles en le regardant d'un air embarrassé. Parlez, mon cher monsieur, parlez.

— Je ne sais vraiment comment ni par où commencer. Si jamais mortel a eu des raisons de se sentir pénétré d'amour et de respect pour un autre, d'éprouver pour lui un attachement qui lui ferait du dévouement le plus pénible un plaisir et une grâce, de lui conserver un souvenir de reconnaissance égal à son zèle et à sa fidélité, ce sont là des sentiments que je dois avoir et que j'ai pour vous en effet, de tout mon cœur et de toute mon âme, vous pouvez le croire.

— Je le crois, reprit le vieux gentleman, et je suis heureux de le croire. Je n'en ai jamais douté; je n'en douterai jamais, soyez-en sûr.

— La bonté que vous avez de me le dire m'encourage à continuer. La première fois que vous m'avez chargé d'une mission de confiance auprès de Mlle Bray, j'aurais dû vous dire que je l'avais déjà vue longtemps auparavant; que sa beauté avait produit sur moi une impression ineffaçable, et que j'avais fait des efforts inutiles pour la retrouver et la connaître. Si je ne vous en ai pas parlé c'est que j'avais espéré, mais vainement, pouvoir vaincre cette faiblesse et subordonner toute autre considération à mon devoir envers vous.

— Monsieur Nickleby, dit le frère Charles, vous n'avez pas trahi la confiance que j'ai placée en vous, et vous n'en avez pas abusé pour en tirer avantage. Je sais bien que non.

— Non, dit Nicolas avec fermeté, je ne l'ai pas fait. Tout en éprouvant que la nécessité de me dominer et de me contraindre devenait de jour en jour plus pressante et plus difficile, jamais je ne me suis permis une parole ou un regard que j'eusse dû désavouer, si vous aviez été là. Mais je sens qu'une société constante, une compagnie de tous les jours avec cette charmante demoiselle, deviendraient fatales à ma tranquillité, et finiraient par triompher des résolutions que j'ai prises dès le début, que j'ai fidèlement gardées jusqu'à ce jour. En un mot, monsieur, je ne peux m'en fier à moi-même, et je viens vous prier avec instance d'éloigner cette demoiselle que vous aviez confiée à ma mère et à ma sœur, et de le faire sans délai. Je sais que vous ou toute autre personne que moi, mais vous surtout, en considérant l'immense distance qui me sépare de cette jeune demoiselle, votre pupille et l'objet de votre intérêt particulier, vous ne pouvez regarder mon amour pour elle, même en pensée, que comme le comble de l'audace et de la témérité. Je le reconnais. Mais aussi qui pourrait l'avoir vue, savoir tous ses malheurs et son courage comme moi, et ne pas l'aimer? Je n'ai pas d'autre excuse. Et, comme je ne me sens pas la force d'échapper à cette tentation, ni de réprimer ma passion, si l'objet en reste toujours sous mes yeux, que puis-je faire de mieux que de venir vous prier et vous supplier de l'éloigner, pour me laisser les moyens de l'oublier, si je puis?

— Monsieur Nickleby, dit le frère Charles après un moment de silence, on ne peut pas vous demander davantage. C'est moi qui ai eu tort de mettre un jeune homme de votre âge à cette épreuve. J'aurais dû prévoir ce qui arrive. Merci! monsieur, merci! On éloignera Madeleine.

— J'aurais encore une grâce à vous demander, monsieur et cher protecteur; pour lui permettre de ne se rappeler mon nom qu'avec estime, c'est de ne lui révéler jamais l'aveu que je viens de vous faire.

— Je n'y manquerai pas. Et maintenant est-ce là tout ce que vous aviez à me dire?

— Non! répondit Nicolas en levant vers lui les yeux, ce n'est pas tout.

— C'est bon! je sais le reste, dit M. Cheeryble très-visiblement satisfait de cette prompte réplique.

— Quand est-ce que vous en avez eu connaissance?

— Ce matin, à mon retour.

— Vous avez donc cru de votre devoir de venir immédiatement me dire ce que vous teniez apparemment de votre sœur?

— Oui, monsieur, quoique je vous avoue que j'eusse été bien aise de m'en expliquer d'abord avec M. Frank.

— Frank est venu chez moi hier au soir, répliqua le vieux gentleman : vous avez bien fait, monsieur Nickleby, très-bien fait, et je vous en remercie de nouveau, monsieur. »

Nicolas demanda la permission d'ajouter quelques mots sur ce chapitre. Il espérait qu'il n'y avait rien dans ce qu'il avait dit qui dût amener une rupture dans l'amitié de Catherine et de Madeleine, unies désormais par un attachement si tendre que l'idée d'y renoncer serait pour elles une source de véritable affliction, pour lui une source de remords et de regrets d'en avoir été la cause malheureuse. Un jour à venir, quand tout cela serait oublié, il espérait aussi que M. Frank et lui n'en resteraient pas moins bons amis; il pouvait promettre, au nom de son modeste intérieur et de celle qui ne demandait qu'à y rester pour partager son humble fortune, que pas un mot, pas un souvenir pénible de ce côté ne viendrait troubler leur harmonie. Il raconta avec exactitude tout ce qui s'était passé entre Catherine et lui, le matin même. Il parla d'elle avec une telle chaleur d'orgueil et d'affection fraternels; il mit tant de gaieté et de bonne humeur à rappeler la promesse qu'ils s'étaient faite de surmonter tout regret intéressé, et de passer leur vie contents et heureux de l'amour l'un de l'autre, qu'il eût été difficile de l'entendre sans en être attendri. Enfin, plus attendri lui-même qu'il ne l'avait encore été, il exprima en peu de mots, simples, mais plus expressifs que les phrases les plus éloquentes, son dévouement aux frères et son ferme espoir de vivre et mourir à leur service.

Le frère Charles écouta tout cela dans un profond silence, sa chaise tournée de manière que Nicolas ne pût voir son visage. Le peu de mots qu'il avait dits, il ne les avait pas non plus prononcés avec son aisance accoutumée, mais plutôt avec une sorte d'embarras et de roideur qui n'étaient pas dans sa manière. Nicolas crut devoir lui demander s'il ne l'avait pas offensé sans le vouloir. « Non, non, dit-il, vous avez bien fait; » mais il n'en dit pas davantage.

« Frank, ajouta-t-il après que Nicolas eut fini, est un imprudent, un écervelé;... oui très-imprudent; un vrai fou. Je vais m'occuper de mettre ordre à cela promptement. N'en parlons plus; cela me fait de la peine. Revenez me voir dans une demi-heure. J'ai d'étranges nouvelles à vous annoncer, mon cher monsieur, et votre oncle nous a donné rendez-vous cette après-dînée à vous et à moi pour aller chez lui.

— Aller chez lui! avec vous, monsieur! s'écria Nicolas.

— Oui, avec moi, revenez me voir dans une demi-heure; je vous en dirai davantage. »

Nicolas n'y manqua pas, et là, il apprit tout ce qui s'était passé la veille et tout ce qu'on savait du rendez-vous pris avec les frères Cheeryble. C'était pour le soir même, et, pour mieux suivre les événements, il nous faut revenir sur nos pas et nous attacher à ceux de Ralph, à partir du moment où il sortit de leur maison. Nous laisserons donc là Nicolas, un peu rassuré en les voyant reprendre avec lui leur air de bonté habituel, quoiqu'il eût y démêler je ne sais quoi d'extraordinaire, qui sentait la gêne, l'incertitude, le trouble.

CHAPITRE XXX.

Ralph donne un dernier rendez-vous, et n'y manque pas.

Ralph Nickleby se glissa donc à tâtons hors de la maison des frères Cheeryble, et s'esquiva comme un voleur. Une fois dans la rue, il commença par marcher, les mains en avant, semblable à un aveugle qui cherche son chemin, regardant souvent par-dessus son épaule, comme s'il était poursuivi en imagination ou en réalité par quelque indiscret dont les questions l'importunent et qui veut le retenir malgré lui. C'est ainsi qu'il tourna le dos à la Cité et se mit en route pour retourner chez lui.

La nuit était sombre; le vent âpre et froid chassait devant lui avec rage les nuages rapides. Mais il y en avait un, tout noir, une masse lugubre qui semblait suivre Nickleby. Au lieu de se mêler à la chasse impétueuse dans laquelle les autres étaient entraînés, celui-là se traînait tristement par derrière et glissait plutôt qu'il ne courait, comme une ombre furtive. Ralph se retournait souvent pour le regarder, et, plus d'une fois, il s'arrêta pour le laisser passer devant, mais il avait beau faire, chaque fois qu'il recommençait sa marche, l'autre se retrouvait derrière lui, avançant lentement, lugubrement, comme un enterrement.

Il avait à passer par un pauvre petit cimetière, — un méchant terrain, élevé seulement de quelques pieds au-dessus du niveau de la rue dont il n'était séparé que par un parapet très-bas, surmonté d'une grille en fer: lieu fétide, malsain, dégoûtant, où il n'y avait pas jusqu'au gazon de chiendent qui ne semblât dire, par ses touffes maigres et chétives, qu'il ne tenait sa nourriture que du corps des pauvres diables enterrés là, et qu'il poussait ses racines dans la bière de misérables accoutumés à pourrir, dès leur vivant, dans des cours humides et dans des taudis d'ivrognes affamés. Ci-gisent, on peut bien le dire, ces morts de bas étage, séparés des vivants par une pelletée de terre et quatre planches, bien drus, bien serrés les uns contre les autres, à tout touche, associant la corruption de leurs cadavres, comme autrefois celle de leurs âmes — une vraie canaille de м'arts. Ci-gît la mort, presque côte à côte avec la vie, à quelques pouces seulement de la foule qui les pile en passant, le pied sur la gorge. Ci-gît la modeste famille des défunts, mes chers frères et mes chères sœurs, comme les appelait le gros rougeaud de curé qui les a dépêchés, quand on les a mis en terre.

En passant par là, Ralph se rappela qu'il avait autrefois été appelé à juger, comme juré, le cadavre d'un homme qui s'était coupé le cou et qu'on avait enterré dans cet endroit. Il ne pouvait pas s'expliquer pourquoi ce souvenir lui revenait pour la première fois à l'esprit, lui qui avait si souvent passé et repassé par là, sans y penser, ni pourquoi il y prenait le moindre intérêt. Mais le fait n'en était pas moins constant. Il s'arrêta, il saisit de ses mains les barres de fer de la grille, et se mit à regarder avec avidité au travers, où pouvait être son tombeau.

Pendant qu'il était ainsi occupé à regarder, il vit venir à sa rencontre une troupe d'ivrognes, criant, chantant, faisant tapage, et suivis d'autres personnes qui leur faisaient des remontrances et les engageaient à s'en retourner chez eux tranquillement. Mais ils étaient de trop belle humeur, et l'un d'eux, un méchant petit bossu, se mit à danser. Sa mine fantastique et grotesque excitait les éclats de rire du petit nombre de gens qui se trouvaient là. Ralph lui-même se sentit en gaieté, et mêla ses éclats de rire à ceux d'un homme qui était près de lui et qui se retourna pour le regarder en face. La troupe joyeuse passa : Ralph reste seul, et reprend son examen mortuaire avec un redoublement d'intérêt, se rappelant que le dernier témoin qui, dans l'enquête, avait vu le suicidé encore vivant, avait déclaré qu'il était très-gai quand il l'avait quitté, disposition qui, dans le temps, les avait tous surpris, lui et les autres jurés.

A force de considérer, dans cet amas de tombeaux, la place où gisait celui-là, sa mémoire lui représenta avec force l'image vivante du personnage lui-même, ses traits, les circonstances qui l'avaient conduit là : tous souvenirs qui lui faisaient plaisir. Et il s'appesantit si bien sur ce sujet qu'il en emporta l'impression encore toute fraîche en s'en allant, absolument comme, dans son enfance, il se rappelait avoir été longtemps poursuivi par le souvenir d'un marmouset dont il avait vu un jour le portrait dessiné à la craie sur une porte. Cependant, à mesure qu'il approcha de chez lui, l'image s'effaça, et il commença à penser à la triste solitude qu'il allait trouver dans sa maison.

Ce sentiment finit par devenir si fort que, quand il fut à sa porte, il eut de la peine à se décider à tourner la clef dans la serrure. En entrant dans le corridor, il lui sembla qu'en la fermant, il mettait une dernière barrière entre le monde et lui. Il ne la poussa pas moins avec un grand bruit; il n'y avait pas de lumière. Comme tout lui parut triste, froid et silencieux!

Tremblant des pieds à la tête, il monta dans la chambre où nous l'avons déjà vu si troublé. Il s'était bien promis de ne pas penser à ce qui venait d'arriver, avant d'être rentré chez lui. Maintenant qu'il y était, il fallut bien y réfléchir.

Son fils unique! — son unique enfant! Il n'avait pas eu l'ombre d'un doute sur l'exactitude du récit de Brooker. Il sentait que c'était vrai. Il en reconnaissait tous les détails, comme s'il y avait assisté tout du long. Son unique enfant! et il était mort! mort aux côtés de Nicolas — plein d'affection, d'amour pour lui, et le regardant comme un ange protecteur! C'est ce qui lui faisait le plus de chagrin.

Tout le monde venait de lui tourner le dos et de l'abandonner au moment où il avait le plus besoin d'appui. Son argent même n'avait plus de prise sur eux. Tout va éclater au vu et su de tout le monde. Et puis encore ce jeune lord tué en duel, son faux ami parti à l'étranger et soustrait à ses poursuites; ses trois cent mille francs perdus d'un coup; son complot avec Gride, déjoué au moment même du succès, ses autres plans dévoilés, sa sûreté compromise, son malheureux fils maudissant en mourant son persécuteur, son père, et bénissant Nicolas. Tout s'écroulait à la fois, et l'engloutissait sous des ruines qui l'écrasaient dans la poussière.

Quand il aurait su que son fils était vivant; quand la ruse infernale de Brooker ne l'aurait pas empêché de le voir grandir chez lui, sous ses yeux, il sentait bien que, selon toute apparence, il n'aurait jamais fait qu'un père négligent, indifférent, rude, dur. Mais il lui venait aussi à l'idée que peut-être il aurait changé, que son fils aurait pu être pour lui une douceur dans sa maison, et qu'ils auraient pu vivre heureux ensemble. Il commençait à penser que la mort supposée de cet enfant et la fuite de la mère avaient pu contribuer à le rendre morose et sec comme il était. Il croyait se rappeler un temps où il était loin d'être si roide et si endurci. Il n'était pas éloigné de l'idée que ce qui lui avait fait tout d'abord haïr Nicolas, c'avait été de le voir jeune et brillant, comme le séducteur qui, en lui ravissant sa femme, avait porté chez lui le déshonneur et détruit ses premiers rêves de fortune.

Mais, qu'était-ce qu'une pensée de tendresse ou un regret de pur instinct dans le tourbillon de sa colère et de ses remords?

Une simple goutte d'eau paisible dans une mer en furie. Sa haine contre Nicolas s'était accrue de sa propre défaite, nourrie de la hardiesse du téméraire à contrecarrer ses desseins, grossie de ses défis et surtout de son succès. Que de raisons pour la porter à son paroxysme, qu'elle avait fini par atteindre graduellement et par un progrès constant! C'était devenu comme une véritable folie. Quoi! c'était lui, Nicolas, lui seul qui avait été la planche de salut de son misérable enfant, son enfant à lui, Nickleby! C'était lui qui avait été son protecteur et son ami fidèle; c'était lui qui lui avait fait connaître cette tendresse et cet amour dont il avait été sevré dès sa naissance; c'était lui qui lui avait appris à haïr son propre père, à exécrer jusqu'à son nom! C'était lui qui en savourait le souvenir et le bonheur, au milieu de son triomphe insolent, pendant que le cœur de l'usurier ne pouvait plus se repaître que de fiel et de couleuvres amères. L'affection mutuelle du mourant et de Nicolas entrelacés était pour lui une insupportable agonie. Le tableau de son lit de mort, de Nicolas à ses côtés, le soignant, le servant, pendant que l'autre le remerciait de sa voix éteinte et rendait le dernier soupir dans ses bras, lorsqu'au contraire lui, le père, son rêve aurait été d'en faire de mortels ennemis et de souffler sa haine héréditaire à son enfant, tout cela lui donnait des attaques de frénésie. Il grinçait des dents, il agitait ses bras dans le vide, il regardait autour de lui d'un air égaré, avec des yeux qui étincelaient à travers les ténèbres.

« C'en est fait, s'écria-t-il, je suis écrasé, ruiné. Le misérable me l'avait bien dit : *La nuit commence!* Quoi! il n'y a pas moyen de leur ravir leur triomphe, de braver leur pitié, leur cruelle compassion. Quoi! le diable ne viendra pas à mon aide! »

Aussitôt, voilà que l'image qu'il avait évoquée ce soir, en passant au cimetière, revient lui trotter dans la tête. Il la voyait là gisant devant lui. Elle avait la tête couverte, telle que la première fois qu'il avait vu le corps. C'étaient bien aussi ses pieds roides, crispés, marbrés. Et puis, après cela, les parents du défunt venant, tout tremblants, raconter la chose au jury, les cris de douleur des femmes, le silence morne des hommes, la consternation, l'agitation, le trouble, la victoire remportée sur le monde par ce morceau d'argile qui, en un tour de main, en avait fini avec la vie et laissé derrière lui tout ce remue-ménage.

Il ne dit plus un mot, resta un moment, sortit de la chambre, grimpa doucement l'escalier sonore, monta en haut, tout en haut, jusqu'au grenier sur le devant; ferma la porte derrière lui et s'arrêta.

Ce n'était plus qu'un galetas. Cependant on y voyait encore un vieux bois de lit démantibulé, celui où avait couché son fils, car il n'y en avait jamais eu d'autre. Il se détourna vivement pour ne pas le voir, et alla s'asseoir le plus loin de là qu'il put.

La lueur affaiblie des lanternes en bas dans la rue projetait encore assez de clarté par la fenêtre nue, sans jalousie et sans rideau, pour montrer l'aspect général de cette chambre à débarras, sans éclairer distinctement les divers objets qui s'y trouvaient pêle-mêle, de vieilles malles rattachées avec des ficelles, des meubles cassés. Il y avait un plafond en planches, haut d'un côté, et de l'autre descendant jusqu'au niveau du carreau de la mansarde. Ce fut vers la partie la plus haute que Ralph dirigea sa vue : il y tint les yeux attachés quelques minutes, se leva, traîna là un vieux coffre qui lui avait servi de siège, monta dessus, tâta la muraille à deux mains au-dessus de sa tête, finit par rencontrer le gros clou à crochet enfoncé solidement dans une poutre.

En ce moment, il fut interrompu par un grand coup de marteau à la porte de la rue. Après un instant d'hésitation, il ouvrit la fenêtre et demanda : « Qui est là?
— Je demande à parler à M. Nickleby.
— Qu'est-ce que vous lui voulez?
—Je ne reconnais pas la voix de M. Nickleby, » dit le visiteur.

Et en effet, sa voix n'était plus la même, quoique ce fût bien Nickleby qui parlait.

« Vous vous trompez, c'est bien moi.
— Je viens de la part des frères pour savoir ce que vous voulez qu'on fasse de l'homme que vous avez vu ce soir. Quoiqu'il soit déjà minuit, ils m'envoient vous le demander, pour ne rien faire contre votre avis.
— Qu'on le garde jusqu'à demain, répliqua Ralph; après cela, qu'on l'amène ici avec mon neveu; et les frères aussi; ils peuvent compter que je serai prêt à les recevoir.
— A quelle heure?
— A l'heure qu'ils voudront, répondit Ralph avec rage; l'après-midi si cela leur convient, n'importe l'heure, la minute, tout m'est égal. »

Il écouta l'homme partir, jusqu'à ce qu'il n'entendit plus le bruit de ses pas, et alors, en regardant le ciel, il vit, il crut bien voir ce même nuage noir qui l'avait escorté jusque chez lui, et qui paraissait à présent rivé au-dessus de sa maison.

« Je comprends, murmura-t-il, c'est bien cela. Toutes ces

nuits sans sommeil, ces rêves, ces frayeurs récentes, voilà le mot de l'énigme. Ah ! s'il était vrai qu'un homme peut vendre son âme pour obtenir le droit de faire ce qu'il veut seulement une minute, je ferais bon marché de la mienne, et je ne demanderais pas un long terme. »

Ce vent apporta à son oreille le son d'une grosse cloche.... Une !

« Va donc, cria l'usurier, continue de mentir avec ta langue de fer. Sonne joyeusement des naissances qui portent le deuil dans le cœur des neveux déconfits ; carillonne des mariages qui portent la joie dans l'enfer ; tinte tristement des décès, où la mort n'est pas encore en terre, que les héritiers ont déjà usé ses chaussures ; appelle à la prière des saints qui ne sont que des hypocrites, et surtout ne manque pas de saluer à toute volée le retour de l'année nouvelle, qui abrége d'autant la durée de ce monde maudit. Je n'ai pas besoin de cloche, moi, ni des registres du sacristain. Qu'on me jette sur un fumier et qu'on m'y laisse pourrir, pour que j'aie le plaisir au moins d'infecter l'air ! »

Il jeta autour de lui un regard sauvage, mélange affreux de haine, de désespoir et de frénésie, menaça le ciel à poings fermés, le ciel non moins sombre et non moins menaçant, puis ferma la fenêtre.

La pluie et la grêle viennent taper contre les vitres. Les cheminées craquent et dégringolent. La croisée s'agite et crie sous l'effort du vent comme sous une main impatiente qui voudrait l'ouvrir au risque de la briser. Mais non, il n'y avait pas de main derrière, et elle ne s'ouvrit plus.

* * * * * * * * * * * * * * *

« Tiens ! dit un voisin, comment est-ce donc que cela se fait ? Ces messieurs disent qu'ils ne peuvent pas parvenir à se faire entendre dans la maison, et que voilà deux heures qu'ils y perdent leurs peines.

— Pourtant, lui répond un autre, il est bien revenu hier au soir, car je l'ai entendu parler de la fenêtre du grenier à quelqu'un qui était dans la rue. »

Il y avait donc un petit groupe de curieux rassemblés. En entendant parler de la fenêtre, ils passèrent de l'autre côté de la rue, pour la regarder. Ce fut pour eux une occasion de faire l'observation que la maison était encore fermée, telle que la gouvernante l'avait laissée la veille au soir. De là, bon nombre de suppositions. Deux ou trois des plus hardis finissent par entrer par une croisée sur le derrière, pendant que les autres attendent avec impatience au dehors le résultat de leurs recherches.

Ils commencèrent par visiter tout le rez-de-chaussée, puis le premier étage, en ouvrant, à mesure, les volets pour donner du jour. Ne trouvant personne, et voyant tout en ordre, ils hésitent à pousser plus loin. Cependant, sur l'observation faite par l'un d'eux, qu'ils n'étaient pas encore allés au grenier, où il était, la dernière fois que quelqu'un l'avait pu voir, ils se décident à le visiter aussi, et montent doucement, car le silence mystérieux qui régnait dans toute la maison les rendait timides.

Après s'être arrêtés un moment sur le palier, ils se regardèrent les uns les autres. Celui qui avait le premier proposé de continuer leur examen, tourna la clef, poussa la porte, passa la tête et recula aussitôt.

« C'est bien singulier, dit-il à voix basse, il est caché là, derrière la porte. Voyez plutôt. »

On se presse pour voir, mais l'un d'eux, mieux avisé, jette les autres de côté en jetant un grand cri, tire son couteau de sa poche, se précipite au milieu de la chambre, coupe la corde et reçoit le cadavre.

Ralph avait détaché une corde de l'une des vieilles malles qui étaient là, et s'était pendu au crochet de fer, immédiatement au-dessous de la trappe, à ce même endroit qui avait si souvent attiré, quatorze ans auparavant, les yeux effrayés de son fils, pauvre créature abandonnée, chétive, livrée à toutes les terreurs de l'enfance.

CHAPITRE XXXI.

Les frères Cheeryble font toutes sortes de déclarations, soit en leur nom, soit pour d'autres. Tim Linkinwater n'en fait qu'une, mais c'est pour son compte.

Quelques semaines se passent, et le premier choc de ces événements commence à s'amortir. Madeleine a été retirée de la maison de Mme Nickleby. Frank a fait une absence; Nicolas et Catherine se sont mis sérieusement à la besogne pour essayer d'étouffer leurs regrets, de ne plus vivre que l'un pour l'autre et pour leur mère, beaucoup moins résignée qu'eux a ces révolutions imprévues, lorsqu'un soir M. Linkinwater arrive chargé par les frères d'une invitation à dîner, pour le surlendemain. Elle n'était pas seulement adressée à Mme Nickleby, à Catherine, à Nicolas, mais elle comprenait aussi Mlle la Creevy, dont le nom était spécifié d'une manière toute particulière.

« Ah ça! mes chers amis, dit Mme Nickleby quand ils eurent reçu le message avec l'honneur qu'il méritait, et que M. Timothée fut retourné chez les frères, qu'est-ce que vous pensez de cela?

— Et vous, ma mère, dit en souriant Nicolas, qu'est-ce que vous en pensez vous-même?

— Mon cher fils, je vous le répète, reprit-elle avec un air de mystère impénétrable, qu'est-ce que signifie cette invitation à dîner? quelle en est l'intention et le but?

— Moi, dit Nicolas, j'ai grande envie de conclure de là qu'en cette circonstance ils vont nous donner à boire et à manger chez eux, et que l'intention et le but pourraient bien être de nous faire plaisir.

— Belle conclusion, ma foi!

— Ma chère mère, je n'ai pas encore pu en tirer de plus sérieuse que celle-là.

— Eh bien! alors, je vais vous dire une chose, continua Mme Nickleby. Si cela vous étonne, voilà tout. Je vous dirai donc que ce dîner-là sera suivi de quelque chose.

— D'un thé, peut-être, ou d'un souper, reprit Nicolas.

— Vous feriez bien, mon cher, de ne pas dire des absurdités, répliqua Mme Nickleby avec dignité. Cela n'est jamais bienséant, mais ça vous va moins qu'à personne. Ce que je veux dire, c'est que les MM. Cheeryble ne nous inviteraient pas avec tant de cérémonie à dîner, si ce n'était pas pour quelque chose. N'ayez pas peur, vous verrez. Je sais bien qu'il suffit que je dise quelque chose pour que vous ne vouliez pas le croire. Attendez, je ne vous dis que cela : je ne peux pas mieux dire pour tout le monde; c'est le moyen d'éviter toute discussion. Seulement, rappelez-vous bien ce que je vous dis, et n'allez pas dire après que je ne l'avais pas dit. »

Après avoir ainsi bien stipulé son droit, Mme Nickleby, qui ne cessait pas d'avoir l'esprit troublé jour et nuit par l'apparition d'un exprès venant à bride abattue annoncer à Nicolas de la part des frères, qu'ils l'avaient enfin associé à leur maison, abandonna ce sujet pour passer à un autre.

« C'est une chose bien extraordinaire, ajouta-t-elle, bien extraordinaire qu'ils aient invité miss la Creevy. Cela m'étonne; je n'en reviens pas. Certainement j'en suis bien aise, j'en suis charmée, et je ne doute pas qu'elle ne se tienne très-bien, comme toujours. C'est un grand plaisir pour nous de penser que nous ayons pu lui procurer l'honneur d'être introduite en pareille société, et j'en suis toute contente, plus qu'on ne peut dire, car c'est assurément une petite personne excellente et de très-bon ton. Je voudrais pourtant bien qu'on lui dît, en ami, de ne pas attifer son bonnet d'une manière si comique et de ne pas faire tant de révérences superflues ; mais, comme de raison, c'est impossible, et si cela lui plaît de se rendre ridicule, après tout elle en a le droit. On ne se connaît jamais bien soi-même ; cela a toujours été et cela sera toujours. »

Cette réflexion morale lui rappelant la nécessité de faire quelques frais pour la circonstance, ne fût-ce que pour corriger le mauvais effet de miss la Creevy par sa mise élégante, Mme Nickleby tint conseil avec sa fille relativement à certains rubans, à ses gants, à sa parure. Question compliquée et dont l'importance sans égale eut bientôt mis en déroute tous les autres sujets de conversation secondaire.

Le grand jour arrive, et Mme Nickleby se met entre les mains de Catherine une heure après le déjeuner, fait sa toilette à son aise, et se trouve prête assez tôt pour laisser à sa fille le temps de s'occuper de la sienne : ce qui ne fut pas long, tant elle y mit de simplicité ; et pourtant elle s'en acquitta avec tant de goût, qu'elle n'avait jamais eu un air plus charmant ni plus aimable. Miss la Creevy, de son côté, arriva avec deux cartons (dont le fond, par parenthèse, tomba par terre en les sortant de l'omnibus) et un petit paquet enveloppé soigneusement dans un journal, sur lequel un monsieur avait eu la maladresse de s'asseoir quand elle était descendue : il fallut un coup de fer pour réparer le dommage. Enfin voilà tout le monde en grande tenue, y compris Nicolas, qui était venu les chercher dans une voiture envoyée exprès par les frères. Mme Nickleby, pendant ce temps-là, se creusait la tête à deviner ce qu'on leur donnerait à dîner, et fatiguait Nicolas de questions sur ce qu'il avait pu en savoir le matin à la ville; s'il avait senti de la cuisine l'odeur de la tortue ou de quelque autre bonne chose. Elle entremêlait ses interrogations de réminiscences sur les dîners où elle avait assisté il y avait quelque vingt ans ; elle en détaillait le menu, sans oublier d'énumérer aussi le nom des convives, peu intéressant pour ses auditeurs, qui n'en connaissaient malheureusement pas un.

Le vieux maître d'hôtel les reçut avec un profond respect et des sourires de satisfaction en les introduisant dans le salon, où les frères leur firent un accueil si cordial et si tendre, que Mme Nickleby, dans son embarras, eut à peine assez de présence d'esprit pour ne pas oublier de présenter Mlle la Creevy. Catherine fut encore plus émue de la cérémonie de la réception; car elle savait que les frères étaient instruits de tout ce qui s'était passé entre elle et leur neveu, position embarrassante dont elle sentait toute la délicatesse. Aussi son bras tremblait-il sur celui de Nicolas, quand M. Charles lui offrit le sien pour la conduire à son fauteuil.

« Avez-vous vu Madeleine, ma chère demoiselle, dit-il, depuis qu'elle est sortie de chez vous?

— Non, monsieur, répliqua-t-elle, pas encore.

— Et vous n'avez pas entendu parler d'elle? Quoi! elle ne vous a pas donné de ses nouvelles?

— Je n'en ai reçu qu'une fois, et par lettre, répondit doucement Catherine. Je n'aurais jamais cru qu'elle dût m'oublier sitôt.

— Ah! dit le vieux gentleman en lui serrant la main et en lui parlant avec l'affection qu'il aurait pu montrer pour une fille chérie; pauvre petite! Qu'est-ce que vous dites de cela, frère Ned? Madeleine qui ne lui a écrit qu'une fois; une seule fois, Ned; et Mlle Nickleby n'aurait jamais cru qu'elle l'oubliât sitôt.

— Ah! c'est mal, c'est mal, très-mal! » dit le frère.

Ils échangèrent ensemble un coup d'œil, et, regardant quelque temps Catherine sans mot dire, ils se donnèrent une poignée de main et se firent des signes de tête comme s'ils se félicitaient mutuellement de quelque particularité secrète qui leur faisait beaucoup de plaisir.

« Allons! allons! dit le frère Charles, passez dans cette chambre, ma petite, la porte là-bas, et voyez si vous n'y trouverez pas une lettre d'elle pour vous. Je crois qu'il y en a une sur le guéridon. Si vous en trouvez une, vous n'avez que faire de vous presser pour la lire. Prenez votre temps; nous ne dînons pas encore. Vous avez bien le temps de revenir ici; ne vous pressez pas. »

Catherine se retira sur cette invitation. Frère Charles suivit des yeux sa gracieuse personne et se retourna vers Mme Nickleby en lui disant :

« Nous avons pris la liberté de vous inviter une heure avant de nous mettre à table, madame, parce que nous voulions, d'ici là, vous entretenir d'une petite affaire. Ned, mon cher frère, voudriez-vous vous charger de dire à madame ce dont nous sommes convenus? Monsieur Nickleby, voulez-vous avoir la complaisance de venir avec moi? »

Sans autre explication, il laissa ensemble Mme Nickleby, miss la Creevy et son frère Ned. Nicolas suivit M. Charles dans son cabinet particulier, où il fut tout étonné de trouver Frank, qu'il croyait bien loin.

« Allons! jeunes gens, dit M. Cheeryble, qu'on se donne une poignée de main.

— Ma foi! dit Nicolas tendant la sienne, je ne me ferai pas prier pour ça.

— Ni moi, » répliqua Frank en la serrant fortement.

Le vieux gentleman, en les regardant avec délices, se disait qu'il était impossible de voir à côté l'un de l'autre deux jeunes gens mieux faits ni mieux tournés. Il fut quelque temps avant de détacher ses yeux de ce spectacle, puis, rompant le silence, il leur dit, en allant s'asseoir à son bureau :

« Je désire vous voir toujours amis, de bons et solides amis, et, sans cette assurance, je ne sais pas si j'aurais le courage de vous dire ce que je vais vous dire. Frank, venez près de moi, et vous, M. Nickleby. voulez-vous vous placer de l'autre côté ? »

Les deux jeunes gens s'avancèrent l'un à la droite, l'autre à la gauche du frère Charles, qui tira de son secrétaire un papier et le déplia en disant :

« Voici une copie du testament du grand-père maternel de Madeleine, par lequel il lui lègue la somme de trois cent mille francs, payables à l'époque de sa majorité ou de son mariage. Il paraît que ce brave homme, fâché contre elle (son unique parente) de ce qu'elle n'avait pas voulu, malgré ses instances répétées, venir se mettre sous sa protection, à la condition de se séparer de son père, fit d'abord un testament pour assurer cette somme, c'est-à-dire tout son bien, à un établissement charitable. Mais apparemment qu'il se repentit plus tard de cette détermination, car, trois semaines après, il se décida à faire celui-ci, qui fut soustrait frauduleusement à l'époque de sa mort, pendant que l'autre, trouvé seul dans sa succession, fut enregistré et exécuté. Des négociations amiables, qui ne viennent que de se terminer, ont été entamées, depuis que ce titre a passé dans nos mains, et, comme l'authenticité en est incontestable, et qu'on a fini par trouver des témoins, l'argent est restitué ; en conséquence, Madeleine est rentrée dans ses droits, et se trouve ou se trouvera, à l'époque désignée de son mariage ou de sa majorité, maîtresse de sa fortune. Vous m'avez bien compris ?

— Certainement, » dit Frank. Nicolas, qui n'osait pas dire un mot, de peur que le timbre de sa voix ne trahît sa faiblesse, inclina seulement la tête par forme d'assentiment.

« C'est vous, Frank, qui avez bien voulu vous charger du recouvrement de ce titre. La fortune n'est pas considérable ; mais nous avons de l'amitié pour Madeleine, et, quelle que soit la modicité de son bien, nous aimerions mieux vous voir allier avec elle qu'avec toute autre demoiselle de notre connaissance qui aurait le triple de la dot ; vous conviendrait-il de demander sa main ?

— Non, monsieur ; quand je me suis occupé de lui faire rendre ses droits, je la croyais déjà engagée de cœur avec une personne qui a tous les titres du monde à sa reconnaissance, et, si je ne me trompe, à son affection ; des titres que personne ne saurait lui disputer. J'ai peur de m'être trop pressé dans mon jugement à cet égard, mais....

— Vous n'en faites jamais d'autres, cria le frère Charles oubliant son air de dignité empruntée ; toujours trop pressé dans vos jugements. Comment pouvez-vous croire, Frank, que nous vous laisserons marier par intérêt, quand vous pouvez épouser par amour une jeune fille aimable et belle, un vrai modèle de mérite et de vertu ? Comment avez-vous eu la hardiesse d'aller faire la cour à la sœur de M. Nickleby, sans nous faire part de vos intentions, et sans nous charger de faire votre déclaration ?

— Je n'osais pas espérer....

— Ah ! vous n'osiez pas espérer ? Alors, raison de plus pour ne pas vous passer de notre entremise. Monsieur Nickleby, je suis bien aise de vous dire que Frank, ordinairement trop pressé dans ses jugements, ne s'est pourtant pas trompé cette fois-ci, par hasard. Il a jugé vrai. Le cœur de Madeleine est engagé. Donnez-moi la main, monsieur ; oui il est engagé avec vous, et elle ne pouvait pas faire un choix plus naturel et plus honorable. Sa petite fortune est donc à vous, mais elle vous apporte, monsieur, dans sa personne, un trésor plus précieux que si elle vous donnait cinquante fois plus. C'est vous qu'elle préfère, monsieur Nickleby : et nous, ses meilleurs amis, nous lui aurions conseillé nous-mêmes cette préférence. Quant à M. Frank, la préférence qu'il donne ailleurs n'est pas moins sûre de notre agrément. Il faut qu'il ait la petite main de votre sœur, monsieur, quand elle l'aurait refusée un million de fois ; il le faut et il l'aura ! Vous vous êtes conduit noblement, avant de connaître nos sentiments, mais, maintenant que vous les connaissez, monsieur, vous devez faire ce qu'on vous dit. Comment! n'êtes-vous pas les enfants d'un digne gentleman? Il a été un temps, monsieur, où mon cher frère et moi, nous n'étions que deux pauvres petits garçons, allant à l'aventure, presque nu-pieds, chercher fortune. Que sommes-nous de plus aujourd'hui, sauf les années et une position plus avantageuse dans le monde? Nous n'avons pas changé. Non, non, Dieu merci!... Ah! Ned, Ned, quel heureux jour pour vous et pour moi! Si notre pauvre mère était seulement encore de ce monde pour nous voir à présent, frère Ned, quelle joie pour sa chère âme, comme elle eût été fière de ses enfants! »

Le frère Ned, qui venait d'entrer avec Mme Nickleby, sans être aperçu par les deux jeunes gens, répondit à cet appel en courant serrer tendrement son frère Charles dans ses bras.

« Amenez-moi ma petite Catherine, dit celui-ci après un moment de silence. Amenez-la-moi, frère Ned. Que je la voie, cette chère Catherine, que je l'embrasse. J'en ai le droit maintenant. J'en avais déjà bien envie la première fois qu'elle est venue : je me suis retenu vingt fois.... Ah! Eh bien! mon petit colibri, n'avez-vous pas trouvé la lettre? N'avez-vous pas trouvé plutôt Madeleine elle-même qui était là à vous attendre et à vous espérer? N'avez-vous pas reconnu qu'elle n'avait pas oublié tout à fait son amie, sa garde-malade, sa douce compagne? Mais que je vous embrasse; voilà le meilleur de la chose.

— Laissez donc, mon frère, laissez donc, dit Ned, vous allez rendre Frank jaloux comme un tigre, et il faudra vous couper la gorge avec lui avant le dîner ; la belle affaire !

— En ce cas, Ned, qu'il l'emmène, qu'il l'emmène! Madeleine est dans la chambre voisine : que tous les amoureux nous laissent tranquilles, qu'ils aillent causer ensemble de l'autre côté, s'ils ont quelque chose à se dire. Mettez-les dehors, Ned, tous. »

Et le frère Charles commença l'exécution en conduisant à la porte la jeune fille confuse, et en la congédiant avec un baiser. Frank ne se le fit pas dire deux fois pour la suivre. Quant à Nicolas, c'était lui qui avait ouvert la marche. Il ne resta donc plus que Mme Nickleby et miss la Creevy, qui sanglotaient à qui mieux mieux, les deux frères et Tim Linkinwater, qui circulait à la ronde distribuant à tout le monde de joyeuses poignées de main, sa ronde face toute rayonnante et pleine de sourires.

« Eh bien ! M. Tim Linkinwater, dit le frère Charles, qui

avait toujours la parole en main. Voilà toute cette jeunesse heureuse, monsieur!

— C'est égal, vous n'avez pas pu y tenir : vous ne les avez pas fait languir aussi longtemps que vous l'aviez dit, répondit Timothée d'un air goguenard. Vous deviez tant, selon vous, garder M. Nickleby et M. Frank dans votre cabinet, je ne sais pas combien d'heures, et leur dire je ne sais pas combien de choses avant d'en venir au fait !

— Là ! a-t-on jamais vu un vilain homme comme ce Timothée ? Je vous le demande, frère Ned, a-t-on jamais vu son pareil ? Ne voilà-t-il pas qu'il m'accuse d'impatience. Cela lui va bien, à lui qui n'a pas cessé de nous ennuyer du matin jusqu'au soir, et de nous persécuter pour lui permettre d'aller leur vendre la mèche, avant que nous eussions dressé toutes nos batteries ni arrangé un seul mariage. Ah ! le vilain traître !

— Vous avez bien raison, frère Charles, répliqua Ned, Timothée n'est qu'un vilain traître. Tenez ! voulez-vous que je vous dise, c'est de plus un jeune fou. Il n'a ni gravité ni caractère. Que voulez-vous ? il faut que jeunesse se passe. Quand il aura jeté son premier feu, qui sait si ce ne sera pas plus tard un membre respectable de la société ? »

Accoutumés comme ils étaient à ce genre de badinage aux dépens de Tim Linkinwater, ils en riaient tous les trois de bon cœur, et riraient encore, si les frères, s'apercevant que Mme Nickleby n'en pouvait plus, et qu'elle était à la lettre accablée de son bonheur, ne lui avaient pas pris un bras chacun pour l'emmener, sous prétexte d'avoir à la consulter sur des arrangements de la dernière importance.

On sait que Tim Linkinwater et miss la Creevy s'étaient souvent rencontrés ensemble, et qu'à chaque fois ils avaient toujours fourni une conversation agréable et surtout animée, comme une bonne paire d'amis. C'était bien le moins qu'aujourd'hui Timothée, la voyant sangloter encore, trouvât tout naturel de chercher à la consoler. Or, miss la Creevy était assise sur un grand divan de forme antique, où il y avait de la place de reste pour deux personnes. Il était donc naturel encore que Timothée y prît place auprès d'elle. Et, si Timothée, dans un grand jour de fête comme celui-là, se montrait plus éveillé qu'à l'ordinaire et même plus coquet dans sa mise, quoi de plus naturel encore ?

Tim était donc assis à côté de miss la Creevy, les jambes croisées l'une sur l'autre, de manière que le bout de son pied (il avait le pied mignon, que faisaient mieux valoir encore aujourd'hui des souliers vernis et des bas de soie noire bien tirés) donna, nous parlons au figuré, dans l'œil de sa voisine, quand il lui dit, pour la calmer :

« Ne pleurez pas.

— Je ne peux pas m'en empêcher.

— Non, ne pleurez pas ; je vous en prie. Je vous en prie, ne pleurez pas.

— Je suis si heureuse ! dit la petite femme en sanglotant plus fort.

— C'est le cas de rire alors, dit Timothée. Riez plutôt. »

On n'a jamais pu savoir ce que faisait par là le bras de Timothée, mais il se donna un coup au coude contre le coin de la fenêtre, de l'autre côté de miss la Creevy : il est évident qu'il n'avait que faire là.

« Riez donc, dit Timothée, ou bien vous allez me faire pleurer aussi.

— Et pourquoi donc iriez-vous pleurer? demanda-t-elle en souriant.

— Parce que je suis heureux aussi : je ne le suis pas moins que vous et je veux faire comme vous. »

A coup sûr, il n'y a jamais eu d'homme qui se soit autant trémoussé que Timothée en ce moment. Son pauvre coude ! Il le cogna encore contre la fenêtre, toujours à la même place, et miss la Creevy lui demanda si c'est qu'il avait fait vœu de casser les vitres.

« Je me faisais un plaisir de penser d'avance à celui que vous causerait ce coup de théâtre, dit Timothée plus rassis.

— C'est bien aimable à vous d'avoir pensé à moi, répondit miss la Creevy, et vous ne vous trompiez pas. Rien au monde ne pouvait me faire la moitié autant de plaisir. »

Pourquoi donc miss la Creevy et Tim Linkinwater se disaient-ils cela tout bas? Il n'y avait pourtant pas là de mystère. Pourquoi donc aussi Tim Linkinwater regardait-il si obstinément miss la Creevy, et pourquoi miss la Creevy regardait-elle si obstinément le parquet?

« Comme c'est agréable pour des gens comme nous, qui avons passé toute notre vie seuls au monde, de voir unir des jeunes gens que nous aimons, avec tant d'années de bonheur devant eux !

— Ah ! oui ! cria la petite femme, faisant explosion de tout son cœur.

— Quoique pourtant cela fasse sentir davantage, poursuivit Timothée, le vide d'une existence solitaire et comme exilée du monde, n'est-ce pas? »

Miss la Creevy dit qu'elle ne savait pas trop. Pourquoi donc disait-elle qu'elle ne savait pas trop? car enfin elle devait bien savoir si c'était vrai ou faux.

« Il me semble, continua Timothée, que cela devrait nous donner l'envie de nous marier tous; qu'en dites-vous?

— Quelle folie! répliqua miss la Creevy en riant. Est-ce que nous ne sommes pas trop vieux?

— Ma foi non! dit Timothée; nous sommes plutôt trop vieux pour rester dans le célibat. Pourquoi, par exemple, ne nous marierions-nous pas tous les deux, au lieu de rester là, tout le long de l'hiver, seuls au coin de notre feu respectif? Nous pourrions faire l'économie d'une chandelle, en mariant nos feux ensemble.

— Ah! monsieur Linkinwater, vous vous moquez.

— Moi! non, du tout. Bien loin de là. Tenez! si vous voulez, je veux bien. Allons! un petit oui.

— On en rirait trop dans le monde.

— Laissez-les rire, cria Timothée d'une voix de stentor. Nous avons un bon caractère; nous rirons avec les autres. Combien de fois n'avons-nous pas déjà ri à cœur joie depuis que nous nous connaissons!

— Pour ça, c'est vrai, cria miss la Creevy prête à céder, à ce qu'il sembla à Timothée.

— C'est bien le plus heureux temps que j'ai passé dans toute ma vie.... au moins, loin des affaires de la maison Cheeryble frères, dit-il. Allons, ma chère, dites donc que vous le voulez bien.

— Non, non! il ne faut pas penser à cela. Et que diraient les frères?

— Mais, Dieu merci! cria Timothée dans son innocence, il me semble que c'est une chose à laquelle je peux bien penser sans leur demander conseil. Et puis, est-ce que vous croyez que, s'ils nous ont laissés seuls ici, c'était pour autre chose?

— Je ne pourrai plus jamais les regarder en face, s'écria miss la Creevy, qui ne résistait plus que faiblement.

— Allons! dit Timothée, nous ferons un couple fort heureux. Nous demeurerons dans cette vieille maison que j'habite déjà depuis quarante-quatre ans. Nous irons ensemble à la vieille église, où je n'ai pas manqué d'aller tous les dimanches, depuis le même temps. Nous aurons sous la main toutes mes vieilles connaissances, Dick, le portique, la pompe, les pots de fleurs, et les enfants de M. Frank, et les enfants de M. Nickleby, à qui nous servirons de grand-père et de grand'mère. Soyons cet heureux couple, pleins de petits soins l'un pour l'autre. Et s'il nous arrivait de devenir sourds, ou infirmes, ou aveugles, ou perclus, ne serions-nous pas bien aises d'avoir là quelqu'un que nous aimons, pour causer avec nous et nous tenir compagnie ? Soyons ce couple heureux. Je vous en prie, ma chère demoiselle. »

Cinq minutes après cette proposition honnête et directe, la petite Mlle la Creevy et Timothée jasaient ensemble à leur aise, comme s'ils étaient mariés depuis vingt ans, sans jamais s'être querellés. Et puis, cinq minutes après encore, quand miss la Creevy eut eu le temps d'aller voir dans la glace si elle n'avait pas les yeux rouges et de rajuster ses cheveux, Timothée se rendit d'un pas majestueux au salon, s'écriant en chemin : « Il n'y a pas une femme comme elle dans toute la ville de Londres; non, il n'y en a pas. »

Cependant le maître d'hôtel, à la face apoplectique, ne savait que devenir en voyant différer si longtemps le dîner sans qu'on l'eût prévenu. Nicolas, dont mes lecteurs et mes lectrices peuvent deviner par eux-mêmes ou par elles-mêmes quelles avaient été pendant ce temps-là les occupations, descendit en courant les escaliers, docile à l'appel impatient du fidèle serviteur. Mais là il rencontra une surprise nouvelle.

Il aperçut, sur son chemin, dans un corridor, un étranger élégamment vêtu de noir, qui se dirigeait aussi du côté de la salle à manger. Comme il boitait un peu et marchait lentement, Nicolas ralentissait le pas par derrière, et le suivait de près, se demandant qui ce pouvait être, quand l'autre se retourna tout à coup et lui prit les deux mains.

« Newman Noggs ! cria Nicolas enchanté.

— Oui, Newman, votre vrai Newman, votre vrai, vieux, fidèle Newman. Mon brave garçon, mon petit Nick, je vous souhaite joie, santé, bonheur, tout ce que vous pouvez désirer. Je suis tout saisi de vous revoir; c'est trop fort pour moi, mon cher ami, j'en suis comme un enfant.

— Qu'est-ce donc que vous êtes devenu ? Qu'avez-vous fait tout ce temps-là ? dit Nicolas. Que de fois j'ai demandé de vos nouvelles et toujours reçu la même réponse, que j'entendrais parler de vous avant peu !

— Je le sais, je le sais, reprit Newman. Ils n'étaient pas moins impatients que vous de nous réunir tous. Je leur ai donné un petit coup de main. Et moi, moi, regardez-moi, Nick, regardez-moi donc.

— Je vois bien, dit Nicolas d'un ton de doux reproche. Ce n'est pas de moi que vous auriez jamais voulu accepter cela.

— Que voulez-vous ? à cette époque-là, je ne savais pas soulement où j'en étais. Je n'aurais jamais eu le courage de m'habiller comme un monsieur. Cela m'aurait rappelé mon ancien temps, et je n'en aurais été que plus misérable. Mais, à présent, je suis un autre homme, mon petit Nick. Mon brave garçon, ah! je ne peux seulement pas parler ; ne me dites rien ; n'ayez pas mauvaise opinion de moi, de ce que je pleure comme cela. Vous ne savez pas tout ce que je sens aujourd'hui, vous ne pouvez pas le savoir, vous ne le saurez jamais. »

Ils entrèrent ensemble dans la salle à manger, bras dessus, bras dessous, et se mirent à table auprès l'un de l'autre.

Jamais, depuis que le monde est monde, il n'y eut pareil dîner. Il y avait d'abord un commis suranné de la banque, l'ami de Tim Linkinwater : il y avait après cela une vieille demoiselle joufflue, la sœur de Tim Linkinwater. Et puis tant de prévenances de la part de la sœur de Tim Linkinwater pour miss la Creevy, et puis tant de plaisanteries amusantes de la part du commis suranné de la banque! Et Tim Linkinwater, lui-même, était-il gai et léger comme un papillon, et la petite Mlle la Creevy, était-elle comique ! A eux seuls ils auraient fait la plus charmante réunion qu'on pût voir. Et Mme Nickleby donc, avec ses airs de grandeur et de condescendance ! et Madeleine avec Nicolas, tous deux la rougeur au front, quel joli couple! Nicolas et Frank étaient tout empressés, tout fiers de leurs conquêtes. A eux quatre ils ne faisaient pas grand bruit, c'était le silence timide et tremblant du bonheur. Il y avait ensuite Newman avec sa joie immodérée qu'il croyait modérer pourtant. Enfin, les deux frères jumeaux, nageant dans la joie, et échangeant entre eux de tels regards, que le vieux maître d'hôtel en restait transpercé derrière la chaise de ses maîtres et sentait ses yeux s'obscurcir pendant qu'il les promenait tout humides autour de la table.

Quand la première fraîcheur, qui gâte toujours un dîner au début, fut passée, et que chacun se fut mis à son aise, la conversation devint plus générale, ce qui ne fit qu'ajouter, s'il est possible, à l'harmonie universelle et doubler le plaisir de tout le monde. Les frères étaient en extase, et leur insistance polie pour ne laisser sortir personne de table, avant qu'ils eussent adressé leurs compliments individuellement à toutes les dames à la ronde, donna l'occasion au commis suranné de dire tant d'excellentes choses, qu'il se surpassa en vérité et se fit la réputation d'un homme d'un esprit prodigieux.

« Ma chère Catherine, dit Mme Nickleby, prenant sa fille dans un petit coin sitôt qu'elles furent remontées au salon, ce n'est pas sérieux, n'est-ce pas, ce que vous me dites là de miss la Creevy avec M. Linkinwater?

— Si, vraiment, maman.

— Ce n'est pas possible. Je n'ai jamais rien vu de pareil de ma vie! s'écria Mme Nickleby.

— Pourquoi pas? reprit Catherine; M. Linkinwater est un excellent homme, et bien conservé pour son âge.

— Lui! c'est vrai, ma chère, répondit Mme Nickleby; oui, certainement, personne n'a rien à dire contre lui, si ce n'est que, sur ma parole, c'est l'homme le plus faible et le plus léger que j'aie jamais vu. Mais elle, direz-vous qu'elle est bien conservée pour son âge? Aller proposer sa main à une femme qui doit avoir, oh! certainement, le double du mien! Et elle, avoir le front de l'accepter! cela n'est pas possible. Tenez! cette femme me dégoûte. »

Et elle se mit à secouer la tête d'un air très-significatif, en se retirant là-dessus. Et toute la soirée, au milieu de la gaieté et des réjouissances qui suivirent le repas, et dont elle prit sa part, sauf cette exception, elle garda avec miss la Creevy, qu'elle tint à distance, un air majestueux, destiné à lui faire comprendre ce qu'elle pensait de l'inconvenance de sa conduite, et à lui déclarer sans feinte et sans ménagement son mécontentement extrême de la trouver en flagrant délit d'indélicatesse.

CHAPITRE XXXII.

Une ancienne connaissance que nous retrouvons dans une situation désolante. Révolte de pensionnaires qui met fin à jamais à l'illustre établissement de Dotheboys-Hall.

Nicolas était de ces hommes qui ne sont jamais complétement heureux, tant qu'ils ne font pas partager leur bonheur à ceux de leurs amis qui ont pris part à leurs jours de détresse. Au milieu de toutes les séductions d'espérance et d'amour dont il était entouré, son cœur aimant soupirait après le bon John Browdie. Il ne pouvait pas se rappeler leur première rencontre sans un sourire, ni leur seconde entrevue sans une larme. Il croyait voir encore le pauvre Smike, leur paquet sur l'épaule, trottant gaiement à ses côtés : il croyait entendre encore les bonnes et simples paroles d'encouragement de l'honnête villageois du Yorkshire, en leur faisant ses adieux sur la route de Londres.

Madeleine et lui se mirent bien des fois à leur secrétaire pour composer en commun la lettre dans laquelle ils voulaient expliquer en détail à John leur changement de fortune, et l'assurer de la reconnaissance et de l'amitié de Nicolas. Mais, je ne sais pas comment cela se fait, ils ne purent jamais venir à bout de finir la lettre. Ils avaient beau s'y mettre avec les meilleures intentions du monde, il se trouvait qu'ils avaient toujours à parler d'autre chose, et, quand Nicolas voulut essayer de la faire à lui tout seul, il reconnut qu'il lui était impossible d'écrire la moitié de ce qu'il aurait voulu lui dire; ou, s'il avait jeté quelques lignes sur le papier, il les effaçait bientôt, tant il était mécontent de les trouver froides et insuffisantes, par comparaison avec les sentiments qu'il aurait voulu lui exprimer. A la fin, fatigué et honteux de différer de jour en jour, sans aboutir à rien, il prit la résolution dont l'avait déjà pressé Madeleine, de faire au plus tôt un petit tour dans le Yorkshire, et d'aller tout bonnement se présenter à M. et Mme Browdie, sans autre avis.

C'est ce qui fait qu'un beau jour, entre sept et huit heures du soir, Catherine et lui s'en allèrent au bureau de la *Tête de Sarrasin* retenir une place pour Greta-Bridge, dans la voiture du lendemain matin. En sortant de là, ils avaient à se diriger vers le quartier occidental de Londres pour quelques emplettes de voyage, et, comme la soirée était belle, ils furent bien aises d'y aller à pied, avant de monter en voiture pour retourner chez eux.

La *Tête de Sarrasin* leur rappelait tant de souvenirs, et d'ailleurs Catherine avait tant à dire sur Frank, Nicolas tant d'anecdotes à raconter de Madeleine, et chacun d'eux tant de plaisir à tout entendre; ils étaient si heureux, si confiants, si causants, qu'il y avait déjà une heure qu'ils avaient plongé dans ce labyrinthe de rues entre Seven-Dials et Soho, qui n'aboutit à aucune grande voie de communication, lorsque Nicolas commença à craindre qu'ils ne se fussent égarés.

Il n'en avait encore que la crainte; il en eut bientôt la certitude; car, en regardant de tous côtés, en allant voir à un bout de la rue, puis à l'autre, il ne put trouver d'indication qui l'aidât à se retrouver, et crut prudent de revenir sur ses pas pour chercher quelque endroit où il pût demander son chemin.

C'était une rue de traverse où il ne passait personne. Personne non plus au comptoir, dans le petit nombre de boutiques qu'ils pouvaient voir. Enfin, attiré par la faible lueur d'une chandelle qui se réfléchissait du fond d'une espèce de cave sur le trottoir, Nicolas allait descendre deux ou trois marches pour aller présenter sa requête aux gens du souterrain, quand il fut arrêté par la voix criarde d'une femme en colère.

« Venez donc, lui dit Catherine, c'est une querelle ; vous n'auriez que des coups à gagner par là.

— Attendez un instant, Catherine, lui répondit son frère ; voyons s'il n'y aurait pas quelque chose : chut ! »

— Grand fainéant, vilain propre à rien, maudit animal ! criait la dame en frappant du pied, voulez-vous tourner le cylindre pour la lessive ?

— C'est ce que je fais, âme de ma vie ! répliqua une voix d'homme ; je ne fais pas autre chose ; je tourne, tourne, tourne comme un damné de vieux cheval de manége dans un chien de moulin. Ma vie n'est qu'un diable de satané tour de meule perpétuel.

— Si cela ne vous plaît pas, pourquoi n'allez-vous pas vous enrôler comme soldat ? continua la femme, personne ne vous en empêche.

— Soldat ! cria le monsieur, soldat ! que dirait sa délicieuse petite femme de le voir en veste rouge à courte queue ? de l'entendre appeler à la parade à grands coups de tambour ? Elle serait bien fâchée de lui voir faire l'exercice à feu avec un vrai fusil, les cheveux coupés, les favoris rasés, les yeux fixes, immobiles ; droite, gauche, avec un pantalon astiqué de blanc d'Espagne.

— Cher Nicolas, lui dit tout bas Catherine, reconnaissez-vous cela ? C'est M. Mantalini, je vous assure.

— Voyez un peu si c'est vrai, jetez un coup d'œil par là, pendant que je vais lui demander mon chemin. Tenez ! descendez une ou deux marches. »

Nicolas l'entraîne sur ses pas, descend l'escalier et regarde au fond d'une petite crypte planchéiée. Là, au milieu d'un amas de linge et de paniers de blanchisseuse, lui apparaît un homme en manches retroussées, mais avec un reste de vieux pantalon rapiécé de la bonne faiseuse, un gilet de couleurs brillantes, ses moustaches et ses favoris d'autrefois, moins leur lustre emprunté, cherchant à apaiser la colère d'une égrillarde de femme qui n'était pas sa légitime épouse, mais la propriétaire de l'établissement, occupé à tourner en même temps de toutes ses forces le cylindre dont les craquements et le sifflement aigu faisaient un bruit assourdissant. C'était là le gracieux, l'élégant, le séduisant, l'éblouissant Mantalini d'autrefois!

« Trompeur, traître! cria la dame en menaçant de se porter à des violences personnelles contre la figure de M. Mantalini.

— Trompeur! sapristi! Eh bien! ma chère âme, mon joli petit séduisant poulet d'amour, allons! calmez-vous, dit l'esclave soumis avec humilité.

— Je ne veux pas, moi, cria plus fort la belle dame, je veux vous arracher les yeux.

— Ah! quel diable de mouton enragé!

— On ne peut pas avoir un moment de tranquillité avec vous. Vous êtes resté dehors hier toute la journée à faire des vôtres. Je sais bien où. Oui, oui, je sais bien où. Ce n'est donc pas assez d'avoir payé pour vous soixante-sept francs pour vous faire sortir de prison et vivre ici comme un gentleman! Il faut encore que vous repreniez votre train ordinaire, et que vous continuiez de me briser le cœur.

— Non, non, je ne briserai jamais son cœur. Je veux être un bon enfant; je ne le ferai plus jamais, jamais je ne redeviendrai mauvais sujet. Je lui demande seulement un petit pardon, dit M. Mantalini quittant la manivelle pour croiser des mains suppliantes. Elle se raccommodera avec son bel ami, en voyant comme il aime son méchant toutou. Elle aura pitié de lui. Elle ne l'égratignera pas, elle ne le griffera pas, au contraire, elle le caressera, elle le consolera. Ah! nom d'un chien! »

Très-peu sensible, en apparence, à cet appel plein de tendresse, la dame se préparait à lui faire quelque réplique courroucée, quand Nicolas, élevant la voix, lui demanda le chemin de Piccadilly.

M. Mantalini se retourna, aperçut Catherine, et, sans dire un mot, sauta d'un bond dans un lit caché derrière la porte, et s'enfonça tout entier sous le couvre-pied, en gigotant avec une vivacité convulsive.

« Dieu me damne! cria-t-il d'une voix étouffée, c'est la petite Nickleby. Fermez la porte, soufflez la chandelle, renversez le lit par-dessus moi. Ah! chien! chien! chien! »

La femme regarda M. Nicolas d'abord, M. Mantalini après, sans s'expliquer comment l'apparition de l'étranger pouvait produire un tel effet. Mais, M. Mantalini ayant eu la malheureuse idée de sortir le bout du nez de dessous les draps, dans son impatience, pour s'assurer si les nouveaux venus étaient partis, tout à coup, avec une dextérité qui témoignait d'une longue pratique, elle lui lança sur le corps un gros panier de linge, qui le fit gigoter avec plus de violence que jamais, mais sans le décider à faire le moindre effort pour dégager sa tête suffoquée. Nicolas, trouvant l'occasion favorable pour déguerpir, avant d'attirer sur lui le torrent de cette colère féminine, entraîne Catherine, et laisse à l'objet infortuné de cette reconnaissance inattendue le soin d'expliquer, comme il l'entendra, sa conduite.

Le lendemain matin, il se met en route. Le temps était froid ; un vrai temps d'hiver, qui lui rappelait naturellement les circonstances pénibles de son premier voyage sur la même route, avec les changements et les vicissitudes survenues depuis dans son sort. Il fut seul, dans l'intérieur, pendant la plus grande partie du chemin, et, de temps en temps, après avoir fait un somme, il mettait la tête à la portière pour reconnaître quelque endroit devant lequel il se rappelait avoir déjà passé, soit en allant à Dotheboys-Hall, soit en revenant à pied tout du long avec le pauvre Smike. Alors, il avait peine à croire que tout le reste ne fût pas un songe. Il s'imaginait encore être avec lui, harassé de son long voyage sur la route de Londres, sans savoir que devenir dans ce monde tout grand ouvert devant eux.

Pour ajouter à l'illusion, il vint à tomber de la neige pendant la nuit. Et, en traversant Stamford et Grantham, en revoyant le petit cabaret où il avait entendu raconter l'histoire du vaillant baron de Grogzwig, il lui semblait que c'était hier qu'il avait vu tout cela, et que pas un flocon de cette blanche couverture, qui lui cachait les toits, n'avait encore eu le temps de fondre au soleil. Se livrant volontiers à l'entraînement des souvenirs qui se pressaient en foule dans son esprit, il se persuadait sans peine qu'il était encore sur la banquette avec Squeers et ses marmots ; il entendait leurs voix dans l'air. Il entendait dans son cœur, mais cette fois avec un mélange de plaisir qui atténuait sa peine, ses soupirs et ses regrets de la maison de sa mère. Au milieu de ces visions volontaires, il s'endormit, rêva de Madeleine, et tout fut oublié.

Il passa la nuit, à son arrivée, dans l'auberge de Greta Bridge, et, se levant le lendemain de très-bonne heure, se rendit au bourg pour s'informer de la maison de John Browdie. Il demeurait dans le faubourg ; c'était à présent un père de famille, et, comme il était connu de tout le monde, Nicolas n'eut pas de peine à trouver un petit garçon pour lui servir de guide jusqu'à sa porte.

Là, il le congédia, et, dans son impatience, ne prenant pas le temps de s'arrêter pour donner un coup d'œil au riant aspect du jardin ni du cottage, il alla droit à la cuisine, où il frappa gaillardement avec sa canne.

« Halloh! cria une voix à l'intérieur; qu'est-ce qu'il y a? Est-ce que le bourg est en feu ? On le dirait au tapage que vous faites. »

En disant ces mots, John Browdie vint lui-même ouvrir, et ouvrit, par la même occasion, de grands yeux, jeta un cri, battit des mains, et fit éclater sa joie bruyante en disant:

« Dieu me bénisse! c'est le parrain. C'est lui, ma foi! Tilly, voici M. Nickleby. Donne-moi donc la main, mon garçon. Viens par ici, viens t'asseoir auprès du feu; tu vas boire un coup avec moi. Je ne veux pas que tu dises un mot avant de m'avoir avalé ça.... Là! c'est bon. Sapristi, c'est égal! Je suis joliment content de te voir. »

Et, pour hâter le succès de son invitation, John entraîna Nicolas dans la cuisine, le fit asseoir sur un large siège auprès d'un feu d'enfer, versa d'une dame-jeanne une bonne demi-pinte de spiritueux, lui mit le verre en main, ouvrant la bouche béante, et renversant la tête en arrière en lui faisant signe d'avaler promptement, et se tint debout devant lui avec une grimace délicieuse de satisfaction qui donnait à sa grande face rougeaude une expression de bon accueil. L'aimable géant que c'était là!

« J'aurais bien dû m'en douter, pourtant, qu'il n'y avait personne que toi qui pût venir me taper comme cela des coups de bâton à ma porte. Dis donc, est-ce comme ça que tu lui tapais.... la porte, au maître d'école? Ha! ha! ha! Mais à propos.... Qu'est-ce qu'on dit donc ici du maître d'école?

— Tiens! vous . .vez déjà cela? dit Nicolas.

— Dame! on en parlait dans le bourg hier au soir. Mais personne ne voulait y croire : c'est si drôle!

— Après bien des retards et bien des détours , reprit Nicolas, il vient d'être condamné à la déportation pour sept ans, comme recéleur d'un testament volé. Mais ce n'est pas tout : il a encore à répondre d'une accusation de complicité dans un complot.

— Peste! cria John, un complot! Est-ce que c'est quelque chose comme la conspiration des poudres? Hein ? quelque chose dans le genre de Guy Fawks?

— Non, non; c'est un complot relatif à sa pension. Je vais vous expliquer la chose.

— C'est bon! c'est bon! tu m'expliqueras cela plus tard. Il faut commencer par déjeuner, car tu as faim et moi aussi. D'ailleurs ne faut-il pas que Tilly soit de moitié dans toutes les explications? Elle dit comme ça qu'il faut une confiance mutuelle. Ha! ha! ha! la bonne pièce, avec sa confiance mutuelle! »

L'entrée de Mme Browdie en petit bonnet élégant, avec force excuses de s'être laissé surprendre prenant à la cuisine son repas du matin, arrêta John tout court dans la discussion de ce grave sujet, et décida le déjeuner. Il se composait d'une vaste pile de tartines grillées, d'œufs frais, de jambon, d'une tourte à la mode du pays, et de quelques autres pièces froides, qui recevaient à chaque instant du renfort de l'arrière-cuisine, sous la direction d'une bonne grosse servante. C'était un menu merveilleusement approprié aux exigences d'une matinée d'un froid perçant, et tout le monde y fit fête. Il fallut bien finir pourtant. On avait, pendant ce temps-là, allumé un bon feu dans la plus belle chambre, et l'on s'y transporta pour entendre ce que Nicolas avait à raconter.

Il leur raconta tout de point en point, et jamais récit n'éveilla tant d'émotions variées dans l'âme de ses auditeurs avides. Tantôt l'honnête John grognait de colère, tantôt il trépignait de joie. Ici il se promettait bien d'aller à Londres pour les voir, ces bons frères Cheeryble. Là, il jurait ses grands dieux que Tim Linkinwater recevrait prochainement un jambon par la diligence, et franc de port, encore, et un jambon comme jamais couteau de cuisinier n'en avait coupé une tranche. Quand Nicolas se mit à faire le portrait de Madeleine, John resta la bouche béante, poussant du coude, à chaque instant, Mathilde, et crian' le plus bas qu'il pouvait, que « ça devait être un beau brin de fille. » Et quand son jeune ami en fut venu à lui faire part de son bonheur, et à lui dire qu'il avait tenu à lui apporter en personne toutes les assurances d'amitié qu'il n'avait pas voulu confier au papier, qui les aurait refroidies;... que son voyage n'était à autre fin que de leur faire partager sa félicité ; qu'une fois marié, il espérait bien qu'ils allaient venir le voir, que Madeleine les en pressait aussi vivement que lui.... alors John ne put plus se contenir, et, jetant sur sa femme un coup d'œil indigné en lui demandant comment elle avait le courage de rire, il passa sa manche sur ses yeux et se mit à pleurer comme un veau.

Après de longues causeries de part et d'autre : « Ah çà ! dit John d'un air sérieux, pour en revenir à notre maître d'école, si la nouvelle va s'en répandre aujourd'hui dans la pension, je ne réponds pas de la peau de la vieille Squeers, ni de Fanny, da.

— Ah ! John ! que dites-vous là ? cria Mme Browdie.

— Dame ! quand tu répéteras « ah ! John ! » cela n'empêche pas que je ne réponds pas des pensionnaires. Aussitôt qu'on a dit dans le pays que le maître était dans l'embarras, il y a déjà eu des pères et mères qui ont envoyé retirer leurs enfants. Si ceux qui restent ont vent de la chose, vous pouvez vous attendre à une révolte, et une fameuse encore !... Quelle révolution ! le sang va-t-il couler à flots ! »

Sérieusement, John Browdie était assez inquiet pour prendre le parti de monter à cheval et d'aller sur-le-champ faire un tour à la pension, invitant Nicolas à l'accompagner. Mais celui-ci s'y refusa, par la bonne raison que sa présence ne ferait qu'ajouter au chagrin amer de ces dames.

« C'est vrai ! dit John. Je ne sais pas comment je n'avais pas pensé à cela.

— Il faut que je m'en retourne demain, dit Nicolas, mais j'ai l'intention de vous demander à dîner aujourd'hui, et, si Mme Browdie peut disposer d'un lit pour moi....

— Un lit ! cria John. Deux lits plutôt, si tu veux : nous ne t'en laisserons pas manquer. Laisse-moi seulement revenir, ce ne sera pas long, et, Dieu merci ! nous allons passer une bonne journée. »

Là-dessus, il donne à sa femme un baiser cordial, et à Nicolas une poignée de main qui ne l'était pas moins, enfourche son bidet, et le voilà parti, laissant à Mme Browdie le soin de faire ses préparatifs pour fêter son hôte, pendant que son jeune ami irait faire un tour dans le voisinage, et revoir les lieux dont le souvenir ne lui rappelait que trop, en même temps, des circonstances douloureuses.

John se met au petit galop, arrive à Dotheboys-Hall, attache son cheval à une porte, et se dirige vers celle de la pension qu'il trouve fermée en dedans à double tour et au verrou. On entendait du dehors un bruit terrible, un tapage infernal dont il eut bientôt le secret en appliquant son œil à une fente commode pour un observateur.

La nouvelle de la catastrophe de M. Squeers avait franchi, en effet, les murs de Dotheboys-Hall; il n'y avait pas à en douter. Et, selon toute apparence, il n'y avait pas longtemps que les petits messieurs en étaient informés, car la révolte venait d'éclater.

C'était justement un jour de soufre à la mélasse, et Mme Squeers était entrée dans la classe avec son chaudron et sa cuiller, suivie de Mlle Fanny et de l'aimable Wackford, qui, en l'absence de son père, s'était adjugé quelques menues attributions du pouvoir exécutif, comme de donner à ses jeunes amis des coups de pied avec ses souliers ferrés, de tirer les cheveux aux plus petits, de pincer les autres jusqu'au sang, en choisissant l'endroit sensible; en un mot, de se rendre, de mille manières, aussi utile et aussi agréable que possible à sa mère. Leur apparition dans la classe, par un mouvement spontané ou prémédité, on ne saurait le dire, devint le signal de la révolte. Un détachement d'insurgés commença par se précipiter vers la porte pour la barricader, un autre monta sur les bancs et sur les pupitres. Le plus fort, et, par conséquent, le dernier venu, moins épuisé que les autres, se saisit de la canne, et, regardant Mme Squeers en face, d'un air déterminé, lui arracha son chapeau de castor avec son bonnet, pour s'en coiffer lui-même, s'arma de la fameuse cuiller de bois, et la somma, sous peine de mort, de se mettre à genoux, et de prendre immédiatement une ration de son remède. Avant que la respectable dame eût eu seulement le temps de se reconnaître, ou d'opposer la moindre résistance, elle se trouva mise à genoux par une foule de petits bourreaux qui la forcèrent, à grands cris, d'avaler une bonne cuillerée de son odieux mélange, rendu plus savoureux que d'habitude par l'immersion de maître Wackford, dont ils plongèrent la tête dans le chaudron. Enorgueillie par ce premier succès, la populace effrénée dont on voyait les malignes figures goupées en une variété de spectres maigres et affamés, plus hideux les uns que les autres, poursuivit le cours de ses exploits. Le chef des conjurés insistait pour que Mme Squeers prît une nouvelle dose, et que maître Wackford recommençât l'exercice du plongeon à la mélasse; enfin, Mlle Squeers elle-même était l'objet d'un assaut furieux, quand John Browdie, enfonçant la porte d'un vigoureux coup de pied, vint à la rescousse. Les hourras, les cris perçants, les grognements, les huées, les battements de mains cessèrent comme par enchantement, et furent remplacés par un morne silence.

« Voilà de jolis garçons! dit John en regardant avec assurance autour de lui. Qu'est-ce que vous voulez donc faire, petits mutins que vous êtes?

— Squeers est en prison, nous voulons nous sauver, crièrent à la fois une vingtaine de voix. Nous ne voulons pas rester; nous ne resterons pas.

— Eh bien! ne restez pas! répliqua John. Qu'est-ce qui vous force à rester? Mais au moins sauvez-vous comme des hommes, sans faire de mal aux femmes.

— Vivat! crièrent les voix perçantes d'un ton plus perçant que jamais.

— Vivat! répéta John. A la bonne heure! criez vivat comme des hommes. Tenez, regardez-moi bien; hip, hip, hip, vivat!

— Vivat! répondit le chœur.

— Allons! encore un vivat! dit John; mais plus fort encore. » Les pensionnaires obéirent.

« Tor! dit John. N'ayez pas peur; jusqu'à ce que nous en ayons poussé un bon.

— Vivat!

— A présent, dit John, nous n'en ferons plus qu'un pour le bouquet, et puis vous détalerez aussi vite que vous voudrez. Prenez bien votre respiration. Squeers est à la geôle. La pension est licenciée, n, i, ni, c'est fini. Pensez bien à ça, et mettez bien tout votre cœur dans celui-là; c'est le dernier. Vivat! »

Alors il s'éleva un tel concert d'allégresse, que les murs de Dotheboys-Hall n'en avaient jamais entendu, et ne devaient plus jamais en entendre de pareil. Quand le dernier son expira, l'école était déserte, et, de tout ce peuple tapageur qui l'animait cinq minutes avant, il n'en restait plus un seul.

« Très-bien, monsieur Browdie, très-bien, dit Mlle Squeers encore toute rouge et tout enflammée des suites de la bagarre, mais surtout courroucée comme une mégère. Vous êtes venu exciter nos pensionnaires à se sauver, vous nous le payerez bien. Si papa est dans le malheur, s'il est accablé par ses *ennemis*, n'allez pas croire que nous nous laisserons pour cela insulter et fouler aux pieds par vous et par Tilda.

— No-on! répliqua John brusquement. Ce n'est pas non plus notre intention, sur ma parole. Ayez meilleure opinion de nous, Fanny. Je suis bien aise d'avoir réussi à tirer de leurs mains la vieille. Oui, parbleu! J'en suis bien aise. Mais pour vous insulter, non. Vous êtes assez malheureuse sans cela, et d'ailleurs je ne suis pas homme à insulter personne. Tilly n'est pas non plus de caractère à ça : je vous le dis tout net. Bien mieux, que je vous dise encore. S'il vous faut l'aide de quelque ami pour vous sortir d'ici (vous n'avez pas besoin de retrousser votre nez, Fanny, c'est comme ça), vous nous retrouverez, moi et Tilly, sans rancune du passé, et tout prêts à vous donner un coup de main. Mais, parce que je vous dis ça, ne vous figurez pas que je sois honteux de ce que j'ai fait, car, au contraire, voyez-vous, je le répète encore, vivat! et que le diable emporte le maître d'école, là! »

Après ces adieux, John Browdie sortit à grands pas, remonta sur sa bête, se remit au petit galop, en fredonnant gaiement quelques refrains d'une vieille chanson, dont les sabots de son cheval faisaient la joyeux accompagnement et se dépêcha d'aller retrouver sa femme et Nicolas.

Pendant plusieurs jours la campagne du voisinage fut encombrée de petits fugitifs qui, selon le bruit général, avaient reçu secrètement de M. et de Mme Browdie de quoi manger et de quoi boire, avec quelques schellings par-dessus le marché pour s'en retourner dans leurs familles. Mais John s'en est toujours défendu vigoureusement, non pas cependant sans un certain rire sournois qui donnait plutôt des soupçons aux incrédules et pleine conviction à ceux qui ne savaient qu'en croire.

Il ne restait plus qu'un petit nombre de jeunes enfants d'un caractère timide, qui, tout misérables qu'ils avaient été dans cette geôle, et malgré les larmes qu'ils y avaient versées chaque jour, ne connaissant pas d'autre asile, y tenaient par une espèce d'habitude. Ceux-là, quand leurs esprits furent moins échauffés, se mirent à pleurer et à regretter ce dernier refuge. On en trouva quelques-uns tout en larmes au coin des haies, effrayés de leur isolement. Il y en avait un qui avait un oiseau mort dans sa petite cage. Il avait fait avec lui plus de sept lieues à l'aventure, et ce ne fut que quand il l'eut vu expirer qu'il perdit courage et le déposa près de lui. On en découvrit un autre dans une cour tout près de la pension, couché avec un chien dans sa niche, qui montrait les dents à ceux qui voulaient reprendre son hôte, et léchait la pâle figure du pauvre petit endormi.

On les recueillit, avec quelques autres traînards qui finirent aussi par être réclamés, peut-être pour les aller perdre encore. Enfin, dans le cours des temps, les voisins eux-mêmes finirent par oublier Dotheboys-Hall et sa révolte, ou n'en reparlèrent plus que comme d'une tradition du passé.

CHAPITRE XXXIII.

Conclusion.

A l'expiration de son deuil, Madeleine donna à Nicolas sa fortune et sa main. Le même jour, à la même heure, Catherine devint Mme Frank Cheeryble. On aurait bien voulu réunir dans la même cérémonie un troisième couple, Tim Linkinwater et miss la Creevy, mais ils s'y refusèrent, et ce ne fut qu'une quinzaine de jours après qu'ils s'en allèrent un beau matin, avant le déjeuner, et, quand on les vit revenir joyeusement ensemble, on apprit qu'ils venaient de se marier tout tranquillement.

L'argent dont Nicolas se trouva possesseur du chef de sa femme fut placé sous la raison Cheeryble frères, dont Frank était devenu l'associé. Peu d'années après, la maison de commerce continuait sous les noms réunis de « Cheeryble et Nickleby, » de sorte que Mme Nickleby eut le bonheur de voir réaliser ses prédictions anticipées.

Les deux frères se retirèrent. Qui pourrait douter qu'ils fussent heureux, entourés, comme ils l'étaient, de l'image d'un bonheur général, leur ouvrage, dont ils vécurent assez pour augmenter encore la douceur?

Tim Linkinwater eut la condescendance, après bien des supplications et des reproches de son mauvais caractère, d'accepter enfin un intérêt dans la maison. Mais il ne voulut jamais souffrir que son nom parût comme associé, ce qui ne l'empêcha pas de persévérer dans l'accomplissement ponctuel et régulier de ses devoirs à son bureau.

Il habitait avec sa femme dans son ancienne maison, et il continua d'occuper la même chambre où il couchait depuis quarante-quatre ans. En vieillissant, la petite la Creevy n'en fut que plus gaie et plus avenante, et leurs amis se demandaient toujours, sans avoir jamais pu résoudre la question, quel était le plus heureux de l'homme ou de la femme; de Tim Linkinwater assis avec un sourire de béatitude dans son fauteuil, au coin du feu, ou de la petite dame vive et pimpante, jasant, riant, toujours en mouvement dans sa chambre ou ailleurs.

Dick, le vieux merle, passa du bureau à un bon petit coin bien chaud du salon de compagnie. Au-dessous de sa cage étaient accrochées deux miniatures de la main de Mme Linkinwater. L'une était son portrait, l'autre celui de Timothée : tous deux le sourire à la bouche pour faire fête aux visiteurs. La tête de Timothée était poudrée comme un gâteau d'amandes, et ses lunettes étaient imitées avec une exactitude rigoureuse; aussi, les étrangers, au premier coup d'œil, ne se trompaient point sur la ressemblance, ce qui leur faisait naturellement deviner que le pendant devait être sa femme, et les enhardissait à la nommer sans hésiter. Jugez si Mme Linkinwater était fière alors de son ouvrage, qu'elle rangeait parmi les portraits les mieux réussis qui eussent jamais fait honneur à son pinceau. Timothée, comme on pense bien, les avait en profonde estime; car, pour cela comme pour le reste, ils étaient toujours du même avis. Aussi, s'il y eut jamais un heureux couple dans le monde, on peut bien dire que c'était celui de M. et Mme Linkinwater.

Ralph étant mort intestat, sans laisser d'autres parents que ceux avec lesquels il était resté pendant sa vie sur le pied d'une inimitié déclarée, c'est à eux que revenait légalement sa fortune par droit d'héritage; mais ils ne purent supporter la pensée de s'enrichir avec de l'argent mal acquis : ils auraient eu peur qu'il ne leur portât malheur. Ils ne réclamèrent rien, et les richesses qu'il s'était donné tant de mal à amasser en toute sa vie, au prix de tant de vilaines actions, finirent par aller s'engouffrer dans les caisses de l'État, sans que personne y gagnât rien.

Arthur Gride fut poursuivi pour détention illégitime du testament, soit qu'il l'eût fait voler à son profit, soit qu'il l'eût acquis ou recélé par des moyens qui n'étaient guère plus honnêtes. Grâce à l'esprit inventif de l'avoué chargé de son affaire et à certains vices de nullité, il trouva moyen d'échapper à une condamnation, mais ce ne fut que pour tomber de Charybde en Scylla. Car, peu d'années après, sa maison fut pillée la nuit par des voleurs qu'avait attirés le bruit de sa richesse, et on le trouva étranglé dans son lit.

Mme Sliderskew passa les mers presque à la même époque que M. Squeers, et ne les repassa jamais. Brooker mourut repentant. Sir Mulberry Hawk vécut à l'étranger quelques années encore, fêté, courtisé, caressé, sans rien perdre de sa réputation d'homme à la mode; finalement il revint dans son pays pour s'y voir coffrer dans la prison pour dettes; il y périt misérablement, fin ordinaire de tous ces personnages à grand fracas.

Le premier soin de Nicolas, quand il fut devenu un riche et brillant négociant, fut d'acheter l'ancien manoir de son père. Par la suite des temps, à mesure qu'il vit grandir autour de lui une troupe de charmants enfants, il agrandit la maison et arrondit le domaine; mais il respecta toutes les chambres d'autrefois; il n'en détruisit pas une, pas plus qu'il ne déracina les arbres qui avaient ombragé son enfance. Rien de ce qui rappelait à son esprit une circonstance du passé ne fut sacrifié ni changé.

A une portée de fusil, était une autre retraite, animée aussi par la voix charmante de nombreux enfants. C'était là qu'était Catherine, avec bien des petits soins et des occupations nouvelles, entourée d'une famille nouvelle aussi, une foule de figures fraîches et rondelettes, appelant son doux sourire par leurs caresses; l'un d'eux lui ressemblait au point que la grand'maman croyait encore la voir dans sa première enfance. Pour elle, c'était toujours la même Catherine, douce et bonne, aussi tendre pour son frère, aussi aimante pour tous les siens, autour d'elle, qu'on l'avait connue dans sa jeunesse.

Mme Nickleby, tantôt avec sa fille, tantôt avec son fils, accompagnant l'un ou l'autre à Londres, dans les moments où les deux familles y étaient appelées par leurs affaires, y résidait avec eux, toujours soucieuse de sa dignité personnelle, toujours mettant beaucoup de solennité et d'importance dans le récit des observations dues à sa longue expérience, surtout en ce qui concerne la conduite et l'éducation des enfants. Mais il fallut bien du temps pour la résoudre à recevoir à merci Mme Linkinwater. Il y a des gens qui doutent encore si jamais elle lui pardonna tout à fait.

Il y avait aussi un gentleman à tête grise, un brave et paisible gentleman, qui, l'hiver comme l'été, habitait un petit cottage tout près de la maison de Nicolas, et se chargeait, en son absence, de donner un coup d'œil à ses intérêts. Son plaisir et son bonheur, c'était de réunir autour de lui les enfants, de redevenir enfant avec eux, pour diriger leurs jeux. Tout ce petit peuple ne pouvait se passer de Newman Noggs.

Autour de la tombe de Smike, le gazon vert, sous les pieds si petits et si légers de cette troupe innocente, ne courbait seulement pas la tête d'une seule de ses pâquerettes. Tout le printemps et tout l'été, des guirlandes de fleurs toujours fraîches, tressées par des mains d'enfants, reposaient sur la pierre funèbre, et toutes les fois qu'ils allaient les remplacer avant qu'elles se fussent flétries, pour lui faire plus de plaisir, à ce qu'ils croyaient, leurs yeux se remplissaient de larmes et ils parlaient doucement, tout bas, tout bas, de feu leur pauvre cousin.

FIN.

TABLE DES MATIÈRES

CONTENUES DANS LE DEUXIÈME VOLUME.

Chapitres.		Pages.
I.	Où M. Ralph Nickleby est déchargé, par un procédé très-expéditif, de tout commerce avec sa famille..........	1
II.	Visite faite à M. Ralph Nickleby par des personnes qui sont déjà de notre connaissance..................	9
III.	Smike est présenté à Mme et Mlle Nickleby. Nicolas, de son côté, fait de nouvelles connaissances. On entrevoit, pour la famille, des jours meilleurs...............	27
IV.	Scènes de la vie privée : affaires de famille. M. Kenwigs reçoit un choc violent, mais Mme Kenwigs ne va pas mal pour sa position......................	45
V	Progrès de Nicolas dans les bonnes grâces des frères Cheeryble et de M. Timothée Linkinwater. Les frères donnent un banquet à l'occasion d'un grand anniversaire. Nicolas, en rentrant chez lui après la fête, reçoit des lèvres de Mme Nickleby une importante et mystérieuse confidence	54
VI.	Comprenant certains détails d'une visite de condoléance qui pourrait bien avoir des suites importantes. Smike, au moment où il s'y attend le moins, fait la rencontre d'un vieil ami qui l'invite à venir chez lui, et l'emmène sans vouloir accepter d'excuses....................	74
VII	Dans lequel Smike retrouve encore un autre vieil ami, mais cette fois la rencontre est heureuse et l'occasion lui profite.	87
VIII.	Nicolas devient amoureux. Il emploie un médiateur dont les démarches sont couronnées d'un succès inattendu, excepté pourtant sur un seul point................	100
IX.	Contenant quelques épisodes romanesques des amours de Mme Nickleby avec le gentleman en culotte courte, son voisin porte à porte........................	119
X.	Paraphrase de cet adage philosophique : qu'il n'est si bons amis qui ne se quittent......................	133
XI.	Faisant office d'huissier introducteur, en présentant à la société un certain nombre de personnages divers...	146
XII.	M. Ralph Nickleby rompt avec une ancienne connaissance. On pourrait aussi conclure du contenu de ce chapitre que, même entre mari et femme, il ne faut pas pousser les plaisanteries trop loin................	161
XIII.	Contenant des choses surprenantes..................	178
XIV.	Jette quelque jour sur les amours de Nicolas. Mais, est-ce un bien, est-ce un mal? Nous en laisserons juger le lecteur................................	192

Chapitres.		Pages.
XV.	M. Ralph Nickleby, dans un entretien confidentiel avec un autre de ses anciens amis, concerte un projet dont ils se promettent tous deux de tirer avantage.........	203
XVI.	Au bénéfice de M. Vincent Crummles, et bien décidément pour sa dernière représentation sur notre théâtre.	226
XVII.	Suite des faits et gestes de la famille Nickleby et conclusion des amours du voisin en culotte courte........	239
XVIII.	Grave catastrophe..	267
XIX.	Au moment où le complot de M. Ralph Nickleby et de son ami touche au succès, la mèche est éventée par un tiers qu'ils n'avaient pas admis dans leur confidence.......	273
XX.	Nicolas commence par désespérer de sauver Madeleine Bray, mais ensuite il reprend courage et veut faire un effort. Détails domestiques sur les Kenwig et les Lillyvick...	286
XXI.	Le complot de MM. Ralph Nickleby et Arthur Gride suit son cours..	301
XXII.	Projets manqués..	320
XXIII.	Affaires de famille, soucis, espérances, désappointements et chagrins...	334
XXIV.	Après avoir vu déjouer, par son neveu, ses derniers complots, Ralph Nickleby couve un projet de vengeance que lui suggère le hasard, et associe à ses desseins un auxiliaire éprouvé..	347
XXV.	Comment l'auxiliaire de Ralph se mit à l'œuvre, et comment il réussit...	361
XXVI.	Clôture d'un des épisodes de cette histoire...............	372
XXVII.	La conjuration commence à tourner mal; la crainte du danger qui se montre entre dans l'âme du chef des conjurés...	379
XXVIII.	Le danger redouble : gare à la catastrophe!.............	395
XXIX.	Où Nicolas et sa sœur se conduisent de manière à déchoir dans l'estime de tous les gens du monde et de ce qu'on appelle les personnes sensées.............................	408
XXX.	Ralph donne un dernier rendez-vous et n'y manque pas.	419
XXXI.	Les frères Cheeryble font toute sorte de déclarations, soit en leur nom, soit pour d'autres. Tim Linkinwater n'en fait qu'une, mais c'est pour son compte...........	425
XXXII.	Une ancienne connaissance que nous retrouvons dans une situation désolante. Révolte des pensionnaires qui met fin à jamais à l'illustre établissement de Dotheboys-Hall...	437
XXXIII.	Conclusion...	447

FIN DE LA TABLE DES MATIÈRES.

Coulommiers. — Typ. P. BRODARD et GALLOIS.

Original en couleur

NF Z 43-120-8

www.ingramcontent.com/pod-product-compliance
Lightning Source LLC
Chambersburg PA
CBHW060927230426
43665CB00015B/1863